珠海市交通志

《珠海市交通志》编纂委员会　编

方志出版社
Publishing House of Local Records

图书在版编目（CIP）数据

珠海市交通志 / 《珠海市交通志》编纂委员会编
. -- 北京 : 方志出版社，2021.10
ISBN 978-7-5144-4809-2

Ⅰ. ①珠… Ⅱ. ①珠… Ⅲ. ①交通运输业-概况-珠海 Ⅳ. ①F512. 765. 3

中国版本图书馆CIP数据核字(2021)第204235号

珠海市交通志

编　　者：《珠海市交通志》编纂委员会

责任编辑：王　娜

出 版 者：方志出版社

地址　北京市朝阳区潘家园东里9号（国家方志馆4层）

邮编　100021

网址　http: //www.zgfzcb.cn

发　　行：方志出版社图书经销中心

电话（010）67110500

经　　销：各地新华书店

印　　刷：雅昌文化（集团）有限公司

开　　本：889×1194　　1/16

印　　张：32

字　　数：916千字

版　　次：2021年10月第1版　　2021年10月第1次印刷

印　　数：0001~1000册

ISBN 978-7-5144-4809-2　　定价：290.00元

珠海市行政区划图
中山市
中　山　市
江
门
市
斗　门　区
金　湾　区
香
洲
区
香洲区
斗门区
金湾区
珠海市
澳门
澳门特别行政区
澳门半岛
氹仔岛
路环岛
澳门国际机场
横琴镇
横琴新区管委会
横　琴　岛
横琴新区
珠海保税区
珠海保税区管委会
湾仔街道
拱北街道
南屏镇
前山街道
吉大街道
狮山街道
香湾街道
翠香街道
梅华街道
凤山街道
唐家湾镇
珠海国家高新区管委会
珠海九洲机场
港珠澳大桥珠澳口岸人工岛
九洲洋
莲洲镇
斗门镇
白蕉镇
井岸镇
乾务镇
白藤街道
珠海国家农业科技园区
（珠海市斗门生态农业管委会）
富山工业园管委会
平沙镇
红旗镇（珠海市航空产业园管委会）
三灶镇
三　灶　岛
珠海金湾机场
南水镇
南　水　岛
珠海经济技术开发区管委会
（高栏港经济区管委会）
珠海经济技术开发区
高　栏　岛
高　栏　列　岛
大　杧　岛
荷　包　岛
小青洲
江门市
大襟岛
赤鼻岛
黄　茅　海
崖门水道
虎跳门水道
磨刀门水道
鸡啼门水道
横门岛
新会区
礼乐街道
三江镇
睦洲镇
大鳌镇
古井镇
沙堆镇
崖门镇
横栏镇
西区街道
石岐街道
东区街道
沙溪镇
南区街道
大涌镇
五桂山街道
板芙镇
三乡镇
神湾镇
坦洲镇
南朗镇
长江水库
大　浪　湾
鹤洲北垦区
鹤洲南垦区
滨海商务区
交杯岛
马鬃岛
大岗岛
二岗岛
黄麻洲
小蒲台仔岛
淇澳岛

广东省地图院　编制

珠海市行政区划基本情况统计简表

县区名称		香洲区	金湾区	斗门区	全市合计
镇级	街道	9		1	10
	镇	6	4	5	15
基层	居委会	145	26	26	197
	村委会	7	14	101	122

注：表格数据来源于珠海市民政局，截止时间为2020年12月。

注：1. 本图界线不作为权属争议的依据；
2. 本图资料截止时间为2020年12月。

审图号：粤CS(2021)002号

珠海市交通图
礼乐街道
横栏镇
石岐区街道
西区街道
东区街道
中山市
沙溪镇
南朗镇
横门岛
南区街道
新会区
大鳌镇
大涌镇
长江水库
五桂山街道
睦洲镇
三江镇
江门市
中山市
板芙镇
广珠铁路
唐家湾镇
珠海国家高新区管委会
三乡镇
古井镇
珠海国家农业科技园区
(珠海市斗门生态农业管委会)
莲洲镇
沙堆镇
神湾镇
崖门镇
崖门水道
香湾街道
翠香街道
梅华街道
凤山街道
珠海市
香洲区
狮山街道
前山街道
吉大街道
坦洲镇
白蕉镇
珠海九洲机场
斗门镇
斗门区
井岸镇
南屏镇
拱北街道
湾仔街道
澳门
澳门特别行政区
西部沿海高速
乾务镇
白藤街道
金湾区
(珠海市航空产业园管委会)
珠海保税区管委会
富山工业园管委会
红旗镇
平沙镇
横琴镇
横琴新区管委会
横琴岛
黄茅海
三灶镇
三灶岛
珠海金湾机场
南水镇
南水岛
珠海经济技术开发区管委会
(高栏港经济区管委会)
高栏列岛
荷包岛
高栏岛
大杧岛
江门市
大襟岛
南

广东省地图院　编制

审图号：粤CS(2021)002号

● 珠海长南迳古道（珠海城建集团提供）

● 1927年10月，岐关公路开始修建，图为建设工地（岐关车路有限公司提供）

● 珠海境内岐关公路遗存路段（岐关车路有限公司提供）

● 1979年11月11日，珠海市凤凰路安装第一个红绿灯，设置唯一的交通指挥岗（珠海市交警支队提供）

● 1985年建设中的九洲大道（珠海市交通运输局办公室提供）

● 1986年，广珠公路珠海段建成通车（珠海市公路局提供）

● 1990年11月28日，板樟山下行隧道通车（珠海市路桥管理处提供）

● 1993年10月9日，珠海大桥单边试通车（珠海市交警支队提供）

● 1993年建成的珠海大道（珠海市公路局提供）

● 1999年，横琴大桥建成通车。拍摄时间2020年8月（珠海市交通运输局办公室提供）

● 1999年12月，莲花大桥竣工（珠海市交通运输局提供）

● 2001年1月22日，淇澳大桥建成通车（珠海市交通运输局提供）

● 2008年，西部沿海高速公路建成通车（珠海市交通运输局办公室提供）

● 2007年5月，江珠高速公路建成通车（江珠高速公路珠海段有限公司提供）

● 2013年11月，机场高速公路建成通车（珠海交通集团提供）

● 2012年11月，高栏港高速公路建成通车（珠海交通集团提供）

2014年11月4日，金湾互通立交桥建成通车，被评为2019年度国家优质工程奖（珠海交通集团提供）

2012年11月，凤凰山隧道建成通车（珠海交通集团提供）

● 2011年12月，珠海港湾大道获得全国市政金杯示范工程奖（珠海市公路局提供）

● 2014年2月，省道S366线南湾立交至珠海大桥段主线景观绿化工程获“优秀园林绿化工程奖”银奖（珠海市公路局提供）

● 2015年12月30日竣工的横琴二桥夜景图（珠海交通集团提供）

● 2016 年9 月9 日，加林山隧道建成通车（港珠澳大桥管理局提供）

● 2017年7月30日，珠海白石桥通车亮灯仪式（珠海市交通运输局办公室提供）

● 2018年11月5日，改造后的凤凰路正式通车（珠海市公路局提供）

● 2018年10月31日，改造后的三台石路通车（珠海市公路局提供）

● 2019 年9 月30 日，新建成的海燕桥通行（珠海城建集团提供）

2020年9月9日，新建的南屏大桥正式通车（珠海交通集团提供）

珠海情侣南路（珠海市交通运输局办公室提供）

● 2020年12月15日，金琴快线建成通车（珠海交通集团提供）

● 2020年12月15日，洪鹤大桥建成通车（珠海交通集团提供）

● 2019年，兴业快线开工建设（珠海市公路局提供）

● 2018年3月16日，公铁两用桥——金海大桥开工建设（珠海交通集团提供）

● 2020年6月6日，黄茅海跨海通道项目开工建设（图为施工钢栈桥）（珠海市交通运输局办公室提供）

● 2017年11月1日，鹤港高速公路工程开工建设（珠海交通集团提供）

● 2020年12月15日，珠海隧道正式开工建设（珠海交通集团提供）

● 2017年，香海大桥开始建设（珠海交通集团提供）

● 1979年10月，公交1路车开通运行（珠海公交集团提供）

● 2016年6月，公共自行车二期项目完成（珠海城建集团提供）

● 2018年，珠海出租汽车行业的高考“爱心送考车”（珠海市出租小汽车行业协会提供）

● 2019年改造升级后的公共汽车站亭（珠海公交集团提供）

2016年10月29日开通珠海城市观光公交车L1（珠海公交集团提供）

2018年12月18日，珠海公交集团在前山公交总站举行826路公交专线开通仪式（珠海公交集团提供）

2019年1月15日，环线公交B5、B6路投入运行（珠海公交集团提供）

● 2011年3月17日，珠海市交通运输局举行出租车文明驾驶员表彰暨出租车新车型启用仪式

（珠海市出租小汽车行业协会提供）

● 2018年10月23日，港珠澳大桥建成通车，全长55公里（港珠澳大桥管理局提供）

● 2007年1月9日，港珠澳大桥专责小组第一次会议在广州召开（港珠澳大桥管理局提供）

● 2011年12月21日，港珠澳大桥东人工岛主体岛壁结构钢圆筒振沉工程全部竣工（港珠澳大桥管理局提供）

● 2013年5月6日，港珠澳大桥岛隧工程首节E1管节顺利完成浮运、沉放和安装任务，成功实现与西人工岛暗埋段对接（港珠澳大桥管理局提供）

● 2014年4月11日，桥梁工程CB02标首片钢箱梁大节段成功滚装上船（港珠澳大桥管理局提供）

● 2014年6月13日，港珠澳大桥桥梁工程CB05标钻孔桩全部完成（港珠澳大桥管理局提供）

● 2015年9月6日，桥梁工程CB03标完成最后一件上节墩身安装，主体工程220座墩台全线完工（港珠澳大桥管理局提供）

● 2015年11月19日，岛隧工程E23沉管安装成功（图为沉管出坞）（港珠澳大桥管理局提供）

● 2016年9月27日，港珠澳大桥主体工程桥梁工程全线贯通（港珠澳大桥管理局提供）

● 2012年10月15日，港珠澳大桥桥梁工程CB03标钢圆筒围堰顺利振沉（港珠澳大桥管理局提供）

● 2016年4月11日，桥梁工程CB03标成功合龙，打通西人工岛到深水区通航孔桥通道（港珠澳大桥管理局提供）

● 2017年7月7日，港珠澳大桥海底隧道贯通（港珠澳大桥管理局提供）

● 2018年2月6日，港珠澳大桥主体工程完成交工验收（港珠澳大桥管理局提供）

● 港珠澳大桥收费站（港珠澳大桥管理局提供）

● 2016年12月26日，港珠澳大桥海底隧道沉管预制全部完成（港珠澳大桥管理局提供）

● 港珠澳大桥海底隧道（港珠澳大桥管理局提供）

● 港珠澳大桥青州航道桥（港珠澳大桥管理局提供）

● 港珠澳大桥珠海连接线匝道（港珠澳大桥管理局提供）

● 2018年10月23日，港珠澳大桥开通仪式举行（港珠澳大桥管理局提供）

● 2018年10月24日，港珠澳大桥珠海公路口岸正式运营
（珠海市港珠澳大桥建设协调办公室提供）

● 2018年10月24日，港珠澳大桥穿梭巴士运行
（珠海市港珠澳大桥建设协调办公室提供）

● 2014年12月18日，珠海高栏港铁路专用线Ⅲ场正式运营（珠海交通集团提供）

● 2012年12月，广珠铁路建成运营（珠海市交通运输局办公室提供）

● 2012年12月31日，广珠城际轨道全线通车（珠海市交通运输局办公室提供）

● 2012年12月31日，广珠城轨珠海站正式运营（珠海市交通运输局办公室提供）

● 2014年1月，广珠城轨珠海站旅客上下车（珠海市交通运输局办公室提供）

● 2015年12月，广珠城轨开行北京、桂林跨线列车（珠海市交通运输局办公室提供）

● 2019年建设中的珠机城轨二期工程（珠海市交通运输局办公室提供）

● 2014年的珠海高栏港区集装箱码头（珠海港控集团提供）

● 1985年，斗门县井岸镇黄杨河两岸居民摆渡过河（珠海市交通运输局办公室提供）

● 1992年，全国率先实现“海陆空”一站式服务的珠海九洲港客运码头（珠海市水上运输管理处提供）

● 20世纪90年代初，九洲港集装箱码头吞吐量跻身全国前五位

（珠海市水上运输管理处提供）

2015年的香洲港（珠海市万山区港务有限公司提供）

2020年的洪湾港全景图 [珠海国际货柜码头（洪湾）有限公司提供]

2020年，航道工人在粤澳区界河航道维修航标（珠海航道事务中心提供）

● 2013年9月的横琴客运码头（珠海市水上运输管理处提供）

● 2014年的桂山客运码头（广东万山投资有限公司提供）

● 2020年的斗门港集装箱码头（珠海市斗门区交通运输局提供）

● 2020年重建的联石湾船闸（珠海航道事务中心提供）

● 1985年，珠澳轮渡有限公司“珠澳轮渡2号”280客位渡轮，经营湾仔至澳门客运服务（珠海市水上运输管理处提供）

● 2013年8月13日，“海巡151”成功救助受台风“尤特”影响被困珠澳口岸人工岛的200余名群众（珠海海事局提供）

● 2018年6月15日，“大信”轮从巴西维多利亚港运载花岗岩石材历经一个多月航行顺利抵达珠海高栏国际货柜码头，“巴西维多利亚港—珠海高栏港”首航成功（珠海港控集团提供）

● 2013年9月，载重3.3万吨的“富春”号集装箱轮靠泊高栏国码货柜码头（珠海港控集团提供）

● 2013年10月31日，珠海海事局组织开展水上交通安全知识进校园活动（珠海海事局提供）

● 2013年11月11日，海事人员成功救助受台风“海燕”影响侧翻的砂石船船员（珠海海事局提供）

● 2013年12月19日，珠澳联合举行海上搜救消防演习（珠海海事局提供）

● 2017年1月8日，海巡09170在格力海岸对面海域救助失火渔船（珠海海事局提供）

1983年12月，珠海直升机场（位于原园林宾馆对面）举行通航典礼（珠海市交通运输局公办室提供）

1988年，三灶旧机场修复启用，与南方航空公司合作通航（珠港机场管理公司提供）

1995年5月30日，修复改造后的珠海三灶机场举行通航典礼（珠港机场管理公司提供）

● 1996年的珠海三灶机场全貌（珠港机场管理公司提供）

● 2019年3月11日，珠海莲洲通用机场正式运营（珠海市交通运输局办公室提供）

● 2018年11月20日，珠海金湾机场举行旅客吞吐量突破千万人次庆典仪式（珠港机场管理公司提供）

● 2010年的珠海机场快线服务中心（珠港机场管理公司提供）

● 1996年，首届中国国际航空航天博览会在珠海举行(珠海市交通运输局办公室提供)

● 2018年，第十二届中国国际航空航天博览会开幕式（珠海市交通运输局办公室提供）

● 2012年10月24日，珠海市邮政管理局举行揭牌仪式（珠海市邮政管理局提供）

● 2013年5月19日，第三届东亚集邮展览、《中国古镇（一）》暨珠海唐家湾邮票首发式在珠海举行（珠海市邮政管理局提供）

● 2013年8月19日，珠海市邮政快递摩托车启用仪式举行（珠海市邮政管理局提供）

● 2013年10月28日，珠海市政府赠予邮政快递企业240辆专用自行车（珠海市邮政管理局提供）

● 2016年8月10日，珠海市邮政快递企业举办第二届职业技能竞赛（珠海市邮政管理局提供）

● 2012年5月，全国五一劳动奖章获得者珠海邮政系统职工谢坚（左二）在广东省庆祝五一国际劳动节暨劳动模范表彰大会上领奖（珠海市邮政管理局提供）

● 2014年11月11日，《第十届中国国际航空航天博览会》纪念邮票首发式在航展中心举行（珠海市邮政管理局提供）

● 2018年10月30日，《港珠澳大桥》纪念邮票首发式暨全国集邮巡回展在珠海举行（珠海市邮政管理局提供）

● 1989年12月25日，中共珠海市交通委员会举行第一届代表大会（珠海市交通运输局办公室提供）

● 2016年8月，市交通运输局直属机关党委隆重举行庆祝中国共产党建党95周年表彰大会，市政府党组成员陈仁福为先进党组织、优秀党员和优秀党务工作者代表颁奖（珠海市交通运输局办公室提供）

● 2015年11月20日，市交通运输局局长黄文忠带队到市广播电台参加在线访谈，直接与听众沟通交通建设和行业管理问题（珠海市交通运输局办公室提供）

● 2006年7月，市交通局机关党委举行庆祝中国共产党建党85周年歌咏比赛，局机关党支部获第一名（珠海市交通运输局办公室提供）

● 2016年8月，市交通运输局直属机关党委举行“不忘初心跟党走”合唱会演，全体人员齐声合唱国歌（珠海市交通运输局办公室提供）

● 2017年3月，市交通运输局机关党支部组织党员到中山罗三妹山参观改革开放教育基地（珠海市交通运输局办公室提供）

● 2018年11月，市交通运输局工会举行拔河比赛（珠海市交通运输局办公室提供）

● 2019年2月20日，市交通运输局组织局直属机关党委委员、局属各基层党组织书记、党务干部参观林伟民与中国早期工人运动史迹陈列馆，开展“新时代红色文化讲堂”活动（珠海市交通运输局办公室提供）

● 2019年9月19日，市交通运输局直属机关党委组织党员领导干部和党务干部到市档案局参观“不忘初心文史资料图片展”（珠海市交通运输局办公室提供）

● 2020年11月9日，中共珠海市交通运输局直属机关委员会召开党员代表大会（珠海市交通运输局办公室提供）

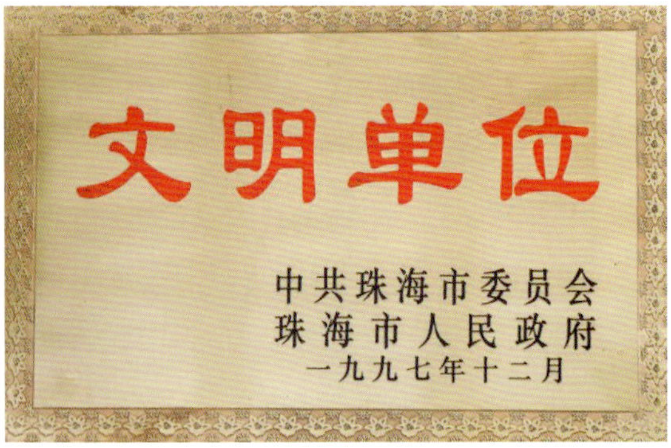
文明单位
中共珠海市委员会
珠海市人民政府
一九九七年十二月

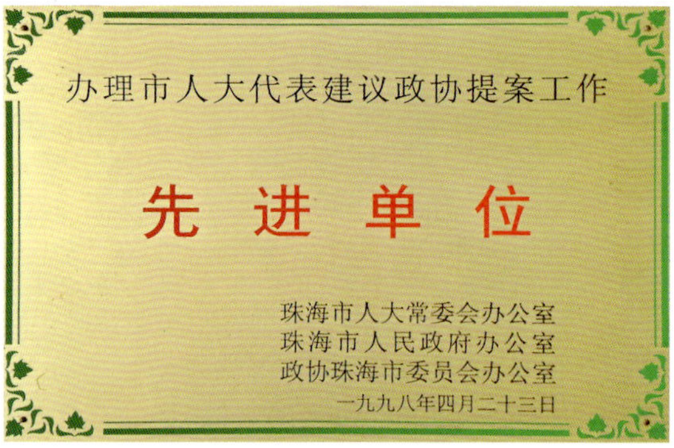
办理市人大代表建议政协提案工作
先进单位
珠海市人大常委会办公室
珠海市人民政府办公室
政协珠海市委员会办公室
一九九八年四月二十三日

珠海市安全生产
先进单位
珠海市人民政府
二〇〇二年六月

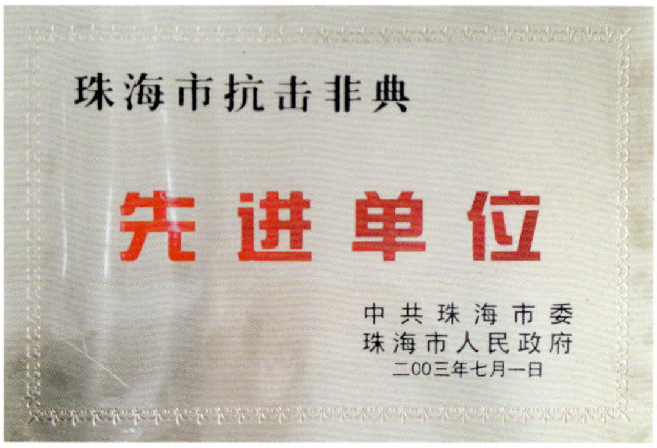
珠海市抗击非典
先进单位
中共珠海市委
珠海市人民政府
二〇〇三年七月一日

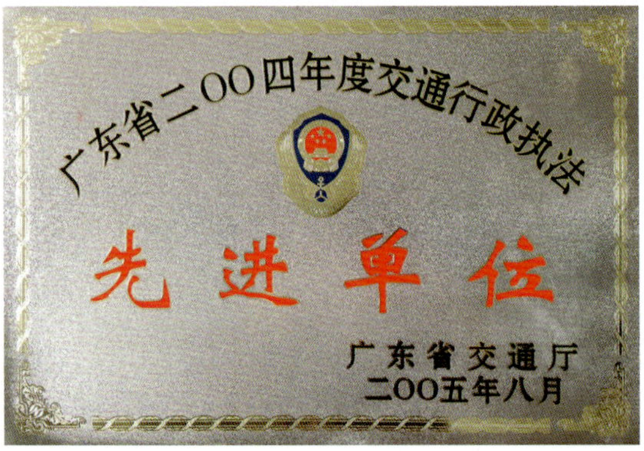
广东省二〇〇四年度交通行政执法
先进单位
广东省交通厅
二〇〇五年八月

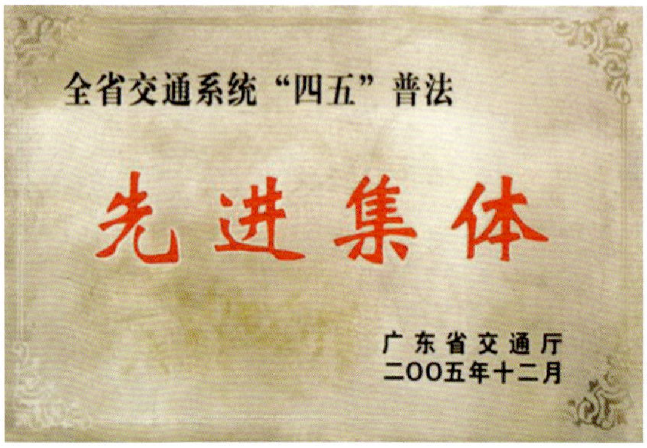
全省交通系统“四五”普法
先进集体
广东省交通厅
二〇〇五年十二月

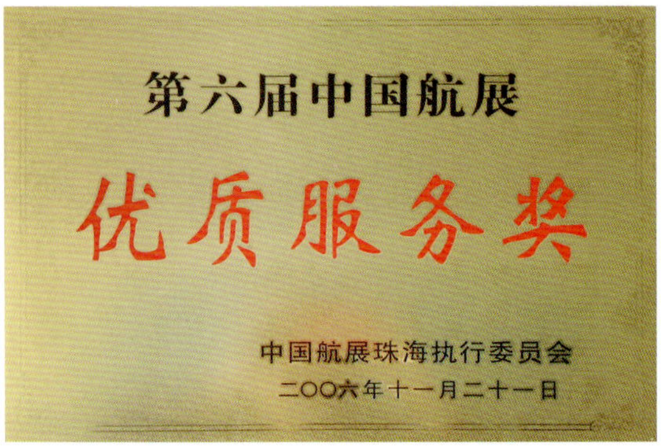
第六届中国航展
优质服务奖
中国航展珠海执行委员会
二〇〇六年十一月二十一日

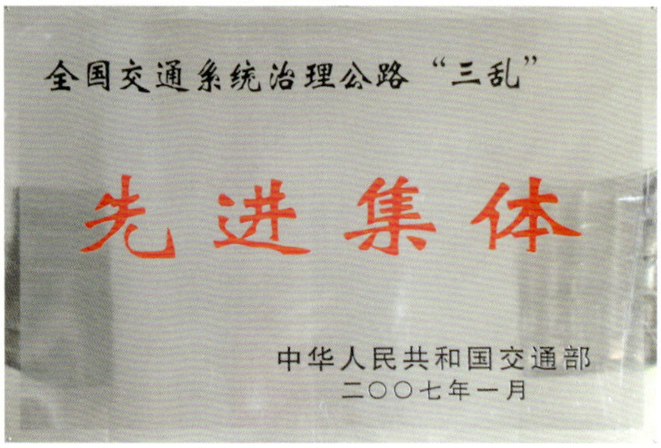
全国交通系统治理公路“三乱”
先进集体
中华人民共和国交通部
二〇〇七年一月

珠海市二OO八年度人口与计划生育综合治理
先进单位
珠海市人民政府
二OO九年三月

2008年度珠海市“三防”工作
先进单位
珠海市人民政府防汛防旱防风指挥部
二OO九年四月

第三次全国港口普查
先进集体
中华人民共和国交通运输部
二OO九年十月

2010-2011年重点项目建设工作
先进集体
珠海市人民政府

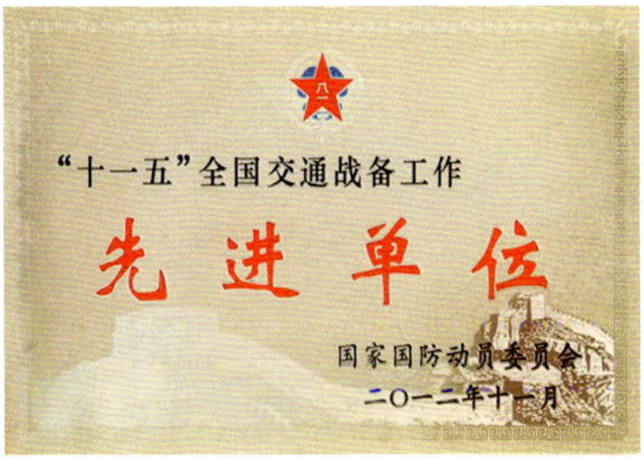
“十一五”全国交通战备工作
先进单位
国家国防动员委员会
二〇一二年十一月

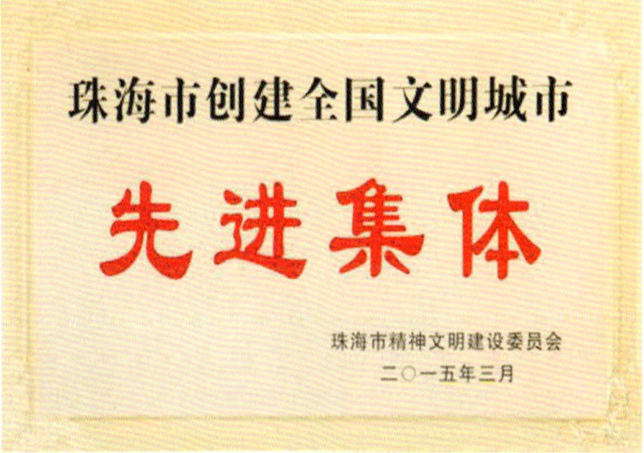
珠海市创建全国文明城市
先进集体
珠海市精神文明建设委员会
二〇一五年三月

全国交通运输行业
文明示范窗口
中华人民共和国交通运输部
2018年11月

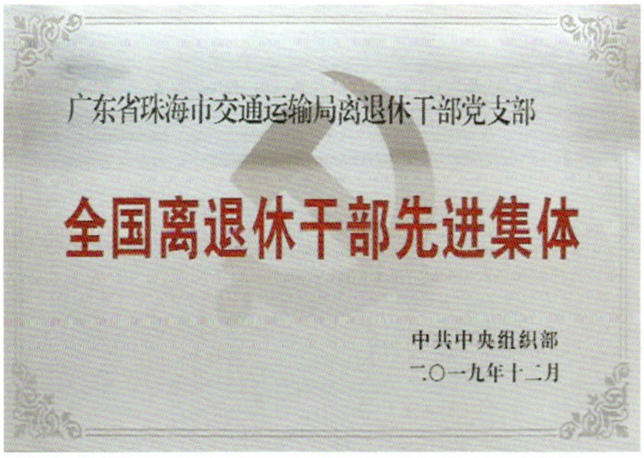
广东省珠海市交通运输局离退休干部党支部
全国离退休干部先进集体
中共中央组织部
二〇一九年十二月

● 《珠海市交通志》编委会成员合影

前排左起：罗维雄　周咏文　唐　万　林粤海　唐成伟　顾胜杰　曲向华

后排左起：邓振平　王　勇　罗锡强　陈少幸　黄建平　张浩然　魏永民　黄亚东　廖映锋

● 《珠海市交通志》编辑部成员合影

左起：陈清模　柳勤勋　魏永民　曹炳彦　林政学

序

城市发展，交通先行。珠海的发展史，也是一部交通建设史，跨海大桥、高速公路、机场、港口、轨道交通等都是这部历史里最精彩、最壮阔的篇章。新编《珠海市交通志》用史实书写珠海交通建设和发展的历程，这是一项承上启下、继往开来的重要事业，以志传世、以志为鉴、以志资政，让历史照亮未来。

追古抚今，细数珠海衣食住行的变化，当属交通出行最为翻天覆地。因为底子薄、区位偏，珠海曾经饱尝着“交通末梢”“出门无船便无路”的苦涩，建市初期要依靠摆渡与外界连通，西部地区交通还需绕道中山，真正面临着水锁、风锁、雾锁“三锁”之困。也正因如此，珠海发展交通事业的决心无比坚定。经济特区成立40多年来，珠海人“逢山开路、遇水架桥”，发扬敢试、敢闯、敢冒险、敢为天下先的创业精神，直面各种挑战，将几代人的青春、血汗洒向交通建设，矢志北上、西进、东拓、出海……“陆海空铁”综合立体交通运输体系全方位发展。境内公路已四通八达，高速公路从无到有；被誉为新的世界七大奇迹之一——港珠澳大桥一桥连三地，珠江口天堑变通途；小渔村变身大港口，珠海港2013年货物吞吐量突破1亿吨，跻身国内亿吨大港行列；航空事业由弱变强，金湾机场2018年旅客吞吐量超过1000万人次、迈入千万级大型机场行列，通用航空产业综合示范区加快建设；“百年铁路梦”成真，广珠铁路、广珠城际、珠机城际一期等先后建成，2019年完成客运量2497.05万人次。“架座大桥通港澳，修条铁路通全国，建设机场通世界”的梦想正变成现实，珠江西岸交通枢纽城市初步建成。

当前，珠海正抢抓粤港澳大湾区、横琴粤澳深度合作区、现代化国际化经济特区加快建设等重大历史机遇，大手笔大气魄构建综合大交通，推进珠江口西岸综合交通新枢纽建设。以洪鹤、金海、香海“东西三大桥”，金琴、兴业、机场北“南北三快线”为经纬，编织“六横十纵”交通网；加快建设黄茅海跨海通道和衔接深中通道的金琴快线北延段，高效连通东岸、辐射粤西；推进珠肇高铁、广珠澳高铁、深珠高铁等规划建设，携手澳门融入国家高铁网；推进机场改扩建、机场综合交通枢纽建设，提升珠海机场能级量级；建设区域重要枢纽港，推动珠海港口提质升档。相信在不远的将来，珠海将建成高效连通港澳、承接东岸、辐射粤西、宜居宜业宜游的大湾区综合交通枢纽。

“看似寻常最奇崛，成如容易却艰辛。”珠海交通发展来之不易，凝聚了全市交通人的心血和汗水。愿《珠海市交通志》面世，激励珠海交通人坚守初心，砥砺奋进，创造更加辉煌的明天！

是为序。

珠海市政协副主席 陈仁福

2021年8月22日

凡 例

一、本志以马克思列宁主义、毛泽东思想、邓小平理论、“三个代表”重要思想、科学发展观和习近平新时代中国特色社会主义思想为指导，力求实事求是地记述珠海交通的历史和现状，做到思想性、科学性和资料性的统一，充分体现志书的时代特色、地方特色和专业特点。

二、本志运用述、记、志、传、图、表、录体裁形式，以志体为主；采用编、章、节、目结构，目以下按需要设细目。

三、本志记述2018年珠海市行政区域范围内交通运输和邮政事业的历史与现状。

四、本志上限追溯至事物的发端，下限截至2018年12月31日。个别内容的下限适当延长。

五、本志书对1911年前（含1911年）采用历史纪年，并括注公元纪年以方便读者阅读。中华民国纪年用阿拉伯数字书写，括注公元纪年。中华人民共和国成立后的纪年，用公元纪年。

六、本志中的“新中国成立前（后）或建国前（后）”，专指中华人民共和国成立前后。

七、本志设人物简介、先进集体名录和先进个人名录。人物简介主要收录获得全国性表彰奖励、有重要贡献的人物；先进名录主要收录获得市、地级以上表彰奖励的先进集体、先进个人。

八、组织机构或较长的专用名词，首次出现时用全称，并括注简称，再次出现时用简称。

九、本志资料来自方志、档案、图书、文献、统计年鉴、地情资料和交通部门提供的资料。除引文和个别有争议的资料注明来源外，一般不注明出处。

目　录

概 述

一

珠海市，因地处珠江口西岸，濒临南海，故得其名。位于北纬21°48'～22°27'、东经113°03'～114°19'之间。东与香港、深圳隔海相望，南与澳门相连，西与新会、台山市毗邻，北与中山市接壤，距广州市约140公里。2018年，珠海市总面积7786.46平方公里，其中陆地面积1736.46平方公里，海域面积6050平方公里；境内有大小岛屿262个，面积大于500平方米以上的海岛147个，素有“百岛之市”之称；全市常住人口189.11万人，人口城镇化率90.08%。

珠海历史悠久，早在6000年前，有先民在这块土地上繁衍生息。战国时为百越之地。秦始皇嬴政三十三年（前214年）隶属南海郡番禺县，汉初为南越国。汉元鼎六年（前111年）隶属番禺县，三国时属吴国辖地。晋至陈朝隶属东官郡，隋朝隶属宝安县，唐代隶属东莞县辖。唐时，在今香洲区山场村设立文顺乡，是香山地区最早的行政机构。唐至德二年（757年），东莞县官府因今山场村盛产海盐，在文顺乡境内设置香山镇。香山镇的所在地就在当时的濠潭村（今山场），主要任务是防止海盗滋扰盐场，保障盐制品的正常运输。至北宋，整个文顺乡改为地方行政机构香山镇。南宋绍兴二十二年（1152年），设立香山县，治所在今中山市石岐，隶属

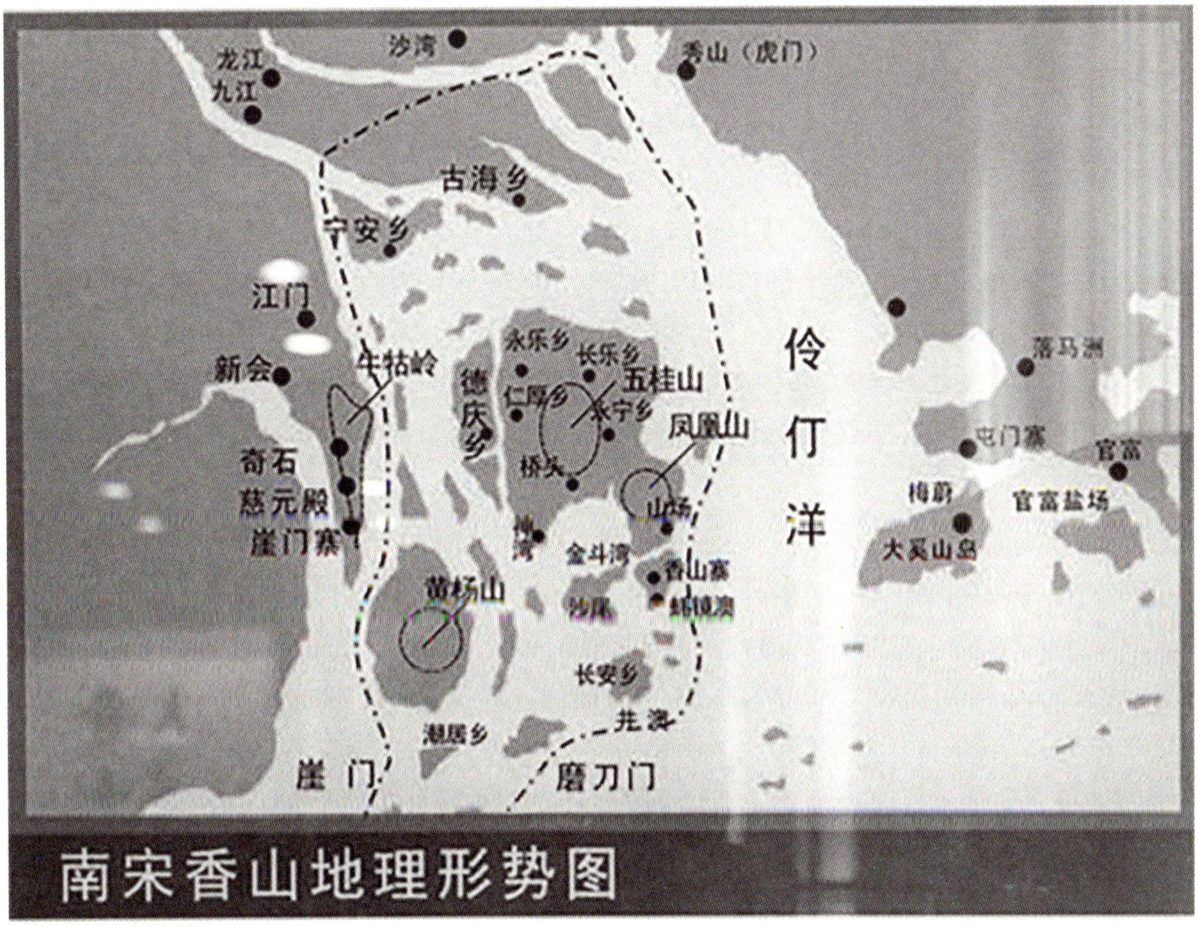

南宋香山地理形势图

广州府，沿至民国。辛亥革命以后，香山县隶属广东省。1925年4月15日为纪念孙中山香山县易名中山县，隶属第一行政督察区。1930年5月至1934年10月中山县政府设在唐家。1952年12月31日设立珠海渔民县。1953年4月7日珠海渔民县正式定名为珠海县，县政府设在唐家。1959年3月22日，珠海县与中山县合并；同年8月，成立珠海工委。1961年4月17日恢复珠海县建制，县址设在香洲。1979年3月5日，国务院批准设立珠海市；同年11月定为省辖市建制。1980年8月26日，成立珠海经济特区。截至2018年底，珠海市下辖香洲、金湾、斗门3个行政区和珠海横琴新区、珠海高新技术产业开发区、珠海保税区、珠海万山海洋开发试验区、珠海高栏港经济区5个经济功能区。

二

珠海人文历史源远流长，自古以来便是岭南文化重镇之一。珠海与中山、澳门同属香山县。血缘同宗，历史同源，文脉同根，同属岭南文化、香山文化生态群落。珠海地域文化是香山文化的重要组成部分，与外来文化的长期交流、碰撞、融合过程中，形成了海纳百川、兼收并蓄的精神品格，对外来的新鲜事物敢于、善于和勇于接受。因而在近现代，珠海人更早、更全面、更深刻地接触和了解西方的政治、经济和文化；敢于突破传统，富于冒险和创新精神，涌现了许多开风气之先“全国第一”的仁人志士。中华民国第一任内阁总理唐绍仪，清华学校（清华大学前身）第一任校长唐国安，中国第一位在美国取得博士学位的留学生、担任第一任驻美副公使的容闳；中国资产阶级革命团体兴中会第一批会员郑仲；中国华南地区第一位系统传播马克思主义的人物杨匏安；清政府驻夏威夷第一任领事、近代“糖工”陈芳；天津大学校长蔡绍基；粤剧作家唐涤生；中央美术学院院长、著名版画家古元；最早当选美国参议员并参加总统竞选的邝友良；新中国美术电影主要创建者、动画艺术家特伟，钢琴家鲍惠荞，香港著名导演吴思远，世界著名男高音莫华伦；中国近代最富有传奇色彩的集画家、诗人、和尚、文学家、革命家于一身的苏曼殊等。另外，珠海特殊的商业文化孕育了一大批商界英才，唐廷枢创办了中国近代最大的煤矿开平煤矿、建造中国第一条铁路唐胥铁路、主持制造中国第一台蒸汽车“龙号”火车头，一生参与兴办的企业达47家，被誉为“中国第一企业家”。李鸿章如此评价：“中国可无李鸿章，但不可无唐廷枢。”

一个在近现代仅有几万人口的边陲小镇，在近百年的时间居然产生了数十位历史风云人物，在不同时期、不同社会领域为中国近代经济、社会、文化的发展做出了不可磨灭的贡献。这在中国近现代史上是罕见的。

三

4000多年前，珠海先民在与大自然的斗争中，以舟楫为凭，逐海洋之利，有了一定规模的渔业生产。从已出土的数千件渔网部件——沉石、网坠数量推测，当时的渔业生产规模为全国之最。在金湾区南水镇高栏岛宝镜湾摩崖石刻上发现的中国最早的古帆船图案和宝镜湾遗址出土的新石器时代晚期南海地区最大的史前石锚证明，在远古时期，珠海先民已经熟练掌握航海技术，创造了史前海洋文明。汉唐以后，珠海成为广州与中东、非洲、欧洲国家海上贸易的必由之路。明代广州市舶使的设置，使中国对外贸易的重心由北方河西走廊逐步地转移到南方及东南沿海。据唐代贾耽的《广州通海夷道》所记载，珠海正处在从广州到大食国（阿拉伯国家）的外贸航线上。“洋货东西至，帆乘万里风。”（清·屈大均）。由于出洋船不时过境，免不了有珠海先民伙随贩运，由此开始长达千年的海内外商贸活动。

宋代，大批珠海人乘船漂洋过海，到异国拼搏创业，仅美国三藩市的鸡山村籍华人就有1000多人。香洲山场村的旅外乡亲是在乡人数的两倍。20世纪初，夏威夷檀香山几乎全是香山人，被称为第二香山县。

明清时期，葡萄牙人租住澳门后，珠海很快成为中外贸易和文化交流的重要口岸。珠海海域是外国商船进入广州必经和停泊之地。明中晚期，浪白（今南水）、十字门（今湾仔东南面）是外国商船到广州贸易停泊的外港。明嘉靖二十一年至二十七年（1542—1548），安南、占域、暹罗诸国商船，云集浪白等海域。清嘉庆二十五年（1820），外国商船停泊在外伶仃岛海域及唐家金星门，船只最多时达100多艘。

清同治十二年（1873），珠海人唐廷枢担任中国近代洋务运动中最大的经济实体、中国最早的股份制企业上海轮船招商局总办，徐润任会办（实际主持工作），采用先进的经营管理方法，以过人的胆识，收购当时东亚最大的商业船队——美商旗昌轮船公司，控制长江航运、沿海航运的大部分经营权，从此奠定了中国近代航运业的基础。唐廷枢为家乡着想，开辟珠海唐家湾至香港、上海航线，使唐家得风气之先，加强与外界的经济交往，提高唐家湾的知名度。

四

民国中山县长郑道实在《香山诗略》中说：“吾邑三面环海，有波涛汹涌之观……赋性冒险。”长期在变幻莫测的大海上生存，激发了珠海先民敢于冒险的勇气，逐步养成了勇于冒险的精神禀赋。这种精神在民国交通事业发展中得到充分体现。

民国之前珠海没有公路。古鹤古道（岐澳古道珠海段）、长南迳古道、凤凰山古道是珠海、中山和澳门三地的主要陆路交通要道，统称为香山古驿道。横亘在珠海城区的凤凰山脉大致呈东西走向，将珠海城区分为南北两个区域。南部区域为今珠海香洲区，北部区域为今珠海高新区（唐家湾镇）。三条陆路古道均穿越凤凰山脉，连接南北两区域。岐澳古道为西线，凤凰山古道为东线，长南迳古道为中线。不管是人员往来还是货物运输，都要通过香山古驿道，交通非常不便。

中山崖口、唐家金星门到达澳门的金星门水道，是民国之前连接中山、珠海、澳门的重要海上通道。在香山历史上非常重要，曾经是重要的海上贸易通道，也是香山人借船出海的唯一水上航道。几乎每一个远渡重洋的香山人，都是经金星门水道借船出海。1879年，孙中山和母亲也是乘帆船，经金星门水道到达澳门，再由澳门搭乘“格兰诺”号轮船赴檀香山看望哥哥孙眉。那一年，孙中山才13岁。后来，中山先生在给英国著名汉学家翟理斯的信中，追述当时自己的感受说：“始见轮舟之奇，沧海之阔，自是有慕西学之心，穷天地之想。”清代诗人陈斗文曾经写下一首七言《金星门》：“雨山突兀跨龙宫，今古茫茫浪拍空。岚影欲浮天上下，海门惟见日西东。风雷奋处归呼吸，潮汐行时识复通。目极波澜渺无际，不知砥柱可谁同。”描述了金星门水道的壮阔景象。金星门水道是南粤古驿道中独特的一条海上驿道，承载着中西文化交融的历史。由于中西文化交流，拓宽了珠海人的视野，催生了珠海的现代文明。

1925年3月12日，孙中山与世长辞。但这位伟大的革命先行者与金星门水道的缘分并未终结。1929年，国民政府为了实现孙中山先生所奉行的三民主义、五权宪法在一个县里如何施行的示范典型，将中山县命名为“全国模范县”，直属中央政府，享受省一级待遇，并由邑人唐绍仪主持县政。在金星门水道兴建国际无税商港“中山港”，还调动华侨力量，开辟了港澳与内河的航线，将国际国内航线，经由金星门水道，开通到唐家湾。

中山港发展民族资本的“攘外”政策，曾令“英伦（英国）方面极表不安，恐其夺去香港地位，其政要人物，甚至呼中山港为敌港”，登报猛烈抨击。开辟无税港之后，走私日甚，关税大受影响，国税每月损失10万元之巨，引起国府忧虑。1934年10月7日，广东省国民政府主席陈济棠阴谋策动唐家兵变，迫使唐绍仪下台，中山无税商港也宣告停办。

20世纪初，一批珠海籍热血青年在孙中山航空救国思想的鼓舞下，投身祖国的航空事业。在中华民族的航空史册上记下姓名、堪称中国航空先辈的有陈庆云等24位珠海籍人士。卢维溥主持制造了中国第一架自造飞机；陈庆云1917年协助孙中山创建中国空军，1920年奉孙中山之命在家乡三灶建设飞机场。1928年，陈庆云驾机环飞全国，成为中国第一个长途飞行的飞行员：淞沪抗战中，同是珠海人的容章炳参加抗击日寇的第一次空战，战功赫赫。

1927年，中山县岐关车路公司成立后，采取股份制形式筹集资金，于同年10月正式动工修建岐关公路，以澳门关闸为起点，分东西两路延伸到石岐，全长99.98公里。公路从拱北关闸经前山、翠微至肖家村，然后分两路，东路经那洲、大金鼎、翠亨、南蓢、西桠至石岐，共长62.21公里，于1932年1月竣工通车；西路长37.77公里，经三乡、板芙至石岐，于1936年建成通车。

1928年，岐关车路公司与中山县第八区（今斗门区）政府协商，召开八区五大姓（陈、梁、黄、邝、赵）耆老及各界代表大会，成立八区公路委员会，委任陈祖典、梁乐三、赵崇光等为公路委员。采用集资民办的方式，每人缴10元大银，共筹得银圆35万元左右，修筑乾斗公路。乾斗公路也叫国防公路，以斗门墟为总站，分东、南两条干线，各长10多公里，1930年全线通车。抗日战争爆发后，为阻止日本侵略者入侵，不得不对岐关公路和乾斗公路进行人为破坏。1945年抗战胜利后，对两条公路进行了不同程度的修复，路况不是太好，勉强能够通行。岐关和乾斗公路的修建，结束了珠海不通公路的历史，开创了利用民间资本修筑公路的先河。

五

中华人民共和国成立后，珠海行政建制多次调整。1953年珠海县成立时，陆地面积639平方公里，海域面积5972平方公里，总人口7.78万人。随着城市面积不断扩大、城市人口逐年增长，落后的交通基础设施与人们对交通需求的矛盾越来越突出。珠海县成立后，重视交通基础设施建设。1950—1957年，边防驻军先后完成长沙至梅溪、翠微至造贝、前山至洲仔、前山至码头、洲仔至水湾头和三灶至弯弓码头、三灶至石湾码头、唐家至后环码头等公路建设，总长35公里。1958年“大跃进”期间，农村通过群众运动修筑“乡村道路”和“田间大道”，约100公里。随后，采取“民工建勤”与“民办公助”相结合的办法，组织民工修筑大金鼎至唐家、翠微至香洲、唐家至湾仔、前山至山场、前山至吉大和香洲至水湾头等公路17条，总长133.7公里。1975年，完成南屏至洪湾公路建设，全长9.26公里。1950—1978年修复桥涵64座，总长1205.7米。

1956年、1958年湾仔港、香洲港相继开工建设。1978年井岸港正式投入使用。港口生产规模不大，运输能力不高，交通基础设施落后。1978年，全县只有凤凰路一条主干道，公路通车里程仅为100多公里，多为等外路。且等级低，密度小，又被水网分割，多渡口，素有“出门无船就无路”之说。另外还有“三锁”（即雾锁、风锁、雨锁）之论，遇到大风、大雨、大雾船不能开，就无法出行。从香洲到斗门、三灶要花一两天时间。交通对当地经济发展的制约作用很大。

六

1979年珠海建市以后，特别是1980年成立经济特区后，珠海人继续发扬敢试、敢闯、敢冒险、敢为天下先的创业精神，勇敢面对各种挑战，“逢山开路、遇水架桥”，机场、港口、铁路、公路等重大交通基础设施发生巨大变化，“海陆空铁”综合运输体系全方位发展。至2018年底，已初步建成珠江西岸交通枢纽城市。

境内公路四通八达 1979年起，珠海市全面进行公路建设。1991年底，境内公路通车里程370.8公里，其中省养公路153公里、地方公路217.8公里，公路桥梁110座4856延米，公路里程和技术等级均有较大增加和提高。

1995年10月15日，珠海市境内首条高速公路京珠高速公路广珠段（亦称广珠东线高速公路）开工建设，其起点为广州市南沙区亭角，终点为珠海市高新区金鼎，全长62.4公里，1999年12月6日建成通车。2003年8月19日，广东省首条由民营企业独家投融资并全程主持建设的江珠高速公路正式动工，至2007年5月16日建成通车，成为广东省由民营企业独家按BOT模式投融资建设、经营高速公路的典范。2004年1月8日，粤西沿海高速公路珠海段开工，起于中山市和珠海市交界处的翠亨村，与京珠高速公路广珠段连接，经金鼎、三乡、坦洲、神湾、白蕉、井岸和斗门，终于江门市新会区古井镇，连接西部沿海高速公路新会段，全长55公里，总投资35.7亿元，2005年12月28日正式建成通车。2008年12月28日，高栏港高速公路和珠海机场高速公路动工建设。机场高速公路全长30.35公里；高栏港高速公路（一期工程）从南边的南水桥头出发，至北边与黄杨大道和西部沿海高速公路的衔接处，路线全长23.55公里。2009年12月15日，港珠澳大桥珠澳口岸人工岛开始动工，时任中央政治局常委、国务院副总理李克强主持动工仪式，标志着港珠澳大桥正式开工建设。

2011—2015年是珠海市公路建设发展史上极不平凡的五年，也是珠海市历年来投入最多、建设规模最大的时期，累计完成交通固定资产投资5374亿元。截至2015年底，珠海市公路通车里程达1446.71公里，其中境内高速公路通车里程达124.69公里。

2016年开始，珠海市全力实施《珠海市综合交通运输体系发展“十三五”规划》，将高速公路、城际轨道、城市轨道（地铁）、重要市政道路、港口、机场、交通综合枢纽等7类25个项目作为“十三五”交通建设大会战重点推进项目，全面推动珠江西岸交通枢纽建设。2016年，港珠澳大桥珠海连接线南湾互通至横琴北互通段通车，香海大桥、洪鹤大桥全面开工建设。2017年，洪湾枢纽互通一期工程全线建成通车，港珠澳大桥珠海连接线完成交工验收，鹤洲至高栏港高速公路一期工程动工建设。

2017年7月7日，港珠澳大桥海底隧道正式贯通。2018年10月23日港珠澳大桥开通仪式在珠海市举行，中共中央总书记、国家主席、中央军委主席习近平出席仪式，宣布大桥正式开通并巡览大桥；10月24日上午9时，港珠澳大桥开通营运。一桥连三地，天堑变通途，港珠澳大桥通车后，珠海成为唯一与香港、澳门路桥相连的城市。港珠澳大桥是国家工程、国之重器，其建设创下多项世界之最，作为中国从桥梁大国走向桥梁强国的里程碑之作，被业界誉为桥梁界的“珠穆朗玛峰”，被英媒《卫报》称为“现代世界七大奇迹”之一；不仅代表了中国桥梁先进水平，更是中国国家综合实力的体现。建设港珠澳大桥是中国中央政府支持香港、澳门和珠三角地区城市快速发展的一项重大举措，是“一国两制”下粤港澳密切合作的重大成果。港珠澳大桥被视为粤港澳大湾区互联互通的“脊梁”，可有效打通湾区内部交通网络的“任督二脉”，从而促进人流、物流、资金流、技术流等创新要素的高效流动和配置，推动粤港澳大湾区建设成为更具活力的经济区、宜居宜业宜游的优质生活圈和内地与港澳深度合作的示范区，打造国际高水平湾区和世界级城市群。

2018年，珠海市辖区公路通车里程1560.54公里（含高速公路），公路密度平均84公里/百平方公里；拥有清洁能源公共汽车2498辆，出租汽车3687辆；公交客运量3.23亿人次，日均客运量88.5万人次；公路客运量2540.57万人次、货运量9760.34万吨。

航空事业由弱变强 2018年，珠海市拥有金湾机场、九洲直升机机场和正在建设中的莲洲通用机场。珠海金湾机场于1992年12月31日动工改扩建，1995年5月30日举行通航典礼并首航，同年6月18日正式投入营运。首期建成长4000米跑道和滑行道各一条，可满足B747-400等大型客、货机起降。停机坪面积277万平方米，近机位（廊桥位）17个，远机位6个。候机楼面积9.16万平方米。年保障能力为飞机起降10万架次，旅客吞吐量1200万人次，货邮吞吐量60万吨；高峰小时起降23架次、旅客吞吐量6000人次。2006年10月1日，经国家有关部委批准，珠港机场管理有限公司正式受托经营管理珠海金湾机场主营业务，自此机场客货运量快速增长，旅客吞吐量从2005年的66万人次增加到2016年的613.4万人次，增长8.29倍，国内排名第41位；货邮吞吐量从2005年的0.97万吨增加到2016年的3.5万吨，增长2.61倍，国内排名第4位。2017年珠海金湾机场主要生产指标保持快速增长，全年完成旅客吞吐量921.7万人次、运输起降69720架次、货邮吞吐量3.74万吨。旅客及货邮吞吐量增速在中南地区主要机场中均排名第一，旅客吞吐量在全国运输机场中排名上升至36位。2018年，珠海金湾机场航线通达航点73个，旅客吞吐量1122.1万人次，货邮吞吐量4.6万吨，航班起降8.1万架次。

铁路运输从无到有 铁路是城市的血脉，早在1904年中葡就签订《广澳铁路合同》。但受当时社会大环境的影响，蓝图未能变为现实，珠海人修建铁路的梦想没有实现。1985年初，珠海市政府提出修建广珠铁路的建议。同年2月，经铁道部同意，由铁道部第四勘测设计院（简称铁四院）负责编制《广州至珠海铁路调查研究报告》。1987年12月21日，珠海市计委和经委共同委托铁四院编制《广珠铁路可行性研究报告》。1992年3月，珠海市铁路筹建处成立；同年12月，珠海市政府批准成立珠海市铁路公司，开展相关前期工作。1992年7月，广东省计委向国家计委上报《关于广珠铁路建设项目书的请示》。1993年11月28日，珠海在鹤洲北举行广珠铁路奠基仪式，但由于当时资金紧缺，工程很快就停工。1997年10月22日，在斗门县小赤坎村又举行广珠铁路开工典礼，由于项目资金未能按时到位，1999年初宣布停工。2004年10月1日，广东省人民政府与铁道部签订《铁道部、广东省人民政府关于加快广东铁路建设有关问题的会谈纪要》，明确省部联手共建9条铁路，广珠铁路被纳入其中。2007年1月10日，由广州铁路（集团）公司、珠海市铁路有限公司、广东省铁路建设投资集团有限公司和江门市城建集团有限公司出资组建的广珠铁路有限责任公司在珠海注册成立，并于当月15日举行公司成立揭牌仪式，拉开工程复工的序幕。2007年9月25日，国家发展改革委批复同意广珠铁路复工。2007年9月26日，铁道部、广东省政府在广珠铁路珠海高栏港站区联合举行广州至珠海铁路建设动员大会，时任中共中央政治局委员、广东省委书记张德江宣布广州至珠海铁路建设正式启动。2008年4月28日上年，广珠铁路控制工程虎跳门特大桥开工仪式在珠海市斗门区隆重举行，标志着广珠铁路正式开工建设。历经4年建设，于2012年12月29日通车。

2005年12月18日，广珠城际快速轨道交通工程（简称广珠城轨）在珠海举行开工仪式。全线总长143.7公里，其中珠海段境内运营里程25公里。全线均为双线电气化铁路，设计时速200公里，其中珠海境内设有珠海北、唐家湾、明珠、前山、珠海5个车站。2011年1月7日上午11时10分，两列“和谐号”动车分别从珠海北站和广州南站同时开出，经过40多分钟行驶，分别到达广珠城轨的两个终点站广州南站和珠海北站，广州南站至珠海北站正式通车。2012年12月31日广珠城轨全线通车。2014年1月20日，珠海市区至珠海机场城际轨道交通工程（简称珠机城轨）正式开工。轨道线全长39.97公里，起自广珠城轨珠海站，终至珠海机场站。珠机城轨一期工程（拱北至横琴段）线路全长17.17公里（含0.31公里联络线），2017年底全线站点主体工程已基本完工，并开展区间隧道施工，2018年底主要工程完工，2020年8月18日正式通车。珠机城轨二期工程（横琴至珠海机场段）起于珠海长隆站，终于珠海机场站，线路全长22.8公里，2018年3月16日开工建设，计划2023年建成通车。

2017年，广珠城轨跨线列车通达城市47个，从珠海乘坐高铁直达的城市基本覆盖华东、华中、华北、西南等区域重要城市。2018年，跨线列车通达城市52个，客运量2315.16万人次；货运量868.73万吨，货运周转量15.6亿吨公里。

港口建设由小到大　1978年，全市营运船舶681艘，载重吨1.17万吨，主要承担乡镇货物运输。仅有小码头，没有大港口。1987年3月，九洲港货运码头开始运营集装箱业务，凭借得天独厚的区位优势，迅速成为珠江沿岸颇具竞争力的集装箱喂给港。

1988年9月16日，珠海市政府正式向省交通厅请示兴建高栏港，并系统地提出建港的思路和有关政策。是年10月4日，市政府成立港口、电厂、铁路三大项目建设指挥部，加快推进高栏港建设。1993年1月5日，时任国务院总理李鹏给“高栏港”命名为“珠海港”；同年3月，珠海市委、市政府决定成立珠海港管理区，代表市委市政府对珠海港实施行政管理职能。1996年7月，高栏港区被国家批准为一类对外开放口岸并正式对外开放，港区吞吐量从1995年的18万吨增加至2008年底的2504万吨。

2008年起，珠海市委、市政府确立“以港兴市、港业城一体化发展”战略，创新港口建设管理体制机制。珠海港坚持差异化和错位发展思路，充分利用自身优势，打造以能源接卸、集装箱中转为主和多式联运、精品货种为特色的现代化国际港口，成为珠海经济社会发展的引擎和重要增长极。“十二五”时期珠海港完成投资139.04亿元。新建泊位34个，其中万吨级以上泊位11个。2013年，珠海港货物吞吐量突破亿吨，并保持稳定增长。截至2017年底，珠海港已建成生产性泊位156个，其中万吨级以上泊位28个；港口通过能力1.6亿吨，其中集装箱通过能力198万标箱。全年完成货物吞吐量1.36亿吨，同比增长15.5%，完成港口集装箱227万标箱，同比增长37.3%。2018年，全市港口共有泊位165个，其中生产性泊位157个、非生产性泊位8个，万吨级以上生产性泊位28个。设计年通过能力1.60亿吨，集装箱吞吐能力198万标箱。其中，高栏港区生产性泊位72个，万吨级以上生产性泊位27个，设计年通过能力1.44亿吨，占全港通过能力的90%。珠海港全年货物吞吐量1.38亿吨，港口集装箱吞吐量231万标箱。

邮政事业成绩辉煌　中华人民共和国成立初期，前山、下栅邮局开办传统的国际邮件和国内函件、包裹、邮政汇兑、侨汇等邮政业务，1950年开始办理报刊发行。1954年7月1日珠海县邮电局成立后，开设函件、包裹、汇兑、报刊发行业务。1957年开办机要通信，1959年开办特种挂号信和邮资整付。1963年国际邮件转口业务由前山邮局移交给拱北邮电支局处理。1980年珠海设置经济特区以后，邮政传统业务和新业务都有较快发展。2012年9月14日珠海市邮政管理局成立，管理机构和经营机构分离。2013年邮务类业务实现收入1.99亿元，同比增长4%。2016年，邮政企业业务总收入3.92亿元，同比增长19.51%。2017年，邮政企业完成收入4.16亿元，同比增长6.12%。2018年，中国邮政集团公司珠海市分公司邮政寄递业务收入累计完成2.2亿元，其中函件业务收入2.08亿元，包裹业务收入168.91万元，报刊业务收入1032.53万元。全市有快递营业网点725个，快递从业人员7000人；邮政企业和规模以上快递企业完成业务总量22.55亿件，业务收入（不含邮政储蓄银行直营业务收入）18.3亿元。

中华人民共和国成立以后，特别是改革开放40年来，珠海交通建设者以只争朝夕的精神，勇担交通基础设施建设的先行官天职，在珠海大地上谱写了一部辉煌的交通事业新篇章，公路、水路、铁路、航空等交通网络已经形成。珠机城轨一期工程拱北至横琴段、洪鹤大桥、金琴快线等一批大的交通工程于2020年相继建成投入使用。还有一批大的交通项目正在实施，金海大桥、香海大桥、黄茅海跨海通道、兴业快线即将建成通车；珠江肇高铁、广珠澳高铁、南中珠城际（广州18号地铁延长线）及深珠通道等交通基础建设项目正在积极推进，不远的将来将实现珠江口东西岸互连互通，使珠海真正成为粤港澳大湾区的交通枢纽城市。

大事记

明、清

■ 明洪武三年（1370）

明朝在广州设置市舶司，与外国进行贡舶贸易，划定香山南部的浪白澳（今珠海市南水镇）为外国商船停泊和贸易的港口。

■ 清雍正三年（1725）

官塘村人佘非凡捐资重修官塘至东坑5000多米长的长南迳古道。

■ 清嘉庆二十五年（1820）

两广总督阮元曾奉令禁鸦片，英、美等国原泊广州黄埔附近的鸦片船只被迫退泊到内伶仃岛。而每逢台风季节，即改泊淇澳岛的金星门。“夷船来泊金星，踵至者五十余只。”

■ 清道光十三年（1833）

十月十五日 英夷船主马基率10余艘武装驳艇驶至马溪海，向淇澳村施放枪炮。当地村民开炮还击，迫使侵略者扯起白旗投降议和，并赔偿战费白银三千两。淇澳村人用赔款修葺天后宫和筑一条长达千米的白石街。

■ 清咸丰十年（1860）

东乡人简胜光等人倡建东干大道（石岐—崖口）和南干大道（南门口—前山），南干大道全长140华里，宽6尺。

■ 清同治十二年（1873）

唐家人唐廷枢任国营轮船招商总局总办，开辟从上海到香港的航线，途经唐家。

■ 清光绪二十年（1894）

十月 澳门绅商陈芳等人捐资四千洋银修通白石—前山石路。

■ 清光绪二十一年（1895）

十月 孙中山广州起义失败后，乘小汽艇驶往唐家后环登岸，避难于唐家村的唐雄家里。唐雄护送孙中山到澳门，逃离险境。

■ 清光绪二十二年（1896）

八月 拱北海域设置唯一助航设备浮标。

■ 清光绪二十三年（1897）

西江对外开放，增设横门、芒洲岛两个新口岸。

■ 清光绪二十八年（1902）

十月八日 下栅建立邮政代办所。

■ 清光绪三十一年（1905）

在唐家设代办邮政铺商。

■ 清光绪三十三年（1907）

前山设立有线电报站。

■ 清光绪三十四年（1908）

十月 前山创办大清邮局、国际邮件互换局。
十二月 拱北关闸建立无线电报站。

■ 清宣统元年（1909）

四月二十二日 香山人王诜集股开辟的香洲埠建成，定名“香洲商埠”。

■ 清宣统二年（1910）

香洲开设“顺兴”“发记”“池记”3间造船厂。

■ 清宣统三年（1911）

四月 清政府宣布香洲为自由港。
十月 香港为开发香洲自由港发行股票，筹集资金20万元，用于修建防波堤工程。

中华民国

■ 民国元年（1912）

香港中山侨商会领袖卓尧峰、唐溢川、蔡兴，理事佘禹臣、蔡昌、莫藻泉等，集资购买一艘载重百吨的小火轮“新都益号”载客货航行，开辟由上栅村经唐家至香港的航线。

■ 民国6年（1917）

孙中山偕同广州护法军政府海军总长程璧光和唐绍仪等乘舰来唐家环视察，计划在该处开辟军港。当时有4000吨级主力舰“海琛号”“海折号”及3000吨级巡洋舰“飞鹰号”等舰只停泊在金星岛东南海面。后因程璧光遇害而未果。

■ 民国 11 年（1922）

唐家村唐炜琛、官塘村卓冠士、上栅村卢阜勔三人集资兴办香山上恭镇通益人力车公司，承办北至南萌、石岐，西至三乡，南至前山、澳门的客运服务。

■ 民国 12 年（1923）

8月18日 拱北地区遭飓风，54艘船沉没，228艘船损坏，倒塌房屋318间，52人受伤，418人丧命。

12月 前山、石岐官兵时起争端，无理扣封船只，用于走私食盐和烟土，商旅运输受阻。

是年 在斗门墟建成风流桥，是斗门地区首次建筑的混凝土桥梁。

■ 民国 14 年（1925）

斗门墟设立三等邮政局。

■ 民国 16 年（1927）

9月21日 岐关车路公司成立。

■ 民国 17 年（1928）

英国人在淇澳岛东北部的大旺角建一座灯塔航标。

■ 民国 18 年（1929）

采用股份制方式筹资建设岐关东路东面干线及其支线，修筑岐关东线的上栅支线，唐家车站为这一支线的终点站。

■ 民国 19 年（1930）

5月 开设中山港三等乙级邮局，同时，中山港开设电报局和电话局。

9月19日 中山港举行建设典礼，当天西南航空13架战机在留诗山上空作各项飞行表演。同年10月28日，由于各种原因，中山港免税特权废止。

是年 岐关东路唐家支线完工通车。

■ 民国 20 年（1931）

3月 唐绍仪兼任中山县县长。

7月 中山港举行第一期工程竣工典礼。

■ 民国 21 年（1932）

1月17日 岐关车路东路全线通车。

11月 修建斗门至乾务、斗门至赤坎公路。

是年 斗门境内有两辆烧木炭驱动的客运车营运。

■ 民国 22 年（1933）

南屏至湾仔公路建成。全长4公里，路面宽3米，建成后并试行开办客运班车业务。

■ 民国 23 年（1934）

秋 英国一架直升机载着12个士兵在三灶莲塘湾登陆，在眼浪山测绘照相，并竖起英国国旗。被田心村民曹诗元等群众驱赶，英军撤走。

■ 民国 25 年（1936）

1月 英国一艘小火轮载着10多人在三灶湾弓码头登陆，到黄竹山顶勘察、绘图照相、修筑十字架，凤鸣小学詹老师带领近百名师生群众与之交涉，逼英军撤走。

7月 岐关车路西线建成通车。

■ 民国 26 年（1937）

12月5日 日本侵略军400余人，从高栏乘船登陆莲塘湾，侵占三灶岛，奸淫掳掠，24天后撤出。

是年 日本侵略军封锁中国海岸。拱北关及海上缉私工作全部停止。渔船、航运受日本侵略军袭击，进出口贸易受阻。

■ 民国 27 年（1938）

2月16日 日本帝国主义侵华时修建的三灶军用机场建成，有跑道一条，长1200米，宽60米；副跑道一条，长570米，宽40米。

10月22日 广州沦陷，拱北到广州的交通中断。

是年 为防止日本海军入侵，广东省江防司令部在磨刀门水道的竹洲河段，崖门水道的虎跳门河段，鸡啼门、泥湾门水道的黄杨河段敷布水雷封锁河道，故来往港澳的客货船绕道经黄猄水道出入。

■ 民国 28 年（1939）

1939年冬 日本侵略军进犯石岐。为延缓日本侵略军机械化部队推进速度，广东省政府命令中山县政府主动破坏石岐公路。

■ 民国 29 年（1940）

2月22日 日本侵略军舰从唐家湾后环强行登陆，六区沦陷，日本侵略军占据“望慈山房”，成立守备队。

3月6日 日本侵略军在关闸、香洲、唐家沿海登陆，珠海全境沦陷，拱北关关闭。

3月 中山县政府下令将岐关等公路路面毁坏，阻止日本侵略者入侵。

■ 民国 30 年（1941）

2月5日8时 日本军事参议官、海军大将、男爵大角岑生乘“微风号”飞机途经斗门区（原中山县第八区），遇大雾迷航，飞机撞在海拔400米的黄杨山牛轭岭坠毁，机组4人及乘员6人全部丧生。

■ 民国 31 年（1942）

中山港邮政局改为邮政代办所。

■ 民国 32 年（1943）

3月 五桂山游击队组织一支“土海军”，由中队长卢少彬率领三打淇澳谭洪钧部，护渔擒海盗，为海上交通线扫除障碍。

■ 民国 35 年（1946）

12月 石岐至澳门公路修复，客货车开始运行。

是年 建立凤凰山、银坑至澳门海上交通线。

■ 民国 36 年（1947）

12月 斗门墟设立电话分所。

■ 民国 37 年（1948）

7月16日 斗门荔山黄耀和南门赵日明、赵昌尧及小赤坎赵三才劫持飞行香港澳门的“澳门小姐”号飞机。飞机坠海，机员乘客27人，除黄耀生还外，全部罹难。

是年 国民党逃跑时，将三灶机场跑道炸毁，留下弹坑1340个。

中华人民共和国

■ 1949 年

10月 国民党中型登陆艇肤荣（勇敢）炮艇、新风交通巡艇40（珠江124）官兵于珠江口起义。

10月中旬 国民政府军队薛岳残部，乘船在唐家湾前、后环登陆，强行进驻唐家的全部祠堂和中、小学校，不久撤离。

■ 1950 年

4月 珠江专署交通处副处长朱超以军代表的名义接收岐关车路有限公司。

5月25日凌晨 解放万山群岛战役打响，战船从唐家前环码头出发，经过72天的战斗，战役取得全面胜利。后环村渔民袁北友被评为全国支前模范。

是年 岐关公路在全国上路评比中，获得第一名。

■ 1951 年

1月 广东省人民政府海岛管理局珠江分区成立，后改为珠江专区海岛管理处（相当于县团级建制）。管理处设在唐家，处长陈志贤。

8月 前山城设立拱北交通检疫站。

■ 1952 年

7月25—30日 澳葡哨兵越过关闸边界，刺伤中国边防哨兵，用机枪射击前山水道进出船舶，船上旅客一死一伤，前山水路中断，客运、货运受阻。7月30日，解放军给予坚决反击。8月16日，葡方接受中方条件，赔偿中方损失、道歉。8月25日，水陆交通和海关业务恢复正常。

11月10日 驻唐家部队掩护起义的国民政府军“陶头斯”轮进港。

是年 成立唐家邮电营业处，属中山县邮政局管辖。

■ 1953年

6月 斗门邮政局、电话分所合并为斗门邮电所。

是年 建立桂山引航站。

是年 原中山县邮电局管辖的唐家邮电营业处，改称为珠海县邮电营业处。

■ 1954年

7月1日 珠海县邮电局（五等）在唐家成立。

■ 1955年

8月13日 珠海县淇澳至唐家一艘交通帆船被风浪打翻，31人溺水，8人死亡，损失货物1批。

■ 1956年

10月 麻乾公路麻子—乾务路段竣工通车，长11公里。

11月 珠海县翠微至香洲的公路修通。

■ 1957年

6月12日 珠海县水产公司运输船“白藤号”，由担杆驶向唐家途中，朱世九、苏焕新等人率领打石队37名工人暴乱，船上3名工作人员与暴徒搏斗，终因寡不敌众，县武装部科长方映牺牲，水产站收购员高浦淹死大海中，船连人带货被劫持到香港。港英当局十天后把被劫的“白藤号”及船员遣返珠海。

是年秋 驻军修筑前山至洲仔公路，长5.3公里，宽6.5米，沙土路。

是年 唐家至后环码头的边防公路建成通车。

■ 1958年

1月 珠海第一个交通管理机构——珠海县人民委员会交通科成立。

2月 麻斗公路（麻子至斗门）全线通车，全长25公里。

是年夏 珠海县水产局兴建香洲港，属渔用港，有码头泊位150米（水深2米）、堆场1112平方米、防波堤600米。

7月 白蕉公社建立斗门地区第一个拖拉机站。

10—12月 设立外沙、大赤坎渡口所。

是年 珠海全民办工业，建成香洲渔船厂。

■ 1962年

8月 珠海县公路工区成立，下设肖家村、翠微、下栅3个道班。

9月1日 受13号强台风袭击，全县倒塌房屋1601间，毁坏船只51艘，6人死亡，毁坏码头1座、防浪堤4处、鱼塘7口，冲毁围堤36处，稻田受浸6000多亩，毁损果树7.19万棵。

12月20日 珠海县投资14.3万元，动工修建唐家至湾仔30公里长六等乙级国防公路。1964年4月建成通车。

■ 1964 年

4月 珠海县交通局成立，原县人委交通科同时撤销。

■ 1965 年

12月 斗门县白蕉港务站成立。

■ 1966 年

3月 斗门县开通白蕉码头至广州大沙头、江门蓬江码头、石岐岐江码头定期航班。

8月 斗门县交通局成立。

■ 1967 年

2月 斗门县五山公社马山大队二围浮运水闸动工，同年6月沉放成功，9月建成使用。

8月 斗门县白蕉灯笼东头、东二、东三、东四、东五水闸完成，白蕉联围筑围工程竣工。

是年 斗门县汽车站设立，隶属佛山地区汽车运输公司。

■ 1969 年

9月 珠海县交通局撤销，改为珠海县交通运输公司革命委员会。

12月 斗门县邮电局分设为斗门县邮政局、斗门县电信局。

■ 1970 年

7月下旬 珠海县换发边防区居民证和船民证，至9月初结束。

10月15日 珠海县与香港正式通邮。

是年 珠海县开展“全民办后勤”工作，加紧备战，建设“四网”（交通运输网、物资供应网、车船机械修理网、医疗卫生网）。

是年 斗门县建成南门渡口所。

■ 1971 年

4月10日 珠海县香洲公社“2448”号渔船在香港被太古轮船公司“万流”号货船撞沉，渔民五死五伤。

5月 白蕉港务监督站成立。

6月26日 珠海县南湾“4201”号渔船途经澳门南环新墩附近海面航道，被澳门大兴公司东山号客轮撞沉，渔民轻伤13人，重伤2人。

7月 珠海县交通运输公司革命委员会并入珠海县工交战线革命委员会。

12月 斗门县公路工区成立。

■ 1973 年

2月 恢复珠海县交通局。同时，珠海县工交战线革命委员会改称珠海县工交办公室，县交通局归口县工交办公室管理。

10月 珠海前山河石角咀船闸建成。

是月 斗门县邮政局、电信局合并为斗门县邮电局。

是年 广东省政府批准斗门县井岸镇为非设关出口货物起运点。

1974年

3月 珠海开始向社会征收手扶拖拉机养路费。

9月 斗门县白藤大型浮运闸建成。

1975年

5月1日 斗门县外贸局食品出口运输船首航澳门。

8月 排泥口径8英寸和10英寸电力传动装置钢壳体绞吸式中型挖泥船先后在斗门县造船厂、农机一厂试制成功，并分批投产。

8月 斗门县造船厂首次制造载重30吨的钢质驳船下水，机械性能符合国家要求。

是年 广东省香洲港务管理所成立，业务归属中山县石岐港务所领导，党政归珠海县交通局领导。

1976年

4月1日 斗门县井岸设立出口货物起运点。

是年 成立珠海香洲港务监督站，人财物归香洲港务管理所管理，业务受佛山港务监督站领导。

1977年

2月 斗门县水上运输公司成立。

1978年

1月 斗门白蕉港务站迁至井岸，改称井岸港务所。

9月 斗门县农机三厂制造的2HN广东-3型绞吸式挖泥船获全国机械工业科学大会合作成果奖。

1979年

3月 珠海县工交办公室改为珠海市经济委员会。同时，原县交通局升格为市交通局。

5月1日 珠海市公共汽车运输公司成立，10月易名为市公共汽车公司，11月划归市建委管辖。

5月 斗门县造船厂制造的140个客位客轮试航成功，并交付使用。

8月4日 珠海旅游出租汽车公司成立，由珠海市出租汽车公司与澳门汽车旅游服务公司合作经营，是国内首家中外合作经营出租汽车业务的公司。

11月11日 珠海市第一盏交通信号灯在香洲凤凰路榕树头路口安装启用。

12月20日 珠海成立交通安全监理所，下设拱北、湾仔两个分所，编制定28人，负责市辖区内机动车辆检验、驾驶员考试及核发牌证、交通管理、处理交通事故、征收养路费等项工作。

是年 井岸渡口通渡。

是年 斗门县开通井岸至肇庆、梧州定期航班。

是年 斗门县农机三厂研制的2XN-3型吸泥船荣获广东省科学技术研究成果奖。

■ 1980 年

7月 广东省汽车运输公司拱北公司成立，接管原佛山汽车运输公司管辖的拱北汽车站及其下属香洲汽车站和前山、唐家售票站和车队、车间。澳门岐关车路有限公司归拱北公司领导。

8月6日 九洲港工程正式动工。

11月24—25日 中共广东省委第一书记任仲夷、广东省委书记兼广州市委第一书记梁灵光到珠海市检查工作，视察九洲港建设工地，听取港口建设规划汇报。

12月10—11日 国务院副总理谷牧由国家进出口管委会副主任江泽民、中共广东省委书记吴南生陪同视察珠海九洲港。

12月18日 珠海市水运公司与香港港澳运通船务公司合作经营香洲至香港货轮运输业务。

■ 1981 年

2月21日 新华社香港分社社长王匡、澳门南光公司总经理柯正平考察珠海的港口码头。

4月 广珠公路改为105国道。

8月 广东省公路建设公司与澳门南联公司在广州签订《关于贷款建设广珠公路四座大桥的协议书》，由南联公司向省公路建设公司贷款1.5亿港元，用于改建广（州）珠（海）公路四处渡口（三洪奇、容奇、细窖、沙口）桥梁。

10月21日 澳门总督高斯达夫妇访广州返澳途中到访珠海。双方就澳门填海问题、移民问题、交通问题交换意见。

10月29—30日 日中经济协会常务董事大久保率领考察团，在广东省外经委秘书长张熊陪同下到珠海市考察，并参观九洲港工地。

11月6日 珠海市公路局成立，为省属处级事业单位。

11月7—8日 澳大利亚贸易考察团布顿恩桑顿一行到珠海市参观九洲港工地和银海新村。

11月 斗门县外贸局出口运输货轮首航香港。

11月20日 斗门至澳门航运线重新开通。

■ 1982 年

2月17日 广东省政府批准大赤坎码头为斗门县出口砂、石、泥起运点。

3月6日 平沙农场鸡心洲横水渡木船，因超载发生沉船事故，16人落水，9人溺死。

3月27—28日 国务院副总理谷牧在广东省委书记吴南生等陪同下视察珠海九洲港工地。

7月1日 斗门县井岸至莲溪、上横公路通车。

7月 中华人民共和国九洲港务监督站成立，隶属珠海经济特区管委会领导，监督长由珠海市交通局长兼任。

9月1日 珠海经济特区发展公司与香港港中飞翼船公司合作经营的九洲港至香港客运航线通航，合作期限10年。

9月2日 珠海经济特区发展公司与港中飞翼船有限公司、香港运通泰（中国）发展有限公司、岐关车路公司联合举行典礼，庆祝九洲港与香港客运通航暨联运公司、珠岐运输公司开业。广东省副省长曾定石主持剪彩仪式。

9月21日 九洲港直通香港大角嘴的高速双体喷射船开始载客服务。

10月4日 全长5012米，宽40米的珠海市新港大道（即今九洲大道）破土动工。1985年，市政府投资全线改造成24米宽的水泥混凝土路面。1986年建成通车后，属地方道路，后改为市政道路，路名亦改称为九洲大道。

11月3日 广东省航运厅批准成立广东省航政局珠海分局，隶属广东省航政局，同时接受珠海市党政领导。

1983年

2月 井岸至三灶公路修筑，1985年2月建成通车。

4月1日 公路规费征收由交通监理部门改由公路部门征收。

5月21日 广东省航政局珠海分局挂牌成立。

6月25日 广州民航局、珠海经济特区和香港信定佳有限公司合作建设的珠海直升机场正式动工。

7月18日 珠海（九洲港）—深圳（蛇口）客运通航，“岭南春”号客轮首航。

7月 中华人民共和国船舶检验局在珠海召开全国沿海九省市地方船检工作会议。

9月5日 广东省交通厅决定，原属佛山地区对口部门领导的交通运输业务移交给驻珠海省属对口部门领导和管理。

10月26—27日 国家民航总局局长沈图一行9人到珠海，了解直升机场建设及为南海油田开发服务等情况。

11月 中国民用航空公司珠海航空站成立，归中国南海石油联合服务总公司民航直升机公司。

12月28日 珠海直升机场一期工程竣工。次日，珠海至广州民航直升机航线通航。

1984年

1月26—29日 中共中央政治局常委、中央顾问委员会主任邓小平，在中央政治局委员王震、杨尚昆等陪同下，从深圳乘海军炮艇到珠海九洲港等地视察，为珠海特区题词“珠海经济特区好”。

2月18日 珠海经济特区进出口总公司与澳门德昌车行合作经营的珠海澳门五十铃汽车展销中心开幕。

2月26日 九洲港深水码头扩建可行性评审会在珠海宾馆举行，市领导梁广大，中国南海石油联合服务总公司副董事长、总经理陈李中和香港佳豪有限公司董事长黄伯俊等出席评审会。

3月26日 珠海经济特区九洲港综合性深水码头等三项工程对外合作兴建、经营协议书在石景山旅游中心签订。同年5月3日，九洲港综合性深水码头和与之配套的东部综合性生活区建设工程举行奠基典礼。

4月 广东省老区建设委员会、广东省交通厅同意修建井岸至龙坛公路，划出专款5万元，要求当年完成全部工程。

4月 九洲港务监督隶属广东省航政局珠海分局领导。

5月 九洲港货运作业区建成投产。

6月21日 国务院批准湾仔辟为对澳门开放以客运为主的轮渡客运口岸。

7月1日 九洲港澳门环岛水域旅游航线通航。

8月8日 以英国劳合国际银行为首的国际性银团向香港佳豪有限公司贷款6396万美元，用于合作兴建珠海经济特区九洲港综合性深水码头及与之配套的生活设施。

9月15日 1979年8月成立的珠海市小汽车出租公司由市城建局划归市交通局管理。

10月28日 珠海香洲至深圳蛇口客运航线通航，由珠海市水产运输公司和深圳船务公司联合运营。

11月8日 珠海湾仔—澳门轮渡客运复航，每天往返16个航次。

12月12日 广东省珠海航运公司成立，直属省航运公司领导，为独立核算水运企业，属市局级建制。

12月18日 珠海至香港的货运通航典礼在九洲港举行。

12月25日 珠海—梧州客轮首次通航。

1985 年

1月28日 珠海市政府提出修建广珠铁路的动议，并成立珠海市铁路筹建处，负责广珠铁路筹建工作。

1月 九洲港至蛇口的车渡航线通航。

1月 前山港建成投入使用，主要经营水路客货运输，港口装卸、仓储，代理货物中转等业务。

3月 南海石油珠海服务总公司投资3200多万元，在九洲港西侧兴建深水码头，1987年3月竣工投入使用。1990年初，珠海九洲港务集团公司以5200万美元收购深水码头。

4月17日 珠海市邮电局开办国际、国内邮政特快专递业务。

6月1日 珠海交通监理所与珠海经济特区粤交实业公司分开，实现政企分离。

6月 红旗农场至井岸、小林、三灶公路通车。

7月19日 井岸大桥动工建设，1988年1月19日建成通车。

7月 中华人民共和国珠海港务监督成立，下设九洲、湾仔、香洲、前山、桂山、井岸6个监督站。

11月22日 铁道部部长陈璞如一行9人到珠海市考察。

是年底 九洲大道改扩建完工通车。

1986 年

3月21日 中共广东省委书记林若在珠海市委书记方苞、市长梁广大陪同下视察九洲港深水码头建设工地。

4月19日 以泰国中华总商会副主席郑明如为团长的泰华工商界珠海佛山考察团一行29人，取道澳门抵珠海市进行考察，参观三联汽车维修中心、九洲港深水码头等。

5月16日 广州大沙头至珠海平沙水运客运航线通航。

6月15日 斗门县六乡区石门乡承包户陈连生雇佣22名农民到番薯围除蔗草，收工回家时用破烂农艇载人过海超载，行至小托乡河涌时翻沉，溺死妇女4名。

7月5日 斗门县新环大桥奠基，投资880万元，由铁道部二十局一处承建。1987年8月27日竣工通车。

7月15日 邮政储蓄业务正式开办，珠海香洲、拱北分局两个邮政储蓄营业点同时开业。

9月11日 国务院机场评估工作组一行17人到珠海，就拟兴建国际机场问题进行评估。

9月30日 斗门邮电局开办邮政储蓄业务。

10月1日 珠海交通监理所成建制移交珠海市公安局管理。

10月11日 珠海经济特区九洲港深水码头工程验收仪式在九洲港举行，珠海市领导梁广大、何仲云、陈焕礼等出席验收仪式。

10月 井岸至大赤坎公路竣工通车。

10月 省交通厅批准设立斗门港务监督站。

12月21日 中共中央政治局委员、国务院副总理李鹏到珠海市视察，听取珠海市领导梁广大、何仲云、黄静等的工作汇报，对珠海兴建国际机场和进一步搞活特区建设作出重要指示。

1987 年

1月 珠海开始征收摩托车养路费。征收的手扶拖拉机养路费和摩托车养路费，全部用于地方公路养护与新（改）建投资补贴。

1月12日 交通部部长钱永昌到珠海市考察。

2月5日 斗门县造船厂设计、制造的第一艘总排水量1700吨，长33.6米、宽17米、型深3.1米，起重量120吨的浮吊船竣工下水，交付香港荣超海陆工程公司。

3月1日 珠海九洲港深水货运码头启用，开始从事集装箱装卸业务。

3月3—5日 国务委员谷牧在广东省副省长于飞、中共广东省委常委方苞、珠海市领导梁广大和何仲云等陪同下视察九洲港深水码头等。

3月17日 珠海市交通系统政治工作研究会成立。

4月17日 葡萄牙总理卡瓦科·席尔瓦和夫人一行32人，在经贸部部长郑拓彬和夫人、外交部副部长周南和夫人以及广东省副省长杨立等陪同下访问珠海，市长梁广大介绍珠海市有关情况，并陪同考察九洲港深水码头等。

6月1日 市公共汽车公司划归市交通局管理。

6月12日 珠海直升机场迁建奠基典礼在洲仔村举行。

7月18日 省计委批准斗门大桥工程上马。

7月30日 珠海市港口管理委员会成立，为市人民政府港口协调管理机构。

8月31日 珠海市邮电局开办国际万声信函业务。

9月18日 国务院口岸办、海关总署、农牧渔业部动物检总所、省口岸办、市口岸办、拱北海关业务处等领导一行7人到斗门县检查斗门港的港址选定和布局情况。

10月31日 国务院批准开通斗门港至香港的客运航线。

11月16日 南屏大桥建成通车。

12月15日 珠海市被评为广东省整顿公路客运市场先进市。

■ 1988年

1月3日 国家民航总局局长胡逸洲到珠海考察。

1月18日 珠穗直升机航班复航仪式在珠海举行。

1月19日 井岸大桥竣工通车。

是日 上横大桥通车。

7月15日 “杭州”号万吨级货轮首航珠海九洲港。

7月28日 板樟山隧道开工建设，在拱北迎宾大道北端南洞口举行动工仪式。隧道土石方工程由铁道部十八局和铁三院承建。

8月3日 珠海市海上安全监督局成立，业务上受交通部海上安全监督局和广东省航政管理局的双重领导。

8月23日 珠海市召开兴建高栏深水港研讨会，应邀参加会议的有国家、省、市交通、水利主管部门和高等院校、科研设计单位等方面的领导、专家、教授及工程技术人员共40人，会议对高栏建深水港的必要性和可行性进行深入讨论。

9月17日 珠海—汕头直升机航线开通试航。

是日 南水大桥建成通车。

9月21日 珠海市交通委员会成立，下设5个科室及交通运输行业管理处和地方道路管理处2个事业单位，负责全市陆、海、空交通运输和邮政行业建设发展统筹、协调和管理工作。原市交通局同时撤销。

10月10日 珠海市唐家液化石油气码头竣工。

11月9日 省属斗门车站、香洲车站以及粤交实业公司下放给珠海市交通委员会管理。

■ 1989 年

4月5日 加拿大国营铁路海外市场总经理包礼雅和加拿大泛亚绿洲集团董事长姚贻德率领加拿大铁路代表团到珠海市进行友好访问。

5月9日 市港口管理委员会撤销，港口管理工作由市交通委员会负责。

5月30日 国务院副秘书长王书时、综合司司长李福玉到珠海市了解珠海建设机场、港口等情况。

7月3日 撤销珠海市航运公司。前山港务所改为珠海市前山港务公司，香洲港务所改为珠海市香洲港务公司。

7月 乾务大海环大桥通车。

8月17日 市交通运输行业管理处更名为珠海市公路运输管理处（科级建制）。

9月8日 广东省计划委员会下发《关于珠海市高栏港项目建议书的批复》，同意高栏港建设按统一规划、从小到大的步骤分期实施。起步工程兴建两个2万吨级码头泊位，年吞吐能力95万吨，资金由珠海市筹集。

10月 连接井岸大桥和新环大桥路段的连桥路竣工通车。

11月20日 珠海九洲机场通过工程验收并投入使用。

12月28日 珠海举行阳江—珠海直升机通航仪式。

是日 金岛公路首期竣工典礼、三灶机场修复试航典礼、高栏港筑港大堤工程奠基仪式同时举行。

是年 交通部水监局审核批准，珠海港务监督获得了办理国际航线船舶登记权。

■ 1990 年

1月1日 珠海公路局下放珠海市，归口市交通委员会管理。

2月5日 斗门县造船厂设计、制造的工程船投入启用。

2月10—11日 中共中央政治局委员、国务院副总理田纪云视察珠海，先后到港湾公路、板樟山隧道工程等工地视察。

2月17日 珠海市获广东省1989年度交通安全管理先进城市称号。

3月28日 珠海市政府与澳门政府就拱北迎宾大道与澳门连接事宜达成合作协议，并共同签署备忘录。

4月23日 珠海经济特区江海航运公司投资建造的中国首艘第一代沿海双尾节能型快速车、客渡船“汇川轮”在珠海市首航成功。

4月28日 交通部计划司副司长林平亚率团到珠海市高栏深水港进行实地考察。

5月6日 民航广州直升机公司在珠海直升机场举行庆祝公司成立10周年招待会。珠海市副市长林保万、市交委主任黄贞山等到会祝贺。

5月16日 中国航海学会引航专业委员会在珠海举行成立大会，王小彦当选引航专业委员会委员

5月29日 桂山港暨牛头船舶修造厂奠基开工仪式及管理区“万山杯”首届龙舟邀请赛同时举行。

6月25日 珠海斗门大桥建成通车。

9月4日 联合国亚太经济社会委员会、国际海事组织及交通部联合举办的国家级便利海上运输讲习班在珠海市举办。

9月10—14日 珠海市召开高栏港总体布局规划方案论证会，40个单位的领导以及市政府邀请的专家、教授、工程技术研究人员共68人参加。会议成立专家评审小组，对提交会议审查的总体布局规划方案进行认真讨论，并通过专家的论证。

10月1日 三灶机场修复完工，开通三灶—珠海、三灶—广州的往返飞机航班，使用的是“海岛人”小型固定翼飞机和直升机。

10月5日 珠海市速递公司成立。

11月16日 珠海市九洲港代表团访问美国红木港市，并于22日签订珠海九洲港与美国红木港结为友好港口协议书。

11月27日 珠海唐家大坞湾油气库、港湾大道、九洲港务局货运联检楼和3000吨位码头及5号、6号仓库等项目落成剪彩。

11月28日 珠海板樟山下行隧道建成投入运行。

■ 1991年

1月19日 珠海市公路运输管理处更名为珠海市道路运输管理处。

2月1日 珠海三灶交通管理总站成立，下辖地道、公路养征、航道、港务监督等4个股级站。

2月28日 珠海市举行珠海大桥奠基活动。广东省副省长匡吉及珠海市五套班子领导梁广大、何仲云、黄静、麦庚安、何海等嘉宾1000多人参加奠基活动。市委书记、市长梁广大在奠基典礼上致辞。

4月16日 两艘全新豪华游船—威海、威华号在湾仔码头启航，投入澳门环岛游营运。

4月30日 在全国合理化建议工作会议暨表彰会上，珠海市邮电局移动通信分局职工刁瑞忠被授予“全国合理化建议和技术改造活动积极分子”称号。

5月9日 高栏港南水半岛至高栏岛6公里长的连岛大堤合拢并试通车成功。

5月14日 珠海市航政管理局更名为珠海市航务管理局，并将市道路运输管理处水上运输管理职能划入市航务管理局，同时保留中华人民共和国珠海港务监督和珠海市海上安全监督局的牌子。

5月27日 香港政府交通考察团一行10人，由港府运输司梁建邦率领访问珠海市，并考察珠海市交通发展规划和交通管理情况。

5月27日 国家民航总局局长蒋祝平考察珠海九洲机场和三灶机场。

6月9日 珠海牛头船舶修造厂开业。

8月17日 珠海特区蓝特汽车联合公司试车社的10辆BJ1041轻型载货汽车正式下线。

8月28日 万山管理区“天祥一号”快船在香洲码头举行首航仪式。

是日 珠海市平沙连湾河新码头进出口货物装卸点正式启用，平沙的货轮可以直达香港、澳门。

8月29日 珠海市香洲凤凰路改造拓宽工程开工，1992年1月18日竣工通车。

9月 中国南海石油联合服务总公司民航直机公司从广州白云机场迁至珠海九洲机场；同时撤销珠海分公司和珠海航站。

10月18日 珠海新购进的“九洲”“海山”号两艘双体喷射高速客轮在九洲港举行首航仪式。

11月8日 珠海市斗门汽车运输公司更名为珠海市西部地区交通运输集团公司。

11月28日 前山大桥工程破土动工。

■ 1992年

1月2日 板樟山上行隧道建成通车。

1月4日 珠海市政府与中国舰船研究院签订长期技术合作协议。

1月23—29日 中国改革开放总设计师邓小平，在省委书记谢非，省委副书记、省长朱森林，市委书记、市长梁广大陪同下，从深圳乘坐拱北海关902艇抵达九洲港，对珠海进行视察。

1月25日 国家主席杨尚昆从深圳乘船抵达珠海九洲港码头，在广东省委书记谢非等陪同下对珠海进行视察。

2月6日 珠海市香洲渔船厂设计建造的TVGL812A型钢质双拖渔船荣获农业部“优质产品”称号，从而实现珠海市造船行业“部优产品”零的突破。

4月18日 高栏港两个2万吨级码头奠基。

5月2日 国务院副总理邹家华从深圳乘“海山”轮，经九洲港到珠海视察。

6月13日 珠海市第一座人行天桥香洲凤凰路交翠香路天桥合龙。

6月21日 珠海市从澳洲新引进的第一艘豪华双体高速客船“海珠”号首航香港。

6月30日 珠海港务局成立。

7月17日 广东省副省长匡吉一行10人到珠海研究广珠高速公路的走向问题。

8月8日 高栏港10万吨级煤码头意向签字仪式在九洲港会议室举行。

8月13日 珠海市市长梁广大和香港长江和记黄埔实业有限公司主席李嘉诚先生，分别代表双方签订九洲港和高栏港集装箱码头合资备忘录。

8月28日 横琴大桥动工兴建，1999年9月28日建成通车。

9月8日 莲溪大桥建成通车。

9月28日 市内公共汽车2路线开始使用电脑报站器，实现公共汽车由人工报站到机器报站的转变。

10月3日 珠海国际货柜码头有限公司签字仪式在珠海宾馆举行。

10月9日 珠海10万吨级油轮——“滨河”号巨轮投入营运。

10月24—25日 国务院口岸办公室、交通部、公安部、卫生部等部门组成的国务院斗门港客运口岸验收组，对斗门港客运口岸开放前的准备工作进行验收，同意于1992年11月8日对外开放。

11月18日 中国南方航空公司珠海飞行训练中心举行开业庆典。

12月18日 香洲香湾大道（南段）建成开通。

12月20日 革命老区金鼎镇永丰村公路通车，全长8.2公里的水泥路把13个自然村连接起来。

12月23日 斗门南门大桥竣工通车。

12月30日 中外合作建设经营管理广珠（东线）高速公路项目合同签字仪式在广州举行。

■ 1993年

1月12日 珠海市召开工交工作会议，重点讨论珠海市交通、能源、通信设施和工业生产情况。

1月27日 国务委员、国家科委主任李铁映，在国务院副秘书长徐志坚、广东省副省长李兰芳等陪同下来珠海考察正在施工的高栏港、珠海机场等。

2月25日 珠海市高栏港10万吨级煤炭中转码头获国家计委批准兴建。

3月28日 珠海市举行首次出租小汽车牌照拍卖会，拍卖出租小汽车牌照200块。5月26日又进行市内12条公共中巴（专线）线路公开拍卖，共拍卖专线中巴牌照193块。

4月19日 中共中央政治局委员、全国人大常委会副委员长田纪云，在广东省人大常委会副主任清伯常陪同下到珠海考察建设中的珠海大桥等重点工程。

5月1日 香港屯门区议会主席刘皇发和副主席叶庆忠率领的考察团一行32人，到珠海市考察伶仃洋大桥工程。

5月15日 交通部副部长郑光迪一行13人到珠海市考察珠海交通建设情况。

5月25日 珠海机场第一批进口设备签字仪式在金怡酒店举行。其设备包括地面自动服务等各项系统，总金额为4060万美元，从瑞典TMT公司引进。

6月28日 中国南方航空公司珠海九洲机场与香港永辉国际货运公司合资经营的珠海市首家国际航空货运公司开业。

是日 珠海经济特区利安东大船务公司经营的广州至珠海九洲港和深圳蛇口高速水翼船客运航线开通。

7月9日 广东省副省长卢瑞华、张高丽、欧广源来珠海市参加粤西道路衔接会议。

7月15日至8月2日 以珠海铁路建设总指挥林保万（珠海市副市长）为团长、副总指挥黄贞山为副团长的珠海市政府考察团一行12人，在考察团高级顾问、黑龙江省委常委、外事办主任王耀臣的陪同下完成赴俄罗斯的考察任务。

8月26日 珠海市委、市政府决定成立淇澳管理区，与伶仃洋跨海大桥指挥部合署办公，负责淇澳岛和内伶仃岛的管理、开发建设。

8月28日 泥湾门大桥建成通车，全长637.49米，双向六车道。

9月13日 珠海港管理区与珠海港务局合署办公，实行“两块牌子一套班子”。

10月16日 珠海市第一艘万吨货轮“华珠一号”在唐家部队水线码头举行首航（赴天津港）仪式。

10月18—20日 中共中央政治局委员、全国人大常委会副委员长田纪云，在全国人大常委会秘书长曹志陪同下在珠海市视察珠海大桥、珠海三灶机场、斗门湖心路、尖峰大桥等工程施工情况。

10月25—28日 广东省委副书记黄华华在市委书记、市长梁广大和市委副书记黄静陪同下，先后对珠海大桥、珠海三灶机场、珠海港两个2万吨级码头、珠海港10万吨级码头、尖峰大桥等重点工程进行考察。

11月6日 全国交通建设贯彻国防要求研讨会在珠海市召开。

11月12日 全国各地的海洋、桥梁专家、学者40余人聚集珠海市，参加伶仃洋跨海大桥与黄茅海跨海大桥技术综合研讨会。

11月12—14日 国务院港澳办公室副主任王启人一行结束对澳门的访问后，在新华社澳门分社副社长王今翔的陪同下，到珠海市考察。广东省委常委、珠海市委书记、市长梁广大介绍珠海市的经济发展状况，就珠海市与港澳经济合作进行了交谈，并考察港口、机场等建设工地。

11月13日 全国第七届海岸工程学术讨论会在珠海市召开。珠海市委书记、市长梁广大出席开幕式。

11月 高等级城市干道湖心路通车，全长9公里、宽50米、六车道。

11月27日 斗门尖峰大桥建成通车。

11月28—30日 珠海市投资洽谈会暨大型项目奠基剪彩仪式在国贸中心隆重举行。出席会议的嘉宾及珠海市领导分别为珠海大桥通车剪彩，为珠海港10万吨级煤码头、广珠铁路珠海站、珠海至香港的伶仃洋大桥前期工程淇澳大桥等项目奠基。

12月13日 东区1号、东区2号两艘供水船给桂山岛、万山岛、外伶仃岛、东澳岛供水。

12月28日 前山大桥建成通车。

12月29日 中央顾问委员会原常委余秋里到珠海市考察，考察珠海三灶机场情况。

■ 1994年

1月10日 全国政协副主席谷牧到珠海市考察。珠海市领导梁广大、黄静陪同考察前山大桥、珠海大桥和珠海港及西区重点工程。

1月22日 国家原主席杨尚昆到珠海市考察，在梁广大等陪同下，先后到淇澳大桥建设工地、珠海港2万吨级码头考察。

1月29日至2月4日 李鹏总理视察珠海市，先后到淇澳大桥建设工地、珠海大桥考察，并听取市委书记、市长梁广大等党政领导的工作汇报。

2月1日 交通部部长黄镇东考察珠海市交通情况，市政府副秘书长黄贞山汇报珠海市交通规划和发展情况。

2月7日 国务院副总理邹家华考察珠海市重点工程。在广东省副省长张高丽和珠海市委书记、市长梁广大的陪同下先后考察珠海大桥、珠海港2万吨级码头和10万吨级煤码头建设；考察珠海三灶机场工程及珠海西部地区建设规划。

2月13日 国家副主席荣毅仁在珠海市委书记、市长梁广大和市委常委钟华生陪同下，考察珠海市西区建设规划和淇澳大桥建设情况。

2月8—15日 中共中央政治局常委、全国政协主席李瑞环到珠海市考察。听取珠海市委书记、市长梁广大工作汇报，并在省市领导陪同下考察珠海港、珠海三灶机场、淇澳大桥等大型工程项目。

3月30日至4月1日 国家计委副主任郭树昌率领国务院固定资产投资宏观调控工作组到珠海市检查工作，并前往珠海港、珠海三灶机场、淇澳大桥等建设工地进行检查。

4月9日 珠海港务投资公司与香港和记黄埔珠海港口投资有限公司签订珠海港两个2万吨级泊位合资经营协议。

4月16日 葡萄牙总理阿尼尔·卡瓦科·席尔瓦偕夫人到珠海访问。市长梁广大陪同参观珠海大桥等。

4月30日至5月1日 中共中央政治局委员、国务院副总理李岚清在国家外经贸部部长吴仪、外经贸部副主任俞晓松、广东省副省长刘维明陪同下到珠海市考察，听取珠海三灶机场建设情况汇报。

5月1日 中央军委委员、国务委员兼国防部部长迟浩田，在珠海市委副书记张耀中陪同下考察了珠海港两个2万吨级码头和10万吨级煤码头建设工地。

5月17日 珠海市2路、11路无人售票公共汽车正式投入运行。

是日 中央党校第九期西藏班考察团一行68人到珠海市进行为期3天的参观考察，先后参观珠海港、珠海三灶机场建设工地等。

6月17—19日 中共中央总书记、国家主席、中央军委主席江泽民，在中共中央政治局委员、广东省委书记谢非和省委副书记、省长朱森林等陪同下视察了珠海经济特区正在建设中的珠海港、珠海三灶机场工地等。

6月19—21日 中共中央政治局委员、国务院副总理钱其琛在国务院副秘书长何椿霖、广东省副省长刘维民陪同下先后考察珠海市西区重点工程建设和淇澳大桥建设情况。

7月17日 国务院批准开放珠海港口岸，并在该港设立边检、海关、卫检、动植检、商检、港监等机构。

7月18日 珠海市邮电局荣获1993年全国邮电经济效益百强市局第四位。

8月18日 中共中央委员、中央宣传部常务副部长郑必坚，在广东省委宣传部部长于幼军、珠海市委副书记雷于蓝和市委常委钟华生陪同下考察西区金海岸和珠海三灶机场。

8月24日 广东省加快广珠铁路建设工作会议在珠海市召开。

10月3日 珠海市最大的万吨级货轮“华珠二号”首航。

10月7日 朝鲜民主主义人民共和国的万吨级货轮装载8000吨水泥，顺利靠泊在珠海港2万吨级码头泊位旁，成为第一艘进入珠海港的外籍船舶。

10月11日 中共中央政治局常委、全国人大常委会委员长乔石在广东省委书记谢非、广东省人大常委会主任林若等陪同下到珠海市考察建设中的珠海三灶机场和珠海港等。

10月27日 珠海港1.3万吨级“盐粉田”号外轮出色完成首次国际货运后顺利返航。

11月13—15日 中共中央政治局常委、书记处书记胡锦涛在广东省委副书记、省长朱森林和省委副书记张帼英等陪同下到珠海市考察珠海三灶机场、珠海港等。

12月10日 珠海市委书记、市长梁广大接受《经济日报》和香港《大公报》记者采访，向记者介绍伶仃洋跨海大桥、珠海三灶机场建设情况。

12月14日 卢森堡政界及企业界组团访问珠海市，并表示合作兴建大型钢铁厂、伶仃洋跨海大桥等工程意向。

12月18—22日 全国人大代表和省人大代表视察组一行到珠海市视察珠海三灶机场、珠海港等。

12月25日 应珠海市市长梁广大邀请，美国著名华裔政治活动家、美国国际合作委员会主席陈香梅到珠海市参观访问，先后考察珠海三灶机场、珠海港、佳能公司和南方航空公司珠海飞行训练中心。

1995年

1月17—20日 中共中央政治局原常委宋平在广东省委副书记黄华华、市领导梁广大等陪同下先后考察珠海三灶机场、珠海港等。

1月21日 新华社澳门分社社长郭东坡，副社长宗光耀、柯小刚、王今翔及顾问柯正平等到珠海市与市领导座谈。市委书记、市长梁广大向客人介绍珠海市经济发展状况、伶仃洋跨海大桥等重点工程进展及今后设想。

1月26日 淇澳汽车轮渡通航暨淇澳、唐家码头启用仪式，在唐家新码头隆重举行。

2月18—20日 中国银行总行行长王雪冰在珠海市委书记、市长梁广大陪同下参观珠海大桥、珠海港区、珠海三灶机场等基础设施。

3月31日 交通部部长黄镇东视察珠海港。

4月27—28日 中共中央纪委副书记陈作霖在广东省纪委副书记陈文冠、珠海市委副书记张耀中陪同下先后考察珠海三灶机场、珠海港等。

4月 广东省编制委员会发文，将“珠海市海上安全监督局”改为“珠海海上安全监督局”，并增挂“广东省船舶检验局珠海检验”牌子。

5月13日 全国政协副主席叶选平先后考察珠海港两个2万吨级码头、10万吨级煤码头建设工地、油库工地和珠海三灶机场。

5月21日 由河南省委副书记宋照肃为团长的河南省委、省政府一行16人到珠海，先后考察珠海港两个2万吨级码头和建设中10万吨级煤码头工地及珠海三灶机场。

5月30日 珠海三灶机场举行通航仪式，中共中央政治局常委、国务院总理李鹏出席仪式并剪彩。6月18日，珠海三灶机场正式投入营运。李鹏总理为机场题字“珠海机场”。

6月25日 交通部批复同意珠海港两个2万吨级码头泊位年内实施生产性试航，并由珠海港务监督机构召集其他检查机关做好船舶进出口检查工作。

8月5—6日 新华社香港分社副社长张浚生在珠海市领导雷于蓝、陈焕礼、蔡光成等陪同下先后考察淇澳大桥建设工地、珠海三灶机场、珠海港等。

9月16日 四川省委副书记、常务副省长蒲海清率领的四川省代表团抵达珠海市，广东省委常委、珠海市委书记、市长梁广大，市委副书记雷于蓝陪同客人前往珠海港和珠海三灶机场考察。

10月23日 中央顾问委员会原常委、老将军萧克在市委副书记雷于蓝等陪同下考察珠海港和珠海三灶机场。

11月11日 由香港地区全国人大代表、政协委员组成的考察团参观考察珠海三灶机场和伶仃洋跨海大桥起步工程。

11月13日 国内贸易部部长陈邦柱到珠海市考察珠海港和珠海三灶机场等。

12月12—14日 全国政协原副主席谷牧考察珠海三灶机场等地。

是年 珠峰大道建成通车。

1996年

1月16日 全国政协副主席阿沛·阿旺晋美视察珠海港、珠海三灶机场。

2月8日 珠海华粤汽配工业有限公司、美国ASIMCO（亚洲战略投资）公司合作投资1.3亿元人民币，成立珠海华美汽车制动工业有限公司。

3月5日 桂山岛防波堤建成投入使用。全长1250米，顶宽8米，底宽120米，总投资8000万港元。

5月29日 珠海经济特区国际商业贸易总公司与日本岩谷产业株式会社，就合资成立珠海岩谷液化石油气有限公司举行合同书签字仪式。该公司决定在珠海港南水作业区兴建冷冻液化石油气储藏基地，预计总投资8000万美元，首期投资1000万美元，最终建成一个拥有6万吨级的石油专用码头和8万吨级的冷冻液化石油气储藏基地。

6月29日 广东省委常委、珠海市委书记梁广大在珠海度假村会见荷兰泛澳文伦公司主席吉斯特。泛澳文伦公司计划在珠海港投资兴建31万立方米的储库和8万吨级、5000吨级的专用码头，总投资8970万美元。

7月28日 珠海港口岸两个2万吨级码头举行正式对外开放仪式，全国政协副主席叶选平等领导为口岸对外开放剪彩。

8月10日 老挝民航代表团参观珠海飞行训练中心。

8月20日 香港美孚公司在珠海港投资土地使用权签字仪式在珠海度假村举行。该公司计划投资8940万美元，在珠海港兴建8万吨级液化石油气货主专用码头，20万立方米地下液化石油储库地面调配、罐装设施。

10月2日 全国政协副主席马万祺等从澳门到珠海港考察。

10月17日 邮电部部长吴基传在广东省邮电管理局局长崔勋等陪同下到珠海市视察通信工作。

11月5日 首届中国国际航空航天博览会在珠海举行。

11月6日 中央军委副主席、国务委员兼国防部部长迟浩田等视察中国南方航空（集团）公司珠海飞行训练中心。

11月6—7日 中国航空工业公司和珠海市政府主办的21世纪中国航空研讨会开幕，近300名世界各国航空界代表出席，国务院副总理吴邦国出席并致开幕词。

11月24日 朝鲜民航总局局长金曜雄一行在中国民航总局国防司司长张亚峰的陪同下参观珠海机场。

12月26日 中央军委办公厅主任董良驹中将在珠海市委副书记张耀中陪同下参观珠海机场。

是日 长达1400米、投入1.3亿元建设的南迳湾防波堤顺利竣工。

■ 1997年

1月2日 广东省副省长汤炳权到珠海市检查工作，在珠海市市长黄龙云等陪同下参观珠海港。

1月10日 缅甸交通部部长登温中将一行7人到珠海市参观访问。

1月14日 珠海市邮电局香洲电信收费员吴虹被邮电部授予"全国邮电劳动模范"光荣称号。

1月15日 广东省委常委、珠海市委书记梁广大在石景山旅游中心接受粤港信息日报、广州日报、珠海电视台等多家媒体关于伶仃洋大桥情况的采访。

2月1日 前山立交桥建成通车。

4月 显利（珠海）造船有限公司在斗门县白蕉镇开业。

7月20日 总投资6亿元的珠海机场环形路工程破土动工。

9月17日 《珠海市出租小汽车管理条例》经市人大常委会第二十次会议审议通过，并于1998年1月1日起实施。

10月16日 国务委员李贵鲜在人事部部长宋德福、国务院副秘书长张左己陪同下考察珠海港、珠海三灶机场、伶仃洋跨海大桥起步工程等。

10月22日 广珠铁路奠基仪式珠海市斗门区举行。国务院副总理邹家华、全国政协副主席叶选平、省委副书记黄华华、常务副省长张高丽等出席仪式。

11月2日 《珠海港总体布局规划》通过国家审查。

12月4日 珠海市委书记梁广大在珠海度假村会见澳门政务司鲍维立。鲍维立在访问珠海期间，先后考察珠海港、珠海三灶机场和横琴经济开发区。

12月7日 珠海淇澳大桥附近海域发生严重撞船事故，一艘船沉没，17人获救，11人失踪。

12月30日 珠海至香港的伶仃洋大桥项目正式获国务院批准立项。

■ 1998年

1月4日 广东省委宣传部副部长、省政府新闻办主任邹启宇率领省内10余家主要新闻机构负责人，到淇澳大桥工地采访。

1月27日 珠海情侣南路建成通车，副市长梁耀明参加通车典礼。

3月5日 美国、法国、德国、日本驻穗领事一行，专程组团到珠海机场和珠海航空城参观考察。

4月10日上午 珠海市举行万山港口岸桂山货运作业区生产性试航仪式。

6月2—5日 中共中央政治局委员、广东省委书记李长春视察珠海港。

6月8日 珠海市第一座独塔双索面斜拉桥横琴大桥主桥合龙。

6月29日 珠澳两地共同兴建的连接澳门与横琴的跨境大桥莲花大桥动工。大桥全长1756米，桥宽30米，双向六车道，总投资约2亿元，1999年12月10日竣工，2000年3月28日正式通车。

7月1日 九洲港正式开通珠海至香港夜航客运船航班。

8月 珠海市生生赫达公司研究开发、生产出第一套国产汽车安全气囊，使中国成为继美国、德国、日本之后，第四个能独立生产此类产品的国家。

9月1日 《珠海市道路交通管理条例》正式实施。

■ 1999年

1月7日 全国人大常委会原副委员长廖汉生在市人大常委会副主任高存亮的陪同下，视察珠海机场。

1月11日 九洲大道地下通道工程动工，9月9日建成通车。

1月18日 广东省副省长汤炳权在珠海市委书记、市长黄龙云，副市长周本辉陪同下考察横琴大桥和珠澳莲花大桥工地。

1月27日 九丰—阿科液化石油气码头启用。

2月28日 由珠海惠嘉运输有限公司与和兴（中港）公司合作经营的珠海至香港直通巴士正式开通。

3月24日 浙江台州东海海运有限公司“东海209”油轮与福建“闽燃供2”油轮在淇澳与内伶仃之间海域发生碰撞，“闽燃供2”油轮油仓破裂，所载约800吨重油大量泄漏。事件发生后，市委、市政府发动市民参与全面清污工作。

7月8日 拱北迎宾南路改造工程开工，12月1日改造完成，全线通车。

8月1日 斗门县水产养殖户包租一架军用飞机将养殖的罗氏沼虾直接空运到上海市。

8月3日 京珠高速公路珠海段辅道工程开工。

8月6日 全国政协副主席叶选平在珠海市委书记、市长黄龙云等陪同下视察珠澳莲花大桥、横琴大桥、南湾大道等重点工程建设工地。

8月8日 珠海市港务管理局正式挂牌，与市交通委员会合署办公，实行两个机构一套人员。

8月19日 注册总资金3亿元的珠海市港口企业集团有限公司正式挂牌成立。集团由珠海国际货柜码头（九洲）有限公司、中国珠海外轮代理公司、珠海市珠海报关行、中国外轮理货总公司等12家直属企业组成，是独立核算、自负盈亏的国有独资企业。

是日 江珠高速公路珠海段工程全面动工，2007年5月16日建成通车。这是广东省首条由民营企业独家投融资并全程主持建设的高速公路。

9月28日 横琴大桥和南湾大桥建成通车。

10月8日 粤港澳三地1000多名海警、水警和60多艘船艇在珠海九洲港对面海域，首次联合举行海上演习。

10月12日 全国政协副主席陈锦华视察横琴大桥、珠澳莲花大桥建设工地等。

11月9日 广东省委副书记、省长卢瑞华，副省长汤炳权和省有关部门领导一行到珠海视察京珠高速公路广珠段珠海收费广场、迎宾南路、横琴大桥、莲花大桥等。

11月18日 中共中央政治局委员、国务院副总理钱其琛和澳门特区筹委会内地委员在中共中央政治局委员、广东省委书记李长春，珠海市委书记、市长黄龙云的陪同下，视察莲花大桥、迎宾南路等迎澳门回归工程等。

12月6日 广东省副省长汤炳权一行在珠海市领导黄龙云、罗春柏、林行道等陪同下，实地查看迎宾南路、拱北新联检大楼和莲花大桥工程。

是日 全长53.8公里，总投资约46亿元的京珠高速公路广珠段建成通车。

12月10—11日 国家民航总局局长刘剑锋一行视察民航驻珠单位。

12月10日 连接珠海与澳门的跨境大桥莲花大桥竣工。

■ 2000 年

2月10日 全国人大常委会副委员长布赫视察珠海，考察莲花大桥等。

3月11日 岐关车路有限公司通过竞拍的方式，取得珠海市首条旅游观光巴士线路经营权。

4月26日 市重点工程建设领导小组办公室及其8名编制并入市交通委员会，对外仍保留“珠海市重点工程建设领导小组办公室”牌子。

5月11日 设置西区交通管理总站，为正科级建制，负责三灶管理区（平沙、红旗两镇）、高栏临港工业区区域内的交通运输管理事务。

5月17日 中国南方航空公司与德国最大的发动机制造巨头MTU公司在珠海签订合作协议，联合投资1.8亿美元在珠海保税区成立合资公司珠海保税区摩天宇发动机维修有限公司。

7月10日 英国驻华大使馆一等秘书包凯瑞、英国驻广州总领事馆商务领事谢若宝，在市外事办有关部门负责人（兼翻译）陪同下，到珠海市港务管理局了解珠海市港口发展情况。

9月30日 九洲大道改扩建工程竣工通车。

11月14日 中华人民共和国珠海海事局挂牌成立，由珠海海上安全监督局更名而来，属中央驻珠单位，正处级。原中华人民共和国珠海港务监督局、珠海市航务管理局名称不再使用。

12月29日 市交通委员会统一管理全市民航业，履行民航业的协调管理职能。保留珠海机场管理委员会办公室的牌子，挂靠到市交委通信民航科，负责机场管委会的日常工作。

■ 2001 年

1月 省道S272线猪公斗桥危桥改建工程竣工。

1月21日 淇澳大桥建成通车。

2月6—7日 省交通厅厅长张远贻带队到珠海调研，研究解决珠海交通基础设施建设和发展中存在的问题。

2月14日 市交通委员会（港务局）和珠海市交通协会联合召开专家座谈会，邀请交通行业的专家顾问、离退休老领导，为交通发展出谋献策。

3月18日 马士基的新加坡籍“安特卫普（马士基）”号货轮首航珠海高栏港。这是马士基中国航运限公司开辟从珠海港至香港国际航班后第一艘抵达珠海的2万吨级集装箱船舶，也是珠海港开通以来装载能力最大的集装箱货船之一。

3月26日 市交通委员会交通运输培训中心撤销，由市正邦资产经营公司接管，市柏宁交通集团实业有限公司经营管理。

3月 市交通委员会进行内部公开竞争上岗，选拔市道路运输管理处、水上运输管理处副主任。

5月25日 交通部批复同意珠海港加入交通运输EDI信息网络（一期）工程。

7月6日 设立珠海港引航站，为市港务管理局下属正科级单位，原珠海海上安全监督局引航站、珠海港务局引航公司人、财、物随职能一同并入珠海港引航站。次年12月31日，珠海市交通局（港务管理局）与珠海海事局签订协议，珠海海事局附属的船舶引航机构，成建制移交珠海市交通局（港务管理局）管理。

7月28日 市交通委员会改为市交通局，加挂市港务管理局牌子，内设8个科室，编制39人。

8月8日 市委决定莫鉴东任市交通局党组书记。

9月6日 市交通局加挂市港务管理局牌子，市委决定莫鉴东兼任市港务管理局局长。

10月1日 《珠海市防治船舶污染水域条例》正式施行。

10月15日 中国神华集团和中海集团合资组建的珠海新世纪航运有限公司在珠海度假村举行开业庆典。

10月27日 市交通局制订珠海市西部地区公交路网调整方案，以珠海大桥为界，大桥以东的公交业务由市公汽公司经营，大桥以西的公交业务由信禾集团西部公汽公司经营。

11月22日 珠海市第五届人民代表大会常务委员会第二十四次会议审议通过《珠海市港口管理条例》，2002年7月1日起施行。

12月27日 中共珠海市交通委员会机关工作委员会更名为中共珠海市交通局机关工作委员会。

■ 2002年

1月10—11日 省交通厅厅长张远贻、副厅长李熹光一行到珠海调研，指导珠海交通工作。

1月25—26日，珠海市人民政府和广东省社会科学院联合举办、市交通局（港务管理局）承办的“珠海港口发展策略研讨会”在珠海石景山酒店召开，来自北京、香港、广东省内的专家学者和珠海市有关领导参加会议。

3月25日 珠海市磨刀门水道疏浚治理工程动工。

是日 香港特别行政区政府代表团参观中山大学珠海校区、九洲港区、高栏港区和珠海机场。

4月9日 市编委同意珠海港引航站加挂珠海市港口管理站牌子。

4月11日 省交通厅决定设立广东省珠海水上检查站。

4月10—11日 交通部规划司、新疆公路局、北京市公路局、四川省公路局、山西省公路局、内蒙古公路局组成的交通部公路普查工作组，在省公路局匡训杰副书记陪同下，对珠海市第二次全国公路普查工作进行检查指导。

5月22日 市交通局举行珠海市首届出租车行业表彰大会，表彰10名“十佳”出租车文明驾驶员、3家“信得过出租车经营单位”、100辆“文明出租车”。

6月18日 珠海恒基达鑫国际化工仓储有限公司5万吨级化学品公用码头通过验收，正式启用并对外开放，成为华南地区沿海最大的化学品专用码头。

7月25日 市交通局组织在斗门召开全市乡镇渡口渡船改造会议，至2005年底，共改造渡口22个，新造渡船11艘、维修渡船2艘，新建候船亭11座，并整修部分渡口道路，全面完成全市乡镇渡口渡船更新改造任务。

8月5日 珠海信禾集团与斗门区教育局、金湾区教育局签订“接送西部地区四所小学学生往返学校”合同。

8月28日 市交通局举办珠海交通发展新闻通报会暨上冲汽车客运中心站动工、广东省珠海水上检查站挂牌仪式。

8月30日 市港务管理局、市港口企业集团与香港和黄港口珠海（高栏）有限公司在度假村酒店签订《发展珠海港高栏港区集装箱专用泊位协议书》。

9月8日 珠海发电厂有限公司正式将珠海港高栏港区电厂航道移交给珠海市港务管理局管理，移交签字仪式在宝胜园酒店举行。

9月9日 珠海市汽车摩托车维修行业协会成立。

9月29日 梅溪路建成通车。

11月5日 摩天宇航空发动机维修有限公司在珠海保税区举行主体工程落成剪彩仪式。

12月30日 市委决定黄悦松任市交通局党组书记，兼任市港务管理局局长，免去莫鉴东市交通局党组书记、市港务管理局局长职务。

■ 2003年

1月1日 机动车辆进入珠海经济特区免验证与收费。

1月13日 珠海市5万吨级集装箱码头项目通过广东省计委的审批，并上报国家计委。

3月24日 全市交通工作会议召开，市政府分管领导到会讲话，市交通局局长黄悦松在会上作题为《奋发图强，不辱使命，努力实现我市交通新的跨越式发展》的报告，副局长关小帆部署春运和安全生产工作。

4月3日 金湾交管总站公路所的职能、人员和编制划归市地方道路管理处。

4月15日 市委书记方旋主持召开会议，研究讨论江珠高速公路珠海段、广珠铁路的建设问题。

4月29日 国家一类口岸万山港口岸正式对外开放。

是日 市交通局出台《关于应对“非典”影响维护出租小汽车行业稳定的若干意见》。

6月17日 珠海信禾交通发展股份有限公司粤CJ0378卧铺客车从珠海开往广西桂平，途经广西藤县谭东镇万头场路段（二级公路）时，与相向行驶的桂D30116中巴车正面相撞，造成19人死亡、4人重伤、10人轻伤特大交通事故。

6月20—21日 省交通厅厅长张远贻带队到珠海江珠高速公路、珠港大道的施工现场和省道S272线珠海段、高栏港区进行检查调研，对珠海重大交通基础设施建设中需要协调解决的若干问题进行研究。

8月4日 粤港澳三方决定成立“港珠澳大桥前期工作协调小组”，由香港方担任召集人，三方各派三名代表为成员，以协调和全力推进大桥建设前期工作。29日，小组举行第一次会议，就港珠澳大桥前期的各项工作交换意见并进行建设性讨论。

8月19日 江珠高速公路珠海段工程全面动工。

8月21日 市公路征稽所并入省网，实现全省联网征费。

10月22日 全省治理公路“三乱”工作会议召开，珠海成为全省首批所有公路基本无“三乱”城市。

11月12—13日 第十次全国沿海省、自治区、直辖市港航管理局（处）长联席会议在珠海市召开。

11月24日 市港口协会成立。

12月14日 人民东路改造工程完工。

12月15日 市国防动员委员会批复同意市交通信息中心加挂市交通战备通信指挥中心牌子。

12月30日 昌盛大桥建成通车。

■ 2004年

1月8日 西部沿海高速公路珠海试验段正式动工，省交通厅厅长张远贻主持开工仪式。

1月9日 市交通局交通业务服务大厅被授予“珠海市文明示范窗口”称号。

1月18日 横坑大桥建成通车，珠海市最后一个汽车渡口横坑渡口停航。

1月22日 市交通局首次在高栏港设立办事窗口，开展危险货物港口作业管理业务。

2月20日 市交通局召开维修行业“创优质文明服务、争星级文明企业”活动表彰大会，汇利河、珠光、华广等15家星级维修企业和邢小锋等10名先进个人受到表彰。

3月10日 由省公路局、珠海市公路局和广东工业大学合作完成的碳纤维、钢板组合加固双曲拱桥技术研究通过珠海市科技局组织的技术鉴定。

3月25日 铁道部发展计划司司长黄民率铁道部有关人员，会同铁道第四勘察设计院、广铁集团公司、三茂铁路公司和广东省发改委等单位有关领导、专家，对广珠铁路沿线进行现场踏勘，并召开推进广珠铁路工作会议。

5月29日 全市最大规模的海上搜救、消防联合演习在香洲港附近海域举行，广东省海上搜救中心、海事、渔政等部门领导以及珠海市有关职能部门的负责人共同观摩演习。

6月4日 省交通厅在珠海主持召开《珠海市公路网规划》《珠海市公路运输枢纽总体布局规划》评审会。

10月9日 市委书记方旋到市交通局调研，要求市有关部门加快推进铁路、港口、高速公路以及港珠澳大桥等一系列重大交通基础设施建设。

10月18日 市交通局副局长黄文忠任中国港口协会理事会常务理事。

10月31日 交通部部长张春贤一行到珠海就珠海市公路建设、港口发展、港珠澳大桥建设等进行调研指导。

11月18日 珠海市水运行业协会成立，有会员101个。

11月19日 市交通局组织召开《珠海市2005至2014年航运发展规划》评审会。

12月28日 珠海行政村村村通水泥路，2004年行政村公路改造全部工程项目顺利完成。

12月31日 全市完成出租汽车税控计价器推行工作，全面取消手撕发票。

■ 2005年

1月10日 珠海市交通工程质监站实验室通过中国实验室国家认可委的复审。

2月6日 珠海市斗门乾务镇大海环村公交线路开通运行，全市实现行政村村村通公交。

3月9日起 市交通局对全市16家驾驶员培训机构重新进行登记、审核、发证，对机动车驾驶员培训学校进行专项整治，切实解决多年来反映强烈的驾驶员培训问题。

3月27日 中国海事第一船“海巡31”首航珠海高栏港。

4月28日 珠海港高栏港区两个5万吨级集装箱码头开工典礼暨珠海市重大项目推进工作动员大会在高栏港区举行。

是日 在洪湾港举行洪湾港区一期工程开工典礼。

5月27日 市重大项目推进工作指挥部办公室改为常设机构，挂靠市政府办公室管理。

6月1日 珠海市水上运输管理处、珠海市道路运输管理处、珠海市金湾交管总站等三家事业单位依照国家公务员制度进行管理。

7月15日 《珠海市公路路政管理规定》经市政府第12次常务会议审议通过，于9月1日起施行。

7月29日 珠海市交通局召开珠海港高栏港区南水作业区规划调整审查会，审查通过珠海港高栏港区南水作业区规划调整，交通部、省发改委、省交通厅，以及交通部规划研究院的部分专家和领导参加评审会。

8月1日 珠海市交通战备办公室组织香洲渔港附近的30艘渔船进行拉动演练，以提高珠海市民船支队快速反应能力。

10月28日 中国中化集团公司与珠海格力集团公司合资兴建的8万吨级石化公用码头在珠海高栏港区南迳湾正式开工。

10月30日 斗门区政府与珠江船务企业（集团）有限公司正式签约转让斗门港股权，旨在通过公开转让政府持有的股权，吸纳外部资金，做大做强斗门港。

12月15日 珠海30万吨级原油码头项目正式通过专家审查论证。

12月22日 珠海市公交智能调度系统及电子站牌建成启用。

12月22日 珠海市出租车协会挂牌成立。

12月28日 省委、省政府在珠海下栅收费站广场举行粤西沿海高速珠海段通车庆典，贯通珠海东西两翼、联系泛珠三角地区的粤西沿海高速公路珠海段正式通车。广东省常务副省长汤炳权、珠海市委书记邓维龙、珠海市市长王顺生等出席通车仪式。

■ 2006年

1月22日 由香港中旅旅运发展有限公司投资开办的珠海海泉湾快线和港澳中旅直通巴士开通运营。

2月28日 全市交通工作会议在市政府综合楼会议室举行，会议由市长王顺生主持，市委书记邓维龙出席会议并讲话。

3月15日 珠海市交通局联合消防、海事、公安、环保、卫生、海关、边检、建设等部门，在高栏港举行珠海市港口设施保安和珠海市港口危险货物事故应急预案联合演习。

3月22日 由全美沥青路面铺筑协会、亚洲沥青协会主办，珠海市交通局协办的第四届中国国际沥青大会在珠海国际会议中心举行。

4月7日 珠海市人民政府第6次常务会议审议通过《珠海市机动车路桥通行费征收管理规定》，自2006年6月1日起实施。

4月8日 《珠江口超大型深水岸线资源开发利用的战略研究》在珠海通过交通部组织的专家评审会评审。

4月18日 国家专业海上空中救助力量—交通部南海第一救助飞行队举行珠海站点启用暨首飞仪式，珠海正式成为交通部设立的第六个海上救助飞行队站点。

5月8日 珠海市人民政府第10次常务会议审议通过《珠海市小型客运船舶管理规定》，7月8日起施行。

5月23日 全省水运行业反走私综合治理工作会议在珠海召开，省交通厅港航管理局、省打私办领导以及来自全省21个市交通局（委）分管领导参加会议。

7月25—27日 交通部、广东省人民政府在珠海市联合主持召开《珠海港总体规划（修订）》审查会。

8月2日 市国有资产监督管理委员会与香港机场管理局签订合作协议，成立珠港机场管理有限公司，共同管理珠海三灶机场20年。

9月8日 省政府主持召开的粤中片区治理公路“三乱”（乱设卡、乱罚款、乱收费）会议在珠海市举行，珠海市保持公路基本无“三乱”的良好成绩。

10月24日 市交通局与中国移动珠海分公司联合举行“安捷通”信息服务产品及“12580”出租车电召热线项目启动仪式。

12月1日 珠海市港务管理局与广东海事局签订《珠海港高栏港区公共航标移交协议》，将珠海港高栏港区的23座公共航标全部移交给广东海事局管理。

12月22日 广东省交通厅在广州主持召开珠海市公路局和珠海联迪软件系统有限公司共同完成的“公路养护人道班生产管理系统”科技项目成果鉴定会，管理系统通过科技成果鉴定。

■ 2007年

1月15日 铁道部、广东省、珠海市、江门市四方合资组建的广珠铁路有限责任公司在珠海市挂牌成立。

3月28日 第一届“中国国际游艇及水上用品博览会” 在九洲港南码头开幕，来自国内外61家参展商携最新款的游艇、豪华游艇、水上活动用品参展。美国、澳大利亚、韩国驻广州总领事馆相关官员出席开幕式。

4月30日 全市交通工作会议在市政府综合楼会议室举行。

5月9日 珠海市政府举行人民西路改造等5项重大工程动工仪式。

5月23日 省道S365线白蕉段治理车辆超载超限检测点设立并开始运作，是珠海市继上冲、下栅治超检测点后，经省人民政府批准设立的第三个治超检测点。

6月25日 珠海市重点港口项目洪湾港一期正式开港试运行。

7月10日 九洲港至香港机场海上客运航线正式开通。

7月12—13日 广东海事局主办、珠海海事局承办的“2007珠江口海事安全论坛”在珠海举行，粤港澳海事部门签署《珠江口高速客船公司水上搜救协作备忘录》。

7月16日 珠海前山港货运码头正式关闭。

9月1日 市港务管理局组织制定的《珠海港口章程》颁布施行。

9月16日 市交通局主办的“珠海市城市公共交通周及无车日活动”启动仪式在市体育中心举行，仪式结束后，进行“绿色交通与健康”万人行活动。

9月26日 铁道部、广东省政府在广珠铁路珠海高栏港站区共同举行广州至珠海铁路建设动员大会，中共中央政治局委员、广东省委书记张德江在会上宣布广州至珠海铁路建设正式启动，并为广珠铁路奠基。

10月17日 全国“奔腾杯”汽车维修钣金涂漆技能大赛（广东赛区）在珠海市珠光汽车维修厂举行。

10月18日 凤凰山公路隧道开工。

11月1日 珠海市实行本市户籍60岁以上老人刷卡免费乘坐公交车。

12月19日 市文明办、市交通局、市出租小汽车行业协会共同举办、珠海移动公司协办的2007珠海市出租小汽车文明驾驶员颁奖晚会在新香洲旺角百货广场隆重举行。

■ 2008年

1月1日 珠海市公共汽车公司首次在村镇社区运营小巴公共汽车，正式开通南屏镇十二村环村线路82路，票价1元。

1月8日 珠海三灶机场直飞重庆航线正式开通。

3月3日 珠海市公共汽车公司被建设部科学技术委员会授予“中国城市公交科技创新企业”称号。

3月6日 珠海市委书记甘霖对市重大交通基础设施项目深入调研，提出加快把珠海建设成为珠江西岸交通枢纽城市的目标，并将广珠铁路作为市交通建设项目的“一号工程”加快推进。

3月28日 珠海市交通工程造价管理站在上冲交通大楼举行挂牌仪式，具体负责实施全市交通建设项目工程造价审查和监管工作。

4月8日 澳门特别行政区政府运输工务司司长刘仕尧一行到珠海进行访问。

4月24日 交通运输部奥运安保反恐工作检查组到珠海市检查交通行业奥运安保反恐工作。

4月27日 广珠铁路首要控制工程全长2507米的虎跳门特大桥获得铁道部批复，28日在斗门区隆重举行虎跳门特大桥开工仪式，并打下第一根桩，正式拉开广珠铁路开工建设的序幕。

4月30日 西部沿海高速珠海段支线正式通车，同时通车的还有连接横琴的南琴路。

是日 珠海市公共汽车公司吉大分公司20路线（吉大总站—翠花苑）被中华全国总工会授予“全国工人先锋号”称号。

5月14日 省交通厅在珠海度假村召开《珠海市公路网规划》评审会。

5月28日 高栏港区主航道扩建工程可行性研究评审会在珠海国际会议中心召开，省交通厅副厅长蔡启文、市政府副市长赵建国等领导出席会议。

7月7日 市政府七届第六十八次常务会议审议并原则通过《珠海市公共汽车特许经营协议》。8月4日，珠海市公共汽车特许经营签约仪式在珠海度假村酒店举行，政府正式以契约的形式实行对公交企业管理。

7月8日 市政府《印发珠海市港口管理局职能配置、内设机构和人员编制规定的通知》，将加挂在市交通局的市港务管理局分离出来，更名为珠海市港口管理局，为市政府直属行政机构。同时，撤销市交通局内设机构“港口管理科”，5个编制与人员划转市港口管理局，并将珠海港引航站整体划归市港口管理局管理。

9月19—21日 交通运输部综合规划司副司长任建华带队的《珠三角地区改革发展规划纲要》交通调研组到珠海，深入珠海交通枢纽节点和交通基础设施建设一线进行现场调研。

9月25日 广东海事局主办、珠海海事局承办的“2008珠江口海事安全论坛”在珠海举行，粤港澳海事部门签署《珠江口区域海上船舶溢油应急合作安排》。

10月22日 黄悦松任市公路局局长，同时免去市交通局局长职务。

10月18日 省道S272湖心路口至珠海机场段建成通车。

10月26日 南航珠海分公司推出从珠海经北京飞阿姆斯特丹、迪拜和德黑兰，经上海飞名古屋的4条国际中转航线。

11月27日 中国汽车维修协会理事会会议在珠海举行。

11月28日 珠海市政府召开ISO 9000颁证大会，市交通局通过ISO 9000认证。

12月11—12日 中国船舶工业集团公司总经理聂成根率团到珠海，就中船大型造船海洋工程项目落户高栏港经济区进行综合考察调研。

12月16日 珠海市交通局交通监控指挥中心项目竣工并通过验收。

12月17日 珠海首个5万吨级集装箱码头第一个泊位建成启用。2个5万吨级集装箱码头项目由珠海港控股集团有限公司与和记黄埔三角洲港口有限公司合资建设，总投资18.86亿元，建成后年设计吞吐量达80万标箱。

12月28日 高栏港高速公路和机场高速公路动工建设，2013年建成通车。

■ 2009年

1月18日 珠海交通集团有限公司正式挂牌成立。

2月16日 中国船舶工业集团公司常务副总经理路小彦率队到珠海就中船珠海项目与市政府交换意见。

2月21日 珠海市公共汽车公司被中国质量协会授予2008年“中国用户满意鼎”称号。

2月24日 港珠澳大桥工程可行性研究报告审查会在珠海市召开，交通运输部规划建设司副司长李兴华等领导参加评审会。

3月13日 港珠澳大桥主体工程初步设计阶段勘察设计合同签约仪式暨勘察设计工作启动仪式在珠海举行。

4月16日 珠海市政府召开2009年全市交通公路工作会议，动员全市认真贯彻落实《珠江三角洲地区改革发展规划纲要》，加快珠江口西岸交通枢纽城市建设步伐。

5月10日 珠海市交通工程质监站实验室顺利通过由中国合格评定国家认可委员会和广东省质量技术监督局委派的现场复评审组的复评审。

5月21—23日 广东省2008年运输量专项调查总结暨2009年运输量统计工作布置会在珠海市召开，广东省交通厅副厅长蔡启文等领导出席会议并讲话。

6月22日 珠海保税区西域码头开港。

6月26日 来自粤港澳三地四方的海事主管部门、专家学者和港航物流企业的代表齐聚珠海，举行以“交通环境与安全航行”为主题的2009珠江口海事安全论坛。粤港澳51家航运企业共同签署《珠江口安全珠海宣言》。

7月2日 省政府与中国航空工业集团公司全面战略合作协议签约暨中航通用珠海产业基地开工奠基仪式在珠

海举行。中共中央政治局委员、省委书记汪洋宣布中航通用飞机有限责任公司珠海产业基地开工。

7月20日 珠海公共交通运输集团有限公司成立。

是日 举行香洲长途汽车客运站竣工仪式。

8月13日 全省交通系统治超工作会议在珠海市召开，广东省交通厅厅长何忠友出席会议并讲话。

8月30日 高栏港至长江航线正式开通，为珠三角西岸地区第一条直接通往长江流域的省际内贸集装箱班轮航线。

9月3日 珠海航空城集团揭牌成立。

9月10日 广东省交战办主任陈阳一行对珠海市交通战备正规化建设进行检查。

9月28日 高栏港10万吨级煤炭码头工程开工。

9月30日 珠海开通通达江门市的402路公交线。

10月18日 珠海航空产业园与美国西锐飞机设计制造公司及北京空际通用航空公司在西安签订《珠海通用航空飞行服务基地发展合作意向书》。

10月28日 国务院批准港珠澳大桥工程可行性研究报告，要求各有关方面明确责任，加强协调，保障项目顺利实施，确保工程建设优质、安全。

11月2日 市委、市政府召开珠海市机构改革动员大会，宣布撤销珠海市交通局，组建珠海市交通运输局，将市交通局、港口局职能划入市交通运输局，市公路局归口市交通运输局管理。

11月2—11日 30多名涉嫌非法营运司机借上海处置“钓鱼执法”事件之机到珠海市交通运输局、市政府上访滋事，珠海市交通运输局采取措施妥善处置。

11月10日 珠海、中山、江门区域紧密合作第二次联席会议在中山召开，会议签署年票互认等合作协议。次年1月1日起，珠海、中山、江门三地路桥费年票互认正式实施。

12月15日 港珠澳大桥开工仪式在珠海举行，中共中央政治局常委、国务院副总理李克强宣布工程开工，交通运输部办公厅裴万发副主任和广东省交通运输厅厅长何忠友、副厅长陈冠雄等领导参加开工仪式。

12月17日 珠江水系西江港口联盟成立大会暨西江港口合作发展论坛在珠海举行，联盟以“携手合作，互利共赢”为宗旨，探讨加快发展西江流域港口和航运，共同打造西江黄金水道和西江通向世界的门户。

12月18日 高栏港到天津、海口集装箱班轮航线开通，两个15万吨干散货码头和南水作业区弃土岸壁整治工程同时开工。

是日 广东省城市公共交通协会2009年度会员大会在珠海召开。

12月29日 珠海、中山两市政府分别在各自始发站点举行999路公交车开通仪式，是中山、珠海之间开通的首条跨市公交线路。

■ 2010年

2月4日 交通运输部总工周海涛和广东省交通运输厅厅长何忠友、副厅长陈冠雄等到珠海参加港珠澳大桥初步设计评审会。

3月9日 高栏港开通首条国际班轮航线南美洲航线，跻身世界航运版图干线港之列。

3月12日 珠三角绿道网珠海段建设启动仪式在绿道1号线珠海示范段起点海天驿站举行。

3月19日 交通运输部珠江船型标准化工作调研座谈会在珠海召开，交通运输部水运局副局长张守国、广东省交通运输厅副厅长刘晓华等领导出席会议。

4月15日 全市交通运输工作会议在市政府综合楼会议室召开。

4月19日 交通运输部部长政策咨询小组到珠海调研，并召开优化交通运输产业结构座谈会。

5月1日 《珠海市扶持陆岛交通发展若干规定》正式实施，珠海陆岛交通客船票价下调30%，60岁以上的海岛居民可免费乘船。

5月13日 珠海市举行“珠海、中山公交一卡通”启动仪式，实现一张公交IC卡即可乘坐珠中两地公交车。

5月20日 广东省交通运输厅在珠海召开珠海市香（洲）—海（泉湾）路可行性研究报告评审会。

5月21日 珠海市首条西江集装箱驳船快运航线正式开通。该航线西起广西梧州港，东至珠海高栏港，总航程为405公里，由两艘集装箱船对开经营。

5月24日 港珠澳大桥三地联合工作委员会第一次会议在珠海举行，会议宣布大桥三地委成立，与港珠澳大桥前期工作协调小组进行工作交接，审议通过港珠澳大桥管理局局长人选和2010年工作计划。

5月26日 隶属中航工业集团通用飞机有限公司的中航通用航空有限公司在珠海注册成立。

6月10日 《珠海机场总规划》顺利通过中南民航局主持的评审会议的评审，该总规划将珠海机场定位为复合型国际干线机场。

6月12日 一汽客车和珠海银通合作建立的珠海新能源客车总装基地合作协议在珠海签约。

7月3日 珠江片区航海日庆祝大会暨珠江航运发展论坛市长峰会在珠海市举行。

是日 由广东海事局主办、珠海海事局承办的2010年珠江口海事安全论坛在珠海举行，粤港澳三地海事部门以“航运公司安全与防污染”为主题共同探讨珠江口水上交通安全工作。

8月26日 中国航空工业集团公司总经理林左鸣到珠海，考察中航通飞项目和十字门中央商务区。

8月30日 珠三角绿道网1号、4号线珠海段全线贯通。

9月20日 交通运输部救助打捞局与珠海中航通用航空有限公司定翼机海上搜救服务合同签约仪式在珠海举行。

9月27日 港珠澳大桥管理局揭牌仪式在珠海九洲港大厦举行，广东省交通运输厅副厅长蔡启文等领导出席揭牌仪式。

10月1日 珠海市举行首批纯电动公交车运营仪式，正式开通广东省第一条纯电动公交线路，省发改委副主任张军等领导出席发车仪式。

10月15日 市政府与全球最大的铁路及轨道交通设备制造商庞巴迪运输（集团）在珠海度假村酒店签署《战略合作框架协议》。

10月20日 珠海海事局牵头起草的《珠海市水上交通安全管理条例》，经市人大常委会公告第17号公布，自2011年1月1日起施行。

11月8日 珠海交通集团有限公司、广州铁路（集团）公司分别与来自华南、华中地区的13家钢铁、煤炭企业签订海铁联运合作框架协议。

11月14日 市政府与三一集团有限公司在珠海度假村酒店签署三一集团港口机械、海洋工程装备及工程船舶制造产业园项目投资协议，投资超过100亿元的装备制造项目落户珠海。

12月28日 陈仁福任珠海市交通运输局党组书记兼市交通战备办公室主任。

■ 2011年

1月3日 市政府与神华集团有限责任公司签署战略合作框架协议暨神华珠海港煤炭储运中心项目合作框架协议。

1月7日 广州—珠海城际铁路开通仪式在珠海北站举行，珠海实现期盼多年的铁路梦想。

1月23日 珠海中航通用飞机有限责任公司被广东省科技厅授予“广东省军民结合技术创新示范基地”称号，基地揭牌仪式在中航通飞珠海机场工作区举行。

2月24日 市政府与中化集团公司在珠海签署投资合作框架协议，中化集团将在珠海参与建设原油、成品油码头及储运设施等项目。中化集团下属中化实业有限公司与珠海港控股集团有限公司同时签署合作建设珠海港高栏港区30万吨级油码头、300万立方米储运设施及输油管线项目框架协议。

3月2日 广东省交通运输厅在珠海召开金鼎至横琴高速公路工程可行性研究报告评审会，蔡启文巡视员等领导参加评审会。

3月10日 全省水运管理工作会议在珠海举行，广东省交通运输厅副厅长刘晓华等领导出席会议。

3月29日 全市交通运输工作会议在市府综合楼6楼会议室召开。

4月6—7日 中共中央政治局委员、广东省委书记汪洋到珠海进行专题调研，考察高栏港经济区神华粤电珠海港煤炭储运项目、珠海LNG接收站等。

4月11日 市政府常务会议审议并原则通过《珠海市轨道交通线网规划》，规划范围包括珠海全市行政辖区以及与周边城市间轨道交通，包括5条城际轨道线和4条城市轨道线在内的全长300公里的轨道交通网络。

4月15日 珠中江区域密切合作第四次党政联席会议在珠海召开，会议明确珠中江三市将加快编制《珠中江区域紧密合作规划》，并突出民生，稳步推进交通等公共服务一体化。

5月10日 广东省委、省政府珠三角九市产业转型升级巡回检查讲评会走进珠海，中共中央政治局委员、广东省委书记汪洋率与会代表先后考察中航工业通飞珠海航空产业基地、银通新能源有限公司等，并听取转型升级工作情况汇报。

5月29日 神华集团国家煤炭应急储备基地启动仪式在高栏港举行。

6月3日 中国交通建设股份有限公司与珠海港控股集团有限公司签署战略合作框架协议。

6月17日 珠三角地区九市交通综合行政执法工作第五次联席会议在珠海召开，探讨珠三角地区交通综合行政执法协调联动机制。

6月27日 珠海十字门中央商务区横琴片区首期17条市政道路正式动工建设。

6月28日 珠海东西城区的公交线路正式实施“同城同价，降价惠民”措施，东西城区全面调低公交票价，空调公交车起步价由2.5元调整到2元，并大幅调低长距离线路票价。

7月16日 广铁集团副总经理陈敏一行到珠海检查广珠铁路高栏港站及专用线建设情况。

7月24日 珠海港集团总投资超过110亿元的10个项目在海泉湾集中签约。

7月27日 澳门特区政府运输工务司司长刘仕尧一行到珠海考察湾仔与澳门妈阁轨道站河底人行隧道选址。

8月8日 市政府与中国铁建战略合作框架协议签署暨中国铁建港航局集团有限公司揭牌仪式在珠海举行。

8月16日 珠海海事局船舶交通管理系统 （简称珠海VTS）启用。

8月19日 省道S272线 （湖心路口至白蕉高速出口段）市政配套二期、省道S366线珠海大道改造和金湾互通立交3个项目正式开工建设。

8月20日 珠海市200人以上自然村通水泥路项目正式开工，计划投资9370.4万元，共建设58条农村公路、总里程达63.6公里。年底，82个200人以上自然村通水泥路工程完工，惠及5万多名村民。

10月1日 《珠海经济特区道路交通安全管理条例》实施。

10月11日 广东海事局主办、珠海海事局承办、珠海市高速客轮有限公司协办，以港珠澳大桥建设与航行安全为主题的“2011珠江口海事安全论坛”在珠海举行。

11月7日 高栏港区集装箱码头二期工程开工。

11月10—11日 全省水运建设管理业务培训会议在珠海举行。

11月29日 中国移动珠海分公司与珠海公交集团举行合作签约仪式，推出移动手机支付业务“e行通”。将移动手机的通信功能和公交IC卡的电子支付功能集合，可在通信、公共交通等消费领域共同使用。

12月19日 珠海开通至大连集装箱班轮航线。

12月27日 珠海市举行西部地区205辆新车暨快速公交正式启动仪式，同时开通2条“大站快车”运营模式公交快线。

12月28日 珠海港高栏港区举行15万吨级干散货码头1号泊位试运行仪式。

12月31日 珠海大道主线一期改建工程（南湾立交至珠海大桥东段）通车。

■ 2012年

1月11日 市公路局荣获“2011年全国交通运输行政执法评议考核优秀单位”称号。

2月12日 省委副书记、省长朱小丹一行在珠海市委主要领导陪同下考察港珠澳大桥珠澳口岸人工岛工程建设情况。

2月13日 瑞典交通部项目官员代表团访问珠海市交通运输局。

2月16日 珠海市举行金港路横琴北段（横琴二桥）工程开工仪式。

2月22日 云浮至珠海集装箱航线开通。

2月25日 珠海那洲、南屏路桥收费站撤销，实施近20年的“围城收费”模式结束。

2月27日 世界最大的沉管预制厂——港珠澳大桥岛隧工程沉管管节预制工厂在桂山牛头岛建成，生产制造港珠澳大桥沉管隧道33段管节。

3月2日 广东省监察厅派驻港珠澳大桥工程监察专员办公室揭牌仪式在珠海举行。

3月7日 珠海LNG项目一期工程码头动工仪式在高栏港区举行。

3月16日 国内首家私人飞机运营服务中心——珠海西锐私人飞机运营服务中心开业。

3月29日 中山、珠海跨界道路建设项目合作会议在中山召开，两地签署《中山市、珠海市跨界道路建设项目合作协议》，就13条重点跨界道路的规划建设达成共识。

4月27日 珠海有轨电车一号线首期工程正式动工。2014年10月1日零时，梅华路从海天公园至梅华立交东西向实现全线通车，沿线9座过街地道同步启用。2017年6月13日 珠海现代有轨电车1号线正式开通试运营。

5月11日 珠海市举办国际宜居城市发展战略论坛筹备及《珠海市绿色交通规划研究》编制工作会议。

5月17日 珠海海事局和澳门港务局在湾仔内港水域首次联合举行2012珠澳海上消防及防油污联合演练，双方共有16艘船艇参加。

5月25日 珠海市召开全市交通运输工作会议，会议由市长助理、市交通运输局局长陈仁福主持，市委副书记、市长何宁卡出席会议并讲话。

5月30日 市委组织部召开市交通运输局主要干部任免大会，黄文忠任市交通运输局局长，管恩红任市交通运输局党组书记，陈仁福不再兼任市交通运输局局长和党组书记职务。

6月11日 市公路局定为公益一类，正处级事业单位，设9个内设机构和3个派出机构，编制109名，经费市财政核拨。

7月3日 省交通运输厅厅长、厅“三打”领导小组组长曾兆庚率领省厅“三打”专案督导组到珠海，在市交通运输局会议室召开“三打两建”督导工作会议。

是日 珠海市“文明出行，你我同行”珠海市民文明驾驶公约启动暨文明交通志愿服务活动在吉大免税商场广场举行。

7月5日 市委、市政府主办，市交通运输局承办的借鉴香港经验缓解珠海城区交通拥堵问题高端专家研讨会在珠海举行。市委副书记、市长何宁卡和省交通运输厅副厅长杨细平出席会议并在会上讲话，市领导刘佳、霍荣荫、潘明、陈杰等出席会议。

7月28日 中山市交通运输局局长张锦宏和副局长简钊庆、黄金贺一行到珠海市交通运输局协商研究珠海与中山交通衔接问题。

8月9日 大横琴山隧道贯通仪式和横琴金融产业服务基地一期竣工移交仪式在横琴新区举行。

8月17日 香港运输物流学会院士、奥雅纳工程顾问公司交通咨询董事周文生受聘为珠海市城市规划交通战略顾问。市委副书记、市长何宁卡出席仪式并向周文生颁发聘书。市长助理陈仁福代表市政府与周文生及其团队签署了战略合作协议书。珠海市交通运输局局长黄文忠、党组书记管恩红参加签约仪式。

8月22日 中共中央政治局委员、广东省委书记汪洋率队到珠海考察港珠澳大桥建设情况。

8月31日 广东省面向民间投资公开招标重大项目推介会在广州召开，珠海市代表团携8个招商项目参加推介会，广珠铁路珠海西站物流中心项目成为首个签约引进民间资本的项目。

9月14日 珠海市邮政管理局成立，10月24日在珠海度假村酒店举行成立揭牌仪式，省邮政管理局局长罗建青、市政府市长助理陈仁福等领导出席。

9月21日 珠海市举办纪念九洲港开港30周年庆典晚会。

10月12日 珠海市召开全市大交通行政管理体制改革工作会议。

10月17日 民航珠海空管站运行保障协议签署仪式在珠海度假村酒店举行，中南空管局局长陈松林、珠海市市长助理陈仁福出席仪式并签署协议，民航珠海空管站固定资产产权正式移交民航中南空管局，设备设施投资建设纳入民航中南空管局统一规划。

11月5日 珠江三角洲水上客运发展研讨会在珠海召开。

11月10日 珠海大道珠海大桥至金湾互通立交段、高栏港高速公路黄杨大道至南水桥段主线和右辅道、机场高速珠海机场至珠海大道段、阳光咀隧道续建段、凤凰山隧道、金凤路一期工程路段等6个交通项目正式通车。

11月12日 中国首款具有自主知识产权的全复合材料轻型机中航通飞领航150在珠海基地总装下线。

11月22日 珠海市与广东省交通集团签署战略合作框架协议。

11月29日 珠海三灶机场珠海至梅州航线开通，珠海、梅州两市签署《推进航空运输发展合作协议》。

12月4日 中国海员建设工会第三届二次全体会议在珠海召开。

12月8日 中共中央总书记、国家主席、中央军委主席习近平视察珠海。在省、市领导的陪同下视察中航通用飞机有限责任公司，详细了解公务机领航150、水陆两栖飞机蛟龙600的有关情况；在横琴新区考察莲花大桥、澳门大学新校区等。

12月19日 经国家民航总局批复，珠海三灶机场更名为珠海金湾机场。

12月20日 全市重点民生工程公共自行车租赁系统启用运营，在香洲、吉大、拱北及新香洲片区投放5000辆自行车，设服务站点195个，市民用金融IC卡进行自行车租赁服务。

12月29日 广珠铁路全线正式通车。广珠铁路是按国家一级标准建造的电气化铁路，设计速度120公里/小时，铁路全长189公里，自广州江村编组站南端出，设大田、官窑、丹灶、鹤山、江门南、古井、斗门、珠海西，终点为珠海高栏港。设计年运量6000万吨。

是日 珠海市举行智能交通示范项目启用仪式。

12月31日 广珠城际轨道全线通车，连接广州、佛山、中山、珠海、江门五市，珠海段设珠海北站、唐家湾站、明珠站、前山站和珠海站5个站点。

■ 2013年

3月3日 市政府与西门子（中国）有限公司交通与物流集团签署合作备忘录。利用西门子（中国）有限公司交通与物流集团在交通领域领先的技术优势和丰富经验，为珠海市制定绿色交通和智能交通发展战略和规划，并在产业发展及人才培养方面开展合作。

3月20日 市交通运输局召开交通项目专家咨询论证会，就《珠海市防治交通拥堵研究》《金琴高速公路改线论证研究》《港湾大道快速化改造方案》等项目展开论证。

4月2日 珠海市召开2013年全市交通运输工作和珠海市高速公路建设分指挥部会议，市长助理陈仁福主持会议，市委副书记、市长何宁卡出席会议并讲话。

4月12日 珠海市太平洋粤新海洋工程有限公司生产的3200吨电推平台供应船“PX1011”交付新加坡POSH公司使用。

5月6日 港珠澳大桥岛隧工程首节E1沉管与西人工岛隧道暗埋段成功对接。

5月12日 珠海银通新能源公司的广通10.5米纯电动客车在2013中国城市公共汽车节能大赛上获得纯电动10米组唯一金奖。

5月28日 珠海、中山、澳门三地公交互通卡在珠海市发行。

6月15日 珠海市交通运输委员会成立，作为议事协调机构，召集人是分管交通的市领导，委员分别由市交通运输局、港口管理局、公路局、发改局、财政局、人力资源和社会保障局、国土资源局、住规建局、海洋农渔和水务局等10多个部门共23人担任。市交通运输委员会办公室设在市交通运输局，负责统筹协调委员会的日常工作。

6月16日 横琴新区管委会、十字门控股公司、意大利法拉帝集团、珠海领先动力投资有限公司签署法拉帝游艇亚太中心项目投资协议。

6月18日 珠海市举行主城区公路管养事项移交仪式，市公路局、市交警支队分别与横琴新区、香洲区、高新区在移交协议书上签字，将主城区范围内公路设施设备（包括交通标牌、标识、标线、护栏）的维修、园林绿化、市容环卫等日常养护工作交由横琴新区、香洲区、高新区负责。

6月26日 珠海自行建设的第一条高速公路高栏港高速公路一期全线通车，全长23.55公里，双向四车道，设计速度100公里/小时。

8月1日 《珠海经济特区出租车管理条例》正式实施。1998年制定的《珠海市出租小汽车管理条例》同时废止。

8月6日 经交通运输部和财政部评估审核，“珠海港集装箱甩挂运输试点项目”认定为“公路甩挂运输第三批试点项目”。

8月30日 情侣路南段辅线及配套公园工程动工。

9月7日 市政府与中国远洋运输集团总公司在北京签署战略合作框架协议，双方拟在建设大型集装箱码头、开通集装箱班轮干线等方面开展合作。

9月29日 珠海船舶溢油应急设备库工程通过交通运输部海事局验收，珠海市首座专业船舶溢油应急设备库建成投入使用，可一次应对1000吨溢油事故综合应急处理。

10月9日 《珠海市综合交通运输体系规划》在网上公布。

11月7日 首架从珠海报关直航出口国际货运包机成功首航。

11月14日 南航集团公司总经理、股份公司董事长司献民，南航集团公司党组书记、股份公司总经理谭万庚访问珠海，双方就进一步落实协议，加快推进珠海航空产业发展交换意见。

11月20日 珠海云洲智能科技有限公司凭借“云洲无人船”项目获得第二届中国创新创业大赛总决赛企业初创组总决赛第一名。

11月28日 港珠澳大桥珠澳口岸人工岛填海工程完工。

12月9日 市政府召开全市交通基础设施建设“三年大会战”动员会，市委副书记、市长何宁卡出席会议并讲话，市领导龙广艳、潘明、刘学透、陈仁福等参加会议。

12月25日 珠海港货物吞吐量首次突破1亿吨，成为亿吨大港。

是日 金琴高速公路主线工程开工。

12月26日 珠海高栏港区举行15万吨级主航道工程动工仪式。工程总投资约1亿元，计划于2015年竣工后，珠海港拥有广东省“最重量级”主航道，15万吨级的船舶可全天候进出港，标志珠海港在完善港口集疏运体系、提升港口竞争力方面取得重大突破。

12月31日 港珠澳大桥珠海口岸项目开工，包括旅检区、货检区、口岸办公区以及市政配套区，总建筑面积32.8万平方米。

■ 2014年

1月7日 经珠海市政府批准,《珠海市水上交通安全联席会议工作规则》发布实施。

1月20日 市区至珠海机场城际轨道一期交通工程开工。

2月18日 珠海秦发10万吨级煤炭码头工程重载试车仪式在高栏港区成功举行。该工程设计年通过能力为1500万吨，总投资达19.1亿元，是珠三角地区获批准建设的等级最高的煤炭码头，成功试车标志珠海港干散货业务进入跨越式发展阶段。

3月1日 中国远洋运输（集团）总公司旗下的布依河号集装箱货轮靠泊珠海高栏港，中远集团正式开通高栏港—日照—连云港的集装箱班轮航线。

3月5日 市船舶制造行业首家省级博士后创新实践基地挂牌。

3月24日 中航工业通飞美国西锐公司设计研发的单发轻型喷气式公务机愿景SF50飞机在美国明尼苏达州德鲁斯国际机场首飞成功。

3月25日 市交通运输局分别组织召开南屏二桥规划管理方案听证会和白石桥工程方案听证会。

4月8日 连接珠海造贝工人新村路与中山坦洲潭隆南路衔接工程试通车。

4月18日 珠海正式加入由31个城市共同参与的“高铁+游轮”式“中国岸线”旅游联盟。

4月19日 珠海琛龙船厂建造的巨型远洋渔船下水，为“基地式”玻璃钢长鳍金枪鱼延绳钓渔船，总长37.6米、总宽7米、型深2.8米、主机功率达810千瓦、航速可达12节，续航里程14816公里。

4月25日 中国红十字（广东）水上救援队珠海培训基地揭牌，珠海水上救援培训基地升级为国家级。

4月30日至5月3日 泰国中国商会主席苏锦选一行到珠海进行友好访问，先后考察珠海市太阳鸟游艇、江龙船舶和雁洲轻型飞机制造公司，泰国中国商会与珠海市游艇旅游协会签约结成联盟协会单位。

5月6日 法拉帝集团、江苏扬子江船业集团、嘉盈丰科技（深圳）有限公司和珠海杰腾造船有限公司签署合作协议，共同投资1亿美元入股杰腾造船，在平沙打造具有现代化、国际先进水准的法拉帝游艇亚太制造基地。

5月27日 高栏港疏港铁路专用线一期主体工程建成。

5月31日 中央政治局委员、广东省委书记胡春华到珠海调研产业规划、项目建设和企业发展等情况。先后考察中海油深水海洋工程装备制造基地、路博润、太阳鸟游艇、北车珠海基地项目、玉柴动力船舶有限公司等。

6月26日 中国首条低空航线“珠海—阳江—罗定”航线在珠海开航。

是日 斗门港开通至深圳货运航线。

7月5日 中航工业通飞研发的中国首款完全知识产权5座全复合材料单发涡桨公务机“领世AG300”在珠海金湾机场首飞成功。

7月17—18日 香港特区政府财政司司长曾俊华一行到访珠海，参观港珠澳大桥工地等。

9月4日 斗门区范围内乡、村道线路211条，共382.433公里及其附属设施，移交斗门区管养，市公路局负责检查监督。

9月22日 珠海市举办“城市无车日”活动，活动主题为“我们的街道，我们的选择”。

11月3日 金湾互通立交建成通车。

11月6日 全市首批30辆纯电动出租车上路运营。

11月28日 2014西江港口联盟年会及“畅西江黄金水道、建海上丝绸之路”西江港航发展峰会在珠海举行，西江流域21家沿江港航、物流企业共谋发展，积极推进港航合作与流域经济一体化。

12月8日 国家邮政局副局长赵晓光到珠海指导邮政管理工作。

12月25日 中华见义勇为基金会与中石油集团公司联合主办第十一届“昆仑奖”全国十大见义勇为英雄司机评选活动表彰大会，珠海出租车司机谢秋华获“全国见义勇为英雄司机”称号。

是日 珠海英伦交通运输有限公司30辆土豪金TX4出租车投入运营，同期成立珠海市文明礼仪志愿服务车队。

12月30日 珠海银隆集团生产的42辆纯电动公交车正式交付珠海公交集团并投入运营。

■ 2015年

1月1日 市政府全面实施非本市户籍年满60周岁（含60周岁）以上老人刷卡免费乘坐公共汽车。

1月13日9时10分 珠海湾仔口岸开放近31年的3艘老轮渡全部“退役”，产自本地企业的3艘新渡轮投入使用。

1月28日 国务院批复《珠海市城市总体规划（2001—2020年）》，对珠海交通提出明确要求，加快公路、铁路、机场、港口等交通基础设施建设，改善城市与周边地区交通运输条件；建立以公共交通为主体，各种交通方式相结合的多层次、多类型的城市综合交通系统。

是日 珠海市道路安全咨询委员会成立，为市政府有关道路安全及相关绿色交通理念宣传教育的咨询机构。日常工作由市交通运输局负责。

2月3日 珠海驿联新能源汽车有限公司启动新能源汽车智慧充电网建设运营项目，首批5个电动私家车充电桩建设完成。

2月11日 珠海中航飞机有限公司首架进口加工的CESSNA（赛斯纳）飞机抵达珠海。

3月10日 全国最大干散货保税仓珠海鑫丰仓储有限公司公用保税企业投入运营，首票报税货物顺利入场仓储。

3月16日 市政府八届第五十二次常务会议审议通过《珠海市有轨电车管理办法》，5月3日起施行。

3月28日 南屏大桥封闭，仅供非机动车及行人通行。双向四车道的钢便桥启用，禁止中型（含）以上货车通行。

3月31日 市交通信息综合服务平台网页版、App应用程序上线，为市民提供智能导航、停车诱导、公交信息、在线购票等“一揽子”交通信息服务。

4月1日 市委、市政府召开全市交通建设工作现场会。

是日 珠海市召开交通发展战略专家座谈会，分别围绕绿色低碳交通、交通精细化管理、智能交通等主题，对珠海交通发展战略把脉问诊、建言献策。

5月15日 中航通飞华南公司与中航国际控股珠海公司共同投资组建的国家级航空标准件集成供应基地第三方检测中心在珠海保税区正式启动建设。

6月9日 中国通用航空前瞻暨珠海航空产业推介会在法国图卢兹市举行。来自法国航空航天行业的20位代表与珠海市代表团诚挚交流，深化合作，共谋发展。

6月30日 香洲港外贸码头关停，内贸码头4月停止作业。

7月1日 珠海枢纽客流物流信息平台物流一期上线试运营。平台以公路运输为切入点，逐步向铁、公、海、空一体化发展应用，有效整合调配全市物流资源。

7月17日 中国自主研制“三个大飞机”之一的大型灭火/水上救援水陆两栖飞机（简称AG600）机身在中航工业通飞珠海基地对接下线。

7月28日 国内最长的玻璃钢游艇“KING BABY”号，由高栏港区平沙镇先歌游艇制造股份有限公司完工交付。艇长140英尺（约42米），净重240吨，总价1280万美元。

8月17日 珠海市首批25辆无障碍公交车投入使用。

8月22日 广东省委书记胡春华、省长朱小丹考察港珠澳大桥建设情况。

8月26日 珠海市交通规划研究与信息中心与滴滴快的签署备忘录，共建“出租车信息服务平台”，实现数据对接、资源共享。

9月1日 珠海市首批定制公交线路正式开通，是运用互联网+运输服务进行创新的一种新型城市公交服务，其特点是按需定制、一人一座、方便省时。

9月29日至10月1日 中国船舶工业行业协会、广东省游艇行业协会和珠海市会展集团有限公司联合主办的2015中国（珠海）国际游艇展举行，10多个国家和地区近百家参展商参展，共签约42亿元。

10月15日 交通运输部副部长翁孟勇来珠海调研交通运输稳增长、促改革、调结构、惠民生、抓安全等政策措施落实情况。

10月22日 国家二类口岸洪湾港试运行。

10月28日 市政府与巴基斯坦瓜达尔市合作项目签约仪式在东莞举行。市港口管理局与瓜达尔市港务局签署友好港口协议，珠海港控集团与中海港控签署合作建设港口协议，珠海华发集团与中海港控签署合作建设中国商品展示交易中心协议。

10月30日 九洲港货运码头停运。

11月12日 市公路局及下属的市高速公路和地方公路管理处、市西部地区公路管理处，被认定为行政类事业单位。

11月17日 珠海市召开西部地区综合交通运输体系暨西部地区大开发交通发展高端研讨会，邀请新加坡、中国香港、广州等地的5位交通发展专家，围绕西部地区交通规划和重点交通项目进行深入细致的研讨。

11月28日 珠海开通直达北京、桂林高铁列车。

12月16日 法拉帝游艇（亚太）中心项目在横琴新区开工奠基。

12月30日 横琴二桥通车，全长6.8公里，桥宽33.5米，双向六车道。

是日 珠海市举行香海大桥、洪鹤大桥先行段和东西部公交快速化工程动工仪式。

是日 珠海—广州—深圳民用直升机城际航线开通，由星雅通用航空公司、越秀地产、深圳卓越集团共同运营。

12月31日 市政府成立珠海市中心城区交通治理专责小组，专责小组办公室设在市交通运输局。

■ 2016年

1月4日 市委、市政府举办珠海现代有轨电车1号线试乘活动，市领导及市交通运输局等相关部门主要负责人从海天公园站试乘珠海现代有轨电车至上冲小镇站，并考察车辆段检修库、模拟驾驶室和控制中心。

1月20日 珠海、中山两市政府联合现场办公，对跨界道路对接、前山河流域综合治理工作进行考察并座谈交流。

1月22日 云洲智能科技与国家海洋局南海调查技术中心共同组建的南海无人艇调查技术联合实验室在珠海挂牌。

1月27日 金湾公路养护管理与应急中心移交金湾区，其中部分人员及编制划入高栏港区；斗门公路养护管理与应急中心成建制移交斗门区。

1月28日 港珠澳大桥珠海连接线南湾互通至洪湾互通段、西部沿海高速公路月环至南屏支线延长线建成通车。

1月29日 市交通运输局在北京召开珠海市城市客运与交通信息服务标准化试点项目专家咨询会，围绕试点项目标准体系结构、主要内容等进行研讨和咨询。国家邮政局政策法规司原司长、全国服务标准化技术委员会副主任委员达瓦，国家标准技术审查部原主任姚晓静等10多位专家出席会议。

2月2日 《珠海市渡口渡船安全管理责任实施办法》正式颁布实施。

2月12日 珠海机场经历通航以来最严重的航班延误，大雾天气达到橙色级别导致航班无法起降，72个进出港航班受到影响，超过3000名旅客滞留机场。

2月25日 市八届人大常委会任命唐成伟为珠海市交通运输局局长，同时免去黄文忠的珠海市交通运输局局长职务。

2月26日 城市客运与公共交通标准化试点项目投入试运行。

是日 首架外籍公务机飞抵珠海机场。

6月7—8日 市交通运输局、市公安交警支队、市出租小汽车行业协会、珠海电台联合推出的“高考爱心车队”，为参加2016年高考的103名考生提供免费接送服务。

6月13日 省长途客运接驳运输联盟粤北子联盟成员企业第一次联席会议在珠海市召开，省道路运输管理局处长朱鸿国等领导和14家联盟成员企业代表参加会议。

6月16日 市委副书记、市长郑人豪率队赴广州拜访省铁路建设投资集团有限公司董事长朱耀忠，双方就加快推进广珠城轨延长线（珠机城际轨道交通项目）、广佛江珠城轨等重点交通项目建设进行探讨。市政府党组成员陈仁福、市交通运输局局长唐成伟等参加拜访活动。

7月14日 市政府八届第八十一次常务会议原则通过《珠海市综合交通运输体系发展“十三五”规划》。

7月15日 珠海市出租车驾驶员协会成立，选举产生15名理事会成员。

7月18日 《港珠澳大桥及附近海图》出版发行，由交通运输部海事局、香港海事处、澳门海事处及珠海市海洋农业和水务局联合编制。

7月21日 金琴快线工程（造贝立交-珠海大道）项目获得批复，该项目规划全长1.54公里，按城市主干道标准建设，是金琴快线的控制性工程。

7月23日 中航工业自主研发具有完全自主知识产权的AG600大型水陆两栖飞机在中航工业通飞珠海总装车间总装下线。

7月26日 国家级标准化建设试点项目“珠海市城市客运与交通信息服务标准化试点项目”以94分的高分通过专家组评估验收。

8月12日 市交通运输局直属机关党委在市妇女儿童活动中心隆重举行“不忘初心跟党走”合唱会演暨表彰先进基层党组织、优秀共产党员和优秀党务工作者颁奖大会。市政府党组成员陈仁福等领导出席大会并为获得2015年度先进基层党组织、优秀共产党员和优秀党务工作者颁奖。

8月19日 市政府常务会议审议并原则通过《珠海港口发展“十三五”规划》和《珠海市交通信息资源管理办法》。

9月2日 华盛顿州斯卡吉特县立通用机场、美国联邦航空管理局（FAA）向珠海市海卫科技公司研制的“海卫”轻型运动飞机颁发FAA适航证书。

9月9日 加林山隧道建成通车。

9月13日 市港口管理局联合多部门举行珠海港口设施保安暨港口危险货物事故应急演习，检验珠海港港口设施保安应急处置程序和港口危险货物事故应急预案的适用性。

9月25日 市道路安全咨询委员会、市交通运输局、市文明办在香洲区柠溪文化广场联合举办的“公交出行，人轻松，路轻松”文明交通主题系列宣传活动，倡导广大市民争当公交出行的先行者、文明出行的践行者。

10月18—19日 中共中央政治局委员、广东省委书记胡春华考察港珠澳大桥和高栏港建设。

10月20日 中航通用飞机有限责任公司与法国飞鲸控股公司在法国驻中国大使馆正式签署重载飞艇项目投资协议，加速合作研制60吨级重载飞艇。

是日 市政府办公室印发《珠海市扶持陆岛交通发展若干规定》，于2017年1月1日开始实施。

10月27日 市委副书记、市长郑人豪主持召开市政府常务会议，研究审议《珠海市综合交通运输体系规划（西部地区）》。

10月30日 珠海公交巴士有限公司投入10辆12米纯电动仿古铛铛车，开通L1路海虹总站—拱北口岸总站情侣路公交观光专线。

10月31日 省政府相关部门到珠海考察调研，并召开珠海、深圳、中山三市现场办公会，研究解决港珠澳大桥、深中通道建设中遇到的问题。

11月15日 省住房和城乡建设厅检查组到珠海检查前山立交桥、前山大桥、昌盛大桥、海燕桥等城市桥梁安全工作。

11月16日 市委书记郭元强主持召开专题会议，研究全市交通工作和西部生态新区建设工作，市委副书记、市长郑人豪，市委副书记赵建国等出席会议。

11月28日 国道G105珠海段公路生命安全防护示范工程顺利交工验收，成为全省率先完成的城市之一。

11月30日 市委组织部主持召开市交通运输局干部大会，宣布原党组书记管恩红调任及唐成伟局长兼任局党组书记的决定，市委组织部部长曾祥华参加会议并讲话。

12月5日 横琴口岸及综合交通枢纽开发工程举行签约及开工仪式。

12月7日 市政府常务会议研究政府购买公交服务体制下的运营监管体系，决定珠海市公共汽车特许经营将由“财政亏损兜底补贴”模式变为“政府购买服务”模式。

是日 横琴新区马骝洲交通隧道工程西线隧道全线贯通，是国内首条海域超大直径复合地层盾构法隧道。

12月16日 澳门特别行政区政府、珠海市政府在横琴新区联合召开新闻发布会，宣布即日起接受澳门机动车辆出入横琴的申请，符合申请资格并通过审核登记的首批澳门机动车12月20日起可以驶入横琴。12月20日 9辆单独悬挂澳门车牌的机动车缓缓驶出关口进入横琴，中国内地大门首次向澳门单牌机动车敞开。

12月19日 中航工业通飞西锐公司在美国明尼苏达州德鲁斯市举办首架西锐“愿景”喷气机交付用户仪式。

12月21日 市委副书记、市长郑人豪会见广州铁路集团副总经理郭吉安一行并举行签约仪式，珠海于2017年1月初增开直达上海、长沙和贵阳的长途跨线高铁列车。

12月28日 超大断面曲线管幕隧道—港珠澳大桥珠海连接线拱北隧道贯通。

12月30日 珠海公交集团举行珠海市公交安全巡查员上岗启动仪式，首批200名公交巡查员将在全市重点公交车厢、公交站场、公交站台执勤。

■ 2017 年

1月1日 全市取消车辆通行费年票制，不再收取年票制年票或委托高速公路代收普通公路次票。

1月6日 《珠海市交通信息资源管理办法》正式实施。

1月7日 井岸大桥维修加固工程全面完成并恢复通车。

2月9日 市政府常务会议审议并原则通过《“十三五”期间珠海市交通基础设施建设大会战推进工作方案》。

2月18日 市交通运输安全事务中心正式挂牌，市交通运输局局长唐成伟参加挂牌仪式。

3月30日 广东省高速公路收费站治超非现场执法示范推广会在珠海召开，珠海等七市成为全省首批治超非现场执法试点单位。

3月31日 井岸渡口停航。

4月1日 斗门区莲洲大桥被一艘货船撞击，大桥封闭。

4月16日 珠海至南宁、郑州、昆明、潮汕高铁首发。

4月26日 中央宣传部、中央文明办、全国总工会联合发布10位“全国最美职工”先进事迹，港珠澳大桥建设者胡从柱作为广东唯一代表获此殊荣。

4月27日 国务院国资委首届“央企楷模”发布，港珠澳大桥岛隧工程项目总经理、总工程师林鸣等8人荣获“央企楷模”称号。

是日 全国总工会在北京召开“全国五一劳动奖章”“全国工人先锋号”表彰大会。南航珠海公司被授予2017年“全国五一劳动奖状”，成为全国民航系统唯一获此殊荣的先进集体。

5月25日 珠海港引航站成功引领“德宏”轮拖带装载重13118吨海洋工程平台组块的“海洋石油228”船出运高栏港黄茅海航道，创造珠海港口无动力拖带驳船靠舶、重载离驳的新纪录。

6月8日 交通运输部部长李小鹏实地调研港珠澳大桥工程建设情况。

6月27日 电视纪录片《港珠澳大桥》在珠海举行首映式。

7月1日 珠海港—巴西维多利亚港直航航线正式首航，一艘载满3.5万吨花岗岩的货船驶离维多利亚港开往珠海高栏港。

7月10日 《珠海市网络预约出租汽车经营服务管理暂行规定》正式实施。

2017年7月26日，珠海市城市客运与交通信息服务国家级标准化试点项目通过专家验收。

7月30日 横跨前山河东西两岸的白石桥建成通车。白石桥是珠海市首座自锚式悬索桥，副市长张宜生出席通车仪式。

8月23日 强台风“天鸽”在珠海市金湾沿海登陆，全市交通运输行业受灾经济损失折合共计131819万元。对珠海市交通运输造成重大破坏和经济损失。

9月28日 洪湾枢纽互通立交二期工程全线通车。

10月22日 珠海银隆新能源公司首批以“中国红”为外观主题的18米纯电动公交车投入北京市1路公交运营，为首都公交提供更加清洁环保的新能源车。

11月8日 市交警部门推出电子证照服务，领取电子驾驶证、行驶证的司机如遇交警查车，忘带驾驶证时可以凭电子驾驶证免于处罚。

12月24日 中国航空工业集团公司自主研发的中国首款大型水陆两栖飞机——“鲲龙”AG600成功首飞。

12月28日 兴业快线（北段）项目正式开工，市委书记、市人大常委会主任郭元强，市委副书记、市长姚奕生共同为项目建设推杆启动。

12月29日 珠海金湾机场旅客年吞吐量首次突破900万人次。

■ 2018年

1月10日 高栏港区10万吨级石化码头开建。

1月18日 市政府常务会议审议通过《珠海市建设项目交通影响评价管理办法》，于2018年3月1日起实施。

1月22日 南琴路及其附属设施修复工程主体道路完工通车。

1月23日 珠海港集团和西井科技的合作成果——全球首辆港区作业无人集卡首发珠海港，宣告中国企业凭借人工智能技术在港口行业实现重大突破。

是日 中国人民银行珠海市中心支行、珠海公共交通运输集团有限公司举办珠海公交银联移动支付上线仪式，珠海公交可以接受现金、公交卡、微信或支付宝的乘车码、银联卡、银联手机闪付5种支付方式。

1月26日 交通运输部“交通强国”工作调研组赴横琴自贸试验区、港珠澳大桥现场、珠海银隆公司调研。

是日 团市委、市文明办、市交通运输局、拱北口岸综管办主办的“青春情暖”2018珠海春运志愿服务在城轨珠海站“蓝天小屋”正式启动，市交通运输局副局长魏永民参加启动仪式并为志愿服务队授旗。

2月9日 珠海机场东指廊正式启用，机场登机口增加到23个，可以保障年旅客吞吐量1200万人次需求。

2月10日 珠海万山无人船海上测试场建设项目启动仪式在珠海度假村举行，市交通运输局副局长黄建平出席启动仪式。

2月13日 市高速客轮香港航线船舶更新提速完成，珠海前往香港仅需60分钟。

3月15日 市委第二巡察组巡察市交通运输局党组工作动员会召开，市委第二巡察组组长陈耀平作动员讲话，市纪委副书记、监委副主任、市委巡察工作领导小组成员侯军玺对巡察工作提出具体要求。会后市委第二巡察组正式进驻市交通运输局开展为期近3个月的巡察工作。

3月16日 金海大桥开工仪式在横琴新区举行。

3月22日 板樟山新增隧道工程动工。

4月3日 全球知名航运咨询机构Alphaliner发布2017年全球集装箱港口吞吐量排名，珠海港以227万标箱位列第73位，集装箱吞吐量以37.3%的增幅排名全球第二，增速在全国沿海主要港口名列第一，港口货物吞吐量在全国港口排名第28位。

4月10日 位于金湾区南水桥的全市首个普通公路超限超载监测点启用，实现24小时全天候对过往运输车辆进行超限超载监测。

4月15日 南屏大桥开始拆除，大桥标牌移交给市博物馆和南屏镇保管收藏。在原址新建金琴快线8车道南屏大桥与港珠澳大桥延长线相连，是珠海“五横九纵”新路网体系的重要节点。

4月22—24日 首届数字中国建设峰会在福建福州海峡国际会展中心开幕，“珠海市智慧交通运行管理平台”作为珠海市十大政务信息化优秀案例受邀参加峰会，并在数字中国建设成果展览会上搭建展台，分享平台成立以来的发展思路、经验和成效。

4月27日 大西南首列出海班列由黔桂铁路新线贵定南站，经珠海港出海运往国外，川、贵、广及南亚国际物流大通道贯通。

5月8日 省政府调研组在珠海调研港珠澳大桥建设管理和先进制造业发展情况。

5月10日 中央党校校委委员陈立、国家邮政局副局长邢小江、广东省邮政管理局局长周国繁等到珠海开展邮政强国调研。

5月11日 交通运输部规划研究院总工程师张小文率队到市交通运输局开展《粤港澳大湾区超级枢纽港战略可行性研究》调研工作，围绕珠海港口发展和粤港澳大湾区超级枢纽港战略设想等进行座谈交流。

5月20日 中共中央政治局常委、国务院副总理韩正调研横琴自贸试验区建设，实地考察港珠澳大桥建设，询问开通准备情况，并查看通关流程等。

5月23日 市交通运输局局长唐成伟主持召开东部城区标志标线标牌和路容路貌巡查现场会，会同香洲区、市公路局、市公安交警支队相关负责人对东部城区主要路段标志标线标牌和路容路貌进行现场巡查，并对迎宾南路人行过街方案进行研究。

5月30日 市交通运输局与民建珠海市委会联合召开珠海发展无人驾驶、智慧道路、光伏道路等新型交通科技座谈会，对珠海建立新型交通科技发展试验区的可行性和相应措施进行探讨。

5月31日 珠中江三市交通综合执法部门首次组织开展珠中江道路运政跨市联动执法行动，在三市交界的5个检查点附近对违法网约大客车、非法营运和危运、出租车等违法违规行为进行跨市统一联动执法，查处违规车辆11辆。

6月8日 市政府印发《澳门机动车入出横琴管理细则》。

6月15日 中远海运特种运输股份有限公司“大信”轮历时1个多月的海上航行从巴西维多利亚港顺利抵达珠海高栏国际货柜码头，2018年“巴西维多利亚港—珠海高栏港”首航成功。

7月1日 珠海始发开往贵阳和长沙的跨省高速列车终点分别延伸到成都东站和怀化南站，至此珠海始发的9条跨线高速列车可抵达城市增至52个，极大方便珠澳两地居民出行和外地游客往来珠海。

7月12日 市交通运输局（市港口管理局）与广州港务局签订《广州港务局 珠海市交通运输局港口合作协议》。

7月26日 市交通执法局联合市公安交警支队设立“交通交警业务一窗办便民服务点”揭牌仪式在上冲交通综合大楼举行。市交通运输局局长唐成伟、市公安交警支队支队长刘文昌出席仪式并为服务点揭牌。

7月31日 省交通运输厅扫黑除恶专项督导四组在厅综合行政执法局局长郑顺潮带领下，到珠海开展交通运输领域扫黑除恶专项斗争工作督导。

8月3日 新型豪华双体高速客船“新海滨”号首航仪式在香洲港客运站举行。

8月9日 省交通运输厅在珠海召开第十二届中国国际航空航天博览会交通运输保障协调会，协调广州、中山、江门等城市将开通直达航展馆的跨市专线大巴。

9月1日 市道路运输管理处组织研发的珠海市出租汽车驾驶员诚信评价系统和信用信息管理系统正式上线，推进市出租汽车行业信用体系建设。

9月10日 “珠海交通”微信公众号正式改版上线，新增驾车服务、出行服务、交通服务等三大服务菜单。

9月17日 交通运输部海事局公布2018年安全诚信公司评选名单，珠海高速客轮公司入选。

9月18日 中国民用航空局计划司司长王长益一行到珠海市调研粤港澳大湾区民航协同发展工作。市委副书记、市长姚奕生陪同调研并与调研组座谈。

10月11日 省交通运输厅副厅长陆亚兴一行抵达珠海高栏港，开展港口和航道管理工作调研。市交通运输局副局长黄建平陪同调研。

10月15日 广东省道路运输驾驶人培训师制度推广暨重点岗位人员安全生产第一期培训班开班动员会议在珠海举行。

10月16日 珠海市常务副市长王庆利在市机关大院1号楼316会议室会见江门市分管交通副市长林飞鸣一行，双方就共同推动黄茅海跨海通道建设相关事宜进行商谈。珠海市交通运输局长唐成伟、副局长王琢等参加座谈。

10月18日 市委书记、市人大常委会主任郭永航，市委副书记、市长姚奕生调研市重点交通建设项目。

10月20日 AG600飞机在荆门漳河机场滑行入水，随即从水面腾空而起，平稳飞行14分钟，完成既定一系列试飞科目后顺利着水降落，获得首飞成功。中共中央总书记、国家主席、中央军委主席习近平致电表示热烈祝贺；中共中央政治局常委、国务院总理李克强作出批示；工业和信息化部负责人现场宣读习近平的贺电和李克强的批示。

10月23日 港珠澳大桥开通仪式在珠海市举行。中共中央总书记、国家主席、中央军委主席习近平出席仪式，宣布大桥正式开通并巡览大桥。

10月24日 港珠澳大桥正式通车运营。

10月25日 中国邮政集团公司珠海市分公司与珠海公交集团公司签订战略合作框架协议，双方将在公交卡业务代理、交邮物流合作、文化传媒合作、“阿珠”“阿海”城市动漫形象合作、文化产品服务、金融服务、业务创新等七方面展开合作。

10月29—31日 广东省港航安全管理培训班在珠海举办，通过课程培训和实践提高全省港航安全管理水平，强化“依法治安”能力。

11月6—11日 第十二届航展在珠海举行，市交通运输局作为航展交通保障牵头单位，采取有力措施，实现航展期间相关道路零拥堵。

11月8—9日 全国政协副主席刘奇葆一行考察港珠澳大桥。

11月15日 市政府常务会议审议并原则通过《珠海市干线路网规划》。

11月16日 市人大常委会常务副主任陈英率市人大常委会视察组对《关于加快建设东西交通通道和治理中心城区交通拥堵议案》办理情况进行现场考察。副市长芦晓凤、张锐陪同考察。

是日 市交通运输局召开新闻发布会，宣布全市常规公交和有轨电车票价从11月18日起全部下调至1元/人次。

11月20日 珠海机场年旅客吞吐量首次突破1000万人次大关，市委常委、副市长祝青桥参加庆典仪式。

是日 经市人民政府同意，珠海市交通工作联席会议制度正式建立。

11月26日 市委副书记、市长姚奕生调研黄茅海跨海通道、上横大桥，研究对接港珠澳大桥路网相关工作。市委常委、常务副市长王庆利参加调研。

11月30日 珠海万山无人船海上测试场启用，中国船级社为其颁发测试场服务供应方认可证书。

12月1日 珠海港控股集团有限公司举办主题为“筑梦大港，你我同行”第五届“港口开放日”公众活动，来自珠海社会各界近200名市民现场参观神华码头、高栏国际码头和珠海港集团展示厅，零距离感受珠海港的发展变化。

12月10日 2018西江港航发展研讨会在珠海举行，来自交通运输部、珠海市政府、西江沿江其他市政府、西江沿江港航管理部门及西江港口联盟的36家成员单位和相关企业的代表出席。

12月15—16日，第五届港航物流发展（珠海）论坛在北京理工大学珠海学院召开，来自北京、上海、香港、澳门、西安、中山及珠海等地的300多名专家学者、业界代表共同探讨粤港澳大湾区建设背景下的珠海港航物流发展策略。

12月18日 市交通运输局在前山公交总站举行“826路”公交专线开通仪式。

12月18日19时 珠机城轨一期工程全线贯通。

12月19日 广州港务局局长陈洪先一行到珠海市交通运输局，双方就珠海广州两市港口合作和港口资源整合工作的开展情况进行交流。

12月20日，市委常委、常务副市长王庆利带队拜访民航中南地区管理局，就金湾机场改扩建项目、航班时刻增量及空域优化等进行交流。

12月28日 兴业快线（南段）开工仪式在白莲路板樟山脚举行，市政府副秘书长何庆明出席并致辞。

■ 2019年

1月1日 《万山区陆岛交通客、货运企业及船票优惠补贴方案》正式实施，海岛常住人员乘船5折优惠、珠海市民乘船8折优惠。

1月16日 市委任命林粤海为珠海市交通运输局党组书记。

1月17—18日 省交通运输厅在珠海组织召开黄茅海跨海通道工可评审会，与会专家及各单位代表一致同意通过评审。

1月19日 市九届人大常委会任命林粤海为珠海市交通运输局局长。

1月29日 珠海港高栏港区15万吨级主航道工程顺利通过竣工验收，标志着珠海港正式拥有珠三角最重量级的主航道。

2月1日 高端主题豪华游船“寻仙6”正式首航，旅客全程100分钟“海上看珠海”，饱览珠海海岸线美景和港珠澳大桥风光。

2月11日 交通运输部、国务院国资委、中华全国总工会联合印发《关于开展向港珠澳大桥建设者学习的决定》。

2月13日 省委书记李希到珠海洪鹤大桥施工现场调研，省领导郑雁雄，市领导郭永航、姚奕生参加调研。

2月23日 市委常委、常务副市长王庆利深入金琴快线项目施工现场，调研项目全线进展情况，协调落实推进工作。市交通运输局党组书记、局长林粤海等陪同调研。

2月28日 珠海市轨道交通有限公司举行揭牌仪式。

3月1日 首条跨境通勤客运专线“横琴—澳门跨境通勤专线”开通。

3月11日 港珠澳大桥珠海连接线项目正式移交珠海市管理，市交通运输局局长林粤海等出席移交签约仪式。

3月27日 “新海天”号豪华双体高速客船在香洲港码头顺利首航。

4月1日 红东互通建成开通，方便经高速公路往来洪湾港区车辆的通行。

4月25日 澳门中联办副主任姚坚、澳门中企协会相关人员和澳门特区政府交通局、环保局、旅游局等相关官员一行19人，到上冲公交总站现场参观调研新能源公交车辆的使用和运营方面的情况。市交通运输局局长林粤海等陪同调研。

4月26日 珠海九洲港至深圳机场（福永码头）“水上巴士”航线正式开通。

4月28日 上海国际航运研究中心对外发布“全球最具潜力集装箱港口排名”，珠海港以总分85.83位列全球第七。

4月29日 市委书记、市人大常委会主任郭永航调研城市交通拥堵治理工作。

5月6日 珠海机场至香港市区、香港机场联程联运线路正式开通，珠海机场陆路往返香港机场或香港市区的旅客可通过“粤港澳跨境通”网络平台实现一键下单、一票通行、联程联运。

6月14日 珠海中山两市交通运输局就跨界道路建设、轨道规划建设及公共交通等有关事宜进行交流商谈，双方同意共同推进两市跨界道路建设及公交线网优化提升。

6月27日 九洲港城市门户综合交通枢纽项目首期工程开工，采用城市更新的方式对现九洲港口岸进行拆除，并在原址重建。

7月26日15时45分，一架来自新加坡的公务机抵达珠海机场。

是日 广州、深圳、珠海、佛山、东莞、惠州、中山、肇庆、江门粤港澳大湾区9个城市的出租汽车行业协会联合制定并印发《大湾区内地城市出租汽车行业文明服务联盟公约》。

8月6日 珠海金湾机场改扩建工程T2航站楼部分的初步设计通过民航中南地区管理局行业审查。

8月7日 市交通运输局局长林粤海主持召开专题会议，研究部署推广普及ETC安装使用工作。

8月14日 市人民政府发布关于珠海大桥上下游禁止船舶停泊的通告，明确磨刀门水道珠海大桥上游广昌泵站至珠海大桥下游洪鹤大桥之间水域不得作为临时锚地停靠船舶。

8月28日 市交通运输局在市交通大楼组织召开珠江肇高铁推进工作会议。珠海、江门、肇庆、佛山四市相关部门分管领导及负责人参加会议，共同研究加快推进珠江肇高铁项目规划建设相关事宜。

9月6日 2019年度广东省道路危险货物运输管理工作会议暨安全管理工作培训在珠海举行。

9月11日 市交通运输局召开“不忘初心、牢记使命”主题教育工作会议，对全局开展“不忘初心、牢记使命”主题教育进行动员部署。市交通运输局党组书记、局长林粤海，市委主题教育第十指导组组长鄢赤军作了讲话。

9月26日 市委副书记、市长姚奕生就“大湾区建设中加快建设区域综合交通枢纽”课题进行专题调研，现场研究解决金琴快线、香海大桥及支线、兴业快线等交通项目建设施工难题。

9月29日 梅界中路市政道路主体工程完工并通车。

9月30日 新海燕桥建成通行。

10月10日 由广东省交通运输厅指导、港珠澳大桥管理局主办、羊城晚报承办、珠海市交通运输局协办的龙腾港珠澳摄影作品展在珠海城市规划建设成就展览馆举行开展仪式。

10月11日 珠海至湛江D7126次跨线列车开通；珠海至潮汕线G6340次跨线列车延长至梅州。

10月29日 《粤港澳大湾区超级枢纽港战略可行性研究报告》结题评审会在北京召开。交通运输部原总工程师蒋千、交通运输部规划研究院原总工程师张小文、广东省人民政府参事室参事梁建伟、粤港澳大湾区供应链研究院执行院长邱国宣和珠海市交通运输局局长林粤海等出席评审会。

11月1日 珠机城际轨道交通项目一期联调联试工作启动。

11月8日 深圳机场珠海九洲港城市候机楼启用。

12月18日 情侣路南段拱北口岸至横琴大桥路段主线改造工程一标段通过竣工验收。

12月19日 珠海市被交通运输部、公安部、商务部联合确定为全国第二批城市绿色货运配送示范工程创建城市。

12月31日 “珠海－海南儋州”“珠海—阳江—罗定”短途运输航线首航仪式在珠海莲洲通用机场举行。

■ 2020年

1月14日 市交通运输局召开“不忘初心、牢记使命”主题教育总结大会。

1月17日 市交通运输局局长林粤海带队赴中山市交通运输局沟通两市交通衔接事宜。双方就香海大桥征地拆迁问题、中山东部外环高速公路二期与金琴快线衔接方案、广中珠澳高铁、中山西环高速公路南延工程、珠海高新区新湾七路北延段与中山南朗镇海湾一路衔接工期、珠海造贝北延段与中山芳草街西延段衔接工期、珠海屏西五路北延段与中山坦洲南村路口衔接等方面达成共识。

1月19日 广东省副省长陈良贤率队到港珠澳大桥检查调研春运保安全、保畅通、优服务工作。

2月4日 省交通运输厅副厅长章权率厅第六防疫及春运安全联系工作组到珠海机场等现场检查疫情防控及春运工作。市交通运输局总工程师曲向华陪同检查。

2月5日，市交通运输局直属机关党委在机场、码头、城轨站、汽车客运站、高速公路路口等联合检疫站成立15个临时党支部。

2月28日 黄茅海跨海通道项目通过专家评审。评审首次采用“函审+视频”的会议方式，来自北上广苏渝等5个会场共百余人同时在线对项目初步设计文件进行评审。

3月13日 市交通规划研究与信息中心参与的“综合交通运输监测平台数据资源管理及辅助决策支持系统关键技术研究与应用”项目荣获2019年度华夏建设科学技术奖二等奖。

3月30日 珠海市首次发布《出租小汽车消毒技术规范》，填补国家标准和行业标准的空白。

是日 大横琴山隧道（一期）全面贯通，比合同工期提前20天。

4月7日 省交通运输厅、省发展和改革委员会联合公布广东省多式联运示范工程项目名单，珠海港控股集团有限公司牵头联合申报的“珠海港通达全球、联通西南—粤港澳大湾区集装箱江海铁联运示范工程”获得第二名。

4月7日 根据市委办、市府办印发的《关于2019年度珠海市机关事业单位绩效考评结果的通报》，市交通运输局2019年度绩效考评结果为“优秀单位”。

4月8日16时53分 武汉至珠海的CZ3759航班缓缓驶入珠海机场2号机位，载着86名武汉旅客平安抵达珠海机场。受新冠肺炎疫情影响停运2个多月后，珠海机场再度迎来武汉客运航班。

4月9日 珠海港成功航运有限公司投资建造的22500吨散货船“高栏306”，在福建东南造船厂顺利下水。

4月15日 市委书记郭永航会见中航通用飞机有限责任公司董事长白小刚、总经理杨雷一行，就进一步落实合作事宜、推动通用航空产业发展交换意见。市领导曾进泽、吴轼参加会见。

4月21日 市委副书记、市长姚奕生与中山市委副书记、市长危伟汉一行，就中山东外环高速南延与金琴快线北延段、中山西外环高速南延对接洪鹤大桥、广州轨道交通18号线中山和珠海延伸线等事宜沟通交流。

4月24日 珠海港航运有限公司全资建造的万吨散货轮“高栏002轮”首航。

5月1日 深圳蛇口港—横琴码头直航航线开通。

5月10日 中远海运特种设备运输有限公司建造的6.2万吨级件杂货大轮“中远海运长青”从珠海港高栏国码开启首航，满载1万多吨钢材和近万立方米设备驶向巴西。

5月12日 赣州国际陆港发展集团有限公司与珠海港控股集团有限公司在珠海签署战略合作协议，双方在铁海联运、港口建设等领域开展合作。江西省委副书记、赣州市委书记李炳军，广东省委常委叶贞琴，珠海市委书记郭永航参加签约仪式。

5月15日 “海巡0935”海事巡逻执法船正式列编珠海海事局。

5月27日 珠海市区至珠海机场城际首列CRH6A型动车组在中车广东轨道交通车辆有限公司完成车辆交接，CRH6A型动车组依托和谐号动车组技术平台，可以满足区域经济快速发展和城市群崛起对城际轨道交通的要求。

6月1日 珠海机场3号机坪改造工程在珠海航展中心展坪启动。

6月2日，珠海市人民政府与中国南方航空集团有限公司在广州签署粤港澳大湾区珠海航空市场发展战略合作协议，双方将在航空运输、通用航空、航空维修、飞行培训等方面开展全方位合作，共同推动珠海航空产业发展。市委书记郭永航，中国南方航空集团有限公司董事长、党组书记王昌顺出席签约仪式。市长姚奕生、中国南方航空集团有限公司总经理马须伦分别代表双方签订战略合作协议。

6月6日 黄茅海跨海通道项目开工仪式在江门台山市举行，广东省有关领导，珠海、江门市主要领导及有关项目参建单位代表参加。

6月23日上午8时，板樟山新增隧道举行通车仪式，市委书记、市人大常委会主任郭永航出席并宣布板樟山新增隧道开通。市委副书记、市长姚奕生，市政协主席陈洪辉，市人大常委会常务副主任陈英出席活动。

7月4日9时20分，首架珠海产的西锐SR20飞机从珠海机场起飞，经停贵州一通航机场，于当日17时03分顺利抵达中国民航飞行学院广汉机场。

7月5日 天津中运海运集团有限公司投资建造的2.25万吨级散货船“天玑星”在珠海高栏港务码头1号泊位开启首航。

7月9日晚 珠海市主城区新命名的12条下穿车行隧道（分别是明珠隧道、健民隧道、紫荆隧道、柠溪隧道、上冲隧道、南村隧道、南湾隧道、翠微隧道、北岭隧道、南屏隧道、拱北口岸隧道、洪湾隧道）全部完成隧道名称标识安装并亮灯。

8月5日 市交通运输局发布《珠海市交通运输局关于私人小客车合乘出行的指导意见（暂行）》。

8月17日 市政府常务会议审议通过《珠海市网络预约出租汽车经营服务管理暂行规定》，2020年10月1日起实施，有效期至2023年9月30日。

8月18日 珠机城际一期开通运营仪式在珠海站举行。市委书记、市人大常委会主任郭永航出席仪式并宣布珠机城际一期正式开通。市委副书记、市长姚奕生，市政协主席陈洪辉，市人大常委会常务副主任陈英出席仪式。

是日 横琴口岸汽车客运站建成启用。

8月21日 “九洲湾1号”迷你邮轮在珠海顺利下水。

8月28日 全球首套无人化港口门机人工智能理货系统上线发布仪式在珠海港集团旗下珠海国际货柜码头（洪湾）举行。市委书记郭永航出席仪式。

是日 世界港口航运业权威机构劳氏日报发布“2020年全球百大集装箱港口排名”榜单，珠海港名列第77位。

9月2日 市交通运输局召开《习近平谈治国理政（第三卷）》集中学习开班动员会。

9月7日 珠海鹤港高速公路一期工程白藤河大桥主桥贯通，标志着鹤洲南至机场东路主体工程全线贯通。

9月8日 珠海机场航空器机坪管制职责正式由珠海空管站移交至珠港机场管理有限公司。

9月9日 新建的南屏大桥建成通车。

9月12日 情侣路南段拱北口岸至横琴大桥路段主线工程实现全线主车道通车。

9月15日 市政府常务会议审议并原则同意《珠海市鼓励航运物流业发展实施办法》。2020年9月24日实施，有效期至2023年9月23日。

是日 市交通运输局举行退休干部党支部荣获“全国离退休干部先进集体”挂匾仪式。市交通运输局党组书记、局长林粤海和市委组织部副部长、市委老干部局长林康栋，以及局党组成员、副局长魏永民等参加挂匾仪式。

9月16日 珠海港收购兴华港口交接仪式在江苏省常熟市举行。

9月26日 珠海公交集团在日月贝举行双层观光巴士首发仪式。市委副书记、市长姚奕生出席活动并与广大市民一起乘车体验。

10月2日 广州直达珠海桂山海岛的首条水上客运航线开通。

10月26日 市委副书记、市长姚奕生主持召开珠海市交通工作会议，研究珠机城际北延线、机场北路南延隧道和金港大桥有关工程建设事宜。

10月30日 珠海通用机场二期项目软基处理先行段工程举行开工仪式，标志珠海通用机场二期项目正式启动。

11月1日 市交通运输局直属8个综合执法支队（香洲、金湾、斗门、高栏港、高新、科技与工程质量监管、港航、港珠澳大桥珠海公路口岸支队）挂牌成立，市交通运输局党组书记、局长林粤海参加揭牌仪式。

11月2日 凌晨4时10分 中铁大桥局承建的金海大桥主桥横琴侧连续钢构边跨顺利完成合龙。

11月3日 兴业快线迎宾支线隧道全线贯通。

11月9日 市交通运输局直属机关党委召开党员代表大会，选举产生新一届机关党委、纪委委员。林粤海当选为新一届党委书记，魏永民当选为新一届党委副书记兼纪委书记，李莉当选为新一届党委专职副书记，周进碧当选为新一届纪委副书记。

12月15日 洪鹤大桥、金琴快线全线通车，珠海隧道工程开工建设。市委书记郭永航、市长姚奕生、市政协主席陈洪辉、市人大常委会常务副主任陈英出席通车开工仪式。

12月31日 市交通运输局、市商务局联合印发《珠海市关于支持网络货运产业发展的若干措施》。

第一编　管理机构

民国时期，中山县先后设立公路局、建设局，管理公路、桥梁、水运等交通运输事业。

中华人民共和国成立后，随着交通事业的不断发展，交通运输管理工作越来越完善。除市、区（县）两级政府设立综合行政管理机构外，还有管理公路、铁路、水运、航空和邮政事业的专门机构。截至2018年，市区两级交通运输综合行政管理机构有珠海市交通运输局、斗门区交通运输局、金湾区交通运输局等，有专业管理机构23个。

第一章　综合管理机构

第一节　市交通行政管理机构

● 珠海市交通运输局

民国15年（1926），中山县政府设公路局，管理公路事业和水陆运输。民国16年（1927）公路局改为公路科。民国18年（1929），中山县政府设建设局，管理全县包括公路、桥梁、车辆等建设事业。民国24年（1935）建设局改为建设科。民国37年（1948）至中华人民共和国成立前，交通由中山县政府第四科分管。

中华人民共和国成立后，1950年3月中山县人民政府设建设科，管理交通事业。1953年4月，珠海县成立，交通管理由县工交办公室兼管。1958年1月，县人民委员会（简称县人委）交通科成立。1959年3月，珠海县并入中山县，设中山县珠海办事处，交通工作由工交科负责。1961年4月，珠海恢复县级建制，县人委交通科恢复。1964年4月，县人委交通科改为珠海县交通局。1969年9月，珠海县交通局改为珠海县交通运输公司革命委员会，1971年9月并入珠海县工交战线委员会。1973年2月恢复珠海县交通局，县工交战线委员会改称为珠海县工交办公室。

1979年3月，珠海撤县建市，珠海县工交办公室改为珠海市经济委员会；珠海县交通局改为珠海市交通局，归口珠海市经济委员会管理。市交通局内设人秘科、业务科、安委办、地道科、航道科5个科室，人员编制32名。1985年1月，撤销人秘科，成立办公室和政工科，人员编制35名，其中，行政编制18名，事业编制17名。1988年9月，撤销市经济委员会、市交通局、市交通安全委员会，分别成立珠海市工业委员会和珠海市交通委员会（正处级）。市交通委员会（加挂珠海市交通战备办公室牌子）主要负责全市陆、海、空交通运输和邮电行业建设发展的统筹、协调和管理工作，内设办公室、人事监察科、交通运输管理科、规划建设科、安全监督科，行政编制35名。1993年机构改革时，明确市交通委员会是市政府主管全市公路、铁路、水路、港口、民航等交通和邮电行业的职能部门，正处级。内设办公室、人事监察科、规划建设科（加挂总工程师室）、民航通信科、企业管理科、安全监督科。人员编制43名，其中行政编制39名，事业编制4名。

1999年8月，珠海市交通委员会与珠海市港务管理局合署办公（一个机构两块牌子）。2000年4月，市重点交通工程项目建设指挥部办公室（1994年8月成立，事业编制7名；1994年12月，更名为珠海市重点工程建设领导小组，正处级事业单位，事业编制8名）、珠海机场管委会办公室（1995年12月28日成立，设在珠海机场集团公司，事业编制3名）并入市交通委员会。珠海市交通委员会内设办公室、政策法规科、安全技术科、人事监察科、民航通信科、规划建设科、财审科、运输管理科、港口管理科。人员编制43名，其中行政编制39名，事业编制4名。所属事业单位有市公路局、市道路运输管理处、市水上运输管理处、市交通工程质量监督检测站、市交通无线电通信中心。

2001年7月，撤销珠海市交通委员会，设立珠海市交通局，加挂珠海市港务管理局牌子；将邮政、通信行业管理职能划归市科学技术局（信息产业局），增加全市港口管理职能；解除所属企业行政隶属关系，不再管理企业。内设8个科（室），即办公室、人事监察科、政策法规科、规划建设科、综合运输科、安全技术科、通信民航科、港口管理科。行政编制39名（含交通战备编制4名），后勤服务人员4名。

2008年7月，成立珠海市港口管理局，直属市政府管辖。原市交通局（市港务管理局）港口管理科连人带编划入市港口管理局。2010年4月，珠海市交通局更名为珠海市交通运输局，加挂市港口管理局牌子（按实体化运作）。内设办公室（加挂计划财审科牌子）、人事监察科（加挂机关党委办公室牌子）、政策法规科、交通规划科（加挂总工程师室牌子）、建设管理科、运输管理科、民航与公共交通管理科、安全技术科（以上属于市交通局方面）；港口综合科、港口规划科、港口安全科、港务管理科（以上属于市港口管理局方面）。行政编制57名，后勤服务人员4名。2013年3月民航与公共交通管理科改为民航管理办公室（配专职副主任1名，处级副职待遇），市港口管理局增设物流信息科。

2013年3月，设立珠海市交通委员会（议事协调机构），主任由市分管交通工作的领导担任，办公室主任由市交通运输局局长兼任。市港口管理局、市公路局工作由市交通运输局统筹协调、归口管理；市港口管理局、市公路局、市邮政管理局、市交警支队主要领导兼任市交通运输局党组成员、副局长；市港珠澳大桥建设协调办公室和市路桥管理处调整为委托市交通运输局管理。

2014年7月，市港口管理局去实体化，编制及人员全部并入市交通运输局（市港口管理局）。是年8月，设立市交通运输局西部城区分局，为市交通运输局派出机构。

2017年1月，市交通运输局（市港口管理局），核定内设机构16个，分别是办公室、政策法规科、人事监察科（机关党办）、行政审批服务科、发展规划科、建设管理科、智慧交通科、道路运输科、航运科、安全监督科、港口安全科、港务管理科、物流发展科、计划财审科、轨道交通管理科、民航与公共交通管理办公室。市交通运输局（市港口管理局）机关增加行政编制3名，原市交通运输局西部城区分局3名行政编制连人带编划转局机关。

2018年底，市交通运输局下属市交通运输局综合行政执法局、市道路运输管理处（加挂市水上运输管理处牌子）、市港珠澳大桥建设协调办公室、市交通运输安全事务中心（加挂市路桥管理处牌子）、市交通工程质量监督检测站（加挂市交通工程造价管理站、市交通运输工程安全监督站牌子），市交通规划研究与信息中心（加挂市交通战备指挥中心、市交通运输应急指挥中心牌子）、市港务管理中心、珠海港引航站、市空港与轨道交通管理中心共9个单位。

2020年7月10日，市委办、市府办印发《珠海市交通运输局职能配置内设机构和人员编制规定》（珠办发〔2020〕3号），市交通运输局是市政府工作部门，为正处级，加挂珠海市港口管理局牌子。市国防动员委员会交通战备办公室设在市交通运输局，主任由市交通运输局局长兼任，副主任由1名副局长兼任。内设办公室、政策法规科（行政审批科）、财务保障科、应急管理科、规划发展科、建设管理科、工程监督和技术科、交通战备科、智慧交通科、公共交通科、道路运输科、物流航运科、港务管理科、港口危险货物管理科、路政管理科、民航发展科、执法监督科（综合执法办公室）、案件审理科、人事科（机关党委办公室）。局机关行政编制65名、行政执法专项编制29名。设局长1名，副局长4名（其中1名兼任市港口管理局局长）；正科级领导职数20名（含机关党委专职副书记1名），副科级领导职数21名。

珠海市交通行政管理机构正副职领导更迭表

表 1-1-1-1

时间	机构	正职	副职
1958 年 1 月至 1959 年 2 月	县人委交通科	—	尹立志 (负责全面工作)
1959 年 3 月至 1961 年 3 月	工交部	莫任	尹立志 陈香
1961 年 4 月至 1964 年 3 月	县人委交通科	尹立志 (1961 年 4 月至 1962 年 7 月) 魏兆 (1962 年 8 月至 1963 年 9 月) 张洪书 (1963 年 10 月至 1964 年 3 月)	马清 (1961 年 10 月起)
1964 年 4 月至 1969 年 8 月	县交通局	张洪书	马清
1969 年 9 月至 1971 年 8 月	县交通运输公司革委会	张洪书	祝全兴
1971 年 9 月至 1973 年 7 月	县工交战线委员会	周明礼 (1970 年 12 月至 1973 年 5 月) 刘春梅 (1973 年 5 月至 1978 年 7 月)	黄萍 (1973 年至 1978 年) 陈刚 (1973 年至 1976 年) 李泰 (1973 年至 1975 年)
1973 年 8 月至 1979 年 2 月	县交通局	张洪书（1973 年 8 月至 1975 年 8 月) 邓炳发 (1975 年 9 月至 1979 年 7 月)	马清 魏东海 (1978 年 10 月至 1979 年 2 月)
1979 年 3 月至 1988 年 8 月	市交通局	王小彦 (1979 年 11 月至 1984 年 6 月) 邓炳发 (1984 年 7 月至 1988 年 8 月)	邓炳发 (1979 年 8 月至 1981 年 12 月) 陈英晃 (1979 年 4 月至 1984 年 4 月) 张少明 (1981 年 7 月至 1987 年 7 月) 陈德山 (1979 年 5 月至 1981 年 6 月) 张城 (1985 年 8 月至 1986 年 6 月) 刘佑良 (1987 年 2 月至 1988 年 8 月) 陆根祥 (1987 年 8 月至 1988 年 8 月)
1988 年 9 月至 1994 年 12 月	市交通委员会	黄贞山	邓炳发 (1988 年 9 月至 1997 年 11 月) 刘佑良 (1988 年 9 月至 1990 年 8 月) 陆根祥 (1988 年 9 月至 1989 年 7 月) 钟克健（1988 年 9 月至 1995 年 10 月） 叶克勤 (1989 年 9 月至 2004 年 1 月) 张治邦 (1992 年 8 月至 1994 年 1 月) 陈英晃 (1990 年 8 月至 1992 年 12 月) 胡兴信 (1993 年 2 月至 1999 年 7 月)
1994 年 12 月至 2001 年 10 月	市交通委员会	莫鉴东	邓炳发 (1988 年 9 月至 1997 年 11 月) 钟克健（1989 年 9 月至 1995 年 10 月) 叶克勤 (1989 年 9 月至 2004 年 1 月。其中，1992 年 8 月至 1996 年 7 月兼任市交战办主任；1996 年 5 月至 2001 年 9 月兼任党组副书记；2001 年 10 月离岗退养；2004 年 1 月退休) 胡兴信 (1993 年 2 月至 1999 年 7 月) 陈海林 (1996 年 9 月至 2000 年 3 月)

续表 1-1-1-1

时间	机构	正职	副职
2001 年 10 月至 2002 年 12 月	市交通局 （市港务管理局）	莫鉴东	鲁修禄（2001 年 10 月至 2002 年 9 月任市港务管理局副局长；2002 年 10 月任市交通局副局长、市港务管理局副局长，民主党派干部） 关小帆（2001 年 10 月至 2014 年 2 月） 周慧珍（2002 年 6 月至 2013 年 5 月）
2003 年 1 月至 2008 年 9 月	市交通局 （市港务管理局）	黄悦松	鲁修禄（市交通局副局长、市港务管理局副局长，2001 年 10 月至 2004 年 6 月，民主党派干部） 关小帆（2001 年 10 月至 2017 年 2 月） 黄文忠（市交通局副局长，民主党派干部，2004 年 6 月至 2008 年 7 月） 刘云（2005 年 1 月至 2013 年 10 月） 周慧珍（2002 年 6 月至 2013 年 5 月）
2008 年 10 月至 2010 年 12 月	市交通运输局	郑潮龙	关小帆（2001 年 10 月至 2014 年 2 月） 刘云（2005 年 1 月至 2013 年 10 月） 周慧珍（2002 年 6 月至 2013 年 5 月） 吴成跃（党组成员、总工程师，2010 年 7 月至 2012 年 12 月） 王立新（市交通运输局党组成员、市交通综合行政执法局局长，2010 年 5 月至 2013 年 5 月）
2011 年 1 月至 2012 年 5 月	市交通运输局	陈仁福	关小帆（2001 年 10 月至 2014 年 2 月） 刘云（2005 年 1 月至 2013 年 10 月） 周慧珍（2002 年 6 月至 2013 年 5 月） 吴成跃（党组成员、总工程师，2010 年 7 月至 2012 年 12 月） 邓晓兵（党组成员、纪检组长，2011 年 6 月至 2017 年 2 月）
2012 年 5 月至 2016 年 2 月	市交通运输局 （市港口管理局）	黄文忠（局长） 管恩红（党组书记）	刘云（2005 年 1 月至 2013 年 10 月） 周慧珍（2002 年 6 月至 2013 年 5 月） 吴成跃（党组成员、副局长，2012 年 12 月至 2013 年 8 月） 魏永民（2011 年 12 月起） 罗锡强（正处职，市交通运输局党组成员、市交通战备办公室主任，2015 年 12 月起） 黄亚东（正处职，市交通运输局党组成员、总工程师，市港口管理局副局长，2016 年 1 月起） 邓晓兵（2011 年 6 月至 2017 年 2 月） 王勇（2014 年 02 月至 2018 年 12 月） 李绪鹏（市港口管理局党组成员、副局长，2012 年 4 月至 2014 年 7 月；市交通运输局党组成员、市港口管理局副局长、市交通运输局总工程师，2014 年 7 月至 2016 年 2 月） 曲向华（市港口管理局党组成员、2011 年 6 月任总工，2013 年 6 月起任副局长；市交通运输局党组成员、总工、市港口管理局副局长，2014 年 7 月起） 黄建平（市港口管理局党组成员、副局长，2011 年 12 月至 2014 年 6 月；市交通运输局党组成员、副局长、市港口管理局副局长，2014 年 7 月起） 邓振平（党组成员、市交战办副主任，2012 年 8 月至 2014 年 10 月） 张浩然（2013 年 5 月起） 王琢（2013 年 12 月至 2020 年 5 月） 刘伟（局党组成员、市交通综合行政执法局局长，2013 年 12 月至 2018 年 12 月） 顾胜杰（兼职，2013 年 5 月起） 赵适剑（兼职，2013 年 5 月至 2014 年 7 月） 罗亦宁（兼职，2013 年 5 月至 2014 年 7 月） 刘文昌（兼职，2014 年 8 月至 2020 年 8 月） 周建军（兼职，2013 年 5 月至 2017 年 9 月）

续表 1-1-1-1

时间	机构	正职	副职
2016 年 3 月至 2019 年 1 月	市交通运输局（市港口管理局）	唐成伟（局长，2016 年 11 月兼任党组书记） 管恩红 (2012 年 4 月至 2016 年 11 月党组书记）	罗锡强（职务同上，2015 年 12 月起） 邓晓兵（党组成员、纪检组长，2011 年 6 月至 2017 年 2 月） 王勇 (2014 年 2 月至 2018 年 12 月） 黄亚东（职务同上，2016 年 1 月起） 曲向华（职务同上，2011 年 6 月起） 魏永民 (2011 年 12 月起） 黄建平（2011 年 12 月起） 张浩然（2013 年 5 月起） 王琢（2013 年 12 月至 2020 年 5 月） 刘伟（市交通运输局党组成员、市交通综合行政执法局局长，2013 年 12 月至 2018 年 12 月） 王战红（党组成员、纪检组长，2017 年 3 月起） 顾胜杰（兼职，2013 年 5 月起） 刘文昌（兼职，2014 年 8 月至 2020 年 8 月） 周建军（兼职，22013 年 5 月至 2017 年 9 月） 路新平（兼职，2018 年 7 月至 2019 年 2 月）
2019 年 2 月起	市交通运输局（市港口管理局）	林粤海	罗锡强（职务同上，2015 年 12 月起） 黄亚东（职务同上，2016 年 1 月起） 曲向华（职务同上，2011 年 6 月起） 魏永民（2011 年 12 月起） 黄建平（职务同上，2011 年 12 月起） 张浩然（2013 年 5 月起） 王琢（2013 年 12 至 2020 年 5 月） 王战红（党组成员、纪检组长，2017 年 3 月起） 陈少幸 (2020 年 5 月起） 顾胜杰（兼职，2013 年 5 月起） 刘文昌（兼职，2014 年 7 月至 2020 年 8 月） 路新平（兼职，2018 年 7 月至 2019 年 2 月） 罗维雄（兼职，2020 年 9 月起） 黄俊明（兼职，2021 年 4 月起）

说明：1. 正职栏中，没有列明职务的均为党政“一把手”；
2. 副职栏中，除民主党派干部和特别说明外，没有列明职务的均为市交通运输局党组成员、副局长（或市交委副主任）；
3. 副职排名不分先后。

第二节　区（县）交通行政管理机构

斗门区交通运输局

1953年，中山县白蕉搬运站成立。

1965年，斗门县搬运站成立，1977年改称斗门县搬运公司。

1966年8月，斗门县交通局成立，设置人秘股和行政业务股（1989年增设计划财务股），下辖地方公路站、交通管理总站、航道管理站。县交通局对地方公路，地方航道实施行政管理，统筹规划和发展全县地方公路、水陆交通建设。交通管理总站负责维护交通运输安全和运输市场秩序，协助搞好路政管理，检查监督统一运价，核发营业运输许可证，组织和指导装卸和短途运输，对搬运站、手扶拖拉机运输、个体出租车、横水渡等进行管理和监督，处理一般事故等。

1967年，斗门县民间运输总站成立，1977年初改称斗门县交通管理总站。下设县城交通管理站、井岸、斗门、白蕉、五山、六乡、西安、上横、红旗、平沙等交通管理站（1991年1月1日，平沙、红旗交管站划归平沙农场、红旗农场管理）。交通管理总站负责全县客、货运输市场和横水渡、营运车辆线路的行业管理。

1968年，井岸港务管理所成立，下辖客运站、码头库场管理办公室以及5个运蔗站。1971年成立的斗门县内河运输管理部门，有交通管理总站、井岸港务监督、井岸港务管理所。

1983年，斗门县划归珠海市管辖，原佛山地区斗门县交通局改称珠海市斗门县交通局。

1984年，广东省航政局珠海分局井岸港务监督成立，下辖斗门监督站、平沙监督站。

1989年4月，井岸客运管理中心成立，对县城个体出租车实施统一管理。

1994年11月，斗门县交通管理总站改称为斗门县交通管理所，为副科级事业单位。同时成立斗门县交通运输管理客运中心和斗门县交通管理所稽查队，为正股级事业单位。县城交通管理站和镇级交通管理站均为正股级建制。

1995年3月，斗门县路桥收费管理所成立，为副科级事业单位，隶属县交通局管理。2006年1月1日，斗门县路桥管理所移交给市路桥管理处统一管理。

1996年，斗门航道站更名斗门航道分局，为副科级建制。1999年，归省珠海航道局垂直管理，正科级建制。

1997年，斗门县经济委员会改为斗门县工业局，与斗门县交通局合署办公，实行两个牌子，一套班子。下属单位有交通管理总站、航道航务管理站、水运公司、搬运公司、车辆购置附加费办公室。县交通局机关行政编制11名，事业编制1名。2001年县交通建设指挥部归口县交通局管理。

2002年，斗门区交通局（交通战备办公室）成立，内设机构有办公室、业务股和区交通战备办公室。

2005年，斗门区交通局（交通战备办公室）为区人民政府直属正科级事业单位（参照公务员法管理），内设办公室、规划建设股、综合运输股和区交通战备办公室。区交通局事业编制10名（含后勤服务人员1名），区交通战备办公室事业编制2名。

2016年9月，斗门区交通运输局机构改革，斗门区交通管理所部分职能并入斗门区交通运输局；保留区交通管理所，仍为斗门区交通运输局直属参照公务员法管理的副科级事业单位；斗门区交通管理所派出机构各镇交通管理站划归斗门区交通运输局管理，更名为井岸、白蕉、乾务、斗门、莲洲、白藤交通所。

2019年3月，斗门区机构改革，斗门区交通运输局与斗门区住房和城乡建设局合并，设立斗门区住房和城乡建设局（加挂斗门区交通运输局牌子），为区政府工作部门，正科级。

斗门区交通运输局正副职领导更迭表

表 1-1-2-1

时间	机构	正职	副职
1993 年 3 月至 1994 年 2 月	斗门县交通局	陈国正	张郁阜（副局长） 吴容带（副局长）
1994 年 2 月至 2003 年 6 月	斗门县交通局	陈振宇	张郁阜（副局长） 吴容带（副局长） 陈如校（副局长）
2003 年 6 月至 2014 年 12 月	斗门区交通运输局	赵贤广	陈光平（副局长） 苏永东（副局长） 黄杰东（副局长）
2014 年 12 月至 2016 年 12 月	斗门区交通运输局	蔡基生	陈光平（副局长） 黄杰东（副局长） 何国捷（区交战办副主任）

续表 1-1-2-1

时间	机构	正职	副职
2016 年 12 月至 2018 年 8 月	斗门区交通运输局	黄计谋	陈光平（副局长兼支部书记） 黄杰东（副局长） 何国捷（区交战办副主任）
2018 年 8 月至 2019 年 3 月	斗门区交通运输局	李建成	陈光平（副局长兼支部书记） 黄杰东（副局长） 何国捷（区交战办副主任） 陈骁（总工程师）
2019 年 3 月起	斗门区交通运输局（斗门区交通运输局并入斗门区住房和城乡建设局，保留牌子）	李建成（斗门区住房和城乡建设局党组书记、副局长，斗门区交通运输局局长、党支部书记）	陈光平（副局长） 黄杰东（副局长） 陈骁（总工程师）

金湾区交通运输局

2013年以前，金湾区交通运输行业管理工作由珠海市交通运输局下属单位市金湾交通管理总站负责。2013年1月，金湾区在区科技工贸和信息化局加挂“金湾区交通局”牌子。2013年3月，珠海市道路运输管理处与珠海市金湾交通管理总站整合，调整为新的珠海市道路运输管理处，下设金湾运输管理所。金湾区交通局主要是协调辖区内公交线网优化、交通运输安全生产和交通战备等工作；辖区道路运输管理由市道路运输管理处派出机构金湾运输管理所负责；国、省、县道等干线公路建设由市公路局负责，管养由市公路局下属西部地区公路管理处负责；乡村道路建设和管养由市公路局下属东部处负责。2015年，金湾区调整机构设置，将金湾区交通局牌子加挂在金湾区住房和城乡建设局，原有交通运输管理机制不变。2019年上半年，金湾区交通运输局成立，为金湾区政府工作部门，局长李奕、副局长曾文娜。

第二章　专业管理机构

第一节　市属管理机构

港口管理机构

民国19年（1930），中山县县长唐绍仪主持在唐家湾兴建中山港，由拱北关管辖。

中华人民共和国成立后至1979年3月珠海建市前，除唐家港（原中山港）外，其余港口基本处于谁投资谁经营谁管理状态，无统一的管理机构。

1981年6月，珠海经济特区管理委员会成立珠海经济特区港口管理部，负责管理九洲港。1983年3月撤销珠海经济特区港口管理部，正式成立珠海经济特区九洲港务管理局，属处级企业单位，隶属珠海经济特区管理委员会。是年12月，九洲港务管理局划归市经委管理。

1987年7月30日，撤销九洲港务管理局，成立珠海市港口管理委员会，下设办公室，为市人民政府的港口协调管理机构。

1988年6月11日，成立九洲港务企业集团有限公司，与珠海市港口管理委员会合署办公（一个机构两块牌子），归属市经委领导。

1989年5月，市政府决定撤销市港口管理委员会，港口管理职能统一由市交通委员会负责，并理顺港口管理体制，实行“五个统一”（统一领导、统一规划、统一建设、统一管理、统一对外）的管理体制。

1990年9月7日，市政府决定恢复珠海九洲港务局，与九洲港务企业集团有限公司两块牌子一套班子，统一管理九洲、前山、香洲、唐家、湾仔等港区。

1992年6月13日，市政府决定成立珠海港务局，同时撤销珠海九洲港务局，珠海港务局为正处级事业单位，事业编制14名，实行企业化管理，隶属市交通委员会。

1993年4月，珠海港管理区成立。是年9月13日，珠海港务局和珠海港管理区合署办公（一个机构两块牌子）。

1999年7月，全市港口体制改革，原珠海港管理区人员、职责、业务分成三部分：成立珠海市临港工业区管理委员会，原珠海港管理区的行政职能由珠海市临港工业区管理委员会行使；原珠海港务局更名为珠海市港务管理局，与珠海市交通委员会合署办公（一个机构两块牌子）；成立珠海市港口企业集团公司，将原珠海港管理区管理的港口企业划入港口集团公司。同时，成立珠海港建设管理委员会（协调议事机构），与临港工业区管委会合署办公（一个机构两块牌子）。

2008年7月成立市港口管理局，原市交通局港口管理科（内设机构）5名人员连人带编划转市港口管理局。2010年4月，市交通运输局加挂市港口管理局牌子（市港口管理局实体化运作）。

2014年7月，市交通运输局加挂市港口管理局牌子，市港口管理局去实体化，编制和人员全部并入市交通运输局。

表 1-2-1-1

珠海市港口管理局正副职领导更迭表

时间	机构	正职	副职
2008 年 7 月至 2011 年 8 月	市港口管理局	赵建国（市领导兼任市港口管理局党组书记、局长）	黄文忠副局长（民主党派干部，2008 年 6 月至 2011 年 9 月） 赵适剑，（党组成员、副局长，2008 年 7 月至 2012 年 4 月）
2011 年 9 月至 2012 年 4 月	市港口管理局	赵建国（市领导兼任市港口管理局党组书记） 黄文忠（局长、民主党派干部）	赵适剑(2008 年 7 月至 2012 年 4 月) 曲向华（党组成员、总工程师，2011 年 6 年月至 2013 年 6 月） 黄建平（党组成员、副局长 2011 年 12 月起）
2012 年 5 月至 2014 年 6 月	市港口管理局	赵适剑（党组书记、局长）	黄亚东（党组成员、副局长，2016 年 2 月起） 曲向华（党组成员、副局长，2013 年 6 月起） 黄建平（党组成员、副局长，2011 年 12 月起） 李绪鹏（党组成员、副局长，2012 年 4 月至 2016 年 2 月）

民航管理机构

1988年9月，珠海市交通委员会“三定”方案中明确负责全市陆、海、空交通运输和邮电等行业建设发展的统筹、协调和管理工作。1989年8月，市政府同意市交通委员会增设通讯民航科。

1992年5月，珠海机场改建指挥部成立，启动珠海机场建设工作。1994年6月23日，珠海市重点交通项目建设指挥部成立，统一指挥珠海机场、珠海港、伶仃洋大桥、黄茅海大桥、广珠铁路等重点工程项目的建设；同时撤销上述5个重点项目的原建设指挥部，分别成立相应的项目建设投资管理公司，在市重点交通项目建设指挥部的统一领导下开展建设及经营管理工作。梁广大任总指挥。指挥部下设办公室，办公地点设在市交委，黄贞山任办公室主任。同年12月28日，珠海市重点交通项目建设指挥部更名为珠海市重点工程建设领导小组，领导小组办公室按正处级事业单位管理。1994年6月，珠海机场集团公司成立，负责珠海机场建设及经营管理工作。同时成立珠海机场管理委员会，下设办公室，挂靠在珠海机场集团公司。

2000年12月，市交通委员会统一管理全市民航业，履行对全市民航业的协调管理职能。保留珠海机场管理委员会办公室的牌子，改挂到市交通委员会通信民航科，负责机场管理委员会日常工作。原机场管理委员会办公室3名人员划入市交通委员会。2001年8月1日，珠海市珠港机场合作专责小组和专家工作小组成立。2009年9月，珠海航空城集团公司（挂机场集团牌子，两块牌子一套人员）成立，珠海机场扩（改）建及珠港机场合作经营管理工作由航空城集团公司承担。

2013年3月5日，市交通运输局民航与公共交通管理科更名为民航管理办公室，是机场管理委员会工作承办单位，增加专职副主任1名（处级副职）。2014年3月11日，民航管理办公室更名为民航与公共交通管理办公室。

2020年7月，机构改革，不再设立民航与公共交通管理办公室，成立民航发展科，为市交通运输局内设机构之一，职责不变。

轨道管理机构

1985年1月28日，珠海市铁路筹建处成立，负责广珠铁路筹建工作。1992年6月成立珠海铁路、高速公路、跨海大桥工程建设指挥部，同年12月成立珠海市铁路公司，为全民所有制企业，开展筹建铁路的相关前期工作。

1993年9月，省政府决定成立广珠铁路建设协调小组，由省经委副主任胡朝懿任组长。

2013年3月，在市交通运输局内设轨道运输管理科，专门负责协调管理事权范围内的轨道、铁路等工作。2017年1月，设立市空港与轨道交通管理中心。2017年2月成立以市长为组长的市轨道规划建设工作领导小组，设立市轨道领导小组办公室（简称市轨道办），市轨道办主任由市政府一名副秘书长兼任，人员从市交通运输局、市发展与改革局、市国土资源局、市环境保护局、市住房规划建设局、市国有资产管理委员会抽调人员集中办公，主要负责推进全市轨道规划建设工作。

2020年5月29日，市委机构编制委员会办公室印发《珠海市轨道交通局法定机构设置框架》，设立珠海市轨道交通局，为具有公共事务管理职能的法定机构，实行理事会决策、执行机构组织实施、监事会监督的运作模式，依法独立运作。负责市轨道交通的政策制定、规划建设和运营监管等工作。编制20名，其中局长1名，副局长2名，总工程师1名。

珠海市公路局

1962年前，珠海市只设公路养护段，下设道班，隶属佛山地区公路局中山县公路工区管辖。1962年8月珠海从中山县分出后，成立珠海县公路工区。1981年11月6日，珠海公路工区升格为珠海市公路局，为省属处级事业单位，业务归省公路管理局管辖，党政关系归珠海市领导。1984年3月，斗门县公路工区由佛山公路局正式移交给珠海市公路局管理。同年8月，成立香洲公路工区。

1989年，珠海市公路局下放给珠海市，行政上接受市政府和省公路局的双重领导，划归市交通委员会管理，为正处级事业单位。主要负责珠海区域省养公路及地方公路的建设、管理、养护、规费征收等。内设总工程师办公室、办公室、政工科、养路科、养征路政科、工程科、财务科、内审科以及工会、纪检等部门。下辖斗门公路分局、香洲公路分局、特区公路建设工程公司（内称工程队）、设计室等4个科级单位。1990年，珠海市公路局定为事业单位。2002年6月18日，珠海市公路局更名为珠海市公路管理局，确定为市直接管理的事业单位。2004年5月28日，珠海市公路管理局更名为珠海市公路局，派出机构名称规范为珠海市公路局香洲分局、珠海市公路局斗门分局、珠海市公路局金湾分局。同年7月，经珠海市推进国家公务员制度领导小组同意，珠海市公路局依照国家公务员制度进行管理。2008年底，公路部门行政执法职能划入市交通运输局综合行政执法局。市公路局加挂珠海市公共道路建设局牌子，为市政府管理的事业单位，委托市交通运输局归口管理，公益一类事业单位，参照公务员法管理，正处级。市公路局下辖“两处”“四中心”。“两处”即高速公路和地方公路管理处、西部地区公路管理处，均为公益一类事业单位，参照公务员法管理，副处级，各有4个内设机构。单位领导中主任按处级副职管理、副主任与总工程师按科级正职管理，内设机构领导按科级副职管理，人员经费由市财政核拨。“四中心”即市香洲公路养护管理与应急中心、金湾公路养护管理与应急中心、斗门公路养护管理与应急中心、地方公路养护管理与应急中心，均为公益一类事业单位，单位领导中主任为管理岗位7级，副主任为管理岗位8级，人员经费为市财政补助一类。2016年，市公路局又进一步改革，下属斗门和金湾养护中心成建制下放给各区，养护经费也随之划转至各区财政部门。2020年6月，珠海市公路局更名为珠海市公路事务中心，为公益一类事业单位，参照公务员法管理。

珠海市公路局正副职领导更迭表

表 1-2-1-2

时间	机构	正职	副职
1962—1963 年	珠海县公路工区	—	阮煌焯（副工区长）
1963 年至 1973 年 7 月	珠海县公路工区	宁宇智（工区长）	—
1973 年 7 月至 1977 年 3 月	珠海县公路工区	周德胜（工区长）	—
1977 年 3 月至 1981 年 1 月	珠海县公路工区	刘金达（工区负责人）	何添泉（副工区长）
1981 年 1 月至 1982 年 6 月	珠海县公路工区	霍社根（工区负责人）	—
1982 年 6 月至 1984 年 4 月	珠海市公路局	李玉琪（局长）	—
1984 年 4 月至 1985 年 10 月	珠海市公路局	陈英晃（局长）	高锐森（副局长） 莫鉴东（党委副书记）

续表 1-2-1-2

时间	机构	正职	副职
1985 年 10 月至 1986 年 7 月	珠海市公路局	黄志为（局长，聘任制）	滕奕昌（1985 年 7 月至 1990 年 7 月任副局长、主任工程师） 莫鉴东（副局长）
1986 年 7 月至 1992 年 12 月	珠海市公路局	莫鉴东（党委书记兼副局长，主持全面工作）	黄志为（副局长、主任工程师） 滕奕昌（副局长、主任工程师） 陈国超（副局长）
1990 年 9 月至 1994 年 3 月	珠海市公路局	莫鉴东（局长）	刘佑良（副局长） 黄志为（副局长） 陈国超（副局长） 滕奕昌（1990 年 7 月至 1992 年 12 月任副局级、总工程师，1995 年 9 月退休）
1994 年 3 月至 1999 年 6 月	珠海市公路局	张治邦（局长）	刘佑良（副局长，1999 年 7 月改任） 黄志为（副局长，1999 年 7 月改任） 陈国超（副局长，1997 年 10 月退休）
1999 年 6 月至 2002 年 5 月	珠海市公路局	张治邦（局长）	刘佑良（副书记，2000 年 11 月退休） 钟少坚（党委副书记、纪委书记，1999 年 6 月任职） 骆新华（副局长，1999 年 10 月任职） 黄志为（总工程师，1999 年 10 月任职，2002 年 6 月离岗退养）
2002 年 6 月至 2004 年 5 月	珠海市公路管理局	骆新华（局长）	钟少坚（副书记、纪委书记） 王勇（副局长，2002 年 10 月任职） 周建军（副局长，2003 年 11 月任职）
2004 年 5 月至 2008 年 10 月	珠海市公路局	骆新华（局长）	钟少坚（副书记、纪委书记） 王勇（副局长） 周建军（副局长） 张其浪（副局长，2004 年 7 月任职） 林慧如（总工程师，2006 年 4 月任职） 顿德军（副局长，2008 年 1 月任职）
2008 年 10 月至 2012 年 6 月	珠海市公路局	黄悦松（局长）	王勇（副局长） 周建军（副局长） 张其浪（副局长 2004 年 7 月至 2010 年 12 月） 林慧如（总工程师） 顿德军（副局长）
2012 年 6 月起	珠海市公路局（机构改革，2020 年 6 月更名为珠海市公路事务中心）	顾胜杰（局长）	王勇（副局长，2014 年 2 月转任） 周建军（副局长，2012 年 11 月转任） 林慧如（2013 年 1 月改任副局长，2014 年 7 月任调研员、退休） 顿德军（副局长，2019 年 5 月改任调研员） 姜学勇（副局长，2011 年 6 月至 2013 年 9 月） 邓薇（副局长，2014 年 4 月至 2016 年 8 月） 石虹（2014 年 4 月任总工程师，2017 年 5 月转任副局长） 杨雪萍（副局长，2014 年 10 月任职） 权力（副局长，2014 年 11 月至 2020 年 1 月） 杨石松（总工程师，2017 年 4 月任职） 陈集胜（副局长，2020 年 6 月任职） 徐伟（副局长，2020 年 5 月任职）

珠海市交通运输局综合行政执法局

2007年12月，广东省编办核定珠海市交通综合行政执法机构执法专项编制230名，并明确全市范围内交通系统的公路运政、水路运政、公路路政、航道行政、港口行政、交通规费稽查等方面的监督检查、行政处罚、行政强制等职能由交通综合行政执法局行使。

2008年7月，珠海市交通局综合行政执法局（简称市交通执法局）组建，为市交通局的内设机构，专项编制170名。同年8月15日，市交通执法局正式挂牌，内设综合科、执法科、违章处理科，直属一、二大队；并按专业设置港航大队；按区域设置香洲、金湾、斗门大队，各大队下设中队。市交通执法局设局长1名，副处级；副局长3名，正科职；2013年4月，增加政委职数1名，处级副职；增设直属三大队，增加编制10名（专门用于招聘交通专业技术人员，人员在局机关使用）。2014年横琴新区综合执法局成立，划转编制6名。2015年底，市交通执法局行政执法编制数174名，合同制职员7名。

2020年7月9日，市交通运输局下设香洲、金湾、斗门、高栏港、高新、科技与工程质量监管、港航、港珠澳大桥珠海公路口岸等8个综合执法支队，为市交通运输局直属行政单位，正科级。各支队共下设17个大队，副科级。各支队（大队）行政执法专项编制共145名，承担全市（不含横琴新区）公路路政、道路运政、水路运政、航道行政、港口行政、轨道行政、交通规费稽查、交通工程质量监督等行政执法职责，不再保留市交通运输局综合行政执法局。

表 1-2-1-3

珠海市交通运输局综合行政执法局正副职领导更迭表

时间	机构名称	正职	副职
2010 年 7 月至 2013 年 6 月	市交通执法局	王立新	曾长盛 (2009 年 3 月起任副局长) 刘万明 (2010 年 5 月起任副局长) 莫愁兴 (2011 年 9 月起任副局长兼党总支部书记)
2013 年 7—12 月	市交通执法局	—	曾国强 (政委、副处职，兼职) 莫愁兴、曾长盛、刘万明
2013 年 12 月至 2019 年 12 月	市交通执法局	刘伟	曾国强 (政委，兼职) 莫愁兴、曾长盛、刘万明

珠海市道路运输管理处（加挂珠海市水上运输管理处牌子）

1988年12月，成立珠海市交通运输行业管理处，正科级事业单位，编制15名，下设香洲、拱北、翠微交通运输管理站，对全市陆、水运输进行全行业管理。1989年8月，珠海市交通运输行业管理处更名为珠海市公路运输管理处。1991年6月，成立珠海市航务管理局，将水路运输管理职责划入市航务管理局；珠海市公路运输管理处更名为珠海市道路运输管理处，对全市道路运输实行全行业管理。1994年4月，设立珠海市道路货物运输管理中心，下设货物运输管理站，为珠海市道路运输管理处内设机构。1994年7月，珠海市道路运输管理处拱北和九洲港交管所分别加挂中华人民共和国拱北口岸交通运输管理站、中华人民共和国九洲港口岸交通运输管理站牌子。1994年8月，珠海市道路运输管理处升格为副处级事业单位，人员编制109名。2013年1月，全市机构改革，珠海市道路运输管理处、珠海市水上运输管理处、珠海市金湾交通管理总站整合，名称调整为珠海市道路运输管理处，加挂珠海市水上运输管理处牌子。2014年9月，珠海市道路运输管理处（市水上运输管理处）继续参照公务员法管理。2015年11月，市道路运输管理处为行政类事业单位。

2017年12月，市编办明确港珠澳大桥珠海公路口岸道路运输管理工作由市道路运输管理处九洲运输管理所负责，人员编制内部调剂。2021年2月，市道路运输管理处更名为珠海市交通运输事务中心，公益一类事业单位，正科级。

表 1-2-1-4

珠海市道路运输管理处（市水上运输管理处）正副职领导更迭表

时间	机构	正职	副职
1988 年 10 月至 1989 年 8 月	市交通运输行业管理处		梁国明（负责全面工作）、何荣达
1989 年 9 月至 1991 年 1 月	市公路运输行业管理处	陈海林	何荣达、戴卫东
1991 年 2 月至 1994 年 7 月	市道路运输管理处	陈海林	布容养、刘春水、陈文彬
1994 年 8 月至 2001 年 12 月	市道路运输管理处	吴煌林（主任） 黄勤荣（党总支部书记）	布容养 陈文彬 周国庆 (1999 年 6 月至 2002 年 2 月) 沈峰 (2001 年 4 月起任职) 曾黎雯 (2001 年 4 月起任职)
1997 年 3 月至 2001 年 6 月	市水上运输管理处	陈关德	黄鹤莲、邓振平
2001 年 7 月至 2002 年 7 月	市水上运输管理处	陈关德（党支部书记、副主任，主持全面工作）	曲向华、邓振平
2002 年 1 月至 2008 年 10 月	市道路运输管理处	杨敏声	沈峰、曾黎雯
2002 年 3 月至 2010 年 7 月	市水上运输管理处	陆根祥	邓振平（2004 年 7 月转任） 曲向华（2008 年 8 月转任） 许强
2010 年 8 月至 2013 年 6 月	市水上运输管理处	许强（党支部书记、副主任，主持全面工作）	
2008 年 11 月至 2010 年 5 月	市道路运输管理处	关小帆（市交通局副局长兼任）	沈峰、曾黎雯
2010 年 6 月至 2013 年 6 月	珠海市道路运输管理处	陈文彬	曾黎雯
2013 年 7 月起	珠海市道路运输管理处（加挂市水上运输管理处牌子）	周国庆	曾黎雯（副主任，2001.4 至 2019.3) 曾开 (2013 年 10 月至 2013 年 11 月副主任；2013 年 12 月至 2016 年 7 月转任市交通局科长；2016 年 8 月起任副主任) 许强 (2006 年 4 月至 2013 年 8 月任水运处副主任；2013 年 8 月至 2017 年 3 月任运管处副主任) 杨作斌（副主任，2013 年 10 月至 2018 年 2 月） 李沛阳（安全总监，2013 年 10 月起任职) 周云（副主任，2017 年 11 月起任职）

● 珠海市港务管理中心（加挂市港口调度指挥中心牌子）

2002年4月，珠海港引航站加挂珠海市港口管理站牌子，负责港口规费征收和港口公用基础设施维护管理职责，隶属市交通局。2008年7月，市政府进行港口体制改革，市港口管理局实体化运作。原市交通局下属事业单位珠海港引航站（珠海市港口管理站）整体划转市港口管理局管理。是年8月，市港口管理局将珠海港引航站（珠海市港口管理站）分为珠海港引航站和珠海市港口管理站两个单位；同时成立珠海市港口调度中心，均为市港口管理局下属事业单位。市港口管理站核定事业编制20名，人员从原珠海港引航站（珠海市港口管理站）中调配。同年12月，珠海市港口管理站更名为“珠海市港口事务管理中心”，经费由市财政核拨，所收港口规费全额上缴市财政。2012年11月，全市事业单位改革，将珠海市港口事务管理中心和珠海市港口调度中心合并，新名称为珠海市港口调度指挥中心，公益一类事业单位，核定事业编制28名。

2014年7月，市港口管理局去实体化，与市交通运输局合并，原市港口管理局所属事业单位归市交通运输局（加挂市港口管理局牌子）管理。2017年1月，市港口调度指挥中心更名为市港务管理中心，加挂市港口调度指挥中心牌子，主要负责船舶进出港的调度指挥以及港口的具体管理工作。

表 1-2-1-5

珠海市港务管理中心（市港口调度指挥中心）正副职领导更迭表

时间	机构	正职	副职
2002 年 4 月至 2008 年 10 月	珠海港引航站（珠海市港口管理站）	李家平	路苹、张海明
2008 年 12 月至 2013 年 6 月	珠海市港口事务管理中心	李家平	路苹
2008 年 12 月至 2013 年 6 月	珠海市港口调度中心	宋爱琴	—
2013 年 6 月至 2016 年 12 月	珠海市港口调度指挥中心	刘伟东	李家平、宋爱琴
2017 年 1 月起	珠海市港务管理中心	刘伟东	李家平、宋爱琴

● 珠海市港珠澳大桥建设协调办公室

2009年7月，珠海市港珠澳大桥建设协调办公室成立，为市发展和改革局管理的事业单位，事业编制5名，其中主任1名，副主任1名。经费形式为市财政核拨。主要负责牵头协调港珠澳大桥珠澳口岸人工岛填海工程、港珠澳大桥珠海口岸工程。2010年11月，珠海市港珠澳大桥建设协调办公室从市发改局划出，与珠海市推进港珠澳大桥建设工作领导小组办公室（议事协调机构）合署办公，为市政府直属管理事业单位，增加5名合同制职员，领导职数、经费形式等不变，主要负责牵头协调港珠澳大桥主体工程建设、运营过程中所涉及珠海市方面等工作。2013年3月，市大桥办为市政府直属的公益一类事业单位，委托市交通运输局管理，事业编制5名、单位领导职数2名，其中主任1名（管理岗位6级）、副主任1名（管理岗位7级）、合同制职员5名，人员经费为市财政补助一类。2018年9月，市政府同意成立港珠澳大桥应急救援指挥部，市大桥办加挂港珠澳大桥应急救援指挥部办公室。同年9月17日，市编办核定市大桥办增加15个购买服务岗位，类别为技术辅助类，用于港珠澳大桥应急指挥的辅助工作。

珠海市港珠澳大桥建设协调办公室领导更迭表

表 1-2-1-6

时间	机构	正职
2009 年 7 月至 2011 年 8 月	市港珠澳大桥建设协调办公室	武林（市发改局副局长，兼职）
2011 年 8 月至 2013 年 3 月	市港珠澳大桥建设协调办公室	李燕（管理岗位 7 级）
2013 年 8 月至 2019 年 12 月	市港珠澳大桥建设协调办公室	关晓燕（管理岗位 6 级）
2020 年 1 月起	市港珠澳大桥建设协调办公室	陈真（管理岗位 6 级）

● 珠海市空港与轨道交通管理中心

2017年，珠海市空港与轨道交通管理中心成立，为珠海市交通运输局管理的公益一类事业单位，负责地方事权范围内空港和轨道建设技术性、事务性工作。2021年2月更名为珠海市交通工程安全监督中心，加挂市交通工程造价管理中心、市空港管理中心牌子。

珠海市空港与轨道交通管理中心领导更迭表

表 1-2-1-7

时间	机构	正职	副职
2018 年 1 月起	珠海市空港与轨道交通管理中心	周勇（主任，管理岗位 7 级）	—

● 珠海市交通运输安全事务中心（加挂市路桥管理处牌子）

1993年10月，珠海市路桥管理公司成立，为集体所有制企业，副科级单位，不定人员编制。1995年6月，珠海市路桥管理公司升格为正科级事业单位，编制184名，内设办公室、财务科、稽查队、工程科。1996年11月，珠海市路桥管理公司更名为珠海市路桥管理处，副处级单位，隶属市交通委员会管理。1998年12月，市路桥管理处划转给市政基础设施土地开发管理中心管理。2002年2月，市路桥管理处调整为市国资委管理的事业单位。2004年6月，原市建设局管理的市板樟山隧道管理所交由市路桥管理处管理，移交后市路桥管理处仍属市国资委管理的事业单位。2006年1月1日，斗门区路桥收费管理移交市路桥管理处统一管理，撤销斗门区路桥收费管理所，设立市路桥管理处斗门办事处，为市路桥管理处派出机构。原斗门大桥收费站、南门大桥收费站、莲洲大桥收费站、路桥统缴站、稽查队分别更名为市路桥管理处斗门大桥收费站、南门大桥收费站、莲洲大桥收费站、斗门统缴站、斗门收费监控中心。职能是受市政府委托，征收车辆通行费和管养板樟山隧道。征收的车辆通行费包括本地车辆年票和委托高速公路代收外地车辆次票。2013年3月，市路桥管理处调整为市交通运输局管理的事业单位（公益二类）。设16个内设机构，分别是6个职能科室、9个年票征收站、1个板樟山隧道管理站（2013年8月增设凤凰山隧道管理站），不核定编制。2017年1月，市路桥管理处更名为市交通运输安全事务中心（加挂市路桥管理处牌子），并调整为公益二类事业单位，不核定编制，单位主要领导为管理岗位6级；内设办公室、人事部（党委办）、财务部、安全宣教部、安全标准部、安全事务一部、安全事务二部、安全事务三部、安全事务四部、安全事务五部、技术保障部。主要负责协助做好全市交通运输安全生产监管等工作。

表 1-2-1-8

珠海市交通运输安全事务中心（市路桥管理处）正副职领导更迭表

时间	机构	正职	副职
1993 年 10 月至 1996 年 10 月	市路桥管理公司	刘少宏（总经理）	李元胜副总经理
1996 年 11 月至 2007 年 11 月	市路桥管理处	刘少宏（主任）	李元胜（副主任，1996 年 11 月至 2007 年 11 月） 莫建华（副主任，1997 年 12 月至 2010 年 7 月） 邬建明（副主任，2005 年 3 月至 2014 年 10 月）
2007 年 11 月至 2014 年 10 月	市路桥管理处	郭世雄（主任）	莫建华（副主任，1997 年 12 月至 2010 年 7 月） 邬建明（副主任，2005 年 3 月至 2014 年 10 月） 叶向阳（副主任，2012 年 6 月至 2014 年 9 月）
2014 年 10 月至 2016 年 12 月	市路桥管理处	邬建明（主任）	周勇（副主任，2015 年 1 月至 2016 年 12 月） 吴福仪（副主任，2015 年 1 月至 2016 年 12 月） 罗峥（副主任，2015 年 12 月至 2016 年 12 月）
2017 年 1 月起	市交通运输安全事务中心	邬建明（主任）	周勇（副主任，2017 年 1 月至 2018 年 3 月） 吴福仪（副主任，2017 年 1 月起） 罗峥（副主任，2017 年 1 月起）

珠海市交通工程质量监督检测站（加挂市交通工程造价管理站牌子）

1991年11月，珠海市交通工程质量监督站成立，与珠海市公路局设计室合署办公（一个机构两块牌子）。1993年5月，珠海市交通工程质量监督站划归市交通委员会直属管理，科级事业单位，编制10名，内设质量监督室、检测试验室、财务办公室3个业务室。1994年8月，增加事业编制5名。增编后，编制15名，所需经费在交通规费中解决。1995年6月，珠海市交通工程质量监督站更名为珠海市交通工程质量监督检测站。更名后，其建制、人员编制、隶属关系均不变。2002年2月，全市事业单位机构改革，珠海市交通工程质量监督检测站重新核定事业编制10名，其中领导职数2名，经费实行财政核补，负责对全市公路、水路工程质量进行监督管理，行使交通工程质量监督行政职能。2007年8月，增设立市交通工程造价管理站，在市交通工程质量监督检测站加挂牌子，增加事业编制2名，增加领导职数1名，经费形式为财政核补。2013年1月，市交通工程质量监督检测站（加挂市交通工程造价管理站牌子），定为公益二类，核定事业编制12名，领导职数2名，其中站长1名（管理岗位7级）、副站长1名（管理岗位8级）；合同制职员数3名。2015年7月，市交通工程质量监督检测站（加挂市交通工程造价管理站、市交通运输工程安全监督站牌子），增加领导职数1名（副站长，管理岗位8级）。2017年1月，市交通工程质量监督检测站（加挂市交通工程造价管理站、市交通运输工程安全监督站牌子），主要负责交通建设项目工程的造价审查、质量检测及质量管理等监督工作。2021年更名为珠海市交通工程质量监测站，公益二类事业单位。

表 1-2-1-9

珠海市交通工程质量监督检测站（市交通工程造价管理站）正副职领导更迭表

时间	机构	正职	副职
1993 年 7 月至 1995 年 8 月	珠海市交通工程质量监督检测站	吴成跃	—
1995 年 8 月至 2005 年 8 月	珠海市交通工程质量监督检测站	苏伯森	—
2005 年 9 月起	珠海市交通工程质量监督检测站	章大平	赵国恩（2005 年 8 月起） 杨舟（2015 年 9 月起）

珠海市交通规划研究与信息中心（加挂市交通战备指挥中心牌子）

1993年2月，珠海市道路运输管理处筹建交通通信指挥中心，为市道路运输管理处内设机构，工作人员4名。1996年2月，珠海市交通无线电服务中心成立，原市道路运输管理处通信指挥中心人、财、物归新成立的市交通无线电服务中心所有；同时，市交通运输集团公司原通信总台停止运作，两名人员也并入市交通无线电服务中心。主要职责是负责市交通无线通信业务的建设开发及利用。单位性质为自主经营、自负盈亏的独立核算企业单位，直属市交通委员会领导，工作人员6名。同年底，市交通无线电服务中心更名为市交通无线电通信中心，单位性质、职责不变，工作人员6名。1999年12月，经市编办批复，珠海市交通无线电通信中心为市交通委员会属下正科级事业单位，核定编制20名，实行企业化管理。2002年2月，珠海市交通无线电通信中心更名为珠海市交通信息中心，核定编制15名，单位性质、职责不变。2013年1月，全市事业单位机构改革，珠海市交通信息中心名称改为珠海市交通规划研究与信息中心，加挂珠海市交通战备指挥中心、珠海市交通运输应急指挥中心牌子，公益二类事业单位，不核定编制。

珠海市交通规划研究与信息中心（市交通战备指挥中心）正副职领导更迭表

表 1-2-1-10

时间	机构	正职	副职
1996 年 5 月至 2002 年 3 月	珠海市交通无线电通信中心	曾长盛	—
2002 年 3 月至 2011 年 9 月	珠海市交通信息中心	曾长盛（主任） 罗程远（党支部书记）	—
2011 年 9 月至 2013 年 10 月	珠海市交通信息中心	张浩然（主任） 罗程远（党支部书记）	—
2013 年 10 月至 2013 年 11 月	珠海市交通规划研究与信息中心	缪前明（主任） 罗程远（党支部书记）	—
2013 年 11 月至 2017 年 6 月	珠海市交通规划研究与信息中心	缪前明（党支部书记、主任）	王国超
2017 年 6 月起	珠海市交通规划研究与信息中心	缪前明（党支部书记、主任）	王国超、余萍

珠海港引航站

1985年，中华人民共和国珠海港务监督局内设引航联检科，负责珠海港口引航工作。1993年，珠海港务监督设立引航站，专门负责珠海港口引航工作。2001年7月，珠海市编委批复设立珠海港引航站，为市交通局（市港务管理局）下属正科级事业单位；明确珠海港引航站6项职责任务，5个内设部室，事业编制38名，为经费自给的独立核算事业单位。2002年4月，珠海港引航站加挂珠海市港口管理站牌子。是年，省交通厅、广东海事局和珠海市人民政府协调，珠海市交通局（市港务管理局）与珠海海事局协商，原珠海海上安全监督局所属引航站，成建制移交珠海市交通局（市港务管理局）管理，重新核定珠海港引航站（珠海市港口管理站）事业编制48名。

2008年7月，原市港口管理局独立运作，市交通局下属事业单位珠海港引航站（珠海市港口管理站）整体划转市港口管理局，其人、财、物同时划转；同时，市港口管理局将珠海港引航站（珠海市港口管理站）分为珠海港引航站和珠海市港口管理站2个单位，为市港口管理局下属事业单位；核定珠海港引航站事业编制28名，领导职数3名，人员从原珠海港引航站（珠海市港口管理站）的人员中调配。2012年11月，全市事业单位机构改革，明确珠海港引航站为公益三类事业单位，职责不变，不核定编制，单位领导职数3名，其中站长1名（管理岗位7级）、副站长2名（管理岗位8级），人员经费自理。2021年1月，珠海港引航站调整为公益二类事业单位，人员经费为市财政补助二类，其他机构编制事项维持不变。

珠海港引航站正副职领导更迭表

表 1-2-1-11

时间	机构	正职	副职
2003 年 2 月至 2008 年 9 月	珠海港引航站（市港口管理站）	李家平	路苹、张海明
2008 年 10 月至 2009 年 8 月	珠海港引航站	张海明	黄昌均、张文晖
2009 年 9 月至 2013 年 6 月	珠海港引航站	张文晖	黄昌均
2013 年 7 月起	珠海港引航站	张文晖	黄昌均、刘镇发

第二节　部、省属管理机构

● 珠海海事局

1975年，广东省航运厅批准成立广东省香洲港务管理所，共有10人，其中领导3人。管理所的业务和财务由中山石岐港务所管理，党、政由珠海县交通局领导。1976年成立香洲港务监督站，监督站人、财、物统一由香洲港务管理所管理，业务上受佛山地区港务监督领导。

1982年7月，中华人民共和国九洲港务监督成立，属科级单位，暂定编制9人，隶属珠海市经济特区管理委员会。监督长由当时珠海市交通局局长兼任，主持九洲港务监督的工作。1982年11月，广东省航政局珠海分局成立，归属广东省航政局直接领导，同时受珠海市党政领导。1983年4月，珠海分局暂定编制20人，其中机关干部10人、监督船员9人、汽车司机1人，市交通局局长兼任广东省航政局珠海分局局长、中华人民共和国九洲港务监督监督长。

1983年7月，广东省航政局珠海分局在前山、湾仔镇成立签证站；1983年12月，成立珠海船舶检验所。1984年4月，珠海市批准九洲港务监督隶属广东省航政局珠海分局领导。1985年7月，广东省交通厅成立中华人民共和国珠海港务监督，与广东省航政局珠海分局合署办公。珠海港务监督下设九洲、湾仔、香洲、前山监督站。同时，撤销中华人民共和国九洲港务监督，港务监督业务由广东省航政局领导。珠海港务监督与广东省航政局珠海分局实行一套人员两个牌子，下设桂山港务监督站、斗门井岸港务监督站。1986年5月，成立平沙港务监督站。1987年3月，中华人民共和国九洲港务监督更名为中华人民共和国珠海港务监督九洲监督站（地、市科级）。

1988年1月1日起，广东省航政局珠海分局（中华人民共和国珠海港务监督）由原直属广东省航政局领导改变为由省航务管理局（航政局）与珠海市双重领导，以珠海市交通主管部门为主的领导体制，业务工作由省航务管理局（航政局）领导。改称珠海市航政管理局，保留中华人民共和国珠海港务监督的牌子。同年8月，成立珠海市海上安全监督局，与市航政管理局合署办公。

1991年，珠海市航政管理局更名为珠海市航务管理局，仍然保留中华人民共和国珠海港务监督和珠海市海上安全监督局的牌子，实行三块牌子一套人员，为正处级建制的事业单位，隶属珠海市交通委员会领导。珠海市航务管理局下属机构三灶监督站更名为金海岸监督站，九洲、前山、湾仔、香洲、桂山、斗门、井岸、平沙、金海岸9个监督站定为科级事业单位，并成立航务局直属船队。局机关编制81名，各监督站共113名，车船队37名，合计231名。

1995年4月省编制委员会发文，将珠海市海上安全监督局的名称改为珠海海上安全监督局，并调整为省市双重领导、以省为主的管理体制。

2000年，珠海海上安全监督局更名为中华人民共和国珠海海事局，于11月14日正式挂牌成立，为广东海事局的分支机构，属中央驻珠单位，正处级。内设办公室、财务会计处、指挥中心（搜救中心办公室）、通航管理处、船舶监督处、船员管理处、危管防污处、执法督察处、党群工作部（纪检监察处）等9个机关处室（船舶检验处因划转给中国船级社广州分社被撤销）以及政务中心、船舶交通管理中心、海巡执法支队等3个办事机构，下设九洲港海事处、港口海事处、湾仔海事处、万山港海事处、香洲海事处、横琴海事处、斗门海事处、唐家海事处、金湾海事处9个派出机构。2018年12月31日，珠海海事局总人数415人，其中在编在岗248人，法定退休91人，服务外包船员及文职人员76人。珠海海事局承担珠海辖区及珠江口水域6300多平方公里海域和700多公里内河通航水域的水上安全监督管理和防污染管理职责，主要包括国际航行船舶进出口岸管理、船舶安全监督、通航保障、危险品管理、防止船舶污染水域、水上交通事故调查处理、船员考试发证、国际公约履约等工作。作为珠海市海上搜救中心办公室，珠海海事局还履行"两防一救"（防抗热带气旋、防止海洋污染和海上人命救助）职责，负责组织、指挥、协调和参与珠海辖区水上遇险事故的应急与处理，最大限度地保障人员生命和财产安全。

▲2010年10月20日，珠海海事局领导班子召开年度党员领导干部民主生活会（珠海海事局提供）

珠海海事局正副职领导更迭表

表 1-2-2-1

时间	机构名称	正职	副职
1982 年 11 月至 1988 年 1 月	广东省航务局珠海分局、中华人民共和国珠海港务监督	王小彦（局长、监督长）	
1988 年 1 月至 1991 年 5 月	珠海市航政管理局、中华人民共和国珠海港务监督、珠海市海上安全监督局	王小彦（局长、监督长）	马子贡（副局长，1988 年 8 月至 1990 年 8 月） 陈造坤（副局长，1989 年 9 月至 1991 年 5 月） 陈诚厚（副局长，1990 年 12 月至 1991 年 5 月）
1991 年 5 月至 1995 年 4 月	珠海市航务管理局、中华人民共和国珠海港务监督、珠海市海上安全监督局	王小彦（局长、监督长）	陈造坤（副局长，1991 年 5 月至 1995 年 11 月） 陈诚厚（副局长，1991 年 5 月至 1992 年 12 月） 田军岭（副局长，1992 年 10 月至 1995 年 11 月） 郑国伟（副局长，1993 年 6 月至 1995 年 11 月） 邱纪光（副局长、党委副书记，1993 年 12 月至 1995 年 11 月） 钟权志（副局长，1995 年 2 月至 1995 年 11 月）
1995 年 4 月至 1995 年 7 月	珠海市航务管理局、中华人民共和国珠海港务监督、珠海海上安全监督局	王小彦（局长、监督长）	陈造坤（副局长，1991 年 5 月至 1995 年 11 月） 田军岭（副局长，1992 年 10 月至 1995 年 11 月） 郑国伟（副局长，1993 年 6 月至 1995 年 11 月） 邱纪光（副局长、党委副书记，1993 年 12 月至 1995 年 11 月） 钟权志（副局长，1995 年 2 月至 1995 年 11 月）
1995 年 7 月至 1995 年 11 月	中华人民共和国珠海港务监督、珠海海上安全监督局	王小彦（局长、监督长）	陈造坤（副局长，1991 年 5 月至 1995 年 11 月） 田军岭（副局长，1992 年 10 月至 1995 年 11 月） 郑国伟（副局长，1993 年 6 月至 1995 年 11 月） 邱纪光（副局长、党委副书记，1993 年 12 月至 1995 年 11 月） 钟权志（副局长，1995 年 2 月至 1995 年 11 月）
1995 年 11 月至 1997 年 11 月	珠海海上安全监督局、中华人民共和国珠海港务监督	邱纪光（局长、党委书记、监督长）	陈诚厚（党委副书记，1995 年 11 月至 1997 年 11 月） 陈造坤（副局长、副监督长，1995 年 11 月至 1998 年 5 月） 田军岭（副局长，1995 年 11 月至 1998 年 5 月） 郑国伟（副监督长，1995 年 11 月至 1996 年 3 月） 钟权志（副监督长，1995 年 11 月至 1996 年 3 月）
1997 年 11 月至 1999 年 11 月	珠海海上安全监督局、中华人民共和国珠海港务监督	田军岭（党组书记，1997 年 11 月至 1998 年 5 月；局长、监督长，1998 年 5 月至 1999 年 11 月）	邱纪光（党组副书记，1997 年 11 月至 1998 年 5 月） 陈造坤（副局长，1997 年 11 月至 1998 年 5 月） 蔡伟（副局长，1997 年 11 月至 1999 年 11 月） 黄斯深（副局长，1998 年 5 月至 1999 年 11 月）
1999 年 11 月至 2001 年 12 月	珠海海上安全监督局、中华人民共和国珠海港务监督	叶纬武（代局长，1999 年 11 月至 2001 年 12 月）	陈造坤（（党组书记，1999 年 11 月至 2001 年 12 月）） 蔡伟（副局长，1999 年 11 月至 2001 年 12 月） 黄斯深（副局长，1999 年 11 月至 2001 年 12 月）
2001 年 12 月至 2005 年 6 月	珠海海事局	庄则平（局长、党组书记）	王卓兰（党组副书记，2001 年 12 月至 2005 年 6 月） 蔡伟（副局长，2001 年 12 月至 2005 年 6 月） 黄斯深（副局长，2001 年 12 月至 2005 年 6 月） 李雪松（副局长，2001 年 12 月至 2005 年 6 月）
2005 年 6 月至 2006 年 7 月	珠海海事局	庄则平（局长，2005 年 6 月至 2005 年 12 月） 王卓兰（2005 年 6 月至 2007 年 7 月任党组书记，2004 年 5 月至 2005 年 8 月兼任纪检组长）	蔡伟（副局长，2005 年 6 月至 2006 年 7 月） 黄斯深（副局长，2005 年 6 月至 2006 年 12 月） 李雪松（副局长，2005 年 6 月至 2007 年 7 月） 岳小燕（纪检组长，2005 年 8 月至 2007 年 7 月）

续表 1-2-2-1

时间	机构名称	正职	副职
2006 年 7 月至 2007 年 7 月	珠海海事局	李忠华 (2006 年 7 月起任局长，2007 年 7 月兼任党组副书记) 王卓兰 (党组书记，2005 年 6 月至 2006 年 12 月)	黄斯深 (副局长，2005 年 6 月至 2006 年 12 月) 李雪松 (副局长，2005 年 6 月至 2007 年 7 月) 唐万 (副局长，2006 年 12 月至 2009 年 6 月) 岳小燕 (纪检组长，2005 年 8 月至 2007 年 7 月)
2007 年 7 月至 2009 年 6 月	珠海海事局	李忠华 (2006 年 7 月起任局长，2007 年 7 月兼任党组副书记) 杨文（党组书记、副局长，2007 年 7 月至 2007 年 8 月）	唐万 (副局长，2006 年 12 月至 2009 年 6 月) 王楚光 (副局长，2007 年 7 月至 2009 年 6 月) 范清华 (纪检组长，2007 年 7 月至 2011 年 1 月)
2009 年 6 月至 2010 年 12 月	珠海海事局	李忠华 (2006 年 7 月起任局长，2007 年 7 月兼任党组副书记) 唐万 (党组书记、副局长，2009 年 6 月至 2013 年 6 月)	林立新 (副局长，2009 年 6 月至 2010 年 12 月) 王仕云 (副局长，2009 年 6 月至 2010 年 12 月) 范清华 (纪检组长，2007 年 7 月至 2011 年 1 月)
2010 年 12 月至 2013 年 6 月	珠海海事局	黄斯深 (2010 年 12 月起任局长，兼任党组副书记) 唐万 (党组书记、副局长，2009 年 6 月至 2013 年 6 月)	林立新 (副局长，2010 年 12 月至 2013 年 6 月) 王仕云 (副局长，2010 年 12 月至 2013 年 6 月) 范清华 (纪检组长，2011 年 1 月至 2013 年 6 月)
2013 年 6 月至 2016 年 1 月	珠海海事局	黄斯深（局长、党组书记） 唐万（政委、党组副书记、纪检组组长）	林立新 (副局长，2013 年 6 月至 2016 年 1 月) 范清华 (副局长，2013 年 6 月至 2016 年 9 月) 王仕云 (副局长，2013 年 6 月起)
2016 年 1 月至 2018 年 10 月	珠海海事局	羊少刚 (局长、党组书记，2018 年 2 月调离) 唐万（政委、党组副书记、纪检组组长）	范清华（副局长，2013 年 6 月至 2016 年 9 月) 王仕云 (副局长，2013 年 6 月起) 郑其来 (副局长，2016 年 1 月至 2019 年 8 月) 钟世钰（副局长，2017 年 5 月起)
2018 年 10 月至 2018 年 12 月	珠海海事局	唐万（政委、临时党委书记）	王仕云 (副局长，2013 年 6 月起) 郑其来 (副局长，2016 年 1 月至 2019 年 8 月) 钟世钰（副局长，2017 年 5 月起)
2018 年 12 月起	珠海海事局	程锦潮 (局长、临时党委书记) 唐万（政委）	梁宗盛（临时党委委员，2018 年 12 月起) 王仕云 (副局长，2013 年 6 月起) 郑其来 (副局长，2016 年 1 月起) 钟世钰（副局长，2017 年 5 月起)

珠海航道事务中心

新中国成立后，航道管理长期以来实行条条管理，条块结合，省管干流，地方管支流的体制。珠海市辖区内的荷麻沙水道和虎跳门水道由江门航道段负责维护；泥湾门、鸡啼门、螺洲溪、洪湾、横门等水道由石岐航道段负责维护。

1966年，石岐航道段分别在珠海、斗门设置航道管理站。行政受当地交通局管理，业务归石岐航道段管理。1973年成立珠海航道站，为珠海县交通局一个股室。1982年6月，珠海航道站升格为珠海航道管理所，为科级单位，隶属珠海市交通局领导。1987年11月，珠海航道管理所划归广东省航道局管理。1994年11月，改名为珠海航道局。1997年9月，升格为正处级建制，是省航道局在珠海地区的派出机构，实行省与地方双重管理，以省为主，其人、财、物等业务由省航道局管理，党建和精神文明建设由地方管理。在职人员79名，内设办公室、计划财务科、航道管理科、规费征稽办。直属单位为航政监理所、航道工程与测量队。下设香洲航道分局、斗门航道分局、平沙航道站、联石湾船闸管理站、石角咀船闸管理站。主要负责航道及航道设施的维护、建设和管理，负责航道养护费的征收、审批与通航有关的跨（过）、拦、临河建筑物等。

2018年1月1日，广东省珠海航道局更名为广东省珠海航道事务中心，受广东省航道事务中心垂直管理，公益一类事业单位，正处级。内设办公室（与人事教育科合署办公）、航道管理科、计划财务科；下设2个航标与测绘所，分别是香洲航标与测绘所和斗门航标与测绘所，正科级，公益二类事业单位。主要职能为辖区航道范围内，依照国家和省的航道管理法规和规定，负责航道及航道设施的维护、管理、建设的具体事务性工作；承担与通航有关的跨（过）、拦、临河建筑物的通航标准和技术要求及水上、水下施工作业的管理的具体事务性工作；承担航道机构管理船闸的船舶过闸费征收的事务性工作；承担辖区航道测绘工作；发布航道通告；会同有关单位处理水资源综合利用中与航道有关的事宜。2020年，广东省珠海航道事务中心继续列入参照公务员管理范围。

珠海航道事务中心正副职领导更迭表

表 1-2-2-2

时间	机构	正职	副职
1999 年 3 月至 2002 年 4 月	广东省珠海航道局	陈天锦（党组书记、局长）	梁梅玖（党组副书记、纪检组组长，2000 年 6 月至 2002 年 8 月） 林绵（党组成员、副局长，1996 年 4 月至 2004 年 12 月）
2002 年 4 月至 2004 年 12 月	广东省珠海航道局	梁梅玖（党组书记，2002 年 8 月至 2011 年 3 月） 刘阳林（局长，2002 年 4 月至 2004 年 12 月）	林绵（党组成员、副局长，1996 年 4 月至 2004 年 12 月） 梁华体（纪检组组长，2002 年 8 月至 2004 年 12 月）
2004 年 12 月至 2012 年 1 月	广东省珠海航道局	梁梅玖（党组书记，2002 年 8 月至 2011 年 3 月） 林绵（局长，2004 年 12 月）	刁国瑜 (2010 年 1 月起任党组成员、副局长 2010 年 1 月） 刘守素 (2010 年 6 月起任党组成员、副局长） 梁华体（党组成员、纪检组组长，2002 年 8 月至 2009 年 9 月）
2012 年 2 月至 2016 年 1 月	广东省珠海航道局	赖鸣书（党组书记，2012 年 2 月至 2016 年 1 月） 林绵（局长，2004 年 12 月至 2016 年 2 月）	刘守素 (2010 年 6 月起任党组成员、副局长；2012 年 3 月起兼任纪检组组长） 刁国瑜（党组成员、副局长，2010 年 1 月至 2013 年 3 月） 郭湧 (2014 年 8 月起任党组成员、总工程师)
2016 年 1 月至 2017 年 12 月	广东省珠海航道局	林绵（党组书记，2016 年 2 月）	刘守素 (2010 年 6 月起任党组成员、副局长；2012 年 3 月起兼任纪检组组长） 梁伟 (2016 年 6 月起任党组成员、副局长） 郭湧 (2014 年 8 月起任党组成员、总工程师)
2018 年 1 月起	广东省珠海航道事务中心	林绵（党组书记）	刘守素 (2018 年 1 月起任党组成员、副主任；2012 年 3 月起兼任纪检组组长） 梁伟 (2018 年 1 月起任党组成员、副主任） 郭湧 (2014 年 8 月起任党组成员、总工程师)

珠海市邮政管理局

▲1948年的前山邮局旧址（珠海市邮政局提供）

光绪十三年（1887），拱北关海关邮政设立。光绪二十八年（1902）十月八日，下栅成立邮政代办所。光绪三十一年（1905），唐家设代办邮政铺商。光绪三十四年（1908）10月11日，前山设立三等甲级前山大清邮局，宣统二年（1910）四月由三等甲级升为二等甲级。民国3年（1914），前山大清邮局改为前山邮局，直属广东邮务管理局管辖。民国19年（1930）5月，开设中山港三等乙级邮局；湾仔设立邮政代办所，民国29年（1940）1月1日，代办所升为三等乙级邮政局。民国31年（1942），湾仔三等乙级邮局修正为邮政代办所，归前山邮局管辖；前山邮局由二等甲级修正为二等乙级邮局，增辖下北山、湾仔两处邮政代办所。民国31年（1942），下栅邮局由三等甲级修正为三等乙级邮局；中山港邮局改为邮政代办所。民国37年（1948）6月1日，前山邮局第三次搬迁，迁至前山东野直街（即东野前街）5号（旧祠堂）。民国38年（1949）前山邮局有员工8人，所辖代办所有翠微、南大涌、外界涌、南屏、湾仔、下北山、香洲、吉大、山场、三灶岛、坦洲、关闸共12处，信柜有兰埔、造贝、上涌、北岭、长沙圩、沥溪6个，并在前山有1个邮票代售处。

1949年11月初，前山二等乙级邮政局、下栅三等邮政局由石岐市军事管制委员会派驻军事代表接管，从12月21日起由省人民邮政管理局领导。

珠海县成立初期，境内有两个平行的邮电局，即前山邮电局（原为前山邮政局）和珠海县邮电局，两局均是五等局，同属省邮电管理局直接管辖。

前山邮政局是国际邮件互换局，从旧邮政接管过来时直属省邮政管理局管辖，是二等乙级邮政局。1952年前山邮局改为五等邮政局。1953年珠海建县，前山划归珠海，前山邮政局仍属省邮政管理局管辖。1957年底前山邮政局改为前山邮电局。

珠海县邮电局原为中山县邮电局管辖的唐家邮电营业处，1953年珠海县成立后，改称珠海邮电营业处。1954年经华南财政经济委员会批准，珠海县邮电局（五等）7月1日起正式成立，经济上独立核算，直属省邮电管理局领导。

1957年3月，中山、珠海两县互相调整区域，原属珠海县的万顷沙划归中山县管辖。原属中山县的下栅，坦洲区的康济、翠微、造贝，翠亨区的官塘及白蕉乡的白藤村划归珠海县管辖，其相应的邮电局所也划归珠海县邮电局管辖。

1958年1月17日，珠海县邮电局开始整编精简下放工作。同年5月29日，广东省邮电管理局决定把前山邮电局并入珠海县邮电局，6月30日正式执行。原前山邮电局改为前山邮电支局，对内属珠海县邮电局领导，对外仍保持国际邮政互换局职能。1958年12月31日，珠海县邮电局并入中山县邮电局。1961年5月1日恢复珠海县邮电局，属佛山地区邮电局管辖。局址设在香洲人民公社邮电局内，即今朝阳路32号、33号处。

1968年4月29日，成立珠海县邮电局革命委员会。1969年12月，珠海县邮电分设县邮政局和县电信局。县邮政局由县交通邮政工作站管辖，设于现香洲凤凰路15号。县电信局由人民武装部领导，设于香洲凤凰路72号石头房（钢筋水泥两层楼，1986年拆除）。1973年8月，珠海县邮政局和珠海县电信局合并为珠海县邮电局，属科级编制，局址在香洲凤凰路72号。

1979年4月，珠海县邮电局升格为珠海市邮电局（简称市邮电局），为副处级事业单位。同年11月，市邮电局升格为正处级事业单位。1989年4月，在香洲区分别设立香洲邮政分局和香洲电信分局。1990年7月，珠海速递公司成立。同年底，市邮电局增设储汇科，管理储汇金融业务，1991年2月，储汇科改为储汇分局。1991年12月，珠海市集邮公司成立。1992年10月，撤销储汇分局，恢复储汇科。1993年1月，市邮电局在三灶设立西区通信建设办公室。

1994年，市邮电局对专业分局进行撤并，成立珠海市邮政分局，管辖速递（对外保留公司）、集邮（对外保留公司）、机要科室（公司）和万山支局等部门，撤销机要分局。市邮政分局与邮电分局在业务上为指导、协调关系。1994年底，市邮电局管辖斗门县邮电局和吉大、拱北、前山、湾仔、唐家、三灶、平沙邮电分局及邮政分局、速递公司、集邮公司等7个专业分局、公司、生产班组。市邮电局机关设23个科室。1995年6月，市邮电局管理制度进行改革，撤销所有的分支局和县局。按市场营销、通信建设、维护运行3条线，设置以邮政市场部、电信市场部为龙头的12个部、2个办，部以下设处和班组，邮政市场部下设邮政营业处、储汇处、报刊发行处、速递公司、集邮公司、投递公司、海岛通信处以及邮件处理中心。1995年底，全市有邮电员工2387名。1998年6月，珠海邮政广告公司和珠海邮政邮购公司成立。

1998年10月29日，珠海市邮电局撤销，分设珠海市邮政局、珠海市电信局。珠海市邮政局内设综合办公室、党群办公室、人事教育部、企业发展部、计划财务部、通信建设部、经营服务部、运行维护部，下设17个公司、分局等二级单位。2000年1月18日，市邮政局对内设机构进行调整，内设机构9个、专业公司（分局）7个、综合分局6个、生产经营部门4个。同年7月，广东邮政物流服务有限公司珠海分公司成立；年底市邮政局共有邮政局（所）128处。

2012年1月，国务院办公厅下发《关于完善省级以下邮政监管体制的通知》（国办发〔2012〕6号），对完善省级以下邮政监管体制工作进行部署。2012年9月14日，广东省邮政管理局正式批准成立珠海市邮政管理局。2012年10月24日，珠海市邮政管理局举行成立揭牌仪式，正式投入运行。珠海市邮政管理局是广东省邮政管理局和珠海市人民政府双重管理的中央国家行政机关直属机构。主要职责是贯彻执行国家邮政法律法规、方针政策和邮政服务标准；研究拟订本地区邮政发展规划；监督管理本地区邮政市场以及邮政普遍服务和机要通信等特殊服务的实施；负责行业安全生产监管、统计等工作；保障邮政通信与信息安全；承办省（区、市）邮政管理局及市（地）人民政府交办的其他事项。内设办公室、行业管理科（机要通信科）和邮政业消费者申诉受理中心等部门。

珠海市邮政管理局正副职领导更迭表

表 1-2-2-3

时间	机构	正职	副职
2012 年 10 月至 2017 年 9 月	珠海市邮政管理局	周建军（局长、党组书记）	邓海强（副局长、党组成员）
2017 年 9 月至 2020 年 12 月	珠海市邮政管理局	路新平（局长、党组书记）	邓海强（副局长、党组成员）
2020 年 12 月起	珠海市邮政管理局	黄俊明（局长、党组书记）	吴显旅（副局长、党组成员）

民航珠海空中交通管理站

1993年6月1日，民航珠海航务管理站成立，规格为正处级，编制200人。1995年6月18日，珠海机场正式通航，珠海航管站航管业务也随之正式运行。是年12月15日，民航中南管理局与珠海市人民政府签订《关于对民航珠海航务管理站实行人财分离管理的协议》，即珠海航管站同时归属珠海市政府和民航中南管理局双重领导，珠海航务管理站的人事、行政及技术业务由民航中南管理局领导，固定资产、财政收支工作由珠海市人民政府领导。2003年4月17日，根据民航中南管理局对中南空管局的文件批复，珠海航务管理站人事、行政和技术业务改由民航深圳航管站领导，固定资产和财政收支工作仍由珠海市政府领导。2007年7月，民航珠海航务管理站更名为中国民用航空珠海空中交通管理站。2010年8月，民航珠海空中交通管理站内设机构5个。2012年3月14日，民航珠海空中交通管理站调整为由民航中南空管局直接管理，机构名称、行政规格、领导职数保持不变。2013年10月，民航珠海空管站设立安全管理部。民航珠海空中交通管理站具体负责珠海机场的空中交通管制，对日常飞行和特殊飞行指挥调度，提供通信导航保障和航空气象保障。

民航珠海空中交通管理站正副职领导更迭表

表 1-2-2-4

时间	机构	正职	副职
1993 年 10 月至 1995 年 11 月	民航珠海航务管理站	黄吉明（站长） 张九洲（书记）	王成利、李保兴、吴建中
1995 年 12 月至 1996 年 11 月	民航珠海航务管理站	黄吉明（站长兼书记）	李保兴、吴建中、周永文
1996 年 12 月至 2004 年 6 月	民航珠海航务管理站	莫康荣（站长）	李保兴、吴建中、周永文
2004 年 7 月至 2005 年 5 月	民航珠海航务管理站	莫康荣（站长）	周永文、吴建中、阴建伟、周旭东
2005 年 6 月至 2006 年 6 月	民航珠海航务管理站	周旭东	阴建伟、魏成飞
2006 年 7 月至 2008 年 5 月	民航珠海航务管理站	周旭东	卫亮、魏成飞
2008 年 6 月至 2016 年 8 月	民航珠海空中交通管理站	周旭东（站长） 周翔（书记）	魏成飞、胡斌
2016 年 7 月至 2017 年 8 月	民航珠海空中交通管理站	卫亮（站长） 吴新安（书记）	邱永聪、胡斌
2017 年 9 月起	民航珠海空中交通管理站	廖超豪（站长） 吴新安（书记）	邱永聪、胡斌

民航珠海进近管制中心

中国民用航空珠海进近管制中心是中国民航首家独立于机场外的终端管制中心，经国家民航总局批准于1998年4月成立，1999年9月1日正式启用。中心地处珠海市区，位于吉大石花山麓，九洲港附近，占地1.6万多平方米。中心下设航行管制室、通信导航站等部门，配备有先进的航空通信、雷达、导航和管制指挥设备。中心主要负责对珠三角地区的空中交通管制、航行情报服务、告警服务等。为深圳宝安国际机场、澳门国际机场和珠海机场以及深圳南头直升机场、珠海九洲直升机场5个机场空域的航空器提供进近管制服务；九洲导航台为澳门机场航空器进离场提供导航服务。

表 1-2-2-5

民航珠海进近管制中心正副职领导更迭登记表

时间	机构	职务
1998 年 11 月至 2003 年 6 月	民航珠海进近管制中心	张九洲（党委书记）
2003 年 6 月至 2004 年 5 月	民航珠海进近管制中心	刘建华（党委书记）
1997 年 10 月至 2008 年 6 月	民航珠海进近管制中心	李保兴（主任）
2005 年 3 月至 2008 年 6 月	民航珠海进近管制中心	周翔（党委副书记）
2008 年 6 月至 2011 年 2 月	民航珠海进近管制中心	李保兴（党委书记）
2011 年 3 月至 2014 年 6 月	民航珠海进近管制中心	吴江（党委书记）
2008 年 6 月至 2016 年 9 月	民航珠海进近管制中心	卫亮（主任）
2016 年 9 月至 2018 年 12 月	民航珠海进近管制中心	周旭东（主任）
2014 年 6 月至 2019 年 6 月	民航珠海进近管制中心	陈海平（党委书记）
2019 年 1 月至 2019 年 10 月	民航珠海进近管制中心	王学新（主任）
2019 年 6 月起	民航珠海进近管制中心	段炼（党委书记）
2019 年 10 月起	民航珠海进近管制中心	周强（副主任，主持工作）

第三节 其他机构

● 珠海市水上运输管理处

1951年，南屏、湾仔、前山等3个民运社成立，斗门县组织大赤坎、乾务2个互助生产社成立初级合作运输社。1956年成立高级合作运输社。1968年10月，斗门建县，以大赤坎木帆船社、西安运输社、海堤运输社为基础组建斗门水运联社，1972年成立斗门水运公司。1972年，珠海县在南屏、湾仔、前山等3个民运社的基础上组建珠海水运联社，1978年底改为珠海水运公司。

1979—1984年，珠海的公路、水路运输管理由民间运输管理总站负责。1984年，市交通局设置交通运输管理总站，替代民间运输管理职能。1987年市交通局专门成立水运管理办公室，负责清理整顿水路运输企业补办登记手续，健全管理机制。1988年12月，市交通运输行业管理处成立，隶属市交通委员会，科级事业单位，编制15名，负责对道路和水路运输进行行业管理。1991年5月，水路运输管理职能划归珠海市航务管理局，内设水运管理科，职能不变。1995年7月，撤销珠海市航务管理局，水运管理职能划归市交通委员会，内设水运管理科，职能不变。1995年11月，设置珠海市水上运输管理处，1996年3月正式挂牌，正科级事业单位，编制15名，职能不变。办公地点在香洲梅华西路62号交通大楼。

1999年2月，珠海市水上运输管理处升格为副处级建制事业单位，编制20名，机构性质、职能、隶属关系不变。2013年1月，珠海市道路运输管理处、珠海市水上运输管理处、珠海市金湾交通管理总站合并，成立珠海市道路运输管理处，加挂珠海市水上运输管理处牌子，内设水运管理科，市水上运输管理处编制和人员全部划入珠海市道路运输管理处。

● 珠海市金湾交通管理总站

市金湾交通管理总站前身是西区交通管理总站。1991年2月，珠海三灶交通管理总站成立，下辖地道、公路养征、航道、港务监督4个股级站，负责三灶管理区交通运输管理工作。2002年3月，全市机构改革，将三灶交通管理总站和原红旗、平沙管理区交通管理办公室合并，成立西区交通管理总站，后更名为金湾交通管理总站。隶属市交通局，职能不变。2013年1月，因机构改革，将珠海市道路运输管理处、珠海市水上运输管理处、珠海市金湾交通管理总站合并，成立珠海市道路运输管理处，市金湾交通管理总站编制和人员全部划入新珠海市道路运输管理处。并设立金湾交通运输管理所、平沙交通运输管理所，为市道路运输管理处派出机构。

● 珠海市港口调度中心

2008年12月，珠海市港口调度中心成立，核定编制3人，为珠海市港口管理局下属正科级事业单位，经费由市财政核拨。主要负责珠海港口船舶的统一调度管理工作，负责监管、调度和指挥进出港的船舶，处理港口船舶应急事件及防台防汛、应急救援管理工作，维护珠海港水域的公用使用管理，保证进出港船舶安全有序，保障港区航道安全畅通和港口安全。2010年3月，市港口调度中心增加事业编制5名，编制人数共8名，在编人数6人。2012年11月，因机构改革，市港口事务管理中心和市港口调度中心合并，成立珠海市港口调度指挥中心，市港口调度中心人员全部并入市港口调度指挥中心，隶属市交通运输局（港务管理局）领导。

● 珠海市车辆购置附加费稽征管理处

1991年10月1日，珠海市进口车辆购置附加费由海关正式移交市交通委员会负责征收。最初，市交通委员会临时设立车辆购置附加费办公室，从市道路运输管理处抽调人员负责征收工作。1992年8月，市车辆购置附加费办公室更名为“市车辆购置附加费稽征管理处”，事业编制6名。1993年9月，市车辆购置附加费稽征管理处定为科级事业单位。同时，市属的一县三区（斗门县、三灶、红旗、平沙管理区）亦相应设立车辆购置附加费稽征部门，与各县（区）交管所合署办公。2004年12月，全国推进交通税费改革，车辆购置附加费征收的职责划入市国税局，市车辆购置附加费稽征管理处（含斗门、三灶、红旗、平沙管理区车购费征收人员）28人，21名全部划转市国税局，3名内部转岗，4人分流下岗。市车辆购置附加费稽征管理处按规定予以注销。

● 珠海市交通运输培训中心

1993年5月，市道路运输管理处设立珠海市道路运输技术培训中心。其主要任务是配合行业管理部门，开展道路运输行业职工各种技术培训，提供技术咨询，推广新技术，并负责道路运输行业的技术鉴定和质量纠纷处理、技术开发等。为市道路运输管理处内设机构，人员由市道路运输管理处内部解决。

1996年2月，根据交通部、省交通厅有关道路运输技术培训的要求，市道路运输技术培训中心与市道路运输管理处脱钩，划归市交委直接领导，脱钩后，原有人、财、物仍归该中心所有，名称为珠海市交通运输培训中心，单位性质为自主经营、自负盈亏独立核算的企业单位，工作人员6名。

2000年3月26日，市清理培训中心领导小组决定撤销市交通运输培训中心，由市正邦资产经营公司接管，并交给珠海柏宁交通团实业有限公司经营管理，人员划入柏宁交通团实业有限公司（即今珠海公交集团公司下属二级企业），后发展为珠海市柏宁培训公司（珠海公交集团公司下属二级企业）。

● 珠海市交通勘察设计院

1982年，市公路局设计室成立。1993年3月，撤销市公路局设计室，成立珠海市交通工程勘察设计院，为副处级事业单位，归口市交通委员会领导，编制80名，实行企业化管理，内设办公室、设计一室、设计二室、勘察室、造价室、规划咨询室，下设珠海市公路工程监理站，主要任务负责全市港口、公路工程设计工作。同年10月，更名为珠海市交通勘察设计院。1999年9月，经市党政机关与所办经济实体和管理的直属企业脱钩领导小组批复，市交通勘察设计院与珠海市交通委员会解除行政隶属关系，改制为企业，党组织及工、青、妇关系，社会事务等随企业一并移交国经局。2003年，珠海市交通勘察设计院更名为珠海市交通勘察设计院有限公司，2019年与建华建材集团开展战略合作。

第二编 公路

1927年，岐关车路公司成立，修建珠海第一条公路——岐关公路。1928年，修筑位于斗门的乾斗公路。1930年，全长20公里的乾斗公路竣工。1936年，全长99.98公里的岐关公路全线通车。

中华人民共和国成立后，珠海边防驻军大修边防公路。1950—1957年间，先后完成长沙至梅溪、翠微至造贝、前山至洲仔、前山至码头、洲仔至水湾头等公路，总长35公里。1958年“大跃进”期间，各村、镇和人民公社，修筑乡村道路和田间大道100余公里。随后，采取民办公助的方式组织民工新建前山至山场、前山至吉大和香洲至水湾头公路，计57.3公里。1963年3月开工修建从唐家经银坑、香洲、拱北、茂生围、石角咀水闸至湾仔公路，全长25.2公里，1964年10月建成通车。1975年，修建南屏至洪湾公路，全长9.26公里。截至1978年底，境内公路通车里程100多公里。

1979年3月5日，珠海实行省辖市体制后，全面开展公路改（扩）建工程，大搞柏油路建设，修建老、少、边、山、穷“五区”公路，大搞城市道路建设。1991年底，境内公路通车里程370.8公里（不含海岛简易公路），其中省道干线153公里，地方公路217.8公里。2000年底，辖区公路通车里程1017公里，其中等级公路983公里（二级以上公路330公里），水泥路593公里，永久性公路桥梁234座2.37万延米。

2005年底，辖区公路通车里程1085.89公里（含高速公路11.6公里），其中国道19.14公里，省道223.83公里，县道371.46公里，乡道471.46公里。公路桥梁251座2.66万延米，其中特大桥6座1.03万延米，大桥27座9847延米，中桥82座4347延米，小桥136座2123延米。公路隧道（不含市政道路隧道）1道430延米，其中短隧道1道430延米。2010年底，辖区内公路通车里程1394.78公里（含高速公路70.83公里），其中国道23.59公里，省道283.43公里，县道370.61公里，乡道482.69公里，专用公路3.53公里，村道230.93公里。公路桥梁373座4.92万延米，其中特大桥11座2.06万延米，大桥51座1.88万延米，中桥122座6578.11延米，小桥189座3164.19延米。公路隧道2道1097延米，其中中隧道1道667延米，短隧道1道430延米。2015年底，辖区公路通车里程1446.7公里（含高速公路124.7公里）。其中国道23.7公里，省道337.2公里，县道367公里，乡道483.7公里，专用公路3.5公里，村道231.6公里。公路桥梁466座11.28万延米（包括互通式立交桥12座1.06万延米）。公路隧道12道1.2万延米，其中长隧道4道8568延米，中隧道2道1325延米，短隧道6道2119延米。2017年底，辖区公路通车里程1452.90公里（含高速公路），其中国道96.74公里，省道305.9公里，县道319.04公里，乡道498.6公里，专用公路1.79公里，村道230.89公里。公路桥梁475座12.25万延米（包括18座1.47万延米互通式立交），其中特大桥24座6.45万延米，大桥107座1.62万延米，中桥158座8593延米，小桥186座3191延米。公路隧道14道1.93万延米，其中特长隧道2道7289延米，长隧道4道

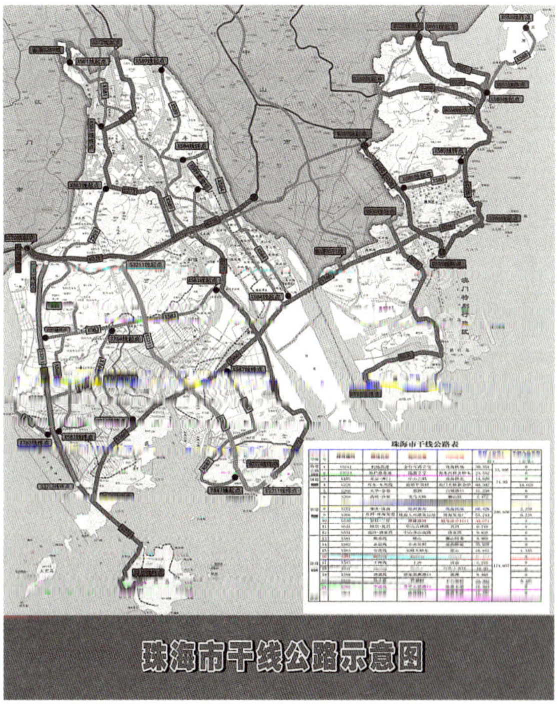

珠海市干线公路示意图

8568延米，中隧道2道1325延米，短隧道6道2119延米。

2018年底，辖区公路通车里程1560.54公里（含高速公路）。全市公路密度平均84公里/百平方公里。其中国道131.15公里，省道307.04公里，县道319.04公里，乡道412.55公里，村道390.77公里。按技术等级划分，高速公路171.81公里，一级公路327.53公里，二级公路117.55公里，三级公路432.50公里，四级公路491.43公里，等外公路19.71公里。公路桥梁497座12.84万延米，其中特大桥28座7.02万延米，大桥108座4.67万延米，中桥152座8358延米，小桥209座3158延米。公路隧道9座18道3.78万延米，其中特长隧道2座4道2.07万延米，长隧道3座6道1.37万延米，中隧道1座2道1325延米，短隧道3座6道2119延米。市政道路隧道6座。

珠海辖区公路基本情况表

单位：公里

年份	公路通车里程	其中：				
		国道	省道	县道	乡道	村道
2001	1029.2	19.1	182.9	200.3	626.9	—
2002	1021.9	19.1	176.9	200.3	625.6	—
2003	1045.4	19.1	203.3	315.5	507.5	—
2004	1057.33	19.14	203.28	370.31	464.6	—
2005	1085.89	19.14	223.83	371.46	471.46	—
2006	1334.20	19.12	256.29	370.3	455.78	229.21
2007	1359.96	19.12	281.53	370.59	456.12	—
2008	1361.28	23.36	275.91	370.61	457.4	230.48
2009	1367.51	23.59	282.99	370.61	456.49	230.31
2010	1394.77	23.59	283.43	370.61	482.69	230.93
2011	1397.09	23.73	283.25	371.93	483.06	231.6
2012	1448.4	23.73	337.16	368.59	483.82	231.6
2013	1446.7	23.7	337.2	367	483.7	231.6
2014	1446.7	23.7	337.2	367	483.7	231.6
2015	1446.7	23.7	337.2	367	483.7	231.6
2016	1461.66	96.7	282.1	367	479.4	232.86
2017	1452.94	96.74	305.9	319.04	498.6	230.89
2018	1560.54	131.15	307.04	319.04	412.55	390.77

第一章 古道古桥

第一节 古道

自南宋绍兴二十二年（1152）设立香山县，至清道光二十九年（1849）澳门成为葡萄牙的殖民地、到1953年珠海县成立之前，珠海、中山、澳门三地属香山县（中山县）管辖范围。岐澳古道珠海段（又称古鹤古道）、长南迳古道、凤凰山古道是珠海、中山和澳门三地的主要陆路交通要道，统称为香山古驿道。横亘在珠海城区的凤凰山脉大致呈东西走向，将珠海城区分为南北两个区域。南部区域为今珠海香洲区，北部区域为今珠海高新区（唐家湾镇）。三条陆路古道均穿越凤凰山脉，连接南北两区域。古鹤古道（岐澳古道珠海段）为西线，凤凰山古道为东线，长南迳古道为中线。

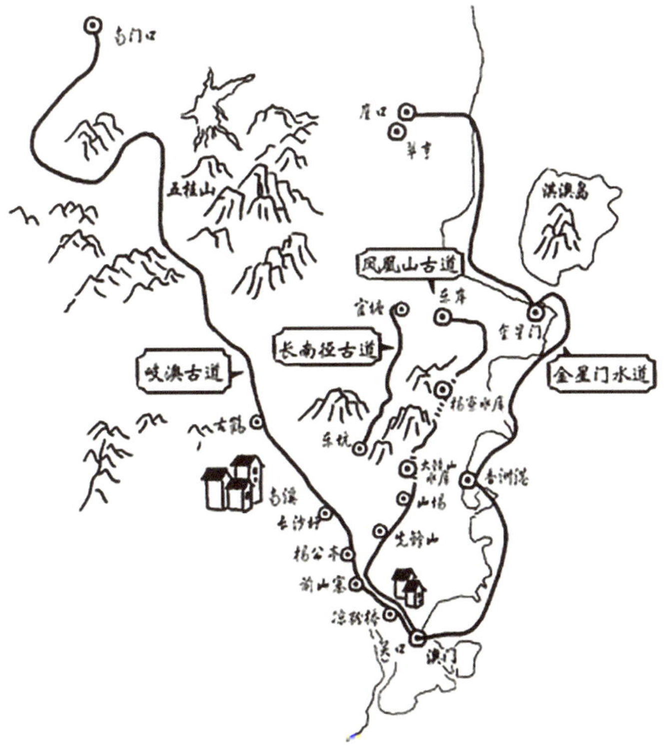

▲香山古驿道图

凤凰山古道

位于珠海境内凤凰山的东部，亦称凤凰山东线古道，是一条由官府修筑的官道，明嘉靖十三年（1534）已存在。全长约20公里，凤凰山古道从唐家沿途经过杨寮水库、大镜山水库，经由现在的山场社区，到达中山亭，再沿岐澳古道到达澳门，向北经下栅到官涌桥、上栅汎地林垒麒麟石（今珠海北沙八组）接中山平顶村、长沙埔至翠亨山门坳（又称山遥径），再接崖口与淇澳古道东干大道相连，是当时珠海通往外界的主要交通要道。古道地势险要处或上坡路段铺有2.5～3米的花岗岩长条石板路基，两侧有石块护坡，但凡遇溪流，皆会建石板桥。现

▲凤凰山古道遗址（珠海市博物馆提供）

存古道遗址有百洞溪石板桥和上栅大观桥。凤凰山古道是官员到香山盐场任职和视察的陆路通道。明代中晚期，为防倭寇而实施海禁政策。凤凰山古道成为澳门陆路通往内地的商贸动脉，朝廷官商在澳门向外国商人采购的香料、金银饰物、工艺品，以及外国使节向皇帝“进贡”的贡品都是经凤凰山古道运往京城，成为当时中西贸易的重要通道。大量的贵重物品都由这条古道运往京城，官员上任多经此道，路上来往的人中多为牵着马匹的官宦人家，故有“马仔迳”的别称。

● 长南迳古道

▲长南迳古道石台阶（珠海市博物馆提供）

呈南北走向，开凿年代不详。清雍正三年（1725）重修。全长约5公里，起点为珠海唐家湾镇的官塘社区，终点为珠海前山的东坑村。古道上保存完整的石阶步级，由人工开凿的条石和自然块石通过不同组合形式铺筑而成，并有完善的纵、横沟排水系统。铺筑因形就势，灵活多变，结构稳固，营造精巧，充分体现了古人筑路的理念和智慧。

长南迳古道上有一座造型独特、做工精美、结构稳固的三孔石墩石板桥，名叫长南三孔桥。建于清光绪年间，距今约130多年。

古道中段有一摩崖石刻，上有“雍正三年孟秋谷旦佘非凡重修长南迳”，记载的是清雍正三年（1725）重修长南迳古道的事。官塘村乡绅佘非凡老年得女疼爱有加，长大后，出嫁至长南迳南端的东坑村（另一说法为翠微村），佘非凡希望女儿常回来探望他，女儿抱怨山路崎岖，有心愿而难成行。为了了却此心愿，佘非凡拿出自家积蓄并发动乡亲出钱出力，于雍正三年（1725）重修长南迳古道。

清光绪二十一年（1895），广州起义失败后，孙中山乘船到珠海唐家，在故交唐雄的帮助下从长南迳古道去澳门。当时从唐家前往澳门的陆路只有凤凰山古道和长南迳古道，凤凰山古道是官道，沿途有官兵把守盘查。路陡难行、人迹罕至的长南迳古道相对安全，于是孙中山从长南迳古道去澳门，后来又到香港，辗转到了日本。

2017年9月，长南迳古道修复工作开始。本着尊重自然，尊重历史的原则，对原长南迳古道路面营造和排水沟铺设等建造工艺进行挖掘和整理。根据古道原始路面修筑工艺和排水系统工艺进行修筑；并对来仪亭、五溪亭、聚贤亭、心悦池等景点进行修复。2018年国庆前完成修复工作，国庆节正式对游人开放。

▲长南迳古道摩崖石刻（珠海市博物馆提供）

岐澳古道珠海段（又称古鹤古道）

属岐（中山石岐）澳（澳门）古道的南干大道，位于凤凰山西南边，经中山市三乡、雍陌、古鹤到达珠海前山、澳门，长约15公里。岐澳古道全长70公里，路面宽2米，分为东干大道和南干大道，古鹤古道所在的南干大道是主要通道。据《香山县志续编》和《五桂山镇志》记载，南干大道位于县城南面，修筑于清咸丰十年（1860），从南门口经桂峰茶亭、双合山、石鼓垯村、平迳顶到良都与谷都交界处转东入石莹桥、大南坑、平湖沙岗、前山寨直通澳门。南干大道既是香山古代官道，也是商贩和民间百姓来往澳门进行物资交流的主要通道，可谓近代香山到澳门的“茶马古道”，也是林则徐澳门禁烟所经之路。清道光十九年（1839），林则徐除以钦差大臣的身份到广东禁烟外，还通过岐澳古道到达贸易重地、各国商人聚集的澳门进行巡阅。

▲清道光十九年（1839），林则徐经岐澳古道到澳门巡阅

澳门历史学家陈树荣的《林则徐巡阅澳门》中称，林则徐在巡阅澳门前后的30多天内写了多篇日记，详细记录其从广州至香山，从香山往前山再巡阅澳门的过程，其中1839年9月2日，林则徐从香山前往前山，其日记中记述“卯刻出南门，十里双合山，或呼为香果山……又十里雍陌，在郑氏祠内饭。未刻又行，二十里古鹤，又五里界涌，又十里南大涌，又五里翠微村，又十里前山寨”，从日记中可以看出林则徐走的就是古鹤古道。中华人民共和国成立后，随着城市的开发建设，在岐澳古道珠海段—古鹤古道的基础上建成G105国道和明珠路、逸仙路、粤海路、莲花路等城市道路。

第二节　古桥

乾北石桥

位于斗门区乾务镇乾北村。为东北西南走向石桥，建于明末（约1641），当地人称之为“石桥头”。石桥面积7.7平方米，横跨在龙漩窟（土名，山溪源头）及附近几条山溪的汇流段，由两块各长5.7米的花岗岩石板并排组成。一石宽0.65米、厚0.67米，另一石宽0.7米、厚0.46米。每块石板的一侧边沿，均匀分布50个开采石材时留下的半边方形楔孔。2011年7月6日，乾北石桥被列为珠海市文物保护单位。

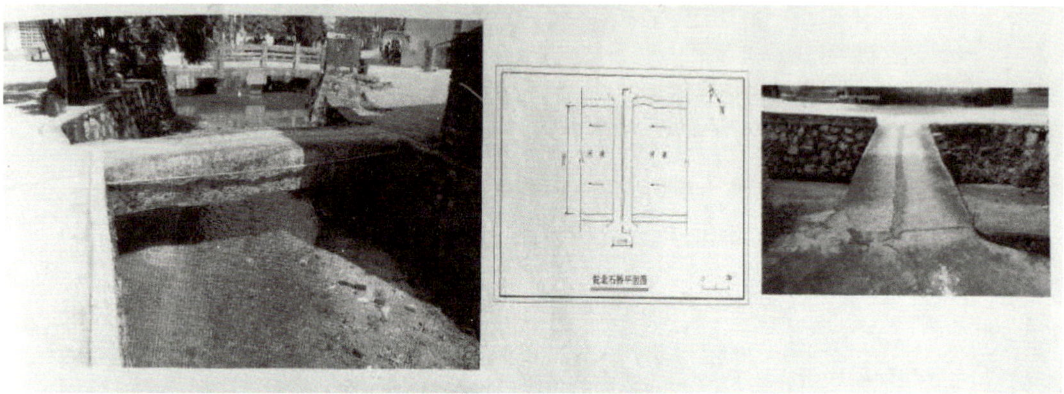

▲明乾北石桥遗址图（珠海市博物馆提供）

三驳桥

位于斗门区乾务镇荔山村本南中心涌上，始建于明代。占地面积约39.6平方米，南北走向，桥长11米，宽3.6米，桥面距水面约3.1米；桥墩由石块堆砌而成，形似橄榄状，当地村民称为榄桥。桥面原为石板构建，重建时改为钢筋混凝土结构，石质望柱。橄榄形桥墩可以减轻水的冲力，反映先民的建筑智慧，有一定的建筑特色和历史价值。2018年仍为荔山村民通行的要道。

大观桥

位于高新区唐家湾镇上栅社区村东，建于清光绪二十二年（1896）。呈东南至西北走向，占地面积约44平方米，七孔石桥。桥长31.05米，宽1.4米，高1.8米，设6个桥墩、桥面并列铺设三排条形石板，每条石板长4.5米。原东南面立一石碑，阴刻“大观桥”，落款“光绪丙申廿二年孟秋上栅敦化善堂倡筑”。大观桥是古时唐家、上下栅等村通往翠享、石岐的必经桥梁。

▲清大观桥（珠海市博物馆提供）

大庙石桥

位于斗门区斗门镇大濠涌村，始建于清代。南北走向，横跨大濠涌河之上，面积21.7平方米，总长16.7米，宽1.3米，桥面距水面高度约1.9米。至今仍保存完好。

鸡山石坑桥

位于唐家鸡山村口，始建于清代。全长60米，宽约1.5米，原为十二孔桥，后填平两孔，成为十孔桥。桥面由3条长约10米的麻石铺就，形制与珠海清代古桥一致。后因桥面太窄，车辆无法通行，20世纪90年代初，当地村民在石桥旁修建一座水泥大桥，与石坑桥平行。石坑桥遗迹被列入珠海市人民政府历史建筑名录。

永济桥

位于南屏镇东桥社区。始建于咸丰六年（1856），光绪二十四年（1898）重建。桥跨度为三跨约15米，宽约1.5米，花岗岩石砌筑。2012年底修建排洪渠时被拆除，并在距离原址30米处修建一座新桥。拆下的石构件刻有“永济”两字，以及“光绪戊戌年仲冬吉日”“杨永修堂重建”的字样，永济桥大部分主体构件还在。

▲永济桥石碑（珠海市博物馆提供）

第二章　民国时期公路

民国时期，珠海境内采用股份制修建岐关公路，采用集资的方式筹集资金修建乾斗公路。民国22年（1933），建成全长4公里的南屏至湾仔公路，同时还修建全长8公里的三灶至海澄公路。

第一节　公路建设

岐关公路

民国16年（1927），由中山县三乡郑芷湘、郑礼卿、吴梅一、黄昌垣等人发起，筹办岐关车路公司，修筑石岐—关闸的岐关公路。同年7月，中山县岐关车路公司筹备办事处在广州西堤二马路兴中银行三楼成立。

▲岐关车路有限公司股票证（岐关车路公司提供）

同时，经广东省建设厅公路处批准立案，领取“路字第一号”及“路字第四号”建筑执照。同年12月，办事处移至澳门新马路67号二楼，取名“竹庐”，与“筑路”谐音。公司公开招股，每股股金5元。至民国23年（1934），签名参加入股30多人，共集现金股20.75万股，股值103.73万元（毫银）；土地被公路占用的业主则以土地折价入股作筑路股金。全线征用农田758.6亩，每亩折价120元，田亩入股1.82万股，股值为9.1万元。总计股金112.83万元（毫银）。岐关车路公司除孙科、宋子文、香翰屏等人有极少数的股金外，绝大部分股金来自华侨、港澳商人和当地商民的投资，属民间资本企业，也是抗战前投资最多，规模最大、设备最好的筑路行车合一的公路交通企业。

1927年10月，岐关公路正式动工。由郭颂尧负责勘测定线，刘庆勋负责桥梁涵洞工程设计。筑路过程中，澳门府督巴波沙无偿借给筑路轻便铁轨车及运泥斗车数十辆。岐关公路以关闸为起点分为东路和西路两段，全长99.98公里。东路从拱北关闸经前山、翠微至肖家村，然后分两路，东路经那洲、大金鼎、翠亨、南蓢、西椏至石岐，共长62.21公里，于1932年1月竣工通车；西路长37.77公里，经三乡、板芙至石岐，于1936年通车。有钢筋混凝土桥52座，木桥39座，涵洞272处。路面宽7.7米，最宽处为9米。工程分五期进行，前四期工程筑东路，第五期工程筑西路，其中第二期工程由古鹤至下栅，因山路较多，筑路5个多月，于1929年5月竣工。第三期工程由下栅至崖口（今南朗）1930年5月1日通车。五期筑路工程前后费时9年，1936年全线通车。

1928年3月，岐关东路翠微至拱北关闸路段开通后，岐关车路有限公司，从香港购买并改装美式“雪佛兰”旧汽车经营客运，设有翠微、前山、北岭和拱北关闸4个上落站。同年8月15日，公司以1.28万元向澳门政府购买其客车进入澳门市内行驶的专利，每年每辆车向澳门市政厅缴交管理费250元。营运初期，每天4辆客车往返于翠微与澳门之间达19班次。1936年，岐关西线通车后，岐关车路有限公司又购置一批“宾士”、“道奇”牌柴油客车取代旧式客车，全线上落站达38个，每天有石岐至澳门的直达班车对开，单程票价为2.5元。1937年抗日战争爆发，粤中官僚巨贾纷纷前往港澳，岐关车路客运量骤增，营业额从1936年的10万元增至21万元。其间，中山县政府以照顾机关公务人员为由大量印制滥发免费乘车证，社会上一些不法之徒亦搭乘霸王车，公司效益损失。1939年，中山县政府派人破坏车路，毁坏3座桥梁，阻击日本侵略军入侵。1940年3月，中山县沦陷，为阻止日本侵略军机械部队挺进，广东省政府命令中山县政府破坏岐关

▲抗日战争初期岐关车路公司乘车券（岐关车路公司提供）

公路，规定每华里破坏4处，路面开挖长约7米、深3.3米多之字形坑槽，仅留1米人行小道，致使全线不能通车。日本侵略军入侵中山后，提出优厚条件，要求岐关车路有限公司修复通车，公司拒绝修复。最后日本侵略军用刺刀强迫村民拆毁房屋、祠堂、庙宇，填平坑槽，村民不情愿修复，路面仍凹凸不平；加之五桂山抗日游击队不断发动群众破坏路面，使之不能正常运输。

1945年8月，抗日战争胜利，岐关车路公司总司理郑芷湘召集原有职工复工。至1946年底，共耗资100多万元（澳门币），东、西两路段全面修复通车。1950年4月，石岐市军事管制委员会派军代表接管岐关车务，1951年6月并入广中车路公司，成为国营性质汽车运输企业。

● 乾斗公路

民国17年（1928），岐关车路公司与中山县第八区（今斗门区）政府协商，召开八区五大姓（陈、梁、黄、邝、赵）耆老及各界代表大会，成立八区公路委员会，委任陈祖典、梁乐三、赵崇光等为公路委员。采用集资民办的方式修筑乾斗公路，每人缴10元大银，共收得银圆35万元左右。乾斗公路以斗门墟为总站，分东、南两条干线，各长10多公里。东线通石咀、大沥岐、小沥岐、小赤坎、官涌、大赤坎码头；南线通往背岭、斜排、田心里、乾务。全线20多公里，1930年建成通车。同年，八区公路委员会从澳门购买5辆大、中、小型客车经营客运。客车用木炭作燃料，效率极低。1937年日本侵略军入侵三灶以后，驻八区的国民党独九旅第四营为了控制交通线，在乾斗公路两旁放置路障，并命令村民每隔2～3丈距离挖一堑壕，汽车难以通行，客运汽车也被变卖。1939年，修复后的乾斗公路可行驶小汽车，由私人经营汽车客运。因为缺乏燃料，汽车营运时断时续。1945年，由于私人运营的汽车破旧，加上战火持续，公路难以保养和维修，全线汽车客运停顿。

第二节 桥梁 车站

● 桥 梁

会同单孔桥 位于珠海高新区唐家湾镇会同社区北村口，建于民国时期。石桥呈东北至西南走向。桥跨2.6米，桥高2.3米，桥长6.73米，宽4.13米。占地面积27.8平方米，方形石砌桥墩，钢筋混凝土桥面，两侧竖铁制球形节栏杆。会同单孔桥是会同村北部进出的必经之路，环村河从桥下缓缓流过，注入村前的荷花塘。

▲唐家会同单孔桥（珠海市博物馆提供）

风流桥 位于原麻斗线000K+800处，距斗门镇北边约半公里，是斗门县民国时重建的公路桥梁。数百年前是洗彬塘石桥，年久失修，倾塌后建成木桥，但由于地处沙碛，群坑汇流，每遇台风和山洪暴发，木桥屡被冲毁。1923年，当地热心人士赵瑞图向各埠华侨和社会各界人士募筹银圆1万多元，重建风流桥。新桥长36米，宽5米，4个桥墩由花岗岩砌成，桥面为水泥、钢筋结构。1987年7月19日，斗门县遇历史上罕见大暴雨，风流桥被洪水冲毁。1987年8月，斗门县公路局又重建风流桥，改建后的风流桥长36米，宽7米，桥墩为1.2米径岩灌注桩基础，桥面铺设沥青路面。

唐家车站旧址（珠海市博物馆提供）

● **车站**

唐家车站 位于高新区唐家湾镇唐家社区山房路共乐园门口。坐东南向西北。混合式建筑，悬山顶，砖瓦结构。总面宽6.1米，总进深8.7米，建筑面积53.5平方米，檐高约4米。曾做过生产队仓库，部分墙体做过修补。建于民国18年（1929）2月，因唐家成为中山模范县县府所在地，用入股方式修建岐关公路东西干线及其支线，修筑岐关公路下栅支线，唐家车站则是这一支线的终点站。

第三章　建国后公路

第一节　公路建设

1950年至1957年间，驻军大修边防公路，先后完成长沙－梅溪、翠微－造贝、前山—洲仔、前山—码头、洲仔—水湾头等公路，总长达35公里。1958年“大跃进”期间，各生产队、大队和人民公社，修筑“乡村道路”和“田间大道”100余公里。随后，采取民办公助的方式组织民工新建前山—山场、前山—吉大和香洲—水湾头等道路，计57.3公里。1963年3月开工修建唐家—湾仔公路，从唐家经银坑、香洲、拱北、茂生围、石角咀水闸至湾仔，全长25.2公里，省拨款120万元，按六等乙级公路标准建造，桥涵设计荷载为汽-10，于1964年10月建成通车。1975年，新建南屏—洪湾公路，全长9.26公里。1978年底，境内公路100多公里，多为等外路。

1979年3月5日，珠海撤县建市后，全面开展公路改（扩）建工程，大搞柏油路建设，修建“五区”（革命老区、少数民族集中居住地区、边远地区、山区、穷贫困地区）公路，大搞城市道路建设。1991年底，境内公路通车里程370.8公里（不含海岛简易公路），其中省道干线153公里，地方公路217.8公里。全市先后建成桥梁

110座4856延米，其中大型桥梁8座，总长4856米。2000年底，全市公路通车里程1017公里，其中等级公路983公里（二级以上公路330公里），水泥路593公里，永久性公路桥梁234座2.37万延米，其中地方公路桥梁127座，以中小桥为主，大部分在西部地区。

2001年，横坑大桥、珠港大道、粤西沿海高速公路和危桥改造、村村通公路、码头等项目相继建设，完成交通基建投资1.8亿元。公路通车里程1029.2公里（含高速公路4.5公里），其中国道19.1公里，省道182.9公里，县道200.3公里，乡道626.9公里。2003年，投入资金200多万元整治国道G105线、港湾大道和机场路、湖心路部分路段；先后筹措资金200多万元对吉林大学珠海软件学院、白蕉科技工业园、斗门横山市场、马山市场路段进行改造；投入600多万元完成金鼎威仕茂工业区路段、斗门莲溪路段、斗门大小赤坎路段水泥路改建工程。全年完成农村公路硬底化建设19.2公里，总投资5700多万元；完成7座225延米中、小危桥改造任务，总投资1000余万元。公路通车里程1045.4公里（含高速公路），其中国道19.1公里，省道203.3公里，县道315.5公里，乡道507.5公里。2004年，推进国、省道改造，加快危桥改造步伐。投资3800多万元完成机场北路7.3公里水泥路面改造和4.5公里省道改建工程，并加固上横桥、耕管桥和壳塘冲桥。全年完成公路建设任务153.8公里，公路通车里程1057.33公里（含高速公路），其中国道19.14公里，省道203.28公里，县道370.31公里，乡道464.6公里。2005年，机场北路、沙美公路、平东大道、省道S268线金鼎路段等21.1公里公路改造任务全面完成。国道G105线珠海上冲段六车道改八车道、路面铺设改性沥青改建项目前期工作完成；省道S272线珠海段改造项目前期审批手续年底前完成。公路通车里程1085.89公里（含高速公路11.6公里），其中国道19.14公里，省道223.83公里，县道371.46公里，乡道471.46公里。2006年，完成国道G105线上冲段主车道、省道S272线斗门水厂路白蕉段建设任务，完成珠峰大道改造工作，完成农村公路网建设16公里。全年累计完成国、省公路改造和农村公路建设44.6公里。公路通车里程1334.21公里（含高速公路44.03公里），其中国道19.12公里，省道256.29公里，县道370.3公里，乡道455.78公里，专用公路3.51公里，村道229.21公里。

2007年，珠海大道南湾立交工程、省道S272线珠海段白蕉高速公路路口至机场段、凤凰山隧道等项目先后开工；基本完成国道G105线上冲段辅道项目前期工作；先后投资4000多万元，完成8条村道15公里水泥路和8座农村公路危桥改造。珠峰大道改造工程总投资6500万元，其中尖峰大桥至草菌段长6.7公里，投资4300万元，由市、区共同筹资实施，按一级公路标准改建，由原来的双向四车道拓宽为双向六车道水泥路面，是年2月完成。2008年，完成珠海大道南湾立交工程、省道S272线湖心路口至珠海机场段改造和5座农村公路危桥改造。省道S272线改造工程第二期白蕉高速公路路口至湖心路路口段、凤凰山公路隧道工程进展顺利，分别完成总投资的46%、18%，金凤路A段项目前期工作完成，省道S366线南湾立交至珠海大桥段、省道S365线中心涌至井岸二桥段前期工作大部分完成。公路通车里程1361.29公里（含高速公路70.59公里），其中国道23.36公里，省道275.91公里，县道370.61公里，乡道457.4公里，专用公路3.53公里，村道230.48公里。2009年，全市完成公路项目总投资7.54亿元，其中市交通局负责的项目3个，完成总投资4.6亿元。全长15.6公里的省道S272线白蕉高速公路路口至湖心路路口段是年9月实现主线双向通车，凤凰山公路隧道工程以设计施工总承包方式建设顺利推进，总投资1.64亿元的西沥大桥重建工程前期工作顺利推进。公路通车里程1367.52公里（含高速公路70.825公里），其中国道23.59公里，省道282.99公里，县道370.61公里，乡道456.49公里，专用公路3.53公里，村道230.31公里。2010年，全市公路项目总投资18.9亿元。市交通局负责的项目完成投资11.3亿元。公路通车里程1394.78公里（含高速公路70.825公里），其中国道23.59公里，省道283.43公里，县道370.61公里，乡道482.69公里，专用公路3.53公里，村道230.93公里。2011年，完成全市规划公路项目总投资19.6亿元。市公路局牵头负责的项目完成投资5.6亿元。省道S366线珠海大道南湾立交至珠海大桥段主线改造完工通车；珠海大桥至金湾立交段主线及珠海大桥维修加固工程稳步推进；凤凰山公路隧道主体工程完成，省道S365线中心涌至井岸二桥段进展顺利。公路通车里程1397.09公里（含高速公路70.793公里），其中国道23.73公里，省道283.25公里，县道371.93公里，乡道483.06公里，专用公路3.53公里，村道231.6公里。2012年，完成省道S366线珠海大道（珠海大桥至金湾立交段）主线改建工程、凤凰山公路隧道和机场西路阳光咀隧道续建工程、珠海大桥维修加固工程；省道S365线中心涌至井岸二桥段工程、省道S365线西沥大桥工程、省道S272线湖心路段市政配套工程施工有序推进。公路通车里程1448.43公里（含高速公路），其中国道23.73公里，省道337.16公里，县道368.59公里，乡道483.82公里，村道231.6公里，专用公路3.53公里。

▲2007年3月5日，珠峰大道改建工程竣工通车仪式举行（珠海市公路局提供）

2013年，国省道干线公路项目共完成投资13亿元。公路通车里程1446.73公里（含高速公路），其中国道23.7公里，省道337.2公里，县道367公里，乡道483.7公里，专用公路3.53公里，村道231.6公里。2014年完成投资6.6亿元，省道S366线金湾互通立交、省道S272线斗门白蕉高速公路路口至湖心路路口段市政配套工程先后完工通车；省道S365线中心涌至井岸二桥段、西沥大桥等续建项目年度投资计划基本完成。公路通车里程1446.73公里（含高速公路），其中国道23.7公里，省道337.2公里，县道367公里，乡道483.7公里，专用公路3.53公里，村道231.6公里。2015年，完成国省道干线公路投资1.39亿元，国道G105慢行系统交通整治工程、省道S365线中心涌至井岸二桥段工程完工通车，西沥大桥改建工程右半幅开放通车。公路通车里程1446.73公里（含高速公路124.7公里），其中国道23.7公里，省道337.2公里，县道367公里，乡道483.7公里，专用公路3.53公里，村道231.6公里。2016年，完成公共道路建设投资约13亿元，其中重点项目完成投资9亿元。推进76个政府投资公共道路建设项目，其中有10个项目完工投入使用，23个项目正在施工，7个项目开工，36个项目正在推进前期工作。当年完成省道S272线莲洲至井岸段路面改造工程、省道S365线黄杨大道路面改造工程及省道S365线斗门大桥至中心涌路段提升工程。省道S272线湖心路段沥青罩面及天桥设施进入施工阶段，省道S366线交通安全工程完成前期工作，港湾大道改造项目完成方案设计。公路通车里程1461.63公里（含高速公路），其中国道96.7公里，省道282.1公里，县道367公里，乡道479.4公里，专用公路3.53公里，村道232.9公里。

2017年，全市完成公共道路建设投资17.67亿元，协调各区推进8个县道改造项目及乡村道路硬底化建设。全年完工通车项目17个，包括新建桥梁1座、市政道路10条、桥梁维修加固6座、县道改造4条、公交专用道3条及人行天桥5座。兴业快线北段先行段、金琴快线、前山大桥至明达路段拓宽工程等城市快速路动工建设，情侣路南段主线改造工程按计划完成年度投资任务，推进兴业快线南段、古元大道、香海大桥西延线前期工作；完成省道S272线尖峰大桥东桥头至湖心路口段沥青罩面及人行立体过街设施工程；港湾大道改造项目计划投资9471万元，进入实施阶段；完成省道S272线白蕉高速公路出口至尖峰桥头段路面改造前期工程。公路通车里程1452.9公里（含高速公路），其中国道96.7公里，省道305.9公里，县道319公里，乡道498.6公里，专用公路1.8公里，村道230.9公里。

2018年，全市重点交通项目共27个，年度计划投资109.74亿元，完成年度投资190.33亿元，完成率173.44%。辖区公路通车里程1560.55公里（含高速公路），其中国道131.15公里，省道307.04公里，县道319.04公里，乡道412.55公里，村道390.77公里。港珠澳大桥于12月23日通车，香海大桥、洪鹤大桥、鹤港高速公路一期、金琴快线、兴业快线北段建设进展顺利，香海大桥支线、兴业快线南段开工建设。全市交通路网功能有效提升，热点拥堵道路明显改善。

第二节　国道

105 国道

国道105线是国家级南北通道，起点为北京，终点为珠海拱北关闸，途经北京市、天津市、河北省、山东省、河南省、安徽省、湖北省、江西省、广东省。全长2700多公里，多为分段建造，后连接为完整的国道。

105国道（珠海段）原称广珠公路。珠海境内起点桩号K2681+891～K2696+519，北起中山市古鹤，经界涌、南溪、长沙、上冲、翠微、前山、白石到拱北关闸与澳门接壤。20世纪50年代初，更名为广（广州）—中（中山）公路，珠海建市后，改称为广珠公路。1981年4月，正式定名为国道105线，属三级公路，路面铺设沥青，路基是泥土结构。1985年2月，按一级公路标准，对国道105线珠海段进行改建。工程由市公路局测量和设计，广珠公路珠海指挥部负责改建工程的管理、质量监督工作。路面中间设2米宽花坛式分隔带，两侧机动车车道各宽9米，非机动车道各宽3米，每侧土路肩0.50米，路基两侧设有保护路基的护脚矮墙，且作为田路分界标志。全线有圆管涵11座，钢筋混凝土板涵18座，小桥3座，中桥1座。市中心路段按城市道路改建，双向六车道设计，并设置非机动车道、人行道、路灯和地下管网，由市政部门承建。改建工程于1985年2月17日动工，1986年5月30日竣工。改造后的国道105线珠海段是全省唯一的一条混凝土路面一级公路，其中K2691+174～K2698+587上冲至拱北段为市政道路。整个改建工程预算为1821万元。其中广东省公路局出资912.5万元，珠海市出资912.5万元（实际投资620.76万元），竣工决算为1529.26万元，平均每公里路造价209.9万元。1993年6月至1994年12月，对K2683+958～K2691+174路段进行拓宽改造，改造后路基宽39～44米，路面宽21～31米，双向六车道、非机动车道及人行道。1997年公路普查，国道广珠线编号G105，起点中山古鹤，经珠海上冲、翠微、前山至拱北。K2683+958～K2691+174段长7.2公里，日交通量2.75万辆次。2000年第二次全国公路普查，名称改为京珠线（北京—珠海），编号G105，路线走向不变，珠海境内起讫点桩号调整为K2683+320～K2697+960，全长14.64公里，桥梁11座588.4延米。

• 228国道

原省道S111、S365新编为国道G228，为中国沿海高等级公路。国道228从辽宁丹东开始，一路沿东部海岸线前行，将东部沿海城市大连、天津、烟台、青岛、连云港、盐城、南通、上海、宁波、台州、温州、宁德、福州、泉州、厦门、汕头、深圳串联起来，然后跨越珠江口，从深圳到中山、珠海，阳江、湛江等城市，沿海岸线西行进入广西，途经北海、防城港，止于东兴。国道G228线珠海段，北始中山市平顶村，终点位于南门大桥新会岸，全长60.30公里（不含重复里程）。

第三节　高速公路

• 西部沿海高速公路珠海段

分为珠海段主线、珠海段支线及延长线。珠海段主线（S32、G0425）全长55.26公里，起于唐家湾下栅，终于珠海江门交界处。2005年通车试运营，设下栅、那洲、坦洲、月环、斗门、金台、珠港收费站及斗门服务区，有特大桥7座，大桥28座，隧道3座。珠海段支线及延长线（G94、G0425）全长16.02公里，起于中山月环，终于洪湾，特大桥7座，大桥18座。珠海段支线2008年通车试运营，珠海段支线延长线2016年通车试运营。

• 广澳高速公路珠海支线（S9919）

起于中山平顶村，终于珠海金鼎金峰路口，全长5.16公里。业主单位为京珠高速公路珠海段有限公司，1999年通车试运营。2017年12月30日，京珠高速公路珠海段有限公司将4.21公里高速公路（珠海收费站至终点）产权移交珠海高新技术产业开发区管理委员会。

• 机场高速公路（S3211）

起点位于斗门田心村西部沿海高速公路金台互通立交，向南经斗门区斗门镇、乾务镇及金湾区红旗镇、三灶镇，止于珠海机场西侧。项目南接S272珠海机场段，北接西部沿海高速公路，呈南北走向。路线全长30.35公里（含改建段约2.8公里），有特大桥4座，大桥6座，隧道4座，涵洞通道74道，互通5处，全线桥隧比例超过75%。按双向四车道高速公路标准建设，设计速度100公里/小时，整体式路基宽度26米，主线桥梁宽13米，匝道标准宽度8.5米，全线主线及互通匝道路面均为沥青砼路面。项目概算总投资32.52亿元。由珠海交通集团有限公司建设，工程分两段进行。第一段机场至红旗互通段（桩号K0+000～K15+168），2010年3月开工，2013年2月完工。第二段红旗互通至金台互通段（桩号K15+168～K30+332.827），2010年3月开工，2013年11月完工。

高栏港高速公路（S3213）

起点位于珠港大道与黄杨大道的平交口，终点位于南水河桥北侧，路线全长23.55公里。双向四车道；设计速度100公里/小时，辅道40公里/小时。沿线经过斗门区斗门镇、乾务镇和高栏港经济区平沙镇。主线设大桥（含跨线桥）12座、中桥8座；辅道新建大桥2座、中桥15座；设珠港、富山、平沙、海泉湾互通立交4处。主线按双向四车道高速公路标准建设，设计速度100公里/小时，两侧辅道采用城市次干道公路I级技术标准，双向四车道，设计速度40公里/小时；项目主线概算12.10亿元，辅道概算8.11亿元，总投资为20.21亿元，珠海交通集团有限公司承建。2009年11月开工，主线和右辅道于2012年11月建成通车；左辅道土建、路面、交安及绿化工程实际于2013年4月完工，机电工程于2013年6月完成。路面二期工程于2015年11月开工，2016年7月完工，2016年12月交工验收并开始试运行。

鹤港高速公路

起点珠海鹤洲，终点止于高栏港高速公路，由珠海交通集团有限公司下属珠海鹤港高速公路有限公司负责投资、建设、经营。公路全长34.53公里，桥梁18座，桥梁、隧道占路线总长比例84.78%，设置鹤洲北、鹤洲南（枢纽）、航空城、机场北、大林（枢纽）、南水、高栏港（枢纽）等7处互通式立交，总概算85.75亿元。一期工程起于斗门区白蕉镇八围，顺接江珠高速，上跨珠海大道（设鹤洲北互通）后，向南穿越鹤洲北围垦区，跨越鹤洲水道，在鹤洲南垦区设鹤洲南枢纽互通，转西跨越白藤河水道，上跨机场东路（设航空城互通），经过金湾高尔夫北侧边缘（中心河南侧），上跨机场北路（设机场北互通），再沿大门水道北侧平行布线，到达一期工程终点大林镇，设大林枢纽互通与机场高速公路连接。一期工程全长18.05公里，桥隧比100%，设特大桥（含互通主线桥）、大桥11座，互通立交5处，管理分中心1处。鹤洲北至鹤洲南互通段，约5.8公里，采用双向四车道高速公路标准建设，设计速度120公里/小时，路基宽度26.5米；其余路段采用双向六车道高速公路标准建设，设计速度100公里/小时，路基宽度33.5米。二期工程起于金湾区大林镇，顺接一期工程，路线向西跨越鸡啼门水道，沿连湾山坡脚布线，下穿规划中的高栏港二通道后，以隧道方式穿越连湾山，出洞上跨珠海大道（设南水互通），经平沙镇前东、平铁村，止于高栏港高速公路（设高栏港枢纽互通）。路线全长16.48公里，桥隧比67.74%，设特大、大桥7座，隧道2座，互通立交2处，服务区1处。2017年11月1日开工建设，2020年12月江珠高速至机场东路段建成通车。

江珠高速公路

起于江门市四村接中江、江鹤高速，止于珠海市鹤洲北与珠海大道交会，全长53.3公里。珠海段全长32.62公里，总投资30.67亿元，2003年8月正式开工建设，主要工程包括大型互通立交2座、分离式立交4座、大桥和特大桥11座、中小桥17座、涵洞48道、路基土方490万立方米、石方283.4万立方米、沥青混凝土路面80.1万平方米，处理软土地基21.9公里。2007年5月16日建成通车，设有莲洲、斗门、珠海等收费站3处。江珠高速公路是广东省首条由民营企业珠海新长江建设投资有限公司全额投融资建设的高速公路，平均每公里造价5754万元，累计降低成本6.17亿元，是珠三角区域控制建设成本较好的高速公路项目。

第四节　省道

● S268（光华—金鼎）

原大肖线（大金鼎—肖家村），桩号K0+000～K5+800，长5.8公里，属等外路标准。桥涵是木质和瓦管结构。1962年10月，由珠海县公路工区接管。1964年对那洲的2座木桥进行改造，建成11.8米长永久式钢筋砼小桥那洲一桥和5.6米长的那洲二桥石拱桥，达到三级公路标准。1996年11月，大肖线与原岐湾线金鼎至下栅3.5公里合并后升级为省道S268勒（勒流）—金（金鼎）线，自中山五桂山经肖家村至金鼎下栅，桩号K91+700～K100+900，全长9.2公里，平均交通量为4785辆/日。1997年，全省公路普查时路线桩号调整为K88+073～K97+373。是年10月全线铺筑沥青路面。1999年底，广珠线珠海段起点位置调整，金鼎到六组一段与广珠线重复3.41公里，统计里程为5.8公里。2018年，S268线珠海段起点确定为那州，终点为赛车场路口，线路全长8.33公里。

● S269（高明—沙堆）

位于斗门区，起点为新会龙马大桥，经獭山村，终点为獭山桥。全长2.47公里。

● S270（古劳—珠海港）

起点南门大桥新会岸，沿高栏港高速辅道往南，经斗门区乾务镇、富山工业园及金湾区平沙镇、南水镇、高栏港经济区，终点为高栏港化工厂区，全长40.8公里。

● S272（肇庆—珠海）

S272线斗门段原为江乾线一部分。1958年由佛山地区投资改建为砂土路。1990—1992年改建界河桥至斗门城区为混凝土路面。1993年，市政府投资修建斗门城区至三灶段的水泥砼路面。1996年，广东省公路局批准定名为省道S272肇（肇庆）—珠（珠海）线，珠海境内起点莲溪界河桥，经莲溪、横山、小赤坎、大赤坎、井岸、白藤湖至珠海机场，桩号K147+100～K208+410，长61.31公里，桥梁19座，涵洞115座，交通量2711辆/日。其中，K179+000～K208+410为双向六车道，一级公路；莲溪至井岸城区路段为二级至四级公路，以水泥路面为主。2018年，省道S272线珠海段起点为睦州黄布，终点为珠海机场，全线桥梁24座，全长60.43公里。

● S366(香洲—珠海发电厂)

1990年底，珠海大道动工修建，1993年11月主干道全线通车，总投资10亿元。全线为城市快速干道标准，双向八车道，水泥砼路面，中间分隔带8米宽，有5座特大型桥梁。1996年11月，广东省公路局批准珠海大道列为省道，编号S366。起点自G105上冲花坛，经南屏大桥、珠海大桥、白藤湖农场、小林、北水至珠海港，桩号K0+000～K59+700，长59.7公里。2000年底，将起点位置改至前山立交桥，经珠海大桥至珠海港高栏港区，桩号K0+000～K48.424，长48.42公里，桥梁15座。日均交通量1.78万辆。2018年，省道S366线起点为珠海九洲港客运站，止点为高栏港区珠海发电厂路口，全线桥梁17座，长53.18公里。

S530（容桂—三灶）

起点为潭隆南路，经南屏大桥、南屏交叉路口、竹仙洞公园、富兴社区居委会、横琴大桥后进入横琴，终点为深井村口。全长24.41公里。

第五节　地方道路

县　道

X581横南线　起于斗门区横山，经广丰村、耕管村、三龙村，止于斗门区獭山村，全长9.99公里，为水泥混凝土路面，属于三级公路。其中：桩号K0+000～K2+936路面宽9米双车道，其余路段路面宽7米双车道。

X582赤三线　起点斗门镇小赤坎村，经斗门镇、乾务镇、平沙镇、南水镇，止于平沙镇三虎，全长64.47公里，其中：一级公路15.63公里、二级公路15.01公里、三级公路20.67公里、四级公路13.16公里。水泥混凝土路54.94公里、沥青混凝土路9.52公里。

X583尖虎线　起于斗门井岸镇尖峰大桥东，经尖峰山、草蓢、荔山村口，止于乾务镇虎山，全长20.28公里。全线为沥青混凝土路面，属于一级公路。其中：桩号K0+000～K0+860路面宽30米六车道，K0+860～K8+405路面宽32米八车道，K8+405～K20+277路面宽24米六车道。

X584鹤竹线　位于白蕉镇境内，起于鹤洲北，经灯三村、灯笼村、灯一村、新二村、南环村、新环村、八顷村、办冲村、南澳村等，止于竹洲，全长33.37公里，全线为水泥路面，其中：二级公路4.67公里，三级公路28.7公里。

X585上神线　起于上冲，经香洲桥、中大五院、鸡公山，止于神前，全长8.27公里，全线均为一级公路、沥青混凝土路面。

X587机红线　位于金湾区，起于红旗镇红旗工业区，经八一、青湾检测站、鱼弄、林伟民公园、企沙，止于三灶镇眼浪山，全长18.92公里。全线沥青混凝土路面，属一级公路。其中桩号K0+000～K5+118路面宽24.5米六车道，K5+118～K7+216路面宽32米八车道，K7+216～K10+716路面宽24米六车道，K10+716～K18+920路面宽32米六车道。

X588唐淇线　起于唐家淇澳路口，止于淇澳红树林，全长9.47公里。其中：桩号K0+000～K0+496路面宽30米八车道，K0+496～K2+008路面宽16米四车道，K2+008～K3+680路面宽26米六车道，K3+680～K4+225路面宽16米四车道，K4+225～K8+574路面宽12米双车道，K8+574～K9+469路面宽15米四车道。水泥混凝土路面4.21公里，沥青混凝土路面5.26公里。

X589月矿线　起于白蕉镇月坑村，经沙栏村、白石村、昭信村、白藤社区、藤山社区、三板社区，止于红旗镇矿山四连，全长43.52公里。其中：桩号K9+487～K13+516路面宽30米六车道，其余路段均为双车道。一级公路4.03公里、三级公路39.49公里。沥青路面3.02公里，水泥路面40.49公里。

X590海榄线 位于金湾区三灶镇，起于海澄安堂村，经草堂、鱼林路路口、鱼林村，止于榄坑村，全长10.48公里。其中：桩号K0+000～K1+022、K2+451～K6+558路面宽16米四车道，其余路段双车道。一级公路5.13公里、三级公路5.35公里。沥青路面3.45公里，水泥路面7.03公里。

X760红大线 位于金湾区红旗镇，起于红旗糖厂，经三板村、沙脊村、小林社区，止于珠海大道，全长7.63公里。其中：桩号K0+000～K6+144为双车道，K6+144～K7+623为四车道。一级公路1.48公里、二级公路1.37公里、三级公路4.78公里。沥青路面2.85公里，水泥路面4.78公里。

X761平一线 位于平沙镇，起于平沙，经前锋社区、前西居委会，止于前锋一队。全长11.79公里，全线均为水泥混凝土路面，桩号K0+000～K0+380为四车道，桩号K0+380～K11+787为双车道。

X762飞铁线 位于南水镇，起于飞沙滩，经飞沙村、石场、登高顶、古港线终点、南迳湾石化仓储区，止于铁炉村，全长15.17公里，全线均为水泥混凝土路面。其中：桩号K0+000～K8+081路面宽7米双车道，二级公路；桩号K8+081～K15+165路面宽16米四车道，一级公路。

X763平温线 位于平沙镇，起于平沙糖厂东门，往西经平沙粮油厂、美平社区、大虎社区、三虎，止于珠港大道，路线全长16.46公里。其中：K0+000～K1+043、K3+215～K9+813为双车道，K1+043～K3+215、K9+813～K16+463为四车道。沥青混凝土路面4.97公里，水泥混凝土路面11.49公里。

X764虎前线 起于虎山村，经龙泉山庄、沙美社区、九顷二队、前进社区、前锋村，止于前西桥底，路线全长11.37公里，全线水泥混凝土路面。其中：K5+969～K6+787为四车道，一级公路；其余路段双车道，三级公路。

X765乾大线 位于斗门区乾务镇，起于乾务镇，止于大海环，途经一字冲桥、湾口村，路线全长11.97公里，全线均为水泥混凝土路面。其中：K0+000～K1+589路面宽12米双车道，二级公路；K1+589～K11+969路面宽6米双车道，三级公路。

X767平新线 位于斗门区白蕉镇，起于平岗，途经平岗水源泵站、新二桥、白蕉开发区路口、新沙桥头，止于新沙村，路线全长11.61公里。全线水泥混凝土路面，其中一级公路1.7公路，三级公路6.02公里，四级公路3.89公里。

X981贵乾线 位于斗门区，起于井岸镇贵头村，经井岸镇、乾务镇，止于乾务糖厂，全长19.33公里。其中：二级公路5.68公里、三级公路13.65公里。水泥混凝土路面16.46公里，沥青混凝土路面2.87公里。

乡村道路

1991年，市人大三届三次会议向政府提出“关于改善农村道路交通问题”议案，市政府决定用3年时间实现全市200人以上自然村实现村村通公路，市、县（区）、镇村以6:3:1的比例筹集修路资金。1992年实施村村通公路计划进展顺利，仅斗门县完成农村公路建设60.9公里。2002年，珠海市筹措资金3000多万元用于农村公路硬底化建设和危桥改造，完成14.3公里砂土路改水泥路和8座425延米危桥改造工程；新增8个行政村通水泥路。2004年，行政村水泥路建设44条142公里，桥梁5座，总投资约2亿元。其中香洲区4条线路17.7公里，通达4个行政村；金湾区18条线路67.5公里，通达23个行政村；斗门区19条线路55.1公里，通达19个行政村；万山区海岛3条线路1.7公里，通达3个行政村。2005年，继续大力推进农村道路改造、农村渡口渡船改造、农村危桥改造和村村通公交工作。2004—2005年共改造农村道路145公里，改造农村渡口25座、渡船11艘，改造农村危桥6座，新建候车亭121座、候船亭11个，新开农村公交线路8条，并完成乡镇渡口改造任务。2009年，全年共安排农村公路建设项目26个（其中危桥改造项目12个，公路项目14个），当年完成危桥改造11座、农村公路建设11条，建设里程15.24公里，完成投资额3300多万元。

2010年，珠海市制定“一通二改”（农村通水泥路，危桥改造、渡口渡船改造）工程目标，对全市自然村水泥路通达情况作全面摸底调查。全年建设项目26个，其中续建7个、新建19个（含农村公路13条26公里、危桥改造6座），累计完成投资额5300万元。2011年，农村公路“一通二改”工程投资9785万元，建设农村公路总长64.4公里。46座农村公路危桥全部立项，并开展前期工作；积极推进农村公路项目（“六路三桥”）及农村公路续建项目。2012年，续建“六路三桥”农村公路建设项目，年底前完工；新建10条农村公路建设项目，其中9条道路年底基本建成。农村公路桥梁46座1439延米（其中斗门区43座、金湾区3座）危桥改造项目，总投资1.9亿元，全部进场施工。

2013年，农村公路完成建设投资7812万元，46座农村公路危桥改造项目完工9座，并全力推进在建项目；制定《珠海市乡村道路建设工作的实施意见》，明确市乡村道路建设、管理、养护责任主体及资金来源。2014年，推动香洲区、斗门区和万山区29个乡村道路建设项目实施，建设里程31.5公里；金湾和高栏港乡村道路建设项目19个，全长13.4公里，立项工作全部完成，推进后续建设工作。2015年，全市启动50人以上自然村通水泥路摸查工作，开展总投资1.2亿元、44.4公里乡村道路建设。其中斗门区23项，22.3公里；金湾区4项，3.8公里；高栏港区11项，7.6公里；香洲区4项，5.1公里；万山区4项，5.6公里。年底前完成28项、31.1公里。2016年，西部地区建成97条、59公里自然村水泥路。2017年，推进西部及海岛40条乡村道路建设。2018年，全市乡道总里程412.55公里，共165条。其中高新区18条53.26公里，万山区7条19.04公里，斗门区95条225.31公里，金湾区25条59.08公里，高栏港区20条55.86公里。市对区拨付农村公路建设奖补资金4277万元。

2018年珠海市乡道汇总表

表 2-3-5-1

区划	条数（条）	里程（公里）
香洲区	0	0
横琴新区	0	0
高新区	18	53.26
万山区	7	19.04
斗门区	95	225.31
金湾区	25	59.08
高栏港区	20	55.86
合计	165	412.55

2018 年珠海市乡道一览表

表 2-3-5-2　　　　单位：公里

序号	区划	路线编码	路线名称	里程总计	按技术等级分						按路面类型分			晴雨通车里程	可绿化里程	已绿化里程	养护里程
					等级公路					等外公路	有铺装路面						
					合计	一级	二级	三级	四级		合计	沥青混凝土	水泥混凝土				
1	斗门区	Y013440403	八南线	5.846	5.846	—	—	3.955	1.891	—	5.846	—	5.846	5.846	5.846	5.846	5.846
2		Y601440403	珠新线	1.796	1.796	—	1.796	—	—	—	1.796	—	1.796	1.796	1.796	1.796	1.796
3		Y602440403	井鸡线	4.31	4.31	—	—	4.31	—	—	4.31	—	4.31	4.31	3.484	1.856	2.682
4		Y603440403	西黄线	4.375	4.375	—	—	4.375	—	—	4.375	—	4.375	4.375	4.375	3.704	4.375
5		Y604440403	新东线	2.507	2.507	—	—	2.507	—	—	2.507	—	2.507	2.507	2.211	—	2.507
6		Y605440403	新珠线	1.524	1.524	—	—	1.524	—	—	1.524	—	1.524	1.524	1.524	1	1.524
7		Y606440403	井坭线	1.315	1.315	—	—	1.315	—	—	1.315	—	1.315	1.315	—	—	1.315
8		Y607440403	井龙线	0.956	0.956	—	—	0.956	—	—	0.956	—	0.956	0.956	—	—	0.956
9		Y608440403	珠五线	2.096	2.096	—	1.132	0.964	—	—	2.096	—	2.096	2.096	2.096	2.096	2.096
10		Y609440403	尖新线	2.533	2.533	2.151	—	0.382	—	—	2.533	—	2.533	2.533	2.533	2.533	2.533
11		Y610440403	东埔线	1.523	1.523	—	—	1.523	—	—	1.523	—	1.523	1.523	1.523	1.523	1.523
12		Y611440403	东新线	1.643	1.643	—	—	1.643	—	—	1.643	—	1.643	1.643	1.643	1.643	1.643
13		Y612440403	新五线	1.629	1.629	—	—	1.629	—	—	1.629	—	1.629	1.629	1.629	1.629	1.629
14		Y651440403	榕成线	3.417	3.417	—	—	2.423	0.994	—	3.417	—	3.417	3.417	1.354	—	3.417
15		Y652440403	田白线	1.709	1.709	—	—	1.709	—	—	1.709	—	1.709	1.709	1.709	1.709	1.709
16		Y653440403	麻东线	2.396	2.396	—	—	1.083	1.313	—	2.396	—	2.396	2.396	2.396	1.176	2.396
17		Y654440403	白东线	8.39	8.39	—	1.387	4.309	2.694	—	8.39	0.414	7.976	8.39	8.39	6.872	8.39
18		Y655440403	大石线	2.456	2.456	—	—	2.456	—	—	2.456	—	2.456	2.456	2.456	2.456	2.456
19		Y656440403	井新线	5.323	5.323	—	—	5.323	—	—	5.323	—	5.323	5.323	4.503	4.503	5.323

续表 2-3-5-2

序号	区划	路线编码	路线名称	里程总计	按技术等级分						按路面类型分			晴雨通车里程	可绿化里程	已绿化里程	养护里程
					等级公路					等外公路	有铺装路面						
					合计	一级	二级	三级	四级		合计	沥青混凝土	水泥混凝土				
20	斗门区	Y658440403	江开线	1.396	1.396	—	—	1.396	—	—	1.396	—	1.396	1.396	1.396	1.396	1.396
21		Y659440403	麻新线	2.055	2.055	—	—	2.055	—	—	2.055	—	2.055	2.055	2.055	2.055	2.055
22		Y660440403	白湖线	1.246	1.246	—	0.77	0.476	—	—	1.246	—	1.246	1.246	1.246	1.246	1.246
23		Y661440403	白藤线	5.731	5.731	—	—	5.731	—	—	5.731	—	5.731	5.731	5.731	5.731	5.731
24		Y662440403	白团线	7.145	7.145	—	—	7.145	—	—	7.145	—	7.145	7.145	7.145	7.145	7.145
25		Y663440403	白幸线	3.446	3.446	—	—	0.893	2.553	—	3.446	—	3.446	3.446	3.446	3.446	3.446
26		Y664440403	幸孟线	0.972	0.972	—	—	0.972	—	—	0.972	0.972	—	0.972	0.972	0.972	0.972
27		Y665440403	新斗线	1.132	1.132	—	—	1.132	—	—	1.132	0.248	0.884	1.132	1.132	1.132	1.132
28		Y666440403	艳成线	1.024	1.024	—	—	1.024	—	—	1.024	—	1.024	1.024	1.024	1.024	1.024
29		Y667440403	白开线	1.5	1.5	—	—	1.5	—	—	1.5	—	1.5	1.5	1.5	1.5	1.5
30		Y668440403	榕开线	1.229	1.229	—	—	1.229	—	—	1.229	—	1.229	1.229	1.229	1.229	1.229
31		Y669440403	红成线	1.103	1.103	—	—	1.103	—	—	1.103	—	1.103	1.103	1.103	1.103	1.103
32		Y680440403	新井线	5.498	5.498	3.318	2.18		—	—	5.498	0.508	4.99	5.498	5.498	5.498	5.498
33		Y701440403	鹤银线	1.494	1.494	—	—	0.214	1.28	—	2.988	1.494	1.494	1.494	1.494	1.494	1.494
34		Y702440403	鹤虾线	1.019	1.019	—	—	1.019	—	—	1.019	—	1.019	1.019	1.019	1.019	1.019
35		Y704440403	鹤布线	1.542	1.542	—	—	1.542	—	—	1.542	—	1.542	1.542	—	—	1.542
36		Y705440403	水沙线	5.008	5.008	—	—		5.008	—	5.008	—	5.008	5.008	4.514	2.294	5.008
37		Y707440403	新平线	1.096	1.096	—	—	1.096	—	—	1.096	—	1.096	1.096	1.096	—	1.096
38		Y708440403	虾鳌线	2.115	2.115	—	—	2.115	—	—	2.115	—	2.115	2.115	2.115	2.115	2.115

续表 2-3-5-2

序号	区划	路线编码	路线名称	里程总计	按技术等级分						按路面类型分			晴雨通车里程	可绿化里程	已绿化里程	养护里程
					等级公路					等外公路	有铺装路面						
					合计	一级	二级	三级	四级		合计	沥青混凝土	水泥混凝土				
39		Y709440403	新小线	2.387	2.387	—	—	—	2.387	—	2.387	—	2.387	2.387	1.543	1.543	2.387
40		Y710440403	.马线	2.157	2.157	—	—	2.157	—	—	2.157	—	2.157	2.157	2.157	1.463	2.157
41		Y751440403	肇大线	1.996	1.996	—	—	1.996	—	—	1.996	—	1.996	1.996	1.996	1.996	1.996
42		Y752440403	赤上线	2.823	2.823	—	—	2.179	0.644	—	2.823	—	2.823	2.823	2.823	2.274	2.823
43		Y753440403	赤下线	1.547	1.547	—	—	1.547	—	—	1.547	—	1.547	1.547	1.547	1.547	1.547
44		Y754440403	肇赤线	1.748	1.748	—	—	1.748	—	—	1.748	—	1.748	1.748	—	—	1.748
45		Y755440403	赤大线	1.325	1.325	—	—	1.325	—	—	1.325	—	1.325	1.325	1.325	—	1.325
46		Y756440403	麻王线	1.474	1.474	—	—	1.474	—	—	1.474	—	1.474	1.474	1.474	1.474	1.474
47		Y757440403	斗黄线	2.384	2.384	—	—	2.384	—	—	2.384	—	2.384	2.384	2.384	2.384	2.384
48	斗门区	Y758440403	小冲线	1.111	1.111	—	—	1.111	—	—	1.111	—	1.111	1.111	1.111	0.598	1.111
49		Y759440403	斗八线	1.123	1.123	—	—	1.123	—	—	1.123	—	1.123	1.123	1.123	1.123	1.123
50		Y760440403	赤汉线	1.853	1.853	—	—	1.853	—	—	1.853	—	1.853	1.853	1.681	—	1.853
51		Y761440403	南码线	1.106	0.581	—	—	—	0.581	0.525	1.106	—	1.106	1.106	1.106	1.106	1.106
52		Y762440403	赤码线	2.66	2.66	—	—	—	2.66	—	2.66	—	2.66	2.66	2.66	2.66	2.66
53		Y763440403	赤沥线	0.975	0.975	—	—	0.975	—	—	0.975	—	0.975	0.975	0.975	—	0.975
54		Y764440403	斗安线	2.738	2.738	—	—	—	2.738	—	2.738	—	2.738	2.738	2.738	—	2.738
55		Y765440403	麻门线	2.267	2.267	—	—	0.625	1.642	—	2.267	—	2.267	2.267	2.267	—	2.267
56		Y766440403	斗后线	1.297	1.297	—	—	1.297	—	—	1.297	—	1.297	1.297	1.297	1.297	1.297
57		Y767440403	赤环线	2.037	2.037	—	—	1.117	0.92	—	2.037	—	2.037	2.037	2.037	2.037	2.037

续表 2-3-5-2

序号	区划	路线编码	路线名称	里程总计	按技术等级分						按路面类型分			晴雨通车里程	可绿化里程	已绿化里程	养护里程
					等级公路					等外公路	有铺装路面						
					合计	一级	二级	三级	四级		合计	沥青混凝土	水泥混凝土				
58	斗门区	Y768440403	龙开线	1.131	1.131	—	—	1.131	—	—	1.131	—	1.131	1.131	1.131	1.131	1.131
59		Y769440403	斗赤线	1.821	1.821	1.821	—	—	—	—	1.821	—	1.821	1.821	1.821	1.821	1.821
60		Y770440403	斗龙线	1.563	1.563	—	—	1.563	—	—	1.563	—	1.563	1.563	1.563	1.563	1.563
61		Y771440403	小龙线	1.541	1.541	—	—	1.541	—	—	1.541	—	1.541	1.541	1.541	1.541	1.541
62		Y772440403	新龙线	2.811	2.811	—	—	2.251	0.56	—	2.811	—	2.811	2.811	2.811	2.811	2.251
63		Y302440403	夏麒线	1.498	1.498	—	—	—	1.498	—	1.498	—	1.498	1.498	—	—	1.498
64		Y303440403	马麒线	1.575	1.575	—	—	—	1.575	—	1.575	—	1.575	1.575	—	—	1.575
65		Y304440403	马礌线	1.923	1.923	—	—	—	1.923	—	1.689	—	1.689	1.923	1.44	1.44	1.923
66		Y305440403	赤中线	2.051	2.051	—	—	1.05	1.001	—	2.051	—	2.051	2.051	1.001	—	1.414
67		Y306440403	荔虎线	1.324	1.324	—	0.277	—	1.047	—	1.324	—	1.324	1.324	—	—	1.324
68		Y308440403	赤狩线	1.384	1.384	—	—	1.384	—	—	1.384	—	1.384	1.384	—	—	1.384
69		Y351440403	东石线	5.385	3.671	—	—	2.041	1.63	1.714	5.385	—	5.385	5.385	3.671	2.041	5.385
70		Y353440403	东水线	2.403	2.403	—	—	0.724	1.679	—	2.403	—	2.403	2.403	2.403	—	2.403
71		Y354440403	果冲线	5.235	5.235	—	—	0.005	5.23	—	5.235	—	5.235	5.235	5.235	—	5.235
72		Y355440403	果石线	6.825	6.825	—	—	3.267	3.558	—	6.825	—	6.825	6.825	6.825	3.267	3.267
73		Y356440403	联中线	4.101	4.101	—	—	—	4.101	—	4.101	—	4.101	4.101	4.101	—	4.101
74		Y901440403	肇新线	1.16	1.16	—	—	1.16	—	—	1.16	—	1.16	1.16	1.16	1.16	1.16
75		Y902440403	肇东线	2.414	2.414	—	—	2.414	—	—	2.414	—	2.414	2.414	2.414	1.665	2.414
76		Y903440403	肇家线	1.98	1.98	—	—	1.98	—	—	1.98	—	1.98	1.98	1.98	—	1.98

续表 2-3-5-2

序号	区划	路线编码	路线名称	里程总计	按技术等级分						按路面类型分			晴雨通车里程	可绿化里程	已绿化里程	养护里程
					等级公路					等外公路	有铺装路面						
					合计	一级	二级	三级	四级		合计	沥青混凝土	水泥混凝土				
77	斗门区	Y904440403	莲粉线	4.03	4.03	—	—	1.915	2.115	—	4.03	—	4.03	4.03	1.915	1.915	4.03
78		Y905440403	横谦线	1.673	1.673	—	—	1.041	0.632	—	1.673	—	1.673	1.673	1.673	—	1.673
79		Y906440403	横围线	0.968	0.968	—	—	0.968	—	—	0.968	—	0.968	0.968	0.968	0.968	0.968
80		Y907440403	獭三线	2.551	2.551	—	—	2.551	—	—	2.551	—	2.551	2.551	2.551	2.551	2.551
81		Y908440403	横二线	1.178	1.178	—	—	1.178	—	—	1.178	—	1.178	1.178	1.178	1.178	1.178
82		Y909440403	横耕线	2.099	2.099	—	—	—	2.099	—	2.099	—	2.099	2.099	2.099	1.517	2.099
83		Y910440403	广福线	1.105	1.105	—	—	1.105	—	—	1.105	—	1.105	1.105	1.105	—	1.105
84		Y911440403	西泵线	1.803	1.803	—	—	1.803	—	—	1.803	—	1.803	1.803	1.803	1.803	1.803
85		Y912440403	肇水线	1.241	1.241	—	—	1.241	—	—	1.241	—	1.241	1.241	1.241	—	1.241
86		Y951440403	肇光线	3.992	3.992	—	—	3.992	—	—	3.992	0.91	3.082	3.992	3.992	3.992	3.992
87		Y952440403	东大线	3.906	3.906	—	—	1.378	2.528	—	3.906	—	3.906	3.906	3.906	3.906	3.906
88		Y953440403	码五线	1.258	1.258	—	—	0.745	0.513	—	1.258	—	1.258	1.258	1.258	1.258	1.258
89		Y954440403	肇湾线	1.766	1.766	—	—	1.766	—	—	1.766	1.662	0.104	1.766	1.766	1.766	1.766
90		Y955440403	大莲线	3.249	3.249	—	—	3.249	—	—	3.249	—	3.249	3.249	3.249	3.249	3.249
91		Y956440403	农大线	3.941	3.941	—	—	3.941	—	—	3.941	—	3.941	3.941	3.941	2.131	3.941
92		Y957440403	东沙线	1.11	1.11	—	—	1.11	—	—	1.11	—	1.11	1.11	1.11	1.11	1.11
93		Y958440403	竹泗线	1.908	1.908	—	—	1.002	0.906	—	1.908	—	1.908	1.908	1.908	1	1.908
94		Y959440403	石中线	0.919	0.919	—	—	0.919	—	—	0.919	—	0.919	0.919	0.919	—	0.919
95		Y960440403	大下线	1.986	1.986	—	—	—	1.986	—	1.986	1.662	0.324	1.986	1.986	1.986	1.986

续表 2-5-5-2

序号	区划	路线编码	路线名称	里程总计	按技术等级分						按路面类型分			晴雨通车里程	可绿化里程	已绿化里程	养护里程
					等级公路					等外公路	有铺装路面						
					合计	一级	二级	三级	四级		合计	沥青混凝土	水泥混凝土				
1	金湾区	Y201440404	湖二线	1.81	1.81	—	—	1.28	0.53	—	1.81	—	1.81	1.81	1.81	—	1.81
2		Y202440404	大爱线	1.267	1.267	—	—	1.267	—	—	1.267	—	1.267	1.267	1.267	1.267	1.267
3		Y203440404	爱八线	1.956	1.956	—	—	0.352	1.604	—	1.956	—	1.956	1.956	—	—	1.956
4		Y204440404	八珠线	3.79	3.79	—	—	3.79	—	—	3.79	—	3.79	3.79	3.79	—	3.79
5		Y205440404	湖一线	2.038	2.038	—	—	—	2.038	—	2.038	—	2.038	2.038	—	—	2.038
6		Y207440404	大矿线	3.149	3.149	—	—	2.396	0.753	—	3.149	—	3.149	3.149	3.149	3.102	3.149
7		Y208440404	大四线	1.604	1.604	—	—	—	1.604	—	1.604	—	1.604	1.604	1.604	1.604	1.604
8		Y209440404	五湖线	3.08	3.08	—	—	—	3.08	—	3.08	—	3.08	3.08	3.08	—	3.08
9		Y210440404	珠红线	1.347	1.347	—	1.347	—	—	—	1.347	—	1.347	1.347	1.347	1.347	1.347
10		Y211440404	红三线	3.037	3.037	—	3.037	—	—	—	3.037	3.037	—	3.037	3.037	3.037	3.037
11		Y212440404	珠矿线	0.84	0.84	—	—	—	0.84	—	0.84	—	0.84	0.84	0.84	—	0.84
12		Y213440404	二一线	1.12	1.12	—	—	—	1.12	—	1.12	—	1.12	1.12	1.12	—	1.12
13		Y214440404	珠侨线	1.249	1.249	—	1.249	—	—	—	1.249	1.249	—	1.249	1.249	0.608	1.249
14		Y215440404	工南线	1.205	1.205	—	1.205	—	—	—	1.205	1.205	—	1.205	1.205	1.205	1.205
15		Y301440404	海金线	2.935	2.935	—	2.935	—	—	—	—	—	—	2.935	0.249	0.249	2.935
16		Y302440404	广三线	2.067	2.067	—	—	—	2.067	—	2.067	—	2.067	2.067	2.067	2.067	2.067
17		Y303440404	新三线	1.63	1.63	—	1.63	—	—	—	1.63	1.63	—	1.63	1.63	1.63	1.63
18		Y305440404	三鱼线	2.389	2.389	—	0.533	—	1.856	—	2.389	0.533	1.856	2.389	0.986	0.986	2.389

续表 2-3-5-2

序号	区划	路线编码	路线名称	里程总计	按技术等级分						按路面类型分			晴雨通车里程	可绿化里程	已绿化里程	养护里程
					等级公路					等外公路	有铺装路面						
					合计	一级	二级	三级	四级		合计	沥青混凝土	水泥混凝土				
19	金湾区	Y306440404	三定线	1.243	1.243	—	—	1.243	—	—	1.243	—	1.243	1.243	1.243	0.9	1.243
20		Y307440404	圣屋线	1.526	1.526	—	—	1.312	0.214	—	1.526	—	1.526	1.526	1.526	1.526	1.526
21		Y308440404	草潭线	4.837	4.837	—	—	4.837	—	—	4.837	4.837	—	4.837	4.837	4.837	4.837
22		Y310440404	三木线	5.406	5.406	—	—	0.18	5.226	—	5.406	—	5.406	5.406	—	—	5.406
23		Y311440404	大企线	3.384	3.384	—	—	3.384	—	—	3.384	—	3.384	3.384	3.384	2.08	3.384
24		Y318440404	小五线	1.616	1.616	—	1.616	—	—	—	1.616	—	1.616	1.616	1.616	1.616	1.616
25		Y319440404	科鱼线	4.555	4.555	—	4.555	—	—	—	4.555	4.555		4.555	4.555	4.555	4.555
1	高栏港区	Y313440404	南屋线	5.631	5.631	—	—	1.216	4.415	—	5.631	—	5.631	5.631	5.631	5.631	5.631
2		Y314440404	化港线	6.415	6.415	—	4.501	1.914	—	—	6.415	—	6.415	6.415	6.415	4.501	6.415
3		Y316440404	荷沙线	2.178	2.178	—	—	0.322	1.856	—	2.178	—	2.178	2.178	1.856	1.489	2.178
4		Y320440404	南海线	0.7	0.7	—	—	0.286	0.414	—	0.7	—	0.7	0.7	0.7	0.7	0.7
5		Y321440404	珠上线	1.121	1.121	—	—	1.121	—	—	1.121	1.121		1.121	1.121	0.629	1.121
6		Y322440404	珠大线	2.096	2.096	—	2.096	—	—	—	2.096	—	2.096	2.096	2.096	2.096	2.096
7		Y323440404	港大线	2.678	2.678	—	2.678	—	—	—	2.678	—	2.678	2.678	2.678	2.678	2.678
8		Y402440404	平二线	8.743	8.743	8.743	—	—	—	—	8.743	—	8.743	8.743	8.743	8.743	8.743
9		Y403440404	大东线	1.884	1.884	—	—	1.884	—	—	1.884	—	1.884	1.884	1.884	1.884	1.884
10		Y404440404	大三线	4.2	4.2	—	—	4.087	0.113	—	4.2	—	4.2	4.2	3.719	—	4.2
11		Y405440404	平四线	0.812	0.812	—	—	—	0.812	—	0.812	—	0.812	0.812	—	—	0.812

续表 2-3-5-2

序号	区划	路线编码	路线名称	里程总计	按技术等级分						按路面类型分			晴雨通车里程	可绿化里程	已绿化里程	养护里程
					等级公路					等外公路	有铺装路面						
					合计	一级	二级	三级	四级		合计	沥青混凝土	水泥混凝土				
12	高栏港区	Y406440404	平连线	1.795	1.795	—	—	1.795	—	—	1.795	—	1.795	1.795	1.795	1.795	1.795
13		Y407440404	珠连线	3.51	3.51	—	—	0.76	2.75	—	3.51	—	3.51	3.51	3.51	3.51	3.51
14		Y408440404	南观线	1.466	1.466	—	—	—	1.466	—	1.466	—	1.466	1.466	1.466	1.466	1.466
15		Y411440404	机五线	0.965	0.965	—	—	—	0.965	—	0.965	—	0.965	0.965	0.965	0.965	0.965
16		Y412440404	前南线	1.48	1.48	—	—	1.48	—	—	1.48	—	1.48	1.48	—	—	1.48
17		Y413440404	四六线	0.929	0.929	—	—	—	0.929	—	0.929	—	0.929	0.929	—	—	0.929
18		Y414440404	二祖线	1.348	1.348	—	—	—	1.348	—	1.348	—	1.348	1.348	1.348	1.348	1.348
19		Y415440404	八一线	4.454	4.454	—	—	—	4.454	—	4.454	—	4.454	4.454	4.454	1.908	4.454
20		Y416440404	南立线	3.452	3.452	—	—	3.452	—	—	3.452	—	3.452	3.452	3.452	3.452	3.452
1	高新区	Y101440402	上大线	7.918	7.918	—	3.752	1.614	2.552	—	7.918	—	7.918	7.918	7.918	7.918	7.918
2		Y102440402	那潭线	3.257	3.257	—	—	—	3.257	—	3.257	—	3.257	3.257	3.257	3.257	3.257
3		Y103440402	会佛线	1.377	1.377	—	—	—	1.377	—	1.377	—	1.377	1.377	1.377	1.239	1.377
4		Y104440402	会北线	5.471	5.471	—	—	5.471	—	—	5.471	1.099	4.372	5.471	5.471	5.471	5.471
5		Y105440402	会正线	2.958	2.958	—	—	—	2.958	—	2.958	—	2.958	2.958	2.958	2.958	2.958
6		Y106440402	唐长线	2.414	2.414	—	1.361	0.639	0.414	—	2.414	0.3	2.114	2.414	2.414	2.414	2.414
7		Y107440402	唐后线	1.22	1.22	—	—	1.22	—	—	1.22	—	1.22	1.22	1.22	1.22	1.22
8		Y108440402	后大线	1.927	1.927	—	0.906	1.021	—	—	1.927	0.906	1.021	1.927	1.927	1.927	1.927
9		Y109440402	唐中线	0.56	0.56	—	0.56	—	—	—	0.56	—	0.56	0.56	0.56	0.56	0.56

续表 2-3-5-2

序号	区划	路线编码	路线名称	里程总计	按技术等级分						按路面类型分			晴雨通车里程	可绿化里程	已绿化里程	养护里程
					等级公路					等外公路	有铺装路面						
					合计	一级	二级	三级	四级		合计	沥青混凝土	水泥混凝土				
10	高新区	Y110440402	鸡杨线	2.234	2.234	—	—	0.34	1.894	—	2.234	—	2.234	2.234	2.234	1.354	2.234
11		Y111440402	港北线	3.602	3.602	—	3.602	—	—	—	3.602	3.602	—	3.602	3.602	3.602	3.602
12		Y114440402	新软线	3.198	3.198	—	3.198	—	—	—	3.198	—	3.198	3.198	3.198	3.198	3.198
13		Y115440402	东中线	1.366	1.366	—		1.366	—	—	1.366	—	1.366	1.366	1.366	—	1.366
14		Y122440402	北下线	2.312	2.312	—	0.559	1.753	—	—	2.312	—	2.312	2.312	2.312	2.312	2.312
15		Y125440402	下金线	4.942	4.942	1.222	—	3.72	—	—	4.942	1.222	3.72	4.942	4.942	—	4.942
16		Y127440402	那鼎线	3.913	3.913	—	—	3.913	—	—	3.913	3.913	—	3.913	3.913	—	3.913
17		Y137440402	淇妈线	1.872	1.872	—	—	1.872	—	—	1.872	—	1.872	1.872	1.872	1.872	1.872
18		Y141440402	淇红线	2.72	2.72	—	—	2.105	0.615	—	2.72	—	2.72	2.72	2.72	2.72	2.72
1	万山区	Y133440402	万堤线	1.5	1.5	—	—	1.5	—	—	1.5	—	1.5	1.5	—	—	1.5
2		Y134440402	营浮线	1.102	1.102	—	—	—	1.102	—	1.102	—	1.102	1.102	—	—	1.102
3		Y135440402	码大线	3.012	3.012	—	—	—	3.012	—	3.012	—	3.012	3.012	—	—	3.012
4		Y136440402	南求线	1	1	—	—	—	1	—	1	—	1	1	—	—	1
5		Y140440402	万锦线	2.73	2.73	—	—	—	2.73	—	2.73	—	2.73	2.73	2.73	2.73	2.73
6		Y891440402	石场伶仃峰路	3.542	3.542	—	—	—	3.542	—	3.542	—	3.542	3.542	3.542	—	3.542
7		Y987440402	东海岸公路	6.154	6.154	—	—	6.154	—	—	6.154	—	6.154	6.154	6.154	—	6.154

市政道路

清宣统元年（1909），香洲商埠建成后，修建长百余丈，宽7丈余的街道（1977年命名为朝阳路）。1954年8月，香洲第一条能行驶汽车的道路翠香路（翠微—香洲）建成通车。1959年先烈路建成。1963年开始修建凤凰路，分南、北、中三段。1976年，珠海县香洲镇有大小道路（街道）25条，最长的凤凰路分为凤凰一路、二路、三路。1982年，新建矿新路、朝阳路、海城街、海湾二路（望海楼至石景山商场段）、拱北关前缓冲区路段、香洲狮山里山腰便道等。市政道路建设采用水泥混凝土和沥青混凝土路面。1990年，新增城市道路长度4.07公里、城市永久性桥梁1座、独立公路桥梁1座；新建、扩建市政道路9条、全长31.9公里；板樟山下行隧道开通。全市共有城市道路91条，总长76.13公里，总面积205.53万平方米。1991年，新增城市道路13.74公里，面积43.93万平方米。香洲凤凰路改造主干道完成通车、香洲东风路改造工程完成，洪湾大桥、珠海大桥、前山大桥、南水大桥、泥湾门大桥、鸡啼门大桥动工兴建。新开工及续建城市道路22条，总长88.56公里。1992年，板樟山上行隧道开通，新建城市道路长度4.04公里、新建独立公路桥梁1401延米。市区通往西区的快速干道一期工程完成并实现摆渡通车，洪湾大桥、南水大桥相继交付使用；凤凰路两座人行天桥、香湾南路交付使用。1993年，新增城市道路长度5.7公里、独立公路桥梁1座610.8延米。珠海大道、珠海大桥、前山大桥建成通车；横琴大桥洪湾岸引桥架设完成；横琴岸引桥钻桩及海燕大桥桥台完成；高栏环岛公路竣工交付使用；全长44公里的特区二线工程完成投资8230万元。1994年，新增城市道路长度10.43公里，新建独立公路桥梁1995延米；新开工立交桥1座，续建桥4座，总长5.45公里。1995年，城市道路扩建长度1.5公里。1996年，新增城市道路7.82公里。1997年，新增城市道路1.4公里。1998年，新增城市道路长度16公里。情侣南路、梅华西路、三台石路、迎宾北路、人民西路改造工程完工。同年11月，珠海机场环形路建成通车。1999年，新增城市道路长度26.87公里。横琴大桥及南湾大道竣工通车，九洲大道地道工程竣工。2000年，莲花大桥通车、淇澳大桥等重点工程建设、九洲大道和明珠北路改造、机场路部分桥头和路面修复工程完工。

2013年5月起，市政园林和林业局将市政道路移交市公路局管理。是年推进72个市政道路项目建设，完成投资约5.6亿元。30个计划内项目中，石花西路改建工程、南琴路南洪段改线工程、北三路、东桥路市政道路工程等完工通车；逸仙路市政道路工程、情侣路南段拱北口岸至横琴大桥路段改造工程项目完成前期工作，进入施工阶段，其他在建市政道路工程进展顺利。同时根据国际马戏节、长隆开业、半程马拉松比赛需要和市有关工作部署，推进马拉松路线经过的海滨北路和凤凰南路等道路沥青路面改造、南湾大道维修工程、珠海大道前山大桥至南湾立交段维修工程、南琴路洪屏段路面修复工程等42个计划外项目。2014年，全市有65个市政道路建设项目，完成投资7.6亿元。梅华路道路改造、梅华西立交、逸仙路等项目完工通车；外环路、情侣路水湾路段维修美化工程等一批市政道路项目进入收尾阶段；环山路、华发蔚蓝堡周边市政道路等续建项目年度投资计划基本完成；宝翠桥、唐家人才公寓（一期）周边市政道路工程等顺利进入施工阶段；情侣路南段主线路面改造工程、白石桥等36个市政道路建设项目开展前期工作。2015年，市政道路建设项目完成投资11.27亿元。宝翠桥、人民西路与坦洲道路的衔接工程、外环路、翠福路等项目完工通车，逸仙路、灯笼沙人行天桥完工通行，迎宾南路文粤华路、侨光路2座人行天桥以及文园路北段、屏西路市政配套工程进入收尾阶段；白石桥、情侣路南段主线改造工程等13个市政道路项目进入施工阶段；金琴快线、南琴路等41个市政道路项目进行前期工作。2016年，文园路北段、港湾大道“龙腾湾”巴士站工程、省道S366线改造（珠海大桥至泥湾门桥段）配套市政工程、迎宾南路两座人行天桥、屏西路市政配套工程5个项目完工；前山立交主桥拼宽工程通车；白石桥、情侣路南段主线改造工程等22个市政道路项目有序推进。造贝路、南琴路、洪湾涌西市政道路、珠海大道新增车行通道（二期）、南屏互通与地方道路衔接工程5个市政道路项目进入施工阶段，金琴快线、兴业路等36个项目开展前期工作。2017年，安排市政道路项目54个，白石桥、金唐东路等市政道路项目7个（含道路或桥梁10条）完工通车，梅界中路、港三路等市政道路项目5个完成施工招标进入施工阶段；板樟山新增隧道、主城区道路路面改造等26个项目开展前期工作，梅界中路等市政道路项目26个按计划施工。

2016至2018年，珠海市开展为期三年的交通拥堵治理工作，投资182.5亿元，完成治理措施269项，拓宽三台石路、凤凰路等6条干道，实施132处道路挖潜工程和20条片区道路的单行组织，跨前山河桥梁的车道总数增加至30条，中心城区内循环路网通行能力提升12%以上。中心城区124处主要交叉口实现信号灯智慧联网控制，重要干道设置“绿波带”，减少市民等候信号灯时间；完成61条道路路面“白加黑”工程；板樟山隧道扩建工程动工。2018年共安排市政道路项目63个。其中省道S272线尖峰大桥东桥头至湖心路口段沥青罩面及人行立体过街设施工程，省道S366线改造工程——交通安全工程（一期），第二、三、四批主城区道路路面改造及美化工程完工，以及翠屏段市政配套工程（一标）、造贝路工程、南琴路及其附属设施修复工程、拱北海关和武警部队营房配套路工程、兰埔路市政工程、前山立交地面辅道、UIC新校区项目市政配套工程完工通车。兴业快线（北段）、海燕桥拆除重建工程、市妇幼保健院新址配套市政道路、港三路（港昌路至粤海路段）改造工程等项目完成年度投资计划；完成石花西路（白石路至桂花北路段）、造贝路北延段、珠海大道（南湾立交至珠海大桥）新增车行通道（三期）、海滨路改造、珠海大道辅道沥青罩面5个市政道路新、改建项目前期工作。继续推进第五批道路路面改造及美化项目、梅界西路、滨山路、环山路等项目前期工作。

朝阳路 清宣统元年（1909年），香洲开埠以后修建长百余丈、宽7丈余的街道。1977年命名为朝阳路。由原香洲区府办公楼直通朝阳市场，为香洲当时最繁华的街道之一。

翠香路 1954年8月，香洲第一条能行驶汽车的道路翠香路（翠微－香洲）建成通车，沙土路面，宽8～10米不等。1976年路面铺上沥青。

先烈路 西起凤凰南路中，东至海霞路。1959年修建，1962年因纪念革命先烈而得名。路长214米，宽23米，其中主车道宽11米，两边人行道各6米，混凝土路面。

凤凰路 北起华子石，南至海滨北路，全长2.5公里。1963年修建，初为沥青路。1982年改为水泥路，分南、北、中三段。南路长1.1公里，混凝土结构，主车道宽11米，两边人行道各5米；北路是通往广州的东线车路，是到水涌坑村、银坑、唐家、下栅最捷径道路；中段连接翠香路口，北起与南华路东端相连，长1.32公里，宽32米，沙石混凝土结构。1982年8月，对凤凰路进行改造拓宽。2018年又进行改扩建，路面铺设成沥青路。

莲花路 南起拱北友谊商店，北至联安路，以莲花亭得名。1982年竣工，1983年投入使用，长940米，宽24米，混凝土路面。路两旁多为商店，是拱北集市贸易最繁华的道路。

景山路 北起海滨北路南端，南至石花路，以石景山命名。全长2.3公里，宽23米，混凝土路面，1984年通车。

九洲大道 西起前山立交桥，东与情侣路交界。原为1957年边防驻军修筑的前山—洲仔公路，1982年在原前山—洲仔公路的基础上修建新港大道，全长5.01公里，宽40米。1985年开始，改造为水泥混凝土路面。1986年建成通车后，改称为九洲大道。2000年10月，九洲大道改造后路宽48～50米，由原来的双向六车道改为八车道。2009年9月，珠海市改建省道S366线（珠海大道）时，将珠海大道起点定在九洲港，九洲大道成为珠海大道其中一段。

情侣路　珠海市沿海市政道路，分情侣南路、情侣中路、情侣北路，全长28公里。1991年10月，情侣中路正式开建，1992年8月竣工通车；情侣南路、情侣北路20世纪90年代中期修建，1999年修建完工实现南北贯通。情侣路从拱北海滨南接澳门海滨，北至唐家湾与金唐路相连，途经观澳平台、港珠澳大桥、九洲港、海滨泳场、珠海渔女、香炉湾等著名风景旅游点，濒临大海，风景秀丽、空气清新，是市民特别是情侣们休闲散步的好去处，所以珠海人称这条路为情侣路。

迎宾大道　南起拱北关闸口，经板樟山隧道，北至梅华西路。因南端连接拱北关口，港澳和国外游客入境即能看见，故命名为迎宾大道。全长6.56公里，宽50米，双向六车道，2010年全线通车。迎宾大道以板樟山隧道为界，分迎宾大道南路和北路。迎宾大道南路从拱北口岸广场至板樟山隧道南；迎宾大道北路从板樟山隧道北至梅华西路。1999年12月20日澳门回归时，中国人民解放军驻澳部队经迎宾大道南路进驻澳门。

2018年香洲区市政道路一览表（含四车道以上）

表2-3-5-3

序号	道路名称	车道数量（车道/车道）（个）	道路起点	道路终点	竣工日期（年份/年份）	全长（米）	总宽（米）（宽度/宽度）	总面积（平方米）（路面+人行道）
1	珠海大道主道	10	南湾立交	珠海大桥	—	8500	—	281000
2	九洲大道	8	前山立交	情侣南路	1986年	7969	42	334689
3	人民路	8	明珠南路	紫荆路	1989年	6190	34/49.5	283837
4	昌盛路	8/12	南湾大道	情侣南路	1990年 2003年 2010年	2891.1	18/36/50	88867.117
5	金凤路	8	旅游路	凤凰山隧道	2002年	4239	21.4	90714.6
6	明珠路	8	港昌路	G105京珠线	1988年/2005年	5995	22/42	218630
7	G105京珠线	8	明珠路	珠海中山交界		5786	38	219868
8	三台石路	8	翠微路	人民路	2005年	1616	45	72720
9	前山路	8	三台石路	前河东路	2005年	2900	45	130500
10	迎宾路	6/12	拱北口岸	梅华路	1991年/1999年/2010年	6578.19	46.1/48/54	315913
11	珠海大道辅道	6	南湾立交	珠海大桥	2012年	8011	39	342204
12	珠海大道东	6	前山大桥	南湾立交	1993年	1320	61	58313
13	南湾大道	6	南屏大桥	湾仔口岸	1994年/1995年	4372	44.5	230009
14	[illegible]	6	港湾大道	明珠南路	[illegible]	[illegible]	19.097	120775.1
15	港湾大道	6	梅华路	凤凰湾		1610	72	115925
16	粤海路	6	情侣南路	明珠南路	1986年/1987年/1998年	3774	24/34/35/41	132586
17	港昌路	6	昌盛路	明珠南路	1989年	3500	36	126000
18	海滨路	6	凤凰北路	景山路	1984年/1985/年 1986年	2500.6	31/34/36.2	81886.6
19	兴业路	6	梅华东路	柠溪路	1994年	1725	30	51750

续表 2-3-5-3

序号	道路名称	车道数量（车道/车道）（个）	道路起点	道路终点	竣工日期（年份/年份）	全长（米）	总宽（米）（宽度/宽度）	总面积（平方米）（路面+人行道）
20	南琴路（南洪段）	4	珠海大道辅道	白沙坑	2014年	2223	22.5	44065.5
21	情侣路	4	港湾大道	昌盛路	1986年/1993年/1998年/2001年/2008年	10676	16/20/28	181760
22	九洲港路	4	情侣南路	九洲大道东	1990年	1106	16	17696
23	桂花路	6	兰埔路	昌盛路	1986年/1988年/1988年	2481.39	24/34	81713.4
24	景山路	6	石花东路	海滨南路	2010年	2112	30	63360
25	凤凰路	6	梅华东路	人民东路	1994年	2198.7	33	72557.1
26	柠溪路	6	人民东路	迎宾北路	1991年	2630	42	110460
27	紫荆路	6	梅华东路	人民东路	1983年/1987年	2357	31/40	88259
28	健民路	6	三台石路	旅游路	1998年/2003年	3813.8	24/36/39/45	147186.2
29	丰华路	6	寿丰路	南湾大道	2012年	941.012	40	27428.75
30	北三路	6	茂丰路	南湾大道	2013年	611.54	32	22263
31	屏北三路	6	屏西一路	官电街	2003年	3181	24	77270
32	屏北二路（屏工西路—屏工中路）	6	屏工西路	屏工二路	2003年	366	24	16464.5
33	屏北二路	6	屏东二路	屏工中路	2001年	2730	45	105728
34	屏东二路	6	珠海大道辅道	沙心涌	2001年	1045	36	32403
35	屏西五路	6	珠海大道辅道	广昌涌	2003年	564.2	32	19666
36	竹溪路	6	香溪路	吉柠路	2000年	787	22	17314
37	金鸡路	4/8	明珠南路	鹅咀街	1994年/2000年/2004年/2005年/2006年	4750.51	36/42	184284.4
38	银桦路	4	紫荆路	红山路	1989年/2001年/2005年	5327.724	15/24/62	248645.76
39	敬业路	4	人民西路	梅界路	2004年/2005年	1965.6	24/42	67856.4
40	粤华路	4	前河东路	莲花路	1986年/2000年	2216	22/24	52084
41	翠微路	4	柠溪路	翠屏路	2002年/2005年	3680	36	132480
42	湖湾路	4	人民东路	柠溪路	1983年	1387.5	21	29137.5
43	石花路	4	情侣南路	迎宾南路	1983年	3000	30/34	93600
44	水湾路	4/6	昌盛路	景山路	1987年/1998年/2000年/2010年	5096.93	18/19/31/33	130612.7
45	前河东路	4/6	前河北路	跨境工业区	2005年/2008年	3354.38	12/21/24/50	75956
46	鞍莲路	4	前山路	翠屏路	1996年/2000年/2004年	1561	15/24	31623
47	翠前路	4	人民西路	金鸡路	2000年/2005年	2011	36/39/42	77979
48	岱山路	4	明珠南路	金石路	1987年/2005年/2014年	2408	20/22/36	69052
49	白石路	4	兰埔路	粤海路	1988年/1989年	858	20/31	19998
50	吉柠路	4	柠溪路	白莲路	1999年/2003年	3298	18/22	62220

续表 2-3-5-3

序号	道路名称	车道数量（车道/车道）（个）	道路起点	道路终点	竣工日期（年份/年份）	全长（米）	总宽（米）（宽度/宽度）	总面积（平方米）（路面＋人行道）
51	蓝盾路	4	梅华路	梅界路	2005 年 /2006 年	1653	15/24	29466
52	红山路	4/6	人民路	明月路	1994 年 /2005 年	1719.7	24/41	62007.7
53	香华路	4	健民路	兴业路	1996 年 /2005 年	2610	24/28	66360
54	建业一路	4	九洲大道中	石花西路	1989 年	214	21	4494
55	建业四路	4	九洲大道中	石花西路	1989 年	136	21	2856
56	建业五路	4	九洲大道中	石花西路	1987 年	232	33	7656
57	海洲路	4	九洲大道东	情侣中路	1986 年	430	24	10320
58	吉大路	4	情侣中路	海滨南路	1986 年	597	21	12537
59	吉石路	4	石花西路	九洲大道东	1987 年	416	21	8736
60	志威路	4	人民路	香华路	2008 年	224	24	9859
61	白云路	4	造贝路	造贝工人路	2007 年	1444.5	24	34668
62	造贝工人路	4	金鸡路	翠屏路	2001 年	984	32	29440
63	联想赛纳打印机项目周边市政道路	4	珠海大道辅道	广南路	2014 年	1110.29	18	20227.887
64	环山路	4	濂泉路	北二路	2015 年	295.625	24	16104.84
65	仙桥路	4	珠海大道东	北三路	2015 年	1785.809	36	63673.08
66	情侣路南段辅线 B 段	4	沿海路 A 段	沿海路 B 段	2015 年	1011.109	15	18110.8
67	屏西二路	4	珠海大道辅道	广昌涌	2003 年	560	24	16372.8
68	屏西七路	4	珠海大道辅道	广昌涌	2003 年	637	24	17341
69	屏北一路	4	屏东二路	屏工中路	2001 年	2119	24	54882
70	屏北一路（屏工西路—屏工中路）	4	屏工西路	屏工二路	2003 年	365.5	24	10282
71	屏东四路	4	珠海大道辅道	沙心涌	2001 年	1045	24	25080
72	屏东五路	4	珠海大道辅道	沙心涌	2001 年	713	24	17112
73	屏东六路	4	珠海大道辅道	沙心涌	2001 年	713	36	27697
74	屏工中路	4	珠海大道辅道	沙心涌	2001 年	1028	24	24672
75	蓝溪枫景市政配套道路	4	珠海大道辅道	屏安路	2012 年	497	18	8946
76	南屏涌路	4	南屏大桥	屏北二路	2005 年	1269	16	20300
77	南屏科技园生活区道路	4	屏东六路	屏北二路	2003 年	2038		35604
78	翠景路	4	三台石路	红山路	2003 年	1736.1	24	41666.4
79	东风路	4	凤凰北路	情侣中路	1983 年 /1992 年	566	18/24	11994
80	海燕路	4	凤凰南路	情侣中路	1995 年	180	27	4860

续表 2-3-5-3

序号	道路名称	车道数量（车道/车道）（个）	道路起点	道路终点	竣工日期（年份/年份）	全长（米）	总宽（米）(宽度/宽度)	总面积（平方米）（路面+人行道）
81	霞光路（翠仙路）	4	三台石路	翠前北路	2005 年	650	18	11700
82	沿河路	4	情侣中路	紫荆路	1986 年	1469	24	35256
83	明华三路	4	G105 京珠线	街祥南	2010 年	364	25	9100
84	梅界路	4	健民路	旅游路	2008 年	1081.52	24/30	33760
85	旅游路	4	梅华路	珠海市农业科学研究中心	2002 年	2868	26	74568
86	洲仔路	4	情侣南路	情侣中路	2001 年 /2008 年	855.04	16/24	18600.64

2018 年斗门区（含四车道以上）市政道路情况表

表 2-3-5-4

序号	道路名称	机动车道数（条）	道路起点	道路终点	开工日期	竣工日期	全长（米）	总宽度（米）
1	中兴南路延长段	4 / 6	井岸镇中兴路尖峰花坛处	新青六路延长段	2008 年	2013 年	2573	70
2	中兴南路、尖峰前段	6	江湾一路	西堤中路	2014 年	2016 年	1917.18	40
3	虹桥五路	4	白蕉大道	胜利路	2015 年	2017 年	491.98	24
4	中兴中路、中兴北路、工业大道	6	工业大道	江湾一路	2016 年	2017 年	4097	45
5	斗门大道温泉路	4	黄杨大道	旅游路桥头	2010 年	2013 年	3120	50
6	斗门温泉旅游大道	4	黄杨大道	斗门大道	2010 年	2013 年	3813	36
7	水郡二路	6	珠峰大道南	鸡啼门水道	2010 年	2012 年	1869	40
8	水郡三路	6	水郡二路	新正涌边	2014 年	2019 年	1128	40
9	青峰路延长段	4	新青五路	规划路（新堂村）	2016 年	2018 年	354.06	24
10	井湾路	4	中兴南路	江湾三路	2008 年	2008 年	1453.5	14 ~ 19
11	南江路	4	西堤路	朝南路	2009 年	2010 年	625	19 ~ 33.5
12	白藤六路	4	湖心路	规划白藤七路	2015 年	2017 年	717.38	24
13	虹桥四路	4	白蕉大道	规划胜利路	2015 年	2018 年	869.87	36
14	新青五路	4	珠峰大道	水郡三路	2015 年	2017 年	1534.04	24
15	白藤三路（东段）及其联系路	4	腾达路	湖心路	2007 年	2009 年	706	24
16	白藤四路（东段）	4	腾达路	湖心路	2007 年	2010 年	838	30
17	腾达二路	4	白藤二路	白藤三路	2014 年	2019 年	321	24
18	醒狮涌北路	6	珠峰大道	防洪道路	2015 年	—	1338.17	40
19	环郡路	4	水郡三路	呈环形走向	2015 年	—	1594.43	24
20	桥湖路	6	省道 S272（白蕉大道）	东湖北路	2017 年	—	860.41	40

续表 2-3-5-4

序号	道路名称	机动车道数（条）	道路起点	道路终点	开工日期	竣工日期	全长（米）	总宽度（米）
21	禾益中路	4	虹桥五路	桥湖路	2015 年	—	1811.33	24
22	桥北二路	4	中兴北路	西堤路延长段	2016 年	2019	357	26
23	同迎路、同达路	4	配套道路 3（同迎路）：配套道路 1 配套道路 4（同达路）：配套道路 1	配套道路 3（同迎路） 配套道路 2（同悦路）：配套道路 3（同迎路） 配套道路 3（同迎路）：配套道路 2（同悦路） 配套道路 4（同达路）	2018 年	2019 年 9 月	配套道路 3（同迎路）:238.486 配套道路 4（同达路）:269.065	配套道路 3（同迎 配套道路 3（同迎路）:24 配套道路 4（同达路）:18
24	龙碧路	4	规划路	工业大道	2016 年	2019	1066	30
25	环山路	4	尖峰前街	环山北路	2016 年	2019	5053	31
26	龙胜路	4	黄杨大道	龙碧路	2017 年	2018	567	30
27	禾益北路、禾益东路、虹桥二路、禾益西路	4	禾益北路：省道 S272 禾益东路：A 段起点虹桥二路；B 段起点 A 段 KA0+340 处 虹桥二路：禾益西路 禾益西路：虹桥四路	禾益北路：胜利路 禾益东路：A 段终点虹桥四路；B 段终点东湖北路 虹桥二路：东湖北路 禾益西路：桥湖路	2017 年	2019	3627.42	18

金湾区（含四车道以上）市政道路情况表

表 2-3-5-5

序号	道路名称	机动车道数（条）	道路起点	道路终点	开工日期	竣工日期	全长（米）	总宽度（米）
1	丹凤四路	4	天豁路	燕羽路	2017 年	2019 年	607.38	24
2	燕羽路	4	丹凤四路	龙湖路	2017 年	2019 年	720.38	24
3	龙湖路	6	天豁路	燕羽路	2017 年	2019 年	398.89	50
4	翔大路	8	湖滨西路	机场西路	2016 年	2019 年	2873	60
5	湖滨东路	6	机场东路	机场北路	2017 年	2019 年	3325.46	50
6	湖滨西路	6	机场北路	翔大路	2017 年	2019 年	2019.79	50
7	胜利路（南延段）	4	定湾六路	胜利路	2018 年	2019 年	146.9	24
8	渔乐西路	4	翔天路	该道路终点为断头路	2016 年	2019 年	421	24
9	渔乐东路	4	翔天路	渔歌路	2016 年	2019 年	251	24
10	安湾路	4	翔天路	渔歌路	2016 年 12 月 6 日	2019 年 4 月 17 日	254	24
11	渔歌路	4	安湾路	该道路终点为断头路	2016 年 12 月 6 日	2019 年 4 月 17 日	1262	24

续表 2-3-5-5

序号	道路名称	机动车道数（条）	道路起点	道路终点	开工日期	竣工日期	全长（米）	总宽度（米）
12	德城路	4	机场东路	金鑫路	2015 年 4 月 30 日	2017 年 3 月 2 日	1285	36
13	金城路	4	德城路	金铭大道	2015 年 4 月 30 日	2017 年 3 月 2 日	692	24
14	金鑫路	4	珠海大道	金铭大道	2015 年 4 月 30 日	2017 年 3 月 2 日	1208	24
15	金河东路	6	机场路	科工路	2014 年 7 月 22 日	2016 年 3 月 4 日	2400	50
16	山湖海路	4	机场路	科工路	2014 年 4 月 28 日	2016 年 3 月 11 日	2600	36
17	金城路	4	金铭东路	金河东路	2014 年 1 月 28 日	2016 年 3 月 21 日	1500	36
18	金鑫路	4	金铭东路	金河东路	2014 年 4 月 28 日	2015 年 12 月 24 日	1300	36
19	金泓路	4	金铭东路	金河东路	2014 年 4 月 28 日	2016 年 1 月 29 日	990	36
20	金辉路	4	金铭东路	金河东路	2014 年 7 月 22 日	2016 年 3 月 11 日	750	36
21	创业南路	4	创业西一路	机场高速辅道	2018 年 3 月 29 日	2019 年 12 月 5 日	1267.463	18
22	广安路	4	腾山一路	珠海大道	2018 年 9 月 25 日	—	1350.059	32
23	文华路	4	腾山一路	珠海大道	2018 年 9 月 25 日	—	1297.396	24
24	虹晖一路	4	广安路	南翔路	2018 年 9 月 25 日	—	752.041	32
25	虹晖二路（A 段）	6	南翔路	双湖北路	2018 年 9 月 25 日	—	399.998	50
26	虹晖二路（B 段）	4	双湖北路	红旗路	—	—	1945.38	28
27	虹晖三路	4	红旗路	东成路	—	—	2691.36	28
28	红旗路	6	珠海大道	富康路	2018 年 9 月 20 日	2019 年 4 月 8 日	1200.56	42
29	南翔路	4	珠海大道	藤山二路	—	—	1251.35	29
30	东成路	4	珠海大道	和兴路	—	—	1610.42	36
31	青年路	4	和兴路	现状混凝土厂	2014 年 9 月 25 日	2015 年 12 月 29 日	2054.181	24
32	双林路	4	青年路	特艺工业	—	—	1138.71	52
33	创业中路	4	珠海大道	青年路	2015 年 8 月 21 日	2017 年 8 月 14 日	1542.75	28
34	成行路	4	珠光新城三期	金涛园二期	—	—	838.43	24

第六节　桥梁　隧道

● 桥梁

1991年底，全市有桥梁110座（其中1979年以后建的有46座，总长3650.3延米），4856延米，其中大型桥梁8座，总长4856延米。2000年底，全市有永久性公路桥梁234座2.37万延米。其中地方公路桥梁127座，以中小桥为主，大部分在西部地区。2018年，全市有公路桥梁497座12.84万延米，其中特大桥28座7.02万延米，大桥108座4.67万延米，中桥152座8358延米，小桥209座3158延米。

▲珠海市公路大型桥梁分布图（珠海市公路局提供）

2018年珠海市桥梁一览表

表 2-3-6-1　　单位：座

行政等级	总座数	特大桥	大桥	中桥	小桥
合计	497	28	108	152	209
国道	58	8	15	14	21
省道	212	18	78	71	45
县道	97	2	12	34	49
乡道	67	—	3	19	45
专用公路		—	—	—	—
村道	63	—	—	14	49

南屏大桥 横跨前山河道，连接翠微与南屏、湾仔等地。由珠海市公路局设计室设计，交通部公路二局二处承建。省、市共同投资1249万元，1985年动工，1987年11月16日建成通车，1989年被省公路局评为混凝土

▲2018年4月15日，珠海南屏大桥举行拆除仪式（珠海交通集团提供）

工程优质奖。南屏大桥全长532.2米，其中主桥为36米＋45米＋3米＋36米五孔预应力混凝土顶推施工连续箱梁，钻孔高承台基础，钢筋混凝土墩，两岸引桥为各十孔16米钢筋混凝土T形简支梁，连续桥面，钻孔桩双栓墩，埋置式桥台，桥面净宽9米，两侧人行道各1.5米，桥下通航净高为最高洪水位以上8米，桥面纵坡为3%，竖曲线半径6000米，设计荷载为汽-20，挂-100，大桥引道两端长1670米，采用二级公路标准，路基宽度12米，路面宽度12米。1991年日均通过车辆3500辆。随着城市人口的增长，运输车辆的增多，南屏大桥已不能够满足需求，2018年4月15日对旧桥拆除，在原址建设新的南屏大桥，双向八车道，2020年9月9日通车。

井岸大桥 位于麻南线K19＋195处，跨越黄杨河。桥东为白蕉镇，桥西为井岸。由珠海市公路局设计室设计，省市共同投资1800多万元，1985年10月17日兴建，铁道部第二十工程局第一工程处承建，1988年1月19日竣工通车。大桥全长553.05米，桥下通航净高为9米。设计荷载汽车-20、挂车-20、挂-100，人群荷载300千克每米。桥面净宽7米＋1.5米，桥型主孔5×64米刚架拱，井岸引桥5×20米双曲拱桥，主桥为薄型墩，桥台为U形桥台。建成通车后取代井岸渡口，1991年测定，日均通过车辆3381辆。2016年4月进行维修巩固，至2017年1月7日完工。

斗门大桥 位于麻南线K11＋000处，横跨西江干流出海口磨刀门东沥水道。大桥东面为中山市定溪山，西为斗门区竹排沙乡。1988年1月19日动工，1990年6月25日正式通车，总投资5000万元。大桥全长1275米，桥面行车道净宽10.5米，两边人行道各宽1米，桥面纵坡4.5%。大桥设2个通航孔，航孔跨径10米，通航净空高度22米。大桥引道按平面二级公路标准设计。

前山大桥 桥梁中心桩号K0+969。永久性桥，特大桥。多跨径总长558.3米，全长560米，桥面宽35米。主桥孔数8孔，主跨16米，边跨180米，桥下净空8米。上部空心板梁结构，桥面铺装水泥混凝土，设计荷载汽车-超20级，抗震等级7度。1992年11月8日竣工，2000年技术等级评定为一级。

尖峰大桥 跨越黄杨河，桥梁中心桩号K182+433。永久性特大桥，多跨径总长575米，桥梁全长610米，桥面宽30米，主桥孔数27个，最大主跨80米，桥下净空9米。上部结构斜腿T形刚构、简支梁，框架式轻型桥台，桥面铺装水泥混凝土，设计荷载汽车-20级，抗震等级7度。1992年10月开工，1994年5月30日竣工。1997年10月技术状况评定为一类。2017年4月实施维修加固，是年12月22日恢复双向通车。

珠海大桥 桥梁中心桩号K15+969。永久性特大桥。多跨径总长3125米，桥梁全长3145.18米，桥面宽31米。主桥孔数87个，主跨125米，边跨45米，桥下净空22米。上部结构组合式梁，一字形桥台，桥面铺装水泥混凝土，设计荷载汽车-超20级，抗震等级7度，通航等级为一级的常规桥。交通部公路规划设计院设计，交通部第二公路工程局第二工程处施工，珠海大桥建设指挥部监理。1993年3月8日竣工，2000年技术状况评定为一类。

泥湾门大桥 桥梁中心桩号K19+444。永久性特大桥。多跨径总长630米，桥梁全长637.49米，桥面宽31

米。主桥孔数20个，主跨50米，边跨30米，桥下净空6米。上部结构T形梁，埋置式桥台，桥面铺装水泥混凝土，设计荷载汽车-超20级，抗震等级7度，通航等级二级。1993年8月8日竣工，10月正式通车。2000年技术状况评定为一类。

鸡啼门大桥　桥梁中心桩号K32+471。永久性特大桥。多跨径总长980米，桥梁全长1004米，桥面宽31米，主桥4个孔，主桥主跨90米，主桥边跨55米，前引桥长390米，后引桥长100米，桥下净空10米。上部结构组合式梁，墙式桥台，桥面铺装水泥混凝土，设计荷载汽车-超20级，抗震等级7度，通航等级二级。1994年4月9日竣工，2000年技术状况评定为一类。

横琴大桥　桥梁中心桩号K12+978。永久性特大桥。桥梁全长1425.00米，桥面净宽35.4米。桥面铺装混凝土，主桥结构为独塔双索面预应力混凝土斜拉桥，设计荷载汽车-超20级，抗震等级7度，通航等级一级。1999年建成通车，2017年技术状况评定为二类。

前山立交桥　桥梁中心桩号K12+978，永久性特大桥。桥梁全长1425.0米，桥面净宽35.4米。桥面铺装混凝土，主桥结构预应力混凝土结构，设计荷载汽车-超20级，抗震等级7度，通航等级一级。1999年建成通车，2017年技术状况评定为二类。2016年1月前山立交桥进行改造，主线桥梁由双向四车道改为双向八车道，改造后的桥梁是年10月投入使用。

莲花大桥　西连珠海横琴岛，东接澳门路环岛和氹仔岛填海区，由珠澳合资修建。桥梁中心桩号K1+168，永久性特大桥。桥梁全长1756米，桥面净宽30米。桥面铺装沥青混凝土，珠海段引桥桥跨采用三孔预应力连续箱梁，A、B匝道为普通钢筋混凝土连续弯箱梁。2000年3月通车，2013年技术状况评定为二类。

淇澳大桥　桥梁中心桩号K2+710，永久性特大桥。铁道部大桥工程局勘测设计院设计，交通部第二航务工程局施工，珠海市淇澳大桥监理站监理。桥梁全长1486.0米，跨径总长1257.7米，桥面宽33米。主桥28个孔，主跨320米，桥面铺装沥青混凝土，主桥结构形式为预应力钢筋混凝土斜拉桥，设计荷载汽车-超20级，抗震等级7度，通航等级一级。2001年1月21日竣工，2018年技术状况评定为二类。

昌盛大桥　桥梁中心桩号K2+317，永久性大桥。桥梁全长688米，跨径总长660米，桥面宽33米。桥面铺装沥青混凝土，主桥结构箱型梁，设计荷载汽车-超20级，抗震等级7度。2003年12月30日通车，2018年技术状况评定为二类。

金湾立交桥　省道S366线与省道S272线交叉互通，采用混合型枢纽立交形式。省道S366线起点泥湾门西侧桥头，终点珠海市职业艺术学院附近，设计总长度为1.66公里。背交路省道S272线起点白藤湖一路路口，终点位于明月湾路口，设计总长度为1.58公里。省道S366在互通区内设计速度100公里/小时，路基宽度为33.5米；背交路省道S272在互通区内设计时速80公里/小时，路基宽度为26米，匝道设计速度为60公里/小时及40公里/小时，主车道为双向八车道，一级公路，路基宽68米，标准路基宽度47米，设计时速100公里/小时。建设项目包括立交范围内主线、相交道路、匝道、市政辅道连接改造及相关市政配套设施，总投资为6.84亿元（含征地、拆迁补偿等费用）。2011年7月30日开工，2014年11月4日建成通车。

井岸二桥　省道S365线珠海段全线改造的控制性工程，东起白蕉镇白石村附近与省道S272线相交处，向西经白石村后跨黄杨河，终点位于黄杨河西岸与井横线交叉处。线路全长3290米，其中井岸二桥长826米。建设内容主要为新建半互通立交桥1座，分离式跨线桥1座，包括路基路面工程及其他防护、排水、软基处理、交通工程等。公路等级为一级，双向六车道，设计速度100公里/小时，路基标准横断面为33.5米，路段路面结构为沥青混凝土路面，投资估算总额为3.68亿元。2010年6月1日开工，2016年1月5日完工。

横琴二桥 北起洪湾，与规划建设的洪屏二路设置上下匝道连接；南到达终点横琴中心南路，与中心南路设置横琴互通，路线全长6.57公里，主线均为桥梁段。其中北引桥长1041米，跨洪湾水道主桥长600米，南引桥长4926米，全线按高速公路标准设计，桥涵设计荷载为公路I级，设计速度100公里/小时，双向六车道，路幅全宽33.5米，地震动峰值加速度0.10克，洪湾水道通航标准内河I级，通行3000吨级海轮。该项目总投资估算21.46亿元。2012年2月动工建设，2015年12月30日竣工。

白石桥 西起东桥路与屏湾一路交叉口，东至港三路与港昌路的交叉口。设计总长1.39公里（其中桥梁长808米、引道长301米、连接道路长281米），设计速度40公里/小时，双向四车道，路面结构采用沥青砼路面。建设内容包括桥梁工程、引道工程、连接道路工程、管线工程、照明工程、绿化景观工程、交通设施、安监设施等。工程于2015年9月20日开工，2017年7月30日通车。

海燕桥 位于情侣中路与海燕路交叉口，终点位于野狸岛，顺接野狸岛疏散通道北狸路，是通往野狸岛的重要通道。原海燕桥于1995年建成，后因安全隐患，于2018年8月29日拆除重建。新建海燕桥总长370.72米，其中桥梁总长281.6米、宽度14米，跨径组合9×30米，预制箱梁+11.6米空心板，项目总投资约6301万元。2019年9月30日建成，是年12月17日通过竣工验收并正式通行，能有效缓解野狸岛和新月桥交通压力。同时桥面采用石材铺装，日常仅供行人和非机动车使用，紧急情况下中间7米调整为应急机动车道，可确保岛上游客及时疏散。

香海大桥 北起西部沿海高速，路线向南利用国道G105走廊高架至梅华路，沿珠海、中山市界向南接原金琴高速公路人民路互通立交，沿原金琴高速线位至原造贝互通，经中山坦洲镇，在东五围与合益围之间跨越磨刀门水道，至珠海斗门区白蕉镇，跨江珠高速公路，经金湾区红旗镇，于幸福河桥南侧接入省道272（湖心路）。项目全长29.36公里，其中香海大桥支线9.12公里，全线设置9处互通式立交，预留添福围互通1处，设主线收费站1处（含养护工区）、管理中心1处、匝道收费站7处及相关的交通工程设施和环境保护设施。路线分为独立特大桥段和大桥连接线段.独立特大桥段采用高速公路标准，双向六车道，设计速度100公里/小时，长17.35公里；大桥连接线段采用一级公路标准，双向六车道，设计速度80公里/小时，长2.89公里；新增造贝互通立交至坦洲互通立交段采用高速公路标准，双向六车道，设计速度80公里/小时。全线总投资估算82.38亿元（含建设期贷款利息），香海大桥2017年6月开始建设；香海大桥支线工程2018年12月开始建设。

洪鹤大桥 起点位于珠海市香洲区南屏镇洪湾，对接港珠澳大桥珠海连接线、与广澳高速珠海段及横琴二桥交叉，设洪湾互通立交，向西跨越洪湾涌，沿洪湾港区北侧预留通道经过，转向西南跨越洪湾水道，穿过横琴岛芒洲湿地，跨越磨刀门水道至鹤洲南围垦区，终点连接鹤港高速，设鹤洲南互通立交。路线全长9.65公里，全线为桥梁。其中洪鹤大桥主桥（跨越洪湾水道和磨刀门主航道）为2座主跨500米的斜拉桥，长1940米；辅航道桥（跨越磨刀门辅航道）为双孔160米跨径的连续刚构桥，长490米；洪湾东引桥长1250米，磨刀门水道引桥长1200米，鹤洲南引桥长2580米。洪湾（枢纽）、鹤洲南建互通立交桥2处。洪鹤大桥为高速公路等级，设计速度100公里/小时，双向六车道，桥梁标准宽度33米，设计使用年限100年。项目总投资39.75亿元，其中建安费26.05亿元。洪鹤大桥工程由珠海洪鹤大桥有限公司投资建设和经营，2016年12月28日开工，2020年12月15日建成通车。

金海大桥 由金海大桥段和东、西引道组成，全长26.3公里。金海大桥段在横琴岛大井角与三灶镇紫竹湾之间跨越磨刀门水道，桥梁全长9.05公里；东引桥起于横琴互通立交，对横琴二桥进行高速化改造利用，终于洪湾互通立交，长约7.15公里；西引道起于紫竹湾互通立交，沿机场东路高架，终于机场互通立交，长约10.1公里。项目全线设置特大桥、大桥7座（含互通立交主线桥）；设置红东、横琴、横沥岛（预留）、紫竹湾、机场5处互通立交；设置管理中心1处。项目投资估算82.53亿元，2018年3月16日开工建设。

珠海辖区公路桥梁基本情况表

表 2-3-6-2

年份	桥梁		特大桥		大桥		中桥		小桥	
	数量（座）	长度（延米）	数量（座）	长度（延米）	数量（座）	长度（延米）	数量(座)	长度（延米）	数量(座)	长度（延米）
2000 年	234	23682	—	—	—	—	—	—	—	—
2001 年	239	23853	12	13650	16	4197	67	3714	144	2292
2002 年	234	23703	12	13650	16	4197	66	3631	140	2225
2003 年	241	26075	13	14867	20	5276	71	3769	137	2163
2004 年	246	26392	6	10325	28	9923	82	4163	130	1981
2005 年	251	26642	6	10325	27	9847	82	4347	136	2123
2006 年	299	28860.89	6	10325.09	29	10762.45	97	5073.75	167	2699.6
2007 年	333	40285.12	9	16055.09	41	15558.27	108	5818.81	175	2852.95
2008 年	367	48768.96	11	20627.21	49	18621.25	119	6430.79	188	3089.71
2009 年	368	48959.34	11	20627.21	51	18833.59	120	6431.33	186	3067.21
2010 年	373	49203.1	11	20627.21	51	18833.59	122	6578.11	189	3164.19
2011 年	392	59647.8	14	26698.79	66	23026.75	125	6781.37	187	3140.89
2012 年	441	91212	19	43535	99	36521	135	7965	188	3189
2013 年	499	119726	23	59323	126	48536	160	8614	190	3253
2014 年	466	112761	22	58274	100	42790	156	8476	188	3221
2015 年	466	112800	22	58300	100	42800	157	8519	187	3194
2016 年	477	122600	24	64500	107	46200	159	8649	187	3208
2017 年	475	122500	24	64500	107	46200	158	8593	186	3191
2018 年	497	128200	28	70200	108	46700	152	8358	209	3158

2018 年珠海市公路桥梁（国、省、县）一览表

表 2-3-6-3 单位：米

序号	桥梁名称	所属路线情况			桥长		桥宽		类型	建成通车日期
		路线编号	路线名称	技术等级	桥梁全长	跨径总长	桥梁全宽	桥面净宽		
1	K2+800 桥	G0425	广澳高速	高速	67.54	60.00	26.00	23.00	中桥	2005-01-01
2	K3+164 桥	G0425	广澳高速	高速	15.54	8.00	26.00	23.00	小桥	2005-01-01
3	K3+489 小桥	G0425	广澳高速	高速	21.54	13.00	26.00	23.00	小桥	2005-01-01
4	K3+864 中桥	G0425	广澳高速	高速	85.54	80.00	26.00	23.00	中桥	2005-01-01
5	K4+056 小桥	G0425	广澳高速	高速	15.54	8.00	26.00	23.00	小桥	2005-01-01
6	K5+159.6 小桥	G0425	广澳高速	高速	24.54	16.00	26.00	23.00	小桥	2005-01-01
7	K5+279 中桥	G0425	广澳高速	高速	27.54	20.00	26.00	23.00	中桥	2005-01-01
8	K6+075 大桥	G0425	广澳高速	高速	195.54	190.00	26.00	23.00	大桥	2005-01-01
9	K7+795 中桥	G0425	广澳高速	高速	65.54	60.00	26.00	23.00	中桥	2005-01-01
10	南屏互通 F 匝道桥	G0425	广澳高速	高速	501.85	501.81	8.50	7.50	大桥	2016-01-28
11	界冲桥	G105	北京—澳门	一级	15.40	10.40	40.50	40.50	小桥	1987-05-07
12	沥溪桥	G105	北京—澳门	一级	7.50	5.30	40.50	40.50	小桥	1986-08-07
13	溪坑桥	G105	北京—澳门	一级	7.80	6.90	41.00	41.00	小桥	1986-05-07
14	南溪桥	G105	北京—澳门	一级	47.50	32.00	41.00	41.00	中桥	1987-03-07
15	长沙桥	G105	北京—澳门	一级	18.00	18.00	41.00	41.00	小桥	1986-06-07
16	上冲桥	G105	北京—澳门	一级	7.80	6.90	40.50	40.50	小桥	1986-06-07
17	翠微桥	G105	北京—澳门	一级	8.00	6.40	40.50	40.50	小桥	1986-05-07
18	前山桥	G105	北京—澳门	一级	9.10	8.00	41.00	41.00	小桥	1986-05-07
19	前山立交桥	G105	北京—澳门	一级	455.00	320.00	25.40	25.40	大桥	1997-05-07
20	白石桥	G105	北京—澳门	一级	12.00	10.40	38.00	38.00	小桥	1985-08-07
21	夏湾桥	G105	北京—澳门	一级	16.10	15.30	40.50	40.50	小桥	1988-05-07

续表 2-3-5-3

序号	桥梁名称	所属路线情况			桥　长		桥　宽		类型	建成通车日期
		路线编号	路线名称	技术等级	桥梁全长	跨径总长	桥梁全宽	桥面净宽		
22	下栅桥	G228	丹东—东兴	高速	13.00	13.00	24.50	18.00	小桥	1999-01-01
23	中珠桥	G228	丹东—东兴	高速	48.00	48.00	24.50	18.75	中桥	1999-01-01
24	上栅桥	G228	丹东—东兴	高速	16.00	16.00	24.50	18.75	小桥	1999-01-01
25	下栅排洪桥	G228	丹东—东兴	一级	66.00	58.00	45.00	45.00	中桥	1999-08-10
26	溜狮山桥	G228	丹东—东兴	一级	39.00	32.00	45.00	45.00	中桥	1991-11-15
27	鸡山桥	G228	丹东—东兴	一级	58.17	39.00	37.00	37.00	中桥	1989-09-13
28	外神前排洪桥	G228	丹东—东兴	一级	21.00	20.00	41.00	41.00	小桥	1998-10-10
29	契爷岭桥	G228	丹东—东兴	一级	41.46	26.00	36.00	36.00	小桥	1990-08-10
30	香洲桥（一）	G228	丹东—东兴	一级	10.00	9.00	78.40	78.40	小桥	1994-06-10
31	香洲桥（二）	G228	丹东—东兴	一级	65.40	60.00	78.40	78.40	中桥	1994-06-10
32	言大桥	G228	丹东—东兴	一级	22.00	20.00	29.40	29.40	中桥	1990-06-10
33	斗门大桥	G228	丹东—东兴	二级	1180.00	1176.00	12.50	10.50	特大桥	1990-06-16
34	西沥大桥	G228	丹东—东兴	二级	324.00	320.00	10.00	9.00	大桥	1987-07-16
35	中心冲桥	G228	丹东—东兴	一级	53.64	48.00	20.00	19.00	中桥	2002-10-25
36	江珠高速桥底灵旱桥	G228	丹东—东兴	一级	52.00	52.00	30.25	30.25	中桥	2015-10-01
37	黄镜门大桥	G228	丹东—东兴	一级	156.00	150.00	45.50	45.50	大桥	2015-10-09
38	斗门互通桥底灵旱桥	G228	丹东—东兴	一级	78.00	78.00	34.00	34.00	中桥	2015-10-01
39	壳塘涌小桥	G228	丹东—东兴	一级	20.50	13.00	37.50	37.50	小桥	2015-10-01
40	水厂路半互通立交主线桥	G228	丹东—东兴	一级	380.64	379.00	27.50	27.50	大桥	2015-10-01
41	白石村分离立交跨线桥	G228	丹东—东兴	一级	306.00	300.00	43.50	43.50	大桥	2015-10-01
42	井岸二桥	G228	丹东—东兴	一级	966.00	960.00	38.00	37.20	大桥	2015-10-01
43	无名1桥	G228	丹东—东兴	一级	8.30	5.10	60.00	16.00	小桥	1995-08-16

续表 2-3-6-3

序号	桥梁名称	所属路线情况			桥长		桥宽		类型	建成通车日期
		路线编号	路线名称	技术等级	桥梁全长	跨径总长	桥梁全宽	桥面净宽		
44	无名 2 桥	G228	丹东—东兴	一级	9.00	6.50	60.00	16.00	小桥	1995-03-16
45	南门大桥	G228	丹东—东兴	一级	784.00	760.00	12.00	11.00	大桥	1992-12-20
46	南屏互通主桥	G94	珠三角环线高速	高速	810.40	804.40	34.00	32.00	大桥	2008-01-01
47	洪湾互通 A 匝道桥	G94	珠三角环线高速	高速	501.39	501.39	12.00	11.00	大桥	2016-01-28
48	南琴路高架桥右幅	G94	珠三角环线高速	高速	3644.30	3639.29	15.75	14.75	特大桥	2016-01-28
49	南琴路高架桥左幅	G94	珠三角环线高速	高速	3678.12	3675.81	15.75	14.75	特大桥	2015-01-28
50	前山河特大桥右幅	G94	珠三角环线高速	高速	1777.00	1773.00	15.75	14.75	特大桥	2018-10-24
51	前山河特大桥左幅	G94	珠三角环线高速	高速	1775.50	1771.50	15.75	14.75	特大桥	2018-10-24
52	拱北湾大桥右幅	G94	珠三角环线高速	高速	535.54	532.00	15.75	14.75	大桥	2018-10-24
53	拱北湾大桥左幅	G94	珠三角环线高速	高速	535.54	532.00	15.75	14.75	大桥	2018-10-24
54	连接线匝道 A 匝道桥	G94	珠三角环线高速	高速	283.82	283.82	9.60	7.50	大桥	2018-10-24
55	连接匝道 F 匝道桥	G94	珠三角环线高速	高速	354.97	354.97	8.50	7.50	大桥	2018-10-24
56	九洲航道桥	G94	珠三角环线高速	高速	693.00	693.00	33.10	30.10	特大桥	2018-10-24
57	江海航道桥	G94	珠三角环线高速	高速	994.00	994.00	38.80	30.10	特大桥	2018-10-24
58	青州航道桥	G94	珠三角环线高速	高速	1150.00	1150.00	35.80	30.10	特大桥	2018-10-24
59	那洲桥（二）	S268	光华—金鼎	三级	8.00	6.00	8.50	8.50	小桥	1984-03-08
60	那洲桥（一）	S268	光华—金鼎	三级	11.80	6.00	8.50	8.50	小桥	1984-06-08
61	獭山桥	S269	高明—沙堆	三级	17.30	13.00	9.00	8.00	小桥	1999-10-01
62	江湾涌中桥	S270	古劳—珠海港	一级	65.00	60.00	16.25	15.25	中桥	2012-11-10
63	江湾冲桥（下行）	S270	古劳—珠海港	一级	65.00	60.00	16.25	15.25	中桥	2013-11-01
64	向阳河中桥	S270	古劳—珠海港	一级	60.00	60.00	9.25	8.25	中桥	2012-11-10
65	向阳河桥（下行）	S270	古劳—珠海港	一级	60.00	60.00	9.25	8.25	中桥	2013-11-01

续表 2-3-3-3

序号	桥梁名称	所属路线情况			桥长		桥宽		类型	建成通车日期
		路线编号	路线名称	技术等级	桥梁全长	跨径总长	桥梁全宽	桥面净宽		
66	引淡河中桥	S270	古劳—珠海港	一级	25.00	25.00	9.25	8.25	中桥	2012-11-10
67	引淡河桥（下行）	S270	古劳—珠海港	一级	25.00	25.00	9.25	8.25	中桥	2013-11-01
68	二围冲桥（下行）	S270	古劳—珠海港	一级	80.00	75.00	9.25	8.25	中桥	2013-11-01
69	二围冲中桥	S270	古劳—珠海港	一级	80.00	75.00	9.25	8.25	中桥	2012-11-10
70	沙龙涌大桥	S270	古劳—珠海港	一级	260.00	260.00	9.25	8.25	大桥	2012-11-10
71	沙龙涌大桥（下行）	S270	古劳—珠海港	一级	260.00	260.00	9.25	8.25	大桥	2012-11-10
72	荔山冲桥（下行）	S270	古劳—珠海港	一级	65.00	60.00	9.25	8.25	中桥	2013-11-01
73	荔山涌中桥	S270	古劳—珠海港	一级	65.00	60.00	9.25	8.25	中桥	2012-11-10
74	石门冲桥	S270	古劳—珠海港	一级	44.00	39.00	18.50	16.50	中桥	2003-09-30
75	石门冲桥（下行）	S270	古劳—珠海港	一级	44.00	39.00	18.50	16.50	中桥	2013-11-01
76	李树冲桥	S270	古劳—珠海港	一级	44.00	39.00	44.00	39.00	中桥	2003-09-30
77	李树冲桥（下行）	S270	古劳—珠海港	一级	44.00	39.00	44.00	39.00	中桥	2013-11-01
78	白排冲桥	S270	古劳—珠海港	一级	44.00	39.00	44.00	39.00	中桥	2003-09-30
79	白排冲桥（下行）	S270	古劳—珠海港	一级	44.00	39.00	44.00	39.00	中桥	2013-11-01
80	虎山大冲桥	S270	古劳—珠海港	一级	44.00	39.00	18.50	16.50	中桥	2003-09-30
81	虎山大冲桥（下行）	S270	古劳—珠海港	一级	44.00	39.00	18.50	16.50	中桥	2013-11-01
82	横冲桥	S270	古劳—珠海港	一级	25.00	20.00	18.50	16.50	中桥	2003-09-30
83	横冲桥（下行）	S270	古劳—珠海港	一级	25.00	20.00	18.50	16.50	中桥	2013-11-01
84	新白排冲桥	S270	古劳—珠海港	一级	44.00	39.00	44.00	39.00	中桥	2003-09-30
85	新白排冲桥（下行）	S270	古劳—珠海港	一级	44.00	39.00	44.00	39.00	中桥	2013-11-01
86	大虎冲桥	S270	古劳—珠海港	一级	25.00	20.00	32.50	30.50	中桥	2003-09-30
87	大虎冲桥（下行）	S270	古劳—珠海港	一级	25.00	20.00	32.50	30.50	中桥	2013-11-01

续表 2-3-6-3

序号	桥梁名称	所属路线情况			桥长		桥宽		类型	建成通车日期
		路线编号	路线名称	技术等级	桥梁全长	跨径总长	桥梁全宽	桥面净宽		
88	升平大道辅道桥	S270	古劳—珠海港	一级	25.00	20.00	18.50	16.50	中桥	2012-11-08
89	升平大道辅道（下行）桥	S270	古劳—珠海港	一级	25.00	20.00	18.50	16.50	中桥	2013-11-01
90	前锋冲桥	S270	古劳—珠海港	一级	295.00	290.00	18.50	16.50	大桥	2003-09-30
91	前锋冲桥（下行）	S270	古劳—珠海港	一级	295.00	290.00	18.50	16.50	大桥	2013-11-01
92	前西冲桥	S270	古劳—珠海港	一级	83.00	78.00	32.50	30.50	中桥	2003-09-30
93	前西冲桥（下行）	S270	古劳—珠海港	一级	83.00	78.00	32.50	30.50	中桥	2013-11-01
94	温泉冲桥	S270	古劳—珠海港	一级	83.00	78.00	22.00	20.00	中桥	2003-09-30
95	温泉冲桥（下行）	S270	古劳—珠海港	一级	83.00	78.00	22.00	20.00	中桥	2013-11-01
96	南水桥	S270	古劳—珠海港	一级	430.00	430.00	31.50	30.00	大桥	2003-09-30
97	新兴桥	S272	肇庆—珠海	二级	7.00	5.00	7.10	6.70	小桥	1982-05-01
98	民丰桥	S272	肇庆—珠海	二级	7.00	6.50	9.00	8.20	小桥	1991-09-02
99	过境桥	S272	肇庆—珠海	二级	8.50	7.00	9.00	8.50	小桥	1993-07-19
100	猪公斗桥	S272	肇庆—珠海	一级	10.00	8.00	18.00	17.00	小桥	2001-01-05
101	砖厂桥	S272	肇庆—珠海	一级	7.00	5.00	16.00	15.00	小桥	1997-12-24
102	莲江桥	S272	肇庆—珠海	二级	7.00	5.50	10.00	9.00	小桥	1997-12-01
103	光明桥	S272	肇庆—珠海	二级	14.00	13.00	17.00	14.00	小桥	1994-09-16
104	莲溪大桥	S272	肇庆—珠海	二级	414.00	410.00	9.00	8.00	大桥	1992-08-16
105	西滘桥	S272	肇庆—珠海	二级	39.00	39.00	13.00	12.00	中桥	1998-03-16
106	小赤坎桥	S272	肇庆—珠海	二级	10.00	9.00	12.00	10.00	小桥	1997-12-10
107	大赤坎桥	S272	肇庆—珠海	二级	20.00	20.00	14.00	13.00	小桥	1998-03-16
108	斗门石场桥	S272	肇庆—珠海	三级	33.00	30.00	8.00	7.00	小桥	1991-07-16
109	大黄杨桥	S272	肇庆—珠海	三级	26.00	24.00	8.00	7.00	小桥	1990-12-26

续表 2-3-6-3

序号	桥梁名称	所属路线情况			桥长		桥宽		类型	建成通车日期
		路线编号	路线名称	技术等级	桥梁全长	跨径总长	桥梁全宽	桥面净宽		
110	小黄杨桥	S272	肇庆—珠海	三级	14.00	13.00	8.00	7.00	小桥	1990-07-27
111	白石桥	S272	肇庆—珠海	一级	39.00	39.00	40.20	16.00	中桥	1997-01-01
112	壳塘冲桥	S272	肇庆—珠海	一级	114.00	104.00	40.00	24.00	大桥	2001-02-01
113	睿益桥	S272	肇庆—珠海	一级	16.00	16.00	50.00	24.00	小桥	1997-01-01
114	白蕉路二桥	S272	肇庆—珠海	一级	15.00	13.00	40.00	24.00	小桥	1994-01-01
115	白蕉路一桥	S272	肇庆—珠海	一级	8.00	8.00	40.00	24.00	小桥	1994-01-01
116	友谊河桥	S272	肇庆—珠海	一级	100.00	100.00	31.40	24.00	大桥	1994-01-01
117	幸福河桥	S272	肇庆—珠海	一级	106.34	100.00	50.00	30.00	大桥	2009-09-30
118	金湾立交S272跨线桥(上行)	S272	肇庆—珠海	一级	893.94	889.00	12.50	11.60	大桥	2014-09-22
119	金湾立交S272跨线桥(下行)	S272	肇庆—珠海	一级	893.94	889.00	12.50	11.60	大桥	2014-09-22
120	2号闸桥	S272	肇庆—珠海	一级	204.00	198.00	40.00	30.00	大桥	1993-09-01
121	3号闸桥	S272	肇庆—珠海	一级	98.00	90.00	40.00	30.00	中桥	1993-09-01
122	新环高架桥上行	S32	西部沿海高速	高速	2483.00	2483.00	26.00	23.00	特大桥	2005-01-01
123	新环高架桥下行	S32	西部沿海高速	高速	2483.00	2483.00	26.00	23.00	特大桥	2005-01-01
124	茂生围高架桥下行	S32	西部沿海高速	高速	1996.00	1996.00	26.00	23.00	特大桥	2005-01-01
125	茂生围高架桥上行	S32	西部沿海高速	高速	2071.00	2071.00	26.00	23.00	特大桥	2005-01-01
126	白蕉路跨线桥	S32	西部沿海高速	高速	738.54	733.00	26.00	23.00	大桥	2005-01-01
127	黄杨河特大桥	S32	西部沿海高速	高速	2260.54	2255.00	26.00	23.00	特大桥	2005-01-01
128	K38-709通道桥	S32	西部沿海高速	高速	8.60	8.00	26.00	23.00	小桥	2005-01-01
129	K38+987.2中桥	S32	西部沿海高速	高速	89.40	84.00	26.00	23.00	中桥	2005-01-01
130	K39+286中桥	S32	西部沿海高速	高速	27.54	20.00	26.00	23.00	中桥	2005-01-01
131	K39-817.25中桥	S32	西部沿海高速	高速	47.70	40.00	26.00	23.00	中桥	2005-01-01

续表 2-3-6-3

序号	桥梁名称	所属路线情况			桥长		桥宽		类型	建成通车日期
		路线编号	路线名称	技术等级	桥梁全长	跨径总长	桥梁全宽	桥面净宽		
132	K40+042 中桥	S32	西部沿海高速	高速	65.64	60.00	26.00	23.00	中桥	2005-01-01
133	K41+689 小桥	S32	西部沿海高速	高速	20.54	13.00	26.00	23.00	小桥	2005-01-01
134	K42+349 小桥	S32	西部沿海高速	高速	23.54	13.00	26.00	23.00	小桥	2005-01-01
135	K43+100 通道桥	S32	西部沿海高速	高速	20.56	13.00	26.00	23.00	小桥	2005-01-01
136	K44+980 小桥	S32	西部沿海高速	高速	20.56	13.00	26.00	23.00	小桥	2005-01-01
137	K45+231 中桥	S32	西部沿海高速	高速	46.54	39.00	26.00	23.00	中桥	2005-01-01
138	K46+500 通道桥	S32	西部沿海高速	高速	20.56	13.00	26.00	23.00	小桥	2005-01-01
139	广珠铁路跨线桥	S32	西部沿海高速	高速	130.00	120.00	26.00	23.00	大桥	2005-01-01
140	K47+380 小桥	S32	西部沿海高速	高速	15.56	8.00	26.00	23.00	小桥	2005-01-01
141	K47+860 小桥	S32	西部沿海高速	高速	15.56	8.00	26.00	23.00	小桥	2005-01-01
142	RK47+990 分离立交桥	S32	西部沿海高速	高速	20.56	13.00	26.00	12.00	小桥	2005-01-01
143	LK48+056 分离立交桥	S32	西部沿海高速	高速	20.56	13.00	26.00	12.00	小桥	2005-01-01
144	工业大道跨线桥	S32	西部沿海高速	高速	331.50	325.00	26.00	23.00	大桥	2005-01-01
145	X582 跨线桥	S32	西部沿海高速	高速	54.00	48.00	26.00	23.00	中桥	2005-01-01
146	珠港立交桥	S32	西部沿海高速	高速	106.00	100.00	26.00	23.00	大桥	2005-01-01
147	K52+012 大桥	S32	西部沿海高速	高速	115.00	108.00	26.00	23.00	大桥	2005-01-01
148	虎跳门大桥下行	S32	西部沿海高速	高速	1592.58	1580.00	26.00	23.00	特大桥	2005-01-01
149	虎跳门大桥上行	S32	西部沿海高速	高速	1592.58	1580.00	26.00	23.00	特大桥	2005-01-01
150	粤西沿海高速跨线桥（下行）	S3211	西部沿海高速珠海机场联络线	高速	355.40	348.00	13.00	12.00	大桥	2013-11-28
151	粤西沿海高速跨线桥	S3211	西部沿海高速珠海机场联络线	高速	355.40	348.00	13.00	12.00	大桥	2013-11-28
152	乾务 2 号大桥	S3211	西部沿海高速珠海机场联络线	高速	368.20	360.00	13.00	12.00	大桥	2013-11-28
153	乾务 2 号大桥（下行）	S3211	西部沿海高速珠海机场联络线	高速	338.20	330.00	13.00	12.00	大桥	2013-11-28

续表 2-3-6-3

序号	桥梁名称	所属路线情况			桥长		桥宽		类型	建成通车日期
		路线编号	路线名称	技术等级	桥梁全长	跨径总长	桥梁全宽	桥面净宽		
154	乾务1号大桥	S3211	西部沿海高速珠海机场联络线	高速	248.20	240.00	13.00	12.00	大桥	2013-11-28
155	乾务1号大桥（下行）	S3211	西部沿海高速珠海机场联络线	高速	158.20	150.00	13.00	12.00	大桥	2013-11-28
156	珠峰大道高架桥	S3211	西部沿海高速珠海机场联络线	高速	2277.90	2270.50	12.75	11.50	特大桥	2013-11-28
157	珠峰大道高架桥（下行）	S3211	西部沿海高速珠海机场联络线	高速	2277.90	2270.50	12.75	11.50	特大桥	2013-11-28
158	鸡啼门特大桥	S3211	西部沿海高速珠海机场联络线	高速	9702.90	9695.50	26.00	21.50	特大桥	2013-11-28
159	鸡啼门特大桥（下行）	S3211	西部沿海高速珠海机场联络线	高速	9702.90	9695.50	26.00	21.50	特大桥	2013-11-28
160	大门河高架桥	S3211	西部沿海高速珠海机场联络线	高速	1390.80	1383.00	12.75	11.75	特大桥	2013-11-28
161	大门河高架桥（下行）	S3211	西部沿海高速珠海机场联络线	高速	1390.80	1383.00	12.75	11.75	特大桥	2013-11-28
162	金湾大道高架桥	S3211	西部沿海高速珠海机场联络线	高速	2416.20	2407.80	12.75	11.75	特大桥	2013-11-28
163	金湾大道高架桥（下行）	S3211	西部沿海高速珠海机场联络线	高速	2415.60	2407.80	12.75	11.75	特大桥	2013-11-28
164	龙塘村2号大桥	S3211	西部沿海高速珠海机场联络线	高速	278.20	270.00	13.00	12.00	大桥	2013-11-28
165	龙塘村2号大桥（下行）	S3211	西部沿海高速珠海机场联络线	高速	278.20	270.00	13.00	12.00	大桥	2013-11-28
166	龙塘村1号大桥	S3211	西部沿海高速珠海机场联络线	高速	458.20	450.00	13.00	12.00	大桥	2013-11-28
167	龙塘村1号大桥（下行）	S3211	西部沿海高速珠海机场联络线	高速	548.20	540.00	13.00	12.00	大桥	2013-11-28
168	机场西路高架桥	S3211	西部沿海高速珠海机场联络线	高速	218.20	210.00	13.00	12.00	大桥	2013-11-28
169	机场西路高架桥（下行）	S3211	西部沿海高速珠海机场联络线	高速	338.20	330.00	13.00	12.00	大桥	2013-11-28
170	北三路跨线桥（下行）	S3213	西部沿海高速珠海高栏港联络线	高速	645.00	640.00	25.50	22.50	大桥	2012-11-08
171	北三路跨线桥	S3213	西部沿海高速珠海高栏港联络线	高速	645.00	640.00	25.50	22.50	大桥	2012-11-08
172	向阳河主线桥	S3213	西部沿海高速珠海高栏港联络线	高速	65.00	60.00	25.50	22.50	中桥	2012-11-08
173	向阳河主线桥（下行）	S3213	西部沿海高速珠海高栏港联络线	高速	65.00	60.00	25.50	22.50	中桥	2012-11-08

续表 2-3-6-3

序号	桥梁名称	所属路线情况			桥长		桥宽		类型	建成通车日期
		路线编号	路线名称	技术等级	桥梁全长	跨径总长	桥梁全宽	桥面净宽		
174	马山北路跨线桥	S3213	西部沿海高速珠海高栏港联络线	高速	655.00	650.00	25.50	22.50	大桥	2012-11-08
175	马山北路跨线桥（下行）	S3213	西部沿海高速珠海高栏港联络线	高速	655.00	650.00	25.50	22.50	大桥	2012-11-08
176	引淡河主线桥	S3213	西部沿海高速珠海高栏港联络线	高速	30.00	25.00	25.50	22.50	中桥	2012-11-08
177	引淡河主线桥（下行）	S3213	西部沿海高速珠海高栏港联络线	高速	30.00	25.00	25.50	22.50	中桥	2012-11-08
178	新城市大道跨线桥	S3213	西部沿海高速珠海高栏港联络线	高速	735.00	730.00	25.50	22.50	大桥	2012-11-08
179	新城市大道跨线桥（下行）	S3213	西部沿海高速珠海高栏港联络线	高速	735.00	730.00	25.50	22.50	大桥	2012-11-08
180	沙龙涌主线桥	S3213	西部沿海高速珠海高栏港联络线	高速	265.00	260.00	25.50	22.50	大桥	2012-11-08
181	沙龙涌主线桥（下行）	S3213	西部沿海高速珠海高栏港联络线	高速	265.00	260.00	25.50	22.50	大桥	2012-11-08
182	珠峰大道跨线桥	S3213	西部沿海高速珠海高栏港联络线	高速	600.00	595.00	25.50	22.50	大桥	2012-11-08
183	珠峰大道跨线桥（下行）	S3213	西部沿海高速珠海高栏港联络线	高速	600.00	595.00	25.50	22.50	大桥	2012-11-08
184	石门涌主线桥	S3213	西部沿海高速珠海高栏港联络线	高速	65.00	60.00	25.50	22.50	中桥	2012-11-08
185	石门涌主线桥（下行）	S3213	西部沿海高速珠海高栏港联络线	高速	65.00	60.00	25.50	22.50	中桥	2012-11-08
186	李树涌主线桥	S3213	西部沿海高速珠海高栏港联络线	高速	44.00	39.00	25.50	22.50	中桥	2012-11-08
187	李树涌主线桥（下行）	S3213	西部沿海高速珠海高栏港联络线	高速	44.00	39.00	25.50	22.50	中桥	2012-11-08
188	白排涌主线桥	S3213	西部沿海高速珠海高栏港联络线	高速	44.00	39.00	25.50	22.50	中桥	2012-11-08
189	白排冲主线桥（下行）	S3213	西部沿海高速珠海高栏港联络线	高速	44.00	39.00	25.50	22.50	中桥	2012-11-08
190	横涌北路跨线桥	S3213	西部沿海高速珠海高栏港联络线	高速	580.00	575.00	25.50	22.50	大桥	2012-11-08
191	横涌北路跨线桥（下行）	S3213	西部沿海高速珠海高栏港联络线	高速	580.00	575.00	25.50	22.50	大桥	2012-11-08
192	新白排涌主线桥	S3213	西部沿海高速珠海高栏港联络线	高速	44.00	39.00	44.00	39.00	中桥	2012-11-08
193	新白排涌主线桥（下行）	S3213	西部沿海高速珠海高栏港联络线	高速	44.00	39.00	44.00	39.00	中桥	2012-11-08

续表 2-3-5-3

序号	桥梁名称	所属路线情况			桥长		桥宽		类型	建成通车日期
		路线编号	路线名称	技术等级	桥梁全长	跨径总长	桥梁全宽	桥面净宽		
194	虎山涌主线桥	S3213	西部沿海高速珠海高栏港联络线	高速	44.00	39.00	12.50	11.50	中桥	2012-11-08
195	虎山涌主线桥（下行）	S3213	西部沿海高速珠海高栏港联络线	高速	44.00	39.00	12.50	11.50	中桥	2012-11-08
196	温泉北路跨线桥	S3213	西部沿海高速珠海高栏港联络线	高速	655.00	650.00	12.50	11.50	大桥	2012-11-08
197	温泉北路跨线桥（下行）	S3213	西部沿海高速珠海高栏港联络线	高速	655.00	650.00	12.50	11.50	大桥	2012-11-08
198	升平大道跨线桥	S3213	西部沿海高速珠海高栏港联络线	高速	760.00	755.00	12.50	11.50	大桥	2012-11-08
199	升平大道跨线桥（下行）	S3213	西部沿海高速珠海高栏港联络线	高速	760.00	755.00	12.50	11.50	大桥	2012-11-08
200	前锋涌主线桥	S3213	西部沿海高速珠海高栏港联络线	高速	295.00	290.00	15.50	11.50	大桥	2012-11-08
201	前锋涌主线桥（下行）	S3213	西部沿海高速珠海高栏港联络线	高速	295.00	290.00	15.50	11.50	大桥	2012-11-08
202	温泉大道跨线桥	S3213	西部沿海高速珠海高栏港联络线	高速	730.00	725.00	12.50	11.50	大桥	2012-11-08
203	温泉大道跨线桥（下行）	S3213	西部沿海高速珠海高栏港联络线	高速	730.00	725.00	12.50	11.50	大桥	2012-11-08
204	温泉涌主线桥	S3213	西部沿海高速珠海高栏港联络线	高速	83.00	78.00	12.50	11.50	中桥	2012-11-08
205	温泉涌主线桥（下行）	S3213	西部沿海高速珠海高栏港联络线	高速	83.00	78.00	12.50	11.50	中桥	2012-11-08
206	珠海西站路跨线桥	S3213	西部沿海高速珠海高栏港联络线	高速	640.00	635.00	12.50	11.50	大桥	2012-11-08
207	珠海西站跨线桥（下行）	S3213	西部沿海高速珠海高栏港联络线	高速	640.00	635.00	12.50	11.50	大桥	2012-11-08
208	进港二路跨线桥	S3213	西部沿海高速珠海高栏港联络线	高速	665.00	660.00	12.50	11.50	大桥	2012-11-08
209	进港二路跨线桥（下行）	S3213	西部沿海高速珠海高栏港联络线	高速	665.00	660.00	12.50	11.50	大桥	2012-11-08
210	前山大桥	S366	香洲—珠海发电厂	一级	560.00	544.00	35.00	8.00	大桥	1992-11-08
211	珠海大道10号桥（下行）	S366	香洲—珠海发电厂	一级	24.80	19.50	39.20	32.60	小桥	2010-11-01
212	珠海大道10号桥	S366	香洲—珠海发电厂	一级	24.80	19.50	60.00	51.40	小桥	2006-01-01
213	南屏一号桥	S366	香洲—珠海发电厂	一级	26.00	26.00	60.00	51.40	小桥	1992-08-08

续表 2-3-6-3

序号	桥梁名称	所属路线情况			桥长		桥宽		类型	建成通车日期
		路线编号	路线名称	技术等级	桥梁全长	跨径总长	桥梁全宽	桥面净宽		
214	南屏一号桥（下行）	S366	香洲—珠海发电厂	一级	26.00	26.00	39.20	32.60	小桥	2010-11-01
215	南屏二号桥（下行）	S366	香洲—珠海发电厂	一级	16.10	13.00	39.20	32.60	小桥	2010-11-01
216	南屏二号桥	S366	香洲—珠海发电厂	一级	16.10	13.00	60.00	51.40	小桥	1992-10-08
217	洪湾大桥（下行）	S366	香洲—珠海发电厂	一级	215.84	203.00	39.20	32.60	大桥	2010-11-01
218	洪湾大桥	S366	香洲—珠海发电厂	一级	215.84	203.00	39.60	38.30	大桥	1992-06-08
219	广昌桥	S366	香洲—珠海发电厂	一级	39.00	39.00	60.00	51.40	中桥	1993-03-08
220	广昌桥（下行）	S366	香洲—珠海发电厂	一级	39.00	39.00	39.20	32.60	中桥	2010-11-01
221	均昌桥（下行）	S366	香洲—珠海发电厂	一级	52.00	39.00	39.20	32.60	中桥	2010-11-01
222	均昌桥	S366	香洲—珠海发电厂	一级	52.00	39.00	60.00	51.40	中桥	1993-05-08
223	珠海大桥	S366	香洲—珠海发电厂	一级	3145.18	3125.00	31.00	28.20	特大桥	1993-03-08
224	泥湾门大桥	S366	香洲—珠海发电厂	一级	765.00	630.00	31.00	27.80	大桥	1993-08-08
225	金湾立交S366主线桥(下行)	S366	香洲—珠海发电厂	一级	621.94	617.00	16.25	15.35	大桥	2014-08-28
226	金湾立交S366主线桥(上行)	S366	香洲—珠海发电厂	一级	621.94	617.00	16.25	15.35	大桥	2014-08-29
227	珠海大道八号桥	S366	香洲—珠海发电厂	一级	20.00	20.00	48.00	39.60	中桥	2001-08-09
228	珠海大道六号桥	S366	香洲—珠海发电厂	一级	53.44	48.00	48.00	39.60	中桥	1995-06-07
229	珠海大道五号桥	S366	香洲—珠海发电厂	一级	53.44	48.00	48.00	39.60	中桥	1995-06-07
230	鸡啼门大桥	S366	香洲—珠海发电厂	一级	1004.00	980.00	31.00	28.56	特大桥	1994-04-09
231	珠海大道三号桥	S366	香洲—珠海发电厂	一级	41.00	36.00	48.00	39.60	中桥	1995-06-07
232	平东立交跨线桥（下行）	S366	香洲—珠海发电厂	一级	792.04	787.00	17.75	16.25	大桥	2014-11-03
233	平东立交跨线桥（上行）	S366	香洲—珠海发电厂	一级	792.04	787.00	17.75	16.25	大桥	2014-11-09
234	南水大桥	S366	香洲—珠海发电厂	一级	475.10	450.00	31.00	28.20	大桥	1992-12-09
235	耕管分离立交桥	S47	广佛江珠高速	高速	205.46	200.00	11.76	11.00	大桥	2007-05-16

续表 2-3-6-3

序号	桥梁名称	所属路线情况			桥长		桥宽		类型	建成通车日期
		路线编号	路线名称	技术等级	桥梁全长	跨径总长	桥梁全宽	桥面净宽		
236	耕管小桥	S47	广佛江珠高速	高速	21.44	16.00	25.60	24.06	小桥	2007-05-16
237	耕管中桥	S47	广佛江珠高速	高速	85.46	80.00	25.60	24.06	中桥	2007-05-16
238	福安分离立交桥	S47	广佛江珠高速	高速	165.46	160.00	11.76	11.00	大桥	2007-05-16
239	福安中桥	S47	广佛江珠高速	高速	65.46	60.00	25.60	24.06	中桥	2007-05-16
240	荷麻溪特大桥	S47	广佛江珠高速	高速	1895.00	1890.00	25.60	24.06	特大桥	2007-05-16
241	光明中桥	S47	广佛江珠高速	高速	85.42	80.00	25.60	24.06	中桥	2007-05-16
242	三门海特大桥	S47	广佛江珠高速	高速	893.46	888.00	25.60	24.06	大桥	2007-05-16
243	六乡分离立交桥	S47	广佛江珠高速	高速	165.46	160.00	11.76	11.00	大桥	2007-05-16
244	虾山中桥	S47	广佛江珠高速	高速	53.42	48.00	25.60	24.06	中桥	2007-05-16
245	郁绣围小桥	S47	广佛江珠高速	高速	21.44	16.00	25.60	24.06	小桥	2007-05-16
246	南虾河大桥	S47	广佛江珠高速	高速	106.22	100.00	25.60	24.06	大桥	2007-05-16
247	鳘鱼沙 1 号小桥	S47	广佛江珠高速	高速	21.44	16.00	25.60	24.06	小桥	2007-05-16
248	鳘鱼沙 2 号小桥	S47	广佛江珠高速	高速	18.44	13.00	25.60	24.06	小桥	2007-05-16
249	沙栏分离立交桥	S47	广佛江珠高速	高速	165.46	160.00	11.76	11.00	大桥	2007-05-16
250	沙栏小桥	S47	广佛江珠高速	高速	16.79	13.00	25.60	24.06	小桥	2007-05-16
251	大托小桥	S47	广佛江珠高速	高速	18.44	13.00	25.60	24.06	小桥	2007-05-16
252	大托中桥	S47	广佛江珠高速	高速	85.46	80.00	25.60	24.06	中桥	2007-05-16
253	白蕉林小桥	S47	广佛江珠高速	高速	21.44	16.00	25.60	24.06	小桥	2007-05-16
254	斗门互通主线桥	S47	广佛江珠高速	高速	579.70	566.60	30.00	28.06	大桥	2007-05-16
255	黄镜门大桥	S47	广佛江珠高速	高速	295.46	290.00	25.60	24.06	大桥	2007-05-16
256	黄杨特大桥	S47	广佛江珠高速	高速	884.60	878.00	25.60	24.06	大桥	2007-05-16
257	新沙大桥	S47	广佛江珠高速	高速	125.46	120.00	25.60	24.06	大桥	2007-05-16

续表 2-3-6-3

序号	桥梁名称	所属路线情况			桥长		桥宽		类型	建成通车日期
		路线编号	路线名称	技术等级	桥梁全长	跨径总长	桥梁全宽	桥面净宽		
258	天生河大桥	S47	广佛江珠高速	高速	425.46	420.00	25.60	24.06	大桥	2007-05-16
259	桅甲小桥	S47	广佛江珠高速	高速	13.44	8.00	25.60	24.06	小桥	2007-05-16
260	朝阳中桥	S47	广佛江珠高速	高速	85.42	80.00	25.60	24.06	中桥	2007-05-16
261	昭阳中桥	S47	广佛江珠高速	高速	85.42	80.00	25.60	24.06	中桥	2007-05-16
262	军建连大桥	S47	广佛江珠高速	高速	210.46	205.00	25.60	24.06	大桥	2007-05-16
263	界河特大桥	S47	广佛江珠高速	高速	657.54	652.00	25.60	24.06	大桥	2007-05-16
264	八围大桥	S47	广佛江珠高速	高速	225.46	220.00	25.60	24.06	大桥	2007-05-16
265	南屏大桥	S530	容桂—三灶	一级	532.20	527.00	12.00	9.00	大桥	1987-11-09
266	竹仙桥	S530	容桂—三灶	一级	11.00	10.00	35.50	27.90	小桥	1992-12-01
267	金莲一号桥	S530	容桂—三灶	一级	12.00	10.00	41.50	10.00	小桥	1999-01-01
268	金莲二号桥	S530	容桂—三灶	一级	19.00	13.00	41.50	24.00	小桥	1999-02-12
269	横琴大桥	S530	容桂—三灶	一级	1425.24	1425.24	35.40	25.00	特大桥	1999-12-18
270	金莲三号桥	S530	容桂—三灶	一级	42.00	42.00	26.80	23.00	中桥	1999-02-12
271	横坑大桥	X581	横南线	三级	1332.00	1332.00	10.50	9.50	特大桥	2003-12-28
272	广丰桥	X581	横南线	三级	17.00	16.00	9.00	8.00	小桥	2003-09-30
273	耕管桥	X581	横南线	三级	15.00	10.00	9.00	8.00	小桥	2009-05-10
274	围头桥	X581	横南线	三级	10.84	10.00	8.00	7.00	小桥	2007-12-31
275	围头跨线桥	X581	横南线	三级	216.00	200.00	11.00	10.23	大桥	2007-11-30
276	上横大桥	X581	横南线	三级	212.20	208.00	7.60	7.00	大桥	1988-01-31
277	二龙桥	X581	横南线	三级	10.84	10.00	8.00	7.00	小桥	2007-12-10
278	新乡桥	X582	赤三线	三级	12.60	10.00	7.50	7.00	小桥	1975-06-16
279	温泉桥	X582	赤三线	一级	53.04	48.00	29.00	26.00	中桥	2002-06-20

续表 2-3-6-3

序号	桥梁名称	所属路线情况			桥　长		桥　宽		类型	建成通车日期
		路线编号	路线名称	技术等级	桥梁全长	跨径总长	桥梁全宽	桥面净宽		
280	南门桥	X582	赤三线	三级	15.00	6.00	7.40	6.40	小桥	1969-04-16
281	湖萌桥	X582	赤三线	三级	10.00	8.00	11.00	10.00	小桥	2000-09-21
282	小濠冲桥	X582	赤三线	三级	10.00	8.00	11.00	10.00	小桥	2000-11-21
283	大濠冲桥	X582	赤三线	三级	9.00	8.60	7.50	7.00	小桥	1977-08-20
284	冈山桥	X582	赤三线	三级	24.00	24.00	7.50	7.00	小桥	1979-06-20
235	南山桥	X582	赤三线	二级	24.00	18.00	7.50	7.00	小桥	1981-10-20
236	南新小桥	X582	赤三线	三级	6.70	5.00	10.40	7.40	小桥	1976-01-04
237	南新公路桥	X582	赤三线	二级	31.54	26.00	11.25	11.25	小桥	2004-11-02
288	猪公闸桥	X582	赤三线	一级	25.50	23.00	55.00	40.00	小桥	1993-06-26
289	涌浪闸大桥	X582	赤三线	一级	179.00	178.00	18.20	15.20	大桥	1993-06-26
290	卫东闸桥	X582	赤三线	四级	6.00	6.00	4.50	4.50	小桥	2003-03-01
291	南水大桥	X582	赤三线	二级	225.00	220.30	9.00	7.00	大桥	1985-07-26
292	金龙桥	X582	赤三线	一级	14.00	12.00	50.00	24.00	小桥	1998-06-26
293	南东桥	X582	赤三线	二级	105.00	100.00	8.50	7.50	大桥	2012-11-30
294	前西闸桥	X582	赤三线	四级	30.00	30.00	9.00	7.50	小桥	1975-11-26
295	尖峰大桥	X583	尖虎线	一级	610.00	605.00	30.00	26.00	大桥	1993-11-01
296	禾丰冲桥	X583	尖虎线	一级	57.04	52.00	50.15	33.00	中桥	1993-12-17
297	五福桥	X583	尖虎线	一级	57.04	52.00	50.00	33.00	中桥	1993-12-17
298	王冲桥	X583	尖虎线	一级	44.04	39.00	50.00	33.00	中桥	1994-10-17
299	联生冲桥	X583	尖虎线	一级	29.04	24.00	50.00	33.00	小桥	1994-10-02
300	鸡咀冲桥	X583	尖虎线	一级	21.04	16.00	50.00	33.00	小桥	1994-10-19
301	中学冲桥	X583	尖虎线	一级	18.04	13.00	50.00	33.00	小桥	1994-05-17

续表 2-3-6-3

序号	桥梁名称	所属路线情况			桥长		桥宽		类型	建成通车日期
		路线编号	路线名称	技术等级	桥梁全长	跨径总长	桥梁全宽	桥面净宽		
302	大冲桥	X583	尖虎线	一级	44.04	39.00	50.00	33.00	中桥	1993-05-17
303	新冲桥	X583	尖虎线	一级	70.04	65.00	50.00	33.00	中桥	1994-06-17
304	淡河桥（一）	X583	尖虎线	一级	18.04	13.00	50.00	33.00	小桥	1994-10-12
305	八围桥	X584	鹤竹线	三级	27.00	24.00	11.60	9.00	小桥	1995-10-01
306	七围桥	X584	鹤竹线	三级	85.00	80.00	11.60	10.00	中桥	1995-07-01
307	六围桥	X584	鹤竹线	三级	52.00	52.00	8.00	7.00	中桥	1990-07-01
308	四围桥	X584	鹤竹线	三级	46.00	40.00	8.00	7.00	中桥	1990-04-01
309	天生河桥	X584	鹤竹线	三级	64.70	48.00	8.00	7.00	中桥	1981-03-01
310	中心闸桥	X584	鹤竹线	三级	9.00	9.00	8.00	7.00	小桥	1982-01-01
311	下三围桥	X584	鹤竹线	三级	19.60	16.00	8.00	7.00	小桥	2005-01-01
312	大生围桥	X584	鹤竹线	三级	42.00	39.00	7.50	6.70	中桥	1996-09-01
313	大就围桥	X584	鹤竹线	三级	30.40	30.00	8.00	7.00	小桥	2010-06-01
314	新五桥	X584	鹤竹线	三级	35.04	30.00	8.00	7.00	小桥	2010-05-01
315	冲口桥	X584	鹤竹线	三级	31.04	26.00	8.00	7.00	小桥	2010-05-01
316	滗冲桥	X584	鹤竹线	二级	8.00	7.50	10.00	10.00	小桥	2008-10-01
317	银潭桥	X584	鹤竹线	三级	23.40	18.60	5.00	4.50	小桥	1988-05-01
318	孖湾桥	X584	鹤竹线	三级	18.60	12.20	7.80	6.80	小桥	1989-08-01
319	香洲桥	X585	上神线	一级	18.20	16.00	44.00	44.00	小桥	1986-05-09
320	双排桥	X587	机红线	一级	287.00	286.00	18.30	16.00	大桥	1998-08-26
321	淇澳大桥	X588	唐淇线	一级	1486.00	1257.00	33.00	33.00	特大桥	2001-01-21
322	月坑桥	X589	月矿线	三级	66.08	60.00	14.90	11.50	中桥	1997-01-01
323	沙栏跨线桥	X589	月矿线	三级	176.00	160.00	11.00	10.23	大桥	2007-06-30

续表 2-3-6-3

序号	桥梁名称	所属路线情况			桥长		桥宽		类型	建成通车日期
		路线编号	路线名称	技术等级	桥梁全长	跨径总长	桥梁全宽	桥面净宽		
324	榄夹大桥	X589	月矿线	三级	228.00	224.00	11.00	10.00	大桥	1996-12-01
325	昭信二桥	X589	月矿线	三级	65.60	60.00	8.00	7.00	中桥	2004-12-10
326	昭信桥	X589	月矿线	三级	58.00	48.00	8.00	7.00	中桥	2001-09-03
327	白藤大闸桥	X589	月矿线	三级	222.00	167.85	4.50	4.50	大桥	1993-06-01
328	红三板桥	X589	月矿线	三级	22.00	20.80	8.80	7.80	小桥	1998-06-01
329	八一水闸桥	X589	月矿线	三级	16.00	14.10	7.60	7.60	小桥	1991-03-01
330	八一桥	X589	月矿线	三级	12.60	12.00	7.80	7.00	小桥	1999-11-01
331	南丽桥	X590	海榄线	一级	38.20	35.00	25.00	20.00	中桥	1993-02-12
332	自林桥	X590	海榄线	三级	30.00	28.50	8.00	8.00	小桥	2006-10-19
333	东升桥	X590	海榄线	三级	24.00	19.50	8.00	8.00	小桥	2006-10-20
334	榄坑桥	X590	海榄线	三级	16.00	11.00	8.00	8.00	小桥	2006-10-21
335	小林大桥	X760	红大线	三级	47.20	44.00	7.50	7.00	中桥	1989-09-01
336	小林三板桥（石桥）	X760	红大线	三级	58.00	57.96	11.00	10.00	中桥	2001-07-01
337	排河桥	X760	红大线	三级	28.60	28.00	7.80	7.00	小桥	1991-11-01
338	沙脊桥	X760	红大线	三级	39.40	39.00	11.00	10.00	中桥	1996-12-01
339	五七桥	X760	红大线	三级	46.04	46.00	9.00	8.00	中桥	2012-03-01
340	和兴桥	X760	红大线	二级	20.00	10.00	25.20	22.00	小桥	1994-09-01
341	平塘四队桥	X761	平一线	三级	16.70	13.00	10.00	9.00	小桥	1999-12-01
342	东风桥	X761	平一线	三级	105.00	80.00	10.00	9.00	中桥	1997-10-01
343	前锋八号王桥	X761	平一线	三级	65.54	60.00	9.00	8.00	中桥	2008-06-01
344	前锋四队王桥	X761	平一线	三级	38.00	33.00	9.00	8.00	中桥	2008-12-20
345	高沙桥	X762	飞铁线	二级	28.00	16.00	10.00	9.00	小桥	1999-05-06

续表 2-3-6-3

序号	桥梁名称	所属路线情况			桥长		桥宽		类型	建成通车日期
		路线编号	路线名称	技术等级	桥梁全长	跨径总长	桥梁全宽	桥面净宽		
346	二虎闸桥	X763	平温线	一级	17.00	13.00	14.50	13.50	小桥	2012-10-01
347	温泉二桥	X763	平温线	一级	100.00	80.00	23.80	16.00	中桥	2004-01-01
348	前进桥	X764	虎前线	三级	54.00	48.00	12.00	11.00	中桥	1973-01-01
349	前锋桥	X764	虎前线	三级	53.44	48.00	12.00	11.00	中桥	2001-06-16
350	前西桥	X764	虎前线	三级	105.64	100.00	11.00	11.00	大桥	2001-12-25
351	一字冲桥	X765	乾大线	二级	20.00	16.00	16.00	15.00	小桥	1996-01-01
352	大冲桥	X765	乾大线	三级	106.00	100.00	9.00	8.00	大桥	2010-01-01
353	大海环桥	X765	乾大线	三级	54.00	50.00	6.60	6.00	中桥	1989-03-01
354	大海环二桥	X765	乾大线	三级	85.00	80.00	8.00	7.00	中桥	2005-01-01
355	八顷北桥	X767	平新线	四级	45.60	45.00	6.50	4.50	中桥	1992-07-01
356	冲口二桥	X767	平新线	三级	69.00	65.00	14.00	13.00	中桥	1998-02-25
357	头围二桥	X767	平新线	三级	56.00	52.00	14.00	13.00	中桥	1998-02-25
358	新二桥	X767	平新线	三级	47.00	39.00	10.50	9.50	中桥	1989-01-01
359	新三桥	X767	平新线	一级	60.00	52.00	10.50	9.50	中桥	1988-01-01
360	新沙桥	X767	平新线	三级	47.00	39.00	11.80	9.00	中桥	1992-08-01
361	贵头桥	X981	贵乾线	三级	11.40	10.00	7.00	6.10	小桥	1985-07-10
362	天地人桥	X981	贵乾线	三级	20.00	20.00	12.00	11.00	中桥	2006-01-10
363	南潮桥	X981	贵乾线	二级	10.80	10.00	12.90	11.90	小桥	1987-09-20
364	西埔桥	X981	贵乾线	三级	25.00	15.00	10.00	9.00	小桥	1987-05-10
365	乾务中学桥	X981	贵乾线	三级	12.00	10.20	7.60	7.00	小桥	1985-09-10
366	水利桥	X981	贵乾线	三级	6.20	5.00	7.60	7.00	小桥	1988-10-10
367	乾务东桥	X981	贵乾线	三级	19.00	18.50	10.00	9.00	小桥	1989-06-09

2018 年珠海市公路桥梁（乡、村、专）一览表

表 2-3-6-4　　　　单位：米

序号	桥梁名称	桥梁中心桩号	路线名称	技术等级	桥长	桥宽		类型	修建历史	
					桥梁全长	桥梁全宽	桥面净宽		修建年度	改建年度
1	围头桥	0.604	围头村	三级	30.50	6.60	6.00	小桥	1988 年	—
2	宁堂桥	0.078	宁堂社区	四级	13.30	19.00	9.00	小桥	1999 年	—
3	会同工业桥	0.154	会同工业路	等外	8.00	4.00	3.50	小桥	1993 年	—
4	前东村桥	0.028	前东一路	四级	49.78	8.00	7.00	中桥	1976 年	2015 年
5	小林桥	0.202	小林一路	四级	10.00	5.80	5.20	小桥	1987 年	—
6	三板一号水闸桥	1.630	三板社区一路	四级	10.00	4.00	3.80	小桥	1981 年	—
7	三板二号水闸桥	2.776	三板社区一路	四级	8.00	5.00	4.50	小桥	1981 年	—
8	三板村桥	0.318	三板社区二路	四级	53.04	8.00	7.00	中桥	1991 年	2014 年
9	藤山桥	0.292	藤山村	三级	40.00	8.80	7.80	中桥	1997 年	—
10	小托村口桥	1.835	石门村	四级	74.74	8.00	7.00	中桥	1982 年	2013 年
11	泗喜村桥	0.028	泗喜村	等外	42.00	5.50	4.50	小桥	1985 年	2014 年
12	新环桥	0.075	新环村	四级	20.40	5.50	4.50	小桥	1987 年	2014 年
13	新环村桥	0.044	新环小学路	四级	30.40	5.50	4.50	小桥	1986 年	2014 年
14	昭信村桥	0.148	昭信村	四级	90.00	8.00	7.00	中桥	1986 年	2013 年
15	八围水闸桥	0.987	八围村	四级	20.40	8.00	7.00	小桥	1990 年	2013 年
16	八围水闸二桥	3.713	八围村	四级	93.00	9.00	7.00	中桥	1988 年	—
17	灯笼沙水闸桥	0.137	鹤磨线	四级	12.00	5.30	4.50	小桥	1994 年	—
18	灯笼沙桥	1.114	灯笼沙村	等外	36.00	5.50	4.50	中桥	1985 年	2015 年
19	灯笼沙二桥	2.287	灯笼沙村	等外	70.74	8.00	7.00	中桥	1985 年	2014 年
20	灯笼沙三桥	3.305	灯笼沙村	等外	40.00	5.50	4.50	中桥	1985 年	2015 年
21	灯一桥	0.095	灯一村	等外	52.00	5.50	4.50	中桥	1982 年	2014 年
22	灯一二桥	0.179	灯一村	等外	40.00	3.40	3.00	中桥	1982 年	—
23	东湖村桥	0.558	东湖村	四级	19.00	3.00	2.40	小桥	1991 年	—
24	黄金桥	0.126	黄金村二路	等外	30.00	3.10	2.60	小桥	2011 年	—
25	冲口村二桥	4.605	下冲村	四级	57.04	4.00	4.00	中桥	1975 年	2015 年
26	斗门村桥	0.295	斗门村一路	三级	32.00	8.50	7.50	中桥	1978 年	2010 年
27	王保山桥	0.246	王保山村	四级	24.00	4.10	4.00	小桥	1987 年	—
28	石门桥	0.159	石门村	四级	10.00	7.70	7.40	小桥	2000 年	—
29	南山桥	0.032	南山村一路	四级	9.00	10.60	8.00	小桥	1994 年	—
30	乾务中学桥	0.273	乾务中学路	二级	13.00	7.30	5.90	小桥	1992 年	—
31	梳夹桥	0.151	梳夹村道二	四级	48.00	8.00	7.00	中桥	2004 年	—

续表 2-3-6-4

序号	桥梁名称	桥梁中心桩号	路线名称	技术等级	桥长	桥宽		类型	修建历史	
					桥梁全长	桥梁全宽	桥面净宽		修建年度	改建年度
32	水闸桥	0.136	南门村一路	四级	8.00	5.00	5.00	小桥	2015 年	—
33	C710 桥	1.877	东围环路	四级	5.00	6.00	6.00	小桥	2015 年	—
34	C711 桥	1.310	东围村顷伍路	四级	5.00	4.00	4.00	小桥	2015 年	—
35	C714 桥	0.022	鳌鱼沙村下午丰路	四级	5.00	4.00	4.00	小桥	2005 年	—
36	C715 桥	0.021	鳌鱼沙村牛角围路	四级	5.00	4.00	4.00	小桥	2010 年	—
37	C716 桥	0.033	鳌鱼沙村北卡二队路	四级	5.00	4.00	4.00	小桥	2010 年	—
38	C721 桥	1.026	新马墩村中心路	四级	8.00	8.00	8.00	小桥	2010 年	—
39	c739 桥	0.133	灯三村五围仔南基	四级	5.00	4.00	4.00	小桥	2010 年	—
40	C747 桥	1.675	新沙村六围	四级	5.00	4.00	4.00	小桥	2010 年	—
41	C750 桥	1.434	新二村大生围南	四级	5.00	4.00	4.00	小桥	2010 年	—
42	C752 桥	1.183	泗喜村 - 南环村	四级	5.00	5.00	5.00	小桥	2015 年	—
43	C753 桥	0.757	南环村南环小区大就围	四级	5.00	5.00	5.00	小桥	2010 年	—
44	C754 桥	1.363	南环路	四级	5.00	7.00	7.00	小桥	2010 年	—
45	C755 一桥	0.111	灯笼村防汛路	四级	5.00	6.00	6.00	小桥	2010 年	—
46	C755 二桥	4.067	灯笼村防汛路	四级	5.00	5.00	5.00	小桥	2010 年	—
47	C756 桥	1.442	新环村头围西路	四级	5.00	6.00	6.00	小桥	2010 年	—
48	C761 桥	0.943	沿河路	四级	5.00	4.00	4.00	小桥	2010 年	—
49	C762 桥	0.917	泗喜村下太隆二队 2	四级	5.00	4.00	4.00	小桥	2010 年	—
50	C774 桥	0.083	大沙村红卫分场冲上至辉腾	四级	5.00	4.00	4.00	小桥	2010 年	—
51	C775 二桥	0.018	新益村 1-2-3 队	四级	5.00	4.50	4.00	小桥	2000 年	—
52	C775 一桥	0.218	新益村 1-2-3 队	四级	5.00	4.50	4.00	小桥	2000 年	—
53	C775 三桥	0.646	新益村 1-2-3 队	四级	5.00	5.00	5.00	小桥	2010 年	—
54	C778 桥	1.119	三龙村新围路	四级	5.00	4.00	4.00	小桥	2010 年	—
55	C787 桥	0.696	龙西村村委会 - 单眼龙	四级	10.00	8.00	8.00	小桥	2010 年	—
56	C791 桥	2.195	三家村新村上冲路	四级	5.00	8.00	8.00	小桥	2010 年	—
57	C792 桥	1.490	耕管村 9 队至福安村 4 队路	四级	15.00	4.00	4.00	小桥	2015 年	—
58	C793 桥	1.461	耕管村 10 队 -8 队路	四级	5.00	4.00	4.00	小桥	2010 年	—
59	C794 一桥	0.023	广丰村 7 队至 6 队	四级	5.00	4.00	4.00	小桥	2010 年	—
60	C794 桥	1.299	广丰村 7 队至 6 队	四级	7.00	6.00	1.00	小桥	2010 年	—
61	C795 桥	0.625	广丰村 1 队至 2 队	四级	5.00	5.00	5.00	小桥	2010 年	—
62	C822 桥	0.896	上洲村村前一路	四级	5.00	4.00	4.00	小桥	2010 年	—
63	C823 桥	1.915	小赤坎冲口环	四级	5.00	5.00	5.00	小桥	2010 年	—

续表 2-3-6-4

序号	桥梁名称	桥梁中心桩号	路线名称	技术等级	桥长	桥宽		类型	修建历史	
					桥梁全长	桥梁全宽	桥面净宽		修建年度	改建年度
64	狮子头桥	0.406	八南线	三级	12.00	8.20	7.60	小桥	1985 年	—
65	二跌水桥	1.868	上大线	三级	20.70	7.86	7.86	小桥	2001 年	—
66	双龙桥（中珠二桥）	0.741	那潭线	四级	39.00	8.00	7.00	中桥	1998 年	—
67	中珠渠一桥（佛经桥）	0.821	会佛线	四级	65.00	8.00	7.00	中桥	1998 年	—
68	会同桥	0.033	会正线	四级	11.50	7.60	7.00	小桥	1993 年	—
69	正坑桥	2.673	会正线	四级	7.00	6.00	5.00	小桥	1993 年	—
70	茭塘下桥	0.065	鸡杨线	四级	25.00	10.00	9.00	小桥	1993 年	—
71	赛车场桥	0.490	新软线	二级	18.50	36.00	16.00	小桥	1999 年	—
72	官塘桥	0.857	北下线	三级	20.00	7.40	7.00	小桥	1989 年	—
73	大陂桥（一）	2.575	下金线	三级	21.60	8.00	8.00	小桥	1978 年	—
74	大陂桥（二）	2.616	下金线	三级	54.80	8.00	8.00	中桥	1978 年	—
75	大陂桥（三）	2.702	下金线	三级	15.90	8.00	8.00	小桥	1978 年	—
76	Y204 一桥	1.416	八珠线	三级	30.00	3.00	3.00	小桥	1972 年	—
77	湖东中心闸桥	1.931	湖一线	四级	6.50	4.00	4.00	小桥	1975 年	—
78	Y211 一桥	2.421	红三线	二级	7.50	48.30	48.30	小桥	1996 年	—
79	新广桥	1.820	广三线	四级	86.00	19.60	16.00	中桥	1995 年	—
80	中心桥	0.251	圣屋线	三级	16.00	14.50	8.00	小桥	1993 年	—
81	大坑桥	1.410	圣屋线	四级	8.80	9.00	9.00	小桥	1993 年	—
82	潭围桥	3.190	草潭线	三级	12.00	11.56	8.00	小桥	2004 年	—
83	大门桥	0.321	大企线	三级	37.00	9.00	8.00	中桥	1987 年	2007 年
84	大门二桥	0.853	大企线	三级	7.30	8.00	7.30	小桥	1987 年	—
85	湾弓水闸桥	2.077	大企线	三级	10.00	4.90	4.80	小桥	1987 年	—
86	平塘大桥	1.143	平二线	一级	243.60	44.30	34.00	大桥	1993 年	—
87	Y402 一桥	5.499	平二线	一级	12.20	24.00	24.00	小桥	1993 年	—
88	大东线一桥	0.878	大东线	三级	38.00	9.00	8.00	中桥	1975 年	2009 年
89	大东线二桥	1.669	大东线	三级	30.00	9.00	8.00	中桥	2008 年	—
90	平塘涌桥	1.775	大东线	三级	85.00	9.00	8.00	中桥	1977 年	2000 年
91	西埔桥	0.536	西黄线	三级	18.50	7.00	6.60	小桥	1985 年	—
92	五福涌桥	0.795	东埔线	三级	24.00	14.00	9.00	小桥	2006 年	—
93	五福村桥	0.786	东新线	三级	72.00	17.80	12.00	中桥	2006 年	—
94	新堂村桥	1.609	东新线	三级	32.00	17.80	12.00	中桥	2006 年	—
95	东围桥	1.903	麻东线	三级	20.00	8.00	7.00	小桥	1997 年	—
96	东湖桥	4.009	白东线	三级	65.44	8.00	7.00	中桥	2004 年	—

续表 2-3-6-4

序号	桥梁名称	桥梁中心桩号	路线名称	技术等级	桥长	桥宽		类型	修建历史	
					桥梁全长	桥梁全宽	桥面净宽		修建年度	改建年度
97	白东桥	6.931	白东线	四级	10.00	7.00	6.00	小桥	2015 年	—
98	黄镜门桥	4.219	井新线	三级	59.04	8.00	7.00	中桥	1974 年	2009 年
99	黄镜门北闸桥	4.576	井新线	三级	13.00	7.00	6.00	小桥	2002 年	—
100	开发区二桥	0.845	红开线	三级	16.00	13.00	10.00	小桥	2002 年	—
101	幸福河旧桥	2.591	白藤线	三级	51.50	8.50	8.10	中桥	1984 年	—
102	团结桥	6.042	白团线	三级	44.40	8.00	7.18	中桥	1983 年	2012 年
103	正冲桥	0.016	新斗线	三级	17.00	10.00	9.00	小桥	2002 年	—
104	白蕉开发区桥	0.693	白开线	三级	49.00	11.30	8.00	中桥	2003 年	—
105	红桥	0.834	红成线	三级	37.00	16.00	8.00	小桥	2002 年	—
106	新三冲桥	1.143	新井线	二级	76.74	12.00	10.50	中桥	1990 年	—
107	黄镜门桥	1.663	新井线	一级	144.74	12.00	10.50	大桥	1990 年	2006 年
108	壳塘冲桥	2.925	新井线	一级	76.74	12.00	10.50	中桥	1990 年	—
109	井岸大桥	4.951	新井线	二级	553.05	15.70	12.70	大桥	1988 年	2007 年
110	八顷村桥	1.011	水沙线	四级	8.00	4.00	3.00	小桥	1985 年	2008 年
111	冲口村桥	1.721	水沙线	四级	12.00	4.00	3.50	小桥	1980 年	—
112	Y705 桥	4.650	水沙线	四级	12.00	7.00	7.00	小桥	2015 年	—
113	八顷南桥	0.539	新平线	三级	55.00	6.50	4.50	中桥	1992 年	—
114	鳘鱼沙水闸桥	0.719	虾鳘线	三级	16.20	4.60	4.20	小桥	1978 年	—
115	鳘鱼沙桥	1.056	虾鳘线	三级	14.60	4.50	3.50	小桥	2003 年	—
116	大赤坎村桥	0.420	肇赤线	三级	20.00	9.40	8.60	小桥	2003 年	—
117	小濠冲桥	0.598	小冲线	三级	8.00	5.80	5.40	小桥	1987 年	—
118	赤坎冲口桥	2.274	赤码线	四级	9.80	7.60	7.00	小桥	1984 年	—
119	Y765 桥	2.110	麻门线	四级	5.00	6.00	6.00	小桥	2010 年	—
120	礌蛛桥	1.921	马礌线	四级	41.00	5.10	4.70	中桥	1989 年	—
121	三里桥	0.602	赤中线	三级	9.00	9.60	9.20	小桥	1992 年	—
122	乾东桥	0.065	东水线	四级	12.00	5.50	4.70	小桥	1984 年	—
123	水库三桥	1.759	东水线	四级	12.70	7.50	7.00	小桥	2001 年	—
124	大胜桥	0.222	肇家线	三级	13.00	10.00	9.00	小桥	1992 年	—
125	粉洲一桥	0.327	莲粉线	三级	21.50	8.00	7.40	小桥	1992 年	—
126	粉洲二桥	1.970	莲粉线	四级	11.70	7.00	6.00	小桥	1992 年	—
127	粉洲三桥	2.311	莲粉线	四级	13.00	3.40	2.80	小桥	1995 年	—
128	石龙桥	0.008	肇光线	三级	10.40	5.00	4.40	小桥	1983 年	—
129	双沥桥	3.242	农大线	四级	35.00	7.00	6.00	小桥	2012 年	—
130	中联桥	0.074	石中线	三级	16.60	6.00	4.40	小桥	1979 年	—

● 隧道

1992年，板樟山隧道建成通车。2003年，全市有公路隧道（不含市政道路隧道，下同）1道430延米，为短隧道。2006年，有公路隧道2道1097延米，其中中隧道1道667延米，短隧道1道430延米。2011年，有公路隧道3道1755延米，其中中隧道2道1325延米，短隧道1道430延米。2014年，有公路隧道6座12道12012延米，其中长隧道4道8568延米，中隧道2道1325延米，短隧道6道2119延米。2016年，有公路隧道7座14道1.93万延米，其中特长隧道2道7291延米，长隧道4道8568延米，中隧道2道1325延米，短隧道6道2119延米。2018年，全市有公路隧道9座18道3.78万延米，其中特长隧道2座4道20699延米，长隧道3座6道1.37万延米，中隧道1座2道1325延米，短隧道3座6道2119延米。另外有市政道路隧道6座，境内共有隧道15座。

板樟山隧道 连接珠海市香洲与拱北的重要通道，为分离式双洞双向四车道城市道路隧道，东线（简称上行隧道，南往北通行）和西线（简称下行隧道，北往南通行）长度均为1210米。隧道道路等级为城市主干道Ⅰ级，设计行车速度为80公里/时。隧道分2期建成，其中下行隧道于1990年建成通车，上行隧道于1992年建成通车。2010年进行过大修。2018年3月22日，板樟山新增隧道工程正式动工建设。包括两条新增车行双车道隧道以及一条慢行隧道。南北侧接线道路约305米，道路配套升级改造路段约1.1公里。道路等级为城市主干道，设计速度60公里/时。新增隧道与板樟山原有隧道组成双向八车道。慢行隧道设置自行车与行人专用道，市民可通过步行或骑行的方式，畅行柠溪、新香洲和拱北之间。新增隧道工程由中铁隧道局集团有限公司承建，2020年6月23日建成通车。

凤凰山隧道 北接珠海北师大校园后山，南接珠海东坑工业区，是连接金凤路南北的分离式双洞双向六车道城市公路隧道。其中东线（简称上行隧道，南往北通行）全长为1672米；西线（简称下行隧道，北往南通行）隧道全长为1647米。隧道道路等级为高速公路，设计行车速度为80公里/时。项目投资总额为5.32亿元，2008年5月9日开工，2012年11月建成通车。

横琴隧道 位于横琴岛与珠海保税区之间，下穿马骝洲水道，南接横琴新区中心大道，北接黑白面将军山隧道，与香海大桥、金琴快线直接连通，是继横琴大桥、横琴二桥之后横琴新区连接珠海市区又一大动脉。项目总投资25.4亿元，道路全长约2836.84米，其中隧道段全长2244米，隧道内径14.5米，为双管单层双向六车道，隧道内预留有轨电车车道，并在行车道下方集成综合管廊，为海域复合地层超大直径盾构法隧道。2014年7月14日开始建设，2018年11月1日建成通车。

加林山隧道 港珠澳大桥珠海连接线的重点控制性工程之一，单洞全长3641米，全隧道段采用双洞上下行分离式设计，每洞为单向三车道高速公路，设计速度80公里/时。2013年动工，2016年9月9日，港珠澳大桥珠海连接线加林山隧道及两端互通立交正式通车，并通过太澳高速、广珠西线高速、沿海高速等接入国家高速公路网，亦是横琴与珠海主城区接驳的又一条快速道路。

▲2018年建成的横琴隧道（珠海市交通运输局办公室提供）

长湾隧道 位于珠海横琴新区富祥湾路以南，环岛南路以北，横穿长隆野生动物王国。隧道为二类B级，东线起讫里程EK0+206～EK1+278，全长1072米；隧道西线起讫里程为WK0+210～WK1+235，全长1025米，双向六车道，设计车速50公里/时。2016年10月动工建设，2019年1月竣工。

长隆隧道 横琴新区的城市隧道，全长2308米，设计速度60公里/时，双向四车道小净距隧道，左洞起于K2+700，止于K5+000，长2300米；右洞起于K2+700，止于K5+008。2011年3月动工，2012年12月建成通车。

西环隧道 位于横琴环岛西路南段，长580米。道路等级为城市主干路，设计速度60公里/时，双向四车道小净距隧道。隧道工程包括隧道主体、排水、电力、通讯、照明、消防等系统设施，2011年3月动工建设，2012年12月正式通车。

表 2-3-6-5

珠海辖区公路隧道综合情况表

年份	隧道		特长隧道		长隧道		中隧道		短隧道	
	总数（道）	长度（延米）	小计（道）	长度（延米）	小计（道）	长度（延米）	小计（道）	长度（延米）	小计（道）	长度（延米）
2003 年	1	430	—	—	—	—	—	—	1	430
2004 年	1	430	—	—	—	—	—	—	1	430
2005 年	1	430	—	—	—	—	—	—	1	430
2006 年	2	1097	—	—	—	—	1	667	1	430
2007 年	2	1097	—	—	—	—	1	667	1	430
2008 年	2	1097	—	—	—	—	1	667	1	430
2009 年	2	1097	—	—	—	—	1	667	1	430
2010 年	2	1097	—	—	—	—	1	667	1	430
2011 年	3	1755	—	—	—	—	2	1325	1	430
2014 年	12	12012	—	—	4	8568	2	1325	6	2119
2015 年	12	12012	—	—	4	8568	2	1325	6	2119
2016 年	14	19300	2	7291	4	8568	2	1325	6	2119
2017 年	14	19300	2	7291	4	8568	2	1325	6	2119
2018 年	18	37800	4	20699	6 道	13700	2	1325	6	2119

说明：截至2018年全市有隧道15座，其中公路隧道9座/18道，市政道路隧道6座。

表 2-3-6-6

2018 年珠海市隧道基本情况表

序号	隧道名称	路线编号	路线名称	技术等级	隧道长度（延米）	隧道净宽（米）	隧道净高（米）	分类	建成通车时间
1	加林山隧道	G94	珠三角环线高速	高速	3650.000	14.250	5.100	特长隧道	2016-09-09
	加林山隧道	G94	珠三角环线高速	高速	3641.000	14.250	5.100	特长隧道	2016-09-09
2	拱北隧道右洞	G94	珠三角环线高速	高速	2375.000	14.250	5.100	长隧道	2018-10-24
	拱北隧道左洞	G94	珠三角环线高速	高速	2741.060	14.250	5.100	长隧道	2018-10-24

续表 2-3-6-6

序号	隧道名称	路线编号	路线名称	技术等级	隧道长度（延米）	隧道净宽（米）	隧道净高（米）	分类	建成通车时间
3	港珠澳大桥沉管隧道下行	G94	珠三角环线高速	高速	6704.000	14.250	5.100	特长隧道	2018-10-24
	港珠澳大桥沉管隧道上行	G94	珠三角环线高速	高速	6704.000	14.250	5.100	特长隧道	2018-10-24
4	和风山隧道（下行）	S32	西部沿海高速	高速	658.000	23.000	5.500	中隧道	2005-01-01
	和风山隧道（上行）	S32	西部沿海高速	高速	667.000	23.000	5.500	中隧道	2005-01-01
5	锅盖栋隧道（下行）	S3211	西部沿海高速珠海机场联络线	高速	2825.000	22.800	7.400	长隧道	2013-11-28
	锅盖栋隧道（上行）	S3211	西部沿海高速珠海机场联络线	高速	2833.000	22.800	7.400	长隧道	2013-11-28
6	乾北隧道（上行）	S3211	西部沿海高速珠海机场联络线	高速	204.000	22.800	7.400	短隧道	2013-11-28
	乾北隧道（下行）	S3211	西部沿海高速珠海机场联络线	高速	202.000	22.800	7.400	短隧道	2013-11-28
7	鱼林隧道（下行）	S3211	西部沿海高速珠海机场联络线	高速	430.000	22.800	7.400	短隧道	2013-11-28
	鱼林隧道（上行）	S3211	西部沿海高速珠海机场联络线	高速	423.000	22.800	7.400	短隧道	2013-11-28
8	眼浪山隧道（下行）	S3211	西部沿海高速珠海机场联络线	高速	1440.000	22.800	7.400	长隧道	2013-11-28
	眼浪山隧道（上行）	S3211	西部沿海高速珠海机场联络线	高速	1470.000	22.800	7.400	长隧道	2013-11-28
9	阳光咀隧道（下行）	X587	机红线	一级	430.000	24.400	8.600	短隧道	1998-11-26
	阳光咀隧道（上行）	X587	机红线	一级	430.000	24.400	8.600	短隧道	1998-10-01
10	板樟山隧道	—	—	—	1210	—	—	—	1990 年（下行通车）、1992 年（上行通车）
11	凤凰山隧道	—	—	—	1672（上行）、1647（下行）	—	—	—	2012-11
12	横琴隧道	—	—	—	2244	—	—	—	2018-11
13	长隆隧道	—	—	—	2300	—	—	—	2012-12
14	西环隧道	—	—	—	580	—	—	—	2012-12
15	长湾隧道	—	—	1025 米	东线 1072 米 西线 1025 米	—	—	—	—

说明：板樟山隧道、凤凰山隧道、横琴隧道、长隆隧道、西环隧道、长湾隧道属市政道路隧道。

第七节　建设单位

● 珠海交通集团有限公司

简称珠海交通集团。2008年12月12日成立，是珠海市国资委属下的全资国有独资企业，注册资本26.41亿元，主要从事珠海市交通基础设施项目的投资、融资、建设及营运管理工作。公司下辖珠海交通集团路桥开发建设有限公司、珠海市汇畅交通投资有限公司、珠海高栏港铁路股份有限公司、广珠铁路物流发展股份有限公司、珠海路晟发展有限公司、珠海香海大桥有限公司、珠海洪鹤大桥有限公司、珠海鹤港高速公路有限公司、珠海路讯科技有限公司、珠海市金叶发展有限公司、珠海交通工程技术有限公司、珠海金海公路大桥有限公司等17家子公司，在册员工474人。截至2018年底，珠海交通集团承担高栏港高速公路、机场高速公路、洪鹤大桥、香海大桥、凤凰山隧道等已建、在建和拟建的交通项目68个，总投资达650亿元。完成交通项目投资额约240.5亿元；资产总额为331亿元；净资产为151.54亿元。

珠海交通集团始终把工程质量当作企业生命看待，苦练内功，砥砺前行，全面推行“双标管理”，打造精品工程，努力提高工程管理水平，已完工交工验收项目综合评分均达到优良等级，截至2018年底获行业类奖项42个，其中国家级奖项9个，省级奖项21个。交通建设管理水平被省交通运输厅称为市级管理的典范。

▲珠海交通集团有限公司办公楼（珠海交通集团提供）　拍摄时间：2014.12.30

珠海城市建设集团有限公司

简称珠海城建集团。2009年7月，在原珠海市城市资产经营有限公司基础上更名设立的国有独资集团公司。属珠海市政府公司类投融资平台，承担着政府重大项目融资建设任务。企业经营范围涉及市政基础设施投资建设、城市公共资源（公产房、停车场、户外广告设施等）经营、公园建管等。公司注册资本金约37.04亿元。2018年底，公司资产总额129.04亿元，净资产112.08亿元，员工870人。办公地址在珠海香洲区人民西路635号，办公场地面积1.52万平方米。珠海城建集团下辖全资、控股或参股公司共29家，其中下属全资子公司有珠海城建市政建设有限公司、珠海市工程监理有限公司、珠海市粤华园林绿化建设管理有限公司、珠海晟华园林建设管理有限公司、珠海城建公共自行车有限公司、珠海城建地产开发有限公司、珠海城建鹤洲建设开发有限公司、珠海城建投资开发有限公司、珠海城建资产经营管理有限公司、珠海城建海韵资产经营管理有限公司、珠海城建现代交通有限公司、广东城智科技有限公司、珠海城建智慧能源有限公司、珠海城建节能科技有限公司、珠海智慧新能源投资有限公司、佛山城智新能源有限公司。承担建设的市政道路工程有金凤路、梅华西路、吉大路、银桦路、迎宾北路、翠微路、粤海路、桂花路、凤凰路、珠海大道、情侣北路（南段）片区、造贝路（前山河东岸）、柠溪路、紫荆路、翠香路、明珠路、港昌路、三台石路北延段、南琴路等多条市政道路工程和白石桥、板樟山新增隧道、兴业快线（南段）、有轨电车TOD等多项建设工程。

珠海航空城发展集团有限公司

简称珠海航空城集团。2009年5月成立，是珠海市仅有的一家以航空运输、通用航空运营制造及珠海航空产业园开发建设为主营业务的特定功能型国企集团。2012年9月，与珠海机场集团公司合并重组，实行两块牌子，一套人员，旗下拥有珠海金湾机场、珠海通用机场、阳江合山机场及珠海航空城工程建设有限公司、珠海市第二城市开发有限公司、珠海航空城置业发展有限公司、珠海市道路照明技术有限公司、珠海航空城沙石土有限公司、珠海市建设工程监理有限公司、珠海通用机场投资建设有限公司、阳江航空城机场投资控股有限公司、珠海航空城物流有限公司、珠海航空城通航飞行服务有限公司等10多家全资子公司，同时拥有珠港机场管理有限公司45%股权。

珠海航空城集团现有民航运输、通用航空运营、航空产业园开发等三大核心业务板块。珠海金湾机场为首的民航运输板块2018年旅客吞吐量突破1000万人次，进入千万级大型枢纽机场行列，成为近年来中南地区旅客吞吐量增长最快的机场之一。通用航空运营板块正加速构建由珠海通用机场、阳江合山机场、罗定机场、珠海通航飞行服务站、“珠海－阳江－罗定”低空航线等构成的西部地区通用航空运营保障服务体系。航空产业园开发板块围绕珠海航空产业园发展目标，陆续启动产业园99平方公里范围内的基础设施开发建设。珠海航空城集团成为“珠海航空产业国家高新技术产业基地”“国家新型工业化产业示范基地”。

2009年5月，市政府批复同意《珠海航空城发展集团有限公司组建方案》，通过划拨方式将珠海机场集团公司、珠海市商联投资控股有限公司以及珠海交通集团有限公司持有的珠海市珠港机场管理有限公司45%股权注入，成立珠海航空城发展集团有限公司董事会、监事会。

2012年8月，以珠海航空城集团为主体，对珠海机场集团公司进行深化重组。调整管理架构、整合业务资源，构建两块牌子、一套人员的管理模式。重组后的航空城集团和机场集团深度融合为一个有机整体，具备机场监管与协调、国有资产管理、航空产业园建设三大功能，成为集航空运输业和通用航空产业投资、建设及运营为一体的管理平台。2015年4月，集团组织机构调整，设置综合事务部、人力资源部、党群监察部、财务会计部、战略发展部、机场事务部、通航事业部、工程建设部、资产经营部。其中资产经营部加挂安全生产办公室牌子，财务会计部下设金融办公室。

第四章 港珠澳大桥

第一节 概况

1983年开始规划香港与珠海的伶仃洋大桥。1998年，国务院正式批准伶仃洋跨海大桥工程项目。1999—2002年期间，伶仃洋大桥工程项目搁置。2003年8月，启动港珠澳大桥前期工作。2009年12月15日港珠澳大桥动工建设，2017年7月7日实现主体工程全线贯通，2018年2月6日完成主体工程验收。2018年10月23日上午，港珠澳大桥开通仪式在广东珠海举行，10月24日上午9时正式运营。

港珠澳大桥东接香港特别行政区，西接广东省珠海市和澳门特别行政区，是国家高速公路网规划中珠江三角洲地区环线的组成部分和跨越伶仃洋海域的关键性工程，是连接珠江东西两岸的公路运输通道。港珠澳大桥工程包括海中桥隧主体工程，香港、珠海和澳门三地口岸，以及香港、珠海、澳门三地连接线。根据达成的共识，海中桥隧主体工程（粤港分界线至珠海和澳门口岸段，下同）由粤港澳三地共同建设；三地口岸和连接线由三地各自建设。工程路线起自香港国际机场附近的香港口岸人工岛，向西接珠海、澳门口岸人工岛、珠海连接线，止于珠海洪湾，总长约55公里（其中珠澳口岸到香港口岸约41.6公里）。其中，粤港澳三地共同建设的主体工程长约29.6公里，由港珠澳大桥管理局负责建设和运营管理。主体工程采用桥岛隧结合方案，穿越伶仃航道和龙鼓西航道段约6.7公里采用隧道方案，其余路段约22.9公里采用桥梁方案。为实现桥隧转换和设置通风井，主体工程隧道两端各设置一个海中人工岛，东人工岛（蓝海豚岛）东边缘距粤港分界线约150米，西人工岛（白海豚岛）东边缘距伶仃航道约1800米，两人工岛最近边缘间距约5250米。

海中桥隧主体工程采用双向六车道高速公路标准建设，设计速度100公里/小时，桥梁总宽33.1米，隧道宽度2×14.25米、净高5.1米。全线桥涵设计汽车荷载等级采用公路-Ⅰ级，同时满足香港《Structure Design米anual for Highways and Railways》中规定的活载要求，大桥的设计使用寿命120年。其他技术标准符合原交通部颁发的《公路工程技术标准》（JTGB 01—2003）中的规定。通航标准按交通运输部《关于港珠澳大桥通航净空尺度和技术要求的批复》（〔2008〕97号）执行。

口岸采用“三地三检”模式，分别由各方建设、各自独立管辖。香港口岸区设置在香港境内；内地（珠海）口岸和澳门口岸在澳门明珠点附近内地水域填海同岛设置。内地（珠海）口岸和澳门口岸人工岛填海总面积约208.87公顷，分为4个主要区域，包括港珠澳大桥主体工程管理区、珠海连接线衔接区、珠海口岸管理区和澳门口岸管理区。

珠海连接线起自珠海口岸人工岛，经湾仔、珠海保税区北，止于珠海洪湾，接拟建的珠江三角洲地区环线高速公路珠海南屏至洪湾段，全长约13.4公里，采用双向六车道高速公路标准建设，设计速度为80公里/时，路基宽度32米，桥梁总宽31.5米，隧道宽度2×14米。全线桥涵设计汽车荷载等级采用公路-Ⅰ级，其他技术指标符合原交通部颁发的《公路工程技术标准》（JTGB 01—2003）中的规定。

港珠澳大桥主桥设3座大跨度钢结构斜拉桥，每座主桥均有独特的艺术构思。其中青州航道桥塔顶结形撑吸收“中国结”文化元素，将最初的直角、直线造型“曲线化”，使桥塔显得纤巧灵动、精致优雅。江海直达船航道桥主塔塔冠造型取自“白海豚”元素，与海豚保护区的海洋文化相结合。九洲航道桥主塔造型取自“风帆”，寓意“扬帆起航”，与江海航道桥塔身形成序列化造型效果，桥塔整体造型优美、亲和力强，具有强烈的地标韵味。东西人工岛汲取“蚝贝”元素，如伶仃双贝熠熠生辉。香港口岸的整体设计富于创新，且美观、符合能源效益。旅检大楼采用波浪形顶篷设计，为支撑顶篷，大楼的支柱呈树状，下方为圆锥形，上方为枝杈状展开。最靠近珠海市的收费站设计成弧形，前面是一个钢柱，后面有几根钢索拉住，就像一个巨大的锚。大桥水上和水下部分的高差近100米，既有横向曲线又有纵向高低，整体如一条丝带一样纤细轻盈，把多个节点串起来，寓意“珠联璧合”。珠海连接线前山特大桥采用波形钢腹板预应力组合箱梁方案，采用符合绿色生态特质的天蓝色涂装方案，造型轻巧美观，与当地自然生态景观浑然一体；桥体矫健轻盈，似长虹卧波，天蓝色波形腹板与前山河水道遥相辉映，如同水天一色，在风起云涌之间形成一道绚丽的风景线。三方共建的海中桥隧主体工程估算投资约480亿元。项目资本金为人民币204.18亿元，资本金以外部分建设资金由项目法人（即港珠澳大桥管理局）根据内地适用法律通过银行贷款解决。

第二节　规划设计

2002年，经历亚洲金融危机后的香港，为振兴经济，寻找新的经济增长点，向中央政府提出修建港珠澳大桥的建议。同年7月，国家发展和改革委员会与香港特区政府共同委托有关部门完成《香港与珠江西岸交通联系研究》，研究表明港珠澳大桥的建设具有重大的政治及经济意义。在北京召开的第四次内地与香港大型基础设施协作会议上，粤港澳及珠海市代表确认了港珠澳大桥的必要性及迫切性，并一致认为，港珠澳大桥具有特别的政治、经济意义，可达至多项宏观社会经济效益，项目应尽早进行。

▲港珠澳大桥的曲线设计（港珠澳大桥管理局提供）

2003年8月4日，国务院正式批准粤港澳三地政府开展港珠澳大桥前期工作，同意粤、港、澳三地成立“港珠澳大桥前期工作协调小组”（简称协调小组），并于29日在广州召开由香港特别行政区政府、广东省人民政府及澳门特别行政区政府代表组成的港珠澳大桥前期工作协调小组第一次会议。2004年3月，港珠澳大桥前期工作协调小组办公室成立，全面启动港珠澳大桥各项建设前期工作。港珠澳大桥，是我国第一个粤港澳三地共建的大型跨境公共设施，其独一无二属性的背后，存在着内地与港澳地区在政策法规、管理体制、办事程序、技术标准、思维习惯等多方面的差异，决策者们必须第一时间解决“三地共建”必然产生的协调与运转问题。港珠澳大桥前期工作协调小组，由粤、港、澳三地政府各派代表组成，港方为召集人，协调小组需对项目的各项工作做决策。6年前期工作，协调小组共召开9次会议，内容涉及对大桥线位方案、口岸管理模式、协调通航标准、白海豚自然保护区、投融资方案、三地框架协议等事项的研究、讨论与决策。

港珠澳大桥前期工作协调小组办公室（简称前期办），是项目管理的具体实施机构。对上向协调小组和港珠澳大桥专责小组（简称专责小组）汇报，对下与科研合作单位“公规院”共同进行工程可行性研究工作（包括37项专题研究），并开展项目整体规划、项目管理创新等工作。

港珠澳大桥专责小组，由国家发展和改革委员会、交通运输部、国务院港澳事务办公室和粤港澳三地政府代表组成，以协调各方，加快港珠澳大桥建设进展。前期工作期间执行的一套决策，统一流程为前期办提出方案，提交协调小组讨论研究，在三地政府各自考量、达成共识后方可执行。涉及中央事权的重大问题，由专责小组直接参与协调。

港珠澳大桥工程可行性研究（简称工可研究）是前期工作所需完成的一项重要工作，必须得到批复，工程才得以立项。前期办不仅面对着数量繁多、内容复杂的研究课题，工作中更需满足三方程序规范，每一位成员虽是业内精英，却不能仅局限于“术业专攻”，工作的要求倒逼他们必须持续学习，成为兼具综合专业素养的多面手。2005—2008年期间，由于三方对于口岸模式、投融资模式等问题一直争论不休，难达共识，一度陷入僵局。与工可研究同步进行的，是港珠澳大桥建设管理整体规划以及标准体系的研究。最为核心的是研究透彻建成怎样的港珠澳大桥，如何将港珠澳大桥建设成三地最优的跨海通道。前期办将这个初步目标变得更为清晰化，提纲挈领地提出大桥愿景为“一国两制三地”的伶仃洋海域建一座融合经济、文化、心理之桥梁，使香港、广东、澳门成为世界级的区域中心。目标是建设世界级跨海通道，为用户提供优质服务，成为地标性建筑。前期办在联合相关专题单位对国内外的大型工程进行考察与调研后，经过严谨的研究和论证从标准体系建立层面，提出设计标准、施工规范标准、检验评定标准、运营维护标准和费用标准5个标准。在管理层面，《港珠澳大桥信息化建设规划》《港珠澳大桥质量管理规划大纲》《港珠澳大桥职业健康、安全、环境保护（HSE）管理规划大纲》相继出炉，数易其稿后，《港珠澳大桥主体工程建设项目管理规划大纲》及《港珠澳大桥主体工程项目管理制度》最终成型，为港珠澳大桥主体工程规范高效运作打下坚实基础。在各方力量及前期办的不断推进和努力下，项目也逐渐明朗化，关键性问题陆续得以解决。

2005年4月2日，桥隧组合方案在港珠澳大桥前期工作小组第五次会议中经粤、港、澳三方政府同意后得以确定。2005年4月3日，大桥落脚点问题解决。2007年1月，明确口岸查验采用“三地三检”模式。2008年8月，最终确定采用“政府全额出资本金方式”作为大桥海中桥隧主体工程的投融资模式，并提出效益费用比概念，解决三方出资比例问题。同年12月29日，广东省发展改革委向国家发改委上报《关于上报港珠澳大桥工程可行性研究报告的请示》；12月31日清晨，前期办的代表将上报港珠澳大桥可行性报告的请示及项目可行性报告分别送至国家发展改革委、国务院港澳办、交通运输部和中国国际工程咨询公司。2009年1月，香港、广东省和澳门政府在内地对港珠澳大桥主桥贷款银团牵头行进行公开招标。同年3月，三地政府在财务顾问协助下，确定中国银行为大桥主桥的贷款牵头银行，组建银团，提供贷款。同年8月11日，国家海洋局出具《关于港珠澳大桥工程环境影响报告书核准意见的复函》，核准港珠澳大桥工程环境影响报告书。在一系列关键问题解决后，港珠澳大桥项目的推进走上“快车道”。

2009年3月13日，时任国务院总理温家宝在回答中外记者提问时明确：“港珠澳大桥融资问题已经解决，各项准备工作加紧进行，年内一定开工。”2009年8月13日，交通运输部出具《关于港珠澳大桥可行性研究报告的审查意见》，同意建设港珠澳大桥。2009年10月28日，时任国务院总理温家宝主持召开国务院常务会议，批准港珠澳大桥工程可行性研究报告。港珠澳大桥前期工作秉承“客观科学、求真务实，兼容并蓄、敢于突破，忍辱负重、甘愿奉献，未雨绸缪、积极进取”的“大桥精神”，经历6年的迷茫与质疑，坚忍与守望，前期工作结束，港珠澳大桥正式进入实施阶段。

第三节 建设施工

2009年12月15日，时任国务院副总理李克强在珠海宣布港珠澳大桥正式开工。为实现“建设世界级跨海通道，为用户提供优质服务，成为地标性建筑”的宏伟目标，在建设过程中不断完善管理体制，加强工程管理，严格工程质量监管体系，保证工程顺利实施。

● 管理机制

港珠澳大桥作为粤港澳首次共建的大型跨境交通工程，无先例可循，三方在前期工作阶段已为相互的磨合付出巨大努力，取得成果，为工程建设实施打下坚实基础。为促进“三地共建”工程的良性运转、科学管理，在中央政府的大力支持下，建设期先后设立“专责小组、三地联合工作委员会（简称三地委）、项目法人”三个层面的港珠澳大桥建设协调与决策管理机制。“专责小组”由国家发展改革委牵头，交通运输部、国务院港澳事务办公室和粤港澳三方政府参加，负责协调与中央事权有关的事项。“三地委”由粤港澳三地政府共同组建，广东省人民政府作为召集人，主要协调与项目建设有关的公共事务并对项目法人进行监管。项目法人“港珠澳大桥管理局”，于2010年7月成立，由香港特别行政区、广东省人民政府、澳门特别行政区政府共同参与，负责大桥主体部分的建设、运营、维护和管理的组织实施工作。交通运输部牵头成立“技术专家组”，对重大技术方案、施工方案论证及重大工程问题处理措施等方面提供咨询和技术支持，以保障项目建设的顺畅运转。

● 工程管理

港珠澳大桥位于珠江口伶仃洋水域，项目涉及水文泥沙、地质、白海豚保护、防洪、防台风和满足通航、海事、航空限高等复杂建设难题。立足宏大、高远的建设目标，应对项目史无前例的特点、难点，项目管理者们在经过广泛调研、深入研究与总结的基础上，逐渐形成四大创新管理理念，包括“全寿命周期规划，需求引导设计；大型化、标准化、工厂化、装配化；立足自主创新，整合全球优势资源；绿色环保，可持续发展”。内容涵盖设计、施工、生态环保等多个领域，促进中国交通建设行业工程施工技术及项目管理水平的全面提升，引领港珠澳大桥超级工程的建设。

项目技术标准，按照三地确定的技术标准“就高不就低”的原则，充分吸取香港地区及相关国际标准的长处，逐步建立完整的项目技术标准体系，包括设计标准体系、施工标准体系、施工及质量验收标准体系、营运维护标准体系。不仅支撑了工程建设，填补中国海洋环境下交通建设技术标准方面的空白，其中部分标准体系还上升为地方标准和公路行业标准，为中国桥梁“出海”和“一带一路”基础设施建设奠定一定的技术基础。

伙伴关系理念，就是“互信、协商、共赢”，激发建设、设计、施工、监理、咨询、科研、试验检测、材料等各方共赢与良性互动。通过合同关系形成工程共同体；通过共同的目标形成命运共同体；充分发挥建设者的主观能动性，最终实现高效的组织、文明的施工、创新的成果和可靠的质量。

工程质量管理方面，参考引进香港、澳门和内地高铁建设对混凝土生产推行的产品认证制度，实行首件制工程认可制；同时引进设计及施工咨询、质量管理顾问、试验检验中心、测量中心，充实法人质量管理队伍。

安全环保管理方面，借鉴石油行业的经验，建立职业健康、安全与环境（HSE）一体化管理体系和HSE应急保障体系，组建跨境环保联络小组，并与海事部门紧密协作，全面加强海上通航安全监管，为工程建设安全保驾护航。

施工管理方面，根据项目特性，在钢箱梁制造板块，提出“工厂化、机械化、智能化、信息化”的钢箱梁板单元全自动生产线理念，推动钢箱梁制造行业创新和改进，使中国钢结构加工制造水平一跃进入世界前列；在桥面铺装板块，提出铺装“四保”理念，即以认证保材料，以考核保人员，以设备保工艺，以工艺保质量，保障“人机物法环”各要素均达到高水准。

工程建设

项目包括海中桥隧主体工程，三地连接线和三地口岸，总长约55公里，涉及跨海桥梁、海底隧道、外海人工岛填筑、交通机电、路面、房建等多个领域，是集岛、隧、桥、路等各专业为一体的超级综合集群项目，复杂程度极高，项目总投资超过1000亿元。在建设目标的引领下，港珠澳大桥更是打破惯例，提出120年设计使用寿命的要求。

面对庞大的建设任务，“谁来建”是建设实施的第一步。港珠澳大桥管理局在系统分析港珠澳大桥项目的边界条件，经过深度策划、多维度的市场调查后，制定《港珠澳大桥招标管理规划》，将港珠澳大桥主体工程分为40个标段。根据不同标段工程的不同特点，采取不同形式开展招标工作。按照工期不同、难度不同等客观特性，有条不紊地招标，聚集国内外精英、来自五湖四海的万人建设团队。

港珠澳大桥标准高、要求严，建设难度大，建设者们只能迎难而上。在立足自主创新、整合全球资源的基础上，一系列为破解难题而产生的新材料、新技术、新装备应运而生，不仅提高了中国基础设施的建设水平，推动装备制造业的提升，更在多个领域填补中国行业标准和国家标准的空白，诸多施工工艺及标准达到国际领先水平。

2010年，“港珠澳大桥跨海集群工程建设关键技术与示范”被正式列入“十一五”国家科技支撑计划，由交通运输部组织实施，参与研究的有21家企事业单位、8所高等院校，形成以企业为龙头，产学研相结合，覆盖桥、岛、隧工程全产业链的“智囊团”。科研队伍超过500人，共设5个大课题、19个子课题、73项课题研究。研究成果包括项目创新工法31项、创新软件13项、创新装备31项、创新产品3项，申请专利454项。一系列研究成果大范围应用于项目实践，解决工程建设中的重点难题，有力支撑港珠澳大桥工程建设，推动中国大型跨海通道工程技术快速发展。

2011年5月15日，岛隧工程西人工岛首个钢圆筒打设成功，同年9月11日，西人工岛顺利成岛；12月21日，东人工岛顺利成岛。2012年5月，岛隧工程沉管管节预制启动；7月，桥梁工程钢结构制造和土建工程动工。2013年1月22日，岛隧工程首批沉管E1、E2管节顺利通过验收；5月6日，经过95个小时艰苦鏖战，E1管节顺利完成浮运、沉放和安装任务。同年6月20日，“无水空间”下国内首个整体埋置式墩台成功安装，开启海上装配化作业阶段。

2013年7月30日开始，经过近28小时的艰苦奋战，隧道工程首节180米标准管节（E3）顺利完成浮运安装任务，实现国内首次外海无掩护、深水条件下的大型沉管安装。2014年1月19日，港珠澳大桥首跨钢箱梁（长132.6米，宽33.1米，重2815吨）在深海区架设完成；3月17日，第二跨钢箱梁架设成功，与首跨钢箱梁顺利对接；8月19日岛隧工程E12管节安装成功，隧道建设经受最大水深46米的考验；12月14日，桥梁工程桩基础施工完成。

2015年3月26日，岛隧工程E15沉管历经三次浮运，两次返航后，终于安装对接圆满成功；5月3日，青州航道桥首个索塔结形撑吊装完成，具有景观标志的“中国结”屹立伶仃洋上；5月11日，九洲航道桥主塔207号上塔柱整体竖转提升到位，扬起双帆。2016年6月2日，江海航道桥第三座“海豚”塔吊装成功，港珠澳大桥7座桥塔施工全部完成。2016年9月27日，主体工程桥梁工程全线贯通；12月26日，岛隧工程管节预制全部完成。2017年3月7日，海底隧道最后一节沉管E30安装成功，距最终合龙仅差12米；5月2日，海底沉管隧道最终接头吊装到指定位置，完成临时止水作业，并于5日凌晨精调到位；7月7日，港珠澳大桥海底隧道暨大桥主体工程顺利贯通；7月27日，桥梁工程主线桥面铺装完成；12月4日，港珠澳大桥首条区间线路一次送电成功，同时国内独一无二的兼容识别粤港澳三地车牌的收费车道带电测试；12月15日，港珠澳大桥主体工程桥梁段供水管道贯通；12月28日，主体工程通信干线贯通；12月31日，港珠澳大桥主体工程点亮全线灯光，施工任务基本完成。2018年2月6日，港珠澳大桥主体工程顺利通过交工验收；3月29日，主体工程完成消防验收；4月2日，主体工程全面启动各项营运业务模拟运行。

2018年10月23日上午，港珠澳大桥开通仪式在广东珠海举行。中共中央总书记、国家主席、中央军委主席习近平出席仪式宣布大桥正式开通并巡览大桥，代表党中央向参与大桥设计、建设、管理的广大人员表示衷心的感谢并致以诚挚的问候。中共中央政治局委员、广东省委书记李希，香港特别行政区行政长官林郑月娥，澳门特别行政区行政长官崔世安和中共中央政治局常委、国务院副总理韩正先后致辞。开通仪式结束后，习近平等乘车从珠海口岸旅检大楼出发巡览港珠澳大桥，登上东人工岛西侧平台眺望大桥，会见大桥管理和施工等

▲港珠澳大桥霞光夜景（港珠澳大桥管理局提供）

方面的代表。习近平指出，港珠澳大桥是国家工程、国之重器。港珠澳大桥的建设创下多项世界之最，非常了不起，体现了一个国家逢山开路、遇水架桥的奋斗精神，体现了我国综合国力、自主创新能力，体现了勇创世界一流的民族志气。这是一座圆梦桥、同心桥、自信桥、复兴桥。大桥建成通车，进一步坚定了我们对中国特

色社会主义的道路自信、理论自信、制度自信、文化自信，充分说明社会主义是干出来的，新时代也是干出来的！对港珠澳大桥这样的重大工程，既要高质量建设好，全力打造精品工程、样板工程、平安工程、廉洁工程，又要用好管好大桥，为粤港澳大湾区建设发挥重要作用。

港珠澳大桥被业界誉为桥梁界的“珠穆朗玛峰”，被英媒《卫报》称为“现代世界七大奇迹”之一；不仅代表中国桥梁先进水平，更是国家综合国力的体现。建设港珠澳大桥是中央政府支持香港、澳门和珠三角地区城市快速发展的一项重大举措，是“一国两制”下粤港澳密切合作的重大成果。港珠澳大桥留下了一项项震撼人心的世界纪录。港珠澳大桥是世界总体跨度最长，钢结构桥体最长，海底隧道最长的跨海大桥；也是世界公路建设史上技术最复杂、施工难度最大、工程规模最庞大的桥梁。

港珠澳大桥整体景观文化的主题来源，江海航道桥3个海豚的造型，一方面是喻指中华白海豚，另一方面是粤港澳三地。桥梁景观设计的思路就是展现粤港澳三地的合作文化，展现伶仃洋的海洋文化。九洲航道桥所采用的是风帆造型，寓意一帆风顺。青州航道桥所采用的中国结造型，是中华民族关于团结共同的记忆，也寓意着三地通力合作、共同建设的“世纪工程”。

● 奖项和专利

港珠澳大桥沉管隧道基床回淤监测及预警预报系统研发与应用研究获中国航海科技进步一等奖；外海深插钢圆筒快速筑岛技术获中国航海学会科学技术奖特等奖；港珠澳大桥装配化桥梁建设套技术获中国交建科学技术奖特等奖；混凝土预制构件用养护棚、一种泵送混凝土的降温装置、一种控温型输料系统、混凝土凝结状态的实测系统项目获中国国家实用新型发明专利；热轧板带钢新一代控轧控冷技术及应用项目获中国国家科技进步二等奖。2018年11月3日，广东省发布第十期“南粤楷模”，港珠澳大桥建设者群体荣获“南粤楷模”称号。2018年，港珠澳大桥工程先后获《美国工程新闻纪录》（ENR）评选的2018年度全球最佳桥隧项目奖、国际隧道协会“2018年度重大工程奖”和英国土木工程师学会（ICE）期刊*NEW CIVIL ENGINEER*评选的“2018年度隧道工程奖（10亿美元以上）”。

第四节　管理运营

● 管理机构

港珠澳大桥的管理机构为港珠澳大桥管理局，由广东省、香港和澳门三地政府共同组建成立，承担大桥主体部分建设、运营、维护和管理的组织实施等工作。港珠澳大桥采取“三地三检”通关模式，其中珠海、澳门之间采用“合作查验、一次放行”通关模式；司机在大桥中驾驶采用右行方式，到达

▲港珠澳大桥收费站（港珠澳大桥管理局提供）

港澳口岸地区后顺着道路方向自动调整为左行方式。“合作查验，一次放行”模式，即取消珠海、澳门两地口岸间的缓冲区，直接把两个口岸连在一起，旅客只需要排一次队即可完成出入境手续。在珠澳分界线上，设有“三道门全自助通道”、“单柜台半自助通道”和“台并台、肩并肩人工通道”三类通道，可满足不同人群需要，出入境通道共计68条。

● 票制票价

2018年8月26日，港珠澳大桥的收费标准出炉。小型客车（私家车、出租车）150元/车次；大型客车（过境巴士）200元/车次；穿梭巴士300元/车次；普通货车60元/车次，货柜车115元/车次，费用以人民币进行结算。

2018年10月19日，港珠澳大桥穿梭巴士有限公司正式发布穿梭巴士票价，港珠线与港澳线同价，以人民币计算；日间正价票价为58元，时间为每日06：00—23：59；夜间正价票价为63元，时间为每日00：00—05：59。运营初期，繁忙时段车辆为5～10分钟一班，夜间为15～30分钟一班，并视客流量调整班次时间。支持多种方式付款，乘客在珠海口岸可以使用人民币和多种常用支付平台购票；3岁以下不占座位的幼童免费，可购买优惠票价的人员包括不足12岁或身高不足1.2米儿童、伤残人士和65岁及以上老人，车票按正价5折优惠。

2018年10月21日，港珠澳大桥管理局发布《港珠澳大桥通行指南》，对大桥路线、车辆通行、三地口岸通关、通行收费、安全保障、配套服务等方面进行详细介绍。

2018年12月1日起，对批文有效期截止日期为2018年10月1日至12月31日的澳门私家车（已办理和未办理批文延期的车辆）和所有粤澳公务车可免签通行港珠澳大桥口岸。根据港珠澳大桥管理局通知，港珠澳大桥路段执行中国节假日高速公路免费通行的政策。

● 交通流量

2018年10月28日，港珠澳大桥全天车流量达3120辆次。截至2018年12月24日，港珠澳大桥珠海公路口岸共验放旅客超过290万人次。截至2019年10月23日，大桥开通一周年经大桥往来三地口岸旅客总计2443.45万人次，大桥收费站总车流153.72万车次。

第五章　公路运输

1901年前，珠海境内交通运输以水路运输为主体，金星门水道是连接中山、珠海、澳门的主要水道。凤凰山古道、长南迳古道、古鹤古道（淇澳古道珠海段）是珠海与外界联系的主要陆路通道。客运交通工具有轿子、黄包车、手推车。轿子一般分两类，一类是用竹椅，两边各一根竹杠用绳子扎固，坐轿子的多为族老，每逢本族喜庆，在本族安排两个挑夫抬着走；也有用4个挑夫抬着走的，但坐这类轿子的多属达官贵人。第二类是用大红花轿，作男婚女嫁之用，由男家出资租用到女家接新娘子。出嫁女子是原配身份，才有资格享用，再婚的女子不能坐轿。清末和民国时期，出现单车作为公路交通工具后，第二任娘子也可乘单车到夫家落户。20世纪初澳门出版的《文寿阁诗钞》中，亦有一首诗描述葡童玩单车的热闹情景，“笑指葡童八九龄，闹车游戏过园亭，胜优败劣原公理，手段全凭运动灵”。澳门有了单车后，成为富家往返澳门珠海两地的代步交通工具。

1927年，岐关公路开始修建，边筑路，边运营，工程完工前有4辆客车运行，每日每辆车往返澳门—翠微间近20次。1928年8月15日，获得澳门市政厅的汽车运输专营权，车辆可在澳门沿途上客。1933年，公司已拥有大小客车97辆，自由车21辆，后备大小客车8辆，后备自由车9辆以及各种工程车10多辆。1936年岐关公路全线通车，东西两线设38个站点。1933年，公司总资产达到190多万元。1928年，岐关车路营运额9.45万元，1929年21.98万元，1930年39.90万元，1931年64.80万元。1936年岐关公司利润10.10万元，1937年20.90万元，1938年又升至31万元，1939年32.80万元。

1937年前，珠海至澳门陆上交通票价不同，码头至珠海主城区人力车约角半，特别事往各处须候车每小时4角；汽车每小时港币3元；码头至主城区轿价约6角；码头至主城区挑力约3角。20世纪30年代初，银之出入以广东省银票为本位，通用香港、澳门钱票。澳门过海往湾仔，票价4铜仙；过海往石角咀，票价6铜仙。

中华人民共和国成立初期，珠海交通发展相当缓慢。1978年，珠海县只有拱北汽车站、香洲汽车分站和唐家、前山、大金鼎3个售票站以及县交通局车船队与香洲搬运站等运输单位，全县共有客车47辆，小汽车74辆，货车234辆，客运量179.9万人，旅客周转量5210.3万人公里。1979年3月，珠海改市建制后，交通企业改变国家所有制和集团所有制单一模式，个体、合资、合作、外商独资、股份制交通企业相继崛起。1988年底，全市有46家汽车客运企业。其中，客运企业30家，旅游运输企业16家；国营运输企业25家，集体企业13家，非交通系统企业33家。全市经营汽车货运的单位仅主城区就有1174家，货运汽车2821辆，货运量9440吨。是年有证的货运单位721家，营运汽车19820辆，载货吨位7064吨，从业人员2786人。其中专业货运单位32家，工程运输单位30家，自货自运的企事业单位636家，乡镇运输单位23家。此外，从事货运拖拉机1352辆、摩托车202辆，市区内有装卸搬运企业14家，全部属集体性质企业。随着货运汽车不断增加，拖拉机、摩托车货运逐步减少。2002年，全市交通行业运力结构进一步优化，运输总量稳步增长。全市运输业完成客运量、旅客周转量2900万人次、17.93亿人公里；货运量、货物周转量分别为1951万吨、13.36亿吨公里。2003年，在抗击“非典”工作中，交通行业是疫情控制重要关口，立足“早预见、早主动、早部署、早落实”，及时出台各项“防非”措施。建立指挥有力、协调高效的组织机构；制订客运应急预案和货运应急预案；实施旅客登记制度、卫生防疫制度、测温制度、巡视和信息报告制度、进站上下客制度。由于受“非典”影响，珠海出租车运营陷入困境，出现不稳定苗头，市交通局及时出台全市第一个应对“非典”经济影响的政策措施《关于应对“非典”影响维护出租小汽车行业稳定的若干意见》，适当减免有关费用，改善运输企业运营环境，打击非法营运，保持和维护行业的稳定。在整个抗击“非典”期间做到“交通不断、货流不断、人流不断、传染源切断”。市交通部门一手抓生产，一手抗“非典”，确保运力持续增长，结构不断优化，为社会经济快速发展提供运输保障。全年交通行业公路运输完成客运量2870万人次，旅客周转量20.11亿人公里；完成货运量2033万吨，货运周转量14.72亿吨公里。

2008年春运期间，中国南方地区遭受50年一遇的低温雨雪冰冻特大自然灾害，造成广东省北上高速公路、铁路运输瘫痪，珠海市春运受到严重影响，143条省际客运班线受阻，180多辆班车和5000多名旅客滞留途中，各长途客运站滞留旅客6600多人，形势十分严峻。面对突如其来的天气灾害，市政府作出紧急部署，市春运办迅速启动应急预案，加强组织领导和协调，交通、武警、公安、公路、经贸、物价、气象、宣传、供电、海事及运输部门紧急行动，众志成城、团结协作、连续作战，采取有力措施，力保公路、水路运输畅通，力保电煤等重点物资运输，力保鲜活农产品运输“绿色通道”和抢险物资运输，力保信息畅通，力保运输安全，力保价格稳定。组织应急力量与其他省市应急力量一起抢通京珠线阻塞路段，抢修供电设备，抢运积压、滞留旅客和救灾物资。经过连续奋战，抢通京珠主干线和其他主要交通干线，确保滞留旅客节前平安回家，取得抗击低温雨雪冰冻灾害的全面胜利。市交通运输行业克服国际金融危机和国内能源价格上涨以及低温雨雪冰冻灾害、汶川大地震、南方洪涝等重特大自然灾害的影响，继续保持良好的发展态势。公路运输完成客运量5820万人次，货运量1735万吨，完成客运周转量64.04亿人公里，货运周转量13.16亿吨公里。2013年，开通衔接城轨的市内客运专线3条和横琴长隆客运专线7条，新增县际包车指标63个、旅游包车企业4家。完成国庆节和首届国际马戏节、长隆开业等重大节假日、活动运输保障任务，继续落实免收小型客车通行费和鲜活农产品运输“绿色通道”政策，降低年票制收费标准，完成防台风、突发事件等应急保障。全年公路客运量2806万人次，客运周转量55.89亿人次；公路货运量8454万吨，货运周转量44.03亿吨公里。2018年公路客运量2540.57万人次，货运量9760.34万吨。

第一节　城镇搬运

1950年，单车工联会成立，人数为46人。仅香洲一地的码头工人有30～40人，由俗称“咕喱头”的韦金钱、李三姑统率，受海岛办事处管理。1955年，唐家、拱北、南水、湾仔等地先后成立搬运工会，工会人数分别为80人、140人、27人、30人。香洲搬运工会1955年成立筹委会，1956年正式成立。各镇（区）搬运工会的全称为中华人民共和国搬运工会珠海县总工会××工会委员会，隶属珠海县总工会领导。1958年，珠海县交通科接管各镇（区）搬运工会，将名称改为搬运站。生产全部依靠人力，运输货物为渔农产品和一般的生产资料。1956年以前，搬运工人的生产工具是竹杠、绳、钩。1957年开始出现简称“猪笼车”的两轮木制板车，没有轴承，负重行走时，常发出怪音，所以又叫作“鸡公车”。唐家搬运工会有“鸡公车”7～8辆，香洲搬运工会有3辆。1958年出现胶轮手推车，是在两轮木制车上发展过来的，俗称“跃进车”。1962年，几乎每个搬运工人都有一辆“跃进车”。当时香洲搬运站108人，拥有108辆这类车子，号称“梁山英雄108”。1962年，搬运站购置手扶拖拉机（二轮带货斗）。1963年，又有红旗牌四轮拖木斗的拖拉机出现。拖拉机开始逐渐代替手拖车，但装货卸货，基本上仍靠搬运工。

1960年，各镇（区）以搬运站为基础，成立搬运公司，后因机构变换，搬运公司撤销。各镇（区）搬运站“自筹自给，自负盈亏”。1962年，香洲搬运站固定资产3间平房和4间茅棚，办公设备十分简陋。南水搬运站1982年并入香洲搬运站。湾仔和唐家单车站1983年解体，前山单车站、南屏搬运站1986年解体。随着珠海经济特区商品经济的发展，原有的搬运经济组织形式无法适应。外省市劳工涌入珠海，成为临散装卸工。1991年，全市搬运装卸企业有21家，从业人员2200名。随着货运汽车的发展，原搬运企业逐渐消失。

第二节　公路货运

● 汽车运输

1964年，珠海县交通局成立后，接管了原属县政府交通科的交通车船队，有1961年从中山县调拨过来的3辆英产的“必福”牌货车，从事货物运输。1978年，全县有320辆汽车投入货物营运。1979年，珠海实行市建制后，特别是设立经济特区以来，随着国民经济的发展，公路运输业得到快速发展，全市拥有货车239辆、拖拉机等其他运输机械710辆。1987年参加社会营运的私人货运汽车50辆，手扶拖拉机3127辆。1988年，全市交通行业运输企业有8家（全民经济4家、集体2家、民营2家），职工2093人。1990年，参加社会营运的私人货运汽车155辆，手扶拖拉机4252辆。1991年，全市拥有社会民用车辆3.58万辆，参加营运车辆1.20万辆，其中专业货运汽车0.51万辆，参加社会营运的（含自运）厂矿企业有1153家，汽车0.64万辆。2000年底，货运量、货运周转量分别为1734万吨、11.90亿吨公里。2018年，货运量9760.34万吨，货运周转量53.62亿吨公里。

表 2-5-2-1

全市公路货运情况表

年份	货运量（万吨）	货运周转量（万吨公里）	备　注
1979 年	22	2305	1979—1988 年数据采用第二部《珠海市志》资料
1980 年	27	3144	—
1981 年	23	3497	—
1982 年	17	1013	—
1983 年	23	1806	—
1984 年	24	4838	—
1985 年	587	38762	—
1986 年	384	35390	—
1987 年	388	38488	—
1988 年	605	45801	—
1989 年	609	18104	1989 年后数据采用《珠海统计年鉴》资料
1990 年	664	21618	—
1991 年	861	51505	—
1992 年	1193	70119	—
1993 年	1685	75878	—
1994 年	1362	85666	—
1995 年	1389	86210	—
1996 年	1450	99210	—
1997 年	1474	100410	—

续表 2-5-2-1

年份	货运量（万吨）	货运周转量（万吨公里）	备 注
1998 年	1502	104149	—
1999 年	1648	111839	—
2000 年	1734	118986	—
2001 年	1826	125300	—
2002 年	1951	133643	—
2003 年	2033	147154	—
2004 年	2100	156719	—
2005 年	1078	84850	—
2006 年	1514	115420	—
2007 年	1840	130343	—
2008 年	1735	131621	—
2009 年	4892	286763	—
2010 年	5591	302872	—
2011 年	5839	333343	—
2012 年	6418	371129	—
2013 年	8454	440330	—
2014 年	9241	504974	—
2015 年	8883	489059	—
2016 年	9244	508176	—
2017 年	9599	525747	—
2018 年	9760.34	536184	—

集装箱运输

1986年3月19日，珠海珠城海陆运输（集团）有限公司加入美国联邦海洋运输委员会，成为正式会员企业。享有美国联邦海洋运输委员会承运货物签发的全程提单各国生效，海关凭单放行，货主凭单结汇；单列运价表，会员企业认可；承运的货物，在香港获准转口豁免权，转口货物不用报告，工商不检查。公司承运的货物分别转口到地中海、阿拉伯海湾、欧洲、大洋洲、非洲、南美洲、美国、加拿大、东南亚、红海等127个港口。开辟通往北京、华东、华北、西南、华中等6条长途集装箱运输线；在东北三省四市、长沙、广州、湛江、深圳、珠江三角洲一些市县设立办事处。

1990年底，珠海注册的集装箱运输公司有九洲港务货运公司、华轮集装箱运输公司、珠城海陆运输（集团）有限公司、珠海联运总公司、安达运输公司5家，共有拖车60辆；在外注册在珠海搞驻点运输的还有南方集装箱运输公司、中国汽车运输总公司武汉分公司、南海县白沙运输队、广招拖运公司、广州市第二汽车运输公司、中山市外运公司6家，共有拖车53辆。这11家集装箱运输公司一般采取直接与船公司签订协议，负责船公司在陆上的运输或者向另一集装箱运输公司出租拖车形式从事集装箱运输。1987年集装箱总箱量仅4900标准箱，1988年2.80万标准箱，1989年达4.83万标准箱，1990年，猛增到8.99万标准箱。2000年底，全市从事集装箱运输企业有17家，集装箱运输量8.26万标准箱，货运量66.60万吨。

表 2-5-2-2

珠海公路部分年份集装箱运输情况表

年份	运输企业（家）	运输车（辆）	集装箱运输量（标准箱）	货运量（万吨）
1992 年	—	49	35501	30.76
1993 年	—	81	34520	29.97
1994 年	—	64	22258	20.10
1995 年	—	89	20904	22.52
1996 年	—	99	17563	19.95
1997 年	—	97	49741	52.42
1998 年	—	131	70948	63.11
1999 年	—	114	72414	60.88
2000 年	17	458	82594	66.60

第三节　公路客运

1979年，全市营运客车280辆，客运量147万人，客运周转量3918万人公里。1988年，客运车辆6997辆，客运量1922万人，客运周转量105710万人公里。2000年底，客运车辆3.17万辆，客运量2653万人，客运周转量16.92亿人公里。2010年，全市营运客车17.29万辆，客运量1.86亿人，客运周转量67.08亿人公里。2018年，全市营运客车57.36辆，客运量2541万人，客运周转量45.80亿人公里。

表 2-5-3-1

全市公路客运情况表

年份	营运客车（辆）	客运量（万人）	客运周转量（万人公里）
1979 年	280	147	3918
1980 年	552	187	5418
1981 年	1332	299	9810
1982 年	1402	349	11454
1983 年	1569	319	10557
1984 年	2957	979	29761

续表 2-5-3-1

年份	营运客车（辆）	客运量（万人）	客运周转量（万人公里）
1985 年	4635	1154	51938
1986 年	4906	1361	62061
1987 年	5951	1633	78384
1988 年	6997	1922	105710
1989 年	7519	1893	94650
1990 年	9012	1862	91238
1991 年	8920	2171	109405
1992 年	9811	2158	118690
1993 年	12745	1197	121741
1994 年	14972	2217	110850
1995 年	16691	2188	109580
1996 年	23494	2341	128755
1997 年	26319	2397	131624
1998 年	29463	2516	141983
1999 年	28577	2569	163518
2000 年	31746	2653	169241
2001 年	36514	2749	172854
2002 年	38044	2900	179283
2003 年	46057	2870	201094
2004 年	55864	3942	282265
2005 年	70933	4500	399820
2006 年	86979	5020	529379
2007 年	106756	5591	598417
2008 年	124974	5820	640396
2009 年	145929	16492	560510
2010 年	172888	10603	670803
2011 年	201640	22044	711784
2012 年	231020	26126	793608
2013 年	268300	2806	558871
2014 年	302803	3104	610636
2015 年	368046	3015	590327
2016 年	432187	3018	581957
2017 年	504921	2760	511798.3
2018 年	573568	2541	457966

说明：1979—1982年客运量、客运周转量数具采用第二部《珠海市志》资料，其余为珠海统计年鉴资料。

2018 年珠海市长途客运线路一览表

表 2-5-3-2

序号	省份	线路牌名称	线路	新线路牌号	开通时间	起点站	终点站
1	广东	珠海—大亚湾	珠海—大亚湾	C1-L6001	2000.1.1	香洲长途汽车客运站	大亚湾汽车客运站
2	广东	珠海—信宜	平沙—信宜北站	C1-K3006	2000.1.1	平沙汽车客运站	信宜城北汽车站
3	广东	珠海—广州	拱北—广州天河	C1-A1012	2000.1.1	拱北通大汽车客运站	广州天河汽车客运站
4	广东	珠海—广州	三灶—广州省站	C1-A1056	2000.1.1	三灶汽车客运站	广东省汽车客运站
5	广东	珠海—广州	三灶—广州省站	C1-A1057	2000.1.1	三灶汽车客运站	广州汽车客运站
6	广东	斗门—江门	斗门—江门	C1-J1011	2000.1.1	斗门汽车客运站	江门汽车客运站
7	广东	斗门—中山	斗门—中山	C1-T1010	2000.1.1	斗门汽车客运站	中山汽车客运站
8	广东	珠海—佛山	平沙—佛山	C1-E1002	2000.1.1	平沙汽车客运站	佛山市汽车客运站
9	广东	斗门—佛山	斗门—佛山	C1-E1003	2000.1.1	斗门汽车客运站	佛山市汽车客运站
10	广东	珠海—阳春	三灶—阳春	C1-Q2004	2000.1.1	三灶汽车客运站	阳春汽车站
11	广东	珠海—肇庆	南水—肇庆	C1-H1002	2000.1.1	南水汽车客运站	肇庆城东汽车客运站
12	广东	珠海—五华	三灶—五华	C1-M6002	2000.1.1	三灶汽车客运站	五华汽车站
13	广东	珠海—罗定	平沙—罗定	C1-W2001	2000.1.1	平沙汽车客运站	罗定汽车客运站
14	广东	珠海—广州	三灶—广州窖口	C1-A1047	2000.1.1	斗门汽车客运站	广州芳村客运站
15	广东	珠海—佛山	三灶—大沥	C1-E2001	2000.1.1	三灶汽车客运站	大沥汽车客运站
16	广东	珠海—广州	珠海—广州市站	C1-A1018	2000.1.1	香洲长途汽车客运站	广州市汽车客运站
17	广东	珠海—广州	拱北—广州芳村	C1-A1010	2000.1.1	拱北通大汽车客运站	广州市交通站场建设管理中心海珠汽车客运站
18	广东	珠海—广州	拱北—广州省站	C1-A1020	2000.1.1	拱北通大汽车客运站	广东省汽车客运站
19	广东	珠海—龙岗	拱北—深圳龙岗	C1-B1012	2000.1.1	拱北通大汽车客运站	深圳市龙岗长途汽车客运站
20	广东	珠海—佛山	拱北—佛山	C1-E1001	2000.1.1	拱北汽车客运站	佛山市汽车客运站
21	广东	珠海—韶关	拱北—韶关	C1-F1002	2000.1.1	拱北汽车客运站	韶关汽车客运东站
22	广东	珠海—湛江	珠海—湛江南站	C1-G1001	2000.1.1	香洲长途汽车客运站	湛江南站汽车客运站
23	广东	珠海—湛江	珠海—湛江海田	C1-G1002	2000.1.1	香洲长途汽车客运站	湛江市海田汽车客运站
24	广东	珠海—肇庆	珠海—肇庆	C1-H1001	2000.1.1	香洲长途汽车客运站	肇庆市汽车客运站
25	广东	珠海—茂名	珠海—茂名	C1-K1001	2000.1.1	香洲长途汽车客运站	茂名客运中心汽车客运站
26	广东	珠海—信宜	珠海—信宜	C1-K3001	2000.1.1	香洲长途汽车客运站	信宜汽车客运站
27	广东	珠海—信宜	珠海—信宜北站	C1-K3002	2000.1.1	香洲长途汽车客运站	信宜城北汽车客运站
28	广东	珠海—惠州	珠海—惠州	C1-L1001	2000.1.1	香洲长途汽车客运站	惠州汽车客运站
29	广东	珠海—梅州	拱北—梅州	C1-M1002	2000.1.1	拱北通大汽车客运站	梅州汽车客运站
30	广东	珠海—兴宁	珠海—兴宁	C1-M7001	2000.1.1	香洲长途汽车客运站	兴宁汽车客运站
31	广东	珠海—汕尾	拱北—汕尾	C1-N1001	2000.1.1	拱北通大汽车客运站	汕尾市霞洋汽车客运站

续表 2-5-3-2

序号	省份	线路牌名称	线路	新线路牌号	开通时间	起点站	终点站
32	广东	珠海—河源	珠海—河源	C1-P1001	2000.1.1	香洲长途汽车客运站	河源汽车客运站
33	广东	珠海—阳江	珠海—阳江	C1-Q1002	2000.1.1	香洲长途汽车客运站	阳江汽车客运站
34	广东	珠海—阳春	珠海—阳春	C1-Q2002	2000.1.1	香洲长途汽车客运站	阳春汽车客运站
35	广东	珠海—清远	拱北—清远新城	C1-R1001	2000.1.1	拱北汽车客运站	清远新城汽车客运站
36	广东	珠海—清远	拱北—清远中冠	C1-R1002	2000.1.1	拱北汽车客运站	清远中冠汽车客运站
37	广东	珠海—东莞	拱北—樟木头	C1-S1012	2000.1.1	拱北通大汽车客运站	东莞市大朗汽车客运站
38	广东	珠海—龙岗	三灶—深圳龙岗	C1-B1014	2000.4.2	三灶汽车客运站	深圳龙岗汽车客运站
39	广东	珠海—惠州	珠海—惠州	C1-J1009	2000.5.1	斗门汽车客运站	惠州汽车客运站
40	广东	珠海—惠州	珠海—惠州	C1-J1010	2000.5.1	斗门汽车客运站	惠州汽车客运站
41	广东	珠海—信宜	平沙—信宜	C1-K3004	2000.6.28	平沙汽车客运站	信宜怀乡客运站
42	四川	珠海—南充	珠海—南充	C1-100009	2001.1.13	上冲长途汽车客运站	南充高坪汽车站
43	湖南	斗门—江华	斗门—江华	C1-030096	2001.1.24	斗门汽车客运站	江华汽车站
44	广东	珠海—吴川	珠海—吴川	C1-G4001	2001.1.25	香洲长途汽车客运站	吴川市海滨汽车客运站
45	四川	珠海—南充	珠海—南充	C1-100010	2001.7.13	上冲长途汽车客运站	南充高坪汽车站
46	广东	珠海—新兴	珠海—新兴	C1-W3001	2002.1.1	香洲长途汽车客运站	云浮市新兴汽车客运站
47	广西	斗门—平南	斗门—平南	C1-020098	2002.1.1	斗门汽车客运站	平南客运中心站
48	湖南	珠海—安乡	珠海—安乡	C1-030043	2002.1.1	上冲长途汽车客运站	安乡汽车客运站
49	湖南	珠海—临武	珠海—临武	C1-030075	2002.1.1	上冲长途汽车客运站	临武汽车客运站
50	湖南	珠海—新田	珠海—新田	C1-030058	2002.1.1	上冲长途汽车客运站	新田汽车客运站
51	湖南	珠海—沅陵	珠海—沅陵	C1-030068	2002.1.1	上冲长途汽车客运站	沅陵汽车客运站
52	湖南	珠海—沅陵	珠海—沅陵	C1-030069	2002.1.1	上冲长途汽车客运站	沅陵汽车客运站
53	湖北	珠海—宜昌	珠海—宜昌	C1-080009	2002.1.1	上冲长途汽车客运站	宜昌港客运站
54	湖北	珠海—武汉	珠海—武汉	C1-080034	2002.1.1	上冲长途汽车客运站	武汉汽车客运站
55	湖北	珠海—监利	珠海—监利	C1-080032	2002.1.1	上冲长途汽车客运站	监利汽车站
56	湖北	珠海—监利	珠海—监利	C1-080022	2002.1.1	上冲长途汽车客运站	监利汽车客运站
57	湖北	珠海—监利	珠海—监利	C1-080021	2002.1.1	上冲长途汽车客运站	监利汽车客运站
58	云南	珠海—昆明	珠海—昆明	C1-110007	2002.1.8	上冲长途汽车客运站	昆明长途汽车客运站
59	云南	珠海—昆明	珠海—昆明	C1-110010	2002.1.8	上冲长途汽车客运站	昆明长途汽车客运站
60	广东	珠海—四会	珠海—四会	C1-H3001	2002.1.12	香洲长途汽车客运站	四会汽车客运站
61	福建	珠海—长汀	珠海—长汀	C1-050022	2002.1.16	上冲长途汽车客运站	长汀汽车站
62	河南	珠海—新野	珠海—新野	C1-090029	2002.1.16	上冲长途汽车客运站	新野汽车客运站
63	江西	珠海—都昌	珠海—都昌	C1-040008	2002.1.20	上冲长途汽车客运站	都昌汽车客运站

续表 2-5-3-2

序号	省份	线路牌名称	线路	新线路牌号	开通时间	起点站	终点站
64	广东	珠海—紫金	珠海—紫金	C1-P5001	2002.3.31	香洲长途汽车客运站	紫金汽车客运站
65	广东	珠海—东莞	三灶—东莞	C1-S1014	2002.4.1	三灶汽车客运站	东莞市汽车站
66	广东	珠海—东莞	平沙—东莞	C1-S1006	2002.4.1	平沙汽车客运站	东莞市汽车站
67	广东	珠海—东莞	三灶—东莞虎门	C1-S1008	2002.4.1	三灶汽车客运站	东莞樟木头振通汽车客运站
68	广东	珠海—深圳	三灶—深圳	C1-B1017	2002.4.1	三灶汽车客运站	深圳汽车客运站
69	广东	珠海—东莞	三灶—东莞	DYK 86990	2002.4.1	珠海三灶汽车客运站	东莞市大朗汽车客运站
70	广东	珠海—广州	拱北—广州白云	C1-A1016	2002.6.2	拱北通大汽车客运站	广州白云国际机场
71	江西	珠海—莲花	珠海—莲花	C1-040005	2002.6.26	上冲长途汽车客运站	莲花汽车客运站
72	湖南	珠海—湘阴	珠海—湘阴	C1-030034	2002.7.1	上冲长途汽车客运站	湘阴汽车站
73	广西	斗门—博白	斗门—博白	C1-020089	2002.9.29	斗门汽车客运站	博白西城汽车站
74	湖北	珠海—公安	珠海—公安	C1-080024	2002.11.11	上冲长途汽车客运站	公安汽车站
75	广东	珠海—宝安	拱北—深圳宝安	C1-B1005	2003.1.1	拱北通大汽车客运站	深圳市宝安汽车客运站
76	广东	珠海—宝安	拱北—深圳观澜	C1-B1006	2003.1.1	拱北通大汽车客运站	深圳市宝安观澜长途客运站
77	广东	珠海—梅州	南水—梅州	C1-M6003	2003.1.1	南水汽车客运站	梅州汽车站
78	广东	珠海—五华	三灶—五华	C1-M6001	2003.1.1	三灶汽车客运站	五华汽车站
79	湖南	珠海—安化	珠海—安化	C1-030048	2003.1.1	上冲长途汽车客运站	安化洞市汽车站
80	江西	珠海—抚州	珠海—抚州	C1-040013	2003.1.1	上冲长途汽车客运站	抚州汽车客运站
81	福建	珠海—惠安	拱北—惠安	C1-050010	2003.1.1	拱北通大汽车客运站	惠安县公司站
82	福建	珠海—惠安	拱北—惠安	C1-050011	2003.1.1	拱北通大汽车客运站	惠安县公司站
83	河南	珠海—济源	珠海—济源	C1-090020	2003.1.1	上冲长途汽车客运站	济源客运总站
84	河南	珠海—济源	珠海—济源	C1-090019	2003.1.1	上冲长途汽车客运站	济源客运总站
85	湖南	珠海—隆回	珠海—隆回	C1-030022	2003.1.8	上冲长途汽车客运站	隆回汽车客运站
86	湖南	珠海—隆回	珠海—隆回	C1-030080	2003.1.8	上冲长途汽车客运站	隆回汽车客运站
87	贵州	珠海—凯里	珠海—凯里	C1-120003	2003.1.9	上冲长途汽车客运站	凯里客车站
88	贵州	珠海—凯里	珠海—凯里	C1-120006	2003.1.9	上冲长途汽车客运站	凯里客车站
89	广东	珠海—台山	拱北—台山塔山	C1-J3002	2003.1.12	拱北通大汽车客运站	台山市塔山汽车客运站
90	广东	珠海—台山	拱北—台山	C1-J3004	2003.1.12	拱北通大汽车客运站	台山市汽车客运站
91	湖南	珠海—安仁	珠海—安仁	C1-030052	2003.1.19	上冲长途汽车客运站	安仁县客车站
92	湖南	珠海—新宁	珠海—新宁	C1-030026	2003.1.28	上冲长途汽车客运站	新宁县汽车站
93	湖南	珠海—新宁	珠海—新宁	C1-030025	2003.1.28	上冲长途汽车客运站	新宁县汽车站
94	广东	珠海—广州	平沙—广州东站	C1-A1050	2003.2.1	平沙汽车客运站	广州东站汽车客运站
95	广东	珠海—广州	三灶—广州东站	C1-A1046	2003.2.1	三灶汽车客运站	广州东站汽车客运站

续表 2-5-3-2

序号	省份	线路牌名称	线路	新线路牌号	开通时间	起点站	终点站
96	广东	珠海—广州	斗门—广州东站	C1-A1048	2003.2.1	斗门汽车客运站	广州东站汽车客运站
97	广东	珠海—广州	南水—广州市（省汽车总站）	C1-A1043	2003.2.1	南水汽车客运站	广东省汽车客运站
98	湖南	珠海—醴陵	珠海—醴陵	C1-030095	2003.2.1	上冲长途汽车客运站	醴陵汽车客运站
99	广东	珠海—顺德	拱北—顺德	C1-E3002	2003.5.1	拱北通大汽车客运站	顺德均安汽车客运站
100	湖南	珠海—祁东	珠海—祁东	C1-030093	2003.6.9	上冲长途汽车客运站	祁东汽车客运站
101	广西	斗门—大化	斗门—大化	C1-020091	2003.7.1	斗门汽车客运站	大化汽车站
102	广东	珠海—蕉岭	珠海—蕉岭	C1-M3001	2003.8.1	香洲长途汽车客运站	蕉岭汽车客运站
103	广东	珠海—新会	拱北—新会	C1-J1005	2003.9.1	拱北通大汽车客运站	新会汽车客运站
104	湖南	珠海—冷水滩	珠海—冷水滩	C1-030054	2003.9.1	上冲长途汽车客运站	冷水滩县汽车站
105	湖南	珠海—桃源	三灶—桃源	C1-030044	2003.9.12	三灶汽车客运站	桃源汽车客运站
106	湖南	珠海—桃源	三灶—桃源	C1-030045	2003.9.12	三灶汽车客运站	桃源汽车客运站
107	广东	珠海—深圳	拱北—深圳侨社	C1-B1008	2003.9.23	拱北通大汽车客运站	深圳市侨社汽车客运站
108	湖南	珠海—安化	珠海—安化	C1-030049	2003.10.30	上冲长途汽车客运站	安化洞市汽车站
109	广西	斗门—大化	斗门—大化	C1-020090	2003.11.22	斗门汽车客运站	大化汽车站
110	云南	珠海—曲靖	珠海—曲靖	C1-110009	2003.11.30	上冲长途汽车客运站	曲靖高快汽车客运站
111	广西	珠海—上林	珠海—上林	C1-030086	2003.12.22	上冲长途汽车客运站	上林公路客运中心站
112	云南	珠海—曲靖	珠海—曲靖	C1-110008	2003.12.31	上冲长途汽车客运站	曲靖高快汽车客运站
113	湖北	珠海—沙市	珠海—沙市	C1-080030	2004.1.1	上冲长途汽车客运站	沙市汽车客运站
114	湖北	珠海—沙市	珠海—沙市	C1-080007	2004.1.1	上冲长途汽车客运站	沙市汽车客运站
115	四川	珠海—成都	珠海—成都	C1-100003	2004.1.1	上冲长途汽车客运站	成都城北客运中心
116	四川	珠海—成都	珠海—成都	C1-100004	2004.1.1	上冲长途汽车客运站	成都城北客运中心
117	湖南	珠海—津市	珠海—津市	C1-030039	2004.1.9	上冲长途汽车客运站	津市汽车客运站
118	湖南	珠海—津市	珠海—津市	C1-030038	2004.1.9	上冲长途汽车客运站	津市汽车客运站
119	湖南	珠海—涟源	珠海—涟源	C1-030063	2004.2.10	上冲长途汽车客运站	涟源汽车客运站
120	湖北	斗门—沙市	斗门—沙市	C1-080044	2004.7.1	斗门汽车客运站	沙市汽车站
121	湖北	斗门—沙市	斗门—沙市	C1-080045	2004.7.1	斗门汽车客运站	沙市汽车站
122	湖南	珠海—南县	珠海—南县	C1-030085	2004.12.26	上冲长途汽车客运站	南县汽车客运站
123	湖南	珠海—宁远	珠海—宁远	C1-030061	2005.1.1	上冲长途汽车客运站	宁远汽车客运站
124	福建	珠海—武夷山	拱北—武夷山	C1-050019	2005.1.1	拱北通大汽车客运站	武夷山汽车站
125	河南	珠海—泌阳	珠海—泌阳	C1-090003	2005.1.1	上冲长途汽车客运站	泌阳汽车站
126	河南	珠海—泌阳	珠海—泌阳	C1-090002	2005.1.1	上冲长途汽车客运站	泌阳汽车站
127	河南	珠海—新野	珠海—新野	C1-090028	2005.1.1	上冲长途汽车客运站	新野汽车客运站

续表 2-5-3-2

序号	省份	线路牌名称	线路	新线路牌号	开通时间	起点站	终点站
128	广西	珠海—忻城	珠海—忻城	C1-020013	2005.1.10	上冲长途汽车客运站	忻城汽车客运站
129	广西	珠海—忻城	珠海—忻城	C1-020014	2005.1.10	上冲长途汽车客运站	忻城汽车客运站
130	上海	珠海—上海	珠海—上海	C1-160001	2005.1.16	拱北通大汽车客运站	上海汽车站
131	江西	珠海—南昌	拱北—南昌	C1-040029	2005.2.24	拱北通大汽车客运站	南昌汽车客运站
132	湖南	珠海—祁东	珠海—祁东	C1-030015	2005.6.9	上冲长途汽车客运站	祁东汽车客运站
133	湖南	珠海—邵阳	珠海—邵阳	C1-030079	2005.7.1	上冲长途汽车客运站	邵阳汽车客运站
134	湖南	珠海—邵阳	珠海—邵阳	C1-030017	2005.7.1	上冲长途汽车客运站	邵阳汽车客运站
135	广东	珠海—平远	珠海—平远	C1-M8001	2005.10.18	香洲长途汽车客运站	平远汽车站
136	广东	珠海—鹤山	拱北—鹤山	C1-J6001	2006.1.1	拱北通大汽车客运站	鹤山汽车客运站
137	广西	珠海—藤县	珠海—藤县	C1-020027	2006.1.1	上冲长途汽车客运站	藤县汽车客运站
138	广西	珠海—藤县蒙江	珠海—藤县	C1-020075	2006.1.1	上冲长途汽车客运站	藤县濛江汽车客运站
139	重庆	珠海—巫溪	珠海—巫溪	C1-190019	2006.1.1	上冲长途汽车客运站	巫溪市长途客运站
140	广西	斗门—东兰	斗门—东兰	C1-020092	2006.1.29	斗门汽车客运站	东兰汽车站
141	广西	斗门—北流	斗门—北流	C1-020088	2006.1.31	斗门汽车客运站	北流市客运中心
142	广西	斗门—靖西	斗门—靖西	C1-020041	2006.2.1	斗门汽车客运站	靖西客运站
143	广东	珠海—花都	拱北—花都	C1-A1042	2006.4.29	拱北通大汽车客运站	广州市花都区汽车客运站
144	广东	珠海—花都	三灶—广州花都	C1-A1043	2006.4.29	三灶汽车客运站	广州北站汽车客运站
145	广西	珠海—横县	珠海—横县	C1-020008	2006.6.1	上冲长途汽车客运站	横县汽车站
146	重庆	珠海—巫山	珠海—巫山	C1-190014	2006.7.8	上冲长途汽车客运站	巫山西转盘客运站
147	广西	珠海—柳州	珠海—柳州	C1-020012	2006.8.1	上冲长途汽车客运站	柳州汽车客运站
148	广西	斗门—靖西	斗门—靖西	C1-020042	2006.8.27	斗门汽车客运站	靖西客运站
149	广西	珠海—武鸣	珠海—武鸣	C1-020074	2007.1.1	上冲长途汽车客运站	武鸣公路客运服务中心
150	广西	斗门—藤县	斗门—藤县	C1-020038	2007.1.1	斗门汽车客运站	藤县太平客运服务站
151	广西	珠海—荔浦	珠海—荔浦	C1-020023	2007.7.1	上冲长途汽车客运站	荔浦汽车客运站
152	广西	珠海—巴马	珠海—巴马	C1-020049	2007.7.8	上冲长途汽车客运站	巴马汽车客运站
153	贵州	珠海—毕节	珠海—毕节	C1-120009	2007.10.21	上冲长途汽车客运站	毕节客车站
154	贵州	珠海—毕节	珠海—毕节	C1-120010	2007.12.21	上冲长途汽车客运站	毕节客车站
155	广东	珠海—南雄	珠海—南雄	C1-F4001	2008.1.1	香洲长途汽车客运站	韶关南雄汽车客运站
156	广东	珠海—丰顺	珠海—丰顺	C1-M5001	2008.6.1	香洲长途汽车客运站	丰顺汽车客运站
157	广西	珠海—蒙山	珠海—蒙山	C1-020028	2008.6.1	上冲长途汽车客运站	蒙山汽车客运站
158	广西	珠海—平果	珠海—平果	C1-020045	2008.6.1	上冲长途汽车客运站	平果汽车客运站
159	广西	珠海—马山	珠海—马山	C1-020009	2008.7.1	上冲长途汽车客运站	马山汽车客运站

续表 2-5-3-2

序号	省份	线路牌名称	线路	新线路牌号	开通时间	起点站	终点站
160	广西	珠海—隆林	珠海—隆林	C1-020071	2008.8.1	上冲长途汽车客运站	隆林汽车客运站
161	广西	珠海—那坡	珠海—那坡	C1-020043	2008.8.1	上冲长途汽车客运站	那坡汽车客运站
162	广西	珠海—武宣	珠海—武宣	C1-020070	2008.8.1	上冲长途汽车客运站	武宣汽车客运站
163	广东	珠海—广州	拱北—广州东站	C1-A1037	2009.1.1	拱北通大汽车客运站	广州东站汽车客运站
164	广西	珠海—象州	珠海—象州	C1-020085	2009.1.1	上冲长途汽车客运站	象州汽车客运站
165	广西	珠海—玉林	珠海—玉林	C1-020034	2009.1.1	上冲长途汽车客运站	玉林汽车客运站
166	广西	珠海—玉林	珠海—玉林	C1-020033	2009.1.1	上冲长途汽车客运站	玉林汽车客运站
167	广西	珠海—苍梧	珠海—苍梧	C1-020063	2009.1.1	上冲长途汽车客运站	苍梧汽车站
168	江西	珠海—鹰潭	珠海—鹰潭	C1-040033	2009.1.1	上冲长途汽车客运站	鹰潭汽车客运站
169	江西	珠海—赣州	拱北—赣州	C1-040026	2009.1.1	拱北通大汽车客运站	赣州汽车站
170	江西	珠海—赣州	珠海—赣州	C1-040027	2009.1.1	上冲长途汽车客运站	赣州汽车站
171	江西	珠海—修水	珠海—修水	C1-040034	2009.1.27	上冲长途汽车客运站	修水汽车客运站
172	江西	珠海—信丰	珠海—信丰	C1-040025	2009.2-7	上冲长途汽车客运站	信丰汽车客运站
173	广东	珠海—广州	拱北—广州市站	C1-A1031	2009.3.1	拱北通大汽车客运站	广州市汽车客运站
174	海南	珠海—三亚	珠海—三亚	C1-010003	2009.3.1	上冲长途汽车客运站	三亚汽车客运站
175	广西	珠海—陆川	珠海—陆川	C1-020036	2009.7.1	上冲长途汽车客运站	陆川汽车客运站
176	广西	珠海—罗城	珠海—罗城	C1-020072	2009.7.1	上冲长途汽车客运站	罗城汽车总站
177	广西	珠海—那坡	珠海—那坡	C1-020044	2009.7.1	上冲长途汽车客运站	那坡汽车客运站
178	广西	珠海—融水	珠海—融水	C1-020084	2009.7.1	上冲长途汽车客运站	融水汽车客运站
179	江苏	珠海—无锡	珠海—无锡	C1-130006	2010.1.29	上冲长途汽车客运站	无锡汽车站
180	江苏	珠海—无锡	珠海—无锡	C1-130005	2010.1.29	上冲长途汽车客运站	无锡汽车站
181	广东	珠海—增城	珠海—增城	C1-A4004	2010.7.31	拱北通大汽车客运站	增城广州市运输有限公司增城客运站
182	广东	珠海—陆丰	拱北—陆丰	C1-N4001	2010.9.8	拱北通大汽车客运站	陆丰甲子汽车客运站
183	广东	珠海—化州	珠海—化州	C1-K5001	2010.10.11	香洲长途汽车客运站	化州那务汽车客运站
184	湖南	珠海—南县	珠海—南县	C1-030051	2011.1.1	上冲长途汽车客运站	南县汽车客运站
185	广东	珠海—台山	珠海—台山横山	C1-J3001	2011.1.12	香洲长途汽车客运站	台山市横山汽车客运站
186	广东	珠海—怀集	珠海—怀集	C1-H7001	2011.8.1	香洲长途汽车客运站	怀集汽车客运站
187	广东	珠海—怀集	珠海—怀集	C1-H7001	2011.9.1	香洲长途汽车客运站	怀集汽车客运站
188	广东	珠海—恩平	拱北—恩平	C1-J6003	2013.1.1	拱北通大汽车客运站	恩平汽车客运站
189	广东	珠海—龙川	珠海—龙川	C1-P4001	2013.1.16	香洲长途汽车客运站	龙川汽车客运站
190	广东	珠海—惠东	珠海—惠东	C1-L3001	2013.7.15	香洲长途汽车客运站	惠东汽车客运站
191	广东	斗门—开平	斗门—开平	C1-J4001	2014.5.1	斗门汽车客运站	开平市义祠汽车客运站

第四节　运输企业

1979年以前，珠海仅有拱北汽车站、岐关车路公司、香洲汽车站、斗门汽车站，以及县交通局车船队和香洲搬运站等企业。1979年后，先后成立市公共汽车公司、市汽车运输公司、市小汽车出租公司等，均为全民所有制企业。1981年，成立珠海市装卸运输公司，属集体所有制企业，下辖香洲搬运站、拱北搬运站、湾仔搬运站、前山搬运站。同年底，珠海经济特区珠岐运输公司成立，是九洲港务集团公司下属的中外合资公路运输企业。1983年，珠海经济特区联合汽车运输公司成立，属"三资"企业。1984年，成立珠海经济特区交通运输公司，同年10月，拱北运输公司调整管理体制，与岐关公司分开经营，成为两个独立核算的法人单位。

1985—1990年，交通部门贯彻改革开放、搞活经济的方针，采取"有河大家走船，有路大家走车""国营、集体、个体一起上"等一系列放宽搞活的政策、措施，收到显著成效。道路运输逐步改变过去单纯由国家和集体所有制企业经营模式，全市道路客运企业发展到46家、专业货运企业32家、装卸搬运企业14家。1988年，珠海市交通运输集团公司成立。1990年至2000年底，全市有客运企业88家、货运企业55家，客运企业主体为全民所有制企业，货运企业主体为私营企业，总体上运力大于运量。2018年底，全市有客运企业49家，货运企业719家。其中运输车辆30辆以上货运企业45家。

珠海公共交通运输集团有限公司

2009年7月，珠海信禾运输集团有限公司与珠海市公共汽车公司两家企业合并成立珠海公共交通运输集团有限公司（简称公交集团），属国有独资企业，总资产超过15亿元。公交集团下属企业有公交巴士香洲分公司、公交巴士吉大分公司、公交巴士前山分公司、公交巴士金湾分公司、公交巴士斗门分公司、公交巴士横琴分公司、公交信禾长运股份有限公司、公交柏宁出租车有限公司、公交海洲运输有限公司、公交巴士红山汽车维修总厂、公交信禾物流有限公司、公交文化传媒有限公司、珠海通科技有限公司、公交柏宁职业技能培训有限公司和珠海公共交通运输集团有限公司物业管理分公司等全资或控股子公司，已形成市内公共交通、长途客运、出租的士、运输配套服务四大主营业务板块。集投资融资、资本运作、公交营运、运输营运、保值增值五大职能于一体，是珠海市最大的道路运输企业。承担着全市100%的城市公交、70%的长途客运和50%的出租客运服务。2018年，公交集团员工12379人，营运车辆4118辆，日均运送乘客106万人次，年行驶总里程5.2亿公里，总收入10.18亿元，营业总成本18.08亿元，总资产46.62亿元，总负债34.77亿元，净资产11.85亿元，资产负债率为74.59%。公共汽车线路199条，公交车2583辆，线路总长度4002.1公里，万人拥有公交车18.36标辆，清洁能源和新能源车辆占比100%，中心城区公交站点500米覆盖率100%，全市公交站点500米覆盖率83.6%。新建并已投运充电站67个、充电桩601个，银隆、公交集团原有充电桩109个。

珠海市交通运输集团公司

1989年4月6日，珠海市交通运输集团公司（简称交通运输集团）成立，属独立核算，自主经营，自负盈亏，具有法人资格的全民所有制预算外企业。1992年，注册资本6800万元,直接投资经营的企业有珠海市客运管理站、珠海市交通进口机动车配件公司、珠海市交通运输集团公司配件商场、珠海市汽车配件公司、珠海市交通运输集团公司中巴车队、珠海市交通运输集团公司集装箱车队、珠海市交通运输集团公司汽车保修厂、珠海市顺通汽车运输有限公司、珠海市远洋运输公司、珠海市交通运输服务公司、珠海市联大船舶修造有限公司；负责管理的企业有珠海市公共汽车公司、珠海经济特区交通运输公司、珠海市汽车运输公司、珠海市长途汽车公司、珠海市小汽车出租公司、珠海市汽车修理厂、珠海市装卸运输公司、珠海经济特区联合汽车运输公司、珠海市水上运输公司。1993年12月，集团属下市公共汽车公司、市汽车运输公司、市长途汽车运输公司、市小汽车出租公司、市汽车修理厂、特区交通运输公司6家预算内企业(含属下企业)分离出来直属交委管理。1999年3月，企业重组，撤销市交通运输集团公司，成立珠海信禾运输集团有限公司，交通运输集团资产划入珠海信禾运输集团有限公司。2009年7月，珠海信禾运输集团有限公司与珠海市公共汽车公司两家企业合并，成立珠海公共交通运输集团有限公司。

珠海市公共汽车公司

1979年7月，珠海公共汽车运输公司成立,归珠海市基本建设委员会管理。1979年10月1日，珠海公共汽车运输公司更名为珠海市公共汽车公司，1980年6月由市城建局管理，1984年8月归市建设委员会管理。1987年9月，市公共汽车公司移交珠海市交通局管理。1988年，市交通委员会成立后，归市交通委员会管理。1989年4月6日，市交通运输集团公司成立，市公共汽车公司归市交通运输集团领导。1993年12月，市公共汽车公司从市交通运输集团划出，归市交通委员会直接管理。1994年5月，市政府明确市公共汽车公司为事业单位，企业化管理，副处级建制。1999年5月，市公共汽车公司的优质资产注入珠光控股有限公司。同年9月，市公共汽车公司划归市国有资产管理局管理，取消行政级别，核定为一类企业。2009年7月，珠海信禾运输集团有限公司与珠海市公共汽车公司合并重组，成立珠海公共交通运输集团有限公司。同时设立珠海市公交巴士公司，为公交集团二级公司，原市公共汽车公司一部分人员到公交集团本部工作，大部分人员留在公交巴士公司。

珠海公交信禾长运股份公司

2001年9月，由珠海信禾运输集团有限公司、珠海信禾运输集团有限公司工会、珠海柏宁交通实业集团有限公司、珠海智宏交通实业发展有限公司、珠海市新启交通投资发展有限公司5家发起人共同发起设立“信禾股份公司”，并正式投入运营。2009年6月，因公交集团改革重组，信禾股份公司名称变更为珠海公交信禾长运股份有限公司。曾被评为中国道路运输百强诚信示范企业、广东省守合同重信用企业、珠海市交通运输行业协会副会长单位等，更被交通主管部门评定服务质量信誉考核AAA级别。

2020年9月底，公交信禾长运股份公司拥有营运线路200条，营运车辆300辆，年发送旅客408万人次，年运营里程5000万公里，经营线路遍布全国各地。公司下辖11个客运站场和1个票务中心。拥有驾驶员约500人，服务和管理人员379人，拥有大专以上文化程度员工93人，其中研究生3人，本科学历59人。拥有各类技术职称的员工50人，其中高级职称人员2人，中级职称人员8人，初级职称人员14人，高级技师6人，技师20人；持证安全管理人员94人。

珠海公交柏宁出租车有限公司

1997年1月，珠海特区交通运输公司、珠海市汽车运输公司、珠海市小汽车出租公司、珠海市汽车修理厂合并重组，成立珠海市东晟交通实业集团有限公司。同年8月，更名为珠海市柏宁集团公司并正式挂牌运作。2000年6月，由国有独资企业改为股份合作制企业。2002年7月，珠海市正邦资产经营有限公司持有的柏宁股份无偿转让给珠海信禾运输集团有限公司。2006年，公交柏宁公司由股份合作制改为国有独资企业。2009年9月，将珠海信禾运输有限公司持有的珠海柏宁交通实业集团有限公司100%产权，无偿划转给珠海公共交通运输集团有限公司。2010年4月1日，珠海柏宁交通实业集团有限公司更名为珠海公交柏宁出租车有限公司，成为珠海公共交通运输集团有限公司的子公司。2018年，珠海公交柏宁出租车有限公司有员工149人，运营出租车1504辆，其中承包出租车838辆，自营出租车666辆。

珠海公交海洲运输有限公司

1992年5月，市公共汽车公司将公共汽车与长途汽车运输和出租汽车业务分离，成立珠海公交海洲汽车运输有限公司，隶属市公共汽车公司。2009年7月，公交集团改革重组，海洲运输有限公司成为公交集团全资子公司。2013年12月取得ISO 9001质量管理体系认证，2014年6月取得安全生产标准化三级证书。2018年荣获广东省交通运输诚信示范企业公司。2018年，公司拥有员工379人，各类职称人才6人；拥有大客车162辆。经营长途客运线路61条，其中省内线路17条，省际班线44条。年发送旅客25.3万人次。

2019年10月，珠海公交海洲运输有限公司与珠海公交信禾长运股份有限公司资产重组，资产和人员并入珠海公交信禾长运股份有限公司。

珠海经济特区交通运输公司

简称特交公司，1984年成立，主要负责组织和管理特区下属企业运输经营业务。经营水、陆客货运输及各种机动车、船的设备和零配件销售，管理和经营进口贸易业务等。特交公司与珠海市交通局一套班子，两块牌子。1984年10月重新组建特交公司，珠海经济特区湾仔客货运输服务公司成为子公司，为国营预算外企业。特交公司属下有湾仔客货联营服务公司、珠澳轮渡公司、湾仔特交汽车修理厂、吉大摩托车维修厂、香洲摩托车修理厂、拱北和澳门售票处。1984年12月有干部职工1135人，各种车辆696辆，固定资产8000万元，办公地址在湾仔石角咀。

1989年，特交公司以运输为主，拓展汽车、摩托车的维修业务，先后投资1100多万元在香洲、吉大购买土地300平方米，作为摩托车修理用地。1991年，兴建湾仔特交汽车修理厂大楼。1986年和1991年分别在拱北、澳门开设火车、飞机售票处。1992年，营业收入479.4万元，利润118万元，客运量481万人次，旅客周转量2.63万人公里，修理汽车、摩托车4500辆次。1997年4月，特交公司并入珠海柏宁交通实业集团有限公司。

珠海市长途汽车运输公司

简称长汽公司，前身为香洲车站，创办于1961年，公司地址香洲凤凰路44号，先后隶属佛山地区汽车运输公司、广东省汽车公路运输公司和拱北汽车运输公司。车站实行非独立核算报账。1987年10月交通体制改革，更名为珠海市长途汽车运输公司，归属珠海市交通委员会和珠海市交通运输集团公司管理，属下有152车队、珠汽机动车维修中心、长发服务部、大金鼎分站、唐家代办站和香洲、吉大代办点。干部职工196人，车辆38辆，固定资产538万元，公司地址香洲紫荆路59号。

1993年12月，根据市政府关于理顺企业产权关系的精神，对国家预算内、外企业实施分类管理，市长途汽车运输公司直属市交委管理。1999年3月，珠海市长途汽车运输公司国有股份无偿转让给珠海信禾运输集团有限公司，资产和人员归珠海公交信禾长运股份有限公司管理。

● 珠海市汽车运输公司

简称市运公司，1979年7月成立，实行独立核算，自负盈亏，属全民所有制预算内企业。属下有珠海市汽车驾驶员培训中心、市交通贸易公司、汽车修配厂、车队、特区联一制衣厂，拥有珠海经济特区联合汽车运输公司25%股权。市运公司是在原珠海县交通局车船队的基础上成立，车船队将客货运输分为两个专业公司，成立珠海市公共汽车公司，负责经营城市公共客运业务；珠海市汽车运输公司负责经营货运和客运业务，办公地址在香洲凤凰路8号。1983年，市运公司与特区发展公司、澳门珠光公司、市小汽车出租公司合资成立特区联合汽车运输公司。1982年初，在南村征地1.2万多平方米，至1985年共投资35万元，先后建成油库112平方米，教学楼234.52平方米，集体宿舍276平方米，饭堂60平方米，办公室43平方米，警卫室34平方米，以及水塔、水井、小型变电站等设施。1987年成立交通贸易商场。1988年4月，与外商合作兴办珠澳金美服装厂。1992年营业收入291.6万元，利润26.3万元；客运量410万人次，旅客周转量3839万人公里；培训学员1204人。1997年4月，珠海市汽车运输公司并入珠海柏宁交通实业集团有限公司。

● 珠海市小汽车出租公司

1979年8月，珠海市小汽车出租公司（简称小车公司）成立，属全民所有制预算内企业，归市政府接待处和市建委领导。1984年划归市交通局管理。1989年4月，归珠海市交通运输集团公司领导。1997年4月，珠海市出租小汽车公司并入新成立的珠海柏宁交通实业集团有限公司。

● 珠海经济特区联合汽车运输公司

1983年成立，属“三资”企业。由特区发展公司、澳门麟丰公司、澳门珠光公司、市汽车运输公司、市小汽车出租公司合资组建，下辖车队、汽车修理厂、商场，有各种车辆84辆。1985年投资276.7万元，兴建一栋两层办公楼和商场大楼，共3054平方米，固定资产742万元，职工176人，办公地址在拱北友谊路2号。1992年，营业收入650万元，利润75万元，客运124万人次，旅客周转量4800万人公里，修理车辆2993辆。1989年4月，市交通运输集团公司接管珠海经济特区联合汽车运输公司，作为下属合资企业。

珠海市西部运输总公司

1992年，珠海市斗门汽车运输公司更名为珠海市西部运输总公司，经营范围从斗门县拓展至整个西部地区，所属12家全资子公司、2家合资公司。全资公司为珠海市西部地区总公司斗门公司、珠海市西部地区总公司平沙公司、珠海市西部地区总公司南水公司、珠海市西部地区总公司三灶公司、珠海市西部地区总公司红旗公司、珠海市西部地区总公司建筑材料公司、珠海市西部地区总公司服务公司、珠海市西部地区总公司修理厂、斗门县希望电脑工程公司、珠海市西部地区总公司北澳油库、珠海市西部地区总公司红旗材料站、珠海市汇明化工公司等12家；合资企业为珠海经济特区春鹰板簧实业公司、西部奔马机动车检测维修公司。1999年3月，交通行业国有企业重组，市西部运输总公司成为信禾集团二级公司，更名为珠海信禾集团运输有限公司西部分公司。2009年，更名为珠海公交信禾长运股份有限公司斗门分公司。

珠岐运输公司

1981年12月5日成立，属珠海九洲港务集团公司下属的公路运输合资企业，珠海九洲港务集团公司与澳门岐关车路公司出资组建，注册资金130万元，合作期限从1981年至2001年。经营珠海、澳门至省内各地的陆上客货运输及汽车第二类维修业务。1999年，澳门岐关车路公司退出经营，珠岐公司成为珠海九洲港务集团公司全资子公司。2002年国企改革重组，珠岐公司与珠海九洲国际旅行社、珠海市旅游运输服务有限公司、澳门海威旅游有限公司等企业合并经营，其业务主要是珠澳旅游运输、市际客运班线、出租的士服务等。2010年，珠岐公司被其母公司珠海九洲旅游集团有限公司（原珠海九洲港务集团公司）重组合并。

岐关车路有限公司

简称岐关公司，1927年在广州正式成立。公司成立后，面向社会筹资修筑岐关公路、乾斗公路，开创利用民间资本修建公路的先河。

1950年4月，岐关公司被石岐军事管制委员会接管，时有车辆72辆、职工282人，设有澳门车站和珠海前山售票站。1951年6月并入广中车路公司，成为国营性质汽车运输企业。1980年7月，岐关公司归属广东省拱北汽车运输有限公司（简称拱运公司）。1985年1月1日，岐关公司开始独立核算、自主经营。2009年11月，岐关公司和拱运公司合并，实行“一套管理架构，两个法人主体”的运作模式，保留2家公司牌子运营。2017年，岐关公司注册地从广州迁至珠海横琴新区。2018年11月，原广东省交通集团有限公司持有的拱运公司100%股权无偿划转给岐关公司持有，拱运公司成为岐关公司的子公司。

岐关公司自成立至今，由单一的道路旅客运输企业发展成集跨境道路客运（班车客运、旅游客运）、跨境物流（普通货运、危化品专运）、酒店、城市旅游公交、出租车、汽车维修、商业地产等为一体的大型综合性服务企业。总部设在西班牙马德里的国际贸易领袖俱乐部曾先后向岐关公司颁发三次“国际运输金奖”、一次“亚洲卓越质量金奖”和一次“服务质量和商业信誉金奖”。公司曾被人事部、交通部授予“全国交通系统先进单位”；澳门特别行政区政府于2018年1月向公司颁授“工商功绩勋章”。

广东省拱北汽车运输有限责任公司

简称拱运公司，1980年7月成立，位于珠海市香洲区拱北水湾路1号，隶属广东省交通厅。2000年划归广东省交通集团管理。拱运公司具有全国道路客运二级企业、国家一级运输企业资质。经过30多年发展，已从原来单一的公路客运企业发展成为一个以汽车客运运输为主，集客运运输、出租车客运业务、客运站场、快件快递、汽车维修、物业出租、酒店经营等多元化经营的经济实体。2018年，从业人员580人，设置9个职能部门，有9个子（分）公司，主要经营广州、东莞、深圳、惠州、开平、中山等43条中长班线。公司拥有大、中型空调豪华客车176辆，出租车212辆。公司属下拱北汽车客运站为一级C类汽车客运站，客运班线68条，班线遍及省内各地和邻省10多个中心城市，日发班车314班次，平均日客流量3405人次。

珠海城建现代交通有限公司

2012年7月成立，位于珠海市香洲区上冲TOD小镇云峰路99号，属珠海城市建设集团有限公司的全资子公司，主要负责珠海有轨电车的运营和维护工作。企业坚持“服务是宗旨、安全是前提、效益是根基、进步是关键”的经营理念；坚持“建成全国一流有轨电车运营公司”的奋斗目标；做到现代化管理、高效化运作、标准化作业。有轨电车1号线于2017年6月13日开通试运营，截至2018年底，安全运送乘客233万余人次。

▲2018年6月7日有轨电车高考专列（珠海城建集团提供）

珠海市德益装卸运输有限公司

前身是1952年组建的搬运站、单车站。1981年，以香洲搬运站为主，联合拱北搬运站、前山搬运站、湾仔搬运站及南屏、唐家、下栅、翠微单车站等组建成立珠海市装卸运输公司，属集体所有制企业，实行独立核算，自负盈亏。下辖香洲搬运站、拱北搬运站、湾仔搬运站、前山搬运站、汽车修理厂、交通招待所，干部职工246人（其中退休工人168人），车辆89辆（其中货车60辆、客运车20辆、其他车辆9辆），固定资产759万元。

1982年10月，交通招待所成立，安置原香洲搬运站的女工。1987年成立珠海市装卸运输公司汽车修理厂，厂址在香洲紫荆路市汽车修理厂后面。1988年，成立铁公联运处，公司与广州火车站合作，经营零担货物运输业务，后逐渐发展成集装箱运输，实行铁公联运。1989年4月，市装卸运输公司归属珠海市交通运输集团公司管理。1999年，归属珠海市信禾集团运输有限公司管理，独立核算。2000年，划归珠海市正邦资产经营有限公司直管。2002年，珠海市正邦资产经营有限公司撤销，公司归属珠海信禾集团运输有限公司管理。企业总资产3708.4万元，总负债952.1万元，净资产2756.3万元。2003年6月企业改革，经市资产管理部门批准，资产折扣，确定投标底价为1792万元，向社会公开竞标，最后由企业15名在职代表以1797万元中标，完成企业股份改制，更名为珠海市德益装卸运输有限公司。2018年底，公司经营市际班车客运、县内班车客运、省际包车客运、市际包车客运、县际包车客运、县内包车客运及货物装卸、搬运等。拥有线路班车7辆、旅游客车44辆、其他接送车22辆，共有经营车辆73辆，房地产建筑面积2072.74平方米，年经营收入992万元。

惠嘉交通集团有限公司

1997年成立，是珠海市较早成立的民营运输企业。经过20多年的经营，逐步形成道路客货运输、水上客运为主和旅游服务、会议会展、粤澳跨境运输、航空商旅服务、港口服务、海岛度假村及城市候机楼服务为补充的综合性企业，并取得国家道路旅客运输二级、道路货物运输三级、中国民用航空运输销售代理一类客运资质。2018年底，公司总资产超2亿元，拥有各种营运客车128辆，豪华游轮及高速客船6艘，年运输旅客250万人次，年经营收入2亿元，为社会提供就业岗位超过700个。

珠海机场汽车运输有限公司

1995年3月13日成立。2018年底，公司拥有各种车辆208辆，职工268人。主要经营省际包车客运、市际包车客运、县际包车客运、县际班车客运、县内班车客运、县内包车客运、出租客运等；承接企事业单位各类会议、会展，及各种社会活动项目用车服务，是政府和交通部门指定的大型活动主要运输保障企业。公司业务覆盖珠海市及港珠澳大桥珠海口岸和中山、江门、阳江、顺德、澳门、香港等周边城市。2018年7月10日获得商务车客运班线车辆营运证，成为珠海市唯一一家拥有商务车客运班线营运许可的客运企业。拥有一支车型多样的专业车队，以及技术精湛、服务规范、敬业的员工队伍，并成功打造出深受好评的珠海老字号品牌“珠海机场快线”。既是历届中国（珠海）国际航展主要运输保障单位之一，又是珠海市唯一一家参加广州亚残运会、深圳大运会道路交通保障单位。

珠海市交通发展公司

1993年5月，珠海市交通委员会批准成立珠海市交通发展公司，同年7月，珠海市交通运输服务管理总站划归市交通发展公司，财产人员归珠海市交通发展公司直接管理。主要从事全市个体客货营运车辆统一管理，包括全市个体客货运经营者教育培训，提供代办养路费、年审和工商税收、保险等管理和服务。1999年4月，全市开展各级党政机关与所办经济实体和管理的直属企业脱钩，珠海市交通发展公司移交给珠海市国有资产经营管理局，由市国经局下属珠海市正邦资产经营公司管理。1999年9月21日，珠海市正邦资产经营公司对市交通发展公司实施资产重组，撤销珠海市交通发展公司，有关业务、资产全部归珠海信禾运输集团有限公司，人员一部分划入珠海信禾运输集团有限公司，另一部分人安置到珠海市柏宁交通集团有限公司或其他企业。

2018年全市货运企业（运输车辆30辆以上）一览表

表 2-5-4-1　　　　单位：辆

	单位名称	登记注册类型	主营交通运输业务类别	车辆数
1	珠海远丰运输有限公司	私营有限责任公司	货物专用运输（集装箱）	376
2	珠海市三扬货物运输服务有限公司	私营有限责任公司	普通货运	227
3	珠海雅顺运输有限公司	私营有限责任公司	普通货运	123
4	珠海新粤通物流有限公司	私营有限责任公司	普通货运	102
5	珠海汇通物流有限公司	国有	货物专用运输（集装箱）	95
6	珠海维铭煜投资有限公司	私营有限责任公司	普通货运	85
7	招商局物流集团珠海有限公司	国有	货物专用运输（集装箱）	82
8	珠海市集装箱运输有限公司	国有	货物专用运输（集装箱）	82
9	珠海市新宏安物流有限公司	私营有限责任公司	普通货运	78
10	珠海光荣出行科技有限公司	其他有限责任公司	普通货运	74
11	珠海市荣力拓土石方工程有限公司	私营有限责任公司	普通货运	73
12	珠海顺丰速运有限公司	其他有限责任公司	普通货运	66
13	珠海市众盛汽车运输有限公司	私营有限责任公司	普通货运	60
14	珠海市荣邦物流有限公司	私营有限责任公司	普通货运	58
15	珠海横琴新区联程运输有限公司	私营有限责任公司	货物专用运输（集装箱）	58
16	珠海市永一峰运输有限公司	私营有限责任公司	货物专用运输（集装箱）	56
17	珠海市运通泰物流有限公司	私营有限责任公司	普通货运	55
18	珠海港物流发展有限公司	国有	货物专用运输（集装箱）	53
19	广东东源新地股份有限公司	股份有限公司	货物专用运输（集装箱）	52
20	珠海市兴通物流有限公司	私营有限责任公司	货物专用运输（集装箱）	52
21	珠海市斗门区和记货物运输有限公司	其他内资	普通货运	51
22	珠海市胜吉建筑工程劳务分包有限公司	私营有限责任公司	普通货运	50
23	珠海腾源运输服务有限公司	私营有限责任公司	普通货运	46
24	珠海市燃气运输服务有限公司	其他有限责任公司	危险货物运输	46
25	珠海强竞物流有限公司	私营有限责任公司	普通货运	45
26	珠海市运业汽车运输发展有限公司	私营有限责任公司	普通货运	45
27	珠海路达运输有限公司	私营有限责任公司	普通货运	43
28	珠海万德隆危化品运输有限公司	其他有限责任公司	危险货物运输	42
29	珠海市坚润达货运有限公司	其他内资	普通货运	42
30	珠海市粤隆运输有限公司	私营有限责任公司	危险货物运输	41
31	珠海市亚联运输有限公司	私营有限责任公司	货物专用运输（集装箱）	39

表 2-5-4-1

单位：辆

	单位名称	登记注册类型	主营交通运输业务类别	车辆数
32	獐子岛锦达（珠海）鲜活冷藏运输有限公司	私营有限责任公司	货物专用运输（冷藏保鲜设备）	39
33	珠海市凯中建筑工程有限公司	私营有限责任公司	普通货运	37
34	广东诚通物流有限公司	股份有限公司	普通货运	37
35	珠海新海燃气运输有限公司	其他有限责任公司	危险货物运输	37
36	珠海市坚力运输有限公司	私营有限责任公司	货物专用运输（集装箱）	37
37	横琴鑫汇宝建设工程有限公司	私营有限责任公司	普通货运	36
38	珠海市广鸿运输有限公司	私营有限责任公司	货物专用运输（集装箱）	35
39	中油中泰物流（珠海）有限公司	中外合资	危险货物运输	33
40	珠海万顺发石油运输有限公司	私营有限责任公司	危险货物运输	33
41	珠海市裕成砂石运输有限公司	私营有限责任公司	普通货运	32
42	珠海豪通运输有限公司	私营有限责任公司	货物专用运输（集装箱）	32
43	珠海亨加利运输有限公司	私营有限责任公司	普通货运	31
44	广东远华建设工程有限公司	其他有限责任公司	普通货运	30
45	珠海中景建筑工程有限公司	私营有限责任公司	普通货运	30

2018 年珠海市客运企业一览表

表 2-5-4-2

单位名称	单位所在地行政区划代码	登记注册类型	主营交通运输业务类别	直接上级公司名称	企业隶属关系
珠海格力港珠澳大桥珠海口岸建设管理有限公司	440402| 香洲区	国有独资公司	客运站场	珠海投资控股有限公司	成员企业
珠海万达通港珠澳大桥珠海口岸客运服务有限公司	440402| 香洲区	股份有限公司	班线客运	—	—
珠海市环海运输有限公司	440402| 香洲区	私营有限责任公司	包车客运	—	—
珠海金龙新能源汽车科技有限公司	440402| 香洲区	私营有限责任公司	包车客运	—	—
广东省拱北汽车运输有限责任公司	440402| 香洲区	国有	班线客运	岐关车路有限公司	成员企业
珠海市欣怡汽车运输有限公司	440403| 斗门区	私营有限责任公司	包车客运	—	—
珠海市西苑旅游运输有限公司	440403| 斗门区	私营有限责任公司	包车客运	—	—
珠海市金越汽车旅游运输有限公司	440403| 斗门区	私营有限责任公司	包车客运	—	—
珠海机场汽车运输有限公司	440404| 金湾区	其他有限责任公司	班线客运	—	—
珠海青年客运有限公司	440402| 香洲区	其他有限责任公司	包车客运	—	—
珠海顺驰旅客运输有限公司	440402| 香洲区	其他有限责任公司	包车客运	—	—

续表 2-5-4-2

单位名称	单位所在地行政区划代码	登记注册类型	主营交通运输业务类别	直接上级公司名称	企业隶属关系
珠海市超越旅游运输服务有限公司	440402| 香洲区	其他有限责任公司	包车客运	—	—
珠海澳之旅运输有限公司	440402| 香洲区	其他有限责任公司	包车客运	—	—
珠海宇安汽车运输有限公司	440402| 香洲区	其他有限责任公司	包车客运	—	—
珠海市广诚汽车运输有限公司	440402| 香洲区	其他有限责任公司	包车客运	—	—
珠海市骏佳汽车运输有限公司	440402| 香洲区	其他有限责任公司	包车客运	—	—
珠海市港之游运输有限公司	440402| 香洲区	其他有限责任公司	包车客运	—	—
惠嘉交通集团有限公司	440402| 香洲区	其他有限责任公司	包车客运	—	—
珠海市吉安旅客运输有限公司	440402| 香洲区	私营有限责任公司	包车客运	—	—
广东国信汽车投资管理有限公司	440402| 香洲区	其他有限责任公司	包车客运	—	—
珠海隆鑫旅游运输有限公司	440402| 香洲区	私营有限责任公司	包车客运	—	—
珠海市君安泰来旅客运输有限公司	440402| 香洲区	私营有限责任公司	包车客运	—	—
珠海阳光旅游运输有限公司	440402| 香洲区	私营有限责任公司	包车客运	—	—
珠海公交信禾长运股份有限公司	440402| 香洲区	股份有限公司	班线客运	珠海公共交通运输集团有限公司	成员企业
珠海市坚驰旅游汽车运输服务有限公司	440402| 香洲区	私营有限责任公司	包车客运	—	—
珠海九洲客运港发展有限公司	440402| 香洲区	国有独资公司	客运站场	珠海九洲控股集团有限公司	成员企业
珠海市岐关观光巴士有限公司	440402| 香洲区	其他有限责任公司	班线客运	—	—
珠海海天国际旅行社有限公司	440402| 香洲区	私营有限责任公司	包车客运	—	—
岐关车路有限公司珠海公司	440402| 香洲区	国有	班线客运	—	—
珠海凯[illegible]运输有限公司	440402| 香洲区	私营有限责任公司	包车客运	—	—
珠海市顺程运输有限公司	440402| 香洲区	私营有限责任公司	包车客运	—	—
珠海公交海洲运输有限公司	440402| 香洲区	国有	班线客运	珠海公共交通运输集团有限公司	成员企业
珠海友好旅游运输有限公司	440402| 香洲区	私营有限责任公司	包车客运	—	—
珠海市祥富运输有限公司	440402| 香洲区	私营有限责任公司	包车客运	—	—

续表 2-5-4-2

单位名称	单位所在地行政区划代码	登记注册类型	主营交通运输业务类别	直接上级公司名称	企业隶属关系
珠海市港中旅快线有限公司	440402| 香洲区	股份有限公司	包车客运	—	—
珠海来田旅客运输有限公司	440402| 香洲区	私营有限责任公司	包车客运	—	—
珠海里程国际旅行社有限公司	440402| 香洲区	私营有限责任公司	包车客运	—	—
珠海市九洲旅游运输有限公司	440402| 香洲区	与港澳台合资	班线客运	—	—
珠海市顺之旅旅游运输有限公司	440402| 香洲区	私营有限责任公司	包车客运	—	—
广东省拱北口岸中国旅行社有限公司	440402| 香洲区	中外合资	包车客运	—	—
珠海市德益装卸运输有限公司	440402| 香洲区	私营有限责任公司	包车客运	—	—
珠海市昌运汽车运输有限公司	440402| 香洲区	私营有限责任公司	包车客运	—	—
珠海市横琴新区佳骏运输有限公司	440402| 香洲区	私营有限责任公司	包车客运	—	—
珠海市斗门中国旅行社有限公司	440403| 斗门区	其他有限责任公司	包车客运	—	—
珠海市斗门区东亚旅行社有限公司	440403| 斗门区	私营有限责任公司	包车客运	—	—
珠海市翔鹰汽车运输有限公司	440403| 斗门区	私营有限责任公司	包车客运	—	—
珠海市友诚汽车运输有限公司	440403| 斗门区	私营有限责任公司	包车客运	—	—
珠海市坚鸿汽车运输有限公司	440403| 斗门区	私营有限责任公司	包车客运	—	—
珠海市宇立旅客运输有限公司	440404| 金湾区	私营有限责任公司	包车客运	—	—

全市运输工具一览表

表 2-5-4-3

单位：辆

年份	汽车	其中			其他机动车
		客车	货车	其他汽车	
1979	741	280	406	55	1821
1980	1375	552	698	125	2276
1981	2282	1332	786	164	2929
1982	2402	1402	891	109	3776
1983	2714	1569	983	162	4410
1984	4646	2957	1101	588	5554
1985	7929	4635	1895	1399	9325

续表 2-5-4-3　　单位：辆

年份	汽车	其中			其他机动车
		客车	货车	其他汽车	
1986	8335	4906	2950	479	10263
1987	9815	5951	3726	138	10307
1988	11726	6997	4569	160	11892
1989	13106	7519	5398	189	13283
1990	15740	9012	6539	189	19595
1991	16534	8920	7420	194	19280
1992	20232	9811	10198	223	27019
1993	27992	12745	15111	136	29939
1994	33667	14972	18064	631	34291
1995	35817	16691	18071	1055	34845
1996	40571	23494	16509	568	24203
1997	44573	26319	17591	663	25455
1998	49359	29463	19161	735	27649
1999	49863	28577	20504	782	30043
2000	55204	31746	22555	903	32026
2001	61694	36514	24158	1022	31613
2002	59280	38044	20184	1052	62017
2003	69860	46057	22536	1267	62293
2004	82313	55864	26267	182	61125
2005	105938	70933	32914	2091	61158
2006	121439	86979	32067	2393	49560
2007	142800	106756	33197	2847	45444
2008	159745	124974	31756	3015	44101
2009	180226	145929	32457	1840	42842
2010	209671	172888	34976	1807	40172
2011	241022	201640	37509	1873	41211
2012	273365	231628	39777	1960	38692
2013	312196	268300	41932	1964	35816
2014	345636	302803	41013	1820	45554
2015	408138	368046	38320	1772	47485
2016	473746	432187	39862	1697	74251
2017	549458	504921	42808	1729	75121
2018	624168	573568	48329	2271	75162

第六章　城市公共交通

第一节　公共汽车

1979年7月，市公共汽车运输公司成立初期有营运客车6辆、经营线路3条，职工18人，固定资产18万元。

▲建市初期公交车（珠海公交集团提供）

▲1979年珠海市公共汽车公司办公场所（珠海公交集团提供）

1980年，公司实行定额管理，职工收入与企业经济效益挂钩，车公里成本、车辆利用率、车辆实载率、车公里收入、职工人均产值和人均创利等经济技术指标显著提高。1981年，市公共汽车公司实行多种经营，先后开发长途班车、市内出租车、汽车修理等业务。1987年6月，推行承包经营方案，进一步提高车辆实载率、利用率和经济效益。1989年底，有营运客车59辆、经营线路7条，线路总长度147公里，年客运量2297.42万人次。1993年1月10日，101路线开通，结束珠海西部地区没有公共汽车的历史。1994年5月，2路、11路公交车实行无人售票，年底，市区内全面推行无人售票。是年，市公共汽车公司拥有员工3000人，有营运客车328辆，经营线路29条。

1995年7月，市公共汽车2路线正式试用接触式IC卡。11月，公司开始全面发售乘车IC卡，原试用IC卡停止使用。IC卡的使用和推广，为国家金卡工程积累了经验，为此，公司获得广东省企业管理现代化优秀成果三等奖。1996年7月，市公共汽车首批空调车投入2路线营运。是年底，有营运客车390辆、经营线路38条。2000年底，有营运客车676辆、经营线路56条，年营运里程8000.61万公里，日载客量50万人次，固定资产5.26亿元，员工3100人。

2001年，全年新开公交线路19条，新投入公交车110辆。2002年，城市公交企业完成客运量2亿人次，完成旅客周转量27.1亿人公里，有公交线路80条，总里程2065公里，车辆915辆。2003年，新开公交线路6条，新增里程57公里，完成客运量2.18亿人次、旅客周转量29.2亿人公里。2004年，公交客运量2.48亿人次，旅客周转量33.8亿人公里。2005年，公交客运量2.70亿人次，旅客周转量37.29亿人公里。2006年，完善公交路网和增开线路、加密班次等措施，较好地解决金唐地区城乡接合部群众出行不便问题。年内，新增公交线路6

条，延长公交线路11条。珠海市119个行政村除海岛7个行政村外，全部实现村村通公路、村村通公共汽车的目标。市民期待已久的上冲汽车客运站10月1日正式开业。全年公交客运量2.61亿人次。

2007年，市委、市政府领导先后到市公交企业调研，提出“政府办公交”的理念，要求全社会都重视、支持公交优先发展。市交通局积极推动公交优先发展战略的实施，开展公交优先发展专题调研，组织起草《珠海市优先发展城市公共交通实施意见》。同时制定《珠海市老年人乘坐公交车优惠及财政补贴方案》。从2007年11月1日起，珠海市户籍60周岁以上老年人免费、非珠海市户籍60周岁以上老年人半票的优惠政策。社会公益性运输及油价上涨所增加费用4200多万元由市财政补贴，公交低票价补贴机制基本建立。新增农村公交线路8条，人民路设置公交专用车道，成功举办首届“公共交通周及无车日”活动。在金（鼎）唐（家）、南屏城乡接合部开展小型公交车试点工作，较好地解决工业园区和农村地区群众出行难问题。全年城市公交企业完成客运量2.68亿人次，旅客周转量40亿人公里。2008年，公交特许经营改革工作开始，与公交企业签订《公共汽车特许经营协议》，明确双方在推动公交优先发展中的权利与义务。落实燃油价格改革补助资金1450万元。针对工业园区、大学园区、城乡接合部群众出行不便问题，调整公交线路，增加车辆班次，优化公交线网布局，继续在唐家金鼎地区实行小型公交车试点工作，解决城乡接合部群众出行难问题。全年公交客运量2.79亿人次、旅客周转量40.45亿人公里。

2009年，珠海市大力推动绿色公交建设，成立组织机构，制定实施方案，确定实施主体，珠海公交集团与广通客车等公司签订购车协议，与中海油签订车辆供气协议，并选择2条线路、8辆LNG公交车试运行；广泛听取群众意见及建议，增加公交车辆，调整公交线路，城乡公交线网得到进一步优化，较好地解决城乡居民出行问题；全年公交客运量2.71亿人次，旅客周转量39.9亿人公里。全市共投入公交车辆1272辆，开通公交线路111条，线路里程3346公里。珠海市公共汽车公司荣获中国质量管理领域最高荣誉“中国用户满意鼎”。2010年，贯彻实施《珠江三角洲地区改革发展规划纲要》，珠海、中山、江门三市交通部门对珠中江交通一体化紧密合作框架协议达成一致意见，形成多个会议纪要。三市在路网对接、年票互认、公交互通等方面取得重要进展，与中山、江门开通11条跨市公交线路，珠海、中山的公交线路试行一卡通结算方式，三市车辆年票实行互通。推进节能环保公交试运行工作，投入28辆LNG公交车、20辆纯电动公交车，在7条线路上试运行；市东西部公交实现一卡通。公交集团与中国电信珠海公司合作开展电信服务、公交乘车缴费结算“翼城通”业务。全年拥有公共汽车1240辆，投入运营线路108条，公交客运量2.70亿人次。

2011年市政府印发实施《关于优先发展城市公共交通的若干意见》，明确提出要“举全市之力，大力推动城市公共交通优先发展”，并从制度、规划、用地、建设、路权、资金等方面确保优先发展公共交通战略的实施。全面实施“同城同价”方案，票价平均下调幅度达到35%，公交分担率显著提升，政府财政每年安排的公交补贴资金2亿多元。开通运营K1和K5 两条快速公交，创新开通公交高峰快线、城轨客运接驳专线、东西部大学接驳线等多种公共交通运营模式，较好地满足群众对公交的差异化需求。加大对西部地区的运力投放，西部地区有公交车510辆，实现公交服务和公交IC卡全市覆盖。是年底，珠海市正式入网“岭南通”全省公交一卡通，实现全省公交一卡通。年内共投放350辆LNG公交车和30辆纯电动公交车试运行，全市绿色公交车458辆，开展公共自行车慢行系统研究，实现快行系统与慢行系统的无缝衔接。是年，珠海市拥有公交车1520辆，公交线路123条，公交客运量2.96亿人次，旅客周转量4.59亿人公里，日均载客量81.14万人次。在中国社科院发布的《公共服务蓝皮书》中，珠海公共交通满意度排名全国第一。2013年，围绕“以人为本、公交优先、绿色交通”发展理念，全年新开、优化、调整、加密公交线路227条，新开、调整跨界公交线路6条。开工建设拱北公交站场和三灶、市体育中心南、湾仔、夏湾公交站场充电设施；推进9条主干道公交专用道建设；湖心路口换乘枢纽、南屏公交换乘中心、横琴大桥北换乘中心和停车场、长隆公交枢纽站建设稳步推进。年内投放251辆绿色公交车，绿色公交车1129辆，公交客运量3.13亿人次。2014年，修订《公交特许经营协议》，拟定公交三年行动计划。建成启用拱北公交总站，新建、改建梅华路、珠海大道西等配套公交候车亭272座，新开、优化、调整、加密公交线路324条，万人公交拥有量13.8标辆，开行跨市公交线路15条。公路运输、水路运输、城市客运、基础设施建设与运营等重点领域节能减排工作同步推进。新增纯电动公交车52辆，清洁能源公交车达1129辆，占比64%。公交客运量3.48亿人次。

2015年，全面实施年满60岁以上外埠老人免费乘坐公共汽车和现役军人凭证免费乘坐公共汽车政策。九洲大道等公交专用道动工建设。完成公交线网优化调整和公交换乘优惠方案研究。新建、改建公交候车亭298座，新开、调整公交线路253条次，探索开行公交微循环线路和定制公交。开行跨市公交线路15条。投放720辆绿色公交车、出租车。建成LNG、CNG加气、充电设施24座，建成东部城区慢行系统89公里主廊道。全市共有公共汽车1887辆，其中新能源电动公交车370辆，运营公交线路163条，万人公交车拥有量14.42标辆，公交分担率为20.5%；公交客运量3.61亿人次，日均客运量98.8万人次。

2016年，市交通运输局牵头修订《公共汽车特许经营协议》及其配套监管考核文件，编制完成《政府购买公交服务体制下的运营监管体系研究》《珠海市公交线网优化和的换乘优惠体系研究》。建成湖心路口换乘枢纽、上冲TOD公交枢纽站、海虹路公交首末站。进一步优化公交线网，推进开行情侣路旅游观光公交，斗门、高栏港区全面实施公交换乘优惠。全市公交线路174条，其中跨中山、江门线路18条。交通运输行业加快推进节能减排，制定新能源汽车推广实施方案、充电设施建设和验收方案，增加新能源公交车175辆，建成LNG、CNG加气、充电设施6座，清退营运“黄标车”256辆；拥有公共汽车1986辆，公交客运量3.47亿人次，日均客运量95万人次。2017年，投放213辆纯电动公交车，纯电动公交车总数达到694辆，占公交车总数的33%；新建100座公交候车亭，新开公交线路20条（其中微循环公交线路15条），优化调整公交线路130多条次，“快干支微”的公交网络体系基本建立，公交线网的覆盖率更高，群众出行更便捷，完成珠海市2017年度十件民生实事之一的“改善公共出行条件”任务。开展公交专用道规划研究和《珠海市综合交通枢纽布局规划及重点枢纽交通详细规划》，新建成九洲大道、翠微路等公交专用道，推进公交专用道执法管理工作，确保公交路权优先。全年公交客运量3.22亿人次，日均客运量88万人次。

2018年，市交通运输局会同市财政局、珠海公交集团等部门践行公交优先发展、绿色出行理念，推动各项公共交通便民惠民政策落地。全年更新投放1153辆新能源公交车，实现营运公交车100%纯电动化；建成6条公交专用道，强化执法管理保障公交路权，提高公交运行速度；新开通14条普通公交线路、2条东西部直达的“826路”特快公交专线和3条定制公交线路，加密班次17条次，优化线路401条次；加快智慧公交支付建设，全市公交车实现通达卡、微信、支付宝、银联卡、手机闪付等多种支付方式，并落实全国交通一卡通服务。全市公交车、有轨电车票价全部下调至1元，公交日均载客量增幅6.1%。城市轨道交通线网规划报批工作完成，积极与国家各部委、省各相关部门协调，争取城市轨道交通项目早日落地。调动公交运力圆满完成重大节假日以及大型活动期间公交接驳和乘客疏散任务，台风“山竹”防御期间调动公交车、客运大巴等应急运力紧急疏运6600多名临险人员。第十二届航展交通保障工作顺利完成，航展公众日3天公共交通运送观众21.8万人。全市营运公交车100%纯电动化，2578辆公共汽车全部为新能源车，公交客运量3.23亿人次。

2018年5月初，横琴新区管委会启动运行“横琴号”通勤车，运用大数据向区内企业员工提供快速、便捷、定制化的公共交通服务。“横琴号”通勤车以“温情服务，科技惠民”为宗旨，通过大数据智能化方式对道路、运输资源进行整合利用和高效分配，结合现阶段横琴新区的交通状况及企业用户需求制定上下班通勤车路线，解决上班族最关心的通勤时间、通勤成本和通勤便利三个焦点难点。“横琴号”通勤车采用“网上点一点，出行我打点”的“管家式”服务，打造“行走在路上的科技成果”。“横琴号”通勤车运用高精度的GPS定位系统，使得乘客可在手机地图上看到通勤车的实时行驶及到站情况，合理把控出行时间；基于大数据的行驶辅助系统，可根据最新订票情况及当前路况实时、准确地规划并动态调整行车路线，有效避开道路堵点，相比一般公交车可节省时间30%以上。“横琴号”智能通勤车实行一人一座，提前预订的购票方式，在手机上购票后凭二维码验票上车。运行线路包含横琴自贸片区内企业聚集的金融基地、横琴创意谷、横琴镇、十字门中央商务区、国际会展中心、保税区等站点。

珠海市公交运营情况表

表 2-6-1-1

年 份	公交线路（条）	运营车（辆）	客运量（亿人次）
1979 年	3	6	0.000868
1980 年	4	10	0.01516
1981 年	7	18	0.03077
1982 年	7	24	0.03634
1983 年	6	29	0.05294
1984 年	7	35	0.0611
1985 年	6	37	0.05533
1986 年	7	40	0.05428
1987 年	7	40	0.084494
1988 年	7	45	0.16
1989 年	7	59	0.23
1990 年	9	78	0.28
1991 年	11	106	0.38
1992 年	12	135	0.55
1993 年	17	233	0.85
1994 年	29	328	1.05
1995 年	32	361	1.21
1996 年	38	390	1.27
1997 年	38	432	1.37
1998 年	42	524	1.52
1999 年	51	609	1.52
2000 年	56	676	1.66
2001 年	73	795	1.81
2002 年	00	915	2.00
2003 年	86	964	2.18

续表 2-6-1-1

年份	公交线路（条）	运营车（辆）	客运量（亿人次）
2004 年	90	1019	2.48
2005 年	95	1059	2.70
2006 年	101	1167	2.61
2007 年	104	1168	2.68
2008 年	108	1222	2.79
2009 年	111	1272	2.71
2010 年	108	1240	2.70
2011 年	123	1520	2.96
2012 年	134	1731	3.13
2013 年	140	1801	3.30
2014 年	147	1762	3.48
2015 年	163	1887	3.61
2016 年	174	1986	3.47
2017 年	177	2081	3.22
2018 年	185	2578	3.23

第二节 有轨电车

2012年8月，珠海市政府正式批准《现代有轨电车线网规划方案》。2013年9月，珠海有轨电车1号线工程开工建设，总长8.8公里。位于珠海市香洲区梅华路，起点上冲小镇站，终点水拥坑（海天公园）站。全线设车辆段一座，车站14座，站点依次为上冲小镇、恒雅名园、蓝盾路口、珠海一中、梅华中、香山驿站、古元美术馆、迎宾北路口、大镜山、兴业路口、梅华东、华子石东、中大五院、水拥坑（海天公园）。采用开放式站台，利用地下人行通道和交叉口人行横道线供行人过街及进出站台。道路中间专用路权、100%低地板高性能有轨电车、全球范围内首次商用的智能间歇式地面供电系统等新技术新理念在1号线建设中贯穿融通。珠海有轨电车是全球首条将地面供电系统应用于商业运营的线路，由电力牵引，低碳环保，零排放，无污染，车辆外观以蓝色为主调，长32米，宽2.65米，有5节车厢，每侧有5个车门，可双车连挂，最大运力达700人，平均行车间隔最短可缩至3分钟，满足城市中等运量需求。半独立路权及车辆良好的加减速度，保证运行安全。100%低地板，上下车方便，车内无台阶，车内设施按人体工程学设计，钢轮钢轨，运行平稳，保障乘坐舒适性，车上为乘客提供免费上网服务。采用路段专有、路口开放的运营模式，有效减少干扰，提高运行速度，保证运营正班准点。埋入式轨道，草坪铺装，增添道路绿带风景。

2015年5月3日，《珠海市有轨电车管理办法》发布实施。2017年4月5日，珠海现代有轨电车1号线首期工程试运营基本条件评审会召开，专家组认为，珠海现代有轨电车1号线首期工程基本具备有轨电车试运营条件，原则通过专家评审。2017年6月13日，珠海有轨电车1号线开通载客试运营，实行4个月免费试乘期。2017年10月13日正式收费，全程一票制2元。市民持公交通达卡、银联IC卡、岭南通卡、单程票或购买微信、支付宝及闪客蜂电子单程票乘坐有轨电车。2018年11月18日票价调整为1元。截至2018年12月31日，有轨电车试运营568天，实际运行71970列次，运营里程为59.77万公里，行驶里程为62.29万公里；时刻表兑现率98.71%，发车准点率98.13%；客运量总计233.45万人次，日均乘车客流4117人次；受理热线电话1660单，其中表扬类来电500单，投诉回复率100%，好人好事1318件，失物招领为乘客挽回经济损失13.02万元。珠海有轨电车1号线多措并举，为市民提供现代化便捷的乘车服务，提高运营服务质量，如增加运营时间及开行列次、开通实时查询功能、推出移动支付方式、打造“微信+”平台、下调票价、推出六大服务承诺、增加高峰列车及增开高考专列等。台风、暴雨等恶劣天气影响时，珠海有轨电车全力以赴保障设备稳定，保障运营服务，风雨无阻安全运送乘客。

2018年3月27日，珠海有轨电车开展全国首例槽型轨预防性打磨工作，有效提升乘车舒适度，降低行车噪音和运行能耗。同时，在车厢内配备轨道智能动态添乘仪进行全线动态检查，加强轨道线路设备状态的检测力度，进一步提升线路设备的先进性。

第三节 出租小汽车

1979年，省政府批准珠海市第一批出租车投放市场，由珠海市小汽车出租公司和澳门运输企业合资组成珠澳旅游公司经营，有出租车30辆（包括15座以下的面包车和出租小汽车2种）。1980年，市运输公司投放60辆出租车进入市场，车辆主要是丰田、实力等进口二手车。1983年前，出租车由国营公司经营，车辆属于公司，司机由公司管理。1983年开始，采取由司机承包出租车、每月交一定金额承包费用的经营管理模式。至1985年，全市有出租车100辆。是年，出租车公司实行出租车和司机连在一起，按年度固定承包的办法。司机承包经营一定年限后，可享受公司规定的各项优惠。20世纪90年代初，全市有600多辆出租小汽车、400多辆出租面包车，出租车辆总数达1087辆。1993年，为规范出租车辆的管理，对出租车经营权实行有偿拍卖、固定使用年限。同年3月28日，以每副22万元的价格，拍卖200副出租车牌照；对原有的出租车牌照，以70%的价格（即15.4万元）转为新的有偿使用牌照，同时淘汰出租面包车，并对出租小汽车实行车型、车辆颜色、标志、计价器、通信设备、运价“六个统一”。规定市区出租车为红色，斗门县出租车为蓝色，珠海机场出租车为黄色。1997年，出租车车顶颜色统一改为银灰色。1998年1月1日，《珠海市出租小汽车管理条例》颁布实施，珠海出租车管理走上法制化轨道。条例明确出租车行业实行企业运作，营业牌照使用年限50年（1998年1月1日起算）。2000年，全市共有出租车经营公司26家，出租车1852辆（其中市区1801辆、斗门县21辆、机场30辆）。

2000年珠海市出租车公司基本情况表

表2-3-1　　单位：辆

序号	公司名称	出租车	所有制
1	珠海市特区联合汽车运输公司	75	全民
2	广东省拱北汽车运输公司	20	全民
3	拱北旅游拱星运输公司	36	集体
4	珠海外贸小汽车出租公司	19	全民
5	珠海经济特区安达运输公司	19	集体

续表 2-6-3-1

序号	公司名称	出租车	所有制
6	珠海经济特区珠岐运输公司	54	全民
7	珠海市海洋出租车有限公司	30	全民
8	珠海全兴汽车出租运输公司	26	集体
9	珠海特区珠光运输公司	11	全民
10	珠海智宏交通实业发展公司	89	集体
11	珠海特区海岭客货运输公司	38	集体
12	珠澳旅游出租汽车公司	40	集体
13	海金拓客货运输有限公司	20	集体
14	柏宁集团客货运输有限公司	845	全民
15	信禾集团客货运输分公司	150	全民
16	海洲汽车运输实业有限公司	95	全民
17	珠海特区海富汽车出租公司	31	全民
18	珠海市装卸运输公司	71	全民
19	珠海特区海通运输公司	34	全民
20	珠海深达实业投资发展公司	30	集体
21	珠海巨鹰汽车运输有限公司	16	集体
22	珠海富明小汽车出租公司	31	全民
23	珠海中安出租小汽车有限公司	20	集体
24	珠海机场运输公司	30	全民
25	斗门县客货联营公司	21	全民
26	珠海惠嘉汽车运输公司	1	民营
合计		1852	

2008年，出租车承包费实行政府指导价，平均每辆出租车下调1200元，较好地平衡持牌人、公司和司机三方利益，维护出租车行业稳定，受到省政府表彰。2013年，首次以牌照拆分方式增加运营牌照，提高运力供给，新投放绿色环保双燃料出租车303辆。同年，《珠海经济特区出租车管理条例》颁布实施。2014年，新增双燃料出租车332辆，完成700辆纯电动、西部专营、无障碍等出租车运力投放招标，航展前首次实现纯电动出租车运力投放。2015年，全市有出租小汽车3187辆，其中主城区3087辆。2015年至2016年再次以拆牌方式新增732辆出租车，2016年，有纯电动出租车400辆，出租汽车总数3687辆。其中主城区3487辆、市西部区域200辆。

2017年12月1日，珠海市出租小汽车新的运价方案正式实施，一类车和二类车在起步运价、基准运价、分段计费模式上均有所调整。由原来3公里调整为2.5公里；基准运价一类车由2.8元/公里调整到3元/公里，二类车2.4元/公里调为2.6元/公里；夜间收费时段一二类车都由“0：00—06：00加价30%”调为“23:00—06:00加价30%”；分段收费一、二类车都由超过20公里加价30%调为超过12公里加价30%。等候运价则维持现行36元/时不变。此外，跳表规则调整为时间与运距同时计算，满1元跳一次。2017年、2018年全市出租汽车数量保持不变，仍为3687辆。2019年，海洋出租车公司营运牌照到期停止运营，全市出租小汽车数量下降到3657辆，经营企业12家。

2018年珠海市出租车公司基本情况表

表2-6-3-2　　单位：辆

序号	公司名称	出租车	所有制
1	珠海公交柏安出租车有限公司	270	全民
2	珠海公交柏宁出租车有限公司香洲分公司	836	全民
3	珠海公交柏顺绿动出租车有限公司	400	全民
4	珠海海天汽车运输有限公司	68	民营
5	珠海市海洋出租车有限公司	30	民营
6	珠海机场汽车运输有限公司	30	民营
7	珠海市金拓客货运输有限公司	757	民营
8	珠海市巨鹰汽车运输服务有限公司	208	民营
9	珠海市全兴汽车出租运输有限公司	233	民营
10	珠海英伦交通运输有限公司	200	民营
11	珠海智宏交通运输有限公司	302	民营
12	珠海市珠澳旅游出租汽车有限公司	153	民营
13	珠海市拱岐出租车有限公司	200	全民

第四节　网约车

2016年7月，《国务院办公厅关于深化改革推进出租汽车行业健康发展的指导意见》及交通运输部等7部委办（总局）联合印发的《网络预约出租汽车经营服务管理暂行办法》出台，指导各地开展网约车相应立法和新业态下的行业管理工作。珠海市交通运输局经过深入研究、征求意见、参考对照、风险评估、法制审查，推进网约车经营服务管理暂行办法起草工作。是年，珠海市网络约租车平台主要有神州专车和滴滴两家。神州专车在珠海有300辆专车；滴滴平台在珠海注册的专车数量1.7万辆，其中有接单记录的约3000辆。两个平台共注册网约车驾驶员1.73万人，其中有接单记录的驾驶员约3300人。

2017年6月11日，市政府印发《珠海市网络预约出租汽车经营服务管理暂行规定》，于7月10日正式实施。《规定》对平台经营行为、车辆和驾驶员有具体要求。规范网约车经营行为，要求应当在珠海设立二级分支机构，同步备份珠海网约车运营数据；服务器未设置在本市的，应当在本市设置备份系统并同步备份本市网约车运营数据；并要求网约车平台有符合规定的网络安全管理制度和保护技术措施，在珠海有固定办公场所、培训教育场所、经营管理架构和人员。要求驾驶员，必须取得相应准驾车型机动车驾驶证并具有3年以上驾驶经历，最近连续3个记分周期内没有记满12分记录，无交通肇事犯罪记录、无危险驾驶犯罪记录、无吸毒记录、无饮酒后驾驶机动车违法记录、无暴力犯罪记录、未达到法定退休年龄。对符合条件且考试合格的，由珠海市交通运输主管部门发放网络预约出租汽车驾驶员证；已取得珠海巡游出租车驾驶员从业资格并符合上述规定的，可直接申请网约车驾驶员证。车辆标准，在市公安交通管理部门注册登记的7座及以下乘用车，采用燃油（气）乘用车的，车辆轴距不小于2700毫米、排量不小于1.8升/1.6吨；采用纯电动乘用车的，车辆轴距不低于2650毫米；采用气电混合动力乘用车的，车辆轴距不小于2700毫米；行驶证初次注册日期至申请网约车时须未满2年。《规定》明确，未取得经营许可，擅自从事或者变相从事网约车经营活动的，伪造、变造或者使用伪造、变造、失效的网络预约出租汽车经营许可证、网络预约出租汽车运输证或者网络预约出租汽车驾驶员证从事网约车经营活动的，由市交通运输部门责令改正，予以警告，并按规定处以罚款。此外，《规定》还明确其他违规行为的法律责任等。

2017年12月，珠海市经营网约车的平台企业共4家，分别为滴滴出行、首汽约车、神州专车和易到用车，均为全国性经营的网约车平台。其中滴滴出行和易到用车属轻资产挂靠经营模式，平台基本无自有车辆，其车辆来源主要为私家车或租赁车。神州专车和首汽约车属重资产自营模式，其车辆为企业自有为主。滴滴平台网约车中，珠海籍车辆接入该平台的近9万辆，实际接单较为活跃的约有4000辆；易到平台约有1000辆；神州和首汽共约1000辆。

2018年8月29日，珠海市交通运输局发出《关于进一步规范在珠海市经营网约车行为的通知》，要求对一家经营网约车业务平台暂停在珠海市的顺风车业务，进行全方位整改。2018年9月1日起，对巡游车、网约车驾驶员从业资格证件实行“两证合一”，考取《中华人民共和国出租汽车从业人员从业资格证》后，可自主选择注册成为巡游车驾驶员或网约车驾驶员（不可同时注册）。2018年，在珠海市开展网约车业务的大型平台主要有滴滴出行、神州、首汽、易到等。

2019年12月，珠海市已许可网约车平台企业26家、车辆4582辆，许可驾驶员1.3万名。日均接单网约车约13000辆，10单以上的日均运营车辆约2800辆、10单以上的日均单车订单18单、10单以上的日均车辆收入约480元。

2020年8月，《珠海市网络预约出租汽车经营服务管理暂行规定（修订稿）》经市政府常务会议审议通过。修订后新《规定》，对相关职能部门工作职责和网约车平台企业办理许可的相关要求作调整，持续维护网约车行业有序、繁荣、健康发展。截至2020年12月，全市有滴滴出行、首汽约车、神州专车、万顺叫车等51家平台企业在珠海市取得网络预约出租汽车经营许可证，全市共办理网络预约出租汽车运输证4863本。

2020年网约出租车运输企业一览表

表 2-6-4-1

序号	公司名称	公司简称	公司地址
1	首约科技（北京）有限公司珠海分公司	首汽约车	珠海市九州大道东石花三巷
2	北京东方车云信息技术有限公司珠海分公司	易到	珠海市香洲区福田路
3	神州优车（福建）信息技术有限公司珠海分公司	神州专车	珠海市南屏科技工业园屏北二路
4	武汉斑马快跑科技有限公司珠海分公司	斑马快跑	珠海市香洲区北归路
5	先锋智道（北京）科技有限公司珠海分公司	AA 租车	珠海市香洲区九洲大道中
6	深圳万顺叫车云信息技术有限公司珠海分公司	万顺叫车	珠海市横琴新区宝华路
7	海南约我出行网络预约出租汽车运营有限公司珠海分公司	约我出行	珠海市前山翠珠三街
8	杭州优行科技有限公司珠海分公司	曹操专车	珠海市国家高新区金环东路
9	滴滴出行科技有限公司珠海分公司	滴 滴	珠海市横琴新区宝华路
10	北京假日阳光环球旅行社有限公司珠海分公司	—	珠海市华威路
11	黑龙江凌云网络技术有限公司珠海分公司	—	珠海市横琴新区宝华路

续表 2-6-4-1

序号	公司名称	公司简称	公司地址
12	天津出行有限公司珠海分公司	—	珠海市香洲区兰埔路
13	安徽云联城市交通信息有限公司珠海分公司	—	珠海市香洲区前山工业园华威路
14	上海久柏易游信息科技有限公司珠海分公司	—	珠海市香洲区金山二巷
15	欧拉信息服务有限公司珠海分公司	欧了出行	珠海市横琴新区宝华路
16	网路（天津）电子商务有限公司珠海分公司	—	珠海市横琴新区宝华路
17	蓝海科技有限责任公司珠海分公司	帮帮行	珠海市明珠北路
18	东风电动车辆股份有限公司珠海分公司	—	珠海市斗门区白蕉工业园新科一路
19	广州微巴客运有限公司珠海分公司	—	珠海市吉大九州大道东石花三巷
20	湖南玖玖华安网络科技有限公司珠海分公司	—	珠海市香洲区情侣北路
21	辽宁途途网约车运营服务有限公司珠海分公司	—	珠海市高新区唐家湾镇唐淇路
22	昆明盛智易联科技有限公司珠海分公司	—	珠海市香洲海虹路
23	上海路团科技有限公司珠海分公司	—	珠海市香洲区拱北迎宾南路
24	云南天谷科技开发有限公司珠海分公司	—	珠海市香洲区香洲人民东路
25	够谱出行科技（天津）有限公司珠海分公司	—	珠海市香洲区吉大九洲大道东石花三巷
26	苏州锦华企业服务股份有限公司珠海分公司	—	珠海市斗门区白蕉镇虹桥三路
27	南京领行科技股份有限公司珠海分公司	—	珠海市斗门区白蕉镇白蕉工业园新科一路
28	山东及时雨汽车科技有限公司珠海分公司	—	珠海市香洲区华威路
29	杭州恒胜科技有限公司珠海分公司	—	珠海市香洲区梅华西路
30	长燃智亨（宁夏）新能源科技有限公司珠海分公司	—	珠海市拱北迎宾南路
31	威海市兴安达信息技术有限责任公司	—	珠海金湾区红旗镇珠海大道
32	吉林省吉汽网络科技有限公司珠海分公司	—	珠海市横琴新区宝华路
33	兰州益民出行汽车服务有限公司珠海分公司	—	珠海市香洲区珠海大道
34	杭州携华网络科技有限公司珠海分公司	—	珠海市香洲区梅华西路
35	郑州哈拜网络科技有限公司珠海分公司	—	珠海市香洲区凤凰南路
36	哈尔滨顺荣强科技有限公司珠海分公司	—	珠海市香洲狮山路
37	成都三合力诚商务服务有限责任公司珠海分公司	—	珠海市斗门区腾达一路
38	江西省江南出行运输服务有限公司珠海分公司	—	珠海市香洲区运通路
39	重庆洲路科技有限公司珠海分公司	—	珠海市保税区中心路
40	福建华威易行通旅运有限公司珠海分公司	—	珠海市香洲区华宇路
41	平源网络科技（山东）有限公司珠海分公司	—	珠海市香洲区明珠中路外贸工业区
42	红旗智行科技（北京）有限公司珠海分公司	—	珠海市香洲区金梦巷
43	广州祺宸科技有限公司珠海分公司	—	珠海市华宇路
44	淄博领航先跑汽车服务有限公司珠海分公司	—	珠海市香洲区梅华西路
45	深圳市城方智通技术有限公司	—	珠海市香洲区景莲路

续表 2-6-4-1

序号	公司名称	公司简称	公司地址
46	杭州邮鸽网络科技有限公司珠海分公司	—	珠海市斗门区井岸镇北澳工业大道
47	深圳市双创帮扶汽车运营管理有限公司珠海分公司	—	珠海市斗门区白蕉镇城东白蕉路
48	江西万城叫车科技有限公司珠海分公司	—	珠海市华威路
49	湖南飞豹网络科技有限公司珠海分公司	—	珠海市金湾区红旗镇双湖北路东侧指点科技园
50	天津海豚出游科技有限公司珠海分公司	—	珠海市前山金鸡路
51	成都连点科技有限公司珠海分公司	—	珠海市香洲区吉大海滨南路

第五节　公共自行车

珠海城建公共自行车有限公司成立于2012年3月21日，是珠海城市建设集团有限公司下属全资子公司，注册资本为200万元，经营范围为自行车租赁和维修、广告制作及代理发布、自有物业租赁，有员工30人。2020年4月，因国有企业整合重组，珠海城建公共自行车有限公司，划转到珠海公交集团，成为全资子公司。公司以打造“幸福珠海”，实现建设低碳城市，引领绿色出行，给珠海市民提供便捷、环保、优质的公共出行服务为目标，同时按照行业管理规范和要求，从事珠海市政府授权的在市区范围内提供公共自行车租赁经营与管理，为市民提供公益性质的自行车便利交通服务。2015年，完成314个公共自行车租赁站点的建设施工并投入使用，投放自行车2000多辆。新增314个公共自行车服务站点。2019年，珠海公共自行车服务站点共有680个，锁止器共计18480个，实际运营站点547个，锁止器14513个，流通车辆10708台，服务范围覆盖珠海市主城区、高新区、保税区、横琴新区和高栏港区，实现与公交及有轨电车站点无缝衔接。全年使用公共自行车租赁业务的用户约42万人，日均租车量2.40万人次，约占总用户的5.6%，月均租车量73.47万人次，每辆自行车使用频率约为2～3次/天。累计租车量6028.72万人次，累计骑行时间1507.18万小时，累计骑行里程1.11亿公里，公共自行车日平均使用次数约为2～3次/辆，公共自行车的骑行用户人口数量占珠海市中心城区人口总数量的24.1%。

珠海城建公共自行车服务覆盖区域统计表

表 2-6-5-1　　单位：个

属性	覆盖地区	服务站点建设规模		2018 年实际运营站点情况	
		站点总量	锁止器总量	运营站点数量	运营锁止器数量
一期	老香洲、吉大、拱北	195	4740	168	3580
二期	老香洲、新香洲、前山、明珠、吉大、拱北、南屏	400	11294	297	7594
横琴	横琴	17	500	3	64
保税	保税	7	248	6	214
高新	高新	31	798	22	524
高栏港	南水、平沙	30	900	30	871
合计		680	18480	526	12847

第六节 场站建设

拱北汽车客运站 位于珠海市香洲区拱北莲花路1号，靠近拱北关口，毗邻澳门。1956年6月，广东省交通厅公路运输局长沙总站设立拱北运输站，归中山石岐运输站管理。1963年7月拱北汽车站升格为县级汽车站，与中山石岐汽车站脱离。拱北汽车站在关闸前设立莲花亭售票站，往返澳门旅客在此中转。1963年下半年，建立车队，代号为"佛山2-13车队"，车辆29辆，职工100多人。1964年完成旅客周转量1505.98万人公里，货物周转量173.75万吨公里。1976年2月，车队代号改为"佛山2-10"，时有车辆32辆。1979年，拱北汽车站大楼建成，建筑面积2100平方米。1979年10月22日，广东省汽车运输公司拱北公司成立。1980年7月，拱北公司接管拱北汽车站、车队和车间。2008年，中华全国妇女联合会、第29届奥林匹克运动会组织委员会、全国妇女"巾帼建功"活动领导小组颁发拱北车站巾帼文明岗称号。2018年，拱北车站占地面积1.8万平方米，售票窗口10个，检票口2个，发车卡位15个，主要以珠三角及省内班线为主，进站班车日发班次250多班，最高日发旅客4000多人次。

岐关口岸汽车客运站 位于珠海市拱北口岸购物广场负二层，连接拱北联检大楼，毗邻澳门。1997年建立，占地面积0.11万平方米，售票窗口5个，检票口2个，发车卡位6个，以珠三角及省内班线为主。2018年，岐关口岸车站更名为珠海市口岸汽车客运站，日发班次120多班，最高发送旅客3000多人次。

香洲长途汽车站 建于1985年，2009年7月重新装修营业。位于香洲区紫荆路142号，是二级汽车客运站，毗邻香洲公交汽车总站，实现长短途无缝连接，方便旅客出行。车站占地面积1.26万平方米，候车面积2511平方米，售票窗口9个，检票口8个。发车卡位20个，以省内班线为主，集中珠海市80%以上的省内班线，直达省内所有的大中城市。2018年，进站车辆近600辆，日发班次近600班，最高日发旅客1万多人次。

上冲长途汽车客运站 位于明珠北路33号，毗邻上冲公汽总站，是国家级省际中心枢纽车站。2003年落成，2006年正式对外营业，占地面积2.76万平方米，站场售票窗口9个，检票口8个，发车卡位22个，可满足日发1500个班次。主要以跨省班线为主，省内班线为辅，集中珠海市95%以上的省际班线，主要开通湖南、湖北、江西、河南、四川、重庆、贵州、云南、广西、海南、福建、江苏、上海等13个省市的200多个大中城市。2018年，进站班车800多辆，日发班次300多班，最高日发送旅客1万多人次。

拱北通大汽车客运站 位于珠海市拱北围基路36-3，靠近拱北关口，毗邻澳门。建于2002年，于2011年搬迁至现地址。占地面积4000平方米，售票窗口5个，检票口4个，发车卡位14个，主要以珠三角及省内班线为主。2018年，进站班车日发班次400多班，最高日发送旅客5000多人次。站场实行全方位实时动态监控，增设24小时自助售取票服务区和母婴室，在拱北友谊路2号设立票务中心。秉承"旅客至上，服务第一"的宗旨，竭诚为乘客提供安全、舒适、方便、快捷的优质服务。

唐家汽车客运站 位于唐淇路1088号，建于2000年，2002年搬迁至现址。占地面积2050平方米，售票窗口2个，检票口2个，发车卡位4个。唐家汽车客运站为配客站场，主要以珠三角各城市班线为主。2018年，进站班车日发班次200多班，最高日发送旅客800多人次。

南溪汽车客运站 位于南溪交通大楼侧（坦洲路口），1998年成立。占地面积1.8万平方米，售票窗口2个，检票口2个，发车卡位7个。2018年，南溪汽车客运站主要以粤西及跨省班线为主，进站班车日发班次90多班，最高日发送旅客800多人次。

斗门汽车客运站 位于斗门区白蕉镇连桥路389号，是斗门区唯一现代化高标准建设的公路客运站，以长短途道路客运服务为主，城区公共交通接驳服务为辅的现代化、多功能的综合型公共站场，是珠海西部地区最大的长途客运班车主枢纽站场。2002年5月建成并投入使用，后升级改造引进现代化信息设备，2016年9月被评为省一级A类汽车客运站。占地面积37064平方米，建筑面积11525平方米，有从业人员166人，投入运营车辆77辆，日发班270班，日发送旅客2500人次，主要经营线路包括省内江门、广州、佛山、中山、深圳、东莞、台山、肇庆、阳江、信宜、罗定、和平、开平、电白、湛江、四会、云浮、河源等地，省际桃源、安化、汉寿、莆田、许昌、南阳、济源、罗山、阆中、成都、博白、玉林、百色、大化、柳州、江华、株洲、沙市等。2018年，有从业人员119人，运营车辆89辆，日发班车70班，日发送旅客337人次。

西埔汽车客运站 位于斗门区西埔新青二路9号，2011年6月落成并投入使用，为临时配客点。停车面积1176平方米，候车楼面积784平方米，售票窗口5个，检票口2个，发车卡位7个，工作人员7人，西埔客运站有10条线路，每天发往广州、信宜、佛山、惠州、龙岗等地。

湖心路口汽车客运站 位于金湾区湖心路口公交换乘站一楼，2017年6月落成并投入使用。停车场310平方米，候车面积45平方米，售票窗口2个，检票口1个，发车卡位2个，22条线路，每天发往广州、深圳、新会、肇庆、梅州、五华、阳春、廉江、电白、雷州、信宜、龙岗等地。

三灶汽车客运站 位于金湾区三灶镇南丽路，建于1995年，2005年重新装修营业。停车面积1300平方米，候车面积400平方米，售票窗口3个，检票口2个，发车卡位7个。有10条线路，每天发往广州、深圳、东莞、樟木头、揭阳、五华、佛山、和平、阳春、揭阳等地。

平沙汽车客运站 位于平沙镇迎雁路141号，建于1996年，2007年重新装修营业。停车面积1100平方米，候车面积400平方米，售票窗口3个，检票口1个，发车卡位7个。有8条线路，每天发往信宜、合水、罗定、广州、佛山、东莞、台山、肇庆、新兴等地。

南水汽车客运站 位于南水镇南水新街南水客运站一楼，始建于1995年，2006年重新装修营业。停车面积1000平方米，候车面积100平方米，售票窗口2个，检票口1个，发车卡位4个。有6条线路，每天发往广州、信宜、台山、梅州、肇庆等地。

港珠澳大桥口岸客运站 位于珠海市香洲区港珠澳大桥珠海口岸西澳二街1号，建于2017年11月27日，隶属于珠海创投港珠澳大桥珠海口岸运营管理有限公司，是广东省一级A类客运站。占地面积约77811平方米，各类发车位72个，蓄车位177个，最高能满足20万人次/日的运送要求，由境内的长途客运区、旅游集散区及境外的穿梭巴士站区三部分构成，分别承载传统的长途客运、旅游包车客运及跨境运输功能。2018年10月24日，港珠澳大桥珠海公路口岸正式开通，口岸客运站同时开业，穿梭巴士站区对外开放。

横琴口岸汽车客运站 位于横琴口岸联检大楼负一层，按照国家级枢纽站场一级C类标准设计，设计日发送量最低8700人次，日发班次最低303班。站场总占地面积1.4万平方米，其中停车场面积10726平方米；站房面积3286平方米，有售票窗口6个，检票口3个，发车卡位10个。2020年8月18日开业，业务涵盖班车客运、物流、快件托运（信件、文件快运）；班线覆盖全省大部分地区。以珠江三角地区及粤西方向班线为主，省内其他区域班线为辅，直达省内的大部分大中城市。

第三编 水 路

早在新石器时期，珠海先民以舟楫为凭，熟练掌握航海技术，有一定规模的渔业生产，创造了海洋文明。

▲南水镇高栏岛宝镜湾遗址出土的新石器时代晚期石锚
（珠海市博物馆提供）

汉唐后，珠海成为广州与中东、非洲、欧洲国家海上贸易的必由之路。“洋货东西至，帆乘万里风”（清·屈大均）。由于出洋船舶经常过境，免不了有珠海先民伙随贩运，开始长达千年的海内外商贸和航运事业。明代，珠海海域是外国商船进入广州必经和停泊之地。明洪武三年（1370），明政府在广州设置市舶司，与外国进行贡舶贸易，划定浪白（今南水）、十字门（今湾仔东南面）为外国商船到广州贸易的外港。明嘉靖二十一年至二十七年（1542—1548），安南、占城、暹罗诸国商船，云集浪白等海域。清嘉庆、道光年间，停泊在伶仃岛海域及唐家金星门的外国商船，最多时达100多艘，金星门一带中外海商荟萃，商通万国，货达九州。据《香山县志》载：“夷船来泊伶仃洋，春至秋冬去，以大府准其避风告，自后遂以为常。时洋船四五十只，华船舣附通市，珍奇毕具，娼船赌艇比于珠江，夷目设帐幕于东岸大角山（今留诗山）。”金星门、东岸留诗山一带，是当时鸦片贸易的重要场所。一些唯利是图的华商用白银、茶叶、丝绸、药材、瓷器等钱物在留诗山附近的大角口村与“舱口鬼”（华人称夷贸易者）进行频繁的鸦片交易和贩卖劳工，商品贸易一度繁荣。时水师提督李增阶为阻止夷船在金星门停泊进行鸦片交易，曾在金星门水道“欲以十余巨舰载沙石塞之”，因水流湍急未果。故有“金星塞海口，燕石变墟场”之说。

清道光三十年（1850），唐家后环釜涌龙头角建成古渡头，是个简易的埗头。有专船（大眼鸡风帆船）运载崖口、翠亨、下栅、唐家等村的劳工到香港，然后转乘火轮船赴旧金山等地。《香山县志》记载，清同治年间（1862—1874），有一班定期长行渡风帆船通往顺德陈村和中山石岐、下栅、唐家到澳门。清同治十二年（1873），珠海人唐廷枢担任中国近代洋务运动中最大的经济实体、中国最早的股份制企业上海轮船招商局总办、徐润任会办（实际主持工作）时，收购当时东亚最大的商业船队——美商旗昌轮船公司，控制长江航运、沿海航运的大部分经营权，开辟珠海唐家湾至香港、上海航线。

民国初年，香港中山侨商会的卓尧峰、唐溢川、蔡兴、宗禹臣、蔡昌、吴濂泉等唐家湾人集资购买一艘载重百吨的小火轮“新都益号”，专门航行上栅村经唐家村到香港的航线，沿途载下栅、东岸、唐家、鸡山等村旅客和货物。为了航运安全，配有武装护航，船头船尾均安装一门两英寸口径小炮，装备精良。直至1924年，因周之贞军队强行征用，机器损坏严重而卖掉。1917年，孙中山与广州护法军政府海军总长程璧光及唐绍仪等亲临唐家湾视察，计划在前环建立军港，后因程璧光遇难未果。1929年，国民政府为实现孙中山三民主义、五权宪法在一个县施行的示范典型，将中山县命名为“全国模范县”，直属中央政府，享受省一级待遇，并由邑人唐绍仪主持县政。同时决定唐家港建设成国际无税商港“中山港”。

中山港建设典礼于1930年7月举行，中山县训政实施委员会邀请广东省国民政府主席和国府委员主持开工仪式，并请国内外知名商人和各界知名人士前来观礼。中山港建设过程中，采取集资入股，合股经营，集中山全民财力建设中山港。中山港发展民族资本的“攘外”政策，曾令“英伦”（英国）方面极表不安，恐夺去香港的经济地位，遂猛烈抨击；再加之开辟无税港之后，走私日甚，关税每月损失10万元之巨。1934年10月7日，广东省国民政府主席陈济棠策动唐家兵变，中山无税商港宣告停办。

中华人民共和国成立后，珠海由建县初期的小渔船码头，建设成拥有10万吨级以上的大港口。2018年，香洲港区、九洲港区、唐家港区、斗门港区、洪湾港区、万山港区、高栏港区等七大港区共有泊位165个，其中万吨级以上生产性泊位28个。全年客运量650.06万人次，货运量2816.99万吨，货物吞吐量1.38亿吨，其中港口集装箱吞吐量231万标箱。

第一章　基础设施建设

第一节　港口

● 港口建设

珠海建市前仅有小渔港。建市后到20世纪90年代初，港口的规模较小。1992年，港口货物吞吐量406万吨，主要服务于城市建设和对香港的贸易；集装箱运输成为珠江口到香港的主要喂给港。20世纪90年代，珠海加快建设高栏港区，发展煤炭运输及油品运输等，逐渐成为珠江三角洲地区的油气品转运基地，珠海港开始进入综合运输枢纽发展阶段。

1993年7月，交通部和广东省政府审查通过《广东沿海及珠江三角洲地区港口总体布局规划》，珠海港列为广东沿海5个主枢纽港之一。2000年珠海港成为全国沿海20个主枢纽港之一。2001—2008年已经建成投产的泊位31个，货物吞吐能力2645.5万吨/年，其中集装箱吞吐能力25万标箱/年；在建泊位9个，货物吞吐能力1152万吨/年（其中集装箱吞吐能力80万标箱/年）；2018年，进行前期工作的项目，有泊位30个，总计货物吞吐能力6392万吨/年，其中集装箱吞吐能力313万标箱/年。

2005年底珠海港（港区）泊位一览表

表 3-1-1-1

港区	泊位长度（米）	泊位总数（个）	8万吨级泊位（个）	5万吨级泊位（个）	1万～3万吨级（个）	1万～小泊位（个）	小泊位（个）	设计年通过能力		
								货物（万吨）	集装箱（万标箱）	旅客（万人）
高栏港区	3563	19	1	5	2	10	1	2135	0	0
九洲港区	1382	20	0	0	0	5	15	170	20	700
香洲港区	581	14	0	0	0	0	14	12	0	60
洪湾港区	663	17	0	0	0	17	0	127	4	60
万山港区	1237	12	0	1	0	3	8	212	0	31
唐家港区	326	5	0	0	0	5	0	125	0	0
斗门港区	361	11	0	0	0	5	6	80	3	20
合 计	8113	98	1	6	2	45	44	2861	27	871

2005年底珠海港万吨级以上泊位一览表

表 3-1-1-2

码头泊位名称	结构	投产年月	主要用途	码头前沿设计水深（米）	码头长度（米）	泊位数（个）	靠泊吨级（吨）	货物通过能力（万吨）
生产性泊位	—	—	—	—	2799	9	—	2035
1. 件杂货泊位	—	—	—	—	410	2	—	130
高栏国码	高桩式	1995年7月	多用途	-9	410	2	20000	130
2. 油气化工泊位	—	—	—	—	1844	5	—	1005
华联油码头	高桩式	1998年11月	成品油	-14.5	310	1	80000	335
碧辟LPG码头	高桩式	1999年9月	液化气	-13.5	334	1	50000	160
新海油气码头	高桩式	2000年9月	液化气	-13.5	340	1	50000	160
恒基达鑫码头	高桩式	2002年4月	油、化工	-13.9	280	1	50000	200
中燃桂山油库码头	多点系泊	1995年7月	成品油	-17	580	1	50000	* 150
3. 散货码头	—	—	—	—	545	2	—	900
珠海发电厂煤码头	重力式	1999年5月	煤炭	-14.3	545	2	50000	900

说明：华联油码头包含5000吨泊位能力，中燃桂山油库码头包含小泊位能力。

珠海港“十五”计划、“十一五”规划期间港口建设一览表

表 3-1-1-3

项目名称	泊位性质	泊位吨级或其他能力	泊位数（个）	吞吐能力		说明
				总计（万吨）	其中集装箱（万标箱）	
一、建成投产项目	—	—	31	2645.5	25	—
1. 新建能源码头液化气库区扩建	油气化工	1×5＋1×0.5 扩建罐 2.7 万立方米	2	90	—	2000 年投产 2008 年 4 月投产
2. 碧辟库区扩建	油气化工	地下库 2×20 万立方米	2	30	—	2007 年 2 月投产
3. 华联 1000 吨级码头	油气化工	2×0.1 万立方米	1	30	—	2001 年底投产
4. 一德石化码头	油气化工	1×0.5 万立方米	2	300	—	2001 年投产
5. 恒基达鑫码头扩建工程	油气化工	1×5＋1×0.5 1×5 万立方米	1	200	—	2008 年 3 月投产
6. 中化格力石化公用码头	油气化工	2×8＋4×0.5 万立方米	6	1370	—	2007 年投产
7. 中南汇库区一期	—	罐容 4.8 万立方米	—	—	—	2009 年 4 月一期建成
8. 粤裕丰钢厂原料码头	散货	2×0.5＋0.05 万立方米	3	92	—	2004 年 1 月投产
9. 西域保税区物流码头	多用途	1×0.2＋2×0.1 万立方米	3	130	7	2006 年投产
10. 洪湾港务公司码头	—	3×0.03＋斜坡码头万立方米	3	195	—	2007 年 6 月试运行
11. 珠海保税区加货货柜码头	多用途	2×0.1 万立方米	3	48	6	2008 年 2 月投产
12. 珠海斗门珠船集装箱码头	—	1×0.1 万立方米	1	96	12	2007 年投产
13. 中海油横琴外输码头	油气化工	1×0.3 万立方米	1	29	—	2006 年 12 月投产
14. 龙基码头泊位	油气化工	1×0.3 万立方米	1	25	—	2004 年投产
15. 省粮储备库码头	散货	1×0.5 万立方米	1	7.5	—	2004 年投产
16. 华成达化工泊位	油气化工	1×0.03 万立方米	1	3	—	2004 年投产
二、正在建设的项目	—	—	9	1152	80	—
1. 高栏集装箱一期	集装箱	2×5 万立方米	2	640	80	2009 年投产
2. 一德石化码头扩建	化工	1×0.5 万立方米	1	50		2009 年投产
3. 一德二期库存区扩建	—	罐 62 个 22.3 万立方米	—	—	—	2010 年建成
4. 高栏港区 5000 吨级多用途码头工程	件杂货	2×0.5 万立方米	2	92	—	2009 年建成
5. 广东珠海 LNG 项目	LNG	1×8 万立方米	1	350	—	2012 年建成
6. 中石油华南（珠海）物流中心成品油储备库项目	—	总罐容 100 万立方米，一期罐容 52 万立方米	—	—	—	2009 年完工
7. 珠海海重基地项目	件杂货	1×0.5 万立方米	1	20	—	2009 年完工
8. 高栏港主港道疏浚工程	—	浚深到 -14.5 米	—	—		2009 年 3 月完成
9. 港信航务拖轮码头工程	拖轮码头	2×0.5 万立方米	2	—	—	2009 年完成

2009年，珠海港高栏港区10万吨级主航道工程以及为海洋工程装备制造基地配套的大荷防波堤工程建设进展顺利，南水作业区煤炭码头工程（10万吨级煤码头）以及弃土岸壁整治工程（大突堤）正式动工建设，高栏港区南水作业区干散货码头工程（15万吨级矿石码头）、高栏港区集装箱码头二期工程（原4个10万吨级集装箱码头工程）、万山港区桂山油库多点系泊码头技术改造工程项目（10万吨级油码头）相继获得国家发展改革委的核准。“以港立市”战略的实施以及“亿吨大港”目标实现的重点工程均取得良好的开局。交通运输部大力支持珠海港建设，同意安排资金1.76亿元用于珠海港高栏港区主航道扩建。与此同时，广东珠海LNG项目一期工程、南迳湾港丰燃气码头、珠海发电厂二期码头、南海天然气陆上终端配套码头、深水海洋工程装备制造基地配套码头、中船集团珠海船舶和海洋工程装备基地、茂盛海洋工程配套5000吨级码头、中南汇5000吨级石化码头、新海能源5000吨级LPG码头、洪湾港区二期工程进行前期准备。全年建成泊位6个，货物吞吐能力490万吨/年，集装箱吞吐能力40万标箱/年；在建项目中有10个泊位，货物吞吐能力3420万吨/年，其中集装箱吞吐能力40万标箱/年；已经在进行前期工作的项目中有泊位38个，货物吞吐能力5655.9万吨/年，其中集装箱吞吐能力198.2万标箱/年。

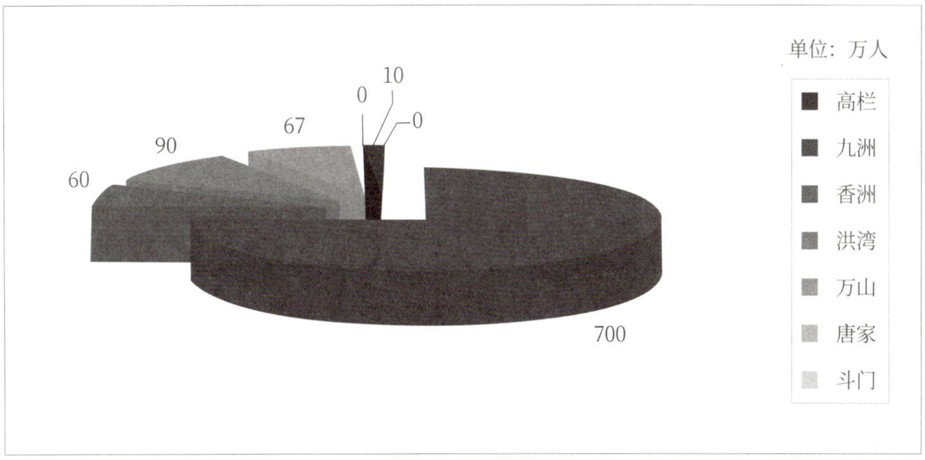

图3-1-1-1　2009年珠海港港区客运吞吐能力分布图

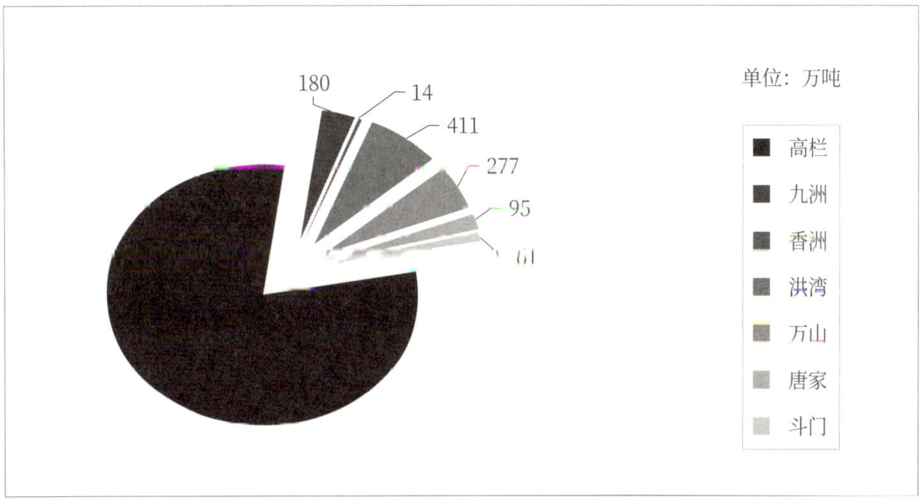

图3-1-1-2　2009年珠海港港区货物吞吐能力分布图

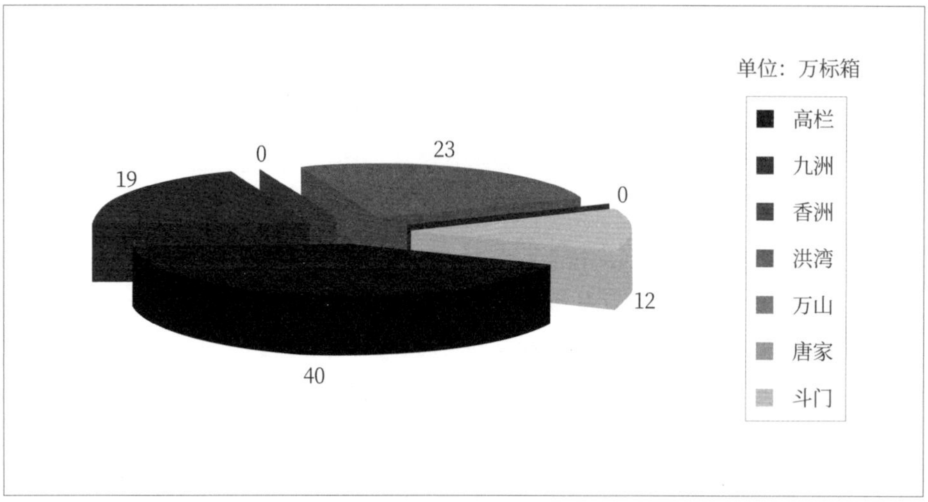

图3-1-1-3　2009年珠海港港区集装箱吞吐能力分布图

2010年，珠海港已形成高栏港区为主，万山港区为辅，九洲、香洲、唐家、洪湾、斗门港区等港区为补充，大中小泊位相互配合、专业化泊位与通用泊位相互补充的“一港七区”布局。高栏港区，以油气化工品、矿石、煤炭等大宗散货、集装箱和杂货运输为主的综合性港区，并为临港工业和现代物流服务。万山港区，以大宗散货转运为主，并为海岛物资运输和旅游客运服务。九洲港区，重点发展珠海至香港、深圳的水上高速客运。香洲港区，以陆岛运输和海岛旅游客运为主。唐家港区，以客运及旅游服务为主。洪湾港区，以集装箱、建筑材料和散杂货运输为主。斗门港区，以集装箱、建筑材料、农副产品运输为主。

“十一五”期间（2006—2010年），珠海港完成建设投资82.4亿元。其中包括高栏港区主航道7万吨级浚深工程，继续在建10万吨级扩建工程，航道建设总投资5.4亿元；建成泊位29个，新增泊位通过能力达2980万吨/年，在建泊位24个，泊位通过能力达6815.9万吨/年；其他基础性工程建设投资达8.3亿元，主要用于南水作业区弃土岸壁工程、大(杧)荷(包)防波堤建设和中船陆岛连接线工程。总建设规模，泊位49个；总吞吐能力9516.9万吨/年，其中集装箱能力301.2万标箱/年。截至2010年底，珠海港有各类生产泊位122个，其中万吨级以上泊位16个，码头通过能力5775万吨/年，集装箱通过能力139万标箱/年。

“十一五”珠海港口建设完成情况表

表 3-1-1-4

项目名称	泊位性质	泊位（个）	吞吐能力		建设年限	投资完成情况（万元）				说明
			总计（万吨）	其中集装箱（标箱）		总投资	“十五”完成	“十一五”完成	跨“十二五”	
一、“十五”跨“十一五”续建项目	—	14	2237	80	—	321634	10388	264443	0	—
（一）港口项目	—	11	2205	80	—	318874	9988	262083	0	—
1. 高栏集装箱码头一期	集装箱	2	640	80	2004 年 4 月至 2009 年 12 月	213919	5988	161128	—	—
2. 中化格力石化公用码头	油气化工	6	1370	—	2005 年 9 月至 2007 年 8 月	23779		23779	—	2007 年投产
3. 中化格力铁炉湾库区一、二期	—	—	—	—	2004 年 2 月至 2007 年 8 月 2009 年 8 月至 2010 年 11 月	50000	—	50000	—	总规模 160 万立方米
4. 中化格力南迳湾化工库区一期	—	—	—	—	2007 年 8 月至 2008 年 11 月	18000	—	18000	—	总规模 31.6 万立方米
5. 洪湾港务公司码头	—	3	195	—	2005—2007 年	13176	4000	9176	—	2007 年 6 月试运行
（二）陆岛交通	—	3	32		—	2760	400	2360	0	—
1. 外伶仃客货运码头	—	2	22	—	—	2200	200	2000	—	
2. 担杆头陆岛交通码头	—	1	10	—	—	560	200	360	—	—
二、“十一五”开工并完工项目	—	15	743	33	—	329693	0	274009	0	—
（一）港口项目	—	15	743	33	—	314693	0	259009	0	—
1. 高栏港务多用途码头二程	件杂货	2	100	—	2007 年 5 月至 2009 年 6 月	20368	—	20368	—	2009 年 6 月试运行
2. 新海能源液化气库区扩建	液化气	—	80	—	2005 年 12 月至 2008 年 4 月	6143		6143	—	2008 年 4 月试投产
3. 碧辟库区扩建	液化气	—	—	—	2003 年 12 月至 2007 年 2 月	56190	—	56190	—	2007 年 2 月年投产
4. 恒基达鑫码头扩建工程	油气化工	1	200	—	2006 年 2 月至 2008 年 3 月	6009	—	6009	—	2008 年 3 月投产
5. 中南汇库区一期	化工	—	—	—	2006 年 1 月至 2007 年 4 月	5600	—	5600	—	2009 年 4 月一期建成
6. 中南汇库区二期	化工	—	—	—	2009 年 10 月至 2010 年 3 月	2000	—	2000	—	—
7. 一德石化码头扩建	油气化工	2	50	—	2007 年 8 月至 2009 年 3 月	4788	—	4788	—	2009 年建成投产

续表 3-1-1-4

项目名称	泊位性质	泊位（个）	吞吐能力		建设年限	投资完成情况（万元）				说明
			总计（万吨）	其中集装箱（标箱）		总投资	“十五”完成	“十一五”完成	跨“十二五”	
8. 一德二期库区扩建	油气化工	—	—	—	2008 年 11 月至 2010 年 6 月	3900	—	3900	—	设计修改
9. 港信航务拖轮码头工程	拖轮码头	2	—	—	2008 年 12 月至 2010 年 8 月	750	—	750	—	2010 年完成
10. 壳牌（珠海）润滑油项目一期	仓储	—	—	—	2007 年 6 月至 2009 年 11 月	60000	—	60000	—	—
11. 珠海联成化学工业公司码槽区	仓储	—	—	—	2008 年 1 月至 2009 年 3 月	2400	—	2400	—	300 万美元
12. 中石高栏成品油储备库项目	—	—	—	—	2008 年 10 月至 2011 年 1 月	125684	—	70000	—	不包括码头投资 已完成一期库容
13. 珠海海重基地码头	件杂货	1	20	—	2008 年 12 月至 2009 年 9 月	4043	—	4043	—	2009 年 9 月试生产
14. 西域（保税区）物流有限公司	多用途	3	120	15	2006 年月至 2008 年 4 月	5359	—	5359	—	2008 年 4 月试运行
15. 珠海保税区加华货柜码头	多用途	2	48	6	2004 年 8 月至 2008 年 2 月	5249	—	5249	—	2008 年 2 月验收投产
16. 斗门珠船集装箱码头扩建	—	1	96	12	2006 年 8 月至 2007 年 5 月	3410	—	3410	—	新增 1 个泊位
17. 中海油横琴外输码头	油气化工	1	29	—	2005 年 3 月至 2006 年 12 月	2800	—	2800	—	只计入码头投资
（二）基础设施	—	—	—	—	—	—	—	—	—	—
1. 高栏主航道疏浚工程	7 万吨级航道	—	—	—	2008—2009 年	15000	—	15000	—	—
三、“十一五”跨“十二五”项目	—	24	6815.9	188.2	—	1492676	0	285570	1207106	—
（一）港口项目	—	24	6815.9	188.2	—	1079497	0	163790	915707	—
1. 高栏集装箱码头二期	集装箱	7	1744	180	2010—2013 年	386005	—	41000	345005	—
2. 高栏港区干散货码头项目	—	2	1600	—	2009—2012 年	241570	—	20000	221570	—
3. 高栏南水作业区煤码头项目	煤炭	5	1500	—	2009—2012 年	191098	—	40000	151098	—
4. 广东珠海 LNG 项目一期	LNG	1	337	—	2010—2013 年	142993	—	41027	101966	—

续表 三-1-1-4

项目名称	泊位性质	泊位（个）	吞吐能力		建设年限	投资完成情况（万元）				说明
			总计（万吨）	其中集装箱（标箱）		总投资	“十五”完成	“十一五”完成	跨“十二五”	
5. 珠海电厂二期配套码头	—	1	803	—	2010—2012 年	36474	—	2000	34474	一期总投资 99 亿元
6. 中燃桂山多点系泊改造	成品油	1	450	—	2010—2012 年	23774	—	2783	20991	—
7. 中燃桂山疏港泊位扩建工程	成品油	2	100	—	2010 年 1 月至 2011 年	2400	—	1500	900	—
8. 南迳湾港丰燃气码头	—	2	180	—	—	34953	—	15480	19473	—
9. 洪湾港务公司码头二期	—	2	77.9	8.2	—	14351	—	0	14351	—
10. 中铁宝桥重工配套码头工程	配套码头	1	24	—	—	5879	—	0	5879	—
（二）基础设施	—	—	—	—	—	413179	0	121780	291399	—
1. 高栏主航道扩建（10 万吨级）	—	—	—	—	2009—2011 年	58680	—	38780	19900	已完成 7 万吨级航道
2. 南水作业区弃土岸壁工程	陆域形成	—	—	—	2009—2011 年	88300	—	40000	48300	—
3. 大（杧）荷（包）防波堤	防波堤	—	—	—	2010—2011 年	61199	—	40000	21199	—
4. 中船陆岛连接线工程	连接线	—	—	—	2010—2015 年	205000	—	3000	202000	—
“十一五”建设规模合计	—	53	9795.9	301.2	—	2144003	10388	824022	1207106	—

2010 年末珠海港万吨级以上生产泊位汇总表

表 3-1-1-5

泊位名称	结构形式	主要用途	投产年份	前沿水深（米）		泊位长度（米）	泊位个数（个）	设计靠泊能力（吨）	货物通过能力（万吨）
				设计	实际				
小计	—	—	—	—	—	4761	16	—	3515
1. 集装箱泊位	—	—	—	—	—	—	—	—	—
高栏集装箱码头 1 号泊位	—	集装箱专用泊位	2008 年	13.0	13.0	412	1	50000	320
高栏集装箱码头 2 号泊位	—	集装箱专用泊位	2008 年	13.0	13.0	412	1	50000	320
2. 多用途泊位	—	—	—	—	—	—	—	—	—
高栏国码 1 号泊位	高桩码头	多用途泊位	1994 年	10.5	10.5	205	1	25000	65
高栏国码 2 号泊位	高桩码头	多用途泊位	1994 年	10.5	10.5	205	1	25000	65
3. 油气化工泊位	—	—	—	—	—	—	—	—	—
华联万吨泊位	高桩码头	成品油泊位	1998 年	9.6	8.3	160	1	10000	19
华联 8 万吨泊位	高桩码头	成品油泊位	1998 年	13.5	12.6	310	1	80000	308
BP 码头 NO.1	高桩码头	液化石油气	1998 年	13.5	13.0	334	1	50000	160
BP 码头 NO.2	高桩码头	液化石油气	1998 年	13.5	13.0	334	1	50000	160
恒基达鑫大码头	高桩码头	通用散货泊位	2002 年	13.9	12.5	310	1	50000	200
恒基达鑫新码头	高桩码头	通用散货泊位	2008 年	13.9	12.5	210	1	50000	200
中化格力南 1 泊位	高桩码头	成品油泊位	2007 年	15.7	14.2	313	1	80000	527
中化格力北 1 泊位	高桩码头	成品油泊位	2007 年	15.7	6.1	313	1	80000	527
中燃多点系泊码头	多点系泊	成品油泊位	1995 年	13.4	17.0	333	1	50000	121
新海能源大码头	高桩码头	液化石油气	2000 年	12.4	12.0	340	1	50000	85
4. 散货码头	—	—	—	—	—	—	—	—	—
珠海电厂 1 号泊位	重力式	煤炭泊位	1999 年	13.5	13.0	285	1	50000	432
珠海电厂 2 号泊位	重力式	煤炭泊位	1999 年	13.5	13.0	285	1	50000	432

2011年，珠海港竣工、在建、筹建的港口项目52个，总投资300亿元。10万吨级主航道、15万吨级干散货码头1号泊位等19个项目建成投产，完成投资近70亿元。高栏港区两个5万吨级集装箱泊位建成投入运营；珠三角最大的散货码头15万吨级干散货码头第1个泊位顺利建成试运行；10万吨级集装箱泊位和10万吨级煤码头加快建设；中燃桂山10万吨级成品油码头主体工程动工；广东LNG珠海接收站8万～27万立方米的卸船码头3月动工。神华粤电煤码头项目动工建设；南海天然气陆上终端项目3万吨级配套码头、中海油深水海洋工程装备制造基地配套码头等多个港口重点项目报批工作基本完成。“两型港口”（资源节约型、环境保护型）建设不断推进，恒基达鑫、中化珠海等10个老码头结构升级改造项目率先启动，在不增占土地岸线和海域资源的前提下将新增万吨级以上泊位4个，增加港口吞吐能力近1000万吨，集装箱吞吐能力90万标箱。珠海港已建成生产性泊位126个，码头岸线1.29万米，其中万吨级以上深水泊位17个（包括大型集装箱专用泊位2

个），客运泊位36个；全港货物设计综合吞吐能力7001万吨/年，其中集装箱设计吞吐能力139万标准箱/年；客运设计能力927万人次/年。2012年，在建项目总投资163.14亿元，完成71.21亿元。在建港口项目泊位30个，新增货物吞吐能力1.02亿吨/年，其中集装箱吞吐能力198万标箱/年。鑫和储运码头和神华高栏煤炭储运中心的9个泊位建成试运行，新增货物吞吐能力5600万吨/年，珠海港吞吐能力超亿吨。全市港口泊位141个，其中生产性泊位136个。生产泊位总长1.48万米，设计年通过能力1.17亿吨，旅客927万人。生产性泊位中，15万吨级泊位2个，10万吨级泊位2个，8万吨级泊位3个，5万吨级泊位11个，1万～3万吨级泊位3个，万吨级以上泊位21个；沿海1000吨或内河300吨以上泊位60个；沿海1000吨及内河300吨以下泊位55个。2013年，珠海港与现代化国际港口合作不断深入。与新加坡裕廊国际、IDA国际签订战略合作协议，基本完成珠海港总体规划战略提升、港口物流产业规划、智慧港口行动方案等课题。与货物吞吐量世界第一的大港宁波港签订《宁波—珠海友好港口暨合作框架协议书》。在建港口重点项目19个，项目总投资191亿元。年计划投资30.96亿元，实际完成投资49.47亿元。其中秦发10万吨级煤炭码头、神华煤炭储运一期码头、南海天然气陆上终端码头、新海能源5000吨级LNG码头、高栏港务二期泊位、珠江钢管重件码头和鑫和配套的件杂货泊位等项目主体工程建成；广东LNG珠海接收站码头于10月24日成功靠泊首艘21万立方米的大型LNG船舶；9个老旧码头加固改造工作进入收尾阶段；高栏10万吨级集装箱第1个泊位、中燃桂山10万吨级成品油码头改造等项目推进顺利。高栏港区15万吨级进港主航道开工建设并获交通运输部3.77亿元资金补助。全年西江驳船支线完成吞吐量1490万吨，连续5年保持40%以上增长。总长度290公里的珠三角城际天然气管网进入收尾阶段。珠海港作为海铁联运、海公联运、江海联运、海空联运及管道运输为一体的多式联运综合枢纽的格局基本形成。市港口管理局与横琴新区、万山区携手推进重点岛屿客货运码头规划建设，桂山、东澳两个陆岛客货运码头启动建设，并获得5200万元的国家建设资金支持。珠海港集团、九洲控股集团完成十字门、白沥水道航道和水上接驳临时客运码头工程，为首届中国国际马戏节和横琴长隆国际海洋度假区开业提供水上运输保障。淇澳岛帆船游艇会、格力海岸游艇会、桂山岛十三湾万洋游艇会、太阳鸟超级游艇制造基地等多个游艇码头项目在推进中。

表3-1-1-6

2011年底珠海港万吨级以上泊位一览表

泊位名称	结构	主要用途	投产年份	前沿水深（米）		泊位长度（米）	泊位个数（个）	设计靠泊能力（吨）	货物通过能力（万吨）
				设计	实际				
小计	—	—	—	—	—	4824	17	—	4741
1. 集装箱泊位	—	—	—	—	—		—	—	—
高栏集装箱码头1号泊位	—	集装箱专用泊位	2008	13.0	13.0	412	1	50000	320
高栏集装箱码头2号泊位	—	集装箱专用泊位	2008	13.0	13.0	412	1	50000	320
2. 多用途泊位	—	—	—	—	—	—	—	—	—
高栏国码1号泊位	高桩码头	多用途泊位	1994	10.5	10.5	205	1	25000	65
高栏国码2号泊位	高桩码头	多用途泊位	1994	10.5	10.5	205	1	25000	65
3. 油气化工泊位	—	—	—	—	—	—	—	—	—
华联万吨泊位	高桩码头	成品油泊位	1998	9.6	8.3	160	1	10000	19

续表 3-1-1-6

泊位名称	结构	主要用途	投产年份	前沿水深（米）		泊位长度（米）	泊位个数（个）	设计靠泊能力（吨）	货物通过能力（万吨）
				设计	实际				
华联 8 万吨泊位	高桩码头	成品油泊位	1998	13.5	12.6	310	1	80000	308
BP 码头 NO.1	高桩码头	液化石油气	1998	13.5	13.0	334	1	50000	160
BP 码头 NO.2	高桩码头	液化石油气	1998	13.5	13.0	334	1	50000	160
恒基达鑫大码头	高桩码头	通用散货泊位	2002	13.9	12.5	310	1	50000	200
恒基达鑫新码头	高桩码头	通用散货泊位	2008	13.9	12.5	210	1	50000	200
中化格力南 1 泊位	高桩码头	成品油泊位	2007	15.7	14.2	313	1	80000	527
中化格力北 1 泊位	高桩码头	成品油泊位	2007	15.7	6.1	313	1	80000	527
中燃多点系泊码头	多点系泊	成品油泊位	1995	13.4	17.0	333	1	50000	121
新海能源大码头	高桩码头	液化石油气	2000	12.4	12.0	340	1	50000	85
4. 散货码头	—	—	—	—	—	—	—	—	—
鑫和码头 1 号泊位	高桩码头	矿石泊位	2011	16.0	16.0	308	1	150000	800
珠海电厂 1 号泊位	重力式	煤炭泊位	1999	13.5	13.0	285	1	50000	432
珠海电厂 2 号泊位	重力式	煤炭泊位	1999	13.5	13.0	285	1	50000	432

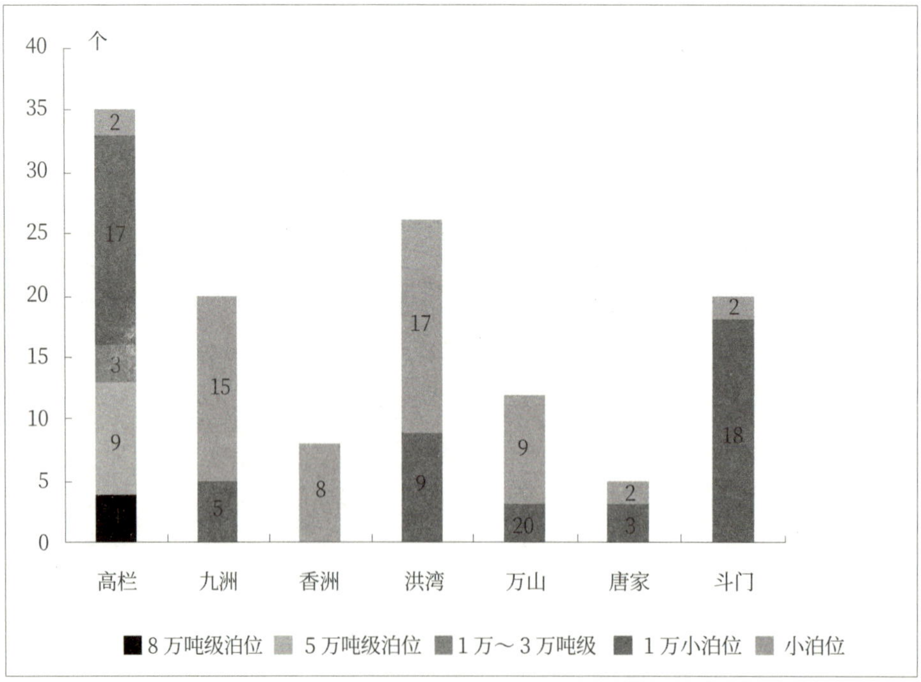

图3-1-1-4　2011年珠海港各港区泊位分布图

珠海港 2012 年港口建设情况表

表 3-1-1-7

项目或建设单位	泊位性质	泊位数（个）	吞吐能力		建设年限	项目投资（万元）		其中：本年投资
			总计（万吨）	其中数量（标箱）		总投资	已完成	
一、在建港口项目	—	30	10188	198	—	1631413	712096	410037
秦发仓储码头	煤炭	5	1500	—	2011—2013 年	191098	82430	29030
鑫丰仓储码头	矿石	2	1600	—	2010—2012 年	241570	120105	30174
神华高栏煤炭储运	煤炭	7	4000	—	2011—2012 年	456830	282476	262041
高栏港务码头二期	多用途	3	200	10	2011—2012 年	82142	26998	12557
高栏集装箱二期	集装箱	7	1744	180	2012—2015 年	386005	92863	17991
新海能源二期码头	液体化工	2	116	—	2011—2012 年	10864	3633	3633
广东珠海 LNG 一期	液化气	1	350	—	2012—2014 年	135508	56941	19028
中燃桂山大码头改造	成品油	1	600	—	2012—2013 年	27072	8311	7004
万山桂山客运码头	客运	—	—	—	2012—2013 年	6844	2479	2479
洪湾二期码头	多用途	2	78	8	2011—2012 年	15000	15408	5648
铁炉湾防波堤	—	—	—	—	2012—2013 年	63700	9970	9970
天然气终端西护岸	—	—	—	—	2012—2013 年	14780	10482	10482
二、完工、待验收项目	—	—	—	—	—	—	—	—
中铁武桥基地码头	件杂货	1	24	—	2011—2012 年	5879	2550	—
柴油机制造码头	件杂货	1		—	2011—2012 年	2162	1780	1,780
高栏集装箱码头	集装箱	2	640	80	2009—2011 年	188600	150000	—
中燃桂山疏港泊位	成品油	2	100	—	2010—2011 年	2400	3143	—
南水弃土岸壁工程	—	—	—	—	2010—2011 年	106000	82700	5000
高栏港主航道扩建	—	—	—	—	2009—2011 年	58680	48028	—
茂盛海洋配套码头	件杂货	—	—	—	2011—2012 年	67696	—	—
三、前期工作的项目	—	—	—	—	—	173676	—	11064
南海天然气终端码头	天然气	2	184	—	—	23812		11064
海洋工程制造基地码头	件杂货	6	—	—	2011—2013 年	179000		
发电厂二期配套码头	煤炭	—	—	—	2012—2013 年	25000	—	—
中南汇 5000 吨码头	液体化工	1	90	—	—	4864	—	—
珠江钢管码头	件杂货	2	100			30503		
宝塔 5000 吨级码头	液体化工	2	300	—	—	22036	—	—
宝塔 5 万吨级码头	液体化工	1	—	—	—	14196	—	—

续表 3-1-1-7

项目或建设单位	泊位性质	泊位数(个)	吞吐能力		建设年限	项目投资(万元)		其中：本年投资
			总计(万吨)	其中数量(标箱)		总投资	已完成	
横琴多用途码头	多用途	3	—	—	2012—2013 年	36234	—	—
达海通用码头	干散货	2	860.00	—	—	228481	—	—
江海天	液体化工	1	—	—	—	—	—	—

2012 年年底珠海港（港区）泊位一览表

表 3-1-1-8

港区	泊位长度(米)	泊位总数	泊位按等级划分							泊位设计年通过能力			
			15 万吨级(个)	10 万吨级(个)	8 万吨级(个)	5 万吨级(个)	1 万～3 万吨级(个)	1 万～小泊位(个)	小泊位(个)	散件杂货(万吨)	集装箱		旅客(万人)
											数量(万标箱)	重量(万吨)	
高栏	9228	45	2	2	3	10	3	23	2	9543	84	672	0
九洲	1382	20	—	—	—	—	—	5	15	180	19	152	700
洪湾	1390	26	—	—	—	—	—	9	17	233	31	248	90
斗门	1112	20	—	—	—	—	—	18	2	145	12	96	10
万山	991	12	—	—	—	1	—	2	9	277	1	8	67
唐家	344	5	—	—	—	—	—	3	2	95	0	0	0
香洲	340	8	—	—	—	—	—	—	8	14	0	0	60
总计	14787	136	2	2	3	11	3	60	55	10487	147	1176	927

说明：1.小泊位标准是沿海1000吨以下、内河300吨以下的泊位；2.设计通过能力中的“货物”吞吐量为件杂货和干散货，不包括集装箱。

2012 年年底珠海港万吨级以上泊位一览表

表 3-1-1-9

泊位名称	结构	主要用途	投产年份	前沿水深(米)		泊位长度(米)	泊位个数(个)	设计靠泊能力(吨)	货物通过能力(万吨)
				设计	实际				
1. 集装箱泊位	—	—	—	—	—	—	—	—	—
高栏集装箱 1 号	桩基	集装箱	2008 年	13	13	412	1	50000	320
高栏集装箱 2 号	桩基	集装箱	2008 年	13	13	412	1	50000	320
2. 多用途泊位	—	—	—	—	—	—	—	—	—
高栏国码 1 号	桩基	多用途泊位	1994 年	10.5	10.5	205	1	25000	65
高栏国码 2 号	桩基	多用途泊位	1994 年	10.5	10.5	205	1	25000	65
3. 油气化工泊位	—	—	—	—	—	—	—	—	—
华联万吨泊位	桩基	成品油泊位	1998 年	9.6	8.3	160	1	10000	19
华联 8 万吨泊位	桩基	成品油泊位	1998 年	13.5	12.6	310	1	80000	308

续表 3-1-1-9

泊位名称	结构	主要用途	投产年份	前沿水深（米）		泊位长度（米）	泊位个数（个）	设计靠泊能力（吨）	货物通过能力（万吨）
				设计	实际				
龙华码头 1 号	桩基	液化石油气	1998 年	13.5	13	334	1	50000	160
龙华码头 2 号	桩基	液化石油气	1998 年	13.5	13	334	1	50000	160
恒基达鑫大码头	桩基	通用散货泊位	2002 年	13.9	12.5	310	1	50000	200
恒基达鑫新码头	桩基	通用散货泊位	2008 年	13.9	12.5	210	1	50000	200
中化格力南 1 泊位	桩基	成品油泊位	2007 年	15.7	14.2	313	1	80000	527
中化格力北 1 泊位	桩基	成品油泊位	2007 年	15.7	6.1	313	1	80000	527
★中燃桂山多点系泊码头	多点系泊	成品油泊位	1995 年	13.4	17	333	1	50000	121
新海能源大码头	桩基	液化石油气	2000 年	12.4	12	340	1	50000	85
4. 散货码头	—	—	—	—	—	—	—	—	—
鑫和 1 号、2 号	桩基	矿石泊位	2012 年	16	16	668	2	150000	1600
珠海电厂 1 号泊位	重力式	煤炭泊位	1999 年	13.5	13	285	1	50000	432
珠海电厂 2 号泊位	重力式	煤炭泊位	1999 年	13.5	13	285	1	50000	432
神华卸船泊位	桩基	煤炭泊位	2012 年	16	—	590	2	100000	2000
神华装船泊位	桩基	煤炭泊位	2012 年	14.2	—	248	1	50000	1000

珠海港 2013 年港口建设情况一览表

表 3-1-1-10

项目或建设单位	泊位性质	泊位数（个）	吞吐能力（万吨）	建设年限	项目投资（万元）		说明
一、在建港口项目	—	—	11882	—	1910660	1204450	—
秦发煤码头	干散货	4	1500	2011—2013 年	191098	185180	完工
鑫和干散货码头	干散货	2	1600	2010—2013 年	241570	176297	—
鑫和件杂货码头	件杂货	2	—	—	—	—	—
高栏集装箱二期	集装箱	7	2544	2012—2014 年	386005	115361	—
中燃大码头改造	液体散货	1	600	2012—2013 年	23783	14234.84	—
高栏港务码头二期	多用途	3	120	2011—2013 年	82142	33682.5	—
珠海 LNG 一期码头	液化气	1	700	2012—2013 年	135508	79534	交工
桂山岛客运码头	客运	—	—	2012—2013 年	6844.12	4851.6	—
铁炉湾防波堤项目	—	—	—	2012—2014 年	63700	37500	—
南海天然气终端西护岸（西北段）工程	—	—	—	2012—2013 年	14780	14723.84	—
南海天然气终端配套码头	液化气	2	178	2012—2013 年	24796	24012.4	—
中南汇石化码头	液体散货	1	115	2013 年	4864	1689.2	—

续表 3-1-1-10

项目或建设单位	泊位性质	泊位数（个）	吞吐能力（万吨）	建设年限	项目投资（万元）		说明
高栏国码辅助港区	—	—	—	2013—2014 年	16533.8	6605	—
洪湾二期码头第二阶段	多用途	2	—	2013—2014 年	48481.87	10202.88	—
宝塔公用液体化工码头	液体散货	3	345	2013—2014 年	45300	14270	开工
深海装备制造基地	—	6	—	2013—2015 年	120000	13876.3	—
珠江钢管码头	—	2	100	2013—2014 年	31254	7001	—
二、完工交工项目	—	—	—	—	—	—	—
主航道南水段疏浚工程	—	—	—	2013 年	6306.53	4175.54	完工
新海能源 LNG 码头	液体散货	2		2011—2013 年	10864	3987.7	交工
神华储运一期	干散货	7	4080	2012—2013 年	456830	457265	完工
三、待建港口项目	—	—	—	—	—	—	—
三一重工港机码头	—	2	860	2013 年	45000	—	—
15 万吨级主航道	—	—	—	2013—2014 年	87300	—	开工
北方石油码头项目	—	—	—	—	—	—	—
东澳岛码头	—	—	—	—	—	—	—

2014年，珠海港完成建设投资16.88亿元，建成及在建的新、改、扩建港口工程泊位33个，年货物通过能力5324万吨，旅客通过能力75万人。其中，高栏港区15万吨级主航道工程开工建设；高栏港区集装箱码头二期工程1号泊位建成交工，全港集装箱运输船舶的最大靠泊能力提高至10万吨级；万山港区桂山岛客运码头建成投产；高栏港区10万吨级煤炭码头、高栏港务公司5000吨级多用途码头、中南汇5000吨级化工码头、桂山岛10万吨级油码头改造、洪湾港二期码头等一批港口码头工程顺利建成交工。港口泊位160个，泊位总长1.83万米。2015年，港口在建项目完成投资14.03亿元，完成年度计划的136.22%。中海油海洋装备制造基地一期配套码头15万吨级主航道建成；黄茅海航道维护优化工程完成，确保中海油超大型钻井平台运输船舶进出安全；高栏港10万吨级集装箱2～7号泊位等项目加快推进，15万吨级粮食、北方石油石化码头和5万吨级黄茅海航道（一期工程）前期进展顺利。2016年，港口建设项目计划投资6.3亿元，完成投资7.16亿元，完成年度投资计划的113.6%。深水海洋装备制造基地码头工程5号泊位建成交工验收，万江物流通用粮食码头上半年开工建设，高栏集装箱二期工程2～7号泊位进展顺利。2017年，珠海市以建设现代化国际港口为目标，科学规划、严格管理，加快推进珠海港口快速发展。通过积极协调为万山区陆岛交通建设争取资金补助6950万元；为高栏港黄茅海5万吨航道一期工程争取到专项资金补助1.87亿元。全年在建港口项目10个，总投资74亿元；港口建设项目投资计划约10.3亿元，完成投资4.75亿元，完成年度投资计划的46.1%。桂山港区桂山岛十三湾陆岛交通客货运码头防波堤工程、珠海高栏港区南水作业区鑫和3000DWT件杂货码头、高栏国码6和7号仓库、欧港物流分拨中心（一期）工程相继开工建设；高栏港区集装箱码头二期工程1号、2号、3号泊位交工验收，4～7号泊位建设加快推进；高栏港区万江物流码头工程、珠海格力海岸游艇会工程、万山港区东澳岛客运码头工程等加快建设。黄茅海航道一期工程施工图获批复，高栏港区采用PPP模式建设，完成招标，准备开工建设；淇

澳岛帆船游艇会游艇码头办理开工备案。高栏港区南迳湾作业区宝塔5万吨级公用液体化工品码头工程交工验收；高栏港区神华煤炭储运中心一期工程完成竣工验收；高栏港区北港池15万吨级升级工程完工。新增4个液体化工品泊位，其中1个5万吨级泊位。截至年底，全市港口泊位162个，其中公务用非生产性泊位6个，生产性泊位156个；泊位总长19747米，其中生产性泊位总长19194米；设计年通过能力15966万吨，其中散货吞吐能力14382万吨/年，集装箱吞吐能力198万标箱（1584万吨/年），旅客965万人/年。其中，高栏港区生产性泊位71个，万吨级以上生产性泊位27个，设计年通过能力1.44亿吨，占全港通过能力的90%。

2017 年珠海港区生产性泊位及设计通过能力汇总表

表 3-1-1-11

港区	泊位总长（米）	泊位总数（个）	10万～15万吨级以上泊位（个）	5万～10万吨级泊位（个）	1万～5万吨级泊位（个）	1万吨以下，沿海1000吨、内河300吨以上泊位（个）	沿海1000吨、内河300吨以下（个）	设计年通过能力				
								总吞吐能力（万吨）	干散件杂货物（万吨）	集装箱		旅客（万人）
										数量（万标箱）	重量（万吨）	
高栏	14166	71	6	13	8	42	2	14409	13377	129	1032	0
九洲	679	14	0	0	0	0	14	0	0	0	0	700
洪湾	1814	30	0	0	0	13	17	710.6	334.6	47	376	90
斗门	998	18	0	0	0	8	10	464	296	21	168	10
万山	1053	15	1	0	0	2	12	285	277	1	8	86
唐家	344	5	0	0	0	3	2	95	95	0	0	0
香洲	140	3	0	0	0	0	3	2	2	0	0	60
合计	19194	156	7	13	8	68	60	15965.6	14381.6	198	1584	946

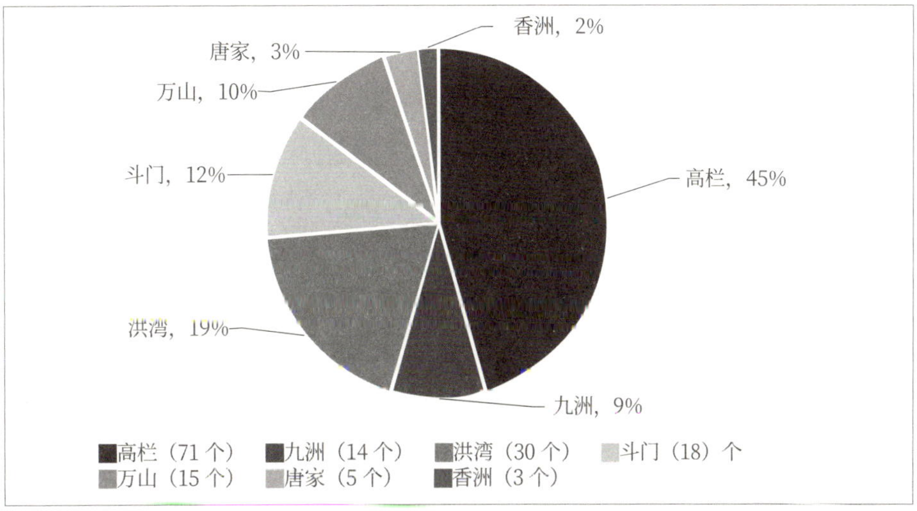

图3-1-1-5 2017年珠海各港区泊位数量比例图

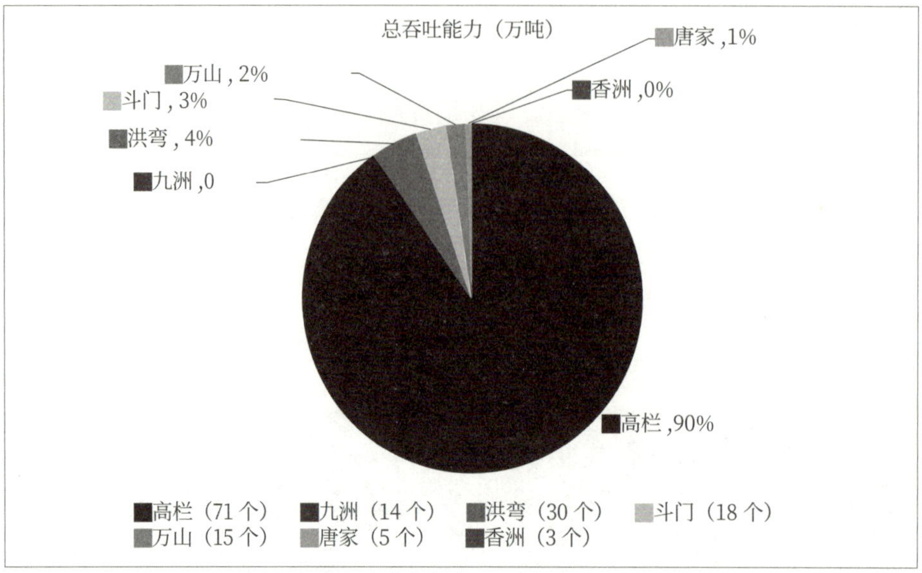

图3-1-1-6 2017年珠海各港区设计年吞吐能力比例图

2018年，珠海市新开工及续建的港口项目20个，完成投资14.4亿元。其中，重点项目有珠海港高栏港区集装箱码头二期工程、珠海港万山港区桂山岛十三湾陆岛交通客货运码头防波堤工程、珠海港高栏港区万江物流码头工程、珠海港高栏港区5万吨黄茅海航道一期工程、珠海港高栏港区北方石油石化码头工程等5个，年度投资计划8.1亿元，全年完成投资9.04亿元，年度投资计划完成率为111.6%。珠海港高栏港区5万吨黄茅海航道一期工程、深水海洋装备制造基地3号滑道工程、珠海航海文化中心公共码头工程、三角岛后勤码头工程、高栏港区海洋通信系统产业项目配套码头工程等开工建设。珠海格力海岸游艇会工程、广东省珠海水上交通检查站码头工程、珠海港高栏港南迳湾作业区宝塔公用5000吨级液体化工品码头工程、珠海港高栏港南迳湾作业区宝塔公用5万吨级液体化工品码头工程、高栏国码6号和7号仓库工程，珠海高栏欧港物流分拨中心（一期），珠海港高栏港区南水作业区鑫和3000DWT件杂货码头工程建成交工。高栏港区三一港机码头工程、中铁武桥重工（珠海）有限公司珠海基地配套码头工程、海油工程珠海深水海洋工程装备制造基地（一期、二期工程）完成竣工验收。珠海港新增2个非生产性泊位、1个3000吨级通用件杂货泊位，新增通过能力40万吨。全港共有泊位165个，其中生产性泊位157个、非生产性泊位8个，万吨级以上生产性泊位28个。设计年通过能力1.60亿吨，集装箱吞吐能力198万标箱。其中，高栏港区生产性泊位72个，万吨级以上生产性泊位27个。设计年通过能力1.44亿吨，占全港通过能力的90%。全港共有干散货泊位22个，年吞吐能力8009万吨；油、气、化工品液体散货泊位44个，年吞吐能力4901万吨；多用途泊位26个，年吞吐能力货物917万吨，集装箱112万标箱；集装箱专用泊位4个，年吞吐能力86万标箱；件杂货泊位22个，年吞吐能力503万吨；客运及陆岛交通泊位39个，年吞吐能力旅客946万人，货物2万吨。已投入运行储罐数量305个，罐容352.2万立方米。

● 港 区

九洲港区 位于珠江口西南岸、珠海市香洲区东南面炮台山下，与深圳市的蛇口港、赤湾港隔海相望，毗邻澳门，东距香港66.67公里，分为客运和货运2个作业区。

客运作业区 1980年10月，由珠海市政府投资2300多万元兴建。1981年9月24日，经国务院批准对外籍船舶开放。1982年9月，九洲港至香港航线通航。1983年7月18日，九洲港至深圳市蛇口港通航。1984年7月1日，九洲港澳门环岛水域旅游航线通航。1985年1月，九洲港至蛇口港车渡航线通航。至1990年底，九洲港拥有港口水域面积24万平方米，航道长10.5公里、宽100米、水深8米，码头岸线939.38米，陆地面积20多万平方米，并配有客货运输及外轮代理、外轮理货、外轮供应等服务设施。1990年后，又投资1.5亿元兴建1.35万平方米客运联检大楼及10×86米突堤码头；港区耗资9000多万美元购买1579客位的"海昌""海天""海珠""海翔""九洲""海山"等6艘铝合金双体高速喷射客船和600客位的"海鸥""海鹰""海燕"3艘钢质游船，建立九洲港运输船队，客运从业人员增至170多人。1992年9月23日开始，九洲港至香港航线由珠海经济特区九洲港客运公司经营，每天12班次；珠海至深圳（蛇口、黄田机场）每天快船60班次，汽车渡船16班次；澳门环岛水域游9班次。1982—1992年旅客进出港1525.71万人次。2017年，客运量469.2万人次。2018年，客运量650.06万人次。

货运作业区 1984年5月建成投产。1985年3月，南海石油珠海服务总公司投资3200多万美元在九洲港西侧兴建深水码头。1987年3月，南油深水码头启用，市政府决定将港务局的货运作业设备及业务归并深水码头运作。1987年3月开始集装箱运输。1990年初，珠海九洲港务集团公司以5200万美元将深水码头收购。同时，投资1.4亿元进行配套建设，新增钢筋混凝土沉箱重力式3000吨级码头泊位132.5米，浇制钢筋混凝土集装箱堆场4.7万平方米，新建联检大楼3850平方米、混凝土道路0.3公里、仓库7804平方米和货物进出口通道大门1座，进口集装箱跨运车3台、叉车3台、拖车30台、各种吊车和叉车20多台。1992年10月3日，香港和记黄埔珠海港口投资有限公司注资2600万美元，并与珠海港务投资公司共同组建珠海国际货柜码头（九洲）有限公司，各占50%股份。1993年9月，货运中心落成，建筑面积2186.25平方米。至2000年，建有货运码头(钢筋混凝土沉箱重力式结构)岸线长698.5米，3000吨级泊位2个、2000吨级泊位2个、1000吨级泊位1个、500吨级泊位1个；还有标准仓库7栋，面积1.36万平方米，容量2.88万吨；堆场10处，总面积为6.05万平方米，容量3.58万吨；成品油罐2座，容量3500吨，水罐2座，容量1500吨。主要装卸设备有40吨固定多用途岸吊2台、50吨轮胎吊1台、跨运车8台。1987年集装箱吞吐量5000标箱，1989年吞吐量4.8万标箱，1990年8.7万标箱，1994年增长到26.1万标箱。1992—1994年，全国十大集装箱港口中排第5位，全省排第一位。1995年起，集装箱吞吐量有所回落，从1995年的24.4万标箱，降到2000年的23.45万标箱。2007年，码头集装箱年吞吐量41.2万标箱。2015年10月30日，九洲港货运码头停运，由洪湾港承担其货运功能。

▲在全国率先实现"海陆空"一站式服务的九洲港客运码头（珠海市水上运输管理处提供）

香洲港区 位于珠海市中心城区香洲湾，北距广州159.27公里、中山66.67公里；东距深圳市蛇口港51.86公里、香港66.67公里；南到澳门24.82公里。香洲最早的名字叫九洲环，后来又叫沙堆湾。1908年，邑人王诜（shēn）、商人伍于政请求占用沙堆湾约700亩土地建造商业港口。于是绘制图纸，订立章程、合约等呈广东省劝业道核办，并转呈督署和北京商部注册存案。劝业道通过香山知县和前山同知的调查后，认为可行，转报两广总督，获得批准，并同意将港口命名为香洲港。1909年4月23日破土动工，两广总督张人骏亲自参加动工仪式。1910年底，把原竹码头改建成栈桥式木码头两座，并在港口建起两个坚固的防波堤，开辟通往穗港澳的新航线。1911年4月30日，宣统皇帝下诏宣布香洲为自由港。自由港的管理章程还没有制订出来，此时在税务司甘博极力反对下，清政府改变原来主张，认为香洲自然地理条件不能建成香港那样的自由港，使投资者大失所望，纷纷转移资金。港口除一些渔民外，无人光顾，码头破损严重。

中华人民共和国成立后，香洲港作为渔用港口，1958年由珠海县水产局兴建。建有码头泊位150米、堆场1112平方米、防波堤600米。1967年，在码头两旁南北面建造石堤1000.5米，堤内回填沙土成泊位。港口主要为渔船交售鱼货、补给油水和水产运输船运载渔需品提供泊位以及堆场。1979年，市水产供销公司和市外运公司（珠成海陆运输）在码头两侧分别建造专用码头。由市水产供销公司承担渔船生活补给、水产品中转和小额贸易货物装卸、陆岛交通运输，开通往来深圳蛇口客运航线；市外运（珠成海陆运输）公司开辟珠海市第一条往来港澳国际集装箱货运航线。香洲港区渔港功能向商渔并举的混合型港区发展。1992年，香洲湾填海建设情侣路，香洲港区布局调整。1994年、1995年分别建设T形码头和北堤码头。T形码头位于情侣路与先烈路交会处海边，为商渔共用码头，建有500吨级泊位10个，岸线长365米，堆场面积8192平方米。1996年建成后的码头，分为货运作业区和渔产品作业区。北堤客货码头岸线200米，站场面积4.10万平方米，建有1000吨级泊位5个。1997年，万山海洋开发试验区在北堤延伸加建客运码头，码头岸线140米，供旅客上落船泊位2个，旅客候船室600平方米，主要承担市区与万山、担杆、桂山等岛水路交通运输和香洲、澳门海域旅游。1999年9月1日建成投产后，香洲港完全实现客、货、渔码头分离。2015年6月，香洲港货运码头关停。2019年8月，香洲渔港搬迁。2020年9月香洲港客运站改扩建工程动工。1988年，香洲港区客运量73.5万人次，货物吞吐量46.78万吨，其中外贸物资9.87万吨。2000年，客运量53.38万人次，货物吞吐量19.3万吨，集装箱运量2687标箱。2017年，香洲港有泊位3个，客运量117.97万人次。2018年，旅客吞吐量132.02万人次。

▲1991年的香洲港码头（珠海市水上运输管理处提供）

唐家港区 位于唐家湾的前环和淇澳之间的金星门西岸。金星门水道宽不到1公里，水深20米，是一条狭长深水槽，沿淇澳岛往东南延伸19公里，穿过栏门沙，进入珠江深水航道。千樯云集，半湾渔火，成为“环海归帆”的唐家八景之一。民国前，前环是个优良的渔港。早在19世纪中叶，外国人的版图上把它标为“金星门港”。 1929年，国民政府为实现孙中山先生奉行的三民主义、五权宪法在一个县里如何施行的示范典型，将中山县命名为“全国模范县”，直属中央政府，享受省一级待遇，并由邑人唐绍仪主持县政。同时在原唐家前环渔港的基础上兴建国际无税商港“中山港”。由于唐绍仪的声望和开发中山港的需要，1930年把中山县政府从石岐迁到唐家；并在新绘制的中山县全图中俗称的“唐家环”改称为“唐家湾”。中山港建设典礼于1930年7月举行，中山县训政实施委员会邀请广东省国民政府主席和国府委员主持开幕仪式，并请国内外知名商人和各界知名人士前来观礼。中国空军创始人张惠长、陈庆云等率战机13架从广州飞至唐家，为中山港典礼作起飞、降落、编队、花式航空表演。

中山县训政实施委员会向国内外通商口岸的同乡会、商会发出《中山港建设大纲》，以筹集庞大的资金，用于开发建设。同时，组织中山民众实业公司，旨在集合中山县全民财力合股经营，唐绍仪兼任总经理带头入股，香港先施公司、大新公司为主要投资股东，广泛筹集资金，兴办实业。中山县政府请荷兰海港公司总工程师前来实地勘察，规划在唐家湾前环和后环建筑两个大型深水码头，在前环“急流仔”经槟榔石至蛇洲尾一带，建造一个避风塘和一条防浪堤。计划开辟唐家至广州、江门、梧州、香港、澳门、上海，以及日本、美洲、南洋、欧洲航线的客货运输航班。开通前中山港就有一条拖船运载客货来往香港、澳门、唐家、石岐之间的航班。同时，后环码头有不定期的油船顺便载客去香港和印度尼西亚。

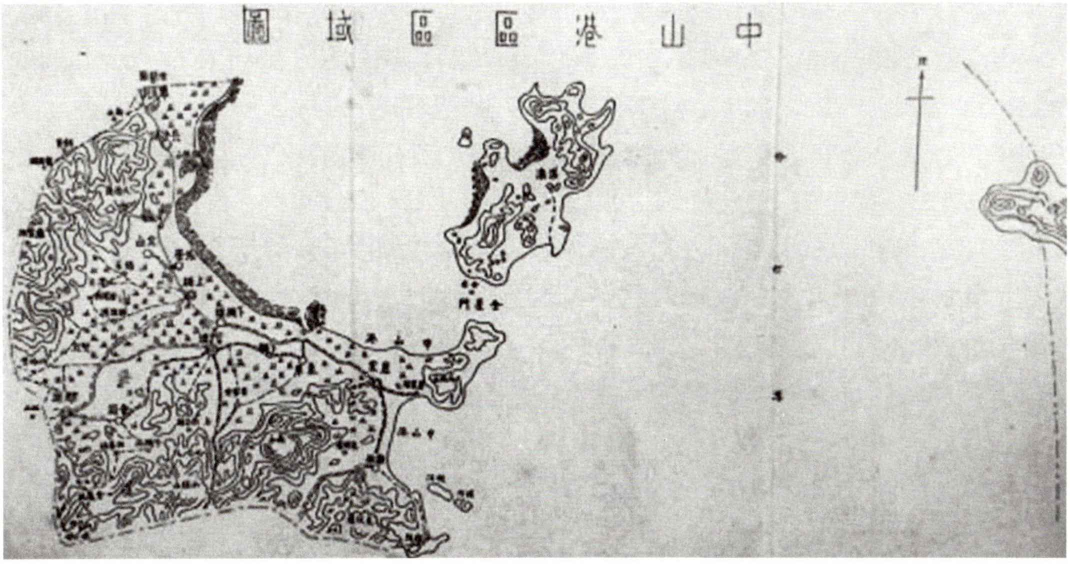

▲1930年中山港区区域图（珠海市博物馆提供）

中山港发展民族资本的“攘外”政策，曾令“英伦”（英国）方面极表不安，恐其夺去香港地位，其政要人物，甚至称中山港为敌港，登报猛烈抨击。无税港开辟之后，走私日甚，关税大受影响，国税每月损失10万元之巨，引起官方忧虑。1934年10月7日，广东省国民政府主席陈济棠策动唐家兵变，中山无税商港也宣告停办。

中华人民共和国成立后，随着行政区划的变动，中山港改称唐家港。1988年1月开始建设民用油气码头。码头由珠海市石油公司和珠海市煤气公司合资建设，并成立唐家大坶湾码头管理所。同年10月10日，1000吨级码头泊位竣工，码头长44.5米，水深6米，吞吐能力为20万吨/年。1990年2月28日，动工兴建3000吨级码头泊位，1991年11月投入使用，码头长137米，水深8米，吞吐能力45万吨/年。库区离码头有3公里，有1个气库和2个油库。气库由市煤气公司管理，共有各种气罐22个，总罐容5800立方米。油库由市石油公司管理，共有各种油罐35个，总罐容4.78万立方米。1991年11月9日，经国务院批准对外籍船舶开放。唐家大坶湾油气码头1995年吞吐量36.6万吨、2000年54.92万吨。2017年2月，唐家港陆岛交通客货运码头工程项目获得批复，2019年8月开工建设。

斗门港区 位于磨刀门西岸，北纬22°16’，东经113°18’（即原新环渡口码头处），水路距澳门31.48公里，距香港100公里，陆路距区政府所在地井岸7公里，距白藤湖旅游区10公里，分客运和货运两个作业区，均由斗门县口岸开发总公司和香港珠江船务有限公司合资建设经营。1987年10月31日，国务院同意开放斗门港和开辟斗门至香港客运直通航线。1988年6月18日，客运作业区动工，1991年1月18日启用，客运区岸线长540米，纵深300米，总面积为16.2万平方米，建有桩基码头1座，码头泊位长35米，码头前沿用趸船加钢引桥连接护岸。1992年，货运作业区筹建，1994年3月28日，货运码头竣工，货运作业区陆域面积2.27万平方米，其中露天货柜堆场面积1.5万平方米，仓库2座，建筑面积1600平方米，码头泊位长98米，常年能靠泊3000吨级船舶。码头装卸设备有40吨岸吊机，50吨汽车移动吊机和40吨集装箱正面吊运机等。1991年港区客运量4.26万人次，1997年客运量12.11万人次，2000年客运量9.69万人次。2017年，港区泊位18个，客运量2.38万人次，货物吞吐量250.96万吨，集装箱5.49万标箱。2018年，货物吞吐量83.05万吨，集装箱吞吐量5.81万标箱，旅客吞吐量5740人次。

▲1990年的桂山港（珠海市水上运输管理处提供）

万山港区 位于桂山岛二湾、三湾之间，主要有珠海中燃阿吉普石油有限公司码头及油库。1992年10月15日开工，1995年10月建成试投产，1996年4月正式投产。建有5万吨级多点系泊位1个，泊位长330米，水深17米；5000吨级重力式泊位1个，泊位长143米，水深8米，可同时停靠2艘1000吨级船舶，设计通过能力150万吨/年。油库区占地面积20万平方米，建成各种储罐12个，其中2万立方米油罐2个，1万立方米油罐4个，5000立方米油罐3个，1000立方米油罐3个，总容量9.8万立方米，输油管线4700米。1995年吞吐量32.74万吨，1996年吞吐量95.86万吨，1997年吞吐量62.03万吨，1998年吞吐量51.45万吨，1999年吞吐量53.46万吨，2000年吞吐量82.85万吨。2007年，港区有泊位15个，货物吞吐量31.17万吨。2018年，货物吞吐量38.61万吨。

高栏港区 1988年9月，市政府决定建设高栏深水港。1990年5月，前期工程南水半岛—高栏岛的连岛大堤开工，全长6000米，堤底基础宽为100米，堤面宽为26米，1991年5月建成通车。高栏港区分为南水、南迳湾、荷包、黄茅海、蠕蛛5个作业区，港区规划陆域面积114平方公里，水域面积300平方公里，规划岸线总长50.5公里。2000年5月15日，交通部、广东省人民政府批准《珠海港总体布局规划》，认为珠海港是全国沿海的主枢纽港。在规划期内，重点建设南迳湾、南水作业区，其他作业区作为远景预留发展区。

▲珠海港高栏港区LNG码头（珠海港控集团提供）

南迳湾作业区 1990—2000年，陆续建成多个大型的成品油码头和液化气码头。南迳湾防波堤位于高栏岛南迳湾风猛鹰山南部的岬角处，全长1400米。1994年5月28日开工，1996年12月26日竣工，总投资1.4亿元。

华联油码头 1994年1月11日，由珠海中南石化企业集团有限公司、广东省中南石化企业公司、VITOL ASIA PTE LTD 三方合营组建珠海特区华南联合石油有限公司，共同投资建设华联油码头。码头位于高栏岛西南面的风猛鹰山（即南迳湾作业区一突堤），库区位于高栏岛铁炉村。1994年6月开工建设，1998年建成投产。码头工程包括8万吨级泊位1个，5000吨级泊位1个，泊位长160米，连片长121米，顶标高+5米，水深7.5米。设计年通过能力160万吨。油库工程占地面积 14.67万平方米，总库容30万立方米。其中一期工程于1996年开工，先建10个油罐，总罐容12.4万立方米，其中4个2万立方米油罐、4个1万立方米油罐、1个3000立方米油罐、1个1000立方米油罐，占用土地8.6万平方米。建设1.7公里的输油管线及相应配套设施。1998年11月17日，6万吨级油轮"安福"号首次试靠泊华联码头，同年12月码头正式投产。1998年，吞吐量为10.67万吨；1999年，吞吐量达236.1万吨；2000年，吞吐量达310.3万吨。

九丰阿科LPG码头 位于高栏岛西南面的南迳湾。1997年9月1日广东省计委批准立项。由珠海九丰集团和美国阿科公司合资经营，总投资2800万美元，注册资本1380万美元。1997年6月29日开工， 1998年11月23日竣工验收，1999年6月18日正式投产，同年9月8日交付使用。工程陆域面积8万平方米，水域面积7.2万平方米。码头工程为栈桥式布置，栈桥外侧为5万吨级泊位，并可同时停靠2艘3000吨级船舶，内侧停靠液化气船"紫荆花"号作5万吨级浮舱使用。码头泊位长336米，顶标高为7.5米，水深为13.5米，引桥长370米，液化气过驳能力2000吨/时，码头设计年吞吐能力为75万吨（卸船50万吨，装船25万吨）。库区一期用地面积2.45万平方米，建有LPG气罐6个（1500立方米球罐4个，150立方米卧罐1个，50立方米卧罐1个），总罐容6200立方米。一期总投资22305.25万元，其中土地、岸线费用6168.2万元。1999年1月27日，5万吨级液化气船"紫荆花"号首次靠泊九丰码头。1999年实际吞吐量136.1万吨，2000年吞吐量113.4万吨。

岩谷LPG码头 1997年1月14日广东省计委批准立项，由珠海国际商业贸易公司与日本岩谷株式会社合资建设，注册资本860万美元。码头位于高栏岛西南面的南迳湾，九丰阿科LPG码头的北面。1998年12月1日，码头工程开工，1999年10月6日竣工，2000年9月7日正式投产。码头为栈桥式布置，全长340米，两侧靠船，外侧为5万吨级泊位1个，泊位长340米，水深13.5米；内侧为5000吨级泊位1个，泊位长180米，水深7.5米；连接码头与陆域的引桥长326米。库区陆域总面积7.87万平方米，一期建有气罐5个，其中，1500立方米球罐2个，1000立方米球罐1个，100立方米卧罐2个，总罐容4200立方米。一期占地面积2.92万平方米，工程总投资1.4亿元，其中工程投资9700万元，土地、岸线费用 4319万元。2000年，吞吐量2.7万吨。

南水作业区 建有两大港口码头项目，即电厂码头和高栏国际货柜码头（起步工程码头）。电厂码头由广东省电力局和香港和记黄埔合资建设。1992年10月签约，1994年11月8日开工，1999年5月26日竣工。码头位于南水半岛西侧，北侧与电厂毗邻。其中两个5万吨级煤炭泊位，总长545米，水深14.3米，配有4台35吨抓斗卸船机；一个3000吨级重件泊位，长104米，水深5米；一个1000吨级成品油泊位，长64米，水深5.7米；进港航道总长14.162公里，底宽160米，边坡1∶6，航道底标高-13.4米。1999年吞吐量33.9万吨，2000年完成吞吐量161.4万吨。高栏国际货柜码头作为高栏港区的起步工程，有两个2万吨级杂货和多用途泊位，位于高栏岛西北角的牛角沙，码头总投资7000万美元， 1992年7月18日开工，1995年7月15日完工试投产，1996年6月26日通过验收，同年7月28日正式对外开放。1994年5月10日，珠海港务投资公司与和记黄埔珠海港口投资有限公司合资成立珠海国际货柜码头（高栏）有限公司，各占50%股份。码头占地20.8万平方米，2个泊位总长410

米，仓库1.96万平方米，堆场面积7.97万平方米，设计吞吐能力95万吨/年。1999年，货物吞吐量为132.85万吨，其中集装箱为1.4万标箱。2000年，货物吞吐量163.6万吨，其中集装箱为1.88万标箱。

2017年，高栏港有泊位71个，其中10万～15万吨级以上泊位6个；货物吞吐量1.22亿吨，集装箱吞吐量177.22万标箱。2018年，高栏港区货物吞吐量1.28亿吨，集装箱吞吐量185.45万标箱。

洪湾港区 位于珠海西南部南屏镇，马骝洲水道北侧。东邻十字门国际水道，西接西江磨刀门出海口。占地面积21万平方米，岸线长540米，航道水深7.5米。洪湾港建设主体为珠海港洪湾港务有限公司，分三期开发建设。一期码头于2007年8月建成投产，占地面积为12万平方米，有3个500吨级多用途泊位，主要用于开展内贸件杂货与集装箱业务。二期码头承接九洲港货柜码头集装箱及件杂货运输业务。洪湾港成为内外贸功能、港口配套设施最全面、最先进的集装箱喂给港。三期码头规划建设13个多用途泊位，规划面积约48.6万平方米，是珠海港集团整体发展战略中打造洪湾港成为区域性港口物流园区、物流商贸信息园区的重要组成部分。2015年10月开始试运行，主要有香港、蛇口、南沙航线。2017年，港区有泊位30个，客运量146.75万人次，货物吞吐量1084.8万吨，集装箱吞吐量44.33万吨。2018年，货物吞吐量875.07万吨，集装箱吞吐量39.51万标箱，旅客吞吐量185.65万人次。

▲珠海港洪湾港区（珠海国码（洪湾）有限公司提供）

前山港 位于珠海市前山水道下游，水路与澳门相距1公里，距广州183公里；陆路距澳门3公里，距广州130公里。是珠海市区的内河港口。始建于1981年初，业主为广东省前山港埠公司，直属广东省航运总公司。1985年3月，港口建成投入使用，占地3万平方米，客运泊位长20米，有1个500吨级泊位；有2个500吨级泊位，有4个200吨级泊位。仓库3000平方米，堆场6000平方米，客运办公楼1852平方米，以及相应配套设施。主要经营客货运输、港口装卸、仓储、代理货物中转等业务。客运航线主要通往广州、江门、肇庆、广西梧州等地。港区除具普通港口功能外，还具有市场功能，每年建材成交额超过4亿元。港区内广东、广西两省区

▲珠海前山港（珠海市交通运输局办公室提供）

的60多家厂矿企业和澳门的多家厂家设立业务办事机构，成为“两广”物资在珠海的集散地和澳门地区货物的中转和储运基地。1987年省属交通企业下放，前山港归属珠海市交通委员会管理，公司更名为珠海市前山港务公司。1999年9月，珠海市建设大桥公园占用前山港护岸简易码头岸线162米，仓储用地1.66万平方米。至2000年，前山港陆域面积仅剩8300平方米。2000年1月，前山港务公司以职工内部持股的形式改制为民营企业，改称为珠海市前山港务有限公司。随着珠海城市化建设快速发展，前山河两岸成为珠海市民的重要商住区，市民要求搬迁前山港的呼声越来越高。珠海市政府决定将前山港货运功能搬至洪湾港，并于2007年6月发布《关于关闭前山港货运码头的通告》。2007年7月16日，珠海市举行前山港货运码头关闭仪式，有22年港龄的前山港正式关闭。

码 头

湾仔码头 位于珠海市南区，东隔前山河，与澳门内港码头相望。建于1956年，港区范围包括前山河南段，即石角咀至湾仔水厂之间，水域面积1.5平方公里，港内有避风港，面积3万平方米，水深4米。湾仔码头分南、北港区。北港区为顺岸式混凝土结构码头，设有海关，是珠海与澳门往来的水上通道；南港区为水产货运码头，钢筋混凝土结构。后来在港区沿岸按不同用途建设多类型货运码头，配有供油、供水及其他服务设施，码头泊位15个。随着珠海市区高科技、电子、轻工、纺织、新兴材料建设企业向南屏、湾仔转移，湾仔码头建设布局作出相应调整。

▲2018年的湾仔码头（珠海九洲控股集团提供）

横琴客运码头 位于横琴新区环岛东路，俗称“横水渡”，是横琴澳门民间交往的水上通道。1992年，横琴码头由珠海市横琴岛顺达运输有限公司（简称顺达公司）负责经营管理。2008年，顺达公司对横琴码头进行改造。2013年，横琴新区财政拨款1580万元又对横琴客运码头进行再改造，拆除旧建筑，建设新码头。改建后的横琴客运码头陆上建筑面积1039.83平方米，有船舶停靠泊位（趸船）3个。

湾仔至澳门环岛游码头 原在湾仔避风塘。1983年开始经营澳门环岛游业务。1992年，市政府修建南湾大道时湾仔避风塘被填平，湾仔避风塘码头迁至南湾大道靠澳门水域一侧，并给珠海经济特区濠江旅行社(珠海市九洲邮轮有限公司前身)的主管单位湾仔水产公司分配4个泊位继续经营澳门环岛游项目。2007年1月开始，珠海市九洲邮轮有限公司对码头进行改扩建，2007年8月竣工，改造后的码头更名为“湾仔旅游码头”。

表 3-1-1-12

1990 年珠海市港口码头分布情况表

港口码头	长度（米）	泊位（个）	备注	内河港	长度（米）	泊位（个）	备注
九洲港	848	11	客货可泊1000 吨	前山港	1245	25	客货可泊 300 吨
香洲港	500	11	客货可泊500 吨	小林码头	20	1	客货可泊 300 吨
金星码头	150	4	客货可泊3000 吨	井岸港	2234	56	客货可泊 700 吨
万山码头	280	5	渔业可泊400 吨	大赤坎码头	20	2	客货可泊 200 吨
桂山码头	120	4	客货可泊400 吨	横山码头	20	1	客货可泊 100 吨
担杆码头	40	2	客货可泊400 吨	大沙场码头	20	1	客货可泊 200 吨
担杆码头	40	2	渔业可泊100 吨	西安码头	100	3	客货可泊 500 吨
东澳码头	—	201	渔业可泊400 吨	六乡码头	20	2	客货可泊 300 吨
庙湾码头	15	2	渔业可泊500 吨	乾务码头	120	4	客货可泊 50 吨
外伶仃码头	39	2	渔业可泊500 吨	平沙码头	300	16	客货可泊 200 吨
荷苞码头	100	1	渔业可泊300 吨	大濠冲码头	100	2	客货可泊 700 吨
南水码头	300	6	客货可泊100 吨	五山码头	100	2	客货可泊 700 吨
湾弓码头	30	1	客货可泊50 吨	小濠冲码头	50	1	客货可泊 50 吨
石湾码头	30	1	客货可泊50 吨	南门码头	20	1	客货可泊 200 吨
东咀码头	70	1	客货可泊200 吨	红旗码头	50	2	客货可泊 100 吨
湾仔码头	600	45	客货可泊500 吨	黄金码头	60	3	客货可泊 300 吨
—	—	—	客货码头 50 吨	上横码头	20	1	客货可泊 300 吨
—	—	—	渔业码头 24 吨	斗门港	540	1	客货可泊 3000 吨
按区域分:	—	—	—	按水道分:	—	—	—
唐家镇	150	4	—	虎跳门水道	270	6	—
万山区	554	18	—	荷麻溪水道	180	8	—
三灶区	530	10	—	竹洲水道	20	2	—
湾仔镇	600	15	—	泥湾水道	2284	58	—

续表 3-1-1-12

港口码头	长度（米）	泊位（个）	备注	内河港	长度（米）	泊位（个）	备注
市区	1340	7	—	鸡啼门水道	500	24	—
—	—	—	—	前山水道	1245	25	—
—	—	—	—	磨刀门水道	540	1	—

第二节　航 道

辖区航道位于珠江三角洲河网区，河道两侧多为平原，间有山丘，航道贯穿境内南北。主要航道有泥湾门水道、赤粉水道、鸡啼门水道、洪湾水道、前山水道、十字门水道、磨刀门出海航道等。其余航道直接或间接与以上航道相接。有航道194条772公里（其中沿海航道4条96公里），1～7级内河航道19条193公里；8～9级内河航道171条483公里，均为天然河流航道。1～7级航道中，枢纽共计16座，其中船闸11座。8～9级航道中，枢纽105座，其中船闸11座。主干河道两岸多筑有堤围，支流航道多并入联围之内，有水闸或船闸与干流相通。自北向南建有大沙联围、白蕉联围、乾务联围、赤坎联围、五山联围等10多个联围，大小水闸、船闸120多座。联围内航道的通航水位多受人工控制，在-1.0～+1.5（珠基）之间。由于节制闸通航孔的限制，多通航20～100吨货船。经过多年联围及河道整治、水文条件的改变、人为大量取砂等，航道河床不断下切。境内航道以短途、单船运输为主，基本没有船队运输。磨刀门出海航道、十字门水道、白沥航道、桂山水道、洪湾水道、鹤洲河及白藤河等航道按照海标配布；鸡啼门水道、泥湾门水道、前山水道及赤粉水道等4条航道按一类标配布。在高栏海岛和三灶海岛设海岛标21座。

● 主要航道

洪湾水道　西接磨刀门水道和磨刀门出海航道，东流入伶仃洋。起于灯笼沙尾止于湾仔，全长20公里。澳门灯桩至珠海大桥维护水深4.0米，维护航宽80米，维护弯曲半径500米；湾仔至澳门灯桩、珠海大桥至灯笼沙尾维护水深3.5米，维护宽度60米，弯曲半径480米，设海标。有跨河桥梁横琴大桥，净高22米，净宽120米。洪湾水道为磨刀门水道的支汊。两头为近海区，中间段约10公里，河宽500米左右。受西江泥沙影响，航道淤积严重。20世纪80年代开始，珠江水利委员会对磨刀门进行综合治理，洪湾水道普遍刷深，通航条件改善，一般水深在2～4.5米。

泥湾门水道　位于珠江三角洲南部，北起磨刀门水道竹洲头，横贯斗门区西安、六乡、白蕉、泥湾、井岸镇，南迄泥湾门口，全长25公里，属西江水系。泥湾门水道上通磨刀门水道，经赤粉水道接虎跳门水道，下连鸡啼门水道可至南水、三灶、广州、江门、石岐。水道维护水深4.0米，维护航宽80米，维护弯曲半径480米，有架空电线4条，最小净高16.67米；河底电缆2条，最小埋深-6.00米（珠基）；有井岸大桥，净高9.00米，净宽50.00米；设重点标。水道总体自然条件优良，河面宽200～300米，无明显弯道。

赤粉水道　属西江水系，是虎跳门水道支流，汇入泥湾门水道。自横坑东口至鳖鱼沙，全长7公里。维护水深3.2米，航宽45米，弯曲半径480米。水深多在3～4米，航宽45米，水道顺直。建有桥梁1座，净高8.75米，净宽45米；架空电线1条，净高22米。

鸡啼门水道 位于珠江三角洲河网区南部，是珠江三角洲八大口门之一。北起井岸镇、尖峰山东南的鬼仔角，流经红旗华侨农场、小林镇等地，至大林山出海，全长19公里。属西江水系，是广州、石岐、江门等地区通往斗门港、南水的必经水道。属潮汐河流，全年最高潮水位为1.34米，最低潮水位为-1.53米。水道维护尺度为4.0米×80米×480米，架空电线1条，净高32.52米；桥梁2座，净高、净宽最小为尖峰桥的8.77米和60.00米，设一类标。鸡啼门多年平均径流量为197亿立方米，占八大口门的6.1%；多年平均输沙量496万吨，占八大口门的7.0%。鸡啼门黄金站，年平均潮差1.01米，最大潮差2.71米，常年受潮汐影响。

前山水道 位于中珠联围南部河网区，西起中山市联石湾船闸，东至珠海市石角咀船闸，直达澳门，为西江下游磨刀门与澳门之间的一条内河经济航道，全长23公里，设有重点标。航道维护水深1.2米，宽度15米，曲度半径90米。在联围建闸前，为广州、江门、三埠、肇庆、石岐以及广西梧州等地通往澳门的主要航道，有客货轮来往澳门，可通300吨级货驳。联围建闸后，闸内航道日渐淤浅，航行船舶渐减，除石岐、江门至坦洲、前山仍有较少的定期客轮航行外，其他船舶改由洪湾水道去澳门。2001年春节后已无客轮航行。前山水道联石湾船闸至东厂，长5.3公里，河道顺直但比较狭窄，枯水期平均河面宽50～70米，最小水深2米，流速较大，最小可达1.2米/秒；东厂至翠微涌口，长约9.4公里，河道较优良，一般水深2.0米，浅段最小水深1.5米；翠微涌口至石角咀，长约8.3公里，河面宽100～400米，计有3处浅段，最浅水深1.5米；4处弯道分别是联石湾下引航道出口、东厂、滘口、三合围，最小曲度半径90～120米。

磨刀门水道 新会大鳌镇的百顷头东侧为磨刀门水道起点，流经中山市与新会区、斗门区边界，至珠海大桥南的挂定角，长54公里。磨刀门水道在挂定角分东南两支进入珠江口，南支从挂定角经横洲出海，称为磨刀门出海航道(交杯沙水道)；东支从挂定角经九澳头出海，称洪湾水道。磨刀门水道水面宽阔，航道狭窄，最窄处不足100米，航槽靠近左岸一侧，目前属于Ⅲ级航道，航道维护尺度为4.0米 ×80米 ×500米（水深×航宽×弯曲半径）。航道上有珠海大桥、西部沿海高速公路磨刀门大桥和斗门大桥，珠海大桥单孔双向通航，宽度100米，净空高度为22米；斗门大桥也是单孔双向通航，底宽90米，顶宽60米，净空高度为22米。磨刀门水道属感潮河段，涨潮由海流入河，流速1.8节，落潮由河流出海。

十字门水道 北接洪湾水道，向南流入伶仃洋，是磨刀门水道的出海口之一。起于北口，止于夹马口，全长约8公里，水深3.0米，宽度500米。航线较为顺直，航道上有珠海通向澳门的莲花大桥，桥梁净高24米，净宽85米。2000年，沿岸建有横琴码头，可停靠300吨级的船舶，主要货物为建筑材料、农渔产品和当地的一些工业产品，年货运量约200万吨。过往船舶多为当地渔船和300吨左右的货船、旅游客船和高速客轮，1500吨级船舶可候潮通过。十字门水道为珠澳两地界河航道，是珠海横琴开发区通往珠海市区和澳门的主要通道，也是西江的重要出海口之一。三角洲西部地区和西江中上游的不少船舶经过。莲花大桥、横琴大桥的开通，给横琴开发区的经济发展带来一个新的黄金期，水道的货运量有大的增长。澳门方面的主要渔船修造厂也集中于这条水道上，设沿海标。

磨刀门出海航道 位于横琴开发区的西侧，北接磨刀门水道，向南流入伶仃洋。起于挂定角，止于荷包岛航道，全长约30公里，是磨刀门水道的主要汊道，其泄洪量占磨刀门水道的83%，航道维护尺度为：4.0米×80米×500米，航线顺直。船运主要货种为建筑材料、农渔产品和当地的一些工业产品，年货运量约1000万吨。过往船舶多为当地渔船及300吨左右的货船，1500吨级船舶可候潮通过。航道作为西江的重要出海口之一，珠江三角洲西部地区和西江中上游的不少船舶通过，设置航标27座。

崖门出海航道 崖门5000 吨级出海航道整治工程，航道全长41 公里，按全潮通航5000 吨级，乘潮1万吨级海轮的航道标准进行整治。航道设计为单航道，有效宽度90 米，通航深度7.2 米，设计深度7.7 米（其中0.5 米为备淤深度），设计边坡1：8～1：10，全程有5个折点，转弯半径为500～2000 米。工程自2005年4月28日开始动工。经过3年多时间的建设，崖门5000吨级出海航道整治工程于2008年12月30日通过国家、省有关部门的验收并投入使用。

澳门进港航道 澳门机场至湾仔内港，水道长11公里。其中澳门进入内港航道1号灯浮至融和门长7公里，航道宽45米，维护水深3.5米（澳门基准面）。航段上有友谊大桥、澳氹大桥（嘉乐庇大桥）和西湾大桥3座，大桥通航宽度70米，当澳门潮高3.51米时，通航净空高度为30米。融和门至湾仔内港长4公里，河面宽100～500米，从湾仔冰厂至筷子基河段中间设有F1-FF黄色分隔标，黄标以东为澳门内港习惯用水域，黄标以西为湾仔内港水域。

高栏港区航道 高栏港区航道包括一号锚地至进港航道、10万吨级进港航道、15万吨级进港航道等多条航道。

一号锚地至进港航道 长8.33公里，航道宽300米，自然水深14米，底质泥，基本航向265°。航段涨潮流西北西，与航向接近平行，流速1.5节；落潮流向东南，与航向有较大夹角，流速1.3节。水域宽阔，水深良好，无碍航物，西南风季节，涌浪较大。

10万吨级进港航道 高栏港区10万吨级主航道扩建工程分两期进行，首期工程按7万吨级集装箱船全天候单向通航的标准扩建，仅施工O-B段，长11.9公里。航道底标高为 -15.8 米，底宽为 190 米，开挖边坡为 1：7。首期工程2009年下半年开工，2010年7月1日竣工验收。二期工程于2011年7月14日开工，2012年1月3日建成投入使用。扩建后主航道总长18.15公里。

2013 年高栏港进港主航道情况表

表 3-1-2-1 单位：米

已建成 10 万吨级航道				在建 15 万吨级航道			
编号点	航道长度	底宽	底标高	编号点	航道长度	底宽	底标高
—	—	—	—	A1-A	5500	150	-14.0
A-C-D	3943	85	-7.4	A-C-D	3943	150	-14.0
D-G-O	2307	210	-15.4	D-G-O	2307	230	-19.0
O- 米	5312	220	-15.8	O- 米	5312	230	-19.0
米 -B	6588	—	—	米 -B1	8938	290	-19.0

15万吨级进港航道 2013年10月14日，省交通运输厅粤交基〔2013〕1247号《广东省交通运输厅关于珠海港高栏港区15万吨级主航道工程初步设计的批复》，明确珠海港高栏港区15万吨级主航道工程建设规模和技术标准，在原有10万吨级航道基础上浚深扩宽，按15万吨级油船、散货船满载单向乘潮通航标准建设，航道有效宽度为230～290米，航道设计底标高为-19.0米，航道全长16.25公里，投资概算为10.83亿元。2013年12月3日交通运输部批复补助3.77亿元支持高栏港区15万吨级主航道扩建工程，是年12月26日举行高栏港15万吨级主航道工程开工仪式，建设工期18个月。15万吨级航道G-O1-E-L2-B1总长16.25公里，底宽221.6～270.4米，底高程-19.0米。2014年，完成高栏国码支航道应急疏浚工程、中化珠海维护航道疏浚工程监管工作，及时对珠海港高栏港区主航道（10万吨级）恢复性疏浚工程、宝塔石化码头疏浚工程、洪湾港务二期工程码头疏浚工程、珠海发电厂码头加固改造疏浚工程等进行严密监控，确保港口航道的安全。2018年度：航道全长16.25千米，设计底标高为-19.0米（当地理论最低潮面，下同），设计底宽

230～290米，超深0.5米，超宽5米，边坡1：7，疏浚工程2018年5月11日开工，2019年1月21日交工，工程量11406906立方米。

2013年高栏进港航道情况表

表 3-1-2-2　　单位：米

航道名称	已建成使用的进港航道				正在施工的15万吨级航道			
	标记	设计水深（米）	底宽	航道长度	标记	设计水深	底宽	航道长度
黄茅海航道	A-A1-C-G	-7.4	85	8410.34	—	—	—	—
电厂航道	F-G	-13.4	160	2003.26	—	—	—	—
主航道	G-B	—	—	14208.8	G-B1	—	—	16250
其中：	G-D-O	-15.4	210	2308.8	G-O1-E	-19.0	221.6	3300
—	O-L2	-15.8	220	1571.34	E-L2-米	-19.0	221.6	4262.04
—	L2-L1	-15.8	275	9543.89	米-Z-B1	-19.0	270.4	8687.96
—	L1-B	-15.8	250	784.77	—	—	—	—

九洲港区航道 进港航道底宽100米，底标高-8.0米，维护水深3.5 米、底宽80 米、航道长约10公里，走向329°～149°，通航3000吨级船舶。航道的流向，南端靠海一侧，落潮流向180°，与航道约有31°的夹角，最大流速达3.2节；北端靠岸一侧，落潮流向205°，与航道约有56°夹角，最大流速1.9节。

九洲港疏浚维护资料汇总表

表 3-1-2-3

项目	第一次疏浚	第二次疏浚	第三次疏浚	第四次疏浚	第五次疏浚	第六次疏浚	第七次疏浚	第八次疏浚
日期	1993 年	1994 年	1995 年	1996 年	1997 年	2000 年	2004 年	2008 年
面积（万平方米）	107	107	30	42.7	74.5	30.7	38	36
深度（米）	1.03	1.03	0.80	1.00	1.05	1.00	1.20	1.80
容里（万立方米）	110.4	110.4	24	43	78.4	31	45	64
成本（元）	3824292.40	3221192.50	887399.70	2000000.00	4850000.00	1800000.00	2500000.00	7450000.00
工期（日）	每月维护	每月维护	9月8日至9月17日	1月9日至2月7日	2月1日至4月30日	11月18日至12月6日	4月7日至5月9日	2月24日至3月22日
			10 天	30 天	90 天	18 天	33 天	27 天
疏浚物料	淤泥	淤泥	淤泥	淤泥	淤泥	淤泥	淤泥	淤泥
由疏浚区至抛填区距离	港池至黄茅岛南边的抛泥区相距 32.97 公里							

香洲港区航道 九洲港区小型船舶锚地至香洲港区，航道长10.56公里，水深2.8～4.3米，底质泥沙。

唐家港区航道 头洲引航锚地至大坞湾，航道长28.71公里，自然航道宽约1500米，水深约3.8～5米，底质泥沙。2018年，唐家港区最浅处为-4.0米，2000吨级船舶可乘潮进港，3000吨级船舶乘潮保证率仅10%。考虑到其船舶数量少，且未来功能将以客运旅游为主，为节约投资，规划近期仍利用天然水深，远期视港区发展需要再研究浚深的标准。

万山港区航道 天然水深16.0米以上，客货运作业区及原油作业区均利用天然水深即可进港。

支流航道

白藤水道 位于珠江三角洲南端。西接鸡啼门水道和泥湾门水道，东流入南海，从泥湾门口至白藤码头全长6公里。维护水深1.5米，航道宽12米，未设标。有3条跨河高压线，最小净高为16.67米；过河船闸1座，可航行100吨级船舶。河面宽300～400米，上游2公里水深在1.7～3米之间，下游4公里水深在4～7米之间，航道顺直，无明显弯道。

白藤河 北经友谊河接泥湾门，东接鹤洲河水道，可直接出磨刀门水道，由界河船闸至东咀止，全长15公里。航道顺直，无明显弯道，河道较宽阔，平均在150米，平均水深2.0米，浅处1.5米。维护水深1.5米，维护航道宽20米，通航50～200吨级船舶。建有新界河桥闸，船闸长42米，宽6米，闸槛水深1.9米；有跨河桥梁2座，最低通航净高4.3米，最小净宽6米。

大海环河 鸡啼门水道的一条支流，流入平沙镇，其左有一支汊合掌涌。通航河段自连湾口至平沙糖厂码头，长11公里。航道维护水深1.40米，航道宽40米，维护弯曲半径200米。有过船建筑物2座（其中，连湾船闸长130米，宽12米，闸槛水深2.1米；涌浪船闸，长73.8米，宽8米，闸槛水深2.1米）；架空高压线及电话线各1条，最低净空6.5米；跨河桥梁5座，通航孔最低净高5米，最小净宽18米；过河水管1条。临河有码头3座，长600米，堆场2个，仓库3个。水深条件，上段水深一般在1.4米以上，下段在 1.8米以上，航段有两三处较弯曲。

鹤洲河 西接白藤河，东入磨刀门水道，是沟通珠海、中山和澳门等地的重要支流航道，支流航道连接干流的重要出入口，也是珠海和中山等地船舶互相往来的主要航道。由白藤河至磨刀门，全长5公里，航道维护水深1.5米，航道宽20米，通航50～200吨级船舶。平均水深在2.0米以上。

合掌涌河 鸡啼门水道的支流大海环河的左汊，流入平沙镇。从大海环河原空军农场分叉处至山边闸全长4.6公里，航道维护水深1.5米，维护航宽40米，维护弯曲半径100米。有架空高压线1条，净高15米；有临河码头2座，长200米，面积5720平方米；候船室668平方米；堆场1个，面积1.65万平方米。

界河 北接天生河，南接白藤河，由天生河至界河船闸止，全长7公里。维护水深0.9米，维护航宽30米，维护弯曲半径60米，未设标，可通航50～100吨级船舶。有界河船闸1座，船闸长10米，宽12米，闸槛水深1.55米，口门宽度6.5米；有过河高压线3条，净高12米。航道顺直，无明显弯曲段，宽一般超过40米，水深沿程变化较大，浅段仅1.5米，深段可达4.0米，一般在2.0米以上。

黄镜门河 地处白蕉镇的水网地带，由白头翁涌口至黄镜门止，全长9公里，维护水深0.9米，宽20米，通航20～50吨级船舶。有4座跨河桥梁，通航孔最小净高3.5米，最小净宽6米；有过河高压线10条，最小净高10米；过河电话线1条，净高4米。河道顺直，深浅不一，浅段水深不足1米，深段达4米。

乾务大涌 鸡啼门水道的一条支流，全长10公里。航道维护宽15米，水深1.1米，通航50吨级船舶，乾务大涌有过船建筑物1座即大涌船闸。船闸长50米，宽10米，闸槛水深1.8米。有过河高压线5条，净高10米；跨河桥梁2座，通航孔最低净高4.8米，净宽10米。有两处明显弯段，上段（糖厂至永和围）水深较浅，在1～1.4米之间；下段永和围至涌口水深较深，在1.5～2.2米。

五山运河 位于斗门区，为解决五山镇的甘蔗和生产资料的运输于1983年开挖。西部临黄茅海，由江湾至时十围止，全长10公里，航道维护水深1.2米，航道宽15米，通航100吨级船舶。有跨河拱桥1座，净高3.5米，净宽30米。未建造五山运河前，五山镇的蔗运要经海面宽阔的黄茅海，风浪大，一般的农副业船舶运输较为危险。运河建成后，解决船舶运输的安全问题，缩短运输里程，提高经济效益。榨季期间，五山镇大部分的甘蔗都是经五山运河运往糖厂。运河贯通沙龙涌、石门涌、李树涌、旧白排涌、新白排涌、虎山大涌、时丰涌、江湾涌和新步头涌等10条河涌，直接沟通往黄茅海的3个出口（江湾涌口、沙龙涌口、虎山大涌口），为五山镇各河涌的船舶外出的必经水道。

沙龙涌 五山糖厂至水冲石止，全长4公里，航道维护水深0.9米，维护航宽10米，通航50吨级船舶。有水闸1座，长10.2米，宽5.6米，闸槛水深0.95米；有水下管道1条，埋深珠基-2.4米。河道顺直，实际水深在1.2米以上，宽亦在25米以上。

三板涌 鸡啼门水道的一条左汊，由红旗糖厂至益沙船闸止，全长4公里。航道维护航宽12米，维护水深0.9米，通航50吨级船舶。有过船建筑物2座，其中益沙船闸，长80米，宽25米，闸槛水深0.90米；红旗船闸长51.5米，宽21米，闸槛水深0.90米。架空高压线2条，净高12米。河道顺直，水深在1.1米以上。

壳塘涌 黄杨河的一条支流。东接黄镜门河，由沙仔围至壳塘涌口，全长4公里，维护水深0.9米，宽12米，通航20～50吨级船舶。有观音岩船闸1座，长50米，宽25.3米，闸槛水深1.1米；过河桥梁3座，通航孔最低净高3米，最小净高6.2米；过河高压线8条，最低净高6米。河道除一两处稍弯曲外，较顺直，平均水深在1.4米以上。

鸡咀涌 鸡啼门水道的一条支流。由公路桥至涌口止，全长4公里。航道维护水深0.9米，航道宽12米，通航50吨级船舶。有鸡咀涌水闸1座，闸槛水深1.5米，宽5米；过河高压线2条，净高6米；行人桥1座，净高3.2米。有3处较明显弯段，最小弯曲半径80米，其主河段较顺直，上段水深较浅，在0.3～1.0米；下段较深，在1.1～1.5米。

坦洲涌 南接前山水道，从七村至小榄石，全长11公里，河宽50米，有跨河桥梁3座，分别坐落在坦洲涌季节通航的河段上，通航孔最小净宽9米，净高为1.9米、2.2米和2.7米不等；有跨河高压线7条，最低净高8米。维护航道宽10米，水深0.9米，弯曲半径60米，通航50吨级船舶。

● 航道建设维护

“十二五”期间规划对高栏港主航道进行疏浚和扩建，疏浚目标是满足5万吨级LNG船舶、10万吨级集装箱船舶和15万吨级煤炭、矿石船舶安全进出港的要求，扩建目标是分步骤建设双向航道，首期实现10万吨级煤炭船舶进出港需要，满足8万吨级油轮全天候和15万吨级矿石船舶乘潮进出港；中期实现5万吨级液化气船舶进出港和5万吨级南海海洋LNG开发工程船舶直达装备制造区；末期实现15万吨级煤炭、矿石船舶安全进出港。

2014—2017年，珠海航道局为磨刀门水道及出海航道整治工程、泥湾门至鸡啼门航道整治工程、联石湾船闸重建工程3个项目的建设单位，成立航道建设项目管理办公室，统筹项目建设有关工作，并优化工作机制，分解项目建设关键环节责任，倒排时间节点，确保各项工作任务层层落实。同时，加强与省航道局和地方的联系，加强与有关审批单位的沟通协调，加快工作进度。2014年，洪湾航标保养基地建设项目、斗门白藤站房土地置换工作取得较大进展。2015年6月30日，磨刀门水道及出海航道整治工程正式开工，年底所有标段招投标及合同签订工作全部完成；2015年12月30日，泥湾门至鸡啼门水道航道工程开工；2015年，联石湾船闸工程，与坦洲镇政府完成征地委托协议的签订，积极推进施工图设计的报审。2016年，全力推进磨刀门水道及出海航道整治工程、泥湾门至鸡啼门水道航道整治工程、联石湾船闸工程3个省重点工程的建设。截至年底，磨刀门水道及出海航道整治工程完成主体工程，推进配套工程；泥湾门至鸡啼门水道航道工程完成全年投资计划；联石湾船闸工程9月初开工建设，全年共完成投资1.9亿元。在航道建设的同时，注重航标及其他设施的维护保养。区界航道注重与澳门的协作管理，在约定期限内，完成9座原澳方航标的移交和更新；完成区界河航道疏浚工程量30多万立方米；克服设备老旧、场地不足、自然条件恶劣等种种困难，顺利完成澳门108座航标的保养、澳门公共航道及港池航标大保养工作。强化专项工程实施，完成6座海岛标、2座前山水道航标的更新改造及联石湾船闸维修及备件购置和交杯沙水道、白藤河、前山水道、大海环河的航道测量等7项专项工程。2017年，航道管理与养护稳步发展，洪湾水道通航能力由通航1000吨级内河船标准提高到通航1000吨级港澳线标准。全年航道维护水深保证率、航标维护正常率、船舶联检优秀率、船舶完好率、船闸通航年保证率均达100%。是年8月，受台风“天鸽”“帕卡”影响，联石湾船闸受损严重，为确保船舶通航、旧船闸及项目施工等各方面安全，在此次船闸应急修复并疏散前山水道内避风船舶后，对船闸进行全面停航处置。全年61公里区界航道维护水深保证率、代澳门保养的105座航标维护正常率均达100%。

▲2015年6月30日，磨刀门水道及出海航道整治工程开工（珠海航道局提供）

2018年，磨刀门水道及出海航道整治工程、泥湾门至鸡啼门水道航道工程进入竣工验收阶段，联石湾船闸工程加快实施。泥湾门水道、鸡啼门水道进行升级改造，航道维护尺度由通航500吨级内河船标准，提到通航1000吨级港澳船舶标准；赤粉水道通航能力由通航500吨级内河船标准，提到通航1000吨级内河船标准。全年共开展航道养护专项工程8项，疏浚航道162.95万立方米。确保内河航道、沿海航道维护水深年保证率达100%；401座航标维护正常率、船舶联检优秀率及船舶完好率均达100%，完成澳门108座航标保养；区界航道维护水深保证率、航标维护正常率达100%。

第三节 锚 地

“十二五”期间，珠海港锚地建设目标是根据港口航道建设情况、进出港船舶数量、类型和到达规律，合理设置锚地区域，保证各类船舶安全待泊，港口系统正常运转。高栏港区锚地建设方案是在西江出海航道黄茅海适当海域选址内河船舶待泊锚地，确保进出主要作业区的便捷与畅通。将一号锚地向东拓展，分设危险品船舶锚地、普通货船锚地、国内船舶锚地和外籍船舶锚地。2015年，境内有锚地32处。2016年，珠海港水域范围内共有锚地31处。2017年、2018年，锚地总数没有变化。

2015年珠海港锚地位置、水深、面积及功能一览表

表 3-1-3-1　　　　单位：米

锚地名称	范围	海图水深	位置		底质	功能
			北纬	东经		
1.BJ-北尖岛以西外轮避风锚地-2	半径1852米	-29.5	21° 55'00"	113° 57'00"	泥沙	外轮应急、防台
2.WS-万山岛以东外轮避风锚地-3	半径1852米	-27.0	21° 55'00"	113° 48'00"	泥沙	应急、防台
3.WS-万山口岸第二作业区锚地-23	—	-6.4～-17.6	21° 56'38"	113° 42'00"	泥沙	过驳、候泊、防台锚地
			21° 56'18"	113° 42'00"		
			21° 56'18"	113° 42'41"		
			21° 57'00"	113° 42'35"		
			21° 56'54"	113° 42'04"		
4.DT-大担尾引航锚地-4	半径3600米	-30	21° 57'36"	113° 59'06"	泥沙	超大型船舶引航、候泊、防台
5.GZ-贵洲岛外轮避风锚地-5	半径1852米	-22.5	21° 58'00"	113° 49'00"	泥沙	外轮应急、防台
6.DA-东澳岛、万山岛危险货物过驳锚地-20	长5.19公里、宽3.33公里	-15.4	22° 00'00"	113° 39'00"	泥	油类、液化气、化工品船过驳及防台
			21° 58'12"	113° 42'00"		
			21° 58'12"	113° 39'00"		
			22° 00'00"	113° 42'00"		
7.S米-1号三门岛过驳锚地-6	半径2000米	-22.5	22° 00'00"	113° 54'00"	泥	超大型船舶作业、防台
8.S米-2号三门岛过驳锚地-7	半径2000米	-22.5	22° 01'00"	113° 56'00"	泥	超大型船舶作业、防台
9.EZ-二洲岛石油钻井平台、船舶临时锚地-8	半径1852米	-28.5	22° 01'30"	114° 10'00"	泥	石油钻井平台、船舶临时检修、防台
10.DG-担杆列岛超大型船舶过驳锚地-19	长5.37公里、宽4.26公里	-27.5	22° 00'18"	114° 06'30"	泥	超大型船舶作业、防台锚地
			22° 01'30"	114° 09'22"		
			22° 02'24"	114° 05'30"		
			22° 03'36"	114° 08'24"		
11.S米-三门岛石油钻井平台、船舶临时锚地-9	半径1852米	-27.0	22° 01'30"	113° 59'00"	泥	石油钻井平台、船舶临时检修、防台
12.TZ-头洲候潮、过驳锚地-15	长3800米、宽2150米	-11.6～-13	22° 05'14"	113° 45'00"	泥沙	候潮、过驳作业、防台
			22° 04'04"	113° 45'24"		
			22° 04'09"	113° 43'00"		
			22° 03'02"	113° 43'26"		
13.ZH-蜘洲岛以南大型船舶引航、防台锚地-21	3×2.5平方海里	-14～-28	22° 06'30"	113° 52'00"	泥沙	大型船舶候潮、检疫、引航、防台锚地
			22° 06'30"	113° 55'00"		
			22° 03'30"	113° 52'00"		
			22° 03'30"	113° 55'00"		

续表 3-1-3-1

锚地名称	范围	海图水深	位置		底质	功能
			北纬	东经		
14.WL- 外伶仃作业区引航锚地 -25	长 1900 米、宽 1700 米	-19.6	22° 06'00"	114° 00'00"	泥沙	引航、防台锚地
			22° 06'00"	114° 01'00"		
			22° 05'00"	114° 01'00"		
			22° 05'00"	114° 00'00"		
15.WL- 外伶仃过驳作业锚地（区）-24	—	-13.6	22° 06'30"	114° 01'22"	泥	作业、防台锚地
			22° 06'30"	114° 00'46"		
			22° 06'00"	114° 00'46"		
			22° 06'00"	114° 01'22"		
			22° 06'23"	114° 01'22"		
16.TZ- 头洲引航锚地 -14	长 2700 米、宽 1250 米	-6.0 ～ -7.0	22° 08'06"	113° 40'54"	泥沙	船舶候潮、检疫、引航、防台
			22° 06'36"	113° 40'45"		
			22° 08'42"	113° 40'15"		
			22° 07'06"	113° 40'05"		
17.GS- 桂山第二作业区 -22	—	—	22° 09'30"	113° 48'53"	泥沙	大型船舶候潮、检疫、引航及防台锚地
			22° 09'30"	113° 48'00"		
			22° 07'30"	113° 48'00"		
			22° 07'30"	113° 48'53"		
18.GS- 桂山引航锚地 -10	长 3700 米、宽 2100 米	-9.6 ～ -13.0	22° 07'20"	113° 45'48"	泥	引航、检疫、防台
			22° 07'20"	113° 47'54"		
			22° 08'30"	113° 47'54"		
			22° 08'30"	113° 45'48"		
19.GS- 桂山第一作业区 -11	—	—	22° 09'30"	113° 48'53"	泥	作业、防台
			22° 09'50"	113° 49'30"		
			22° 08'57"	113° 50'03"		
			22° 08'43"	113° 49'38"		
20.HW- 洪湾口液化气临时停泊锚地 -12	—	-3	22° 09'38"	113° 37'08"	泥	液化气船舶锚泊
			22° 08'28"	113° 37'08"		
			22° 09'38"	113° 36'12"		
			22° 08'28"	113° 36'12"		
21.DV-V1 锚地	半径 800 米	-19	22° 12'20"	113° 48'22"	泥	油轮作业、候泊、防台
22.DV-V2 锚地	半径 650 米	-19	22° 13'12"	113° 48'16"	泥	油轮作业、候泊、防台

续表 3-1-3-1

锚地名称	范围	海图水深	位置		底质	功能
			北纬	东经		
23.DV-V3 锚地	长 3500 米、宽 1640 米	-10 ～ -14.5	22° 16'30"	113° 50'30"	泥	油轮作业、候泊、防台
			22° 17'00"	113° 49'38"		
			22° 15'12"	113° 48'54"		
			22° 14'42"	113° 49'42"		
24.JZ- 九洲港澳小型船舶引航锚地 -1	—	-3 ～ -3.5	22° 13'32"	113° 36'46"	淤泥	港澳小型船舶锚泊、防台
			22° 12'18"	113° 36'48"		
			22° 14'08"	113° 37'54"		
25.XZ- 香洲港外锚地 -27	—	-2.1 ～ -3.3	22° 18'30"	113° 36'09"	泥	小型船舶锚泊、防台
			22° 18'30"	113° 36'42"		
			22° 17'48"	113° 36'12"		
			22° 17'48"	113° 36'54"		
26.TJ- 唐家危险品锚地 -26	—	-7 ～ -10	22° 22'00"	113° 38'08"	泥	危险品船舶锚泊、防台
			22° 22'00"	113° 38'24"		
			22° 22'30"	113° 38'11"		
			22° 22'30"	113° 37'54"		
27.LD- 万顷沙、横门液化气船清道护航锚地 -13	半径 4000 米	-2.3 ～ -6	22° 24'30"	113° 42'30"	沙石	液化气船清道护航候泊、防台
28.LD-1 号内伶仃西南锚地	半径 500 米	-5.3	22° 24'00"	113° 46'36"	泥	危险品船及液化气船应急、防台
29.LD-2 号内伶仃西南锚地	半径 500 米	-7.0	22° 24'36"	113° 46'30"	泥	油轮应急、防台
30. 高栏港区一号锚地 -16	长 9000 米、宽 4980 米	-12.5 ～ -28	21° 51'18"	113° 15'45"	—	—
			21° 51'18"	113° 21'00"		
			21° 48'36"	113° 21'00"		
			21° 48'36"	113° 15'45"		
31. 高栏港区检疫锚地 -17	—	-21 ～ -28	21° 46'18"	113° 18'36"	泥	引航、联检锚地
			21° 46'18"	113° 21'00"		
			21° 46'36"	113° 21'00"		
			21° 46'36"	113° 18'36"		
32. 珠海港二号引航锚地	—	-4 ～ -8	21° 53'56"	113° 10'06"	泥沙	船舶引航
			21° 53'56"	113° 10'56"		
			21° 52'54"	113° 11'48"		
			21° 52'54"	113° 10'56"		

2017 年珠海港锚地情况汇总表

表 3-1-3-2　　　　单位：米

锚地名称	范围	海图水深	位置		底质	功能
			北纬	东经		
1.BJ- 北尖岛以西外轮避风锚地 -2	半径 1852 米	-29.5	21° 55'00"	113° 57'00"	泥沙	外轮应急、防台
2.WS- 万山岛以东外轮避风锚地 -3	半径 1852 米	-27.0	21° 55'00"	113° 48'00"	泥沙	应急、防台
3.WS- 万山口岸第二作业区锚地 -23	—	-6.4 ～ -17.6	21° 56'38"	113° 42'00"	泥沙	过驳、候泊、防台锚地
			21° 56'18"	113° 42'00"		
			21° 56'18"	113° 42'41"		
			21° 57'00"	113° 42'35"		
			21° 56'54"	113° 42'04"		
4.DT- 大担尾引航锚地 -4	半径 3600 米	-30.0	21° 57'36"	113° 59'06"	泥沙	超大型船舶引航、候泊、防台
5.GZ- 贵洲岛外轮避风锚地 -5	半径 1852 米	-22.5	21° 58'00"	113° 49'00"	泥沙	外轮应急、防台
6.DA- 东澳岛、万山岛危险货物过驳锚地 -20	长 5.19 公里、宽 3.33 公里	-15.4	22° 00'00"	113° 39'00"	泥	油类、液化气、化工品船过驳及防台
			21° 58'12"	113° 42'00"		
			21° 58'12"	113° 39'00"		
			22° 00'00"	113° 42'00"		
7.S 米 -1 号三门岛过驳锚地 -6	半径 2000 米	-22.5	22° 00'00"	113° 54'00"	泥	超大型船舶作业、防台
8.S 米 -2 号三门岛过驳锚地 -7	半径 2000 米	-22.5	22° 01'00"	113° 56'00"	泥	超大型船舶作业、防台
9.DG- 担杆列岛超大型船舶过驳锚地 -19	长 5.37 公里、宽 4.26 公里	-27.5	22° 00'18"	114° 06'30"	泥	超大型船舶作业、防台锚地
			22° 01'30"	114° 09'22"		
			22° 02'24"	114° 05'30"		
			22° 03'36"	114° 08'24"		
10. S 米 - 三门岛石油钻井平台、船舶临时锚地 -9	半径 1852 米	-27.0	22° 01'30"	113° 59'00"	泥	石油钻井平台、船舶临时检修、防台
11.TZ- 头洲候潮、过驳锚地 -15	长 3800 米、宽 2150 米	-11.6 ～ -13.0	22° 05'14"	113° 45'00"	泥沙	候潮、过驳作业、防台
			22° 04'04"	113° 45'24"		
			22° 04'09"	113° 43'00"		
			22° 03'02"	113° 43'26"		
12.ZH- 蜘洲岛以南大型船舶引航、防台锚地 -21	长 5.56 公里、宽 4.63 公里	-14.0 ～ -28.0	22° 06'30"	113° 52'00"	泥沙	大型船舶候潮、检疫、引航、防台锚地
			22° 06'30"	113° 55'00"		
			22° 03'30"	113° 52'00"		
			22° 03'30"	113° 55'00"		

续表 3-1-3-2

锚地名称	范围	海图水深	位置		底质	功能
			北纬	东经		
13.WL-外伶仃作业区引航锚地-25	长1900米、宽1700米	-19.6	22° 06'00"	114° 00'00"	泥沙	引航、防台锚地
			22° 06'00"	114° 01'00"		
			22° 05'00"	114° 01'00"		
			22° 05'00"	114° 00'00"		
14.WL-外伶仃过驳作业锚地（区）-24	—	-13.6	22° 06'30"	114° 01'22"	泥	作业、防台锚地
			22° 06'30"	114° 00'46"		
			22° 06'00"	114° 00'46"		
			22° 06'00"	114° 01'22"		
			22° 06'23"	114° 01'22"		
15.TZ-头洲引航锚地-14	长2700米、宽1250米	-6.0～-7.0	22° 08'06"	113° 40'54"	泥沙	船舶候潮、检疫、引航、防台
			22° 06'36"	113° 40'45"		
			22° 08'42"	113° 40'15"		
			22° 07'06"	113° 40'05"		
16.GS-桂山第二作业区-22	—	—	22° 09'30"	113° 48'53"	泥沙	大型船舶候潮、检疫、引航及防台锚地
			22° 09'30"	113° 48'00"		
			22° 07'30"	113° 48'00"		
			22° 07'30"	113° 48'53"		
17.GS-桂山引航锚地-10	长3700米、宽2100米	-9.6～-13.0	22° 07'20"	113° 45'48"	泥	引航、检疫、防台
			22° 07'20"	113° 47'54"		
			22° 08'30"	113° 47'54"		
			22° 08'30"	113° 45'48"		
18.GS-桂山第一作业区-11	—	—	22° 09'30"	113° 48'53"	泥	作业、防台
			22° 09'50"	113° 49'30"		
			22° 08'57"	113° 50'03"		
			22° 08'43"	113° 49'38"		
19.HW-洪湾口液化气临时停泊锚地-12		-3.0	22° 09'38"	113° 37'08"	泥	液化气船舶锚泊
			22° 08'28"	113° 37'08"		
			22° 09'38"	113° 36'12"		
			22° 08'28"	113° 36'12"		
20.DV-V1锚地	半径800米	-19.0	22° 12'20"	113° 48'22"	泥	油轮作业、候泊、防台

续表 3-1-3-2

锚地名称	范围	海图水深	位置		底质	功能
			北纬	东经		
21.DV-V2 锚地	半径 650 米	-19.0	22° 13'12"	113° 48'16"	泥	油轮作业、候泊、防台
22.DV-V3 锚地	长 3500 米、宽 1640 米	-10.0 ～ -14.5	22° 16'30"	113° 50'30"	泥	油轮作业、候泊、防台
			22° 17'00"	113° 49'38"		
			22° 15'12"	113° 48'54"		
			22° 14'42"	113° 49'42"		
23.JZ- 九洲港澳小型船舶引航锚地 -1	—	-3.0 ～ -3.5	22° 13'32"	113° 36'46"	淤泥	港澳小型船舶锚泊、防台
			22° 12'18"	113° 36'48"		
			22° 14'08"	113° 37'54"		
24.XZ- 香洲港外锚地 -27	—	-2.1 ～ -3.3	22° 18'30"	113° 36'09"	泥	小型船舶锚泊、防台
			22° 18'30"	113° 36'42"		
			22° 17'48"	113° 36'12"		
			22° 17'48"	113° 36'54"		
25.TJ- 唐家危险品锚地 -26	—	-7.0 ～ -10.0	22° 22'00"	113° 38'08"	泥	危险品船舶锚泊、防台
			22° 22'00"	113° 38'24"		
			22° 22'30"	113° 38'11"		
			22° 22'30"	113° 37'54"		
26.LD- 万顷沙、横门液化气船清道护航锚地 -13	半径 4000 米	-2.3 ～ -6.0	22° 24'30"	113° 42'30"	沙石	液化气船清道护航候泊、防台
27.LD-1 号内伶仃西南锚地	半径 500 米	-5.3	22° 24'00"	113° 46'36"	泥	危险品船及液化气船应急、防台
28.LD-2 号内伶仃西南锚地	半径 500 米	-7.0	22° 24'36"	113° 46'30"	泥	油轮应急、防台
29. 高栏港区一号锚地 -16	长 9000 米、宽 4980 米	-12.5 ～ -28.0	21° 51'18"	113° 15'45"		—
			21° 51'18"	113° 21'00"		
			21° 48'36"	113° 21'00"		
			21° 48'36"	113° 15'45"		
30. 高栏港区检疫锚地 -17	—	-21.0 ～ -28.0	21° 46'18"	113° 18'36"	泥	引航、联检锚地
			21° 46'18"	113° 21'00"		
			21° 48'36"	113° 21'00"		
			21° 48'36"	113° 18'36"		
31. 珠海港二号引航锚地	—	-4.0 ～ -8.0	21° 53'56"	113° 10'06"	泥沙	船舶引航

第四节 渡 口

珠海位于珠江口西岸，珠江八大出海口珠海占其中5个。境内河流纵横交错，是典型的水网地区。1979年前，全市有乡镇渡口60余个、渡船30余艘。随着境内桥梁建设等交通基础设的改善，一些渡口和渡船逐步停运。2002年，境内有乡镇渡口34个、渡船19艘，大都是20世纪50—70年代建造，因年久失修和维护，损毁和老化严重，存在严重渡运安全隐患。省政府决定从2002年开始，用3年时间对全省乡镇渡口渡船更新改造，彻底改善农村渡运安全条件。珠海市成立珠海市乡镇渡口渡船改造领导小组，决定撤销安全隐患大的渡口12个、渡船6艘。3年时间共筹集资金420万元，对需要改造的渡口22个、渡船11艘和需要维修的渡船2艘进行维修和改造。2005年底，全市乡镇渡口改造工作全面完成，新建渡口码头11座，新造渡船11艘，并整修部分渡口道路。

新环渡口 位于省道麻南公路西江干流磨刀门河道，西岸为斗门县新环码头，东岸为中山市神湾镇定溪码头。河面宽950米，两码头之间的航距2700米，是广东省渡运航距最长的渡口之一。1979年7月15日通渡，属于甲等渡口。是年，设立渡口管理所，渡口管理人员3人，路政管理7人，渡工83人（包括司机、轮机等）。有十二车渡机动龙门船2艘，六车平板船2艘，拖头1艘，主要渡运麻子至南水公路的车辆。1987年，经省公路局同意在新环渡口下游1.2公里处新建竹排码头，用以取代旧码头。新码头建成使用后，将原航距2700米缩至900多米，加快了渡运速度，每天渡运车辆1400多辆。1990年6月25日斗门大桥建成通车，渡口停渡，原渡口管理人员改为斗门大桥管理人员。

南门渡口 位于井横公路虎跳门水道，河面宽329米，东岸为斗门县南门码头，西岸为新会县梅阁码头。1969年筹建，1970年1月14日通渡，属乙等渡口。有两车渡运船1艘，每天渡运来往新会、斗门之间的大客车8辆左右。1981年改用2艘六车渡机动龙门船渡运车辆。南门码头和梅阁码头分低水、中水和高水码头，1985年增建一座深水码头。主要渡运来往新会、斗门两地的车辆，是连接珠海、江门两市，沟通粤西南的交通要冲。1991年日渡运量433辆，全年渡运15.61万辆。汽车过渡按乙等渡口标准收取过渡费。1992年11月28日南门大桥竣工通车，南门渡口停止渡运。

横坑渡口 位于县道X581上横线K1+200横坑河水道，是斗门县通往江门市新会县的西出口。分三方渡运，有横山、上横、西安3个码头，2条航线。其中，横山至上横河面宽250米，为乙等航线；横山至西安河面宽1300米，为甲等渡口。1982年7月正式通渡，设横坑渡口管理所，管理人员、司机、轮机、渡工共26人。开渡初期拥有拖头2艘、三车平板船1艘、三车机动船1艘。后由省公路局调拨六车机动船、六车平板船各一艘，修造2艘先进的六车机动船。1985年，横坑渡口机动车日平均渡运量48辆。1989—2000年，横坑渡口连续12年被省、市公路局评为文明渡口，2000年被市政府授予“珠海市1997—1999年度先进集体”称号。1992年12月莲溪大桥建成通车，横山至西安航线停止渡运。

▲20世纪80年代初的南屏渡口（珠海市交通运输局办公室提供）

井岸渡口 位于原麻斗公路K20＋000泥湾河水道，河道宽468米。西岸为斗门县城井岸，东岸为白蕉镇，两岸码头均有高、中、低水位三级码头，是斗门县城出口路与外界联系的重要通道，属乙等渡口，1979年7月正式渡运。是年，成立渡口管理所，管理人员、司机、轮机、渡工共51人，配置机动龙门八车渡船1艘和机动龙门六车渡船2艘，分四班渡运。1987年，日渡运车辆1018辆，全年合计36.64万辆。1988年1月16日井岸大桥通车，渡口停渡车辆，保留渡运两岸居民功能。

南屏渡口 位于原翠湾公路前山河水道，是连接前山、南屏、湾仔的重要渡口，1975年正式通渡。是年，成立渡口管理所，管理人员、司机、轮机、渡工共36人。配置机动龙门六车渡船3艘，汽车过渡按乙等渡口标准收费。1987年，南屏渡口日平均渡运量447辆。1987年11月16日南屏大桥通车，渡口停渡；原渡口管理所的人员改为大桥管理人员。

赤坎渡口 位于麻斗公路，河宽1200米，1985年正式开渡。北岸是中山市鳌鱼沙码头，南岸是斗门县赤坎涌口码头。有20匹拖头1艘，木质两车船1艘，主要渡运来往斗门、中山两地的大客车。遇枯水期，绕道航行，航距达2300米。1979年，麻南公路改道神湾、新环，并设立新环渡口。1980年7月14日，赤坎渡口停止渡运车辆，只保留渡运乡民游客功能。

湾仔珠澳轮渡 1984年6月，湾仔客运轮渡口岸通关。1984年下半年，成立珠澳轮渡有限公司，为水上运输服务合资企业，投入“珠澳轮渡渡船”3艘。2016年1月7日，因湾仔口岸临时建筑物存在安全隐患，暂时停航。2019年10月开始，对湾仔口岸大楼进行全面翻新和维修。2020年1月23日，正式恢复客运轮渡口岸通关业务。因新冠肺炎疫情影响，是年3月27日至8月19日又停航。2020年8月20日，再次恢复通航。

珠海公路管养渡口情况表

表 3-1-4-1　　　　单位：米

路线名称	渡口名称	渡别	管理部门	常水位	建渡年月		撤渡原因
				河宽	建渡	撤渡	
麻南	新环渡口	机渡	省管	950	1979 年 7 月	1990 年 6 月	建桥
麻南	井岸渡口	机渡	省管	468	1979 年 7 月	1988 年 1 月	建桥
南湾	南屏渡口	机渡	省管	428	1975 年 5 月	1987 年 11 月	建桥
斗门（井横线）	南门渡口	机渡	省管	329	1970 年 1 月	1992 年 11 月	建桥
上横	横坑渡口	机渡	省管	上横 250、西安 1300	1983 年 7 月	1992 年 12 月	建桥

2006—2018 年斗门区渡口一览表

表 3-1-4-2

所属镇	渡口名称	渡运路线
井岸镇	井岸渡江所渡口 （2017 年撤销）	井岸镇渡江所渡口—白蕉渡江所渡口
白藤街道办	鹤洲北渡口 （2016 年停运至今）	鹤洲北—金湾鹤洲南
白蕉镇	竹洲渡口	竹洲渡口—莲洲大泵站渡口
	布洲渡口	布洲渡口—中山板芙渡口
	泗溢渡口	泗溢渡口—中山板芙渡口
	禾丰渡口	禾丰渡口—莲洲上栏渡口
	虾山渡口	虾山渡口—东湾渡口
	鳘鱼沙渡口 （2018 年撤销）	鳘鱼沙渡口—大赤坎渡口
	白蕉渡江所渡口 （2017 年撤销）	白蕉渡江所渡口—井岸镇渡江所渡口
斗门镇	大赤坎渡口（2018 年撤销）	大赤坎渡口—鳘鱼沙渡口
	南门渡口（2018 年撤销）	南门渡口—新会区沙堆镇梅阁渡口
莲洲镇	东湾渡口	东湾渡口—白蕉虾山渡口
	上栏渡口	上栏渡口—白蕉禾丰渡口
	大泵站渡口	大泵站渡口—白蕉竹洲渡口
	马鞍山渡口（2006 年撤销）	马鞍山渡口—新会区莲腰村渡口
	西安码头渡口	西安码头渡口—围头渡口
	围头渡口	围头渡口—西安码头渡口
	新益渡口	新益渡口—新会区八顷渡口

第二章　水路运输

第一节　客 运

境内原始部落人群，以捕鱼为生。每年农历五月、六月、八月、九月的捕鱼时节，先民从唐家湾乘独木舟渡海捕鱼、捞虾和打猎，鱼汛过后，又返回陆地另谋生计。

明代，珠海海域是外国商船进入广州的必经和停泊之地。清嘉庆、道光年间，停泊在伶仃岛海域及唐家金星门的外国商船，最多时达100多艘。1922年前后，拱北成为珠江三角洲的贸易分布中心之一。1922—1926年，珠海客货运航线有斗门至江门、石岐、前山（坦洲）和乾务至澳门、南水至江门、石岐等航线。香港海员大罢工期间，港澳之间航运一度中断，平时往返于内地和澳门船舶一律在前山靠岸上下客。1950年3月除乾务至澳门客货运航线停航外，其他客货运航线照常航行。

1966年，斗门建县后，先后开辟白蕉（井岸）至广州、江门、石岐客运航线。1975年，香洲港务所成立，同年开辟香洲至广州客运航线。 1980年，先后又增开井岸至白莳、三板、三灶（小林）、矿山、西安、大鳌、肇庆、梧州航线。1981年，先后又开辟前山至石岐、江门、广州、肇庆、梧州、小林等客运航线。1985年以后，珠海公路交通运输基本成网，路况得到改善，内河短途客运航线客源减少。1991年底，只保留前山至广州、梧州和井岸至江门、广州、梧州及斗门至江门等客运航线。

珠海经济特区建立后，特区发展公司与香港LANCION船务有限公司于1980年12月23日在珠海签订《珠海、香港线高速客运船通航协议书》，由香港LANCION船务有限公司出资购置高速客船投入珠海九洲港与香港间客运。经过一年零八个月的筹建和准备，珠海九洲港至香港客运航线1982年9月1日正式开通。投入营运客船“大力神”铝合金双体高速客船，载客185人，航速32节。1983年7月18日，深圳船务公司投入“粤海春”客船，开通九洲港至深圳市蛇口港客运航线。1984年7月1日，九洲港澳门环岛水域旅游航线开通。是年7月前后，相继成立香洲海上游乐公司（后更名为江南海上游乐公司），九洲港客运公司、湾仔旅游服务公司、翠海旅游公司湾仔航游部（后更名为湾仔环岛游公司）4家澳门环岛游公司，经营香洲、九洲、湾仔至澳门环岛水域的旅游客运业务。同年11月，市珠澳轮渡有限公司（澳门粤通船务有限公司与珠海经济特区交通运输公司共同投资）建造1艘普通客船（客位280个），恢复湾仔至澳门的渡轮服务。1985年1月，珠海经济特区汇海航运公司购置“汇江”汽车渡轮，开通珠海九洲港至蛇口港的汽车渡轮航线。同年，市政府为解决东区海岛对外交通，财政拨款购置“前卫503”“前卫506”两艘客货船，开通香洲—桂山—外伶仃—担杆以及香洲—白沥—东澳—万山两条客货运输航线，市水产运输公司负责经营管理。随后担杆镇、万山镇、桂山镇又各自购买“伶仃洋”“万山号”“桂山春”3艘客船，分别经营香洲—担杆、香洲—万山、香洲—桂山航线客运。1986年7月，珠海经济特区与广州航道局合资购进一艘小型快船“海翔1”号（客位110个）加入九洲港至蛇口港客运航线的营运。“海翔1”号是珠海注册登记的第一艘高速客船。

1988年7月，根据珠海市政府关于九洲港实行统一规划、统一管理、统一经营的决定，珠海特区发展公司将九洲港至香港客运航线的经营权转移给珠海九洲港务集团公司。是年8月31日，珠海特区发展公司与香港LANCION船务有限公司协议到期，珠海九洲港务集团公司中止与香港LANCION船务有限公司的合作，并由珠海九洲港务集团公司中方购置高速客船继续经营九洲港至香港客运航线。1990年1月，斗门香港客运联营有限公司（斗门县口岸开发总公司与珠江船务有限公司共同投资）从泰国购进二手高速客轮斗门号（252个客位），开通斗门至香港中港城码头航线。1992年6月，珠海经济特区九洲港客运公司（后更名为珠海高速客轮有限公司）购进“海珠”轮投入九洲港至香港中港城码头航线营运。是年9月23日开始，九洲港至香港航线改由珠海九洲港客运公司经营，每天12班次；珠海至深圳（蛇口、黄田机场）每天快船60班次，汽车渡船16班次；澳门环岛水域游9班次。客运航线和旅客进出港量达到高峰期，全年旅客进出港391.8万人次。1993年以后，随着深圳股票热潮减退及虎门大桥建成通车，港口客运出现下滑。1993年9月2日，珠海市东区天祥航运公司天祥一号（114个客位）高速客船投入九洲港经停内伶仃岛至深圳黄田机场航线运营。1994年10月，因客源少而停航。1999年2月，虎门大桥通车，分流来往珠深两地的汽车，汽车渡轮航线停航。1996年6月，珠海海跃船务有限公司购进“双子星”轮（338个客位）经营九洲港至香港航线，1999年7月被珠海九洲港务集团公司收购，由珠海高速客轮有限公司代管。至2000年底，九洲港至香港航线共投入高速客船9艘，客位2838个，每天28个航班，旅客进出港299.2万人次。

2001年，全市港口旅客吞吐量462万人次。2002年，客运吞吐量488.9万人次。2003年，客运吞吐量433.2万人次。2004年，客运吞吐量521万人次。2005年，客运吞吐量504万人次。2006年，客运吞吐量531.4万人次。2007年，客运吞吐量580.16万人次。2008年，客运吞吐量510.38万人次。2009年，珠海港有客运泊位36个，年吞吐能力927万人次，完成客运吞吐量457万人次。九洲客运码头有泊位13个，主要经营珠海至香港、深圳高速客轮航线，年吞吐能力700万人次，2009年客运吞吐量292.8万人次，其中香港航线161.2万人次。

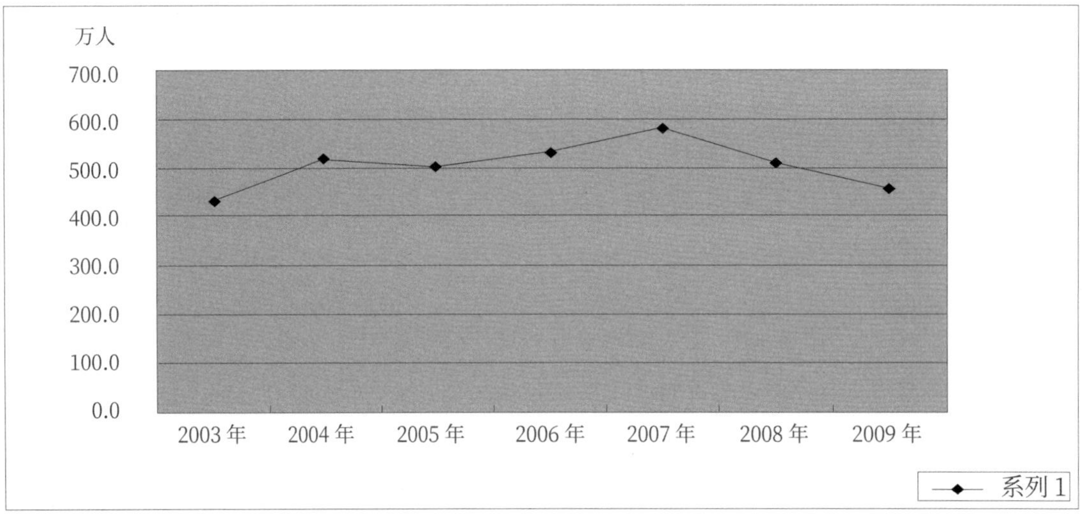

图3-2-1-1　2003—2009年珠海港旅客吞吐量变化图

2011年，珠海港客运吞吐量551.2万人次，其中九洲客运码头完成客运吞吐量346.88万人次（其中香港航线183.69万人次）。2012年，珠海港客运泊位41个，客运吞吐能力927万人次/年，完成客运吞吐量583.88万人次，同比增长5.93%。2013年，珠海港客运吞吐量640万人次，同比增长9.7%。其中港澳台同胞进出港122万人次，同比增长8.2%；外国旅客25万人次，同比增长8.7%；国内旅客492万人次，同比增长10.1%。2014年，客运吞吐量748万人次，同比增长16.9%。其中进港到达旅客吞吐量377万人次，同比增长15.8%；出港发送旅客吞吐量371万人次，同比增长17.9%。

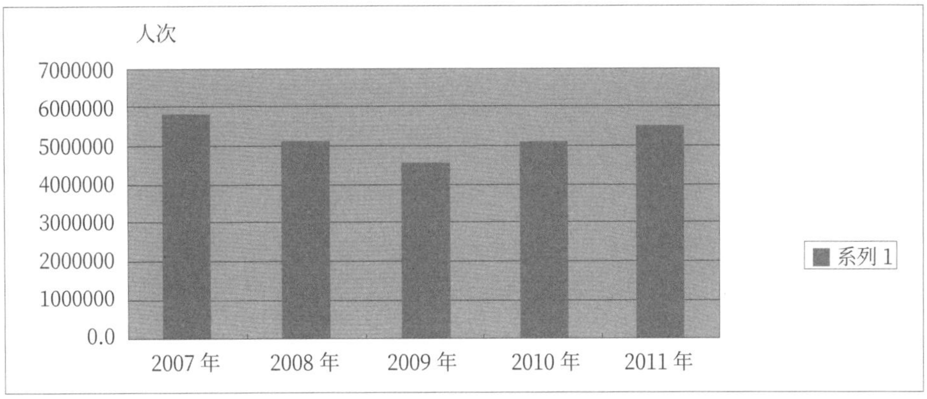

图3-2-1-2 2007—2011年珠海港旅客吞吐量变化图

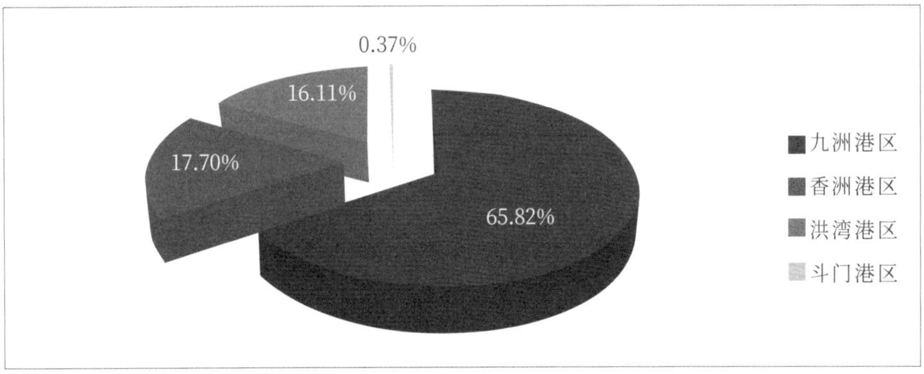

图3-2-1-3 2014年分港区旅客吞吐量比例图

2015年，珠海港客运吞吐量766万人次，同比增长2.4%。其中，进港旅客吞吐量386万人次，同比增长2.3%；出港旅客吞吐量380万人次，同比增长2.4%。2016年，客运吞吐量719万人次，同比减少6.1%。其中进港旅客361万人次，同比减少6.4%；出港旅客358万人次，同比减少5.7%。2017年，客运吞吐量736万人次，同比增长2.3%。其中，进港旅客370万人次，同比增长2.5%；出港旅客366万人次，同比增长2.1%。2018年，客运吞吐量829万人次，同比增长12.6%。其中，进港旅客415万人次，同比增长11.9%；出港送旅客414万人次，同比增长13.2%。

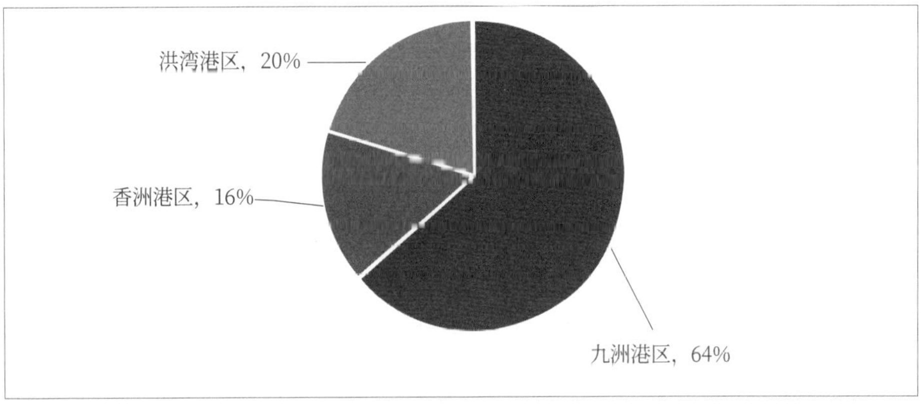

图3-2-1-4 2017年各港区旅客吞吐量情况比例图

表 3-2-1-1

珠海市水路客运情况表

年份	客运量（万人次）	旅客周转量（万人公里）
1979 年	23	1625
1980 年	27	1711
1981 年	42	2324
1982 年	36	2105
1983 年	35	2096
1984 年	33	1980
1985 年	49	2768
1986 年	50	2800
1987 年	51	2871
1988 年	72	1531
1989 年	87	1844
1990 年	232	3510
1991 年	804	9022
1992 年	1138	15493
1993 年	1317	28942
1994 年	1383	37871
1995 年	1554	38974
1996 年	1655	44595
1997 年	474	16435
1998 年	480	28875
1999 年	486	29232
2000 年	498	30232
2001 年	490	30019
2002 年	410	25906
2003 年	369	25903
2004 年	378	26421
2005 年	374	23180
2006 年	371	17153
2007 年	427	18353
2008 年	380	16563
2009 年	366	15236
2010 年	475	18240
2011 年	503	20238

续表 3-2-1-1

年份	客运量（万人次）	旅客周转量（万人公里）
2012年	519	20344
2013年	508	18709
2014年	621	23836
2015年	669	25905
2016年	690	27438.83
2017年	633	25945.89
2018年	650.06	27974.08

说明：1979—1987年数据采用《珠海市志》资料，1988年后数据来源《珠海统计年鉴》。

第二节　货运

清同治五年（1866）11月，两广总督曾部分放宽国内船舶运输鸦片的禁令，同意国内船舶运鸦片至东莞、新会、顺德、香山和开平。珠海前山水道便成为鸦片输入内地的咽喉。清同治五年（1866年），满清政府规定鸦片的进口仅限外国船舶。但多年来，来自香港和澳门船舶一直进行大规模的走私鸦片运输。据海关统计，每年从香港运来澳门的鸦片就有1万～1.5万箱。随后这些鸦片几乎全部运输到广东西部沿海和西江流域各个港口。清光绪十五年（1889），两广总督张之洞批准在沿海使用汽艇拖轮运输，并配备武装护航，加速广东对外经济贸易的发展。清光绪十六年（1890），内地船舶经前山水道报关后进出澳门的就有2.43万艘，载货量达122万吨。清光绪十七年（1891），货运量98.8万吨，其中经澳门转口安南、新加坡、泰国、沙捞越、中国香港等货物达25万吨。清光绪十八年至二十七年（1892—1901），来往前山水道船舶17.35万艘，船舶吨位数762.15万吨，主要为过境进口物资棉织品、印度棉纱、毛织品、钢材、铝锭、鸦片以及面粉、火柴、煤油、咸鱼、生油、药品等；出口物资主要有砖、瓦、木炭、葵扇、 纸、茶叶、酒、生丝、烟叶、食糖等。清光绪二十七年（1901），内地经前山水道来往澳门的船舶1.4万航次，过境物资73.61万吨，其中来往广州府各县1.24万航次，承运物资62.40万吨；肇庆府各县1621航次，货物11.20万吨。经马骝洲水道往返高州、雷州、廉州、琼州四府的船舶有1474航次，运载货物9.85万吨。

清光绪二十七年（1901）前，澳门和珠海并未进行区域边界划分。拱北关主要对内地船舶进行管理，设在前山、马骝洲的关卡主要监管进出澳门的船舶，前山水道和马骝洲水道是珠江口西岸各地对澳门经济贸易的主要通道。民国11年（1922）后，香港取代澳门的航运中心地位。加上海盗猖獗，民国15年（1926）在抵制港货运动期间，港澳之间的航运中断，内地与澳门的客货运输改在前山泊岸。民国期间，海盗横行，加上民国28年（1939）日本侵略军侵占珠海，珠海三灶岛成为日本侵略军入侵中国华南地区的重要军事基地之一，珠海水路运输量一度下降。

中华人民共和国成立后，党和政府对水运个体船户实行改造，组织生产合作社（民船社）。由于民船社属内河运输，加上珠海属于边防禁区，外县船舶很少进入。珠海海上运输仍然依赖当地渔船和当地驻军补给船运输。1961年，中山、珠海两县又分设，1966年斗门县成立，水运事业发展较快。1979年前，珠海水上运输公司是珠海唯一的水路运输单位。同年底，市石油公司投资成立市石油储运公司，并建造珠海市第一艘成品油运输船舶—“珠石”04号，钢质结构，载重100吨。1980年8月26日，珠海经济特区成立前，珠海水运企业只有10多家（包括个体运输）。经济特区成立后，随着经济建设的快速发展，水路运输业也得到很大发展，水运业在珠海运输业中占主导地位。1985年，珠海市出现个体（联户）经营船舶运输业。1987年3月，香港宏丰船务有限公司等7家港澳船务公司投入14艘集装箱驳船（载重14000多吨、850标箱），开通九洲港至香港的定期集装箱班轮航线。1988年4月，中国船舶燃料供应总公司九洲分公司购置一艘载重5000吨的油轮，命名为“中燃5001”，投入国内沿海南北航线从事成品油运输。是年9月，珠海煤气公司与长江轮船总公司联合组建珠海经济特区长海油气运输公司，购置珠海第一艘液化气专用运输船舶（“海通”号，载重800吨），航行国内沿海和近洋航线，专运珠海民用石油气。

1985年开始，珠海的基本建设和填海造地工程全面铺开，发展非常迅速。斗门县水运公司开始建造钢丝网水泥质漏斗或输送带工程船，更新旧散货船，参与珠海和澳门填海造地工程运输。由于钢丝网水泥质漏斗或输送带工程船造价低，卸沙速度快，卸300立方米沙仅需几分钟，运输效率很高，故这种工程运输船的普及速度很快。1989年开始，珠海水运业逐步由内河运输转向港澳小额贸易运输和沿海运输拓展。是年4月，广州海运局与珠海九洲港务集团公司共同投资组建珠海船务企业有限公司，购置珠海第一艘万吨巨轮“香海”号（油轮，载重33289吨）。同年11月，中国扬子江轮船股份有限公司在珠海投资设立第一家内联独资船务企业—珠海扬子江船务企业有限公司，从联邦德国购进一艘载重3800吨的多用途干货船（“振扬”号）。1990年5月出租给香港志晓船务公司，改挂方便旗（中资挂外国籍旗），是珠海第一艘悬挂方便旗的船舶。航行国内南方沿海、韩国等航线。1992年9月，租期届满，恢复珠海港籍，经营香港—马尼拉航班运输。1991年，珠海市全社会水运运输量1241万吨。1992年10月，珠海船务企业有限公司投资2150万美元，从丹麦购进一艘10万吨级油轮“滨河”号，是珠海注册的最大的一艘船舶。全市有306家（含个体运输户）运输企业，社会总运力19.40万载重吨。

2000年10月，市水产运输公司通过内部职工认购股份形式，进行国有企业改制，改制后更名为珠海市长丰运输有限公司。2001年，港口货物吞吐量1982万吨；2002年，港口货物吞吐量2308.3万吨；2003年，港口货物吞吐量2470.02万吨；2004年，港口货物吞吐量3203.20万吨；2005年货物吞吐量3556.87万吨；2006货物吞吐量3560.60.万吨；2007年货物吞吐量3712.58万吨；2008年，珠海港克服全球金融危机带来的不利影响，港口运营逆势而上，货物吞吐量4086.22万吨。2010年，全港货物吞吐量突破6000万吨。

2003—2009年珠海港港口货物吞吐量

表3-2-2-1

年份	2003年	2004年	2005年	2006年	2007年	2008年	2009年
一、集装箱箱量（万标箱）	41.07	44.76	47.84	52.79	63.08	65.50	56.39
吞吐量	262.55	289.84	295.98	331.70	392.62	416.15	401.42
货重	177.77	197.47	197.62	223.30	262.88	281.60	282.66
二、主要货种吞吐量（万吨）	—	—	—	—	—	—	—
1. 煤炭及制品	497.59	712.47	816.38	740.63	1,083.86	1,096.82	1,082.57
2. 石油天然气及制品	702.47	907.88	889.95	713.54	852.15	1,073.23	1,408.25

续表 3-2-2-1

年份	2003 年	2004 年	2005 年	2006 年	2007 年	2008 年	2009 年
其中：成品油	563.22	786.04	790.98	632.98	737.89	919.25	1,205.32
液化气天然气	139.25	121.84	98.97	80.56	114.26	153.98	202.93
3. 金属矿石	—	28.13	118.13	195.17	184.07	177.30	165.37
内：铁矿石	—	27.66	115.33	194.49	183.65	176.69	164.72
4. 矿建材料	553.82	642.69	880.22	957.60	636.57	670.27	655.72
5. 化工原料及制品	240.46	345.54	301.88	335.87	235.37	244.18	301.84
6. 其他货类	278.49	296.72	330.46	360.19	428.06	487.56	508.94

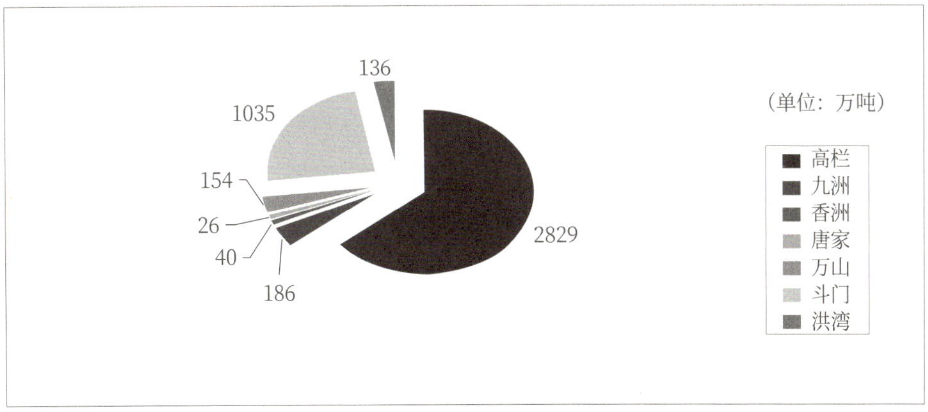

图3-2-2-1　2009年港区货物吞吐量示意图

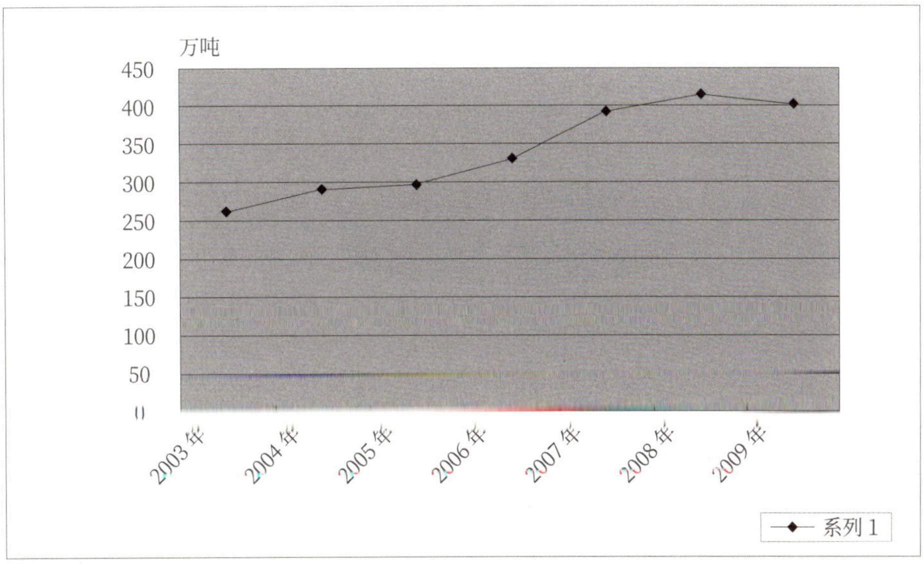

图3-2-2-2　2003—2009年珠海港集装箱吞吐量增长示意图

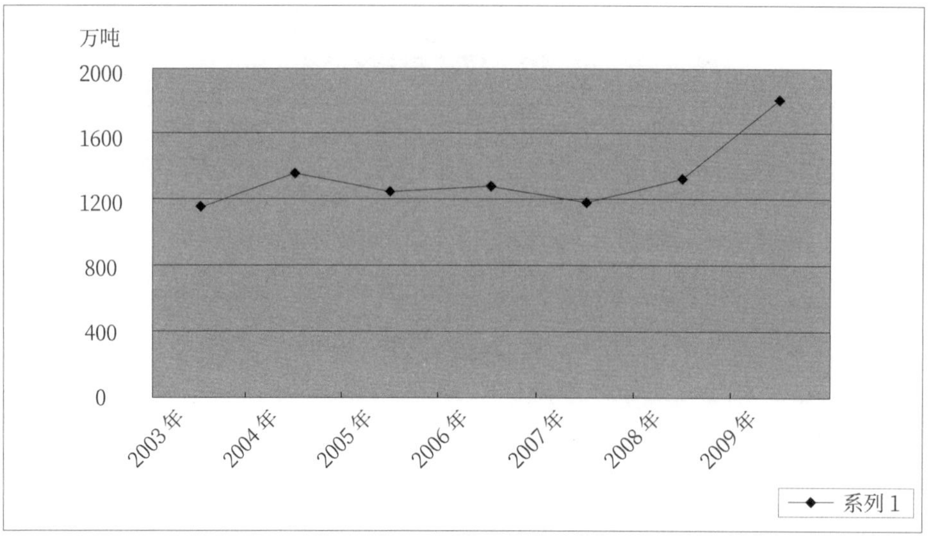

图3-2-2-3　2003—2009年珠海港外贸货物吞吐量增长示意图

2011年，珠海港务集团围绕加快推动区域性物流中心和西江流域龙头大港的建设，牵头完善提升高栏港区集装箱吞吐量相关配套措施；制订九洲港区货运功能转移的措施与计划；加快推动综合保税区申报和临港现代物流园区规划；协调海事部门建立内河船舶直接进入高栏港的特殊船签机制，逐步化解江海联运体制性障碍。是年西江转运货物679万吨。全年货物吞吐量继续保持两位数正增长，达到7169万吨；外贸货物吞吐量6983万吨，其中高栏港区吞吐量3529万吨，斗门港区吞吐量1154万吨，九洲港区吞吐量192万吨，洪湾港区吞吐量2108万吨。2012年，珠海港货物吞吐量7745万吨；外贸货物吞吐量7570万吨，其中高栏港区货物吞吐量3883万吨，斗门港区货物吞吐量1049万吨，九洲港区货物吞吐量168万吨，洪湾港区2470万吨。

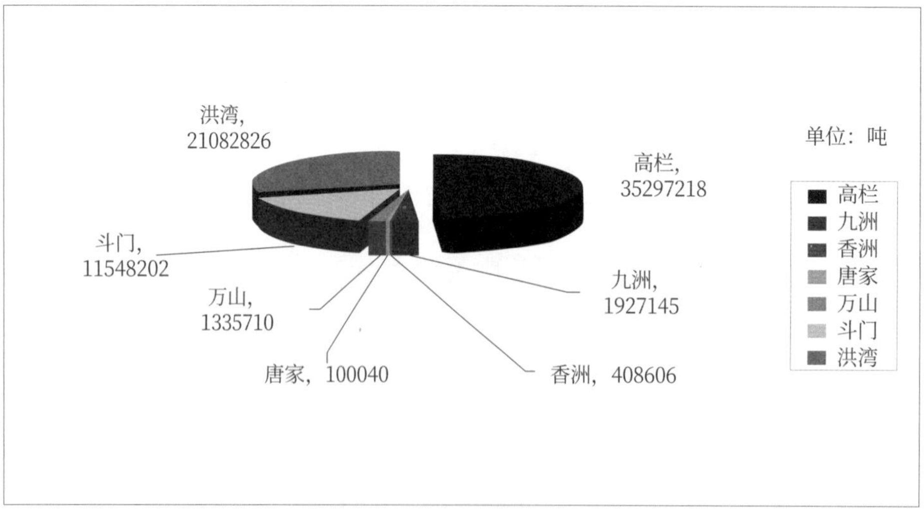

图3-2-2-4　2011年珠海港区货物吞吐量示意图

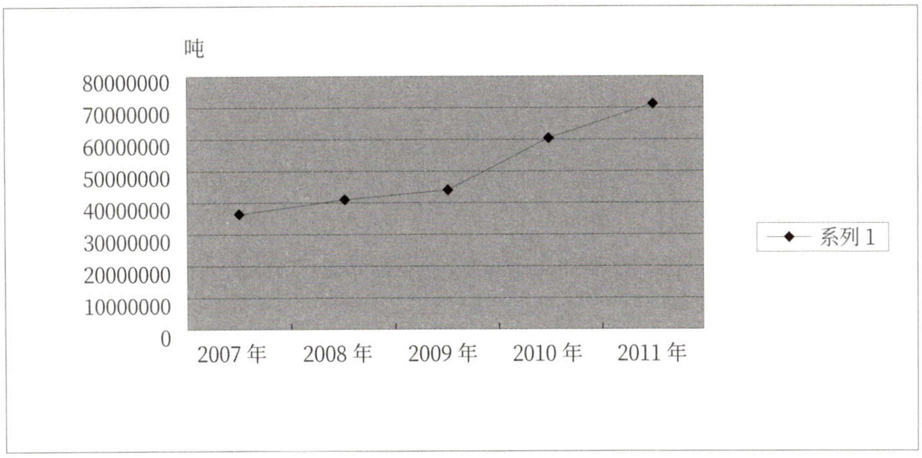

图3-2-2-5 2007—2011年珠海港货物吞吐量增长示意图

2013年底，全市共有生产性泊位148个，其中万吨级以上生产性泊位27个，港口年吞吐能力1.49亿吨。是年12月25日上午，随着“腾飞海”号散货船在神华粤电珠海港码头卸下装载的所有货物，珠海港口货物吞吐量首次突破1亿吨，珠海港正式迈入亿吨大港的行列。2013年珠海港货物吞吐量达到1亿吨；外贸货物吞吐量9844.3万吨，其中高栏港区吞吐量5317.4万吨，斗门港区1810.2万吨，九洲港区152.3万吨，洪湾港区2564.4万吨。高栏港区石油天然气及制品吞吐量1500.52万吨，其中成品油吞吐量948.94万吨，天然气吞吐量188.21万吨，化工原料及制品吞吐量363.37万吨。全港共完成煤炭吞吐量2554万吨，其中外贸进口381万吨，主要从澳大利亚、美国、越南、印度尼西亚等国进口。矿石吞吐量827万吨，其中铁矿石吞吐量448万吨，矿建材料吞吐量3751.71万吨。2014年，全港完成货物吞吐量1.07亿吨，其中外贸2140万吨。全港完成油、煤、矿、箱等货类7239万吨，煤炭3179万吨，油气化工1090万吨，矿石1372万吨；集装箱1598万吨（117万标箱）,所占比重为14.9%。高栏港西江流域驳船支线共完成吞吐量1965万吨。2015年，全港完成货物吞吐量1.12亿吨。

珠海港2013年进出港及外贸吞吐量完成情况表

表 3-2-2-2

指标项目	2012 年吞吐量	2013 年吞吐量	同比增长（%）
一、货物吞吐量（万吨）	7745.44	10022.98	29.30
进港货物吞吐量	5294.56	6051.37	14.29
出港货物吞吐量	2450.89	3971.61	62.05
外贸货物吞吐量	1724.31	2036.05	18.08
进港外贸货物吞吐量	1268.32	1517.90	19.68
出港外贸货物吞吐量	455.99	518.15	13.63
二、集装箱吞吐量（万标箱）	81.28	88.11	8.41
进港集装箱吞吐量	40.90	44.33	8.39
出港集装箱吞吐量	40.38	43.78	8.42

续表 3-2-2-2

指标项目	2012 年吞吐量	2013 年吞吐量	同比增长（%）
外贸集装箱吞吐量	57.73	56.77	-1.67
进港外贸集装箱吞吐量	27.09	27.01	-0.29
出港外贸集装箱吞吐量	30.64	29.76	-2.88

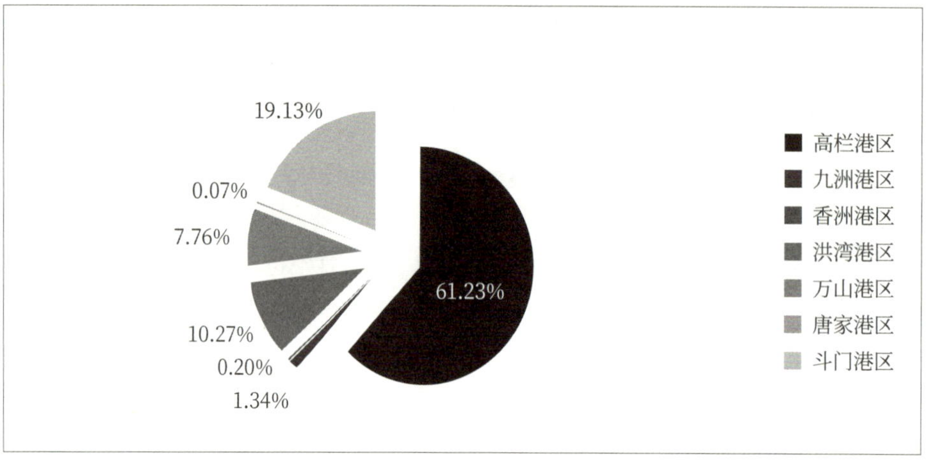

图3-2-2-6　2014年分港区货物吞吐量比例图

2014 年珠海市港口调度指挥中心进出港船舶一览表

表 3-2-2-3

吨位 码头	万吨级以下（艘）	1 万～5 万吨级（艘）	5 万～10 万吨级（艘）	10 万～15 万吨级（艘）	15 万吨级以上（艘）	小计（艘）	同比（%）
高栏港务	2865	161	0	0	0	3026	56.22
高栏国码	4188	945	74	0	0	5207	63.54
海重钢管	80	0	0	0	0	80	1233.33
恒基达鑫	898	356	80	0	0	1334	-9.19
华联石油	2130	132	49	0	0	2311	-6.70
巨涛码头	135	20	0	0	0	155	-26.89
龙华石化	562	0	52	0	0	614	0.66
秦发港务	1118	12	68	2	0	1200	11900.00
神华码头	2258	14	229	0	10	2511	190.96
新海能源	254	0	36	0	0	290	-5.23
鑫和码头	764	46	170	55	40	1075	136.78
一德石化	136	44	0	0	0	180	-63.19
粤裕丰钢厂	68	328	0	0	0	396	-32.54
中化珠海	620	159	24	5	0	808	19.17
中铁武桥	46	4	0	0	0	50	4.17
珠海 LNG	0	0	8	0	2	10	150.00
珠海电厂	80	4	164	0	0	248	3.77

续表 3-2-2-3

吨位 码头	万吨级以下（艘）	1万～5万吨级（艘）	5万～10万吨级（艘）	10万～15万吨级（艘）	15万吨级以上（艘）	小计（艘）	同比（%）
珠江钢管	167	0	0	0	0	167	—
合计	16369	2225	954	62	52	19662	44.80
同比	50.74%	22.12%	17.20%	6.90%	100.00%	44.80%	—

2015 年珠海港生产性泊位及设计年通过能力汇总表（按港区分）

表 3-2-2-4

港区	泊位总长（米）	泊位总数（个）	10万～15万吨级以上泊位（个）	5万～10万吨级泊位（个）	1万～5万吨级泊位（个）	1万吨级以下，沿海1000吨级、内河300吨级以上泊位（个）	沿海1000吨级、内河300吨级以下泊位（个）	设计年通过能力				
								总吞吐能力（万吨）	干散件杂货物（万吨）	集装箱		旅客
										数量（万标箱）	重量（万吨）	（万人）
高栏	12198	61	6	13	7	33	2	13523	12764	119	952	0
九洲	679	14	0	0	0	0	14	0	0	0	0	700
洪湾	1814	30	0	0	0	13	17	655	334.6	47	376	90
斗门	1038	19	0	0	0	8	11	470	302	21	168	10
万山	1053	15	1	0	0	2	12	285	277	1	8	86
唐家	344	5	0	0	0	3	2	95	95	0	0	0
香洲	140	3	0	0	0	0	3	2	2	0	0	60
合计	17266	147	7	13	7	59	61	15030	13744.6	188	1504	946

2016年，珠海港完成货物吞吐量1.18亿吨，连续4年吞吐量突破亿吨。其中，外贸2523万吨，西江流域驳船支线完成吞吐量2826万吨。港口铁路专用线累计发送货物478.8万吨。高栏港区完成货物吞吐量9169万吨，占全港货物吞吐量的77.8%。2017年，珠海港新增4个液体化工品泊位，其中一个5万吨级泊位，截至12月，全市港口泊位162个，其中公务用非生产性泊位6个，生产性泊位156个；泊位总长19747米，其中生产性泊位总长19194米；设计年通过能力1.6亿吨，其中散货吞吐能力1.44亿吨。其中高栏港区生产性泊位71个，万吨级以上生产性泊位27个，设计年通过能力1.44亿吨，占全港通过能力的90%。全年完成货物吞吐量1.36亿吨，其中外贸2981万吨。高栏港主港区完成货物吞吐量1.22亿吨，首次突破亿吨；西江流域驳船支线完成吞吐量4009万吨；港口铁路专用线累计发送货物636万吨。2018年，珠海港完成货物吞吐量1.38亿吨，其中外贸2922万吨。全港完成煤、油、矿、箱等重点货类1.28亿吨，占全港吞吐量93.0%。高栏港区完成货物吞吐量1.28亿吨，占全港货物吞吐量的92.8%，同比增长4.8%。

2016 年珠海市取得港口经营许可证企业一览表

表 3-2-2-5

	证书编号	公司名称	办公地址	发证机关	发证日期	有效期
1	（粤珠）港经证〔0179〕号	玉柴船舶动力股份有限公司	珠海市斗门区乾务镇富山工业园七星大道1号	珠海市港口管理局	2017-03-21	2020-03-21
2	（粤珠）港经证〔0227〕号	珠海市九洲邮轮有限公司	珠海市南湾南路3002号湾仔旅游码头	珠海市港口管理局	2017-03-26	2018-01-04

续表 3-2-2-5

	证书编号	公司名称	办公地址	发证机关	发证日期	有效期
3	（粤珠）港经证〔0177〕号	珠海市斗门区龙基发展有限公司	珠海市斗门区斗门镇龙山工业区石化路 4 号	珠海市港口管理局	2017-03-09	2020-03-09
4	（粤珠）港经证〔0255〕号	珠海港通江物资供应有限公司	珠海市情侣南路 455 号九洲花园 1 栋 8 单元 301	珠海市港口管理局	2017-03-01	2019-08-18
5	（粤珠）港经证〔0174〕号	中海油珠海船舶服务有限公司	珠海市高栏港经济区高栏港大厦 23 楼	珠海市港口管理局	2017-01-20	2020-01-20
6	（粤珠）港经证〔0242〕号	珠海恒基达鑫国际化工仓储股份有限公司	珠海市高栏港经济区南迳湾	珠海市港口管理局	2017-01-05	2020-01-05
7	（粤珠）港经证〔0106〕号	广东省储备粮管理总公司珠海直属库	珠海市小林矿山金粮路 1 号	珠海市港口管理局	2016-12-26	2019-12-26
8	（粤珠）港经证〔0254〕号	珠海市港金实业发展有限公司	珠海市高栏港区	珠海市港口管理局	2017-01-05	2020-01-05
9	（粤珠）港经证〔0102〕号	珠海豪通货柜码头有限公司	广东省珠海市香洲区湾仔南湾大道东石角咀码头仓库 102 室	珠海市港口管理局	2016-12-26	2019-12-26
10	（粤珠）港经证〔0105〕号	珠海市粮油储运公司	珠海市前山金鸡路 536 号	珠海市港口管理局	2016-12-23	2019-12-23
11	（粤珠）港经证〔0103〕号	中国石化销售有限公司广东珠海石油分公司	珠海斗门区大濠冲大王前南门大桥侧	珠海市港口管理局	2016-12-23	2019-12-23
12	（粤珠）港经证〔0253〕号	珠海外轮理货有限公司	珠海市高栏港经济区榕树湾 8 号高栏港大厦 20 楼	广东省交通运输厅	2016-12-06	2019-12-06
13	（粤珠）港经证〔0169〕号	广东华南洁能石化集团有限公司	珠海市高栏港经济区南水镇环岛中路 768 号	珠海市港口管理局	2016-12-01	2019-12-01
14	（粤珠）港经证〔0252〕号	珠海市一德石化有限公司	珠海港高栏港区珠海市一德石化码头	珠海市港口管理局	2016-12-01	2019-12-01
15	（粤珠）港经证〔0251〕号	珠海市港航外轮供应有限公司	珠海市香洲海虹路 29 号“东区大厦”第十五层 D4 室	珠海市港口管理局	2016-11-28	2018-05-05
16	（粤珠）港经证〔0250〕号	珠海港弘码头有限公司	珠海市高栏港区	珠海市港口管理局	2016-11-23	2019-11-23
17	（粤珠）港经证〔0249〕号	珠海市横琴岛顺达运输有限公司	珠海市横琴镇宝中路 41 号 2B	珠海市港口管理局	2016-11-14	2019-11-14
18	（粤珠）港经证〔0136〕号	珠海龙华石油化工有限公司	高栏环岛西路	珠海市港口管理局	2016-11-09	2019-11-09
19	（粤珠）港经证〔0248〕号	珠海市万山区港务有限公司	珠海市万山区桂山岛桂海二路一号	珠海市港口管理局	2016-11-02	2019-11-02
20	（粤珠）港经证〔0247〕号	番禺珠江钢管（珠海）有限公司	珠海市高栏港经济区装备制造区南水大道	珠海市港口管理局	2016-11-02	2019-11-02
21	（粤珠）港经证〔0246〕号	珠海市美丰船务有限公司	珠海市香洲区 888 商业街 4 巷 26 号	珠海市港口管理局	2016-10-31	2019-10-31
22	（粤珠）港经证〔0191〕号	广东万山投资有限公司	珠海市香洲沿河东路 323 号担杆大厦 3 楼	珠海市港口管理局	2016-10-21	2019-10-21
23	（粤珠）港经证〔0244〕号	珠海国际货柜码头（洪湾）有限公司	珠海市香洲区南屏镇洪湾港区珠海国际货柜码头	珠海市港口管理局	2016-10-17	2019-10-17
24	（粤珠）港经证〔0243〕号	珠海市海源船舶服务有限公司	珠海市湾仔华美路 2 号华声工业园 B 座四楼 410 房	珠海市港口管理局	2016-10-12	2019-10-12
25	（粤珠）港经证〔0241〕号	新海能源（珠海）有限公司	珠海市高栏港经济区环岛西路	珠海市港口管理局	2016-09-05	2019-09-05
26	（粤珠）港经证〔0239〕号	珠海中燃石油有限公司	广东省珠海市九洲大道西 2021 号中海大厦 A 座 20 层 2001 号	珠海市港口管理局	2016-07-27	2019-07-27
27	（粤珠）港经证〔0238〕号	珠海港鑫和码头有限公司	珠海市南水镇电厂南路 9 号 40 栋 410 室	珠海市港口管理局	2016-07-22	2019-07-22

续表 3-2-2-5

	证书编号	公司名称	办公地址	发证机关	发证日期	有效期
28	（粤珠）港经证〔0237〕号	珠海市晖航船务有限公司	珠海市香洲区园林路 23 号 324 房	珠海市港口管理局	2016-07-13	2019-07-13
29	（粤珠）港经证〔0128〕号	中化珠海石化储运有限公司	珠海市高栏港经济区	珠海市港口管理局	2016-07-13	2019-07-13
30	（粤珠）港经证〔0236〕号	广东珠海金湾液化天然气有限公司	珠海高栏港区环港西路 105 号	珠海市港口管理局	2016-07-13	2019-07-13
31	（粤珠）港经证〔0235〕号	珠海巨涛海洋石油服务有限公司	珠海市高栏港经济区装备制造区南水大道 18 号	珠海市港口管理局	2016-07-11	2017-09-25
32	（粤珠）港经证〔0114〕号	双威管桩（珠海）有限公司	珠海市斗门区白蕉镇新港工业区	珠海市港口管理局	2016-06-28	2019-06-28
33	（粤珠）港经证〔0234〕号	百富洋新海能源（珠海）有限公司	珠海市高栏港区高栏岛环岛西路打烂渔船嘴	珠海市港口管理局	2016-05-09	2019-05-09
34	（粤珠）港经证〔0231〕号	珠海市东部龙光石油化工有限公司	珠海市凤凰北 1056 号	珠海市港口管理局	2016-04-01	2019-04-01
35	（粤珠）港经证〔0230〕号	三一海洋重工有限公司	珠海市金湾区平沙镇升平大道东 336 号厂房	珠海市港口管理局	2016-03-25	2017-03-25
36	（粤珠）港经证〔0229〕号	广东省粤电集团有限公司珠海发电厂	广东省珠海市高栏港经济区珠海发电厂	珠海市港口管理局	2016-03-23	2018-09-29
37	（粤珠）港经证〔0224〕号	珠海市美泰石油化工有限公司永航石油壹贰捌水上加油站	珠海市香洲区海虹路东区大厦第十五层 D3 室	珠海市港口管理局	2015-12-02	2018-12-02
38	（粤珠）港经证〔0222〕号	珠海国际货柜码头（高栏）有限公司	广东省珠海市珠海港高栏码头综合楼	珠海市港口管理局	2015-11-17	2018-10-10
39	（粤珠）港经证〔0147〕号	珠海市龙善船舶服务有限公司	珠海市南水镇南水新村 163 号	珠海市港口管理局	2015-10-23	2018-10-23
40	（粤珠）港经证〔0220〕号	珠海横琴新区鑫丰物流集团有限公司	珠海市横琴新区宝华路 6 号 105 室 -5247	珠海市港口管理局	2015-09-29	2018-03-30
41	（粤珠）港经证〔0211〕号	珠海中南汇化工有限公司	珠海高栏港南迳湾石化专区	珠海市港口管理局	2015-08-24	2018-08-17
42	（粤珠）港经证〔0208〕号	珠海港高栏港务有限公司	珠海港连岛大堤西侧珠海港高栏港务有限公司	珠海市港口管理局	2015-05-12	2018-05-12
43	（粤珠）港经证〔0139〕号	斗门香港客运联营有限公司	广东省珠海市斗门区白蕉镇斗门港路 2 号	珠海市港口管理局	2015-04-28	2018-04-28
44	（粤珠）港经证〔0126〕号	珠海安和环保服务有限公司	珠海市吉大景山路 92 号东大商业中心 1005A	珠海市港口管理局	2015-04-07	2018-04-07
45	（粤珠）港经证〔0129〕号	西域（珠海保税区）物流有限公司	珠海洪湾港区 办公：珠海保税区国际贸易展示中心首层 1112 室	珠海市港口管理局	2015-04-01	2018-04-01
46	（粤珠）港经证〔0175〕号	珠海经济特区华南联合石油有限公司	广东省珠海市高栏经济区铁炉旧村珠海经济特区华南联合石油有限公司	珠海市港口管理局	2015-03-16	2018-03-16
47	（粤珠）港经证〔0199〕号	中铁武桥重工（珠海）有限公司	珠海市高栏港经济区装备制造区装备大道	珠海市港口管理局	2015-01-04	2016-01-04
48	（粤珠）港经证〔0195〕号 zz	珠海宝塔石化储运有限公司	珠海港高栏港区	珠海市港口管理局	2014-10-20	2017-10-20
49	（粤珠）港经证〔0194〕号	珠海市和丰环保服务有限公司	珠海市金湾区高栏港大厦 505	珠海市港口管理局	2014-10-11	2017-10-11
50	（粤珠）港经证〔0122〕号	珠海海重钢管有限公司	珠海高栏港经济区装备制造区	珠海市港口管理局	2014-09-25	2017-09-25
51	（粤珠）港经证〔0190〕号	珠海港中石化船舶燃料销售有限公司	珠海市高栏经济区榕树湾 8 号 2401-6	珠海市港口管理局	2016-03-23	2017-08-26
52	（粤珠）港经证〔0189〕号	珠海斗门珠船集装箱码头有限公司	珠海市斗门区白蕉镇新环村斗门港路 8 号	珠海市港口管理局	2014-08-22	2017-08-22

续表 3-2-2-5

	证书编号	公司名称	办公地址	发证机关	发证日期	有效期
53	（粤珠）港经证〔0117〕号	珠海港洪湾港务有限公司	珠海市高栏港经济区榕树湾 8 号高栏港大厦 24 层 2401-8	珠海市港口管理局	2014-08-14	2017-08-14
54	（粤珠）港经证〔0180〕号	神华粤电珠海港煤炭码头有限责任公司	珠海市高栏港经济区临港东路	珠海市港口管理局	2014-04-03	2015-04-03
55	（粤珠）港经证〔0178〕号	珠海港拖轮有限公司	珠海高栏港经济区榕树湾 8 号第 23 层 2301-1	珠海市港口管理局	2014-03-18	2017-03-18
56	（粤珠）港经证〔0228〕号	珠海九洲港客运服务有限公司	珠海市情侣南路 599 号	珠海市港口管理局	2016-03-07	2018-05-06
57	（粤珠）港经证〔0142〕号	珠海联成化学工业有限公司	珠海市高栏港经济区碧阳路	珠海市港口管理局	2016-01-15	2019-01-15
58	（粤珠）港经证〔0157〕号	中海石油（中国）有限公司深圳分公司	深圳市蛇口工业二路 1 号海洋石油大厦 B 座	珠海市港口管理局	2015-12-24	2018-12-24
59	（粤珠）港经证〔0226〕号	中海石油深海开发有限公司	珠海高栏经济区口岸大厦 310 室	珠海市港口管理局	2015-12-24	2016-12-24

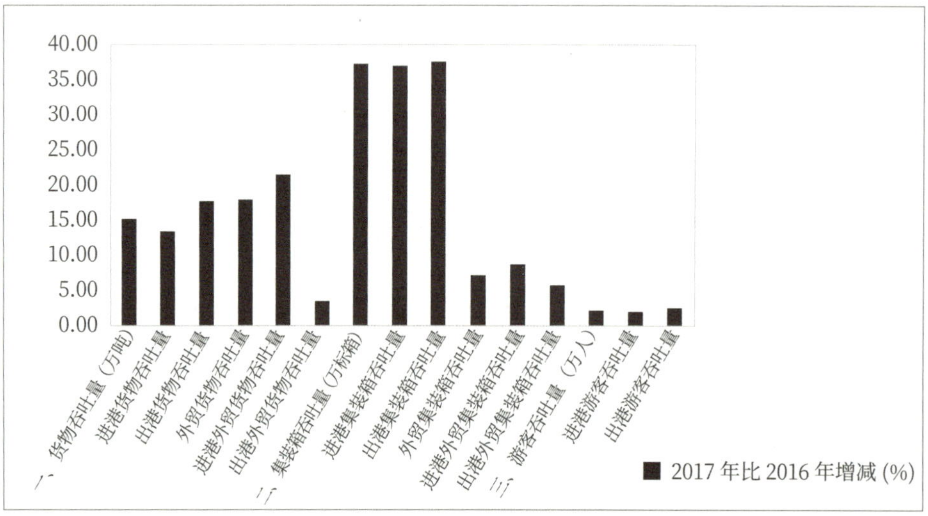

图3-2-2-7　2016—2017年港口生产情况同比图示

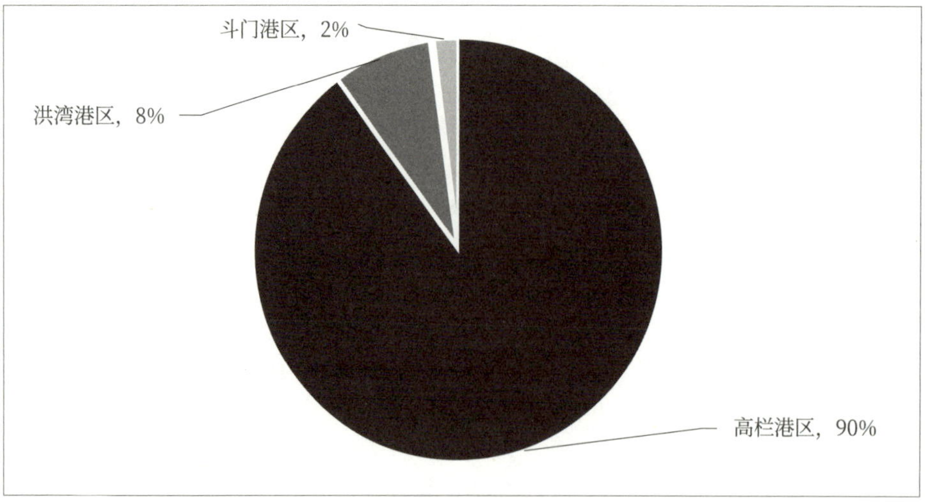

图3-2-2-8　2017年珠海港口各港区货物吞吐量生产情况比例图

2017年珠海市取得港口经营许可证单位一览表

表 3-2-2-6

序号	企业名称	业务类型	备注
1	珠海港鑫和码头有限公司	干散货	—
2	神华粤电珠海港煤炭码头有限责任公司	干散货	—
3	珠海港弘码头有限公司	干散货	—
4	广东省粤电集团有限公司珠海电厂	干散货	—
5	珠海横琴新区鑫丰物流集团有限公司	干散货	—
6	中海石油深海开发有限公司	危化品	—
7	珠海恒基达鑫国际化工仓储股份有限公司	危化品	—
8	中化珠海石化储运有限公司	危化品	—
9	新海能源（珠海）有限公司	危化品	—
10	百富洋新海能源（珠海）有限公司	危化品	—
11	珠海一德石化有限公司	危化品	—
12	珠海联成化学工业有限公司	危化品	—
13	珠海龙华石油化工有限公司	危化品	—
14	珠海经济特区华南联合石油有限公司	危化品	—
15	珠海中南汇化工有限公司	危化品	—
16	广东珠海金湾液化天然气有限公司	危化品	—
17	广东华南洁能石化集团公司	危化品	—
18	珠海宝塔石化储运有限公司	危化品	—
19	珠海市斗门龙基发展有限公司	危化品	—
20	中国石油化工股份有限公司广东珠海石油分公司（原南门油库）	危化品	—
21	珠海中燃石油有限公司	危化品	—
22	珠海国际货柜码头（高栏）有限公司	集装箱	—
23	珠海港高栏港务有限公司	集装箱	—
24	珠海市港金实业发展有限公司	集装箱	—
25	西域（珠海保税区）物流有限公司	集装箱	—
26	珠海港洪湾港务有限公司	集装箱	—
27	珠海市斗门珠船集装箱码头有限公司	集装箱	—
28	珠海国际货柜码头（洪湾）有限公司	集装箱	—
29	中铁武桥重工有限公司	海洋重工	—
30	珠海海重钢管有限公司	海洋重工	—
31	珠海巨涛海洋石油服务有限公司	海洋重工	—
32	番禺珠江钢管（珠海）有限公司	海洋重工	—
33	双威管桩（珠海）有限公司	海洋重工	—
34	玉柴船舶动力股份有限公司	海洋重工	—
35	三一海洋重工有限公司	海洋重工	—
36	中海福陆重工有限公司	海洋重工	—
37	广东省储备粮管理总公司珠海直属库	粮食	—
38	珠海九洲港客运服务有限公司	客运服务	—
39	珠海市万山区港务有限公司	客运服务	—
40	广东万山投资有限公司	客运服务	—

续表 3-2-2-6

序号	企业名称	业务类型	备注
41	珠海九洲邮轮有限公司	客运服务	—
42	斗门香港客运联营有限公司	客运服务	—
43	珠海港拖轮有限公司	拖轮服务	—
44	中海油珠海船舶服务有限公司	拖轮服务	—
45	珠海港中石化船舶燃料销售有限公司	船舶服务	许可证过期
46	珠海市东部龙光石油化工有限公司	船舶服务	—
47	珠海港通江物资供应有限公司	船舶服务	—
48	珠海市美泰石油化工有限公司永航石油壹贰捌水上加油站	船舶服务	—
49	珠海市美丰船务有限公司	船舶服务	—
50	珠海安和环保服务有限公司	船舶服务	—
51	珠海市和丰环保服务有限公司	船舶服务	—
52	珠海市海源船舶服务有限公司	船舶服务	—
53	珠海市晖航船务有限公司	船舶服务	—
54	珠海市龙善船舶服务有限公司	船舶服务	—
55	珠海市海盛船舶服务有限公司	船舶服务	—
56	珠海市港航外轮供应有限公司	船舶服务	—
57	珠海信洋环保服务有限公司	船舶服务	—
58	珠海市浩凯船舶环保服务有限公司	船舶服务	—
59	珠海外轮理货有限公司	理货服务	省交通运输厅发证
60	中联理货有限公司珠海分公司	理货服务	省交通运输厅发证
61	珠海置中天理货有限公司	理货服务	省交通运输厅发证

珠海市水路货运情况表

表 3-2-2-7

年份	货运量（万吨）	货运周转量（万吨公里）
1979 年	87	2305
1980 年	113	3144
1981 年	106	3497
1982 年	118	1013
1983 年	133	1806
1984 年	169	4838
1985 年	1568	38762
1986 年	936	35390
1987 年	1241	38488
1988 年	1284	39121
1989 年	822	27943
1990 年	1055	42157
1991 年	1241	22882
1992 年	1341	32684
1993 年	1347	33074
1994 年	1516	37737

续表 3-2-2-7

年份	货运量（万吨）	货运周转量（万吨公里）
1995 年	1631	41265
1996 年	1704	43874
1997 年	1814	47595
1998 年	1851	47661
1999 年	1892	50700
2000 年	1990	53533
2001 年	2094	61426
2002 年	2188	65109
2003 年	2195	72570
2004 年	2269	450811
2005 年	1147	764045
2006 年	1314	1017650
2007 年	1534	1044251
2008 年	1495	1083988
2009 年	1790	1198140
2010 年	1447	1378304
2011 年	1048	677203
2012 年	1163	780545
2013 年	1408	912752
2014 年	1633	1052522
2015 年	1708.52	1111105
2016 年	1624.62	985587.88
2017 年	1871.25	1029968.93
2018 年	2816.99	1528606.35

说明：1979—1987年数据采用《珠海市志》资料，1988—2018年数据采用《珠海市统计年鉴》资料。

第三节　集装箱运输

1987年珠海九洲港货运码头建成投产，每天有班轮往返珠海与香港，开始国际集装箱班轮运输。1987年国际集装箱运输量4900标箱，1992年国际集装箱运输量为18.2万标箱。1992年，天津市海运公司在珠海投资设立珠海市北洋轮船公司，购置“天顺”号（载重[illegible]吨），投入天津—日本集装箱班轮航线，为珠海首家开通国际集装箱定期班轮航线的企业，也是珠海注册的最大一艘集装箱专业运输船舶。是年九洲港经营国际集装箱运输的船舶达到41艘，属珠海注册登记的船舶有17艘，其余都是香港籍船舶。1992—1994年连续3年集装箱运输量名列全国第五，广东省第一。2001年集装箱吞吐量31.4万标箱，2002年集装箱吞吐量34.7万标箱，2003年集装箱吞吐量 41.1万标箱，2004年集装箱吞吐量44.8万标箱，2005年集装箱吞吐量47.8万标箱，2006年集装箱吞吐量52.8万标箱。2009年，先后开通珠海九洲港往返深圳盐田港、高栏港往返天津港、高栏港往返海口港3条水路集装箱运输专线，出台旨在提升高栏港集装箱吞吐量的优惠措施；建成集装箱专用泊位1个，多用途泊位13个，总吞吐能力达到94万标箱/年，完成集装箱吞吐量56.39万标箱。多用途泊位中以九洲国码为主，有6个泊位，吞吐能力20万标箱/年，堆场中配备龙门吊、跨运车和空箱叉车。2009年，九洲港完成集装箱吞吐量29.46万标箱，占全港52.2%。九洲国码的规模、设备和效率在珠江三角洲喂给港中均属一流。

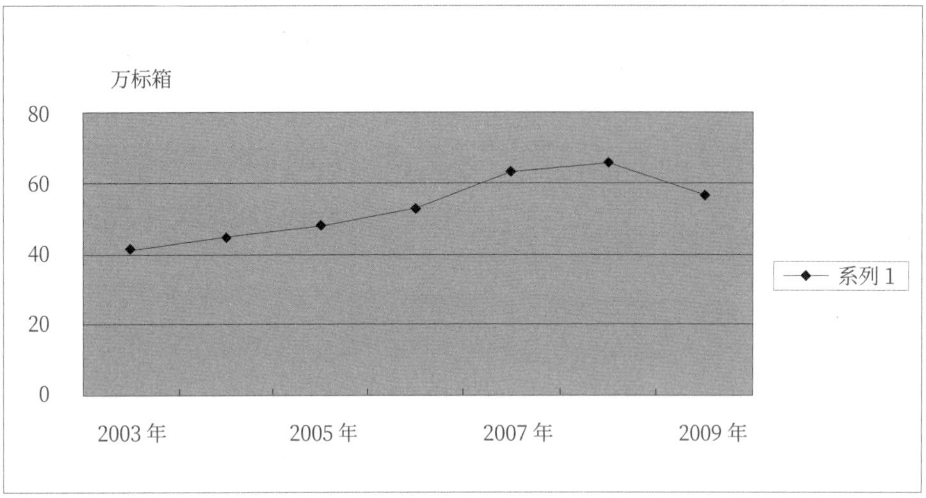

图3-2-3-1　2003—2009年珠海港集装箱吞吐量增长示意图

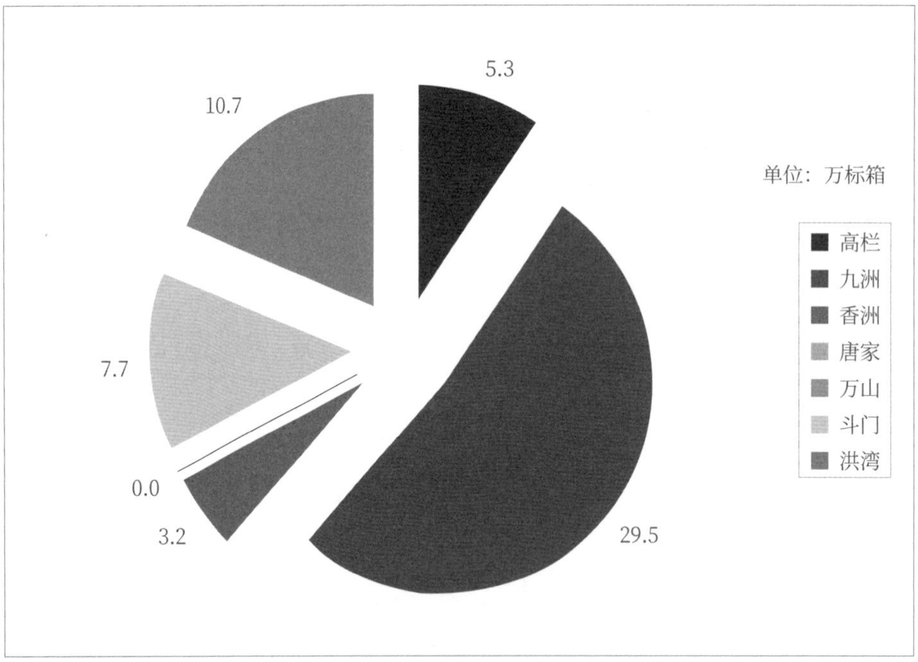

图3-2-3-2　2009年港区集装箱吞吐量

2011年，新兴经济体发展强劲，发达国家除日本受大地震及次生灾害影响较大以外，美国、欧元区的经济数据均好于预期。受益于全球经济回暖和中国国民经济的平稳增长，珠海港口集装箱吞吐量保持平稳较快增长，突破历史新高，达到81.2万标箱，同比增长16%，其中，外贸集装箱63万标箱，同比增长10%；内贸集装箱18.2万标箱，同比增长41%。高栏港区13.2万标箱，占全港集装箱吞吐量的16%，同比增长70%；斗门港区8.9万标箱，同比减少15%；九洲港区30.9万标箱，同比减少9%；洪湾港区25.2万标箱，占全港集装箱吞吐量的31%，同比增长65%。

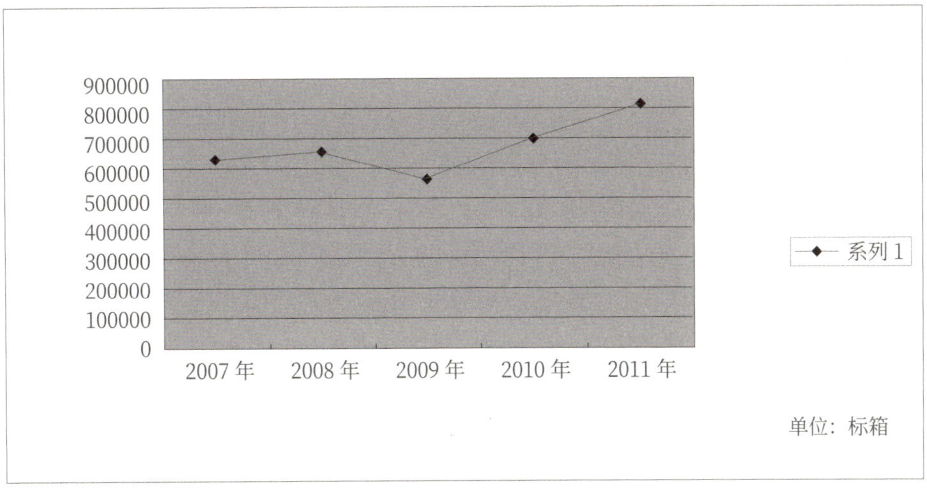

图3-2-3-3 2007—2011年珠海港集装箱吞吐量增长示意图

2012年，珠海港进出港集装箱吞吐量78.19万标箱，其中，外贸集装箱57.73万标箱，内贸集装箱23.55万标箱。按港区分，高栏港区22.86万标箱，斗门港区6.98万标箱，九洲港区27.3万标箱，洪湾港区21.05万标箱。2013年，由于经济危机的影响还未彻底结束，欧美各主要发达国家的消费需求未能完全恢复，导致出口箱源不足。珠海港在努力保持外贸集装箱运输稳定运行的前提下，高栏港区大力开拓沿海集装箱干线、西江驳船支线等新航线，促进内贸集装箱高速发展。全年珠海港集装箱吞吐量88.1万标箱，其中外贸56.8万标箱，内贸31.3万标箱。按港区分，高栏港区34.71万标箱，斗门港区7.52万标箱，九洲港区25.22万标箱，洪湾港区18.16万标箱。2014年，珠海港开通国际集装箱航线25条(内支线9条)；开通沿海集装箱干线12条，通往海口、日照、厦门、大连、连云港、青岛、烟台、太仓、宁波、泉州、上海、营口等全国沿海主要港口；开通西江驳船支线19条，通往贵港、梧州、新会、黄埔、南沙、高明、佛山、小榄、中山、虎门、云浮、肇庆等西江沿线主要港口。集装箱吞吐量117.6万标箱，其中外贸集装箱56.2万标箱，内贸集装箱61.4万标箱。港口集装箱年吞吐量首次突破百万大关。

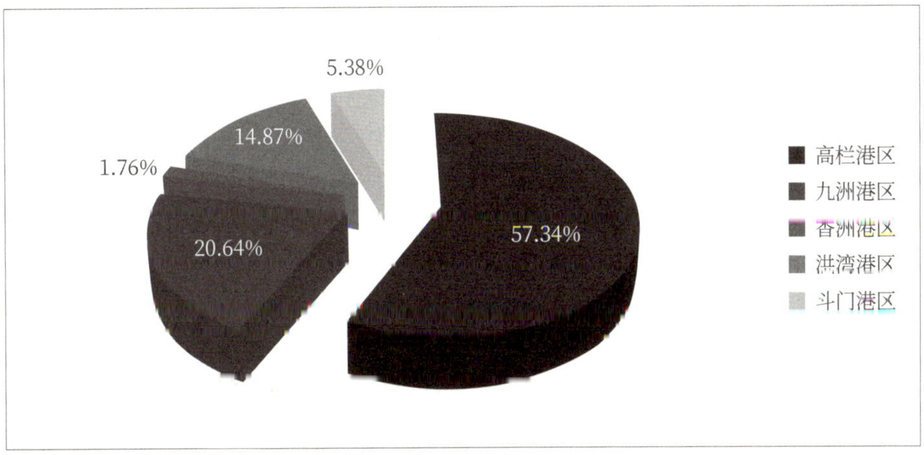

图3-2-3-4 2014年分港区集装箱吞吐量比例图

2015年，珠海港新增外贸航线7条，沿海干线5条、驳船支线1条。由于香洲、九洲港区货运功能搬迁，共停运外贸航线6条、内支线3条、驳船支线1条。珠海港共开通集装箱班轮航线58条，其中国际航线23条(内支线7条)；分别通往泰国、越南、日本等国家和地区；沿海干线15条，通往海口、日照、厦门、大连、连云港、青岛、烟台、太仓、宁波、泉州、上海、营口、阳江等全国沿海主要港口；西江驳船支线20条，通往贵港、梧州、新会、黄埔、南沙、高明、佛山、小榄、中山、虎门、云浮、肇庆、阳江等西江沿线主要港口。全年完成集装箱吞吐量133.7万标箱，其中外贸集装箱吞吐量完成55.2万标箱，内贸集装箱78.5万标箱。 2016年，珠海港共开通集装箱班轮航线60条，其中国际航线25条(内支线9条)，沿海干线15条，西江驳船支线20条。全年完成集装箱吞吐量165.3万标箱，其中外贸集装箱吞吐量完成56.5万标箱，内贸集装箱108.8万标箱。2017年，全港开通集装箱班轮航线74条，其中国际航线24条(内支线9条)，分别通往日本、泰国、越南、巴布亚新几内亚、所罗门群岛、新喀里多尼亚、斐济等国家和地区；沿海干线25条，通往海口、日照、厦门、大连、连云港、青岛、烟台、太仓、宁波、泉州、上海、营口、天津、钦州、京唐等全国沿海主要港口；西江驳船支线25条，通往贵港、梧州、新会、黄埔、南沙、高明、佛山、小榄、中山、广州、虎门、云浮、肇庆、阳江等西江沿线主要港口 。珠海港完成集装箱吞吐量227万标箱，其中外贸集装箱吞吐量60.6万标箱，内贸集装箱166.4万标箱。高栏港区完成集装箱吞吐量177万标箱，占全港的78.1%，同比增长49.5%。

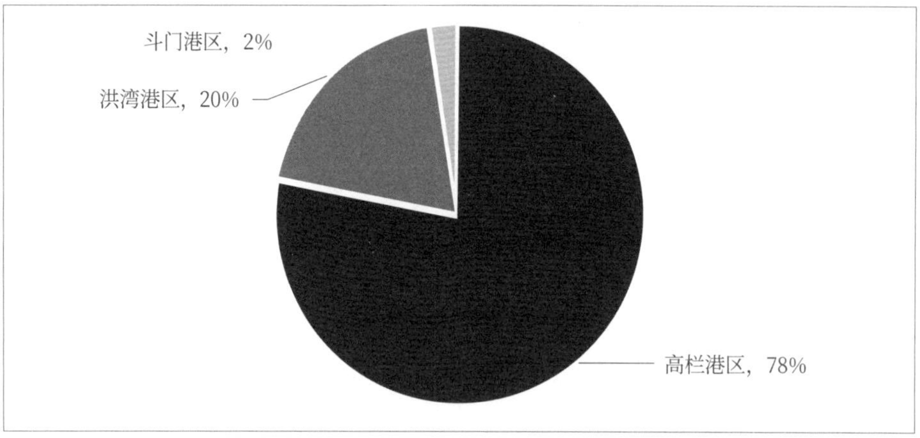

图3-2-3-5　2017年港区集装箱吞吐量生产完成情况比例图

2018年，珠海港停航1条外贸航线，新增1条外贸航线，保持74条集装箱班轮航线不变，其中国际航线24条(内支线9条)、沿海干线25条、西江驳船支线25条。开通集装箱航线的港区有高栏港区、洪湾港区、斗门港区。其中斗门港区、洪湾港区航线主要是由香港航线和广州、深圳的内支线构成，主要作用是通过内河驳船驳运货物到香港或通过广州、深圳等码头中转出口。高栏港区集中全港大多数集装箱航线，拥有内外贸航线58条，其中国际航线10条(内支线1条)、沿海干线25条、西江驳船支线23条。国际航线通达日本、泰国、越南、巴布亚新几内亚、所罗门群岛、新喀里多尼亚、斐济、等国家和地区；沿海干线以内贸中转航线为主，分别通往海口、日照、厦门、大连、连云港、青岛、烟台、太仓、宁波、泉州、上海、营口、天津、钦州、京唐等全国沿海主要港口；西江驳船支线分别通往贵港、梧州、新会、黄埔、南沙、高明、佛山、小榄、中山、广州、虎门、云浮、肇庆、阳江等西江沿线主要港口。 全年累计完成集装箱吞吐量231万标箱，其中外贸集装箱吞吐量完成56万标箱，内贸集装箱175万标箱。

第四节 港口引航

依据《中华人民共和国海上交通安全法》规定，外轮进港必须引航。珠海引航工作从1986年开始，由广东省航政局珠海分局组织开展引航业务。1986年，广东省航政局珠海分局引航3090艘次(九洲港2773艘次，香洲港357艘次)。1987年，引航2575艘次。1988年，珠海市航政管理局对联检和引航工作实行“超前”服务，加强内外勤值班，尽早掌握申报进出港船舶的动态，提前做好联检和引航计划，引航工作不分白天昼夜，缩短船舶在港的停留时间，全年引航2775艘次。1989年，实施引航3938艘次。1990年，引航4690航次。1991年，引航7756艘次。1992年，引航9139艘次。1993年，引航8836艘次，1994年，珠海市航务管理局完善国际航行船舶的内部管理工作程序，对船舶申报、审批、引航、联检实行一条龙服务，全年引航13148航次。2003年2月28日，珠海海事局引航站成建制移交给珠海市交通局管理。由珠海港引航站统一负责珠海港的引航工作。2003年，引航1200艘次，引航收入600万元。2004年，引航1500艘次，引航收入900万元。2005年，引航1500艘次，引航收入900万元。2006年，引航1500艘次，引航收入900万元。2007年，引航2000艘次，引航收入1000万元。2008年，珠海港引航站引领中外船舶2300艘次，其中2000艘次是在高栏港区，装载危险品的船舶占大多数，安全纪录保持良好，引航事故率为零。2009年3月，珠海港引航站安全管理体系正式实施，在实施的过程中不断地补充和完善。是年5月12日，《珠海高栏港危险货物船舶夜间引航通航安全评估报告》通过专家组的评审。在现有的港口设施基础上，开放载重吨1万吨级以下、吃水7米以下的危险品船舶夜间引航工作。同年5月19日，已正式在高栏港区开展夜航引航工作，同时着手改善夜间通航条件、加强引航员培训等工作。通过政府采购招标程序，采购8台专业引航电子导航仪，全体引航员经过操作培训掌握导航仪使用，能够熟练应用导航仪协助引航，保证引航作业的安全。全年完成船舶引航2504艘次，保持安全引航无事故。2011年，引领中外籍船舶2496艘次，其中国轮452艘次（含港澳航线185艘次），外轮2044艘次；完成引航净吨179.48万吨，引航收入1280万元。2012年，引领中外籍船舶2315艘次，继续保持引航工作零事故率。全年安全引领超大型船舶（船长超过250米）18艘次，特别是下半年，坦桑尼亚大型船舶15万吨级油轮“CA米ELLIA”全长274米、船宽48米，经过引航员的精心引领，两次安全顺利靠离中化珠海码头。

2012年珠海港引航艘次一览表

表 3-2-4-1

引航船舶（艘次）	总艘次	2315	其中：外贸船	2007	内贸船	308
	其中	集装箱船	8	油气化工品船	1682	
		超大型船	18	散杂货船	606	
		特种船	0	军舰	1	
引领净吨（万吨）		—	1961	—	—	

2014年，珠海港引航站引领中外籍船舶2306艘次，引领集装箱船舶140艘次，引领危险品船舶1440艘次(其中大型LNG船舶8艘次),引领超大型船舶（船长250米以上）82艘次，来港船舶大型化使引航船舶艘次同比下降9.64%，引领船舶净吨同比增长15.83%。2014年完成鑫和、神华等码头超大型散杂货船舶引航，10月引领全球最大Q-MAX型LNG船“阿萨利”(船长345米，船宽55米，载重吨15.5万吨，装载26万立方米液态LNG）安全首航珠海高栏LNG码头。2015年，引领中外籍船舶2264艘次，单月平均190艘次，引航船舶艘次和引领船舶净吨同比持平，继续保持零事故。引航队伍建设取得好成绩，一名引航员获2015年“广东十佳引航员”称号，一名引航员获2015年“广东优秀引航员”称号。

表 3-2-4-2

2015 年珠海市引航站引航船舶一览表

引航船舶（艘次）	数量（艘次）	2264	其中：外贸船	1902	内贸船	362
	其中	集装箱船	190	危险品船	1409	
		超大型船	102	大型邮轮	0	
		特种船	2	军舰	0	
引领净吨（万吨）		—	2580	引领净吨（万吨）	5020	

2016年，珠海港引航站抓住珠海港快速发展的机遇，积极开展“阳光引航，提升服务水平”活动，努力提高引航服务透明度，改进服务质量，提高工作效率。紧密联系工作实际，制定科学有效的特殊引航方案，完善引航安全管理体系，重点排查引航安全隐患；认真做好高栏港区黄茅海航道、海洋重装生产码头船舶引航工作，为海洋重装设备船舶的安全通航打下良好基础。通过信息化平台建设，实现引航申报、排班、引航工作流程电子化监督管理，全面提升引航服务硬件水平。珠海港引航站十分注重对年轻引航员、在岗引航员专业知识补差培训和实习引航员业务培训，结合与珠海海事局VTS交管中心的共建工作，安排年轻引航员参与VTS值班学习，共同了解掌握现场通航环境，提高VTS值班员与一线引航员配合的默契度。根据交通部《关于进一步落实引航机构安全管理责任制的通知》精神，珠海港引航站针对上级有关部门在安全管理体系执行督查中发现的问题，制定整改措施逐条整改，收到较好的效果。珠海港引航人发挥技术优势，克服高栏港海面视线不良等复杂气象条件困难，多批次引领鑫和、港弘、神华码头超大型散杂货船舶（船长295米以内）安全靠泊，多批次引领Q型LNG船舶安全靠离珠海港LNG码头，完成中燃石油公司10万吨级船舶靠离桂山油库码头引航工作。多批次完成高栏国码5万吨级集装箱船舶全天候引航工作。引航业务量保持两位数增长，全年共引领中外籍船舶2499艘次。

表 3-2-4-3

2016 年引航工作基本情况表

引航船舶数量（艘次）	总量	2499	其中：外贸船	1975	内贸船	524
	其中	集装箱船	305	危险品船	1492	
		超大型船	265	大型邮轮	0	
		特种船	2	军舰	0	
引领净吨（万吨）		—	3320	引领净吨（万吨）	6484	

2017年初，珠海港引航站班子带领业务骨干与集装箱码头等单位走访座谈，研究码头企业服务需求，建立引航、码头双方定期座谈制度和联络小组机制，分析安全隐患、落实安全举措，根据突发情况提供及时高效沟通与解决渠道。全面贯彻交通部阳光引航服务要求，持续落实高栏港北港池鑫和、神华、港弘大码头超大型船舶引航服务工作，全年安全完成250米以上船舶引航达556艘次。5月，拖带海油228号装运大型设备从高栏港黄茅海航道靠离中海福陆码头，珠海港引航站在珠海市港口、海事部门指导下，多方配合确保拖带海油228号安全进出黄茅海航道，顺利完成特种工程设备装运任务。特别是台风“天鸽”“帕卡”正面袭击珠海，引航员24小时一线值守协助船舶避风疏港，帮助高栏码头企业完成煤、电、油、气民生保障运输，抢时间安全疏离船舶，确保船舶恶劣气象条件靠离泊安全。同年8月，菲律宾籍船舶在离泊珠海港恒基8号泊位，发生主机失去

动力无法启动，险情突发，引航员临危不惧，冷静控制大船避碰。紧急抢修后，船舶成功引出珠海高栏港区，确保码头、船东、货主各方安全和生产秩序，同时保障水域范围其他船舶通航安全。菲律宾籍船长专门发信函对引航完成抢险任务表示感谢。全年引航各型船舶3040艘次，同比增长21%，其中超大型船舶（250米以上）引航556艘次、集装箱班轮586艘次，完成特种设备船引航6艘次，累计引领船舶净吨4387万吨，引领船舶总吨8432万吨，引航业务连续多年保持零事故。

2018年，珠海港引航站完成引航船舶2473艘次，同比减少6.71%，其中，超大型船舶（250米以上）引航498艘次，同比减少15%；集装箱班轮544艘次，同比减少10%；危险品船舶1431艘次。引领净吨4059万吨，引领总吨7897万吨。引航业务继续保持零事故。

第五节　运输企业

1979年前，珠海市水上运输公司是珠海唯一的水路运输企业。1980年8月26日，珠海经济特区成立前，珠海水运企业只有10多家（包括个体运输）。2016年取得港口经营许可证的企业59家，2017年增加到61家。2018年底，全市共有水路运输企业46家。

珠海港控股集团有限公司

其前身是珠海市港口企业集团有限公司。1999年8月，珠海市港口企业集团有限公司成立。2008年，珠海市提出“以港立市”战略，发挥港口在珠海发展中的重要引擎作用，拟组建珠海港集团有限公司，将全市国有港口企业资源整合注入，打造成规模大、效益好、集约化经营的现代化大型港口企业。2008年7月，市政府批准组建珠海港控股集团有限公司，撤销市港口企业集团有限公司，将原珠海市港口企业集团有限公司100%股权、珠海格力集团持有的格力港务有限公司100%的股权、珠海市汇畅交通投资有限公司持有的珠海市汇畅洪湾有限公司100%的股权无偿划转给珠海港控股集团有限公司。2008年12月19日，珠海港控股集团有限公司正式成立，为国有独资企业。经营范围包括港口交通运输产业的投资、开发；交通运输业及其附属设施的建设和经营；商业贸易。公司注册地址在珠海市南水镇榕湾路16号第24层2401号，注册资本30亿元。

2018年底，珠海港控股集团有限公司资产总额260亿元；净资产95亿元。下辖珠海港股份有限公司、珠海国际货柜码头（高栏）有限公司、珠海港高栏港务有限公司、珠海国际货柜码头（洪湾）有限公司、珠海港洪湾港务有限公司、珠海港弘码头有限公司、珠海港航经营有限公司、珠海城市管道燃气有限公司、珠海电子口岸管理有限公司等106家企业。业务覆盖集装箱码头、干散货码头、油气化学品仓储物流、船代、理货、报关、水上运输、专业运输、航道疏浚、供应链管理、软件开发与维护、工程建设与管理、管道燃气供应、电力能源投资、物流地产开发等。已形成以集装箱码头经营为主、干散货码头经营为辅的完备港口运营与物流服务体系；同时承担着高栏、万山、香洲、九洲、斗门、洪湾、唐家七大港区的开发建设和经营管理任务，推动珠海市港口跨越发展，带动区域经济崛起的重要使命。珠海港控股集团有限公司已经发展成为珠江口西岸地区具有国家5A级综合服务物流资质港航物流企业。

珠海港航运有限公司

属珠海港股份有限公司的全资子公司，成立于2013年，注册资本4.1亿元。下辖珠海港远洋运输有限公司全资子公司和珠海港中驰航运有限公司、珠海港成功航运有限公司两家控股公司，职工200人。主要从事西江、珠三角和港澳地区集装箱及散杂货运输，以及国内沿海散货运输。公司依托珠海港现有的港航优势，积极扩大运力规模，优化运力结构，构建海船、驳船联动的沿海与内河并举的江海联运、江海中转服务体系；配合珠海港打造港口集疏运体系。2018年后，公司投资自有海船运力涉足沿海散货运输自营航线。2019年底，公司拥有22艘3000吨级多用途内河船和4艘1.25万～2.58万吨级沿海散货船；公司长期租赁多用途货船60～80艘，控制运力40万吨。已开通25条西江驳船航线及40多个卸货码头网点，开通珠海港至香港、澳门定期班轮航线，兼营珠三角至香港的集装箱和散货运输，建立以珠海港为中心的西江驳船网络。

珠海国际货柜码头（洪湾）有限公司

1992年10月3日，香港和记黄埔三角洲港口投资有限公司与珠海港务投资公司共同投资成立珠海国际货柜码头（九洲）有限公司。1987年正式在九洲港开办集装箱运输业务，年吞吐量5000标准箱，1994年增长到26.1万标准箱。1992—1994年在全国十大集装箱港口中排名第五、全省排名第一。2015年10月30日，珠海国际货柜码头（洪湾）有限公司正式承接珠海国际货运码头（九洲）有限公司的货运功能，从事外贸货物装卸、驳运、仓储等服务，2018年集装箱吞吐量为18.5万标准箱。

珠海九洲控股集团有限公司

前身是九洲港务企业集团有限公司。1988年6月11日，九洲港务企业集团有限公司成立，与珠海市港口管理委员会实行两个牌子一套班子，归市经委领导。下属企业有中国外轮代理公司九洲分公司、中国外轮理货总公司九洲分公司、中国船舶燃料供应总公司九洲分公司（珠海经济特区九洲港船舶燃料供应公司）、珠海经济特区九洲港客运公司、珠海经济特区九洲港外轮服务供应公司、珠海市九洲港发展贸易公司、珠海经济特区珠港客运船公司、珠海经济特区珠岐运输公司、珠海经济特区九洲港港口服务公司、珠海经济特区商业服务公司机场商业中心九洲港商场和餐厅、三联企业（集团）公司九洲港免税商场、商店、餐厅等11家企业。

1989年9月13日，九洲港务企业集团有限公司更名为珠海九洲港务集团公司，由松散型的联合体变为独立核算的经济实体。1989年末，集团公司先后收购珠海经济特区珠歧运输公司和珠海经济特区珠港客运船公司的中方股份；1990年初，收购南油货运码头，补偿特区商业服务公司在港快餐店迁出港区损失；1990年7月7日，珠成海陆运输有限公司将港口泊位、堆场、仓库、办公室等移交给珠海九洲港务集团公司。理顺港口管理体制，实行“五个统一”（即统一领导、统一规划、统一建设、统一管理、统一对外）。下属企业有中国外轮代理公司九洲分公司、中国外轮理货总公司九洲分公司、中国船舶燃料供应总公司九洲分公司（珠海经济特区九洲港船舶燃料供应公司）、珠海九洲港务货运公司、珠海九洲港集装箱运输公司、珠海经济特区九洲港客运公司、珠海经济特区珠岐运输公司、珠海经济特区珠港客运船公司、珠海经济特区九洲港外轮服务供应公司、珠海经济特区海港贸易公司、珠海经济特区九洲港港口服务公司、珠海市九洲港发展贸易公司。

1992年6月13日，珠海港务局成立后，珠海九洲港务集团公司归港务局管理。1993年9月13日，珠海港务局和珠海港管理区合署办公，珠海九洲港务集团公司独立经营。2009年，高联公司、隆益公司、南海石油珠海实业总公司整体产权并入珠海九洲港务集团公司，更名为珠海九洲旅游集团有限公司。2013年，珠海九洲旅游集团有限公司更名为珠海九洲控股集团有限公司，属市属国有企业、大型战略管控投资型集团。珠海控股投资集团有限公司(HK0908)—控股珠海红筹股在香港成功上市。2018年底，企业总资产217.85亿元，净资产59.28亿元。业务范围覆盖中国香港、中国澳门、印度尼西亚、北京、深圳、长沙、三亚、郑州、天津、台州、中国台湾等地，涵盖海上客运、陆上客运、港站管理、酒店服务、旅游地产、城市公用、主题景点、旅游观光、高尔夫、赛车运动、商贸服务、帆船等体育赛事、金融投资、互联网、能源等领域。直接或间接控股、参股、托管的企业100家，实体运作企业24家。

珠海九洲港客运服务有限公司

前身是珠海经济特区九洲港客运公司（简称客运公司），隶属珠海九洲控股集团有限公司，成立于1987年11月13日，主要经营九洲港客运码头。客运公司后更名为珠海九洲港客运服务有限公司（简称客服公司），于1997年5月10日注册成立，属中外合资企业，注册资金510万美元（后更改为4233万元人民币），英属开曼群岛九洲交通投资有限公司占90%股份，珠海九洲控股集团有限公司占10%股份。经营范围包括客运码头经营、客运船舶企业管理服务、客运运输企业管理服务、票务服务、行李托运、商务中心等。

▲九洲港客运码头（九洲港区提供）

珠海高速客轮有限公司

属珠海九洲控股集团有限公司下属企业，成立于1984年。主要经营海上交通、滨海旅游、海岛开发三大业务板块，下属海通船务、九洲邮轮、九洲能源、湖南九洲龙骧、九洲蓝色海岸、三亚蓝色干线等10余家股权投资企业。公司拥有20艘豪华高速客轮和40多艘豪华游船及游艇，每日约130个航班往返于香港、深圳及珠海万山海岛等，年客运量逾430万人次。

2013年起，珠海高速客轮有限公司与广东省航运集团、深圳机场港务公司成立深圳机场高速客运公司，经营深圳机场和香港机场海上客运航线；与湖南龙骧交通集团成立湖南九洲龙骧水上客运有限责任公司，经营长沙湘江橘子洲水上客运观光旅游，推出“橘洲之星”品牌；成立珠海九洲蓝色海岸旅游开发公司，在珠海市桂山岛开发建设美丽渔村、特色精品民宿及酒店、海鲜美食街、航运综合体等项目；响应“一带一路”倡议，与印度尼西亚SATU公司“轻资产”合作，开通当地岛际航线；与中交海洋投资控股公司成立三亚蓝色干线旅游发展有限公司，以三亚国际旅游岛为核心，构建水陆互动、湾区互联的专业化、高品质水上交通网络，开发三亚滨海旅游；与台州市椒江区政府合作，构建大陈岛海上快速交通网络；与珠海香洲国企正方控股合作开发建设珠海帆船驿站，串联珠海滨海岸线，大力推动海上运动及休闲旅游产业的发展；中标港珠澳大桥口岸穿梭巴士营运权，经营港珠澳大桥运输业务；加密海岛航线航班，助推陆岛交通公交化；开通“海上看珠海”旅游观光航线，把“海上看珠海”航线打造成富有“大桥文化”内涵的旅游精品项目和城市名片。珠海高速客轮有限公司连续20年无上等级事故，连续11年荣获“全国安全诚信公司”高速客轮企业。率先将“航空式”服务引入船舶客舱，制定示范性企业应用标准——《高速客轮服务质量规范》。乘务团队获“全国巾帼文明岗”“广东省三八红旗集体”等称号。

珠海市水上运输公司

简称水运公司，1978年成立，属集体所有制企业。前身是1951年由水上个体船户组成的南屏民船社、湾仔民船社、前山民船社。1972年，在3个民船社的基础上成立珠海水运联社，有湾仔船队、南屏船队、前山船队。水运联社先后隶属珠海工交战线委员会、珠海县交通局管理。1978年，有运输船28艘，运力载重537吨，员工110人。是年，水运联社改为珠海市水上运输公司。1979年，水运公司实施“单船核算”，营业收入与职工收入挂钩，经济效益和社会效益很大提高。1980年12月，设立联运办公室，与香港大中船务有限公司合作，开展对外运输业务。由港方派出货船，联运办公室派船员并组织货源，1981年纯利润127万港币。1983年，珠海市财政给水运公司拨款100万元，先后从广西、湛江和斗门等地订造、购买6条水泥船、6条钢船，运输总吨位1020吨。1983年和1984年，国内水运部分营业额分别达到70万元和94万元。1985年开始，水运市场竞争激烈，公司部分船只转营工程船（运载沙石）。1987年，投资44万元，在香洲先烈路22号购置土地4000平方米，兴建公司办公大楼和货仓，建筑面积2030平方米。是年，水运公司有船舶21艘，运输总吨位1500多吨。1991年6月，撤销珠海市联大船务公司，资产和人员与水运公司合并，保留珠海市水上运输公司名称，企业性质不变。1993年，公司引进个人注资参股，后因情侣路建设香洲码头搬迁等原因，水上运输业务逐年下降。2000年7月，公司解体，人员分流下岗。

珠海船务企业有限公司

1989年4月18日，广州海运局与珠海九洲港务集团公司联合成立珠海船务企业有限公司，有员工13人。公司成立初期，仅有一艘3万吨级油船“香海”号，年货运量为25.4万吨，货运周转量为4.73亿吨公里。随着公司发展需要，先后从广州海运局租来“石堡”“泰堡”杂货船，航行香港至东南亚一带，还有车客渡船“红菊”轮，投入珠海和蛇口之间车客运输。1991年货运量增至39.1万吨，货物周转量为5.73亿吨公里。1992年用2150万美元从丹麦购进一艘10万吨级油船“滨河”轮投入运营。1998年公司改为股份制，企业重新进行注册登记。2009年公司重组，由中国远洋发展公司持有珠海船务企业有限公司股份。新公司迁入上海，名称为上海中远海运企业发展有限公司。

珠海港远洋运输有限公司

简称远洋公司，前身是珠海市远洋运输公司，成立于1992年，原为珠海市交通运输集团下属的全民所有制企业，注册资本为1861.4万元。1999年3月，将珠海市交通运输集团公司更名珠海信禾集团运输有限公司，远洋公司属信禾公司子公司。1999年9月，全市实行政企分开，全部交通企业与行政单位脱钩，成建制移交珠海市国资委管理。珠海市航务管理局（今珠海海事局）下属4家公司，即珠海市海运公司、珠海市航务发展公司、珠海市航务疏浚打捞工程公司、珠海航务国际船舶代理有限公司并入珠海市信禾集团公司二级企业珠海市远洋运输公司，保留珠海市海运公司、珠海市航务发展公司、珠海航务国际船舶代理有限公司，珠海市航务疏浚打捞工程公司牌子，采取几块牌子一套人员经营模式。2009年，珠海市远洋运输公司从信禾集团公司全部划拨给珠海港口企业集团公司，成为珠海港口企业集团的全资子公司。2011年，珠海市远洋运输公司改制，更名为珠海港远洋运输有限公司，注册资本增至5000万元。

2018年，珠海港远洋运输有限公司与珠海港航运有限公司整合，挂珠海港航运有限公司（珠海港集团下属的上市公司）牌子，实行一套人员两块牌子的模式经营。原珠海市海运公司、珠海市航务发展公司、珠海航务国际船舶代理有限公司牌子撤销；珠海市航务疏浚打捞工程公司交给珠海港集团公司下属珠海港开发建设有限公司管理。2019年，珠海港控股集团有限公司将持有的珠海港远洋运输有限公司100%股权全部转让给珠海港航运有限公司，珠海港远洋运输有限公司成为珠海港航运有限公司的全资子公司。

远洋公司与航运公司的组织架构图

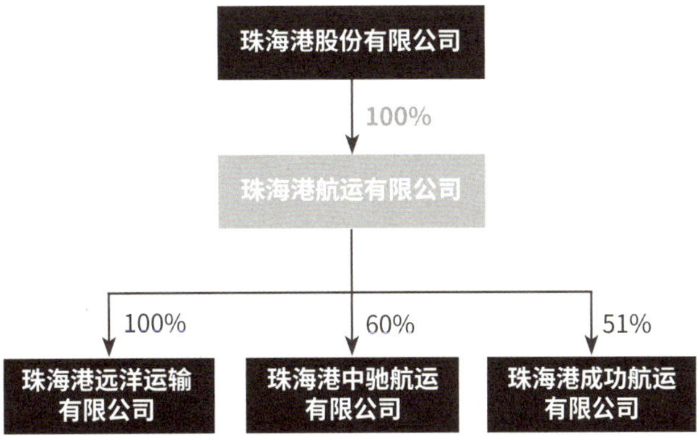

图3-2-5-1 2017年港区集装箱吞吐量生产完成情况比例图

2018年珠海市水路运输企业一览表

表 3-2-5-1

单位名称	营业执照注册号	道路 / 水路 / 港口经营许可证编号	行政区划代码
珠海港中驰航运有限公司	—	粤字 XK2338	440404| 金湾区
珠海港成功航运有限公司	—	粤字 XK2311	440404| 金湾区
珠海港航运有限公司	—	粤珠字 XK2446，粤港澳 0097、440400023260	440402| 香洲区
珠海九洲船务有限公司	—	粤珠字 XK2447	440402| 香洲区
珠海市珠澳轮渡有限公司	—	粤港澳〔05〕030003	440402| 香洲区
珠海高速客轮有限公司	—	交粤 XK0289	440402| 香洲区
中谷国际航运（珠海）有限公司	—	粤字 XK2301	440404| 金湾区
珠海港拖轮有限公司	—	粤珠字 XK2351、(粤珠)港经证〔0178〕号	440404| 金湾区
珠海市东部龙光石油化工有限公司	440400000105578	粤珠字 XK2425、粤港澳 0060、粤服 XK0088	440402| 香洲区
珠海市美丰船务有限公司	440400000011345	(粤珠)港经证〔0246〕号、粤珠字 XK2411	440402| 香洲区
珠海市华珠船务有限公司	—	粤字 XK2216	440402| 香洲区

续表 3-2-5-1

单位名称	营业执照注册号	道路 / 水路 / 港口经营许可证编号	行政区划代码
珠海鸿达船运有限公司	—	粤珠字 XK2441、粤港澳 0084	440402| 香洲区
珠海市永航运输有限公司	—	粤珠字 XK2439、粤港澳〔05〕030008	440402| 香洲区
珠海众协港口物流服务股份有限公司	—	粤珠字 XK2440	440402| 香洲区
珠海经济特区华电船务有限公司	440400000084402	交粤 XK0235、粤港澳〔05〕030010、粤服 XK0045	440402| 香洲区
珠海巨富港口物流有限公司	440003000019769	粤珠字 XK2436	440402| 香洲区
珠海申海投资有限公司	440003000051294	粤珠字 XK2442	440402| 香洲区
珠海市新远海运有限公司	440400000080926	交粤 XK0303	440402| 香洲区
珠海经济特区海通船务有限公司	440400000072724	交粤 XK0340、粤港澳〔05〕030027	440402| 香洲区
珠海市湾仔旅游服务公司	440400000207266	粤珠字 XK1013	440402| 香洲区
珠海秦发航运有限公司	440400000016500	粤字 XK2196	440402| 香洲区
珠海嘉圣物流有限公司	440400000183216	粤珠字 XK2428	440402| 香洲区
珠海市陆岛运输有限公司	440400000620414	粤珠字 XK2444	440402| 香洲区
珠海市旺通船务有限公司	440400000053256	交粤 XK0171、粤港澳〔06〕030003	440402| 香洲区
珠海市淇澳岛综合开发有限公司	440400000403577	粤字 XK2217、粤港澳〔05〕030013	440402| 香洲区
广东江华航运有限公司	—	粤珠字 XK2423、粤港澳〔06〕030004	440402| 香洲区
珠海市环珠澳海上观光有限公司	—	粤珠字 XK1087	440402| 香洲区
珠海市粤潮海陆运输有限公司	—	粤珠字 XK2414、粤港澳〔05〕030021	440402| 香洲区
珠海市海宏船务有限公司	440400000172988	粤珠字 XK2421、粤港澳 0040	440402| 香洲区
珠海港远洋运输有限公司	—	粤字 XK2213、粤港澳 0018	440402| 香洲区
珠海市通大航运有限公司	440400000001823	粤珠字 XK2395、粤港澳〔05〕030020	440402| 香洲区
珠海西宝物流有限公司	440400000268315	440400017249、粤字 XK2175	440402| 香洲区
珠海永绅航运有限公司	440400000348204	粤珠字 XK2437	440402| 香洲区
珠海市帝威船务有限公司	440400000114801	粤字 XK2209、粤港澳〔05〕030026	440402| 香洲区
珠海市东部凯森航运有限公司	440400000202199	粤珠字 XK2427	440402| 香洲区
珠海市天祥兴石化有限公司	440400000088266	粤珠字 XK2404、粤港澳〔06〕030002	440402| 香洲区
珠海市明威发展有限公司	440400000408612	粤珠字 XK2362	440402| 香洲区
珠海市顺兴船务有限公司	440400000084363	粤珠字 XK2410、粤港澳〔2009〕030001	440402| 香洲区
珠海市和航疏浚工程有限公司	—	粤珠字 XK2416	440403| 斗门区
珠海市祥航船务有限公司	440400000110441	粤珠字 XK2409	440403| 斗门区
珠海市斗门区斗门镇水上运输公司	—	粤珠字 XK2385	440403| 斗门区
珠海市荣昌疏浚工程有限公司	440400000089271	粤珠字 XK2419	440403| 斗门区
珠海合晟船务有限公司	—	粤字 XK2184、粤港澳 0051	440404| 金湾区
中海油珠海船舶服务有限公司	—	粤珠字 XK2435、(粤珠)港经证〔0174〕号	440404| 金湾区
珠海市荷包岛旅游开发有限公司	440400000154603	粤珠字 XK2393	440404| 金湾区
珠海市翔海船务有限公司	440400000152530	粤珠字 XK2424	440404| 金湾区

第六节　运输船舶

夏、商、周时，珠海境内就有木质结构的舢板、农艇。1918年，珠海始建帆船。20世纪50年代末，珠海开始着手研制水泥船，以替代木船。1979年后，珠海拥有燃油运输的钢质船。1982年始有铝合金质运输船。

舟艇

俗称舢板、农艇，木质结构。从珠海多处出土文物考证，夏、商、周时珠海就有这种水上交通工具。延至今日仍在使用，一般作为船员由船到岸驳脚之用，故又称“脚艇”，珠海大沙田农村作为农业运输工具使用，又称“农艇”。按艇身大小分为“七桶艇”和“九桶艇”。舟艇的驱动系统，按照船体大小而定。稍小的，在船体后半部装有两支活动桨叶；稍大的，在船体前、后半部分别设置两支活动桨叶，靠人双手摆动扒水前进。船体较大的，一般不用双桨叶，在船尾部装置一条长长的用木质制成的橹，靠人力摇晃摆动前进。几千年来，舟艇是珠海水乡人民必备的交通工具。20世纪50年代“大跃进”年代，白藤拦江堵截工程很大部分运输任务就是靠农艇的运力完成的。20世纪90年代，境内仍有1489艘舟艇。

帆船

早在明代，珠海就有帆船进行海运。帆船船体用木料制造，帆用布料制作，30吨左右采用单帆，50吨以上多采用3支帆，高帆达20米。1918年，珠海始有自造的帆船，湾仔、银坑18间造船工厂，年生产帆船50多艘。船体多采用海南硬什木或柏木制造，吨位愈造愈大，每艘150吨左右。20世纪70年代，随着柴油机的普及使用，机械动力代替帆，帆船逐渐消失。

水泥船

20世纪50年代末，珠海开始研制水泥船。1966年3月，珠海第一艘20吨级水泥、钢网制成的水泥机动运输船在斗门水运公司正式投入营运。1969年，斗门水运公司船厂制造的8～30吨级水泥机动运输船大批量投入营运。1979年底，斗门县水运公司实现水泥船化。1983年，珠海市水运公司先后从广西、湛江和斗门购买6艘水泥船投入沿海运输。由于水泥船舶造价低，具有抗腐蚀、维修补漏容易、维修费用低的优点。1983年，珠海水泥船普遍使用。珠海投入运输的水泥船最大载货吨位A级航区为220吨，B级航区为300吨。水泥船有怕碰撞、抗风能力差和容易沉没的不安全因素，不适宜作客轮用途，普遍用于货物运输、燃油运输、土石方工程运输。1990年底，全市水泥船总运力3.75万吨。

▲1992年，珠海船务企业有限公司进口的10万吨级“滨河”号油船（珠海市水上运输管理处提供）

钢质船

1979年，珠海第一艘投入燃油运输的钢质船是珠海市石油公司“珠石04号”。1990年，先后有8家公司采用钢质船投入旅客运输、汽车轮渡、工程运输、集装箱运输、燃油运输、液化气运输，从内河延伸到沿海，扩展到远洋运输。是年底，珠海钢质船运量5.50万吨，“香海”号油轮最大运输吨位3.23万吨。1992年10月，珠海船务公司又从丹麦购进一艘10万级油轮“滨海”号，达5.18万载重吨，是珠海注册船舶中运输吨位最大的一艘船舶。

铝合金船

1982年9月，珠海经济特区开通九洲港至香港高速客运航线，香港中港飞翼船公司高速客船投入营运。1986年7月18日，九洲港客运公司与省航道局合作从日本购入一艘旧铝合金质船，命名“海翔1”号，投入珠海九洲港至深圳蛇口客运航线。1991年，珠海拥有7艘高速客船，最大的“海珠7号”，澳大利亚制造，铝合金质，船体总长38米，型宽11.55米，型深37米，客载船高9.5米，满载航行平均吃水1.46米，总吨503吨，净吨150吨，主机功率3360千瓦，航速61.12公里/小时，客位338个。

▲珠海市远洋运输公司“粤珠189”船舶（珠海市水上运输管理处提供）

1988—1991年珠海市水运管理部门管理的营运船舶情况表

表 3-2-6-1

时间	动力分类		船舶动力总数				其中											
							客轮、客货轮				货轮			拖轮		驳船	
			数量（艘）	客位（个）	载重（吨）	功率（千瓦）	数量（艘）	客位（个）	载重（吨）	功率（千瓦）	数量（艘）	载重（吨）	功率（千瓦）	数量（艘）	功率（千瓦）	数量（艘）	载重（吨）
1988年	合计		936	5566	47286	34323	101	5566	—	8363	599	39765	23274	13	5372	223	12921
	其中	专业动力	175	440	13998	7001	4	440	—	126	164	19381	5905	6	970	1	17
		社会动力	526	4660	30206	24793	63	4660	—	8040	234	17302	15037	7	1716	222	12904
		个体动力	235	466	3082	2529	34	466	—	197	201	3082	2332	—	2686	—	—

续表 3-2-6-1

时间	动力分类		船舶动力总数				其中											
			数量（艘）	客位（个）	载重（吨）	功率（千瓦）	客轮、客货轮				货轮			拖轮		驳船		
							数量（艘）	客位（个）	载重（吨）	功率（千瓦）	数量（艘）	载重（吨）	功率（千瓦）	数量（艘）	功率（千瓦）	数量（艘）	载重（吨）	
1989 年	合计		916	5766	86749	50927	103	5766	—	8863	577	73828	39378	13	1716	224	12941	
	其中	专业动力	172	440	15289	8373	4	440	—	126	161	15272	7277	6	—	2	17	
		社会动力	517	4860	68401	39953	65	4860	—	8540	223	55497	29697	7	1716	222	12924	
		个体动力	227	466	3057	2601	34	466	—	197	193	3059	2404	—	—	—	—	
1990 年	合计		962	6183	92756	56298	105	6183	199	10206	621	79153	42868	93	2686	223	13404	
	其中	专业动力	187	440	19047	10211	4	440	—	126	177	19047	9115	6	970	—	—	
		社会动力	529	5326	70325	42613	67	5326	192	9883	232	56729	31014	87	1716	233	13404	
		个体动力	246	417	3384	3474	34	417	7	197	212	3377	2739	—	—	—	—	
1991 年	合计		815	6668	89188	62269	102	6668	685	15755	577	76977	45967	3	1047	133	11526	
	其中	专业动力	169	500	17726	8973	4	500	—	89	153	17726	8884	—	—	—	—	
		社会动力	460	5702	69203	51932	52	5702	673	15311	310	57300	35574	3	1047	107	11230	
		个体动力	186	466	2259	1364	46	466	12	355	114	1951	1509	—	—	26	296	

珠海市水运工具一览表

表 3-2-6-2　　　　单位：艘

年份	机动船	驳船
1979 年	755	319
1980 年	867	300
1981 年	938	317
1982 年	860	342
1983 年	964	393
1984 年	984	449
1985 年	1086	372
1986 年	1387	337
1987 年	1287	337
1988 年	1105	223
1989 年	1168	204
1990 年	1005	231
1991 年	997	115

续表 3-2-6-2

年份	机动船	驳船
1992 年	971	235
1993 年	822	187
1994 年	869	190
1995 年	869	73
1996 年	1232	104
1997 年	1006	104
1998 年	—	—
1999 年	875	61
2000 年	810	35
2001 年	564	27
2002 年	568	20
2003 年	601	132
2004 年	723	24
2005 年	678	15
2006 年	643	17
2007 年	401	28
2008 年	523	23
2009 年	502	29
2010 年	519	27
2011 年	583	19
2012 年	545	21
2013 年	492	21
2014 年	662	26
2015 年	248	10
2016 年	251	9
2017 年	235	7
2018 年	195	4

说明：2016年起，机动船、驳船采用市交通局数据，2015年作同口径调整。

第四编　铁路

1877年，珠海民族实业家唐廷枢在天津创办开平煤矿，1879年修建从唐山到北唐口的运煤铁路——唐胥铁路，全长9.7公里。铁路建成后，清廷怕震惊东陵先王神灵禁止使用机车，只能以骡马为牵引动力来拖拉火车，所以被世人称为“马车铁路”。唐胥铁路比詹天佑修建的京张铁路早20多年。20世纪初，珠海人就有修建自己铁路的梦想。1904年11月11日，清政府与葡萄牙在上海签订合作修建中葡广澳铁路协议，计划从广州修建经珠海进入澳门铁路，但由于种种原因没有付诸实施。广澳铁路搁置近一个世纪，直到珠海经济特区成立后，珠海人修建铁路的梦想才变成现实。珠海的第一条铁路广珠铁路1997年开工，2012年建成运营。高栏港疏港铁路专用线一期工程，2015年5月20日全线开通运营。广珠城际轨道2005年12月开工，2011年元月建成通车。珠海市区至机场城际轨道2014年1月20日开工，珠机城轨一期工程(拱北至横琴段)2020年8月18日建成通车。

▲1879年邑人唐廷枢主持修建的唐胥铁路（珠海市交通运输局办公室提供）

第一章　铁路建设

第一节　广珠铁路

立项设计

1985年初，市政府提出修建广州至珠海铁路的建议。同年2月，铁道部同意由铁道部第四勘测设计院（简称铁四院）负责编制《广州至珠海铁路调查研究报告》。1988年3月，《珠海铁路可行性研究报告》（即东线经中山方案）编制完成。10月，补充《珠海铁路可行性研究报告——关于经江门方案的说明》（即西线经江门方案）。1990年9月，完成《珠海铁路可行性研究报告——复查补充汇总说明》。1992年5月，上述报告经联合评估并报国务院申请立项。1993年10月，编制《广珠铁路可行性研究补充报告》。是年，广珠铁路项目经国务院批准立项。1994年1月，铁四院完成线路初测工作，4—5月开展定测、施工设计工作，6月完成线路初步设计。11月，广东省计委、广珠铁路有限责任公司联合组织对线路初步设计进行鉴定审查。同年，国家计委批复可行性研究报告。1995年，广东省建委和铁道部鉴定中心共同审定初步设计，并通过国家环境保护局环评大纲批复。1996年，铁四院完成站前工程施工设计和站后工程技术设计。根据设计方案，广珠铁路北起广州市的三眼桥火车站，通过广州铁路枢纽与京广、广深、广茂、广梅汕铁路相连接，南至珠海火车站，预留澳门通道。广珠铁路干线途经佛山市、南海市、顺德市、鹤山市、江门市、新会市、珠海市，全长140公里。珠海港支线从珠海北站出岔，支线长33.8公里。广珠铁路干线建设标准为国家Ⅰ级，双线基础单线铺轨，预留电气化条件。全线设9个车站，线路最小曲线半径为1600米，限制坡度为12‰，牵引动力为内燃机车。

● 投资建设

1993年11月28日，在珠海鹤洲北举行广珠铁路珠海火车站奠基仪式。由于资金没有落实，工程很快就停工。

1994年9月19日，在珠海市新华苑举行广珠铁路有限责任公司股东会暨董事会第一次会议，签署《广东省广珠铁路有限责任公司合同》。合同商定公司注册资本为8000万元，其中珠海80%，广铁集团10%，江门、新会、鹤山共10%。审议通过《广东省广珠铁路有限责任公司章程》，正式成立董事会。

1997年9月5日，国家计委批准广珠铁路开工。同年10月22日，在斗门县小赤坎村举行开工典礼，国务院副总理邹家华为广珠铁路开工剪彩。开工后陆续完成小赤坎一带上千万元的工程量，由于资金没有按时到位，1999年上半年又宣布停工。至2000年，珠海市为广珠铁路投资6305万元，江门、新会、鹤山共投资345万元，广铁集团投资800万元，实收资本7450万元。实际完成项目投资1.93亿元，其中路基桥涵工程3000万元，设计费6000万元，征地费7000万元，前期费3300万元。

2004年10月1日，广东省人民政府与铁道部签订《铁道部、广东省人民政府关于广东铁路建设有关问题的会议纪要》，明确省部联手共建 9条铁路，广珠铁路被纳入其中。2007年1月10日，由广州铁路集团公司、珠海市铁路有限公司、广东省铁路建设投资集团有限公司和江门市城建集团有限公司出资组建的广珠铁路有限责任公司在珠海注册成立，并于当月15日举行公司成立暨揭牌仪式。

2008年4月28日，广珠铁路全线复工。铁路自广州江村编组站南端引出，纵贯广州、佛山、江门、珠海4

▲2008年建设中的广珠铁路（珠海市交通运输局办公室提供）

市，终点为珠海高栏港。全线设大田、官窑、丹灶、鹤山、江门南、古井、斗门、珠海西、高栏港9个车站。广珠铁路是按国铁I级标准建造的电气化铁路，设计时速为120公里，初期为货运，预留客运条件。全线有桥梁124座，隧道17座。2012年12月29日建成运营。建成通车后，高栏港成为珠江口第一个真正实现港铁无缝连接的港口，可直接与京九、京广铁路相接，以及与贵广、南广等国家铁路干线网络相连，从而打通珠三角西部地区连接内陆腹地的“大动脉”。

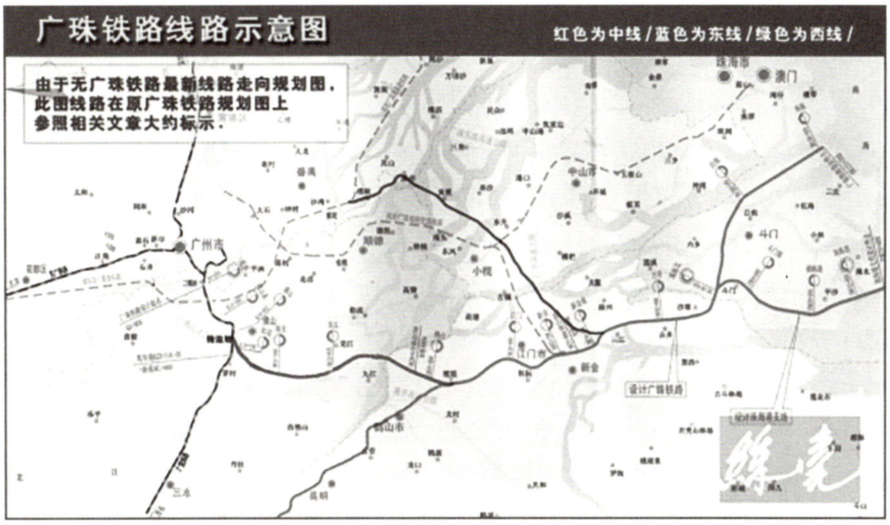

第二节　高栏港疏港铁路专用线

高栏港铁路专用线接轨广珠铁路高栏港站，延伸至高栏港各码头及企业，是广珠铁路重要的配套工程之一，是高栏港经济区交通物流重要的基础设施。规划分多期实施，2014年一期工程建设完成，二期工程2017年开工建设。高栏港疏港铁路专用线由珠海高栏港铁路股份有限公司自营自管，项目建成后有效实现珠海市海铁联运。

▲广珠铁路货运列车（珠海市交通运输局办公室提供）

一期工程 接轨于广珠铁路高栏港站，站场平面按二级三场布置。高栏港站东侧新建Ⅰ场（到发场）增设2条到发线；南侧新建Ⅱ场（存车场）设4条存车线；西侧新建Ⅲ场（出发场）设5条出发线。Ⅱ场和Ⅲ场之间新建煤炭装车楼1座，服务神华码头；新建粤裕丰专用线2条，增设矿石装车楼1座和煤炭装车楼1座服务鑫和、港宏码头，各车场均预留远期接入条件。本项目全线路基长7.125公里，铺轨19.47公里，总投资概算7.08亿元；项目近期、远期年货物发送量分别为2630万吨、3290万吨，到达量分别为210万吨、260万吨。2014年12月18日建成试运营，2015年5月20日全线开通运营。

二期工程（包含集装箱作业区） 项目接轨于一期工程存车场北端，横跨高栏港大道后沿石化五路北侧到平湾四路，再沿平湾四路西侧到石化站，最终到达宝塔石化厂区和路博润厂区。二期工程主要由石化专用线和多式联运货场组成，其中石化专用线主要由石化工业站、宝塔石化货场、路博润货场、公共危化品货场及配套线路设施等组成；多式联运货场主要由集装箱作业区、多式联运货场堆载工程、2号堆场组成。主要服务于港区石化园区和集装箱码头，是港口海铁联运的重要辐射工程。铺轨17.03公里，项目投资概算11.69亿元。设计近期、远期年货运量分别为357万吨、858万吨，其中石化线近、远期年货运量分别为267万吨、563万吨，集装箱作业区近期、远期年货运量分别为90万吨、295万吨，运送货物主要为汽油、煤油等石化品及集装箱。

远期工程 随着高栏港地区企业的发展，以及货运量的逐年增加，将适时建设集装箱装卸线、大突堤专用线及南迳湾专用线等工程。其中集装箱装卸线位于一期工程存车场西侧，两束4条装卸线；大突堤专用线接轨于一期工程存车场北端西侧，横跨临港东路后，沿神华厂区南侧至大突堤码头，设计近期、远期年货运量分别为80万吨、200万吨；南迳湾专用线接轨于一期工程存车场南端，主要服务南径湾各码头企业，运输品类主要为原油、石脑油等。

第三节　广珠城际轨道

2005年12月18日，广珠城际快速轨道交通工程(简称广珠城轨)在珠海凤凰山脚下的珠海赛车场附近举行开工仪式。广珠城轨全线总长143.7公里，其中珠海段境内运营里程25公里。全线均为双线电气化铁路，设计时速200公里，共设22个车站，其中珠海境内有珠海北、唐家湾、明珠、前山、珠海5个车站。

2011年1月7日上午11时10分，两列“和谐号”动车分别从珠海北站和广州南站同时开出，经过40多分钟行驶，分别到达广珠城轨的两个终点站广州南站和珠海北站，标志着广珠城轨正式通车。珠海人民期盼多年的铁路客运梦想变为现实，也改写珠三角西翼铁路客运版图，珠海、中山、江门全面融入“珠三角一小时经济圈”。2012年12月31日，广珠城轨全线通车。2013年客运量963.48万人次。2015年11

▲2011年1月7日，广珠城际轨道广州南站—珠海北站通车（珠海市交通运输局办公室提供）

月28日，珠海直达北京、桂林跨线列车正式开通，实现与全国高铁路网的无缝对接。2017年，跨线列车通达城市发展到47个，从珠海乘坐高铁直达的城市基本覆盖华东、华中、华北、西南等区域重要城市。2018年，客运量2315.16万人次。

第四节　珠机城际轨道

2014年1月20日，珠海市区至珠海机场城际轨道交通工程(简称珠机城轨)正式开工。珠机城轨起自广珠城轨珠海站，终至珠海机场站，全长39.97公里。

珠海市区至珠海机场城际轨道交通工程项目简介图

珠机城轨一期工程(拱北至横琴段)起于广珠城轨珠海站，沿昌盛大道向西跨前山水道，沿南湾南路地下敷设线路，下穿马骝洲水道至横琴岛，沿环岛东路至横琴长隆海洋公园。线路正线全长16.86公里(含联络线长0.43公里)，沿线设车站7座，分别为珠海站、湾仔北、湾仔、十字门、横琴北（金融岛）、横琴、珠海长隆站，除珠海站为高架站外，其他均为地下站。未来，珠机城轨将与澳门轻轨在横琴站实现无缝换乘。一期工程于2014年1月20日开工建设，2017年底全线站点主体工程基本完工，并开展区间隧道施工。2018年底主要工程完工并具备静态验收条件，2020年8月18日通车运营。珠机城轨二期工程(横琴至珠海机场段)起于珠海长隆站，终于珠海机场。线路全长22.8公里，沿线设车站4座，分别为井湾、鹤洲南、三灶东、珠海机场站。2018年3月16日举行开工仪式，计划2023年建成通车。

第五节　其他设施建设

广珠铁路珠海西站物流中心占地面积206.67万平方米，总投资约为25亿元，计划建成一个集多式联运、仓储配送、库存管理、保税物流、供应链管理等多功能于一体，立足于珠海，服务珠三角，辐射华南、西南的区域性物流中心。项目建成后，将带动近1000万吨的物流量，日流通车辆预计达1万辆，对提升珠海经济，推动高栏港发展发挥较大作用。

项目采取分期开发的模式，一期工程为货场扩建部分，占地面积33.33万平方米。根据《广珠铁路珠海西站物流中心控制性详细规划》和《广珠铁路珠海西站货场工程可行性研究报告》，建设拥有3束6股道的铁路货运站场和物联网信息平台等设施，包含路基、桥涵、轨道、房屋、通信、信号、信息、电力及电力牵引等工程费用及拆迁及征地费用和其他费用，总投资7.98亿元。一期工程施工分两阶段，第一阶段是一期吹填工程，预算9979.27万元，已完成结算，结算价9571.50万元；第二阶段是一期货场扩建工程，施工预算4.7亿元，施工合同4.6亿元（不含暂列金41726.57万元），未竣工结算。

广珠铁路珠海西站物流中心一期工程（货场扩建一期工程） 新建货场工程软基处理真空联合堆载预压27.31万平方米，旋喷桩（Φ0.6米）1.6公里；新建到发线2条（有效长850米、850米）；新建货物线2条（货5有效长度994米，货6有效长度999米）；改建牵出线1条（牵1有效长802米）；新建货5货6线仓库1栋4.7万平方米；综合营业楼1栋4679 平方米；10/0.4千伏变电所1栋165 平方米；装卸综合楼1栋1769 平方米；机械维修所1栋385 平方米；门卫兼汽车计量室2栋69平方米；房建工程面积共5.4万平方米；及相应配套的通信、信号、信息、电力、给排水工程和机械设备等，货场扩建一期工程总投资约5.8亿元（压缩投资后）。

由于受国内经济形势的影响，广珠铁路珠海西站物流运量发展前景远远不能达到预期目标，综合考虑经济效益，需要调整建设计划，适当压缩投资规模，经珠海交通集团决定，广珠铁路珠海西站物流中心一期（货场扩建一期）工程原设计的铁路新建到发线、改建牵出线、新建货5线、货6线、装卸综合楼及相应配套的通信、信号、信息、站场工程和部分机械设备暂停施工，经设计核准，压缩投资约5434万元。

广珠铁路珠海西站物流中心二期工程（通站市政道路及世海钢材物流中心一期用地吹填工程） 位于珠海市高栏港经济区南水沥以北、广珠铁路西站西侧，三虎大道东侧，占地面积28.5万平方米。项目包括两部分：一是世海钢材物流中心一期用地吹填工程23.6万平方米，主要工程量包括吹填砂121.7万立方米，充沙管袋围堰7.5万立方米；二是通站市政道路吹填4.9万平方米，两条道路设计全长均为360米，总长720米，路基宽度30米，双向六车道，路段均设置非机动车道和人行道，桩号分别为AK0+040.840～AK0+360、BK0+040.075～BK0+360，主要包括吹填砂工程、道路工程、岩土工程（软基处理）、管线工程（给水、雨水、污水、电信工程及其他附属工程等）、照明工程、绿化工程、交通工程、景观工程等，总投资1.19亿元（工程施工费1.13亿元，建设管理及其他费0.06亿元）。2014年5月16日正式开工，吹填工程于2014年12月18日竣工并通过验收；通站市政道路工程于2016年1月22日通过了竣工预验收，2016年8月4日通过竣工验收。

第二章 运输

第一节 客运

2012年，珠海铁路客运量446万人，客运周转量1.87亿人公里。2015年，客运量1276.50万人，客运周转量5.24亿人公里。2018年，客运量2315.16万人，客运周转量9.46亿人公里。

▲2012年12月31日，广珠城轨全线通车（珠海市交通运输局提供）

珠海市铁路客运情况表

表4-2-1-1

年份	客运量（万人）	客运周转量（万人公里）
2012	446	18670
2013	963.48	40311
2014	1211	50820
2015	1276.50	52360
2016	1357.37	55772
2017	1792.87	73279
2018	2315.16	94625.94

第二节　货 运

2013年，广珠铁路珠海段货运量109.7万吨，货运周转量2.05亿吨公里。2014年，货运量300.39万吨，货运周转量5.63亿吨公里。2016年，货运量524.69万吨，货运周转量9.51亿吨公里。2017年，货运量637.67万吨，货运周转量11.66亿吨公里。2018年，货运量868.73万吨，货运周转量15.6亿吨公里。

广珠铁路珠海段货运情况表

表 4-2-2-1

年份	货运量（万吨）	货运周转量（万吨公里）
2013	109.7	20493.9
2014	300.39	56312
2015	298.01	55980
2016	524.69	95048
2017	637.67	116577
2018	868.73	155997

第五编 民航

20世纪初，在孙中山航空救国思想的感召下，先后有多位珠海籍人士投身祖国的航空事业，为祖国的航空事业作出很大贡献。珠海前山、斗门、南屏、金鼎、唐家的陈庆云、曹醒仁、陈兆新、薛揖周、容仲伟、陈万荣、薛炳坤、曹朝觉、陈神护、刘锦涛、黄华杰、黄兆均、林时汉、黄炳登、林毓桓、张有名、容兆明、谭达光、容章炳、容章浩、容广成、卢维溥、黄德明、梁守一24人在航空领域创造了很多第一。陈庆云（1897—1981），珠海南溪村人，幼时侨居日本，后结识孙中山，1914年赴英国学习飞行技术，又进入美国纽约寇狄斯飞行学校受训。1917年毕业回国任孙中山侍从武官，协助孙中山创建中国空军，开辟广州大沙头机场，任航空大队长。1918年任援闽粤军飞机队队长。1920年，奉孙中山之命在澳门购置飞机两架，在珠海三灶修建简易机场，供训练和侦察敌情使用。1924年陈庆云创办广东军事飞行学校，历任航校教育长、航空处副处长、广东省航政总局局长、中央航空委员会主任，抗日战争爆发后任空军筹款委员会主任委员兼国民党海外部部长。1928年，陈庆云与张惠长分别驾机环飞全国，成为中国第一次长途飞行的飞行员。1930年，就任广东航校高级教官的容兆明，被称为中国训练跳伞技术第一人。淞沪抗战中任中国空军飞机队分队长的容章炳，参加中国空军抗击日本侵略者的第一次空战，立下战功。卢维溥主持制造中国第一架自造飞机。1931年，梁守一、张惠长、陈庆云等率13架战机从广州直飞唐家留诗山简易机场参加中山港开工典礼，进行起飞、降落、编队、花式表演，是广东历史上第一次大型航空表演。陈庆云等人还提议在唐家湾一带建造飞机场 ，并派技术人员勘测设计。后因“倒唐事件”，中山模范县长唐绍仪下台，中山无税商港停办，修建机场一事搁置。

1937年7月7日，卢沟桥事变后，日本帝国主义发动全面侵华战争。1938年2月16日，日本侵略军数百人分乘20余艘舰艇在三灶岛登陆。日本侵略军登陆后设立以腾田中将为首的海陆空司令部，配备20余艘军用舰艇和100余架飞机，把三灶岛作为侵略中国华南地区的军事基地。日本侵略军利用三灶岛南部广阔的平地，毁掉13座村庄和1800亩农田，从台湾及珠海万山、横琴和朝鲜等地抓来3000多名劳工和本岛村民，修建军用机场。1939年，机场初步建成，有飞机库、导航塔、碉堡、弹药库、跑道和停机坪。主跑道长1300米、宽60米，副跑道长850米、宽50米。有9个停机坪，每个长70米、宽60米，可停放100多架飞机。1948年，国民党逃跑时，将三灶机场跑道炸毁，留有炸弹坑1340个。

中华人民共和国成立后，三灶废弃机场被农民、渔民作为晒谷、晒鱼场使用。1983年，位于海滨南路的珠海直升机场建成并通航。1990年三灶旧机场修复使用，开通三灶—珠海市区和三灶—广州航线。1995年5月，改建后的珠海三灶机场通航，旅客吞吐量25.4万人，货物吞吐量3099吨。2000年，旅客吞吐量57.94万人，货物吞吐量8895吨。2018年，旅客运输量达 1122 万人次，货物运输量4.64万吨。

2017年5月，珠海莲洲通用机场开始建设，2019年3月11日正式通航运营。

第一章 机场建设

第一节 珠海金湾机场

▲珠海金湾机场（珠港管理公司提供）

珠海金湾机场，位于三灶岛南端。原为1938年2月16 日日本侵略者登陆三灶岛后修建的军用机场。1948年，国民党逃跑时，将三灶机场跑道炸毁。中华人民共和国成立后成为当地村民的晒鱼（晒谷）场，产权归空军所有。1989年12月18日，〔1989〕参作字第508号文件同意将空军三灶机场提供珠海市使用，平时由珠海市负责管理，产权仍归空军。

1990年，珠海市根据中国人民解放军总参谋部的意见，对机场跑道炸弹坑作了修复，安装通信导航、气象、 消防等设施，建了一座 500平方米候机楼，内设售票处、调度室等。机场占地约108万平方米。有跑道一条，长1200米，宽60米；副跑道一条，长570米，宽40米；还有联络滑行道、停机坪。1990年10月1日起，开通三灶—珠海市区、三灶—广州的往返航班，使用“海岛人”小型固定翼飞机或直升机。

1992年，国函〔1992〕50号文批复 “同意将空军三灶机场改建为民用机场，产权归珠海市”。1992年3月10日，珠海市政府与广州空军签订《空军三灶旧机场有偿转让珠海市政府协议书》。1992年12月31日起，珠海市对原三灶机场进行改建，跑道向东南方向做了调整。机场控制用地520万平方米，按国际标准规划、设计和施工。跑道长4000米、宽 45米，滑行道4000米，可起降B747-400等大型客货机，机坪面积68.5万平方米，廊桥机位17个，远机位9个，候机楼面积9.16万平方米。年保障能力为飞机起降10万架次，旅客吞吐量1200万人次/年，货邮吞吐量60万吨/年；高峰小时飞机起降23架次、旅客吞吐量5000人次。1995年5月30日，举行三灶机场通航典礼并首航，时任国务院总理李鹏给三灶机场题名“珠海机场”。1995年 6月18日正式投入营运，由市政府全资企业珠海机场集团公司管理。自1995年5月28日首架专机起降至2000年12月31日，先后保障党和国家领导人的专机及VIP飞行任务119架次，并多次接待国外代表团考察参观珠海机场。1996年起，中国国际航空航天博览会逢双年在珠海举行，作为航展重要的飞行保障单位，珠海机场顺利完成第一至第十二届航展飞行保障和参展物资运输任务。2006年4月26日，珠海市汇畅交通投资有限公司和香港国际机场（中国）有限公司共同投资设立珠港机场管理有限公司。同年6月8日，珠港机场管理有限公司与珠海机场集团公司签订《委托经营管理珠海机场协议》，托管珠海机场经营权20年。2006年10月1日，珠港机场管理有限公司接管珠海机场主营业务和资产，珠海机场集团公司按计划完成珠港机场合作人员平稳转岗、资产业务顺利交接的阶段性工作任务。

2012年12月19日，根据中国民航局《关于换发珠海机场许可证的批复》（民航函〔2012〕1629号），珠海三灶机场更名为珠海金湾机场。2014年，珠海金湾机场利用自有资金、民航补贴资金4.18亿元对机场进行以提高国内航班保障能力为主的功能性升级改造，满足机场业务发展的需要。《珠海金湾机场全面升级改造方案》获得珠海市政府的大力支持，市政府出资3.91亿元，助力珠海机场整体提升保障能力和现代化水平。升级改造工程内容主要包括对机场进行扩容和流程改造，候机楼内值机岛由候机楼深处搬至出发大厅，安检区集中到候机楼中间，东西走廊联通为国内旅客候机区；建设与现有候机楼连为一体的国际保障副楼和高端旅客保障副楼，完善口岸基础设施建设，提供每年200万名国际旅客的保障能力，促成机场国际口岸尽快开放。在飞行区建设公务机专用停机坪，在候机楼建设公务机保障区。建设专用的货运机坪，提升机场全货机保障能力。对停车场及候机楼外交通模式进行升级改造，理顺陆路交通，升级改造停车场收费系统，使用新一代的服务和航空安全管理设施，对候机楼进行全面升级改造，使服务和安全水平达至现代国际水平，整体提升机场形象，有效提升珠海机场在珠三角地区的航空市场竞争力。全面升级改造计划总投资8.09亿元。2018年2月东指廊投入使用，2018年底完成候机楼大厅及国际保障区改造，2019年完成候机楼整体形象提升工程，2020年完成飞行区改造工程。

▲珠海金湾机场候机大厅（珠港管理公司提供）

第二节　直升机场

珠海直升机场

又称旧直升机场，位于市区海滨南路东侧、大姑乪村以西、海滨公园以南，占地15.33万平方米。1983年3月修建，国家民航总局机场设计研究所设计，民航广州管理局和珠海市组成机场建设指挥部组织实施。机场建设分两期进行，第一期工程于1983年6月25日动工，采用边建边飞的办法，同年10月开始使用，为英国BP石油公司在珠江口钻井作业提供直升机服务。1983年12月25日，一期工程竣工，12月28日举行竣工典礼并正式启用，12月29日，实现珠海与广州通航。1984年，二期工程竣工正式投入使用。

珠海直升机场有跑道起降带和停机坪4.71万平方米、候机楼2114平方米、机库4400平方米、油库9600平方米、车库453平方米、变电站112平方米、发报台238平方米、招待所3189平方米、售票处28平方米，以及供水供电和职工宿舍等生活设施。机库可停放20架直升机。

珠海九洲直升机场

20世纪80年代中期，随着城市的发展，原珠海直升机场净空条件不能满足直升机飞行安全需要，新建的园林宾馆和正在建设的财贸办公楼38层的高度均超过规定的直升机场净空标准，对飞行安全造成威胁。根据国务院、中央军委国函〔1987〕10号的批复《关于迁建珠海直升机场》和珠海市政府、民航广州局、南海石油联合服务总公司1985年12月26日《关于珠海直升机场会议纪要》精神，决定迁建直升机场。新机场建成后交民航使用，原机场报废，土地及部分建筑物移交珠海市。

珠海九洲直升机场，位于珠海吉大白沙河排水沟入海处以南、海景路以东、洲仔村以北，与海岸线大体一致。机场工程由珠海市机场筹建处负责组织施工，总投资为2534万元，其中珠海市投资1814万元，民航广州管理局投资300万元和70万美元。1987年7月20日开始填海兴建，1989年11月竣工使用。机场占地面积14万平方米；混凝土跑道长450米，宽30米，两端安全道各50米，两侧安全道各30米。有4个钢架结构机库，总面积4210平方米；一座建筑面积2235平方米集调度、办公、候机厅为一体的大楼。机场飞行场地宽阔，净空条件好，并装有仪表着陆系统、北近台/中指点标、测距仪/电子跟踪系统和坡度灯等先进的导航设备及助航灯，可保证直升机和小型固定翼飞机在昼夜和复杂天气下起降。

第三节　珠海莲洲通用机场

珠海莲洲通用机场（简称珠海通用机场），位于珠海市斗门区莲洲镇西滘村西北侧，距市中心（珠海市人民政府所在地）直线距离40.8公里，机场标高为4.3米，跑道磁直方向为10°/190°。2015年5月12日，机场场址通过军队和民航审查；10月26日，获得中国人民解放军总参谋部选址批复；11月20日，获得民航中南局的选址批复；11月26日，获得广州空军司令部选址批复。2016年1月15日，取得省住规建厅项目选址规划意见书；2月5日，取得省发改委项目立项批复；3月23日，取得民航局初步设计批复；3月31日，完成珠海通用机场ADS-B台站台址备案；5月16日，取得项目用地的批复；6月，取得珠海通用机场项目建设用地规划许可证和不动产权证书；11月16日，开始场地平整施工。2017年5月27日，完成民航专业工程民航质监手续，通用机场主体建设开始施工。

珠海通用机场为A1级通用机场，飞行区等级2B，跑道长900米、宽30米。在跑道和机坪之间设一条联络滑行道，长168米、宽10.5米。机坪机位数11个（8B和3个直升机机位），飞机采用自滑进出的方式，机坪南北方向长183.25米，东西方向宽149.25米。跑道北端设非精密进近灯光系统，灯光带长420米。新建综合业务楼、机库、导航台站及气象设施、特种车库、围界安防、供水供电及特种车辆等配套设施。可满足钻石DA42、西锐SR20、运-12E等固定翼飞机及EC145、AS350、AS365、Bell429、阿古斯特A109等10座以下直升机使用需求。

珠海通用机场定位是国内示范性通用机场及地区重要通航运营中心；政府应急救援及公共服务基础设施；国际通用航展基地和通用航空运营服务基地；民用航空器制造、组装、试飞基地；粤港澳大湾区机场体系的重要组成部分。

珠海通用机场及周边产业分近、中、远三期规划建设，近期主要规划建设机场核心区内除水上机场、部分直升机基地和公务机基地外的其他功能区，用地面积约140.53万平方米。包括机场一期、通用飞机组装基地、MRO、通用航空会展区、FBO及飞行培训中心、部分直升机基地等。机场一期飞行区等级为2B，跑道长度为900米、宽度30米，占地32.6万平方米；建设停机坪3万平方米，按照满足8架B类飞机（按运-12E尺寸控制）考虑，同时布置3个机位的直升机机坪；建设可停放2个B类飞机的停机库1500平方米；综合业务楼建筑面积4400平方米。

中期规划建设航空制造物流区，机场核心区内通用机场二期、剩余部分直升机基地以及公务机基地，及部分航空小镇区。用地面积约185.67万平方米，累计占地面积达326.20万平方米。规划改扩建机场跑道至1800米，并建设相关配套设施；随着跑道长度延长，在直升机基地南侧建设公务机基地；在紧邻广佛江珠城轨东侧建设零部件制造区、研发制造基地、航空物流区；在航空制造物流区东侧建设航空影视基地、航空主题公园、商务区（主要用于总部经济发展）以及部分航空社区等。

远期规划建设机场核心区内的水上机场和航空小镇区。远期用地面积106.73万平方米，累计占地面积432.94万平方米。规划在机场西侧建设水上机场，打造“一地两场”。在中期东侧建设商务区、航空会所、航空教育基地、商业中心、航空社区和机场配套生活区等。

2019年2月22日，珠海通用机场项目民航专业工程顺利通过竣工验收；2月26日，珠海通用机场顺利通过颁证符合性检查；3月11日，珠海通用机场获得民航中南地区管理局颁发的A1级通用机场使用许可证并正式运行。12月31日，“珠海－海南儋州”“珠海—阳江—罗定”短途运输航线首航仪式在珠海通用机场举行。

▲2019年建成的珠海莲洲通用机场（珠海市交通运输局提供）

第二章　运输

第一节　客货运输

1983年12月起，珠海直升机公司先后开通珠海至广州、台山、深圳、汕头、阳江、罗定等一系列航线，多次完成国家领导人、重要外宾视察参观广州、深圳、珠海的专机起降任务。1983年12月29日，珠海直升机公司与市环球旅游公司合作开辟珠海—广州往返航线。半年后，因直升机小、票价高、乘客少而停航。1985年复航。1988年8月开辟珠海—深圳—汕头航线。1989年开辟珠海—台山—广州航线和广州—阳江—珠海—深圳航线。1989年引进“海岛人”客机后，珠海—广州航线包机飞行。1990年10月1日开辟珠海社区—三灶、珠海—广州航线，主要由“海岛人”客机运输。

1995年6月18日，改建后的珠海三灶机场正式投入运营，主要用“空客系列”和“波音系列”客机飞行。当年开通北京、上海、厦门、海口、武汉、长沙、成都、湛江、重庆、汕头、桂林、西安、福州、沈阳、郑州、昆明、南京、梅县、北海等城市航线。半年时间完成旅客吞吐量25.4万人次，货邮吞吐量3099吨，航空器起降3188架次。1995—2000年，珠海三灶机场航线通达40多个城市，定期航班承运人18家，每周平均始发航班84班，根据不同时期进行调整，部分航线航班变更或停飞。2018年底，珠海金湾机场航线网络初具规模，航线增至128条，累计通达航点73个，定期航班承运人累计达30个。

1995—2000年珠海三灶机场运输情况表

表 5-2-1-1

指标名称	单位	1995年	1996年	1997年	1998年	1999年	2000年
一、航空器起降	架次	3188	10489	12586	13664	11660	17363
1. 运输飞行	架次	2656	8005	8709	9723	8461	9056
2. 非运输飞行	架次	532	2484	3877	3941	3199	8307
二、旅客吞吐量	人次	253609	713385	737606	725592	589657	579379
三、货邮行李吞吐量	吨	3099	9815	10353	11695	9995	8895
1. 货邮吞吐量	吨	1931	6003	6223	8022	6808	5728
2. 行李吞吐量	吨	1168	3812	4131	3673	3187	3167

● 客运业务

1995年，珠海三灶机场运营后，客运业务发展中，逐步解决有航班和有人坐的问题。在通航后的10年里珠海机场一直处于航班少、旅客少、航班更少的恶性循环之中。2006年4月，珠港机场管理有限公司成立后，实施航班招商与客运市场拓展并举的发展策略，在供需两端同时发力，逐步实现航班和客流同步增长，客座率稳步提升，机场业务发展步入良性循环。为打通销售渠道，逐家拜访珠海及周边城市的代理人，一起订立发展目标。对周边、外省的39家代理人、旅行社进行有挑战的达标式销售业绩奖励，建立完整和有效的销售网络；组织每季度一期的三重大抽奖；召开业界沟通会。合作代理商涵盖了珠（海）、中（山）、江（门）、阳（江）四市及对飞城市，最多达116家。珠海地区代理人销售珠海金湾机场机票份额从不到30%上升到70%以上，中、江地区的市场份额也在稳步提升。针对周边地区城市旅客抵达珠海机场不够便利的难题，提出以团带散的拓展策略，给珠海金湾机场输送专线旅游团队的周边旅行社提供免费的大巴接送，从原来的一条北京航线4家签约旅行社发展到8条线27家签约旅行社。2008年开始包装的“珠港飞”产品，整合航空公司、汽车运输公司、船运公司的资源，各方共同让利，引导港澳游旅行团飞抵珠海，从九洲港坐船到香港，再从香港坐船去澳门，最后从澳门入关经珠海金湾机场返程的环形路线，成功分流部分深圳机场“经深飞”港澳游团队，获得航空公司和旅行社好评。空地联运产品——“铁公机”（指铁路、公路、飞机），服务城轨沿线地区的旅客，当旅客乘坐城轨到珠海机场乘机时，提供从珠海城轨站到机场的免费大巴快线车票，吸引广州南站上车的旅客直通横琴、珠进珠出、免费过夜及中山江门专属贵宾厅等增值产品，吸引更多的客源。

珠港机场管理有限公司与国内最大的网络销售平台携程网建立深度合作，一起在网上做广告，搞促销、办活动。2013年合作以来，携程网上销售珠海机场始发机票增长率高于机场本身业务的增长率。2018年，携程销售珠海金湾机场始发机票124万张，年增长超过50%，全年珠海金湾机场旅客吞吐量1122.1万人次。

▲2017年12月29日，珠海机场旅客吞吐量首次突破900万人次（珠海市交通运输局提供）

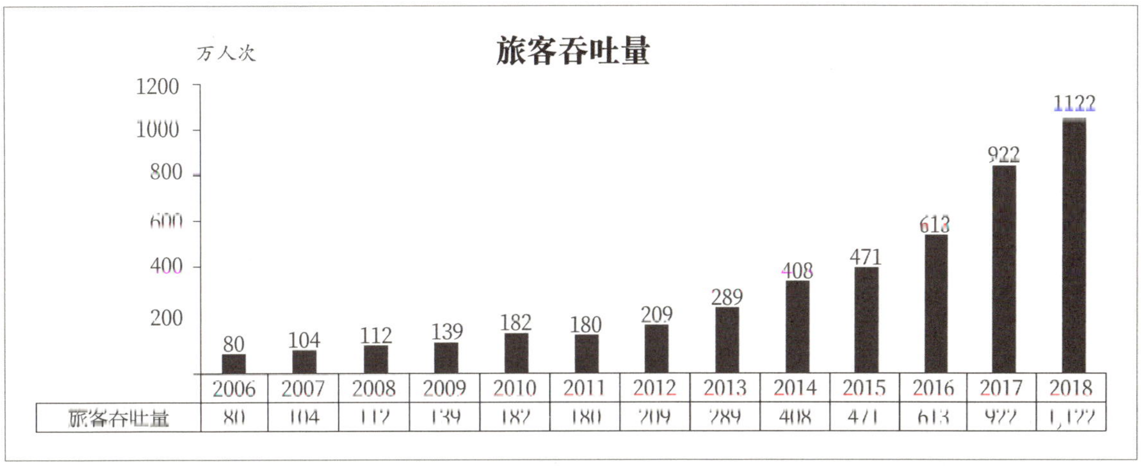

图5-2-1-1 2006—2018年旅客吞吐量

● 货运业务

2006年4月26日，珠海市汇畅交通投资有限公司和香港国际机场（中国）有限公司共同投资设立珠港机场管理有限公司。同年6月8日与珠海机场集团公司签订《委托经营管理珠海机场协议》，托管珠海三灶机场，经营权20年。珠港机场管理有限公司坚持建设高效快捷的中型货站、成为专业空港物流服务商的理念，利用机场本身优势按照专业化发展要求，专注为货物代理商提供优质服务和搭建货运发展平台，吸引更多货物代理商到珠海机场发运货物。同时，专注重点货品及重点客户的开发拓展，保证货源结构健康，推动客户在珠海机场深耕发展。除打造珠海三灶机场鲜活产品运输品牌外，并调整以往的包舱策略，专注发展拥有优质货源的重点客户。2011年起，引入海鲜代理快捷通、服装代理潮骏、快件普货代理快运通到机场航空货站驻点办公。2013年9月，引入顺丰速运集团进驻珠海金湾机场。2015年11月，利用优惠的补贴政策引入江门圆通发运快件货物。根据客户需求，免费量身定做专业的空运货物发运及保障方案。利用微信等即时通信工具与客户进行业务沟通及保障反馈，注重客户服务感受，强化客户对珠海金湾机场的黏性与信赖度，推动机场航空货运健康可持续发展。2018年，珠海金湾机场完成货邮吞吐量4.64万吨、运输起降8.11万架次。全年珠海金湾机场放行航班39957班次，放行正常率82.26%，同比提高21.14%。春运 40 天，完成航班运输起降 9024 架次，同比增长17.6%。

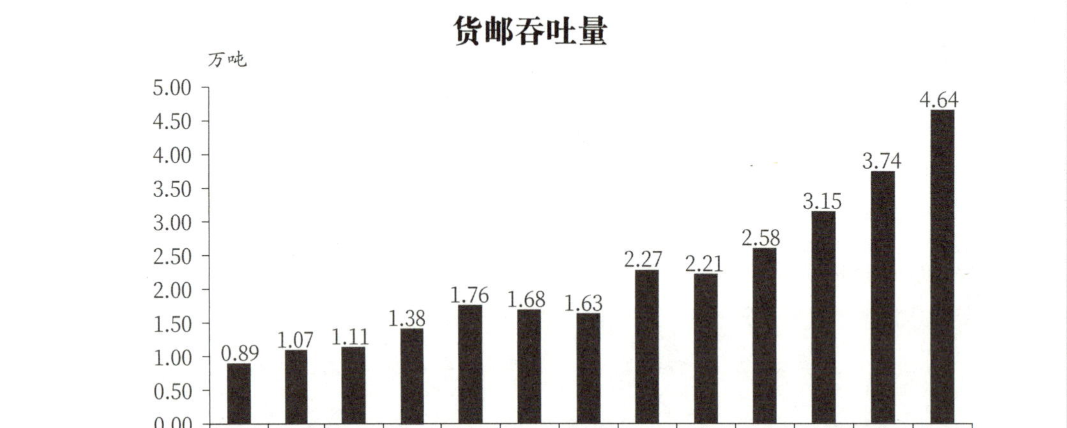

	2006	2007	2008	2009	2010	2011	2012	2013	2014	2015	2016	2017	2018
货邮吞吐量	0.89	1.07	1.11	1.38	1.76	1.68	1.63	2.27	2.21	2.58	3.15	3.74	4.64

图5-2-1-2　2006—2018年珠海机场货邮吞吐量

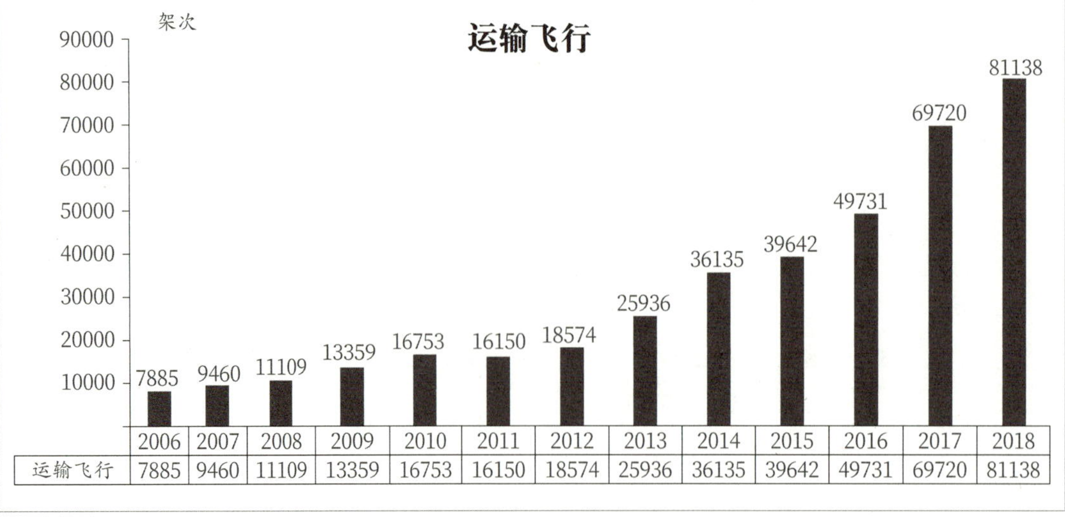

	2006	2007	2008	2009	2010	2011	2012	2013	2014	2015	2016	2017	2018
运输飞行	7885	9460	11109	13359	16753	16150	18574	25936	36135	39642	49731	69720	81138

图5-2-1-3　2006—2018年珠海机场运输飞行起降架次

航线网络

2006年6月，珠港机场管理有限公司托管珠海三灶机场业务后，改变经营理念，扩展航线网络。公司购买中航信机票销售数据、聘请吉林大学进行珠海至广深机场旅客大巴调查、获取市旅游局统计的旅行社组团数据、参考广深机场航线网络布局。经过细致的分析，推算出珠海三灶机场至全国各航点的航线市场容量，并据此制定招商策略、确定招商目标、进行航线论证；携带制作精美的招商PPT和数据翔实的航线评估报告，对全国几十家航空公司总部及分、子公司进行招商路演；定期向目标公司发送市场动态、数据分析、航线评估等招商资料，并持续跟进。航线招商工作的专业性和主动性逐步得到各航空公司的认可，越来越多的航空公司加入珠海航线的运营。

2007年底，珠海市政府民航运输专项资金补贴政策出台。在珠海航空市场向好和资金补贴的双重吸引下，各航空公司不断加大在珠海的运力投入，航班量和客流量逐年稳步提升。2010—2011年，中国民航运力供需严重失衡，各地机场高额补贴争夺运力导致珠海三灶机场大量运力外撤，2011年珠海三灶机场航班量和客流量呈负增长。2012年，运力供给紧张缓解后，经过连续几年航班招商和市场拓展的积累、珠海市经济发展提速、政府民航运输补贴金额提高、机场至周边城市交通接驳改善、广深机场饱和等综合因素作用之下，珠海金湾机场迎来井喷式发展。

2018年底，珠海金湾机场航线网络初具规模，航班量增长12倍，航线增至128条。上海每天13～14航班，北京每天9～10航班，每天5班以上通达航点13个（包括天津、哈尔滨、南京、杭州、济南、南昌、重庆、成都、西安、郑州等）。另有22个省会城市或重点旅游城市的每天航班密度至少2班。航班可供座位数1340.3万个，同比增长17.5%；平均每周定期进出港航班1554架次，同比增长16.4%；累计通达航点73个，定期航班承运人累计达30个。

图5-2-1-4　2018年12月珠海机场航线图（珠港管理公司提供）

第二节 其他运输服务

● 海上石油企业运输服务

珠海直升机公司主要为开发南海石油的中外石油公司提供飞行服务。公司先后在渤海、黄海、东海、珠江口、北部湾、莺歌海等海域，为法国道达尔石油公司、英国BP石油公司及美国埃索、阿科、阿莫科、菲利普斯、BHP、马拉松、雪佛龙石油公司和日美合作的珠江石油公司、日本出光石油公司、美意合作的ACT石油公司、挪威石油公司、中国南海西部石油公司、东部石油公司等提供海上后勤飞行服务。

● 飞行训练

珠海机场充分利用空域资源，拓展香港、澳门和国内航空公司使用珠海机场开展本场训练飞行业务。公司成立的前五年，在运输航班量不饱和的情况下，加大飞行训练招商力度和提高保障服务质量，共吸引了13个境内外航空公司到本场训练。2011年本场训练量达到3.2万架次，占全国同期总量的10% 以上，客户来自香港、澳门、华南、西南和华东地区，机型涵盖波音747、777、737、757型和空客330、320型等主要机种，实现收入近1300万元。2012年后随着运输起降架次的大幅增长，训练起降架次逐年下降，2018年降为3800架次。

● 公务机运输业务

珠海金湾机场利用香港机场的影响力和国际商务资讯发达优势，积极为航空产业园项目招商牵线搭桥，成功引荐西锐商用航空中心、南海救助珠海运营基地、利捷航空公务机基地、公务机MRO基地等项目投资落户珠海金湾机场。全面提升公务机地面保障服务体系，完善硬件设施及环境。2015年底开通公务机临时口岸，开展香港—珠海的公务机停放业务。

● 民用直升机城际航运

2015年12月30日，广深珠城际直升机在横琴首航成功，标志着国内首条民用直升机城际航线开通。从横琴长隆起飞，25分钟到达广州，1小时就能飞抵深圳。广深珠城际直升机航线由星雅通用航空公司、越秀地产、深圳卓越集团共同运营。航线为珠海横琴湾酒店（横琴自贸试验区）—广州越秀金融大厦（珠江新城CBD）—深圳卓越世纪中心1号楼（福田CBD）三城之间对飞，广州、深圳、珠海三座城市进行联结。未来目标是以广州、深圳、珠海、澳门、香港为中心，打造能够辐射整个珠三角地区的低空直升机客运体系。

● 其他运输服务

主要包括公务、旅游、物探、护林、空中摄影、巡线、吊挂、吊装组塔、急救、搜寻等飞行业务。主要承担电力系统的吊挂组塔、放线和巡线及地球物理勘探、护林、吊挂物体、高层建筑救护、航空摄影、电视转播、海上搜寻急救以及执行重要客人的专机飞行等任务。1980—1986年，完成英国前首相希思、澳门总督马俊贤等领导人的专(包)机飞行任务。在珠海南屏山上成功地试验世界上跨度最长的直升机拉高压线的模拟作业。1987年5月，顺利完成湖北宜昌地区吊挂组装铁塔33座和跨长江8根电力线的高难度作业任务。1988年起，增加货运服务和航空特快专递服务，货运包括空、陆联运和特快专递等，基本实现当天收件、当天运送、当天到达。

售票服务

分为市内民航售票服务和广州民航机票代理服务。前者是出售珠海九洲机场始发机票，后者是代售广州民航始发机票。1985年9月，设有机场、拱北两个售票点。1990年3月，珠海与全国联网电脑售票，增设香洲售票点。1995年5月，珠海三灶机场正式通航后，在候机楼三楼设立补票柜台。7月，在拱北中珠大厦设立中珠售票处，在斗门县设立斗门售票处。同年底，珠海三灶机场与16家代理企业签署代理协议，颁发销售代理指定人铜牌，指导发展代理点近40个，初步形成客货销售网络。1996年5月至1999年11月期间，增加吉大、香洲、中山市、广州市和江门市等销售网点，在澳门设立办事处。

1995—1999 年珠海三灶机场售票处和营业部设立情况一览表

表 5-2-2-1

营售业部名称	建立时间	地　点
中珠售票处	1995 年 7 月	珠海市迎宾南路中珠大厦 1 楼
斗门售票处	1995 年 7 月	井岸中心南路 57 号
吉大售票处	1996 年 5 月	九洲大道五型厂房 10 号
金桥售票处	1996 年 6 月	九洲大道金桥大厦
香洲售票处	1997 年 4 月	光明街 1 号
广州营业部	1998 年 5 月	广州站前路 88 号
中山营业部	1998 年 3 月	中山沙溪
江门营业部	1999 年 11 月	江门建设路 1 号

商业零售

2018年，珠海金湾机场商业零售店铺经营面积由原来的1167平方米扩大至5761平方米，零售店铺由原来的15家发展至66家，包括餐饮、零售百货、休闲娱乐、健康保健等众多项目，满足旅客、顾客的多样化需求。在商业管理工作中，秉承“同城同价，诚信经营”的管理原则，不断提升候机楼商铺的管理现场运营水平。采用“价格比对”“神秘旅客调查”“新上架商品审核”等一系列专业管理手段，确保机场商品品质及价格符合行业管理规定；坚持开展“商家沟通会”“服务明星评选”“商家联谊会”等商业管理活动，与各商家保持良好的沟通及合作关系，营造和谐的经营环境；为进驻的商家提供“全程保姆式的管理服务”，从招聘人员、宿舍租赁、证件办理等多方面协助商家。

第三节 运输机型

中国南方航空股份有限公司珠海直升机分公司运营的是各类直升机、小型固定翼飞机；珠海金湾机场运营的是不同型号的波音系列客机和空客系列客机。

直升机

贝尔212直升机 珠海直升机分公司组建初从美国贝尔公司购买了 3架通用直升机，最早为南海石油公司提供海上服务。1991年初，经民航总局决定，这3架直升机与通用航空天津公司的2架贝尔214ST 直升机交换。

贝尔214ST直升机 1985年初，珠海直升机分公司从美国贝尔公司购买2架贝尔 214ST通用直升机。连同1991年初与天津公司交换的共有4架。贝尔214ST直升机电子仪表设备先进，发动机可靠性高，很适合海上平台飞行和海上远航飞行。

S-76（西科斯基）直升机 1985年，珠海直升机分公司先后购买4架美国西科斯基公司生产的S-76 通用直升机，旋翼性能结构良好，流线外形。

SA365海豚直升机 1981年，珠海直升机分公司从法国航宇公司购买两架SA365 民用双发直升机。

“海岛人”小型固定翼客机 1989年，珠海直升机分公司从英国先后购买5架“海岛人”小型固定翼客机，起飞滑跑距离210米，着陆滑跑138米。

波音客机

波音737-800系列客机和空客系列客机 1995年6月18日，珠海三灶机场正式投入运营后，主要运营空客系列和波音系列客机。

第四节 重点运输企业

中国南方航空股份有限公司珠海直升机分公司

简称南航珠直，位于广东省珠海市情侣中路，是中国南方航空股份有限公司的全资分公司，同时也是中国骨干通用航空企业之一。

南航珠直是在1980年5月6日组建的湛江直升机中队的基础上，于1982年3月组建的。公司本部驻广州白云机场。同年9月30日，与中国南海石油联合服务总公司联合经营，改称为中国南海石油联合服务总公司民航直升机公司，是民航广州管理局与中国南海石油联合经营的国有企业，公司为正处级。

1983年11月，民航广州管理局决定成立中国民用航空珠海航空站，正科级，归中国南海石油联合服务总公司民航直升机公司管理。1984年4月，民航广州管理局同意在珠海航空站建立直升机中队，同时将珠海站改为民航直升机公司珠海分公司。珠海航空站对外的名称不变。1991年8月，民航广州管理局将民航直升机公司由广州白云机场迁至珠海九洲机场，名称仍为中国南海石油联合服务总公司民航直升机公司。同时撤销民航直升机公司珠海分公司和珠海航空站。1992年5月，民航广州管理局同意湛江飞行中队调往珠海九洲机场。

1995年南方航空（集团）公司建立后，原中国南海石油服务总公司民航直升机公司已完全脱离中国南海石油服务总公司。中国南海石油服务总公司民航直升机公司更名为中国南方航空（集团）珠海直升机公司。公司先后拥有23架直升机，2000年在用机型有S-76A直升机2架，大篷车直升机1架，S-76C 直升机2架。

2000年底，南航珠直公司已成为国家甲类通用航空企业。公司主要业务是为中外石油公司提供海上后勤飞行服务。此外还从事公务飞行、旅游飞行、物探飞行、护林飞行和空中摄影、电力巡线、吊挂、吊装组塔、医疗急救、港口引航、海上救助、飞机托管、飞行驾驶培训等飞行业务。南航珠直公司有广东珠海、海南三亚、广东湛江、辽宁兴城、湖南长沙、广东顺德6个作业基地；并全资拥有珠海九洲直升机场、湛江新塘直升机场、三亚直升机场。

翔翼公司

翔翼公司是中国南方航空集团公司与飞机模拟机制造商加拿大CAE公司在原南航珠海飞行训练中心的基础上，合资成立的飞行训练公司。正在运作及已签订采购合同的模拟机数量15台。此外还引进了3台经FAA或CAAC认证的固定训练器，购进A320F3D、ECAM2D、Simfinity产品中的VSIM（虚拟模拟机）、MFTD/IPT（综合程序训练器）等高科技训练设备或训练管理系统，并建立CBT网络，配备80台LMS（学习管理系统）监控的电脑终端。公司还建立符合中国民航总局要求的考试点，能满足飞行人员和签派人员各种训练及考试要求。

珠海航空有限公司

珠海航空有限公司是由中国南方航空（集团）公司和珠海格力集团公司合资组建的全民所有制航空运输联营企业，1995年成立，注册资本金2.5亿元，其中，中国南方航空（集团）公司出资1.5亿元，珠海格力集团公司出资1亿元。公司以珠海三灶机场（金湾机场）为基地。1995年6月18日，珠海机场通航的同时公司试运营，10月28日正式独立核算，自主经营。公司主营国内定期、不定期航空客、货、邮、行李运输和飞机维修及零附件的修理，兼营与航空运输相关的宣传广告、机上食品、饮食业、商店、地面客货联运、旅游服务、航空特快专递及经批准的其他经营项目。公司设有办公室、人力资源部、计划企管部、财务部、党委工作部、工会、总务部、保卫部、飞行安全部、航务部、飞行部、机务工程部、运输部、客舱部、实业发展公司等。

1995年6月17日，第一架B737-300型客机从广州白云机场飞抵珠海机场落户。至1995年10月

29日，拥有3架B737-300 型飞机。1997年9月27日，首架B757-200型飞机由广州白云机场飞抵珠海。1997年12月30日，第二架B757-200型飞机B-2816飞抵珠海，公司共有5 架飞机。2012年起再引进5架飞机，至2017年公司共执管10架飞机。

● 珠港机场管理有限公司

2006年4月26日，珠海市汇畅交通投资有限公司和香港国际机场（中国）有限公司共同投资设立珠港机场管理有限公司。同年6月8日，珠港机场管理有限公司与珠海机场集团公司签订《委托经营管理珠海机场协议》，托管珠海机场，经营权20年。2006年10月1日，珠港机场管理有限公司接管珠海机场主营业务和资产，珠海机场集团公司按计划完成珠港机场合作人员平稳转岗、资产业务顺利交接工作。珠港机场管理有限公司秉承安全、诚信、品质、环保的核心价值观，促进珠海机场成为重要的区域航空枢纽。截至2018年，珠港机场管理有限公司员工近2000人，珠海金湾机场旅客吞吐量1122.1万人次，运营航空公司30家。

第三章　航空保障

第一节　机务维修

1983年，民航广州管理局从外地调集一批工程机务技术人员，并聘请英国航空公司、加拿大奥可那根航空公司的机务技术人员，共同负责对租用的2架S61N、3架S-76和1架米-8直升机的日常维护。1984年，由组建的直升机中队实施维护。直升机中队逐步具备从日常维护发展到1000小时的定检、更换发动机和主要部件的维护能力。1985年维护直升机从5架增至13架。1986年，南航珠直公司机务科成立，下设两个维护分队。1990年，机务科改为机务中队，下设3个维护分队，分别对S-76、贝尔-212、贝尔-214ST、SA365海豚等直升机和“海岛人”小型固定翼客机进行维护修理。维修等级达到除大修外的各项维修检验。

1995年4月，珠海机场集团公司机务工程部成立，并通过CCAR145部审查，获得民航中南局颁发的民用航空器维修许可证，按照CCAR145部对于维修单位的要求，机务部建立生产、技术、质控科室，并设立生产岗位。至2000年，机务工程部先后获得23种机型的二类航线维修资格。是年6月17日，珠海航空有限公司第一架B737-300型飞机从广州白云机场飞抵珠海机场落户。机务工程部正式实施B737-300/500型飞机维修工作。同年9月，机务工程部取得中国民航总局颁发的机务维修许可证和B737-300/500型飞机维修项目许可证。自1995年10月29日起，正式执管3架B737-300型飞机。1996年1月，机务工程部首次完成B737-300型飞机A检工作。是年5月，机务工程部取得由民航总局颁发的B737-300/500型飞机A级定期检修（不含4A、8A）许可证；1997年8月，取得B757-200型飞机航线维修许可证，同时还取得B737-300/500型飞机C检（不含C检）以下各级定期检修许可证。1998年11月，机务工程部取得民航总局颁发的B757-200型飞机A级定检维修许可证，11月7日至8日，首次独立完成B757-200飞机A检工作。1999年，南航珠直公司体制改革，机务科更名为飞机维修厂，拥有4座可拆搬金属机库，其中1座机库为修理机库，设有载重2吨的移动式电动悬挂吊车1台，专供维修起吊发动机、主减、并减、旋翼、螺旋桨等重量大的部件使用，其余3座机库均为停机库。

第二节 航行调度

珠海机场属民航广州管理局的直属航站，设航站调度室，含站调、指挥塔台和对空话台。珠海航站区范围为中山—沙角—内伶仃—小浦台—三灶—中山连线内的区域。从1983年10月20日启用至1990年，珠海调度室指挥本场飞行年起降数达7230架次及区域飞越5085架次的安全飞行。1995年5月30日，珠海三灶机场正式通航，设珠海三灶机场起降管制指挥，指挥范围为珠海三灶机场起落航线范围，指挥高度为五边450米以下，一边300米以下。日常管制指挥业务包括正常航班、飞行训练、专机及包机、中国（珠海）国际航空航天博览会飞行表演等。至2000年底，共安全保障各类飞行74753架次。2006年安全保障飞行7885架次，2010年安全保障飞行16753架次，2015年安全保障飞行39642架次，2018年安全保障飞行81138架次。

第三节 通信导航

1983年，民航珠海空管站技术保障部通信导航设备仅有2部10瓦甚高频机、2部74型单边带机、2部电传机、1部供电交换机和1部400瓦导航机。1987年九洲直升机场使用后，由人工交换机换成200门的自动交换机，增加2部400型数字调频甚高频机、100瓦单边带机，地面间、地对空通信的可靠性明显提高。导航设备安装北近台，改变一台两用的状况；安装国内同类机场第一家仪表着陆系统LIS，改善低云、能见度低飞机降落标准；增设DME测绘仪和国内第一部电子跟踪设备。截至1989年11月，导航上万架次飞机，使之安全飞行。1995年5月30日，有珠海三灶机场通信导航、南屏连胜围导航台导航、高栏导航台导航、三灶拦浪山通信雷达站。主要通信导航设备有内话系统、盲降系统/测距仪、归航机、800兆通信系统、全向信标测距仪、一二次雷达、八通道通信系统。2000年后，导航设施不断完善，保障飞机安全导航，截至2018年未发生安全事故。

第四节 航空气象

1983年，民航珠海空管站气象站主要有电传机、经纬仪、激光测云仪设备，还有探测温度、气压、湿度、雨量和风向速等仪器。是年，珠海—广州试航时，只能提供天气实况和抄填一些气象表。同年底，增加气象设备，正式发布航站天气预报并附发趋势式着陆预报。1985年起，拥有预报、观测和资料收集3个班组，可发布站场天气预报实况，提供飞行天气报告表和各降落站、备降站的天气实况。1995年5月30日，航空气象保障设施有珠海三灶机场航空气象保障、三灶轿顶山气象雷达站。航空气象服务设备主要有多普勒气象雷达、自动气象观测系统、天气图自动填图系统、卫星云图接收系统、民航气象实况报收发系统、航空气象信息综合显示系统及常规观测设备。从1995年5月30日珠海机场通航起，至2000年12月31日，共提供珠海三灶机场天气预报1.02万份、天气实况3.67万份、飞行气象文件3.48万份。

第五节　地面保障

● 地面交通

1995年6月，珠海三灶机场开通由机场到市区主要售票点的航班车，珠海机场集团下属二级公司珠海机场汽车运输公司为旅客提供定时、定点的班车服务。珠海市区班线实现"网络化、规模化"营运。2015年5月，中山地区班线经营权获得省交通厅正式批复，开通机场与中山的专线班车。2018年，机场快线市区班线运行线路增加至6条，服务站点16个，基本覆盖珠海全境。机场－中山的专线每日营运班次由12班加密至48班。每天往返珠海市香洲区、斗门区和澳门、中山、江门、阳江、顺德的机场快线班车360个班次。港珠澳大桥2018年10月正式通车后，开通珠海金湾机场与大桥口岸之间的交通接驳巴士。

● 航空供油

由紫竹湾油库、业务油库、航空加油站三部分组成。紫竹湾油库距业务油库10公里、业务油库至航空加油站3公里，通过沿西区公路主干道埋地铺设的输油管线有机联系起来，油罐为拱顶锥底油罐，航煤卸油中转站有2座1000立方米油罐，业务油库选用4座5000立方米和2座3000立方米使用罐。飞机油设备选用2辆澳大利亚益迈电器公司生产的6WD型管道加油车，加配2辆47立方米运加油车。业务油库的器材库房建筑面积55.3平方米、汽车房建筑面积681.59平方米、污油泵房建筑面积301.59平方米、消防储水池1个。航空加油站办公楼建筑面积1372.65平方米，地面加油站主楼建筑面积355平方米。

● 机场消防

1995年6月，消防等级达到八级，配有消防车11辆和4辆装备齐全的救护车以及种类齐全的应急救援设备和设施，在硬件上为应急援救提供有力保证。机场的应急救援计划（AEP）是《机场使用手册》的重要组成部分，安全、应急救援演练是健全机场运作的基础，在不断完善各种工作预案前提下，定期和不定期组织各类安全保安演练、应急救援演练，重点是检验和改善应急救援信息传递与报告、突发事件现场处置、航空器消防灭火、旅客紧急疏散、现场人员医疗救护以及机场外部救援力量的协同配合等科目，以此提高珠海三灶（金湾）机场应急救援工作的整体水平。2018年，机场消防设施更加完备，不定期地进行消防演练，确保机场安全。

第六编 邮政

清光绪三十四年（1908），前山大清邮局设立，开办国际、国内邮政业务。民国2年（1913）3月，前山、下栅邮局开始办理代售印花税票业务。民国23年（1934）6月19日，前山邮局开办直接互换汇票（英属印度）业务。民国36年（1947）8月1日，前山邮局开办保价业务（信函及保价包裹），始有自行车投递邮件。

1954年7月1日，珠海县邮电局成立后，开设函件、包裹、汇兑、发行业务。1957年开办机要通信，1959年开办特种挂号信和邮资整付。1986年7月，珠海开办电子信函业务。1988年8月，珠海与澳门开办电子信函业务。1992年7月1日，增开国内电子信函业务。2012年，邮政速递物流（EMS）新增揽投站点8个，全市揽投站点增至18个；新增道段57条，其中B班35条，全市揽投段道增至188条。2018年，珠海市有快递营业网点725个（家），其中法人企业75家，备案分支机构232家，末端备案网点418个，快递从业人员7000人，邮政企业和规模以上快递企业完成业务总量22.55亿件，业务收入（不含邮政储蓄银行直营业务收入）18.3亿元。

第一章 邮政业务

第一节 建国前邮政业务

清光绪三十四年（1908），前山大清邮局开办国际、国内邮政业务。清宣统元年（1909），前山邮局的邮件主要来自澳门、广州、石岐、平岗、下栅、南莇、江门。每日寄出10多份邮件，收到邮件数目大致如此。清宣统三年（1911），前山邮局收到邮件12.48万份（包括书信、明信片和报纸等），寄出3.9万份邮件。

民国2年（1913）3月，前山、下栅邮局开始办理代售印花税票业务。民国9年（1920）7月1日下栅邮局开办国内汇兑、电报汇兑及代收货价业务，往来香港邮件开始由澳门经转。民国23年（1934）6月19日，前山邮局开办直接互换汇票业务。每张汇票最高款额为600卢比，汇费每10元中华民国币收1角。民国26年（1937），前山三等邮局的业务种类有国际代收货价包裹及挂号函件，仅能寄往少数国家和地区；国内汇兑、电报汇兑及代收货价，开发、兑付及代收货价之数以200元为限；国内保价包裹（以500克为限）。民国32年（1943）3月1日起，前山二等乙级邮局和下栅三等乙级邮局同时开办储金及简易寿险业务。民国36年（1947）8月1日，前山邮局开办保价业务（信函及保价包裹），最低费率不得少于保价的百分之二；国内保价信函保价最高限额为法币2亿元。同年第三季度内，前山局平均每月售出邮票1570.75万元；售出印花税票3.23万元；开发国内汇票98张，法币3851.3万元；兑付国内汇票163张，法币6103.5万元；挂快邮件收寄518件；包裹及小包邮件收寄27件。民国37年（1948），前山邮局办理业务包括寄发邮件、寄发包裹、开发汇票、兑付汇票、兑付侨票、收存储金、简易寿险、代收库款、代售印花、保价业务等。

第二节　建国后邮政业务

中华人民共和国初期，前山、下栅邮局的邮政业务有传统的国际邮件和国内函件、包裹、邮政汇兑、侨汇（1954年成立信用社后，由信用社办理）。1950年开始办理报刊发行。1954年7月1日珠海县邮电局成立后，开设函件、包裹、汇兑、报刊发行业务。1957年开办机要通信，1959年开办特种挂号信和邮资整付。1963年，国际邮件转口业务由前山局移交给拱北邮电支局处理。1979年，邮电业务总量54.57万元，业务收入44.38万元。1979年以后，邮电业务总量、业务收入逐年上升。1980年珠海设置经济特区以后，邮政传统业务和新业务都有较快发展。1990年，邮电业务总量1.21亿元。1998年，邮电业务总量1.33亿元。2000年，市邮政局业务收入1.09亿元，人均劳动生产率11.4万元。

2012年，全市邮政业实现业务收入（不包括邮政储蓄银行直营收入，下同）5.32亿元。2013年，全市邮政业实现业务收入8.95亿元。2014年，全市邮政企业和规模以上快递企业业务收入9.83亿元。2015年，完成业务收入11.7亿元。2016年，完成业务收入13.43亿元。2017年，完成业务收入15.34亿元。2018年，珠海市邮政企业和规模以上快递企业完成业务总量22.55亿件，比上年增长18%，业务收入18.3亿元。

● 函件

传统函件分为信函、明信片、印刷品和盲人读物4种，按处理手续和承担责任可分为平常函件和给据函件，后者有挂号函件、特种挂号信函、保价信函、保价印刷品和代收货价函件等。1986年7月，珠海与广州、深圳同时开办电子信函业务。1988年8月，珠海与澳门开办电子信函业务。1992年7月1日，增开国内电子信函业务。同年12月，开办礼仪信函业务。1993年6月，开办商业信函业务。1994年初，安装商函自动处理一体化系统，3月投入使用，至年底平均每月处理商函3万多件。2000年，商业信函业务量达到549.81万件，其中账单类商业信函540.56万件，邮资广告封片制作量9.25万件。

1979年，珠海的函件业务量192.4万件，1990年函件业务量1407万件，1994年函件业务量2750万件，1995年2072万件。1998年邮电分营时，函件业务量2132.75万件，2000年达到2594.78万件。2012年函件累计收寄4662.51万件。2013年函件业务累计实现收入1.4亿元。2014年全市函件业务量累计完成5790.6万件，业务收入完成1.14亿元。2016年函件业务量累计完成6265.12万件。2017年函件业务量 5387.05万件。2018年函件业务收入2.08亿元。

▲1994年启用的商业信函自动处理一体化系统（珠海市邮政局提供）

汇兑

中华人民共和国成立后至2000年，全国普通汇兑汇率统一为1%。1980年，每笔汇款最高从300元提高到500元。1981年增办高额汇款业务，每笔汇款最高限额达5000元。20世纪80年代后，大量务工和经商人士到珠海，带动珠海汇兑业务的快速增长。20世纪90年代中期后，各商业银行均开办汇款业务，银行存折可在全国通存通取，珠海邮政汇兑的业务量逐年减少。1992年12月，开办代用户汇款（含快件汇款）业务，用户可用转账方法将款项划转至所在地邮电局的汇兑账户内，邮电局将汇款收据用挂号形式寄回用户单位。1999年1月20日，开办入账汇款业务。同年2月26日，开办礼仪汇款业务。1996年，珠海邮政汇票174.80万张。2000年，邮政汇票156.93万张。2014年，汇兑累计42.8万件，代理汇兑收入439万元。2015年，邮政汇兑20.86万件，业务收入1310.72万元。2018年汇兑4.23万件。

包件寄递

1952年增设快递小包项目。1954年，珠海县邮电局出口包裹1172件。1961年，因部队全部轻装需寄递多余物品以及港澳同胞过境交寄副食品包裹，包裹业务出现高峰，全年包裹业务出口5.57万件，进口2.88万件，转口33.64万件。1975年9月1日国家禁止密封罐头进口，进口包裹比1974年减少45%。中共十一届三中全会以后，侨胞回乡政策放宽，港澳同胞、侨胞过境拱北、香洲邮寄包裹，春节、清明节前后是包裹业务旺季。1979年春节、清明节期间，包裹大量增加，最多一天收寄1800件，全年包件7.25万件。1980年，普通包裹超过5公斤的也作商品包裹收寄。1988年起，由于运力不足，商品包裹加收50%邮寄费。1988年初，拱北的商品包裹激增，是年8月，平均每日收寄3505件，最多的一天收寄4609件。同年9月1日起，接邮电部通知，暂时停止收寄香烟包裹，包裹业务略有下降。1990年，国内包裹业务量29万件，国际包裹718件。2000年，包裹业务量39.82万件，其中国际包裹6.1万件。2012年，包裹业务收入519万元。2014年，包裹业务量28万件，业务收入584万元。2015年，普通包裹业务量累计45.14万件，业务收入234.91万元，国内外快递包裹出口量累计12.19万件，业务收入273.56万元。2016年，包裹业务量11.59万件，业务收入430万元。2017年，包裹业务量6.54万件，实现业务收入252.4万元。2018年，包裹业务量3.78万件。

报刊发行

1954年，进口报纸累计13.7万份、杂志1.79万份，后来每年略有增长。1960年第一季度，贯彻“邮政以报纸为纲”的方针，珠海邮电部门巩固和发展读报组，组织有关人员及公社邮递员上门收订，报刊期发数比1959年第四季度增长7.57%。1963年，按照上级关于报刊定额的发行计划，执行“重点发行照顾一般，先集体后个人”的报刊发行方针，主要报刊期发份数由3400份增加到4578份。1976年，报纸发行数量激增，全年报纸发行432.68万份，杂志9.9万份；1979年报纸发行440万份；1985年11月1日《珠海特区报》创刊后，报纸发行量大幅度增长。是年，珠海市人均订阅报纸数量居全省之冠，并荣获《人民日报》1985年“优秀发行单位”奖励。1986年1月1日起，市邮电局派员进驻《珠海特区报》报社现场分发报纸。1990年，报纸期发数73.25万份，累计数2150万份；杂志期发数61.36万份，累计数69.9万份。1996年，报纸发行4203万份。1997年，《珠海特区报》自办发行，《羊城晚报》《南方日报》等报社在珠海设立发行站，形成多渠道报刊发行市场。1999年12月，澳门回归祖国前夕，香洲街头设置7个邮政报刊亭，成为珠海报刊零售市场主渠道。是年，珠海邮政报刊发行部门开办音像制品销售、租赁业务。1999年5月开办体育彩票代销业务，2000年开办文具零售业务。

2000年，珠海邮政报纸发行量1409.65万份，杂志发行210万份（其中订阅151万份，零售59万份）。2012年，报刊业务实现收入1482万元。2013年，报刊业务收入1462万元。2014年，报纸业务收入404万元。2015年，业务收入363.84万元。2016年，报纸杂志订销量2375.66万件（其中报纸发行2161.51万件）。2017年，报纸杂志订销量累计完成 2027.92万件（其中报纸发行1980.14万件），实现业务收入1170.95万元。2018年，报纸发行量1858.34万份，杂志发行量175.56万份，报刊业务收入1032.53万元。

集邮

1985年1月5日，珠海市集邮协会成立，同时举办首届邮票展览。1987年11月15日，珠海市邮电局集邮协会成立。1988年10月27日，拱北集邮分会成立，一些中学、技校也相继成立集邮社。各集邮组织经常开展形式多样的活动，举办邮展，吸引众多的集邮爱好者。市集邮协会会员成立初期有40人，1990年有会员690多人，集邮爱好者（以持有邮票订购卡者为准统计）4000多人。集邮业务量（集邮品销售额）从1985年的9.15万元增加到1990年的37.76万元。

▲1994年 12月 10日，珠海特区纪念邮票首发仪式举行（珠海市邮政局提供）

1991年12月底，珠海市集邮公司成立，开办预订邮票、邮品，代配、代找及交换邮品，制作纪念品和礼品册等。中国国际航空航天博览会、1997年7月香港回归祖国、1998年第十届广东省运动会、1999年12月澳门回归期间，均推出制作精良的邮品。2000年发行《美丽珠海》邮册，全年集邮业务收入1779.5万元，其中邮品收入占86.8%。2012年，集邮业务实现收入2340万元。2013年，集邮业务收入2779万元。

特快专递

1985年4月17日，珠海市邮电局开办国际和国内特快专递业务，首先在香洲和拱北2个营业点开办。是年8月16日，正式开通直达澳门特快专递邮路，特快专递通达33个国内城市、38个国家和地区。1987年5月1日，特快专递业务发展到前山、湾仔、唐家、南屏、金鼎（下栅）5个镇的邮电支局。珠海市成为广东省第一个实现陆地城区、区镇全部开办邮件特快专递的城市。特快专递业务量从开办初的每月20到30件，增加到1988年的每月300多件。1989年业务量比1986年增加13.2倍。1990年，特快专递网路通达的地点由1985年初开办时的33个国内城市、38个国家和地区发展到200多个国内城市、170多个国家和地区。1990年5月，成立珠海市邮电局速递公司。同年出口业务收入156.69万元，出口邮件6.23万件。

20世纪90年代以后，珠海特快专递业务增加上门收取邮件、代用户办理报关手续、代办保险、代办包装、代办包车、代办提发货、市内快邮等服务。1994年开始，对特快专递大宗客户实行资费优惠。1995年8月，在普通特快专递业务的基础上，开办同城特快礼仪专递业务和邮政礼仪专递业务。同年中秋节前，根据珠海移民城市外来人员多的特点，市邮电局在全国率先推出中秋月饼速递服务。是年特快专递通达1500多个国内城市、170多个国家和地区。1997年在全市41个营业网点全面开展中秋月饼速递服务。1998年开始，邮政部门与银都、美心等知名饼家合作，推出月饼销售、封装、寄递“一条龙”服务。

2000年，特快专递业务量102.62万件，其中，国内异地特快专递信件75.25万件，国内异地特快专递物品23.6万件，同城特快专递信件0.19万件，同城特快专递物品0.64万件，国际特快专递信件1.96万件，国际特快专递物品0.98万件。2012年，全市快递业务收入3.4亿元，快递业务量3200万件，其中收件量1400万件、派件量1800万件。广东省邮政速递物流有限公司珠海分公司（EMS）是珠海市最大的国有快递企业，2012年EMS实现业务收入1.3亿元，完成年计划的89.4%，累计完成国内异地业务收入同比增长21.1%，其中省际异地业务收入同比增长22%，省内异地业务收入同比增长14%,远高于全省平均发展水平。同城业务在港澳通行证、车证、司法专邮等业务收入同比增长33%，移动和联通手机配送、保险等新型同城业务也得到拓展。2013年，全市快递业务收入完成6.82亿元，同比增长100%；快递业务量完成7129万件，同比增长120%，其中收件4055.4万件，派件3073.6万件。全市收件量和派件量总和位于前七位的快递企业分别为EMS、顺丰速运、圆恒通、韵达、申通、鸿通、联昊通，约占全市收派件总量的85%。2014年，全市快递业务收入7亿元，同比增长3%。快递企业收派件业务7967.8万件，同比增长12%。2015年，全市快递企业收派件业务1.25亿件，增长56.6%，其中收件5430.35万件，增长40.2%；派件7049.81万件，增长72.5%。快递业务收入9.72亿元，增长39%。2016年，全市快递企业收派件业务1.53亿件，增长22.86%，其中收件6032.4万件，增长11.09%；派件9300.12万件，增长31.64%。快递业务收入9.96亿元，增长2.51%。2017年，全市快递企业收派件业务1.89亿件，增长23.21%，其中收件7271.52万件，增长20.54%；派件11619.68万件，增长24.94%。快递业务收入11.12亿元，增长11.66%。2018年，全市快递企业收派件业务2.58亿件，增长36.5%，其中收件收入14.21亿元，增长27.77%。

2012—2018年珠海市快递业务一览表

表6-1-2-1

年份	快递企业（家）	从业人员（人）	快递业务总收入（万元）	快递业务总量（万件）
2012年	133	4000	34000	3200
2013年	170	4000	68200	7129
2014年	190	4000	70000	7968
2015年	268	5000	97200	12500
2016年	270	6000	99600	15300
2017年	296	7000	111200	18900
2018年	307	7000	142100	25800

快递企业

珠海市从事快递服务的主要有以邮政速递物流（EMS）为代表的国有快递企业；以顺丰速运为代表的民营快递企业和以联邦快递为代表的外资快递企业。截至2012年，珠海市依法取得快递业务经营许可证的企业65家，备案分支机构68家。快递从业人员约4000人。邮政速递物流（EMS）新增揽投站点8个，其中揽投部2个，揽投站6个，整治揽投站点1个，全市揽投站点增至18个；新增道段57条，其中B班35条，全市揽投段道增至188条。2013年，全市有快递企业170家，快递从业人员4000人。2014年底，全市共有快递企业190家，其中分公司法人企业80家，备案分支机构110家，快递从业人员4000人。2015年，全市有快递企业268家，其中法人企业93家，备案分支机构175家，从业人员5000人。2016年，全市快递营业网点420个，其中法人企业77家，备案分支机构193家，末端备案网点150个，快递从业人员6000人。2017年，全市有快递营业网点506个，其中法人企业80家，备案分支机构216家，末端备案网点210个，快递从业人员7000人。2018年，珠海市有快递营业网点725个，其中法人企业75家，备案分支机构232家，末端备案网点418个，从业人员7000人。

邮政储蓄

1986年7月15日，珠海香洲凤凰路和拱北的两个邮政储蓄营业点同时开业，当天储户就达827户，收储款额达4.5万多元；全年储蓄余额281.84万元。是年9月，与广州、深圳两地合作开办邮政储蓄异地存取业务，进一步方便群众。1987年底，唐家、前山、湾仔、下栅、南屏等邮电支局都相继开办邮政储蓄业务，业务范围有零存整取、整存整取、活期储蓄、汇兑款转储蓄、代发工资、异地存取等。1989年11月开办话费托收业务。1990年底，储户数达2.22万户，储蓄余额2183.86万元。1992年10月，邮政储蓄开办委托储蓄保险业务。1993年4月，开办移动电话机保险业务。1995年10月8日，凤凰路、柠溪、吉大、拱北、前山、三灶、平沙等地的邮政储蓄专柜之间实现市内通存通取，香洲、唐家、湾仔、井岸4个储蓄网点实现全省通存通取。1996年9月2日，吉大、前山、桂花南储蓄营业厅也实现全省通存通取。1998年3月28日，开办“缴费一户通”业务；7月30日，开办邮政储蓄绿卡业务；11月，开通POS业务；全市16个邮储网点实现市内通存通取，全年邮政储蓄余额5.3亿元。1999年，推出定活两便、存本取息、双整自动转存、凭绿卡窗口存取款等业务。2000年，邮政储蓄余额5.23亿元，异地存取交易量达5.39万笔。是年12月20日，珠海邮政储蓄与全国联网。2010年邮政储蓄余额34.61亿元，2015年邮政储蓄余额40.68亿元，2018年邮政储蓄余额51.75亿元。

1954—1990年珠海市（县）邮电主要业务量一览表

表6-1-2-2

年份	邮电业务总量（元）	函件（件）	包件（件）	汇票（件）	报纸累计份数（份）	杂志累计份数（份）
1954年	65533	70385	1172	7153	136995	17582
1955年	96726	287675	3422	21882	393205	51240
1956年	136869	341577	5016	27485	610091	79503
1957年	168176	541664	5361	28482	591936	68592

续表 6-1-2-2

年份	邮电业务总量（元）	函件（件）	包件（件）	汇票（件）	报纸累计份数（份）	杂志累计份数（份）
1958 年	156000	992000	10996	53245	1789000	—
1961 年	220000	1099000	355678	43670	829000	—
1962 年	355000	2252000	498864	66137	1409000	—
1963 年	439865	1720880	45189	63924	1408873	46946
1964 年	440574	1056860	13148	79864	2063450	107161
1965 年	333702	1648887	13188	79591	2053215	99467
1966 年	378664	1498885	12081	72356	3416231	90425
1967 年	335669	1660326	16721	69452	2529657	99261
1968 年	343960	1753078	17824	70384	2578652	101436
1969 年	364149	1807684	20724	74461	3108603	20633
1970 年	361589	1926475	18124	64740	3137562	27522
1971 年	339861	1514743	32131	61880	3078373	49206
1972 年	337584	1474071	24342	64387	3394417	48385
1973 年	376068	1584064	30473	58590	3421622	67454
1974 年	369294	1476074	40476	55075	3638858	91015
1975 年	395566	1625760	42565	50579	3996257	96869
1976 年	420803	1681226	40341	47801	4227758	99034
1977 年	430996	1687211	44303	47417	4074907	103995
1978 年	442734	1660419	38831	48038	4265606	125619
1979 年	545714	1924016	72450	58563	4404429	155182
1980 年	632550	2279715	61421	75744	4923664	160178
1981 年	1137701	2941785	78723	129743	5076746	181369
1982 年	1284387	2944499	82987	143276	5172273	213128
1983 年	1585808	2996344	97027	193558	5675303	313418
1984 年	2420442	4180820	92294	271438	6817902	447486
1985 年	4167875	5724140	93155	379937	7597602	562424

续表 6-1-2-2

年份	邮电业务总量（元）	函件（件）	包件（件）	汇票（件）	报纸累计份数（份）	杂志累计份数（份）
1986 年	5830400	5831383	226317	267358	9136131	582653
1987 年	8841400	7479506	434229	381582	14016621	741358
1988 年	17430600	9291060	635741	443747	21169501	1014825
1989 年	49575265	10456544	247673	505773	7787470	931679
1990 年	121385031	12505562	269867	578537	16337670	721232

说明：数据来源《珠海市志》第一部。

珠海市邮政主要业务一览表

表 6-1-2-3

年份	邮政业务总量（万元）	函件（万件）	包件（万件）	汇票（万件）	报纸累计（万份）	杂志累计（万份）
1979 年	28.26	192.40	7.25	5.86	—	—
1980 年	31.61	227.97	6.14	7.57	—	—
1981 年	49.34	294.18	7.87	12.97	—	—
1982 年	52.72	294.45	8.30	14.33	—	—
1983 年	58.55	299.63	9.70	19.36	—	—
1984 年	99.01	418.08	9.23	27.14	—	—
1985 年	147.62	757	10	37.99	1204	85
1986 年	182.56	734	24	26.74	1417	86
1987 年	301.34	925	45	38.16	1851	102
1988 年	449.73	1152	68	44.37	2735	136
1989 年	491.85	1245	27	50.38	2202	126
1990 年	946.70	1407	29	57.85	2150	91
1991 年	1352.84	1647	29	97.32	2658	101
1992 年	1752.78	1868	35	137.49	3266	130
1993 年	2276.85	2390	36	182.75	3701	142
1994 年	2556.47	2750	34	182.7	3860	157
1995 年	2860.22	2072	38	187.38	4215	141
1996 年	3311.00	1991	37.6	174.8	4203	215

续表 6-1-2-3

年份	邮政业务总量（万元）	函件（万件）	包件（万件）	汇票（万件）	报纸累计（万份）	杂志累计（万份）
1997 年	3525.09	1718	35.3	169.64	2541	214
1998 年	4301.02	2132.75	39.15	169.05	2492.05	294.39
1999 年	5697	2311.88	41.97	167.42	1875.38	236.86
2000 年	13228.6	2594.78	39.82	156.93	1409.65	209.78
2001 年	13101.0	2936.45	44.46	—	1477.17	186.49
2002 年	15695	3585	47.08	—	1633.10	184.05
2003 年	16615	4136.4	44.6	—	1905.2	276.6
2004 年	17226	3176.5	41.6	—	1852.6	334.2
2005 年	19045	2787.8	62.8	—	1883.7	390.2
2006 年	21056	2892.4	50.9	—	1955.7	270.6
2007 年	23395	3412.7	41.56	—	2159.4	275.7
2008 年	29268	3339.64	35.75	—	2143.81	293.06
2009 年	33130	4845.09	31.6	—	2259.9	282.82
2010 年	19575.9	4041.86	30.65	106.94	2259.5	277.44
2011 年	24303.44	5484.4	22.28	109.12	2387.26	285.1
2012 年	56304	4662.51	37.65	81.62	2347.7	289.07
2013 年	94682.04	4362	24	57.49	2258	297
2014 年	113082.51	5790.6	26	42.8	2196	262
2015 年	148384.97	5727.07	29.61	28.35	2226.85	257.93
2016 年	157095.17	6265.12	11.59	—	2161.51	214.15
2017 年	191068.57	5387.05	6.55	8.39	1980.14	181.47
2018 年	225457.10	4361.64	3.78	4.23	1858.34	175.56

说明：数据来源于《珠海市统计年鉴》。

第二章　邮政网路

第一节　建国前邮路

清光绪三十四年（1908）10月11日，前山邮局成为国际邮件互换局，来往香港等地的邮件需经前山与澳门邮局进行互换，步差每日两次到澳门邮局交接邮件，交换点设在关闸马路，邮路全长5.5公里。同时，开辟前山至南屏、翠微两条步差乡邮邮路。清光绪末年，前山邮局与广州、石岐、江门的邮件交接，由邮差坐拖船或帆船运送，平岚、下栅、南屏的邮件由步差担挑。

民国17年（1928）以后，岐关公路（东路）建成后，原平岚、下栅、南屏的步差邮路改为委办汽车邮路。民国27年（1938）广州沙面经火涌口（车船各半）、平洲（步行）、勒流（偏艇）、龙江（拖船）到前山，委办邮路1条；小榄经石岐到前山委办拖船邮路1条。民国28年（1939）7月13日，因公路遭到严重破坏，前山至中山原委办汽车上落之邮路撤销，改由东路步行接驳邮件，接驳地点由下栅邮局改至萧家村。民国29年（1940）7月16日，前山至中山邮路邮件接驳地点改在西路平岚。中山、前山、下栅邮局邮差每天起程步行到平岚，待各差到齐后，平岚邮局中午12时将各差同时发班回程。民国30年（1941）9月22日，又将来往中山、平岚、前山邮包改在下栅邮局交换。民国33年（1944），前山邮局增设前山经古鹤至兰埔乡邮逐日步差邮路1条27.1公里。民国35年（1946）下栅邮局有步班邮路3条，分别是下栅至萧家村，下栅至翠亨、阳春埔，下栅至银坑、鸡柏，都是当日来回一次。民国36年（1947），前山邮局有两条委办汽车邮路至中山。A邮差（东线）每日乘搭汽车74公里（单程），B邮差（西线）每日乘搭汽车51.8公里（单程）。是年10月10日，前山邮局用343.79万元（法币）购买一辆HERCULES（克家路）自行车，投递前山至兰埔邮路，是珠海公费购买自行车邮政投递的开端。此后前山、下栅邮局步差也购买自行车。民国37年（1948）前山邮局增加萧家村、三灶两条步差邮路。

第二节　建国后邮路

网路

1979年珠海建市前，邮路已通达全市主要乡镇。20世纪90年代以后，珠海邮政运输逐渐形成由港澳邮路、全国干线邮路、省内干线邮路及市内邮路组成的较为完善的现代化邮政运输网络。1998年珠海市邮政局成立后，对邮运网络进行调整优化。2000年3月，将一部分专业运输邮路合并到骨干网上，调整加快《羊城晚报》和部分地区特快邮件的运递出口时限。是年9月，调整邮运作业运行时刻和分拣封发作业班次，增开城区夜班邮

▲1995年，珠海拱北与澳门邮件互换（珠海市邮政局提供）

路，邮区中心局实行夜间作业，全市18时以前收寄的邮件当天全部处理完毕，赶发当天最有效干线班次，提高内部邮件传递时限。2000年底，珠海共开通邮路46条，其中港澳邮路2条，全国航空干线邮路17条，省内汽车干线邮路5条，市内邮路22条，邮路总长度（单程）2.72万公里。建成17条由珠海机场始发的航空邮路、珠海至香港一级干线委办船邮路、珠海至澳门一级自办汽车邮路以及珠海至虎门、珠海至广州物流专线、广州至珠海《羊城晚报》专运、广州至珠海零售报刊专运、深圳至珠海报刊专运等省内干线快速邮路组成的区域邮运网，同时建成由12条邮区内支线邮路（其中4条为委办邮路）、10条市内转趟和局站运输邮路、196条投递道段（含36条汽车投递邮路）组成的同城邮运网。全市193个行政村村村通邮。2013年，拥有市内各级邮路28条，单程里程达929.9公里，农村邮路437.9公里，拥有投递站32个，全市行政村通邮率达到100%。2015年，市内邮路32条，邮路单程总长度966公里，投递处理场所31个，速递易336台。2016年，市内邮路32条；有机动车数量39辆，从业人员399人；专用摩托车644辆，快递驿站网点50个；新建智能快件箱300组，共有659组智能快件箱。2017年，市内邮政营业场所69个，其中，城市自办13个、委代办10个，农村自办19个、委代办营业场所27个；邮政信报箱（群）850个，报刊亭67个，信筒70个，智能包裹箱78组、智能快件箱726组；邮路39条，投递线路187条，单程投递线路总长4916.32公里。

▲20世纪90年代的珠海邮递员（珠海市邮政局提供）

2018年，全市有邮路39条。按属性划分，邮区内自办邮路36条，委代办（海岛水路）3条。按区域划分，市内转趟邮路28条，单程路线长度457公里；农村邮路11条，单程路线长度791公里。全市邮路单程总长1248公里，其中陆路汽车1039公里、水路委代办船运输209公里。全市共设有投递线路245条，单程投递线路总长4916.3公里。其中：城市投递线路148条，单程投递线路长度2140公里；农村投递线路97条，单程投递线路长度2776.3公里。丰巢、近邻宝、中邮速递易、日日顺、云柜等企业在全市投资建设智能柜1410组、格口12.56万个，快件箱投量2660万件。

网点

珠海建市后，陆地和海岛逐渐建设邮政网点。1989年，珠海市形成以香洲区为中心的市级邮政通信网。1990年，新建唐家营业厅。1991年，吉大营业厅投入使用。1992年，小林邮电所营业。1993年，横琴营业厅开张。1994年，柠溪营业厅、桂花南营业厅、三灶机场营业厅开业。1995年，香洲邮政大厦营业厅、前山营业厅、红旗营业厅开业。是年，珠海共有自办邮政局（所）30间，代办邮政营业点61间。1998年，全市邮政局（所）共116处，其中自办局（所）41处，代办局（所）75处，每一局（所）平均服务面积为7平方公里，服务人口约5000人。城市设置信筒密度为每平方公里4.36个，有邮政报刊亭89个。2013年，全市有邮政服务网点69个，报刊亭111个，信报箱格口数36万个；邮政信筒箱160个。2014年，全市有邮政营业服务网点79个。2015年，全市邮政普遍服务网点89个，邮政信报箱（群）19688个，报刊亭116个，信筒40个，智能包裹箱81组。2016年，邮政信报箱（群）850个，报刊亭106个。2017年，市内邮政营业场所69个，其中，城市自办13个、委代办营业场所10个，农村自办19个、委代办营业场所27个；邮政信报箱（群）850个，报刊亭67个，信筒70

个，智能包裹箱78组。2018年，市内有智能包裹箱99组，街道邮筒（箱）22个，邮政信报箱（群）850个。

电报投送网

1954年至1979年上半年，电报由报务员投送。珠海建市后，根据机关、企业、居民和郊区厂矿、企业等分布情况，结合自然地理和建筑形成的界线，划定电报投送范围。1979年下半年，香洲市区和郊区设专职电报投递员，投送区域以中心投送点为圆心、半径5公里左右的范围。1984年底拱北设专职投送人员，1985年下半年前山设专职投送人员，1988年底湾仔投递点设专职投送人员。农村电报乡邮班次与邮件合投。1988年，市邮电局共有8条电报投递段。香洲凤凰路72号至吉大、江村、九洲港、水湾头、南村、山场、银坑为摩托车投递；湾仔沙、新光里、湖湾里、光明街、翠香2路、南香里、凤凰路、南华路、城郊里、翠香路为自行车投递。拱北分两个电报投送段，北岭段用摩托车投送，市内用自行车投递。前山、湾仔投送点均用自行车投送。

▲2016年12月24日，珠海成立快递行业工会联合会(珠海市邮政管理局提供)

第七编　交通运输工具修造

早在4000多年前，珠海先民用树木制造独木舟，用于渡海、捕鱼。明、清时，在澳门、湾仔和银坑有许多造船作坊。清同治二年（1863），在唐家前环开设渔船修造厂。清宣统二年（1910），香洲开设“顺兴”“发记”“池记”3家造船厂。1912年后造船业发展较快，湾仔和银坑就有18家大的造船工场，还有大约20家小的工场，大型工场有的能生产大型的柏木载客拖轮，载重150吨或更大一些。是年仅珠海拱北制造50多艘大型船舶。1930年以后，随着澳门航运地位被香港取代，船舶制造业发展缓慢。2000年底，全市有船舶修造厂21家，从业人员2000多人。

2001年，珠海市在金湾区平沙镇建设游艇工业区，2003年已有8家国内外游艇生产企业签约进入工业区。2008年，平沙镇被评为“广东省（游艇）技术创新专业镇”。2010年至2015年，平沙镇游艇企业由27家扩大到52家。2017年，珠海市游艇产业工业总产值18.83亿元。2018年，全市备案的机动车维修企业759家。

第一章　交通运输工具制造

第一节　船舶制造

建国后，珠海的乡镇船舶修造厂只能做一般船舶的修修补补和修造农船。1979年，珠海市成立后，珠海船舶工业发展很快。较大的船舶修造企业有1958年创办的香洲船厂，主要承担修船任务及制造小木船。经过十多

▲1984年，香洲华子石村一带的修造船业（珠海市水上运输管理处提供）

年来的发展，逐步扩展成以设计与建造木质船为主的企业。1974年后，香洲船厂开始设计、研制、建造钢质船，自行设计制造600匹马力以下的钢质渔船、拖轮和木质调查船、绞吸式挖泥船、油水分离船；生产1000吨

以下的货驳及趸船和300吨以下运油船、客货轮、运输船、港口供水船以及1000吨级以下的各种工程船舶、玻璃钢船、工作船等。1987年9月18日，中国最大的玻璃钢船在香洲船厂建成，船长19.5米，宽5.6米，型深2.1米，吃水1.55米，满载排水量67.4吨，主机马力19.5千瓦，航速7节，可在一类海区航行作业，各项指标达到设计要求，玻璃钢船制造技术处于领先地位。20世纪90年代，珠海船舶修造业在原来国有企业与乡镇集体企业的基础上，形成外资独资企业、中外合资企业与民营企业共同发展的局面。1991年底，全市有香洲船厂、斗门县船厂、斗门县水运船厂、斗门县水泥船厂、湾仔船厂、白蕉船厂、平沙机械厂、市渔机厂、南水船厂、顺风船厂、小林船厂11家，职工1621人。

1991 年珠海市船舶修造业基本情况表

表 7-1-1-1

厂　名	造　船		修　船		总人数（人）	总产值（万元）
	数量（艘）	总吨数（吨）	数量（艘）	容积（总吨）		
合　计	63	5699	2323	297833	1703	4584.8
香洲船厂	11	1543	160	16342	698	2417
斗门县船厂	5	762	19	—	350	413
斗门水运船厂	11	1530	10	1500	110	88
斗门水泥船厂	14	763	—	—	45	51
湾仔船厂	—	—	1556	200724	149	523.8
白蕉船厂	17	872	26	1847	44	310
平沙机械厂	5	184	—	—	22	55
市渔机厂	—	—	376	41720	109	157.8
南水船厂	—	—	1	—	35	0.7
顺风船厂	—	—	175	35000	125	512
小林船厂	—	75	—	700	16	56

1997年4月，香港财利船厂有限公司与加力有限公司共同投资成立显利（珠海）造船有限公司，具备客船、货船、拖船、高速客船、豪华游艇等船型的生产能力，取得广东省甲、乙级船舶设计资格。2000年底，全市有船舶修造厂21家，从业人员2000多人。2001年，珠海市在金湾区平沙镇设立游艇工业区，推动游艇工业的发展，迎接国际游艇产业的梯度转移，加强参与国际游艇制造生产的竞争能力。2003年已有8家国内外游艇生产企业签约进入工业区。2003年，全市共有船舶修造厂36家（接受并纳入交通主管部门管理的有11家），有的厂家已具备客船、货船、高速客船、豪华游艇等船型的生产能力。船舶修造厂中（不含平沙游艇工业区的国内外游艇生产企业），领取交通主管部门颁发的技术认可证书和船舶生产许可证、工商营业执照、税务登记证的有11家（有3家领取了船舶设计单位资格证书），没有领取船舶生产许可证的有25家（其中没有领取技术认可证书的23家），大部分修造厂都领取工商营业执照并办理了税务登记证。

2008年，珠海市平沙镇被广东省科技厅评为“广东省(游艇)技术创新专业镇”。全市有太阳鸟、江龙、佳航、杰腾、云辉等游艇制造企业25家，游艇配套企业6家，游艇商贸企业30多家，总投资3亿多美元。平沙镇南国游艇及零配件交易中心是国内最大的游艇零配件交易中心。全市多所高校、技工学校开设游艇相关专业，建立产学研联盟培养技术人才。市质监局设立游艇零配件检测中心，海事局、船级社等相关单位也积极采取措施支持游艇产业。珠海平沙成为档次高、密集度强的中高档游艇(包括高性能专业船艇)生产基地，初步形成产业聚集效应，成为珠海特色品牌。2017年，珠海市游艇产业工业总产值18.83 亿元。

2003 年珠海市船舶修造企业情况表

表 7-1-1-2

序号	企业名称	地址邮编	建厂时间	生产能力	证照情况				
					生产许可证书	技术条件认可证书	设计资格证书	工商执照	税务登记证
1	珠海市银丰玻璃船舶修造厂	珠海市香洲区银坑蚝场 519000	1985 年	建造修理 10 米及以下纤维增强塑料船体部分	珠海市生许字 008 号	ZH09140	—	4404021000272	—
2	珠海市斗门白蕉船舶修造厂	斗门白蕉镇桥湖北路一巷 24 号 519125	1973 年	船舶修造，40 米以下，220 千瓦以下	珠生产 0005 号 2003.1.1	ZH102032 2002.10.28	—	4404211000363 2002.7.2	440421192672759 2002.8.12
3	珠海市小林镇木器农具厂	斗门区鹤洲北 519100	1964 年	建造、修理	粤珠海许 字 0001	ZH06082	—	44040019 3037	440401279 660849
4	珠海市南水船厂	珠海市南水镇 519050	1984 年	建造、修理	粤珠海许 字 0004	ZH06083	—	44040026 4309	
5	珠海市中富船厂有限公司	珠海市湾仔镇南湾大道 519030	1980 年	从事船长 35 米及以下木质的船体捻缝油漆。	珠海市生许字 003 号	ZH09080	—	003020	44040261807890X
6	珠海市联大船舶修造厂实业有限公司	珠海市唐家后环金星门堤内 519080	1993 年	承接修造船舶（限 3000 吨以下的船舶）	珠海市生许字 009 号	2002GZ9008	—	000049	440401617492404
7	珠海市斗门濠江造船厂	珠海市斗门井岸工业区 519125	2000 年	钢质船舶制造维修，80 米以下，1500 千瓦以下	珠生产 0012 号 2000.6.1	ZH10160 2000.5.8	2002 年 054 号 2002.10.15	4404212100288 2000.1.14	440421719398996 2000.1.14
8	珠海市美蓝玻璃钢制品有限公司	珠海市前山镇沥溪村委大楼二层 519070	1996 年	修造纤维增强塑料玻璃钢船	珠海市生许字 0014 号	—	—	4404002001303	440401617596131
9	珠海市洪湾振兴船舶修造厂	珠海市南屏洪湾水闸 519060	1994 年	修理 20 米及以下钢质、木质船舶简易部分敲锈油漆工程	珠海市生许字 0007 号	ZH07083	—	临时南 2002-98	—
10	珠海市南屏均昌船厂	珠海市南屏广昌村均昌尾 519060	1993 年	修造 15M 以下纤维增强塑料玻璃钢艇	珠海市生许字 0013 号	G200991588	—	4404022017014	44040271484174
11	珠海市斗门白蕉新力船厂	珠海市斗门白蕉工业区 519185	1999 年	船舶修造，60 米以下，110 千瓦以下	珠生产 0011 号 2000.4.5	ZH108139 1999.12.27	[2002] 第 56 号 2002.12.23	4404211302200 0 022 1997	440421650224-001 1997
12	珠海市船舶制造公司	珠海市唐家港 519000	1992 年	船舶修造 60 米以下	—	—	RK-09-Z-G-2-004	4404001003823	440401192547878
13	珠海香洲玻璃钢船厂	珠海市唐家港 519000	1986 年	建造、维修船长 20 米及以下 . 玻璃钢船舶	—	—	—	4404021000454 1986	440401192622786
14	珠海市斗门区造船厂	珠海市斗门白蕉镇 519125	1965 年	功率 1000 千瓦、船长 80 米以内钢质船舶	—	—	—	4404211000316 1996	440421192670753 1986

续表 7-1-1-2

序号	企业名称	地址邮编	建厂时间	生产能力	证照情况				
					生产许可证书	技术条件认可证书	设计资格证书	工商执照	税务登记证
15	珠海市合成兴游艇有限公司	珠海市金顶镇东岸村 519085	1995 年	从事 20 米以下游艇修造	—	—	—	005503	04030780299
16	珠海市牛头岛船舶修造厂	珠海市桂山镇牛头岛 519004	1992 年	制造、安装、维修、保养港沃的船舶以及海上故障排除。	—	—	C01A-377 号	000378	514057
17	棠记建荣造船有限公司	珠海市斗门区天生河 519125	2001 年	修造机动木质船、渔船、货船、接驳船	—	—	—	004899 2001.3	04101201095 2001.3
18	珠海市鹤洲玻璃钢船厂有限公司	珠海市金湾区鹤洲北 519090	1994 年	从事 20 米以下玻璃钢船修造	—	—	—		
19	中珠联围洪湾船厂	珠海市南屏洪湾港 519060	1992 年	从事 30 米以下船舶维修	—	—	—	2002—072	44072153080 5561
20	显利珠海造船有限公司	珠海市斗门区 519125	2002 年	65 米 1000 吨以内玻璃钢游艇等	—	GZ29173 2001.12.29	—	003668	44042163281 6278
21	联欢木船舶修补行	珠海市斗门白蕉工业区 519125	1991 年	修补木质船舶 25 米以下	—	—	—	440421311000477	44042137021 0271
22	荣杰木船舶修补行	珠海市斗门白蕉工业区 519125	1994 年	修补木质船舶 25 米以下	—	—	—	440421311000185	44042158011 6331
23	永新木船舶修补行	珠海市斗门白蕉工业区 519125	1991 年	修补木质船舶 25 米以下	—	—	—	440421311000455	44042162031 3563
24	珠海市斗门区白蕉创新船厂	珠海市斗门白蕉工业区 519125	1997 年	修补木质船舶 25 米以下	—	—	—	440421302000873 2002.7	44042162049 7271 1999.9.1
25	珠海市斗门区天生河船厂	珠海市斗门白苏工业区 519125	1999 年	维修工程船、挖泥船	—	—	—	44042130200131 1 2001.3.11	44042156032 8273
26	小林钮广发木店	小林镇五七桥 519045	1990 年	木船维修	—	—	—	44040530 3000850	44040148 0817272
27	小林镇群新木店	小林镇广益村 519045	1997 年	木器加工生产 5 米以下木船船	—	—	—	44040530 3000952	未办理
28	小林月明农具木器店	小林镇广益新广 519045	1991 年	木器、农艇	—	—	—	44040530 3002102	440401670 091271
29	小林镇为民木材店	小林镇广益新村 519045	1993 年	零件、维修农艇	—	—	—	44040530 3000798	报停
30	珠海市南水镇钦记机械修理店	南水镇海安村避风塘 519050	2002 年	航板修理	—	—	—	44040630 1000215	44072619 630704355
31	南水南郊机械维修站	南水镇南郊村 519050	1994 年	机械修配（维修 20 米以下船舶）	—	—	—	44040831 3000215	44040133 1004243

续表 7-1-1-2

序号	企业名称	地址邮编	建厂时间	生产能力	证照情况				
					生产许可证书	技术条件认可证书	设计资格证书	工商执照	税务登记证
32	珠海港南水雄记木船维修店	珠海市南水镇 519050	—	修理长 12 米及以下木质渔船船舶。	—	—	—	—	—
33	平沙林记木厂	平沙平塘三队 519055	2002 年	加工木器生产 5 米以下木船	—	—	—	44040831 1000601	441226198 104054016
34	平沙新平木厂	平沙立新四队 519055	1997 年	生产 5 米以下木船	—	—	—	44040831 2000120	44042157 0427481
35	珠海市海之马游艇制造厂	斗门区斗门港 519060	1996 年	生产、维修 10～20 米动力帆船、游艇	—	—	—	003581	44042161837 6739
36	珠海桂山东港兴浮船厂	珠海市桂山镇 519004	1994 年	渔船保养、清洁	—	—	—	4404002100137	44040173146 9312

第二节　汽车制造

2009 年，珠海银隆新能源股份有限公司成立，是“广东省战略新兴产业培育企业”“ 新能源汽车产学研产业化示范基地”。2016年，中兴智能汽车有限公司成立，珠海英博尔电气股份有限公司生产的专用电动车配件已为全球超过20万辆电动车装配，中低速电动汽车驱动系统的国内细分市场占有率高达80%以上。珠海市金湾区被列入“广东省级新能源汽车战略性新兴产业基地”，是省级新能源汽车集约集聚区。2017 年，涉及新能源汽车产业的企业总数81家，产品涉及整车、电池、电机、电控等关键零部件，基本覆盖新能源汽车全产业链，实现年产值431.39亿元。

第三节　飞机制造

2008年，珠海市成立以通用航空为主导发展方向的航空产业园，以珠海金湾机场为核心，分为航空产业核心区、航空产业加工区、航空城配套加工区、航空城生活配套区4个区域，是“航空产业国家高技术产业基地”、“国家新型工业化产业示范基地”和“国家通用航空固定运营基地发展示范区”。中航通用飞机有限公司建设总装生产基地和研发中心，项目投资超过20亿元。2017年12月，中航通飞自主研发的全球最大水陆两栖飞机“鲲龙”AG600在珠海金湾机场成功首飞。 2018年10月20日，“鲲龙”AG60O在湖北荆门漳河机场成功实现水上首飞起降。珠海银通航空器材公司、珠海羽人飞行器公司等无人机制造企业先后在珠海落户，农用无人机领域处于领先地位。

第二章 修理

第一节 机动车修理

1974年前，珠海县交通局设有车辆修理车间，拱北汽车站内设保养车间。1974年10月，珠海县革命委员会工交办批准县交通局在原车辆修理车间的基础上组建珠海县汽车修理厂。1980年后，珠海机动车辆修理行业发展很快。1988年，全市有156家汽车、摩托车维修企业，其中市区有137家。按企业性质分，有国营30家，集体33家，“三资”企业9家，个体65家。1990年，全市有270家维修企业，珠海市汽车修理厂、珠海市万事得汽车维修中心、珠海市三联汽车维修中心、珠海市环卫处汽车维修中心、珠海拱北汽车运输公司汽车修理厂、珠海市经济特区交通运输公司修理厂、白藤湖汽车服务公司7家企业为大修企业；维护及小修企业112家，专项修理企业73家。

1990年汽车、摩托车维修企业数量统计表

表 7-2-1-1　　单位：家

类别 县（区）	按经营范围分						按企业性质分			
	大修		维护及小修		专项修理		全民所有制	集体所有制	私营业户	“三资”企业
	汽车	摩托车	汽车	摩托车	汽车	摩托车				
市区	6	1	85	36	57	—	35	51	90	9
斗门	1	—	21	34	18	—	3	2	63	—
平沙	—	—	4	7	2	—	2	5	6	—
红旗	—	—	2	—	1	—	—	—	—	—

1990年汽车、摩托车维修企业人员情况表

表 7-2-1-2　　单位：人

职工情况 县（区）	职工总数	干部总数	其中：技术部			工人总数	其中：技术工人			检验员数
			工程师技师以上	助工	技术员		三级以下	四至六级	七至八级	
市区	2746	383	29	25	38	2181	1452	398	169	104
斗门	246	25	11	1	7	221	78	104	18	7
平沙	47	7	1	3	2	40	17	13	4	3
红旗	24	3	1	—	—	21	11	6	8	1
总计	3063	418	42	29	47	2463	1558	521	199	115

1990年汽车、摩托车维修企业主要设备统计表

表7-2-1-3　　单位：台

设备县名称（区）市区	曲轴磨床	凸轮轴磨床	车床	镗缸机	磨缸机	镗制动鼓机	车架校正设备	探伤设备	前轴检验仪	前轴校正设备	发动机热冷磨设备	本架铆接设备	喷漆设备
市区	7	3	47	28	20	40	18	27	11	8	11	9	75
斗门	1	1	8	1	1	3	1	1	—	—	1	—	2
平沙	1	—	5	2	2	1	1	2	4	—	—	1	9
红旗	—	—	1	2	2	1	1	—	—	—	—	2	—
合计	9	4	61	33	25	45	21	30	15	8	12	12	86

1990年汽车、摩托车维修企业资产经营统计表

表7-2-1-4　　单位：万元

经营类别县（区）	大修（业户）				维修及小修（业户）				专项修理（业户）			
	固定资产原值	维修营业收入	上缴税款	利润值	固定资产原值	维修营业收入	上缴税款	利润值	固定资产原值	维修营业收入	上缴税款	利润值
市区	2126.8	2889.90	115.17	753.47	4138.79	1258.78	687.78	115.85	254.88	32.58	32.58	46.82
斗门	150	64	3	12.8	420	8	29.2	6	9	1	1	1.6
平沙	—	—	—	—	26.94	2.98	5.15	17.96	10.08	1.95	1.95	8.43

2000年底，全市有机动车维修企业412家，其中一类汽车维修企业13家、二类汽车维修企业83家、三类汽车维修业户316家，从业人员1.25万人。2012年，全市机动车维修业932家，其中一类21家、二类142家（含4S店71家）、三类548家、摩托车维修企业221家。2013年，全市机动车维修企业913家，其中一类21家、二类147家（含4S店74家）、三类569家、摩托车维修企业176家。2014年，全市机动车维修业户939家，从业人员3万人，维修量120万辆次，维修产值超8亿元。2015年，全市机动车维修业户709家，从业人员2万人，维修量82.97万辆次，维修产值9.39亿元。2016年，全市机动车维修业户708家。2017年，全市备案机动车维修企业782家，其中一类24家、二类190家、三类470家、摩托车维修企业98家。2018年，全市备案的机动车维修企业759家，其中一类27家、二类192家、三类441家、摩托车维修企业99家。

第二节　飞机发动机修理

珠海保税区摩天宇航空发动机维修有限公司（简称珠海摩天宇公司）是珠海境内唯一修理飞机发动机企业。2001年4月成立，注册资本6310万美元。位于珠海保税区，毗邻澳门，占地总面积15.6万平方米，建筑面积3.3万平方米，包括维修厂房、试车台、辅助车间、办公大楼和食堂等。项目总投资1.89亿美元，由德国最大的发动机制造巨头MTU航空发动机公司（MTU Aero Engines GmbH）与中国南方航空股份有限公司各出资50%。其中，试车台投资1300万美元，设计年维修能力为150台发动机，重点维修 V2500 、CFM56系列发动机。2003年1月 22日，正式投产运营。 2012年，二期工程完工，年维修能力增加到300台。 珠海摩天宇公司运营当年就先后获得中国民航总局(CAAC)、欧洲联合航空局(JAA)和美国联邦航空局（FAA）三大维修许可证，成为国内及亚太地区最具竞争力的航空发动机维修基地之一。截至2018年，珠海摩天宇公司是亚洲第一家同时具备V2500及CFM56-3/-5/-7四种系列主力发动机大修能力的基地。

第三章　重点修造企业

第一节　珠海市汽车修理厂

珠海市汽车修理厂（简称修理厂）始建于1974年10月，是全民所有制企业。厂址在香洲紫荆路8号，内设厂办部、生产部、配件部、财务部、设备部、检测部；车间分12个修理班组；另有电工班、机加工班；有汽车配件门市部一个。在珠海市西区设有分厂即中南机动车修理厂。

修理厂的前身是珠海县交通车队的修理车间，原址在松林街128号，占地面积4000平方米，有简陋的兵房式建筑2000平方米，仅有车床、钻床、铆床、刨床各一台。1974年10月，由珠海县革委会工交办批准在县交通局车辆修理车间的基础上组建珠海县汽车修理厂。当时有固定资产3.7万元，职工41人，年产值10.7万元，利润4004元。1981年，修理厂开始实施按件计工、多劳多得的分配形式。1984年，修理厂采取民主方式选举厂长，厂内“转轨变型”，实行全员浮动工资，并由过去单纯生产型转为生产经营型，俗称“前店后厂”，经营状况开始好转。1983年，修理厂开拓外引内联业务，合办附属修理厂（集体性质），1984年与澳门马万祺之子合作成立海门拆车公司。1985年和1986年实现利润36万元。1987年，海门拆车公司合作期满，自行解体。1988年初，修理厂在香洲紫荆路征地1.2万平方米，投资188万元，修建新厂，1988年11月建成。1985年和1989年，修理厂分别兴建一栋5层20户和一栋6层18户的住宅楼，解决干部职工的住房问题。1988年，增设一条汽车、摩托车电脑检测线，受市交警支队委托，成为珠海市车辆年审二保定点厂。1991年，修理厂投资50多万元，购进意大利烤漆房一套，电脑管理网络一套以及汽车维修设备一批。1991年8月达到省级先进企业标准。1991年10月，与三灶企业总公司合作，兴办中南机动车修理厂。1992

年，修理厂实现产值1035.5万元，利润182万元，修理车辆6262台次，年人均税利19917元，全员年人均劳动生产率36238元。后企业改制归并到珠海公交集团，成为珠海公交集团下属的修理企业。

第二节　香洲船厂

香洲船厂，原厂址香洲凤凰北路，建于1958年。由唐家造船社、南屏造船社、湾仔造船社、香洲造船社、坦洲造船社合并，称珠海造船厂。1962年改称广东省水产厅渔船修造四厂，1972年改称香洲渔船修造厂，1979年改称香洲船厂。工厂占地面积16万平方米，职工696人，设有铁船、木船、机械加工、铸造4个生产车间和一个玻璃钢制品分厂；另设有贸易总公司和综合服务公司。拥有机械加工机床65台、发电机3台、电焊机110台、铸造总天炉（1.5吨）1座、15吨码头吊车1台、11吨汽车吊1台、桥式吊车27台、运输车辆8辆、100吨运输船1艘、船排8条（最大的船排吨位500吨）。其主要产品有中浅海各类木质渔船、400匹以下钢质拖船、600匹以下钢质船、VGL812型微冻型钢质渔船、绞吸式挖泥船及其他工程船舶、300吨以下机动驳船、2000吨以下驳船、载重量100吨油船；还有钢质或木质的交通船、运输船、客货船、资源调查船、油水分离船、供水船、宿舍船、渔政指挥船、游艇、锚艇等各种形式的玻璃钢船艇。另外还生产起网机、液压绞网机、拼线机等渔业机械设备及各种铸铁铸铜件，并承接木材加工。产品可满足当地及附近渔业用户需要，还远销广西、福建、广东沿海和香港、澳门地区。1987年9月18日，玻璃钢船在香洲船厂建成，各项指标达到设计要求，玻璃钢船制造技术处于领先地位。20世纪90年代与广州造船厂、文冲造船厂等建立合作关系，加工5000吨、1.5万吨货船舱口盖。1994年，因城市拆迁改造，厂址搬至唐家湾，香洲船厂更名为珠海市船舶工业有限公司。2018年度，珠海市船舶工业有限公司申请解散，资产和人员由珠海农业集团接收。

▲20世纪90年代的香洲造船厂（珠海市水上运输管理处提供）

第三节　斗门造船厂

斗门造船厂于1965年筹建，旨在为斗门县水乡修造小型农艇和修理货驳木船。经过10多年的发展，成为初具规模的钢质造船厂。1980年后，与粤中船队挂钩，开始为肇庆航运公司制造280客位钢质大型客轮和500吨级钢质货驳船；并能制造1500吨级机动钢质货轮，研制成功8"自航钢质沿海绞吸式挖泥船。8"挖泥船具有排距大、功能较多、作业范围大等特点，适合沿海三级航区使用，是沿海整治港口码头深水作业和大规模围海造田、港湾建设的重要设备。

第四节　斗门水运船厂

1965年5月，斗门水运船厂成立，旨在为斗门水运公司修理运输船舶。1976年，公司木质船舶破烂不堪，开始研制水泥船来代替木质船。第一批出厂水泥船8～20吨级，后来发展到50吨级水泥船；并能制造300吨级水泥质自航机动货轮和内河A级210吨级自航开窗式自卸工程运输船。1980年12月，斗门水运公司在全省第一家全部实现水泥船运输企业。由于斗门水运船厂生产的水泥船质量优，省有关部门在斗门水运船厂召开现场会议，推广斗门水运船厂经验。

▲1976年，斗门县水运造船厂制造的水泥船。（珠海市水上运输管理处提供）

第八编　交通行业管理

建国以后，珠海公路运输管理分为三个阶段。第一阶段为20世纪50—60年代，对农村个体、集体、民间运输业的组织实行“三统”管理，即统一承揽货源、统一运价、统一调配劳动力；第二阶段为20世纪70年代期间，对运输市场实行“四统”管理，即统一计划、统一货源、统一调度、统一运价和票据；第三阶段是在1979年以后，特别是20世纪80年代开始，采取一系列开放搞活运输市场的政策措施，允许国营、集体、个体多种经营形式并存，各行业、各部门大搞公路运输，初步形成相互竞争的运输市场。

1950年，岐关车路公司由石岐军事管制委员会管制。同年，珠海单车工联会成立，码头搬运由海岛办事处负责组织管理。1955年，珠海县各区分别成立搬运工会受县总工会领导。1958年，珠海县乡镇成立搬运站，由县交通科领导。1964年珠海县交通局成立，下设短途运输总站负责民间运输管理工作。1973年，短途运输管理总站改称为民间运输管理总站。1984年，珠海市交通局下设交通运输管理总站替代民间运输管理职能。1988年9月，珠海市交通委员会成立，实行大交通管理体制；成立珠海市交通运输行业管理处，属事业机构，管理全市水陆运输行业。1989年8月珠海市交通运输行业管理处更名为珠海市公路运输管理处，负责全市道路运输行业管理。1991年6月，水路运输管理职能划归市航务管理局，珠海市公路运输管理处更名为珠海市道路运输管理处，其他职能不变。1992年8月，车辆购置附加费征收管理从市道路运输管理处划出，成立珠海市车辆购置附加费征收办公室，负责全市机动车辆及进口机动车辆的附加费征收及管理工作。1995年，水运管理职责从市航务管理局划归市交通委员会。2018年，辖区除市、区两级交通局外，还有市直属行业管理机构、省部属管理机构和其他管理机构20多家，承担交通、邮政行业管理职能，形成完善的交通行业管理体制。

第一章　综合管理

第一节　运输市场管理

1985年，珠海交通管理部门与市公安局共同起草《关于整顿珠海市客运市场的请示报告》。1986年8月8日，市交通管理部门起草《关于整顿客车运输市场的方案》。1987年3月10日，市交通管理部门与市公安局起草《关于加强公路客运管理的意见》，经市政府办公室批准执行。是年6月30日，市交通管理部门制定《关于加强对个体营运车辆管理的暂行规定》，把珠海市公路运输各方面的关系规范化和法制化，保护合法经营，制止非法运输。1989年交通部关于整顿运输市场决定颁布后，珠海市先后建立6个公共客运站场，面积约3.5万平方米。拱北口岸营运客车实行售票、配客、管理“三统一”，杜绝人车混乱现象，确保口岸客运市场内的交通秩序和安全；对外地进入香洲的客运车辆实行“一统一”管理，解决香洲凤凰路乱设售票点、车辆乱停、乱上客、乱要价的混乱局面，实现车进站、人归点的良好运输秩序；九洲口岸也建设公共型客运站场和非营运车辆停车场，对进入九洲港口岸营运的客车实施统一管理，外地车辆不准进入九洲港口岸营运，较好地解决九洲港口岸运输秩序混乱的问题。

1990年，成立由口岸、交委、公安、工商、交警联合组成的拱北口岸整治领导小组和办公室，由主管口岸工作的副市长任组长，口岸、交通、公安、工商、交警部门各有一名主要领导任副组长，办公室由口岸办牵头，5个部门派员联合办公，对拱北口岸、九洲港口岸的客运市场实施综合治理，融法律、行政、经济和思想教育于一体，切实加强对口岸客运市场综合整治工作的领导。同时，市政府批准颁发“拱北口岸综合整治检查证”，凡佩带检查证的人员，才能履行治安、交警、工商、交通等部门的部分职权。此外，市政府颁发《珠海市口岸客运市场管理办法》，明确工作职责、工作方法和工作程序，使整治机构成为有机整体，较好地发挥作用。根据粤府〔1989〕122号《关于整顿治理道路、水路运输市场的通知》的精神，市整顿办、市交通委员会决定对外籍进入珠海市营运的车船必须到当地运管、养征和港务管理部门登记、注册、备案；进入市区营运的到市交通运输行业管理处申报；进入南水、三灶、小林、平沙、红旗管理区等地营运的分别到斗门县交通局和南水、三灶、小林交管站及平沙、红旗交通办申报；养路费到市公路局养征科申报。严格执行国家、省、市有关运输市场管理规定和公路养路费征收管理规定，服从统一配载、统一管理。凡领有牌证到珠海市参加营运的各种机动车辆，未办理有关养路费手续的，均应到指定地点办理养路费征收手续。任何单位、个人必须如期缴交，不得拖欠、拒缴。凡不按期限缴交异地管理费，每超过一天按有关规定计收滞纳金；拖缴养路费，按有关规定处罚。凡是拒缴的，除处以罚款外，情节严重者送交司法机关处理。凡从外地进入珠海市经营的车船和车船驾驶员、乘务员，除应遵守国家有关交通运输法规外，应严格按珠海市的有关交通运输管理规定和口岸运输市场管理规定经营。进入市场营运的车船（不含与珠海市专业运输单位对开的车辆），应到市区指定的场站进行经营；进入斗门县和南水、三灶、小林、平沙、红旗管理区经营的车船分别到各地交通部门指定的经营点进行经营。未经交通部门批准，任何单位不得另设售票点售票配客，不准在市区内乱停泊、乱招客、做到“车进站、人归点”，否则以违章论处。

1990 年公路运输从业人员情况表

表 8-1-1-1　　单位：人

总计	客运				货运
	国营	集体	个体	中外合资	货运司机
6755	1050	182	599	369	4100

说明：已发客运司机资格证 2655个。

1990 年运输服务业客运站场一览表

表 8-1-1-2

单位	停车场	从业人员			场站管理人员
		合计	国营	集体	
23 个	15 个	214 人	128 人	86 人	44 人

2001年，市交通局以转变政府职能、全面加强行业管理为原则，以实现政府职能、工作方式、工作作风三大转变为目标，树立“政府规范市场．市场引导企业，企业自律发展”的行业管理理念，重点抓交通法治、运输市场秩序的规范和整顿、行业安全生产等工作。2003年，以“三把关一监督”（严把运输市场准入关、车

船技术状况关、客运驾驶员从业资格关，搞好客运站安全监督）为重点，深化道路运输市场管理。严把从业资格关，全年举办培训班105期5186人参加，核发道路运输从业资格证3482个、出租车服务资格证4287个，办理港澳籍驾驶员从业资格证482个，培训汽车摩托车维修技术人员1000多人。以资质管理为切入点，不断促进运输市场经营主体结构调整。班车客运企业由原来的10家重组整合为6家；旅游包车客运由原来的33家整合为17家。引导运输企业规范化、规模化方向发展；继续开展运输市场专项治理，加强危险货物运输、船舶修造业和汽车摩托车维修、旅游包车、水运市场秩序管理，进一步规范牌证档案管理。

2004年，全面推进运政工作“属地化、规范化、信息化”管理。把日常运政工作与安全责任紧密结合。开展经营资质评估工作。全年开展运输市场专项整治10次（其中联合整治客运市场5次、危险品运输2次、维修市场3次），查扣各种营运证件7573个、非法营运“黑车”294辆次、非法营运摩托车94辆，取缔私设配客站点8个。同时抓行业文明创建，开展维修等行业的“创优、评先、树立行业品牌”活动，与市精神文明办、市消委会、市维修协会联合举办第二届“创优质文明服务，争星级文明企业”活动，进一步规范经营行为，促进企业树立诚信经营和实施品牌战略。

2005年，加大运输市场秩序整治力度，重点打击“黑车”非法营运和汽车维修市场坑害顾客的行为。全年组织整治专项行动10次，查扣非法运输的营运证、许可证等3038个，非法营运“黑车”223辆、其他违章车辆741辆；取缔非法配客点6个；查处违规汽车维修企业5家。联合公路、公安部门开展“治超”行动，检查车辆1.03万车次，处理超限超载车辆150辆，卸载货物624吨，恢复“大吨小标”车辆2875辆，增加吨位6136吨。加强对全市公路、城市道路收费站和各区交通部门收费情况的检查，加强复杂地区和路段的监控，完善治理工作机制和制度，有效防止交通公路“三乱”问题的发生，继续保持珠海市公路无“三乱”记录。

2007年，市交通局组织起草《珠海市港口管理条例实施细则》和《珠海港口章程》，进一步规范港口建设与经营管理；规范交通行政执法在责任、考核、过错追究、委托责任、公开、监督检查等方面行为，强化依法行政的监督约束机制；加大行政执法的监督检查力度，开展执法检查12次，纠正执法存在问题8起；组织听证案件24宗和行政复议、行政诉讼各1宗；制定《珠海市交通局2007年普法工作实施意见》，开展普法宣传工作，增强交通行业广大从业人员法规意识。按照《中华人民共和国行政许可法》的要求，对交通行政许可项目进行全面清理，制订行政许可程序，规范行政许可行为。针对运输市场存在的突出问题，开展道路运输、水路运输、港口经营、汽车维修等专项整治行动，加大对非法经营行为的打击力度。全年共查扣非法营运“黑车”305辆以及各种营运证、线路牌、许可证等2720个，取缔非法配客点7个，查处违规汽车维修企业62家、“三无”船舶3艘，收取罚没款520万元。继续建立治理公路“三乱”快速反应机制和长效工作机制，制定《珠海市2007年治理公路“三乱”工作实施意见》，加大公路“三乱”的查处力度，继续保持公路无“三乱”。

2008年，市交通局组织起草《珠海市公共汽车条例》和《珠海市港口管理办法（草案）》，并进入立法程序；对行政许可、行政处罚流程、行政事业收费等内容进行全面清理，规范行政行为。开展道路运输、水路运输、出租车、汽车维修等行业的专项整治行动，并与公安部门联合开展打击非法营运专项治理“百日行动”，加大打击非法营运的力度。全年共查扣各种营运证件1318个、非法营运“黑车”479辆、大中巴102辆，取缔私设配客站点4个，查处“三无”船舶11艘，查处违章船舶25艘。

2009年，市交通运输局制定《珠海机场管理条例》立法计划，组织制定并实施《珠海民用航空运输发展资金补贴政策》《关于加快陆岛交通发展的意见》。加强交通执法人员业务培训，开展交通执法案卷评查工作，进一步规范交通行政执法流程和行政许可流程；抓好治理公路“三乱”工作，全市公路继续保持无“三乱”；

成立打击“黑车”非法营运专责小组，统筹全市打击“黑车”专项行动，对拱北口岸和九洲港口岸等非法营运多发区域、地段进行强力整治，年内共查处非法营运车辆481辆。2010年，市交通运输局积极推进《珠海市珠海三灶机场管理办法》《珠海市公共汽车条例》的立法，制定《珠海市新出租小汽车运力投放办法》《珠海市出租小汽车服务规范》《珠海市出租小汽车企业质量信誉考核实施细则》《珠海市出租小汽车企业招聘驾驶员管理办法》《珠海市出租小汽车驾驶员星级管理办法》《珠海市道路运输车辆车载GPS管理办法（试行）》等规范性文件，启动《珠海市出租小汽车管理条例》修订工作。全面开展交通法规、规范性文件、执法职权及其依据、行政审批事项的清理工作，保留规范性文件32件，明确局行使的行政处罚121项、行政许可10项、行政强制措施13项；开展普法教育和培训，组织全局干部参加市“五五”普法学法统一考试，对交通行政执法局全体人员开展为期10天的培训；扎实开展交通执法监督，定期组织对执法案卷进行评查；加强对交通行业协会指导，制定并实施《2010年开展清理整顿和规范珠海市交通运输社会团体行业协会自律工作方案》等；集中执法力量对拱北口岸和九洲港口岸等非法营运多发区域、地段进行强力整治，对非法营运“黑车”有力打击。全年出动执法人员1.68万人次，查扣非法营运“黑车”120辆，查处各类违章车辆563辆次。

2011年，完成《珠海市出租小汽车管理条例》修订初稿，做好《珠海市珠海三灶机场管理办法》《珠海市公共汽车条例》的制定，制定《珠海市新出租小汽车运力投放办法》《珠海市出租小汽车服务规范》《珠海市出租小汽车企业质量信誉考核实施细则》。市交通运输局行政服务和行政许可事项进驻市行政服务中心，并与5家社会组织签订《珠海市交通运输局职能转移与购买服务协议书》，共转移职能27项。印发《关于开展珠海市交通运输局涉企业规章和规范性文件清理工作的通知》《关于开展珠海市交通运输有关行政强制规定清理工作的通知》，审核并清理有关交通运输涉企地方性法规、政府规章、规范性文件45件，其中，保留36件，废止2件，宣布失效3件，需修改的4件。加大交通执法力度，立案查处1331宗交通运输违法违规经营行为，其中非法营运案件517宗、出租车违法案件206宗、大客车违法案件558宗、维修企业违法案件29宗、水路运输违法案件21宗。加强对全市公路、城市道路收费站和各区交通部门收费情况的检查，加强复杂地区和路段的监控，完善治理工作机制和制度，有效防止公路“三乱”问题的发生。

2012年，市交通运输局以创建全国文明城市和“净畅宁美”行动等活动为契机，加强行业管理，创新工作方法，提升行业服务水平，行业文明得到进一步提升。实施《珠海市出租小汽车服务规范》、出租车驾驶员考核办法、出租车文明服务规范等制度，严格落实每月定期计分考核制度并纳入年审考核指标；与全市9家出租小汽车经营单位签订经营管理责任书，强化企业主体责任，确保行业自律；对全市4390名出租车驾驶员分23期开展专项教育培训，并举办6期共173人违章出租车驾驶员学习班，行业满意度提升到80%；督促整治水运行业“脏、乱、差、堵”现象，投入资金为2个客运站大厅和11艘客船新购买安装电子屏幕，并更新改造18个乡镇渡口候船亭的告示栏、标志牌，改善站场渡船环境；开展以“安全生产‘双基’建设合理化建议”为主要内容的船舶、班组安全竞赛活动，“海钧”轮和“港信拖”轮被评为“全国安全优秀船舶”。持续开展机动车维修行业专项整治行动，散发宣传手册和倡议书，开展星级文明汽车维修企业评选，维修行业文明建设取得长足进步。同时，支持行业开展企业文化、文明建设，打造企业文化品牌。全年共出动交通执法人员3.8万人次，检查车辆3.1万辆次、船舶1228艘次，立案查处违法违规经营行为3820宗。

2013年，市大交通体制改革顺利进行。市路桥管理处、市港珠澳大桥建设协调办公室正式划归市交通运输局管理；整合原市道路运输管理处、市水上运输管理处、市金湾交管总站，组建新的市道路运输管理处（加挂市水上运输管理处牌子），市交通工程质量监督检测站、市交通规划研究与信息中心事业单位改革基本完成。

《珠海经济特区出租车管理条例》经市人大常委会审议通过、正式实施。《珠海市车辆通行费征收管理规定》修订工作加快推进，完成《珠海市现代有轨电车管理办法（初稿）》。启动筹建出租车行业发展咨询委员会；研究制定机动车维修、驾培行业发展一系列指导意见；完成首轮并启动第二轮出租车管理改革试点工作；26个基层执法单位的统一交通执法形象工作全面完成。全年出动交通执法人员2.6万人次，检查车辆1.8万辆次、船舶1326艘次，立案查处违法违规经营行为2671宗。

2015年，继续深化审批制度改革，行政许可事项由86项清理调整为26项，下放市级37项事项到区一级，所有行政许可实现全流程网上办理，市交通运输局行政服务中心窗口被评为“广东省交通运输文化建设示范单位”。“依法治交”成效显著，《珠海市现代有轨电车管理办法》颁布实施；启动国家标准化试点“珠海市城市客运与交通信息服务标准化试点”项目；深化交通交警联合执法，开创科技执法新局面。全年出动交通执法人员逾3万人次，检查车辆4万辆次、船舶1000余艘次，立案查处交通运输违法违章行为7588宗，在全省交通执法检查中位列第二；实行涉企收费定期自查机制常态化，清理规范涉企税收等优惠政策10项，公路继续保持无“三乱”，继续落实重大节假日免收小型客车通行费和鲜活农产品运输“绿色通道”政策。实施《珠海市交通运输局信用信息管理暂行办法》，红黑名单纳入项目审批、招投标体系，交通建设工程企业诚信管理系统完成初步搭建，完成232家客货运、维修、出租车、驾培企业2014年度质量信誉考核，推进行业社会组织改革，市场诚信体系持续完善。

2016年，市交通运输局修改完善《珠海市小型船舶管理规定》《珠海市交通信息资源管理办法》《珠海市扶持陆岛交通发展若干规定》《珠海市台风暴雨期间公共交通工具停航停运（暂行）管理规定》等一批规章和规范性文件；出台《珠海市交通运输重大行政决策程序规定》《珠海市交通运输标准化管理办法》《珠海市交通运输投诉处理办法》等行业管理文件。国家标准化试点“珠海市城市客运与交通信息服务标准化试点”项目通过中期评估验收。加强交通综合行政执法工作，出动交通执法人员逾3万人次，检查车辆4万多辆次、船舶1000多艘次，立案查处交通运输违法违章行为7271宗，注销11家水运企业经营资质。

2017年，“珠海市城市客运与交通信息服务标准化试点”项目以94分的高分通过国家评估验收；制定《珠海市交通信息资源管理办法》《珠海市建设项目交通影响评价管理办法》；实施《珠海市交通运输局重大行政决策合法性审查制度》《珠海市交通运输局公平竞争审查工作程序》《珠海市网络预约出租汽车经营服务管理暂行规定》；完成《珠海市民用航空运输发展专项资金绩效考核办法》修订工作；研究制订引进基地航空公司的扶持政策。全年出动执法人员逾3万人次，检查运输车辆4万多辆次、船舶1000多艘次，立案查处交通运输违法违章行为7660宗，其中通过科技执法查处案件4191宗。便民便企服务再出新举措，“马上就办”事项范围扩大到37项，“一窗通办”“同城通办”“一门式一网式”等创新服务不断优化。全年受理交通运输服务行业咨询、投诉1.5万宗，办结率100%，工单处理满意率达91%。出租车失物招领平台为乘客找回失物7473件，价值672万元。大力开展创建全国文明城市活动和志愿服务活动，设置常吊志愿服务窗口，持续开展“情满旅途 畅享交通”品牌志愿服务活动，组织“天鸽”台风灾后志愿清障行动14次。

2018年，市交通运输局深入开展扫黑除恶专项斗争，印发《珠海市交通运输局扫黑除恶专项斗争实施方案》《珠海市交通运输局扫黑除恶专项斗争工作制度（暂行）》，成立扫黑除恶专项斗争领导小组，设立办公机构，做到“专室、专人、专班”；设立涉黑涉恶涉乱线索举报服务热线“12328”，公布举报邮箱、电话，全方位、多渠道持续滚动摸排行业涉黑涉恶线索，排查112条，移交市扫黑除恶办37条。加强部门联动，协助市公安局成功侦破“1·29”特大污染环境案，抓获犯罪嫌疑人122人，查处非法储油点9个，扣押作案车辆39

辆、废旧机油100余箱；查处某运输公司使用无效许可证件从事道路货物运输经营案，涉案金额逾1100万元；完善交通法治体系建设，组织宪法知识考试。《珠海市建设项目交通影响评价管理办法》正式实施，启动《珠海经济特区出租车管理条例》修订工作；修订《珠海市交通运输局规范性文件管理制度》《珠海市交通运输局公平性审查制度》《珠海市交通运输行政处罚自由裁量权细化标准》；发布《珠海市人民政府关于划定金湾机场净空保护区的通告》《珠海市出租汽车行业驾驶员信用红黑名单管理办法》；深入开展国家级标准化试点建设，成立市交通运输行业标准联盟并与65家单位签订联盟标准合作协议书，引领提高行业服务质量；严格执行重大行政决策合法性审查制度、合同审查程序，积极发挥法律顾问、专业人士在事前法律风险防范的作用。深化交通综合行政执法工作，全力开展违法网约大巴、非法营运、危险品运输等专项整治和货运源头专项治理及公路两侧违法行为整治行动，组织开展珠中江跨市道路运政执法行动；应用视频监控、GPS监控、治超监测数据、船舶AIS信息监控、车辆号牌分析等科技手段深入推进非现场执法，并率先在全省完成普通公路治超监测点建设及应用。全年出动执法人员4万多人次，检查运输车辆5万辆次、船舶1500艘次，立案查处交通运输违法违章行为8658宗，其中科技执法办案3820宗。

第二节　交通运输安全生产

1979年12月20日，珠海市交通安全监理所成立，实行省交通厅和珠海市双重领导。市交通安全监理所下设拱北、湾仔2个分所，编制暂定28人，主管市辖区内交通管理、处理交通事故等工作。市交通安全办公室设在市交通局。1982年8月17日核定市交通安全办公室2名行政编制。1986年10月1日，全国交通监理行政体制改革，交通监理归并公安部门。1988年12月1日，珠海市交通委员会内设安全监督科，对交通运输相关企业、个体经营者进行安全教育、监督等工作。1997年4月28日，市交通委员会开展水路运输和水上安全大检查。是年6月6日，举行安全生产领导责任书签字仪式，市交委主要领导第一责任人莫鉴东、生产安全直接责任人邓炳发同下属32家企事业单位第一责任人、直接责任人签订《珠海市交通邮电安全生产领导责任书》。1999 年3月19日，市交委召开全市交通系统安全生产总结会议，各县、区交通局(办)负责人，水、陆运输企业主管领导共同研究如何加强安全生产工作。2001年10月，机构改革，撤销珠海市交通委员会，设立珠海市交通局，内设科室安全监督科改为安全技术科，除承担交通运输安全生产监管外，增加机动车维修行业管理工作。是年，市交通局以“水上安全管理年活动”为契机，重点抓乡镇渡口和水上运输安全整治，开展高栏水域安全联合整治行动，进行6次较大规模的水上联合执法行动。道路运输企业安全行车4项指标（责任事故率、责任死亡率、责任受伤率、责任损失率）分别为每百公里0.685次、0.05人、0.369人、2.82万元；水上运输船舶交通事故4项指标（事故宗数、沉船艘数、死亡人数、经济损失）分别为6宗、3艘、4人、69万元；港口企业没有发生任何安全生产事故。2002年，全市安全生产纳入行业管理，开业、年审时把企业安全生产设备、设施、制度、责任落实情况作为企业资质审验的重要内容。以业务审批为基础．将安全生产管理工作分解到各职能科室、部门，明确分工协调管理，形成齐抓共管的机制。结合三防工作．制定应急预案，成立安全应急领导小组，提高对事故的防范和控制能力；落实安全生产责任制，签订安全生产责任书55份。深入开展各项安全生产专项整治，开展综合性“安全生产月”活动和春运、“五一”国际劳动节、“十一”国庆节等运输高峰期的现场检查；开展专题性的水路旅客运输市场秩序、道路危险化学货物运输、横水渡专项整治工作。道路运输企业行车事故4项指标（责任事故率、责任死亡率、责任受伤率、责任损失率）分别为每百万公里0.11次、0.01人、0.13人、 12.83万元；水上运输船舶交通事故4项指标（事故宗数、沉船艘数、死亡人数、经济损失）分别为4宗、0、0、53万元。

2003年，市交通局出台《珠海市道路客运安全生产监督管理规范（暂行）》，建立长效安全生产监督管理机制，把车辆、站场、从业人员、管理制度等一系列安全生产要素的安全标准、责任和要求细化明晰，把安全生产管理责任落实到各级交通管理部门、各基层交管所（站），形成较完善的安全监督管理规范体系。加强桥梁防火、乡镇渡口渡船改造管理工作，开展“安全生产月”活动和水运系统船舶、班组安全生产竞赛等活动；实施企业安全资质管理，对全市道路运输、水上运输和港口158家企业的安全生产状况进行评估。按照港口法要求，全面铺开港口危险品作业的申报，对全市港口危险品作业企业的资质进行调查摸底。

2004年，市交通局认真贯彻《广东省道路客运安全生产监督管理制度》等5个规范性文件，结合珠海实际制订珠海市道路客运安全生产监督管理规范，全面推进安全工作“属地化、规范化、信息化”管理。从局机关业务科室到各辖区运管部门建立职责明晰、量化考核、责任追究的安全生产管理监督体系；把安全生产管理责任落实到各级交通管理部门、各基层交管所（站）；进一步落实安全生产责任制，在全行业开展安全生产状况评估和安全工作考核制度，建立激励机制。

2005年，加大运输市场秩序的整治力度，重点打击“黑车”非法营运和汽车维修市场坑害顾客的行为。

2006年，市交通局狠抓安全生产责任制的落实，局与下属单位、管理部门与企业、企业与车（船）层层签订安全生产责任书，建立职责明晰、管理到位的安全生产监管体系，并认真开展安全生产责任制落实情况的考核工作，确保责任制的有效落实。加大安全生产大检查与安全隐患整改力度。在元旦、春节、“五一”国际劳动节、“十一”国庆节等重大节日前，均在全行业开展安全生产大检查，对存有隐患的企业，发出安全整改通知书，确保节假日交通安全。开展港口、乡镇渡口、危险品运输、道路交通等专项安全生产整治行动，组织开展“安全生产管理年”“安全生产月”等活动，联合斗门区、珠海海事局举行客渡船水上搜救、消防联合演习，增强从业人员的安全意识，提高水上安全紧急事故应急能力。继续在道路、水路运输企业推广应用GPS、行车记录仪等现代化手段，加强车、船的安全监督。

2007年，市交通行业认真贯彻《中华人民共和国安全生产法》和《广东省安全生产监督管理条例》，按照“安全第一、预防为主、综合治理”的方针，全面落实安全生产责任制，建立起职责明晰、量化考核、责任追究的安全生产监督管理考核体系。针对春运期间安全生产存在的问题，及时召开安全生产形势分析会，对抓好交通安全生产进行总动员。通过加强从业人员的安全教育培训，加强运输车辆（船舶）的准入管理，加大安全生产检查与隐患整改力度，开展港口、乡镇渡口、桥梁、旅客运输和危险品运输安全生产专项整治，举办安全生产竞赛，加强运输企业安全生产的考核工作，在运输企业广泛推广GPS、行车记录仪等现代化安全监控手段，完善港口、运输安全生产事故应急预案，开展应急演练，有效增强全行业的安全生产意识，强化企业安全生产主体责任，加强行业安全生产管理，提高处置突发应急事件的能力，维护行业安全生产形势持续稳定。全年道路运输企业共发生行车事故112宗、死亡20人、受伤61人、直接经济损失258.8万元。水路运输企业发生水上交通事故3宗，无发生人员伤亡事故。港口、民航企业安全生产继续保持零事故。市交通局连续两年被评为市安全生产先进单位。

2008年，市交通局按照“安全第一、预防为主、综合治理”的方针，全面落实安全生产责任制，建立安全生产考核与事故倒查制度，进一步推进安全管理长效机制建设，开展旅客运输、危险品运输等安全生产专项整治，实施“科技兴安”战略，加强运输车辆、船舶的动态监控，交通行业安全生产形势持续保持稳定。全年道路交通运输企业共发生行车事故108宗、死亡13人；水运企业、珠海机场和交通在建工程项目没有发生生产安全事故。

2009年，市交通运输局与局属8个单位、局属单位与辖区客货运（危运）及水运企业和交通重点工程施工单位签订责任书326份，层层落实安全生产责任制。全年举办安全培训班6期，750人参加；每季度召开安全生产联席会议，分析安全生产形势，解决存在问题，部署下一季度工作。开展春运、“五一”国际劳动节、“十一”国庆节、澳门回归10周年庆典以及省交通运输厅和市安委办要求的多项安全生产检查工作，对发现的安全生产隐患及时进行整改；落实安全事故责任倒查制度，对一起死亡2人伤1人的交通事故和一起超速严重的经营行为进行责任倒查；各客运、危运企业的车辆全部安装GPS监控系统，实现对客运、危运车辆的有效监控，提高安全管理水平，保持交通行业安全生产形势稳定。

2010年，市交通运输局继续签订《安全生产责任书》，制定《珠海市交通运输局2010年春运安全生产事故应急预案》；督促落实重要时段的安全生产工作，做好运输保障和生产安全。大力开展隐患排查治理工作，在企业自查、辖区交通主管部门排查的基础上，对客运企业、站场，水运企业、码头、渡口，危运企业、长途客运班车和旅游包车及交通在建工程项目施工现场组织实施8次大检查，检查企业700余家，发出整改通知15份，并督促隐患单位及时整改；开展安全生产标准化分级分类管理评定工作，完成769家企业的登记、评级工作，评出A类企业14家，B类企业397家，不予评级企业358家。

2011年，市交通运输局坚持“安全第一、预防为主、综合治理”的方针统领交通运输安全生产工作，认真贯彻安全生产法律法规及国家、省、市关于安全生产工作的一系列文件精神，突出落实“一岗双责”（“一岗”是指领导干部职务对应的岗位；“双责”是指领导干部既要履行岗位业务工作职责，又要履行安全生产工作职责）和安全生产监管责任、企业的主体责任。重点加大安全生产的源头管理和隐患排查治理工作力度，深入开展交通在建工程领域安全生产突出问题专项治理；进一步严格对危险化学品和烟花爆竹承运人、运输车辆（船舶）及驾驶员（船员）、押运员、装卸管理人员的资质审核和行业监管，充分运用GPS监控等科技手段强化动态监控；开展安全生产宣传、培训工作和“安全生产月”活动；努力建立健全安全生产长效管理机制，解决交通运输安全生产存在的薄弱环节和突出问题，有力地促进交通运输行业安全生产稳定。

2013年，全面落实“一岗双责”、责任追究和考核制度，大力抓好“双基”工作，开展安全生产专项行动。突出源头管理、资质管理和教育培训，推进“安全生产百日大检查及回头看”“道路客运安全年”“安全生产年”等活动；开展旅游包车、危运车辆整治、重点营运车辆卫星定位系统监管使用情况、机动车安全隐患大检查等专项行动；强化港珠澳大桥人工岛建设安全监管，工程建设领域继续保持零事故。

2016年，全市交通运输行业进一步强化“红线”意识和“底线”思维，开展“平安交通”“平安港口”“安全生产百日行动”“安全生产月”等活动；突出抓好道路运输、水路运输、交通工程建设、重点基础设施安全生产大检查和隐患排查治理；组织专家对全市37家道路危险货物运输企业的安全生产状况进行全面“会诊”；开展港口危险货物生产安全事故暨港口设施保安综合应急演练和港口危险货物企业化工生产装置危险与可操作性分析，落实危险货物储存港区安全风险评估。制定规范性文件，全面开展对交通运输企业主要负责人和安全管理人员的安全生产知识和管理能力无纸化考核，推进全市交通运输企业安全生产标准化达标考评及“平安企业”创建工作，积极构建组织健全、职责明确、监管有力、协调有序、运转高效、反应快捷的交通运输安全生产和应急体系。市交通运输282家企业评定为“平安企业”。

2017年，全市交通运输行业持续完善“党政同责、一岗双责、齐抓共管、失职追责”安全生产责任体系，牢固树立以人民为中心和“生命至上、安全第一”的理念。信息化、科技化的交通、港口安全生产和应急体系基本建立，安全生产“一体系三平台”系统应用推广，闭环式综合监管形成。安全公益宣传广告深入人心，企业和市民的交通安全生产意识逐步提高。以建设“平安交通”“平安港口”为目标，落实特别防护期安全生产大检查，开展“打非治违”、行业反恐维稳等专项工作；全面实现道路、水路客运购票实名制。深刻汲取高栏港华丰纸业“3 · 4”、广河高速“7 · 6”等事故教训，大力开展港口作业、道路客运、危化品运输、外包作业和危险作业整治等专项行动，有效排除整治安全生产隐患。成功举办交通运输行业应急运力保障综合性大型演练，有效提高应急保障能力。妥善处置莲溪大桥被撞事故，全力做好台风“天鸽”“帕卡”防御工作，降低强台风对交通运输行业影响。

2018年，全市交通运输行业强化安全生产工作建章立制，大力推进安全风险管控，深入排查治理交通、港口安全生产隐患，持续开展安全生产大检查、安全生产教育培训，逐步提升应急管理水平。进一步压实企业安全生产主体责任，对一批港口、道路运输、公交、巡游出租车企业进行约谈整改。加强危险货物港口经营人、营运车辆驾驶人资质管理；集中治理营运车辆安全隐患，集中整治货车超载超限违法行为。创新安全生产科技手段，企业主要负责人和安全管理人员考核系统推进建设，珠海市交通运输安全生产监督管理系统试运行；严格实施公路、水运工程质量监督，加强现场监督检查，确保“应监不漏”。开展高栏港航道测量、疏浚监管，港口公共设施保障得到提升。开展“安全生产月”“夏季攻势”“平安交通百日行动”等活动；创新安全监管社会治理模式。实施《珠海市交通运输局“双随机一公开”监管工作实施细则》，推行“双随机一公开”（即随机抽取检查对象、检查人员，公开查处结果）事中事后监管方式；深化联动机制，会同属地政府和公安、公路、海事等部门集中整治一批运输从业单位、清除一批安全隐患、查处一批违法行为。连续三年春运实现安全生产零事故。

第三节　交通系统企业改革

1996年10月，市交通委员会成立交通系统企业改革办公室。1997 年1月，市交通委员会下属4家企业(珠海特区交通运输公司、珠海市汽车运输公司、珠海市小汽车出租公司、珠海市汽车修理厂)的资产进行重组，成立珠海市东晟交通实业集团有限公司。同年8月更名为珠海柏宁集团公司并正式挂牌运作。1997 年11月，撤销市交通委员会企业改革办公室，成立市交通资产经营有限公司。

1998年1月，市交通资产经营管理公司移交市国资委管理。市国资委在市交通资产经营管理公司基础上成立珠海市正邦资产经营管理有限公司(简称正邦资产公司)，代表市国资委管理交通行业有关国有企业。1999年 3月，珠海市正邦资产公司对珠海市交通运输集团公司进行企业重组，珠海市交通运输集团公司，更名为珠海信禾运输集团有限公司。1999年 9月，全市交通企业与市交通委员会脱钩，珠海信禾集团公司、珠海市交通勘察设计院、珠海市公共汽车公司、珠海市粤交实业(集团)公司、珠海市柏宁集团公司、珠海市全通联运公司、珠海市新启交通投资公司、珠海市港口集团公司、珠海市九洲港务集团公司、珠海市香洲港务总公司、珠海市铁路有限公司、珠海市伶仃洋大桥集团公司、珠海市机场集团公司、珠海市西部地区运输总公司、珠海市交通发展公司、珠海市上冲客运站等市属交通企业划归市国资委管理。2002年7月，珠海信禾运输集团有限公司调整为市国资委直接管理的国有企业，撤销正邦管理公司，原珠海市正邦资产经营有限公司资产无偿划转珠海信禾运输集团有限公司，正邦资产经营有限公司大部分人员划入珠海信禾运输集团有限公司，部分人员到市联昊集团有限公司。2009年7月，珠海信禾运输集团有限公司与珠海市公共汽车公司合并，成立珠海市公共交通运输集团有限公司。

第二章　行业管理

第一节　公路运输管理

● 规费征收

养路费征收 1983年4月以前，珠海市机动车养路费征收工作由珠海交通监理所征收。1983年4月1日起，珠海市公路局负责全市机动车辆规费征收工作，仍执行粤府〔1980〕84号文规定的收费标准，即省运输企业的营运车辆，按营运总额15%计征；专业运输的汽车，按每月每吨85元计征；非营运汽车按每月每吨105元计征。1984年9月，市公路局按粤交公〔1983〕524号文《实行机动车辆建勤代金，增收一个月养路费办法》补充规定和粤交公（1983）565号文件规定征收。1985年2月1日起，按粤函办〔1985〕24号文《调整部分车辆养路费的征收标准》执行征收。珠海市征收的公路养路费全部上缴省公路局，由省公路局按规定进行调整使用。1983年，征收养路费284.9万元，其中外汇20.4万元。1991年，征收养路费4028.5万元，其中外汇311.6万元。1992年征收路费5136.1万元，其中外汇533.3万元，征收过渡费47万元。2002年，征收公路规费1.87亿元，其中养路费1.5亿元，超收1400多万元，公路基金3737.2万元，收取过渡费75万元。2005年，征收汽车公路规费2.48亿元，其中养路费2.08亿元。2006年，征收汽车公路规费2.78亿元，其中养路费2.42亿元。2007年，坚持“依法征收，应征不漏”的原则，加大公路规费征收宣传力度，不断创新方便车主的缴费办法，全年收缴汽车养路费3.16亿元，超额完成年度计划征收任务。2008年，收缴汽车养路费3.16亿元，超额完成年度征收任务。2009年1月1日，公路养路费改税工作开始实施，即日起随转追缴漏征车辆规费的收尾工作，至2009年9月30日此项工作终结，共追缴漏征车辆926辆140万元。同时，根据省、市的统一部署，积极做好征稽人员的安置工作和规费征稽业务清理移交工作。

1983—1991 年珠海市养路费收入情况（省养部分）

表 8-2-1-1　　单位：万元

年份	征收总数	其中			备注
		外汇	过桥费	过渡费	
1983 年	284.9	20.4	—	—	① 1983 年市公路部门 4 月开征，1—3 月征收数在原监理所，未统计在此表内 ② 1987 年以前的过桥费收入是各养征站为广深珠桥代售的 ③ ※1988 年的过桥过渡费包括养征站代售数
1984 年	703	120.3	15	—	
1985 年	1649.5	157.9	40	100.9	
1986 年	1836	135	61.8	130.9	
1987 年	1997.9	145.9	62	158	
1988 年	2749.8	186.9	※338.2	※124.2	
1989 年	3468.7	252.4	279.9	108	
1990 年	3617.1	282.4	340.8	88.8	
1991 年	4028.5	311.6	473.2	31.9	

路桥（隧道）费　1978年起，珠海市政府利用各种渠道筹资陆续修建井岸大桥、南屏大桥、斗门大桥、西沥大桥等公路桥梁，实施收费，征收期限从桥落成使用至收回建桥全部资金本息即停止征收。各桥的收费标准及征免车辆范围，按省人民政府有关规定征收。凡持有牌证的各种机动车辆（包括国内港澳入境的各种类型客车、货车、拖挂车、特种车、摩托车、拖拉机及军用部门的机动车辆），在通过上述路桥时征过桥费，外国驻华领事馆自用的车辆可免过桥费。过桥费一律按车辆核定的载重吨位，对不载货的特种车按核定自重吨位收费，客车按核定载客量，分6种类别计征，每车过一次桥收费一次。对港澳台入境的各种机动车辆，收取外汇兑换券。1992年征收过桥费670.2万元，计划外的斗门大桥征收过桥费542.8万元。1994年收取路桥通行费5163.87万元，1996年收取路桥通行费1.71亿元，1998年路桥通行费收费收入1.92亿元。2004年1月起，分步调整珠海市机动车辆路桥费年票制收费标准，1吨以下（含1吨）车辆200元/月，1吨以上至2吨（含2吨）车辆350元/月，2吨以上至5吨（含5吨）车辆400元/月，5吨以上车辆（含所有牵引车）500元/月。非粤C牌车辆购买年票以自愿为原则，营运车辆按800元/月征收，非营运车辆按400元/月征收，客车以每10座折为一吨计，不足10座的按10座计。缴费实行月票、季票、半年票、年票多种形式供车主自行选择，每年1月、2月份内一次性统缴本年度路桥费的按10个月优惠计征，其他缴费形式不实行优惠。2006年，根据国家新规定，广东省物价局就珠海市货车分类及其通行费年票收费标准的调整提出指导性意见。珠海市对货车分类及其通行费年票收费标准作出调整，即5吨以上至10吨（含10吨）车辆的收费标准调整为400元/月，10吨以上至15吨（含15吨）车辆调整为480元/月，15吨以上车辆仍按原方案的收费标准500元/月不变。2010年1月27日，根据市人大代表和政协委员的建议，市政府决定适当降低2010年度车辆通行费年票收费标准，委托高速公路代收次票收费按原批准的标准执行。在调整收费标准之前已缴纳2010年车辆通行年票的车主，市路桥处予以退费或抵扣下年度费用。以1吨（含1吨）、10座以下（含10座）以下私人非营运小客车为例，原标准1440元/年，2010年调整为1368元/年，下调72元，降幅5.2%。

2012年1月8日，珠海市取消中拱线港湾大道、南屏大桥、板樟山隧道、珠海大道、斗门大桥（含连桥路）、井岸大桥、尖峰大桥、西沥大桥、南门大桥和莲溪大桥共10个已还清贷款的政府还贷公路项目收费，撤销上冲、下栅、南门大桥、斗门大桥和莲洲收费站。是年2月25日，珠海市自行撤销那洲收费站、南屏大桥收费站及合胜围、造贝、北山堵漏点。是年11月9日，凤凰山隧道交给市路桥处管理，原收费站50名职工走上新工作岗位。2013年12月31日，根据《省物价局、省交通运输厅关于珠海市继续试行车辆通行费年票制有关问题的复函》（粤价函〔2013〕1510号），2014年1月1日起调整车辆通行费年票收费标准，1吨（含1吨）、10座以下（含10座）以下私人非营运小客车1080元/年。委托高速公路代收次票收费按原批准的标准执行。2014年2月，市路桥处增设拱北、唐家、珠海港、新青4个年票征收站，方便车主，减轻香洲、行政服务中心和金湾年票站的征费压力。2017年1月1日起，根据省政府统一部署，珠海市取消车辆通行费年票制，不再收取年票制年票或委托高速公路代收普通公路次票。

1994—2016年全市路桥（隧道）通行费征收情况表

表 8-2-1-2　　单位：万元

年份	本地车路桥通行费（年票）	外地车路桥通行费（次票）	合计
1994 年	3781.59	1382.28	5163.87
1995 年	15513.18	2820.09	18333.27
1996 年	14157.70	2914.41	17072.11
1997 年	13874.36	4143.34	18017.70
1998 年	13978.29	5223.69	19201.98
1999 年	13997.27	5827.47	19824.74
2000 年	15737.43	6253.38	21990.81
2001 年	18029.41	6369.36	24398.77
2002 年	17930.54	7952.87	25883.41
2003 年	25075.20	9809.59	34884.79
2004 年	16613.34	12491.36	29104.70
2005 年	16628.21	13013.72	29641.93
2006 年	18242.75	12590.72	30833.47
2007 年	13391.67	12902.13	26293.80
2008 年	23064.59	12031.39	35095.98
2009 年	21991.98	12225.74	34217.72
2010 年	22406.80	7807.02	30213.82
2011 年	27289.28	8044.78	35334.06
2012 年	28635.53	4049.90	32685.43
2013 年	30688.24	1604.60	32292.84
2014 年	28999.64	1637.52	30637.16
2015 年	28957.91	2114.01	31071.92
2016 年	14989.65	2328.78	17318.43

珠海公路渡口车辆渡运情况表

表 8-2-1-3

渡口名称	1985年渡运车辆	1986年渡运车辆	1987年渡运车辆	1988年渡运车辆	1989年渡运车辆	1990年渡运车辆	1991年渡运车辆	备注
南屏	17590辆，平均429辆/天	147649辆，平均410辆/天	160955辆，平均447辆/天	停渡（南屏大桥通车）	停渡（南屏大桥通车）	停渡（南屏大桥通车）	停渡（南屏大桥通车）	1987年统计的数字到11月止，12月南屏大桥通知渡口停止渡运
井岸	21825辆，平均606辆/天	28226辆，平均734辆/天	366398辆，平均1018辆/天	20873辆/年	停渡（井岸大桥通车）	停渡（井岸大桥通车）	停渡（井岸大桥通车）	1988年2月井岸桥通车，渡口停止渡运
新环	15670辆，平均435辆/天	139521辆，平均387辆/天	38458辆，平均791辆/天	400885辆，平均1114辆/天	358995辆，平均997辆/天	346235辆，平均1924辆/天	停渡（斗门大桥通车）	1990年6月，新环渡口停止使用
横坑	17422辆，平均48辆/天	33466辆，平均92辆/天	27141辆，平均75辆/天	31127辆，平均86辆/天	35240辆，平均97辆/天	31097辆，平均1924辆/天	36014辆，平均100辆/天	—
南门	138185辆，平均389辆/天	143218辆，平均397辆/天	1773416辆，平均481辆/天	176581辆，平均490辆/天	128828辆，平均357辆/天	117864辆，平均327.4辆/天	156070辆，平均433辆/天	—

珠海公路过渡费收费标准一览表

表 8-2-1-4　　单位：元

征费类别	车辆种类		南屏渡口		新环渡口		井岸渡口		南门渡口		横坑渡口		备注
			渡口等级	每辆每次	渡口等级	每辆每次	渡口等级	每辆每次	渡口等级	每辆每次	渡口等级	每辆每次	
1	各种摩托车、三轮机动车、各种简易机动车、手扶拖拉机（军用车一律按每辆每次 0.5 元缴费）		乙等	0.5	甲等	1	乙等	0.5	乙等	0.5	乙等	0.5	横坑渡口是三方渡运，即分横山、西安、上横 3 个码头 2 条航线，其中，横山至上横是乙等航载，横坑至西安码头是甲等航线
											甲等	1	
2	小轿车、小吉普车、19 个座以下的旅行车及 2 吨以下的工具车（不含 2 吨）、小货车，大中型胶轮拖拉机、悬军用号牌的各种大小汽车		乙等	1	甲等	2	乙等	1	乙等	1	乙等	1	
											甲等	2	
3	20 座以上（含 20 座）、49 座以下的客车、2 ～ 5 吨的载重车（含 2 吨，不含 5 吨）、拖挂车、特种车		乙等	2	甲等	4	乙等	2	乙等	2	乙等	2	
											甲等	4	
4	50 座以上的客车（含 50 座）、5 ～ 8 吨载重车（含 5 吨及 8 吨）、拖挂车、半拖挂车、特种车		乙等	3	甲等	6	乙等	3	乙等	3	乙等	8	
											甲等	6	
5	8 吨以上 20 吨以下（含 20 吨）的载重车、拖挂车、半拖挂车、特种车		乙等	5	甲等	10	乙等	5	乙等	5	乙等	5	
											甲等	10	
6	20 吨（不含 20 吨）以上各种载重车、拖挂车、半拖挂车	21 ～ 30 吨	乙等	8	甲等	16	乙等	8	乙等	8	乙等	8	
											甲等	16	
		30 ～ 40 吨	乙等	12	甲等	24	乙等	12	乙等	12	乙等	12	
											甲等	24	
		41 吨以上	乙等	16	甲等	32	乙等	16	乙等	16	乙等	16	
											甲等	32	
7	需专渡的特种车辆		乙等	20	甲等	40	乙等	20	乙等	20	乙等	20	
											甲等	40	

珠海公路路桥（隧道）费收费标准一览表

表 8-2-1-5　　单位：元

征费类别	车辆种类	南屏大桥收费（每辆每次）	井岸大桥收费（每辆每次）	斗门大桥收费（每辆每次）	备注
1	各种摩托车、三轮机动车、各种简易机动车、手扶拖拉机	1	2	2	斗门大桥收费含西沥大桥
2	小轿车、小吉普车、19 座以下的旅行车及 2 吨以下的工具车、小货车、大中型胶轮拖拉机	2	3	4	斗门大桥三轮机动车收费 4 元
3	20 个座以上、40 座以下的客车（含 20 座），2～5 吨的载重车（含 2 吨不含 5 吨、拖挂车、半拖挂车、特种车）	4	6	7	—
4	30 座以上的客车（含 30 座），5～8 吨的载重车（含 5 吨及 8 吨）、拖挂车、半拖挂车	65	10	15	—
5	8 吨以上 20 吨以下（含 20 吨）的载重汽车、拖挂车、半拖挂车、特种车	10	14	24	15 吨以上每辆每次收费 24 元
6	一切集装箱车、20 吨以上的载重标准的车辆（超过桥梁荷载标准的车辆不准通过）	16	24	24	—

机动车驾驶员培训管理

建国以后，机动车驾驶员培训由交通部门管理。1979年12月20日，根据广东省革委会决定，珠海市设立交通安全监理所，实行广东省交通厅和珠海市双重领导。珠海市交通安全监理所下设拱北、湾仔2个分所。主办辖区内机动车辆检验、驾驶员考试、核发牌证、交通管理、处理交通事故及征收养路费等项工作。

1986年10月1日，全国交通管理体制改革，根据广东省政府粤府函〔1986〕85号文件《关于交通监理机构移交公安部门几个问题的批复》，珠海交通安全监理所成建制移交给珠海市公安局交通警察支队车辆管理所，驾驶员考试及核发牌证全部由公安部门负责。1993年11月10日，交通部门负责对驾校和驾驶员培训工作进行行业管理，公安部门负责对驾驶员考核发证工作。1996年12月，交通部印发《中华人民共和国机动车驾驶员培训管理办法》，对全国机动车驾驶员培训管理作了规范。

2004年7月1日实施的《中华人民共和国道路运输管理条例》，明确规定了从事机动车驾驶员培训应具备条件，以及执法监督、法律责任，使机动车驾驶员培训工作逐步走上法制化、规范化轨道。2005年，珠海市交通部门重新履行机动车驾驶员培训行业管理。是年3月，根据国家五部委联合下发文件精神，市交通部门对全市16家驾培机构重新进行登记、审核、发证，对机动车驾驶员培训学校进行专项整治，切实解决多年来反映强烈的驾培问题。同年5月30日，联合市政协、市交警支队、市物价局和相关驾培学校的有关人员到中山、广州、深圳、佛山、东莞等地考察和学习出租小汽车、汽车驾培方面的管理经验，改进和提高出租小汽车和汽车驾培管理水平。2006年，市交通局印发《关于进一步规范机动车驾驶员培训有关问题的通知》，并成立机动车驾驶员培训协会。截至是年底，全市有驾培机构17家。2007年，组织各驾校安装IC卡计时管理系统，1月1日起正式实行机动车驾驶员培训学时制，开发珠海市驾驶员培训管理信息系统，规范驾培行业管理。2008年，开展“知荣辱、立诚信、创建文明驾校”活动，评选出公爵、万里、信印、安达、路通、柏宁等6个文明驾校。2009年，全市共有培训机构22家，其中综合一类1家，综合二类5家，专项二类8家，专项三类8家。全市共有在教持证教练员712人，教练车712辆。是年全市培训量约2万人次，平均合格率75%。2011年，全市驾培机构（驾校）25家，拥有教练车辆782辆，报名培训的学员4.52万人。加强教练车辆的规范管理，制定《关于进一步规范教练车辆管理的通知》，未按规定喷涂颜色和标志、更换教练车号牌的车辆，一律不得作为教练车教学，要求按照省交通运输厅规定颜色逐步统一，对新增入场教练车喷涂颜色和标志不规范、没有安装IC卡打卡装置和安装GPS装置的，一律不通过审验。2012年，珠海市制定贯彻落实《广东省机动车驾驶员培训行业“十二五”发展意见》的实施意见，认真开展2011年度驾培质量信誉考评工作，评出驾培机构AAA级企业4家、AA级企业14家、A级企业3家、B级企业3家，通报表彰10家诚信文明驾校，考评中评为B级的单位发出整改通知书，限期进行整改。是年举办珠海市机动车驾驶教练员职业技能竞赛，75名教练员参加竞赛，其中1名教练员获得二等奖，3名教练员获得三等奖。2013年，针对驾驶员培训行业管理和驾校经营难点，以及考试积压严重等问题，全面了解机动车驾培行业的现状，找准行业发展中存在的主要问题，理清管理思路，提出解决对策，进一步规范驾培行业监管，提高驾驶培训质量。全年受理投诉137宗。2014年，全市有驾校36家，拥有教练车辆2428辆，报名培训学员9.52万人。2015年，全市有驾校46家，拥有教练车辆3353辆，报名培训学员9.01万人。2016年，全市有驾校50家，拥有教练车辆3366辆，报名培训的学员8.79万人。按照交通部和省公安厅的要求，按标准实施 “计时培训、计时收费、先培训后付费”服务模式，积极推进驾培监管、驾校服务、教练车终端平台工作。2017年，全市有机动车驾驶员培训机构55家，教练车2463辆，教练员2374人。调查处理涉及驾培投诉案件372宗，调解学费纠纷30宗，回复咨询38宗。完成42家驾培机构资质核查和换发技术等级证书工作，发出限期整改通知书14份；推动信息化管理，清理、更新运政管理信息系统中的管理数据。

2018年，全市有机动车驾驶员培训机构62家(含分校），教练车2888辆，教练员3432人。市运管处收到投诉507宗、建议4宗、咨询14宗，投诉、建议和咨询全部办结。办理新增教练车备案474宗、报停152宗、注销431宗和恢复教学32宗，聘用备案教练员383人，解聘备案教练员194人。印发《珠海市交通运输局转发广东省交通运输厅关于开展全省驾培行业专项督查的通知》，从3月5日开始，市运管处联合市驾培协会开展驾培行业专项检查。对25家驾培机构32个教练场地和报名点进行检查，发现49项问题和安全隐患，责令驾培机构限期整改。组织驾培行业开展迎接国家卫生城市复审、创建国家文明城市“双创”检查工作，确保驾培行业的创文、创卫工作达标。

● 车辆维修管理

根据国务院〔86〕94号文件精神，交通主管部门负责机动车维修行业管理，市交通局内设维修办。1986年8月开始，针对汽车及摩托车维修业存在修理质量差、厂房设备简陋、技术力量薄弱、无照经营、无维修标准、维修工时无定额、价格不统一等问题进行整改。市交通局派有关人员前往四川成都学习管理经验，制定《珠海市汽车、摩托车维修行业管理暂行办法》，对142家维修企业和个体户进行登记、审查、考试、定级、核发证照，发放经营许可证107个，有20家维修企业因审查不合格降级或转产。全行业改造厂房14间，面积达1200平方米，添置设备379件（套）。每年进行一次年审，重点审查从业户经营行为，是否按规定使用票据；是否按工时定额、收费标准收费；是否弄虚作假多开票款；是否按章经营，有无收回扣、偷税漏税、偷工减料、以次充好、以旧充新行为等。行业管理部门还成立维修工人技术培训部和维修业技术工人考评小组，对维修工人进行培训和考核、发证，解决维修技术工人不足和无证上岗的问题。1988年9月，市运管处负责全市交通运输行业管理，包括汽车、摩托车维修市场管理。1993年1月5日，组织全市汽车维修业户参加全国“用户信得过维修业户”评选活动，并筹划开展整顿汽车、摩托车维修市场。1995年11月1日，市政府颁布《珠海市汽车摩托车维修行业暂行管理办法》，汽车、摩托车维修行业管理法治化。1996年6月，大力整顿汽车配件行兼修汽车的违规行为，打击无牌无证修车的违章经营行为，保护合法经营者的权益。充分发挥各交管所的管理职能，认真履行对辖区范围维修市场管理职责，加大对违规修车行为的打击力度。联合公安、城管和工商部门经常对违章修车配件行进行监督检查。全年出动检查人员400多人次，查处汽车配件行超越经营范围违章修车32家，遏制无牌无证修车和汽车配件行违章修车的行为。汽车配件行纳入交通运输行业管理，得到市政府领导支持。同时，针对汽车二级维护签章出现假章的现象，印发《关于加强汽车二级维护签章的通知》，进一步完善对车辆维修质量管理和二级维护的管理，打击假二维章现象。1997年6月，市运管处会同工商、公安等部门，组成清理整顿无证修车配件行10人工作小组，对市区汽配行进行清理整顿。

1997年7月，市交委将珠海市汽车、摩托车维修行业管理职能从市运管处分离出来，设立珠海市汽车维修管理办公室（简称市维修办），归市交委直接领导。加强全市汽车、摩托车维修市场管理，开展全市汽车摩托车维修业户年审工作。1998年4月，市交委又将市维修办下放市运管处管理。是年5月，市运管处切实开展清理、整治全市机动车辆维修市场，保护公平竞争，组织各交管所对所属辖区内的汽车配件行、汽车修理厂进行定期检查，打击无牌无证经营行为，清理配件行超越经营范围修车的经营户，清理占道修车的脏、乱、差行为。全年出动检查人员360人次，检查维修点210个，查处违章经营行为的维修点98家，维护良好的维修环境和市容市貌。2000年，市交通委员会内设机构安全监督科更名为安全技术科，机动车辆维修经营许可审批权限划入安全技术科，市运管处承担机动车辆维修行业日常管理工作。2002年7月24日，召开机动车维修市场专项整治动员大会，开展机动车维修市场专项整治工作。会上市交通局、市精神文明建设办公室、市维修行业协会、市消费者委员会决定联合开展全市机动车修理行业“创优质文明服务、建星级文明企业”活动，评选星级维修企业。是年9月9日，成立珠海市汽车摩托车维修行业协会，规范维修行业经营行为。2004年2月，市交通局表彰汇利河、珠光、华广等15家星级维修企业和10名先进个人。

2005年6月，市交通局联合市工商部门，开展汽车摩托车维修市场专项整治，共检查维修经营户130家，查处违章业户36家，发出整改通知33户，处罚3户。是年11月17日，市交通局召开《机动车维修管理规定》宣传贯彻大会，严格要求机动车维修企业按照交通部公布的规定和标准，按章经营，提供机动车的维修、救援等相关服务。2006年，市交通局、市汽车摩托车维修行业协会继续开展珠海市机动车维修行业“创文明、树诚信”活动。是年3月29日，珠海市汽车摩托车维修行业举行“推动诚信文明、创建行业品牌”表彰大会，表彰15家星级文明维修企业和15家优秀维修企业。2007年6月，市交通局召开交通系统创建文明行业活动工作座谈会，维修行业协会以及部分企业代表30余人参加会议，讨论汽车摩托车维修行业创建文明行业活动。2008年，针对维修行业存在的无证经营、占道经营、超范围经营、维修质量差、质次价高、以次充好、炒卖“二维”(营运车辆安全性能二级维护)单、欺诈消费者等群众反映强烈的问题，市运管处通过调查摸底、明察暗访、群众举报、对违章业户进行查处，对违章情节较轻的责令限期整改，对屡查屡犯的业户依法依规查处。全年查处机动车维修经营业户140多家、对12家违章业户进行处罚。2010年，认真做好机动车维修企业质量信誉考核工作，完成维修企业质量信誉考核375家。依据质量信誉考核结果，执行企业资质升降级和退出制度。同时，认真做好年审工作，查验从业人员持证情况、企业经营行为及安全生产指标完成情况等，加强机动车维修企业源头管理。2011年，认真做好机动车维修业的行政许可工作，严把市场准入关，新增维修企业42家。继续开展机动车维修企业质量信誉考核，完成495家维修企业质量信誉考核工作。2012年，加强923家维修企业管理，打击违法违章行为。大力推行诚信经营、优质服务，树立良好的行业新风。加强维修从业人员培训，提高维修技术水平。2013年2月，珠海市人民政府《关于发布珠海市第五轮行政审批事项调整目录的决定》（市政府90号令），取消机动车维修扣驾培经营许可。汽车维修协会依照国家机动车维修行业规范标准进行资质评定，行业主管部门负责资质备案。珠海市交通运输局制定《关于转变政府职能创新机动车维修行业管理的意见》《关于转变机动车驾驶员培训行业管理方式的实施意见（试行）》2个规范文件，确保全市机动车维修扣驾培行业改革后健康发展。2013年，出动执法人员2863人次、执法车725辆次，检查维修经营企业（业户）749家，立案查处违法违章业户98家，发出整改通知487份。受理维修质量质疑咨询35次，处理维修质量纠纷5起。对全市动车维修企业进行质量信誉考核，考核为B级的8家企业和未参加考核的企业进行为期3个月的整改。委托维修行业协会举办营运客车安全例行检查的121人从业人员进行资格培训；维修企业负责人、技术负责人培训400多人；维修从业资格培训500多人。

2014年，全市有维修业户939家，年度新增维修企业50家，从业人员3万人。对全市机动车二类维修企业进行质量信誉考核，珠海市南方汽车有限公司等48家企业为优良（AAA级）维修企业，高栏港区平沙镇振峰汽车维修厂等109家企业为合格（AA级）维修企业，珠海市众大利物资车业有限公司汽车维修保养中心等9家企业为基本合格（A级）维修企业，珠海市铭港汽车服务有限公司等2家企业为不合格（B级）维修企业。2015

年，按时组织完成709家维修业户维修质量信誉考核工作，举办维修企业管理人员培训，加强机动车综合检测站的监督管理；严格二级维修综合检测制度，推进机动车维修企业安全生产标准化达标考评工作。2016年，贯彻交通运输部《道路运输车辆技术管理规定》，对全市700多家机动车维修业主及管理人员进行培训。2017年3月，市交通运输局安全技术科调整为安全监督科，原安全技术科有关机动车维修宏观管理职责划入道路运输科，进一步规范782家机动车维修业务监管，开展机动车维修企业经营资质核查，进行经营资质评定，开展机动车维修从业人员钣喷技能大赛，组织维修安全生产管理人员培训。

2018年，全市已备案的759家机动车维修企业，推进汽车维修电子健康档案系统建设工作，联合市交通信息中心建设完善全市汽车维修电子健康档案，依靠“互联网+”技术为车主提供优质、便利的服务，同时逐步淘汰一批资质不全、技术水平低、以低品质次配件冒充高品质配件的维修厂。督促205家一、二类维修企业签订《企业固体废物规范管理承诺书》，举办固废管理集中培训班，完成固体废物管理信息注册、贮存台账建立转移信息。督促机动车维修企业夯实生态环境保护主体责任，对存在问题维修企业责令限期整改。

● 公路养护

1981年，市公路局与市国营林场签订移交省养公路路树产权绿化合约，珠海市公路局一次性补偿给市国营林场3万元，接管广珠公路15.3公里、岐湾公路38.2公里、大肖线5.8公里、翠香线7.1公里，总长66.3公里、5万多株路树产权绿化管理。

1986—1991 年珠海公路绿化情况表

表 8-2-1-6

<table>
<tr><th>年份</th><th>投入资金（万元）</th><th>补植路树（万株）</th><th>绿化率（%）</th><th>主要树种和花种</th></tr>
<tr><td>1986</td><td>1.2</td><td>1.0</td><td>92.6</td><td rowspan="6">1. 树种：
紫荆、椰树、大叶相思、水杉、木麻黄
2. 花种：
大红花、九里香、黄婵、红桑、洒金榕</td></tr>
<tr><td>1987</td><td>1.5</td><td>1.66</td><td>92.6</td></tr>
<tr><td>1988</td><td>1.6</td><td>1.68</td><td>95.7</td></tr>
<tr><td>1989</td><td>3.6</td><td>1.21</td><td>96.3</td></tr>
<tr><td>1990</td><td>9.0</td><td>0.5</td><td>95.0</td></tr>
<tr><td>1991</td><td>14.0</td><td>1.61</td><td>100</td></tr>
</table>

2003年，市公路局加强对全市1021公里公路的管养工作，完成市公路地理信息地图制作，开发并正式使用珠海公路养护管理系统。重视对桥梁特别是特大桥的检测和养护工作，在莲花大桥、淇澳大桥、横琴大桥和南屏大桥布设永久性水准观测系统，建立基本的安全预警系统。筹措资金400多万元，整治斗门黄杨大道，进行绿化11万多平方米，种植8个品种360万株灌木花草，修复4000多平方米的混凝土破碎路面，设置完善一批交通标志、标牌、标线。接管6.3公里的湖心路养护，投入资金30多万元进行整治，路基路貌焕然一新；投入200多万元完善港湾大道4公里长的“绿色生态走廊”（公路两侧各建20米宽的绿化带）。2004年，公路和桥梁的养护和管护工作成效显著，实现好路率90.5%。强化珠海公路养护管理系统使用，实现公路养护内业电脑化；完成淇澳大桥、横琴大桥检测结果评估。组织养护技术力量，投入大量资金，修复路面，完善标志标线，

美化路容路貌，为第五届航展提供安全畅顺、服务优良的公路环境。2005年，加强G105线、S111线、S268线的维修和保养及养护内业管理，接受全国公路大检查，公路养护质量和内业管理得到检查组的充分肯定。同时，对机场西路、平东大道等19公里的公路绿化进行全面改造。采用先进检测设备对103座特大桥梁、大桥和三类以下桥梁进行重点监测，并对检测结果进行分析，做出桥梁安全性评价，根据需要采取措施，确保全市公路桥梁安全运行。

▲2005年10月，市公路局金湾分局检测X587线上的桥梁（珠海市公路局提供）

2006年，加大科技投入，推进科技创新，对所管辖的公路，特别是省道S111线、S366线、S272线、S270线、S365线、S268线等重点线路，进行有效保养和及时维修，科学管理养护内业。省养公路年平均好路率达91.2%，其中国、省道平均好路率91.2%，优等路况里程310公里。地养公路县道平均好路率88.66%，优等路况里程63公里，平均良好路面率80.2%。在交通部国道G105线文明建设样板路大检查和全省公路检查中得到好评并受到表彰。2007年，加强对公路部门管养的1290.8公里公路和302座公路桥梁的养护工作；完成省道S366线洪湾大桥、南屏大桥和省道S111线神前排洪桥伸缩缝更换及小修工程；对珠海大桥栏杆进行翻新。投资147万元及时完善标志牌、警示标志、护栏等安保设施，及时修复因超强台风“黑格比”造成的公路水浸损毁。深化公路养护体制改革，组建具有独立法人资格的香洲、斗门、金湾3个公路养护中心。省养公路年平均好路率88.75%，优等路况里程271.7公里；地养县道年平均好路率88.83%，优等路况里程60.3公里。

2008年，对全市重要桥梁进行全面检测，评价桥梁运行的安全程度。省养公路年平均好路率88.75%，优等路况里程271.7公里；地养公路县道年平均好路率88.83%，优等路况里程60.3公里。2009年，重新编制和修订《珠海市公路养护管理规定》等8项养护管理制度，完善公路养护规范化管理；完成新一轮养护工程内部招投标工作，深化公路养护劳务用工制度改革，试行农民工就近划分养护路段“责任田”用工改革。委托专业机构对13座大桥进行水下检查，并进行针对性的维修保养工作。根据西沥大桥、井岸大桥病害发展趋势和承载力不足的情况，采取限载措施，防范桥梁发生安全事故，并启动重建或大修立项工作，确保公路安全畅通。优良路率82.7%，优等路里程387.85公里，其中国道优良路率100% 、省道优良路率91.79%、县道优良路率90.9%、乡道优良路率72.0%，在全省2008—2009年国省道干线公路检查评比中名列第五。2010年，投入1500万元，对省道S268线、S272线、S365线等多条主干线共33公里公路实施大中修；完成新二桥、新三桥、涌浪闸桥的维修加固工程；同时安排140万元对26座四、五类桥梁进行维修改造；安排83万元对横琴大桥、莲溪大桥、南屏大桥进行特殊检查，查清病害和静载测试桥梁承载能力，为桥梁管养提供科学依据；加大对养护设施的投入，购置34台各类养护机械，提高养护机械化水平；组织高速公路养护调研，启动接养市属高速公路的准备工作。全市公路优良路率82.4%，优等路里程370公里。其中国省道优良路率90.1%、县道优良路率88.9%、乡道优良路率74.2%。2011年，加强重点路段路面维修和桥梁的检测保养，提高路网通行服务能力。全市公路优良路率为83.3%，优等路里程317.5公里，其中国省道优良路率96.3%、县道优良路率90.2%、乡道优良路率72.4%。

2012年，市公路局以重点路段路面维修、保洁为重点，加强公路养护。对108座公路桥梁进行定期检查，对莲花大桥、横琴大桥进行特殊检查并采取相应维修养护措施，对香洲片区公路桥梁的混凝土构件缺陷进行集中维修。全年排查一般安全隐患143处，投入328万元进行整治。全市公路优良路率84%，优等路里程371公里，其中国省道优良路率95%、县道优良路率82%、乡道优良路率75%。2013年，执行小修保养制度，投入小修保养费5700万元；投资1279万元，安排18项公路大中修工程。全面接养高栏港高速公路、机场高速公路。全年完成29座大桥水下隐蔽工程检测及94座桥梁外观及上部构造检查，有28座桥梁布设永久性监控点。完成淇澳大桥航空障碍灯和避雷针的检测和安装、莲花大桥引道及防撞挡墙加固维修；完成洪湾大桥T梁修补及横琴大桥、前山立交桥和淇澳大桥路缘石修复、标线翻新、防撞栏油漆翻新等维修工程；另外对15座桥梁栏杆进行翻新，对17座桥梁安装助航标志，保证全市公路桥梁安全。国省道公路优良路率87.6%，优良路里程142.59公里；农村公路优良路率80.6%，优良路里程183.79公里。2014年，办理路政许可34宗，收取路产补偿费 120万元、路产赔偿费29.8万元。公路巡查20万公里，发现违法案件237宗，自行处理184宗，移交交通综合执法局处理53宗。做好“一路一档”建设，开发公路设施采集系统，对高栏港高速公路和省道S270线公路设施进行数据采集和录入；做好重点路段路容路貌整治、公路绿化景观提升及机场高速金台、乾务互通立交桥下范围复绿整治工作；解决珠海大桥高压电塔位置迁移、南屏大桥通信管线过桥补偿、G105国道纵向裂缝处置等路政管理难题。根据事权划分，斗门、金湾、高栏港、万山辖区范围内的乡村道路及西部地区公路绿化移交属地政府管养。年内投入养护费用9658万元，对机场高速公路、高栏港高速公路及西部地区公路进行日常养护。全市公路优良路率82%，优等路里程371.2公里，其中国省道优良路率85%。2015年，办理路政许可21宗，收取路产赔、补偿费227万元；公路巡查里程17.5万公里，发现违法案件230宗，自行处理204宗，移交交通综合执法局处理26宗。完成高栏港高速公路和省道S270、S272、S365、S366线等主要干道1.5万条信息的采集；对机场高速公路和高栏港高速公路标志标线进行规范化改造；组织设置省道S366线珠海大道、省道S270线高栏港高速公路辅线两侧控制区界桩、标桩。全年投入资金1.4亿元，完成省道S270线金湾发电厂至珠海港区段路面改造工作以及省道S272线莲洲至井岸段、省道S365线黄杨大道路面改造工程主体改造部分；投入资金1778.45万元，完成省道S268线、S270线公路中修项目；投入资金2.5亿元，对全市公路进行小修保养。全市国省道优良路率88.3%，优等路里程158.6公里；农村公路优良路率88.3%，优等路里程184.5公里。2016年，对全市465公里国、省、县道干线公路进行路况调查；制定“十三五”期间国、省道及重要县道9条约110公里提升改造计划；完成国道105线上冲段安全生命防护示范工程建设；完成井岸大桥、南水大桥、桅夹大桥、壳塘冲大桥等桥梁加固工作，莲花大桥、横琴大桥等维修工作进入施工阶段；启动尖峰大桥、上横大桥、莲溪大桥等6座桥梁加固工程前期工作。完成10座大桥病害维修保养工作。全市国省道优良率98.1 %，优等路里程308.9公里；农村公路优良路率90.4%，优等路里程182.3公里；在全省公路养护检查工作评比中排名第四。2017年，全市国省道优良路率98.6 %，优等路里程355.9公里；农村公路优良路率88.6%，优等路里程850.8公里。

2018年，市公路局统筹辖区公路养护工作，对各区公路养护工作进行考核、检查。全年完成高速公路及108座大型桥隧日常养护工作；对13座大桥进行水下结构检查或定期检查；复测11座大桥永久性观测点，全面掌握全市大型桥梁状况；开展大型公路桥梁风险评估，制定防撞设施建设规划；完成双排桥等6座3类桥维修；完成斗门大桥桩基应急抢险加固、高栏港珠港互通L匝道桥独柱墩加固、友谊河大桥桩基础抢险修复等工程；完成公路生命安全防护工程1187公里。新接养新月桥、海工大桥、幸福桥、知青桥和南屏大桥、南屏二桥、前山大桥等3座临时钢便桥。国省道优良路率98.6%，优等路里程355.9公里；农村公路优良路率88.6%，优等路里程850.8公里。

● 运价管理

装卸搬运、短途运输运价管理 1985年5月前，珠海市装卸搬运、短途运输运价根据《广东省佛山地区陆上装卸搬运短途运输运价（试行）规则》（简称《规则》）执行。运价的制定和调整，严格按照《规则》办理，其他任何单位、任何部门无权制定运价。市、镇（圩）装卸、搬运作业范围的规定，运输计费路段，由市、县交通局确定，丈量核实，颁布执行。运输市场执行“四统一”（统一计划，统一货源，统一调度，统一运价和票据）管理。凡在本地区从事装卸搬运、短途运输的地方国营、集体所有制企业，以及经交通主管部门批准参加的劳力、运力，均按《规则》执行。禁止抬价、压价、自由议价和“地下运输”。有专业装卸队伍的港口、火车站、汽车站、民航站，其装卸收费标准，主管部门另有规定的，不适用此《规则》。

装卸搬运作业项目表

表 8-2-1-7

内容	列名货物费率（%）		金额（元）	列名外货物费率（%）
1	装（卸）车	50 米内装卸汽车、火车及其他机动车、挂车	100	—
2	装（卸）船	50 米内装卸船	120	156
3	卸转船（车）	50 米内装卸船上岸，连续装船或卸船（车）装船（车）	150	195
4	转（堆）仓	50 米内转仓，转堆	90	117
5	人力运送	50 米为一计费段，每段收费为基价 40%，限计三段	40	52
6	人力车运送	100 米为一计费段，500 米内每段以基价 30% 计收，500 米外，每段以基价 15% 计收	15 30	19.5 39
7	上（下）楼	每层计	50	65
8	过磅	每次计	30	39
9	叠堆超高	1.5 米以上，超过部分，每超过 1 米作一次递加	30	39
10	杂工	每项计	40	52
11	深舱作业	深舱作业超过 1.5 米或密封舱	20	26
			40	52
12	普通工	每小时计	0.50 元	0.50 元
13	起重工	每小时计（包括安装工）	1.00 元	1.00 元

装卸搬运作业费率表

表 8-2-1-8

项目			内容	费率（%）		按费率套金额（元）	
				列名货物	名外货物	列名货物	名外货物
基本作业	1	装（卸）车或转仓（堆）船过船	50 米内装卸机动车，转仓（堆），船靠船作业	100	130	2.10	2.73
	2	装（卸）船	50 米内装卸船	120	156	2.52	3.28
	3	卸转车（船）	50 米为一计费段，只限计一段	150	195	3.15	4.10
连带作业	4	人力运送	50 米内卸船装车，卸车装船，卸船装船	40	52	0.84	1.09
	5	车辆运送	1000 米以内以 100 米为一个计费段	40	52	0.84	1.09
			1001 ～ 4000 米以内以 100 米为一个计费段	20	26	0.42	0.55
	6	上（下）楼	每层计	50	65	1.05	1.37
	7	叠堆超高	1.5 米以上，超过部分，每超过 1 米作一次递加	30	39	0.63	0.82
	8	过磅	每次计	40	52	0.84	1.09
	9	杂工	每项计	50	65	1.05	1.37
	10	船舱作业	凡密封舱和有间隔舱以及载重 50 吨以上的船	40	52	0.84	10.9
			50 吨以下的船舶	20	26	0.42	0.55
时工	11	普通工	每工人每小时	—	—	2.00	2.00
	12	起重工	每工人每小时	—	—	3.50	3.50
	13	候工费	每工人每小时	—	—	1.00	1.00
	14	随车装卸	每吨每次	—	—	1.00	1.00

说明：1.运输部门作连带作业的车辆不能按卸转达车船项目收费。
2.平甲板面装货船不收深舱作业费。
3.起重工计时工包括安装工。

客运运价管理　建国后，珠海公路客运运价调整一直由省统一管理。珠海建县以来，严格执行省统一的运价政策，第二个五年计划期间，包括三年调整时期（1958—1965年）客运运价每千人公里为28元；第三个五年计划期间（1966—1970年）每千人公里降为25元，这个价格水平一直保持到1986年。1986年后，原材料价格和车辆维修费用，管理经费不断上升，汽车运输企业费用开支增大，成本不断提高，大部分国营运输企业连年亏损。1986年对客运运价结构进行改革，长途与短途分为6段运价费率。现行客运运价每人公里2.5分，调整后平均每人公里为2.65分，运价水平提高6%。第一段50公里以下，每人公里3分；第二段51～150公里，每人公里2.7分；第三段151～250公里，每人公里2.5分；第四段251～350公里，每人公里2.4分；第五段351～500公里，每人公里2.3分；第六段501公里以上，每人公里2.2分。大型宽座客车按六段运价费率增加40%，大型空调客车按六段运价费率增100%。

1989年，市政府办复〔1989〕34号文件对加强珠海市市内客运票价管理等有关问题作出规定。经批准参加客运的国营、集体、联营、合资企业和个人承包及个体户的车辆（含外来车辆），在珠海市范围内（市区范围以两个边检站为界）进行营运的，都必须严格执行珠海市规定的运价，不得擅自提价。凡超出市内范围进行客运（香洲经唐家或拱北经南溪至大金鼎线路除外）的小轿车、旅游车（中巴、小巴），按省有关文件规定的运价执行。出租小轿车有空调不开或空调坏了不能使用时，一律按丙种车运价收费。凡经批准可收取兑换券的客运单位，出租车乘载港、澳、台同胞和华侨、外国人士，可按票价等值收取兑换券，如没有兑换券而付人民币的，可按不高于市外汇调剂中心同期汇率换算收取。凡须向公路部门缴交公路建设基金的客运车辆，原则上可在价外收取相应的公路建设基金。小轿车按车公里4分、旅行车按人公里1分收取。没有向公路部门缴交公路建设基金的车辆，一律不得收取公路建设基金。过桥、隧道费，小轿车按实际发生金额计收，旅行车和公共汽车每人次收一角。每件行李（含家用电器）重20公斤或6.2立方米为计费单位，旅行车和公共汽车按携带行李的乘客购买票额计收。身高1.3米以上的旅客乘坐旅行车和公共汽车按全票收费；身高1.1～1.3米按半票计收；1.1米以下免票。有关重大节日的运价上浮加价，由市物价部门根据省有关规定和珠海市的实际情况，报市政府批准后执行。未经市政府批准，节日运价不准上浮。

货运运价管理 1953—1957年，货运运价每吨公里为0.25元；1958—1963年，每吨公里降为0.23元；1966年，每吨公里降为0.20元；1967年降为0.18元；1957年取消承运支农物资车辆回空费；1966年调整合并货物分类，取消特价品，对支农物资一般按运价八折优惠；1967年取消货物等级、取消长短途运价，实行基本运价加固定基价的计费办法；1980年后，调整短途运输固定基价及支农物资优待运价，并恢复基建土地的专项运输运价；1983年底货车基本运价由每吨公里0.18元提到0.21元，25公里以下短途运输每吨次运价由原来划分3段改为分类物资运输，一律按一般和专项运输基本运价计算。

1985年以后，在货运竞争激烈的运输市场中，出现合同运输、包车运输。短途零散货物运输完全受市场调节。联运物资运输、集装箱运输，运价仍在一定程度受既定运价政策控制，亦受到市场经济冲击，作上下浮动。1990年10月，汽车货物基本运价由每吨公里0.21元调为0.33元。调整后的运价对交通系统专业运输企业起作用，对企业自用车辆、个体运输车辆无法制约。

第二节　水路运输管理

1951年，珠海对木帆船运输业进行社会主义改造，采取自愿互利，分阶段由个体经济向集体经济逐步转化。民船实行民主改革，由当地政府进行管理，按地区分航线进行编队，在劳动、供销等方面，进行社级合作。按自然乡分别成立南屏、湾仔、前山等3个民运社。斗门县组织大赤坎、乾务2个互助生产社成立初级合作运输社，实行船舶入股分红。1956年，船舶等生产资料变为集体所有，成立高级合作运输社。1968年10月，斗门县以大赤坎木帆船社、西安运输社、海堤运输社为基础组建斗门水运联社。1972年斗门水运公司成立。同年，珠海县在南屏、湾仔、前山等3个民运社的基础上组建珠海水运联社，1978年底改为珠海水运公司。20世纪50年代至70年代末，珠海、斗门两县水运业属石岐港务局管理，在“四统一”（即统一计划、统一货源、统一调度、统一运价和票据）管理下开展运输。从动力投放计划到货源分配都由港务局安排，重点物资运输实行月度平衡、计划分配；大宗货源还得由省召开平衡会议，确定运力投放计划。

1979年以来，水运政策改革，放宽搞活水运业。1983年，交通部提出“有河大家行船”的放宽搞活政策。1984年，“各部门、各行业、各地区一起干，国营、集体、个体一起上”，调动一切积极因素发展水运业。1986年，斗门县水运公司在全省率先推行船舶折价承包，县财政部门采取“搭桥铺路”“放水养鱼”政策，解决企业资金周转困难，使企业由内河运输转向外向型工程承包运输。1987年，珠海市交通局成立水运管理办公室，负责清理整顿水路运输企业，补办登记手续，健全管理机制。1988年6月4日，交通部（88）交函海字427号文规定，把本地区航行港澳航线50总吨级以下（不含斗门）的船舶审批权下放给珠海市交通局。1990年航行国际航线船舶总吨位达6.13万吨，占全市社会船舶总吨位63.3%。1990年和1991年经广东省人民政府口岸办批准，珠海市中心洲等石场租用香港籍船舶运输石料。2009年12月27日，市政府颁布《珠海市扶持陆岛交能发展若干规定》，于2010年1月1日起正式实施。陆岛交通参照城市公交予以补贴，票价下调30%，差价由政府补助；海岛籍60岁以上老人乘船免费，学生6折优惠；船运企业油价补贴等。2017年1月1日，实施修订后的《珠海市扶持陆岛交通发展若干规定》，适当补助、构建岛际间环线交通网络，完善陆岛交通布局；取消对游客的票价补贴，利用市场化运作逐步解决因海岛客运量持续增加产生的政府财政补贴压力增大、海岛接待能力与游客需求矛盾、航班设置及运力调配等问题；加大对岛民的财政补贴，促进陆岛公共交通服务均等化。强化行业监管，与49家水运企业、254艘船舶签订安全生产责任书；强化安全标准化体系，印制各项安全生产管理标准化台账，指导、规范水运企业安全生产日常管理；每年定期开展水运法规、安全培训，加强对企业的指导与培训，提高企业落实安全主体责任意识。对管理水平较低的企业进行重点指导，着力解决安全生产突出问题和薄弱环节，消除各类安全生产事故隐患，保障企业安全生产、规范经营。水运安全生产监管保持平稳态势，未发生重特大事故。

第三节 航道管理

2001年，珠海航道局加强重点航道和浅滩维护工作，完成十字门水道常规测量；完成泥湾门水道5～6号标尖峰浅段的测量和沿海航道调查；并对辖区内一些重点航道和浅滩进行进一步探测。严格执行相关航标安全管理制度，对泥湾门水道8座航标进行改造，达到高度统一、灯桩大小统一、灯壳透镜统一，提高航标质量。是年10月10日至12月10日对船闸进行大修、改造，闸阀门恢复到原来的设计标准，运转平稳。严格落实船舶的三级保养和船员值班等管理制度，按照要求做好船舶日常维护保养和定期检查工作，基础资料做到详细、齐全、准确。船舶完好率100%，航道水深保证率达100%。2002年，严格按照《内河航道维护技术规范》等规定，对辖区范围内的航道进行维护管理。按省航道局规定对航道进行探测扫床，对浅滩及时进行疏浚，着重对联兴桥、沙心冲大桥、南屏—拱北跨河电线过河段、珠海电厂过河水管、合掌冲浅段水道等进行测量。加强枯、洪水季节对重点浅段、重要航道的维护管理。做好航标日常维护工作，重点对船闸4座标、赤粉水道3座标、鸡啼门水道4座标及前山水道1座标进行改造，航标维护正常率达省规定要求。保证航道尺度达到规定标准，全年航道维护水深保证率100%。联石湾船闸在原有文明示范窗口建设的基础上，立足高起点，瞄准新目标，坚持“两个建设”一起抓。一是重点抓“软件”建设，通过宣传、整顿服务质量、健全管理制度、整治综合环境；二是抓“硬件”建设，将宿舍配电房、办公室、食堂进行装修、新建，绿化围墙栏杆等。是年9月被交通部授予“全国航道系统先进集体”；10月，通过省文明委及省交通厅“全省百佳文明示范窗口”初步验收。2003年，加强对重要航道的船舶密度观测，制作使用航标巡标卡，完成一标一档；各分局（站）按要求配备各种器材，建立出入台账，规范仓库管理。航标维护正常率、航道水深保证率100%。2004年，排查维护管理中存在的问题，制定辖区内航道保通航预案。辖区主要航道设立、健全水尺，加强对航道的基础管理，落实航道扫床工作，掌握重点航道和重点浅滩的探测监控及维护性疏浚。对泥湾门水道的碍航物进行清理，对洪湾水道、前山水道主要水道船舶密度进行观测，确保航道安全畅通。

2005年，珠海航道局认真组织开展创全优航道劳动竞赛，推动航道维护，落实各项指标。开展沿海航道普查，顺利完成外业调查工作，普查辖区航道780公里，航标95座；新设沿海航标4座，改造沿海航标1座。航标维护质量、船闸维护质量及船舶管理水平均有所提高，航标维护正常率、船闸通航时间保证率、船舶完好率、航道维护水深保证率均达100%。2006年，桂山岛、白沥岛、交杯沙水道等沿海航线上增设5座沿海航标；完成航道疏浚工程4项，疏浚工程量近10万立方米，完成航道清障700立方米；完成航道工程常规测量31公里、18平方公里，其他航道测量30多平方公里；完成辖区32条航道、723公里普查；完成航道巡查、探测1.04公里。全年航道维护水深保证率、航标维护正常率、船闸通航率、船舶完好率均达到100%。2007年，全面排查航道维护管理中存在的问题，管理维护内河航道676公里，沿海航道618公里。按照广东省航道系统创“优秀航道单位”劳动竞赛考评方案，对辖区航道、航标、船舶、船闸的维护及安全生产等工作进行逐项细化，对照标准、找出差距、落实责任。航道水深保证率、航标维护正常率、船舶完好率、船闸通航时间保证率达到100%。

2008年，珠海航道局增加巡查密度，建立完善航标档案，加强航标质量检测，配足各种航标器材，及时更换陈旧或使用效果不良的航标器材。按照船舶维修保养计划，做好船舶的使用和维护，认真贯彻落实三级保养制度。初步建立一航道一档案、一航标一档案、一工程一档案、一船舶一档案。2009年，继续抓基础管理工作，规范基础资料的收集与整理，并结合基层工作人员实际情况有针对性地开展培训。修改、制定《珠海航道局业务管理制度汇编》，做到航道技术档案符合规范，基础资料详细、齐全、准确。按规定对航道进行探测扫床，常规航道测量95公里，二线测量20多平方公里，完成辖区疏浚任务近26万立方米。Ⅲ、Ⅳ级航道维护水深保证率100%，Ⅴ~Ⅶ级航道维护水深保证率98%以上。鸡啼门水道、泥湾门水道重点标配布改为一类标配布。船闸基础管理完善，严格执行操作规程和技术规范，全年没有发生任何事故，船闸通过量454.86万吨，安全过闸船舶1.28万艘。2010年，加大对十字门水道、洪湾水道、交杯沙水道和前山水道的巡查管理力度，落实航道探测扫床工作。对湾仔码头进行两次航道疏浚；对鸡啼门水道、白藤河水道碍航物进行清障，完善十字门区域航标配布，改善澳门附近水域的通航环境。海岛航标遥控遥测系统初步完成，鹤洲河增设航标3座，前山水道航标由重点标配布改为一类标配布，增设航标8座。辖区航标每月进行一次全面质量检查，航标维护正常率达100%。截至11月，联石湾船闸通过量464.31万吨，安全过闸船舶1.36万艘、6020闸次，通航时间保证率达到100%，船闸利用率达到100%。Ⅲ、Ⅳ级航道维护水深保证率达到100%，Ⅴ～Ⅶ级航道维护水深保证率达到98%以上。

2011年，珠海航道局组织实施前山水道、泥湾门水道、湾仔码头进港航道及港池疏浚计7.5万立方米，整治泥湾门水道渔网渔栅，改善辖区航道通航环境。坚持做好航道巡查和航道探测扫床工作，强化辖区航道内在建工程现场监督，及时掌握航道动态变化情况，发现问题及时解决。做好航标的日常维护工作，除封航期外，严格按照规定周期进行航标巡查，实施一标一卡制度。加大对恶劣天气、台风后以及重大节假日期间的航标巡查密度。在洪湾水道新增设灯桩1座，在白藤河水道新增设灯桩6座，更新井岸二桥、机场高速的浮标，对泥湾门水道10号、16号及22号航标进行专项改造，并及时恢复遭不明船舶撞损的洪湾水道9号标、泥湾门水道13号标，督促建设单位对未设置助航标志的桥梁进行整改。2012年，完成乾务大冲、十字门出海口、澳门西湾大桥横琴侧航段疏浚，工程量计5.8万立方米。加强环澳门水域、环横琴水域航道维护管理，纳入中央资金补助范围的区界航道里程由51公里增加到71公里。全年完成102座航标保养，进行13次应急处理，增加设置33座航标；完成洪湾水道8号钢管桩灯塔重建工程；启动实施珠澳区界航道标志性建筑洪湾3号标10米灯塔重建工程。对联石湾船闸主体及配套设施进行全面维修改造，改善船闸运行环境，船舶通过量405.68万吨，过闸船舶8522艘。2013年，完成十字门水道、白沥航道疏浚工程，疏浚工程量约70万立方米；协调珠海海事、澳门等相关部门实现十字门水道24座航标的统一配布，航道通航环境得到全面改善；深化粤澳通航保障合作，完成澳门107座航标保养任务。全年进行8次应急处理，处理航标移位15次；更换因遭受碰撞而损坏的浮标7座；完成井岸大桥、莲溪大桥等17座桥梁的警示标志设置工作；完成各项涉航施工代管标志的维护管理任务。2014年，珠海航道局完成白藤河水道、黄镜门水道、十字门出海口航道疏浚工程，疏浚量7.6万立方米；增设航标4座，更新改造航标9座，前山水道19座航标安装遥控遥测系统，实现远程监控；实施船闸维护项目3项，站房码头维护建设项目2项。全年航道维护水深保证率、航标维护正常率、船舶联检优秀率及船舶完好率均达到100%。辖区航道内没有发生因养护原因造成堵塞和海损事故。联石湾船闸实际通航时间保证率、船闸利用率均达到100%，船舶通过量655万吨，安全过闸船舶1.03万艘。

▲2014年12月10日，白沥航道航标更新工程完工（珠海航道局提供）

2015年，珠海航道局加大对十字门水道、洪湾水道等重要航道的养护管理力度。对桂山水道进行全程测量，对鸡啼门水道、前山水道进行船舶密度观测；对十字门水道5号标、洪湾水道10号灯桩、泥湾门水道及沿海航道6座航标更新改造；洪湾水道、十字门水道的航标发光系统更换；如期完成澳门公共航道及港池航标大保养工作。全年共疏浚2万立方米；保养及应急恢复航标141座次，航标维护正常率达100%；开展航道监督巡查7504公里，参加巡查434人次。辖区Ⅲ、Ⅳ级航道维护水深保证率达100%，Ⅴ～Ⅶ级航道维护水深保证率达98%以上。联石湾船闸开闸4524次、过闸船舶8401艘、船闸通过量604．88万吨，通航时间保证率达到100%。2016年，珠海航道局认真落实交通运输部与澳门特别行政区政府《关于澳门特别行政区管理范围内水域水上交通安全及航道管理的合作安排》，完成9座澳方航标的移交和更新；完成界河航道疏浚工程量30多万立方米；完成澳门108座航标的保养、澳门公共航道及港池航标大保养工作，改善区界河航道通航条件。维护内河航道676公里、沿海航道618公里，管理航标323座。全年航道维护水深保证率、航标维护正常率、船舶联检优秀率、船舶完好率、船闸通航保证率均达100%。

2017年，珠海航道局严格遵守船闸维护管理相关制度，完成石角咀船闸操作室修复，船闸钢便桥和水下系缆桩油漆保养。同年8月，受台风“天鸽”“帕卡”影响，联石湾船闸受损严重，为确保船舶通航、船闸施工安全，对船闸进行全面停航处置。灾后及时调整航标、航道，期间设置灯艇2座、航标10座，出船96航次、巡标1350座次，被珠海市委市政府评为“救灾复产重建先进集体”。严格执行安全生产相关规定，落实安全生产责任制，编制安全生产责任清单；定期召开安全生产工作例会，按要求开展安全生产大检查和安全隐患排查、治理工作，基本完成对Ⅶ级以上航道未设置桥涵标桥梁的整治、辖区跨越Ⅰ～Ⅶ级航道上的桥梁通航安全隐患排查工作。洪湾水道通航能力由通航1000吨级内河船标准，提升到通航1000吨级港澳船标准。61公里区界航道维护水深保证率、代澳门保养的105座航标维护正常率达100%。2018年，开展航道养护专项工程8项，疏浚量162.95万立方米。通过疏浚改造，泥湾门水道、鸡啼门水道的航道维护尺度由通航500吨级内河船标准，提高到通航1000吨级港澳船舶标准；赤粉水道通航能力由通航500吨级内河船标准，提高到通航1000吨级内河船标准。全年船闸设施设备安全，航道维护水深保证率、航标维护正常率、船舶联检优秀率、船舶完好率均达100%。

第四节 海事管理

● 安全监督管理

1982年前，香洲港务所港监室业务范围很窄，管理尚未完善，业务上只有签证及简单的小船办证，现场监督工作未能开展。1982年7月，九洲港务监督成立后，逐渐增加外勤人员，加强现场监督管理工作。1985年7月后，香洲、湾仔、前山等港务监督站相继成立，现场监督工作不断加强。1987年10月9日，珠海港务监督局制定《加强港口现场监督的岗位责任（试行）》，对各监督站现场监督岗位职责和辖区划分管理范围作了明确规定。1988年5月起，珠海市港务监督局每月开展安全大检查一次，检查时间为5～10天。根据各时期境内水域交通安全状况，有组织、有计划、有重点地组织监督人员到港区现场实施安全监督，每逢节日前夕或遇有特殊情况，局领导及有关科室负责人深入到基层站和港口码头、船舶、渡口检查，发现和研究、解决问题。1988年至1991年，境内水域水上水下工程建设项目多，施工作业相当频繁。1986、1987、1988、1989、1990、1991年向港监部门申请施工作业的分别为37宗、16宗、32宗、38宗、35宗、50宗。根据《中华人民共和国海上交通安全法》《中华人民共和国内河交通安全管理条例》的有关规定，对岸线和水域的使用办理审批、审核手续，对施工作业进行监督管理。凡是在珠海使用岸线和水上水下施工申报需提交建设单位申请书、施工单位申请书、施工船舶资料和船员证书、设计图纸（一式两份）、施工合同、规划局或者建委批件、船舶营业运输证；凡是在珠海辖区水域施工船舶应提交资料申请书、交通主管部门的批文、船舶资料和船员证书、船员名单。工程规模宏大，需占用水域面积较大时，建设单位应在工程立项前报珠海港监审核同意。珠海港监审核同意后，建设单位应根据港监部门的具体要求，提交有关证明文件外，还必须附送有关技术设计文件和资料，包括可行性研究或技术论证报告（侧重航道变化及船舶通航技术方面的分析资料和数据）以及河道水力实验报告，模拟设计及施工设计等。有些工作涉及水域环境的，尚要提交水环境影响报告书。港监机关接到建设单位的施工申请后，则认真进行技术审查，确认无碍水上交通安全才能审批。经过技术审查认可后，经办人员提出审批（审核）意见后报主管领导批准，然后按照规定签发水上水下施工作业许可证。如因特殊原因施工时间变更，施工单位应向港监部门重新办理施工作业许可证更改手续。1989年、1990年、1991年，珠海港监分别发布航行通告38宗、35宗、39宗。1990年、1991年，珠海港监分别发布《前山水道护岸工程施工船舶管理暂行规定》《磨刀门围垦工程施工船舶管理暂行规定》《关于在泥湾门水道架设临时浮桥及设置临时码头的批复》《香洲海堤护岸工程施工船舶管理办法》《三灶湾围垦工程施工船舶管理暂行规定》《珠海水域水上水下施工管理暂行规定》等文件，这些文件的制定和实施对珠海水域水上水下施工管理，保障船舶航行安全起到非常重要的作用。

2001年，珠海海事局以季节性安全工作为主线，大力开展“水上运输安全管理年”活动，重点抓春运、雾航、防雷雨大风、防热带气旋以及“五一”国际劳动节、“十一”国庆节等季节性安全工作。整治高栏港区通航秩序，出动监督船巡逻，纠正渔船违章捕捞现象；整治澳门附近水域和洪湾水道的通航秩序。海事管理部门组织力量对辖区的19处渡口和26艘渡船进行全面检查，查处“三无”船舶115艘，其中移交珠海市打私办61艘，销毁14艘，重新办证15艘，由当地政府领回6艘；查处超载船舶147艘。2002年，查获涉嫌“三无”船舶119艘（移交市打私办39艘）、超载船舶216艘；共出动船艇1199艘次、人员2.59万人次，累计巡航2785小时、51209.65公里，打击“人证不符、船证不符”等假冒、买卖、伪造证书的非法行为。航标巡(调)查156座次，对辖区专用航标巡（调）查564座次；共向船舶发放《珠江口水域船舶交通航路图》266套、《珠江口水域船舶交通安全手册》501本；举办培训班52期，培训船员526人。开展危险化学品水上运输专项整治行动，出动人员1013人次，对12座危险品码头、8个危险品临时装卸点以及97艘次化学品船、226艘次油船、10艘水上加油船（驳）进行专项检查，查出缺陷363处。元旦、春节期间，出动人员2399人次、船艇234艘次、车辆400辆次，检查船舶5711艘次，查获“三无”船舶20艘，检查海上加油站9个、船舶修造厂点10个。2004年，大力打击“三无”、超载船舶。全年出动船艇1490艘次、人员1.8万人次，累计巡航4800小时、航程63523.6公里，完成巡航工作任务2442项，纠正违章545起，查处涉嫌“三无”船舶27艘、超载船舶287艘。2005年，珠海海事局联合中山、江门海事局开展联合执法行动8次，加大巡航检查力度，及时消除影响辖区水上交通安全隐患。2006年，加强现场监督，大力整治通航秩序。持续加大重点时段、重点水域、重点船舶的监管力度，打击船舶逃避管理、逃交规费等违法行为。累计巡航里程63153.2公里，查处涉嫌“三无”船舶18艘、超载船舶224艘。2007年，采取有力措施，认真开展防船舶碰撞防泄漏专项整治工作。专项整治期间出动人员3238人次、船艇389艘次，检查船舶5340艘次、船公司61个，查出隐患630项，所有安全隐患均完成整改。辖区19座码头、12道渡口、13艘渡船达标率100%，顺利通过广东省渡口渡船专项整治领导小组组织的验收。2008年，重点渡口采取专人盯防叮嘱，疏堵结合，严防渡船超载、滥载和农用船非法载客，在奥运圣火港澳传递及奥运会、残奥会期间制订方案并采取措施，加强对环澳门水域的安全监管，确保旅客进出口岸和船舶进出畅通安全。在防抗台风过程中，启动应急预案，及早发布危险天气预警信息，督促相关单位和部门抓好预防措施的落实，切实做到不缺位、不错位、不越位，全面履职。出动船艇128艘次、人员896人次、车辆312辆次，对辖区船舶实施交通组织1651艘次，成功营救104人。强台风“黑格比”袭击珠海期间，协调组织指挥处置海上险情18宗，其中特大险情1宗，较大险情5宗，未发生人员伤亡事故。“水上交通安全百日督查”活动开展期间，出动人员3303人次、船艇348艘次，检查船舶1.94万艘次、船公司50家；查出一般安全隐患27项，均完成整改，未发现重大安全隐患。

2009年，珠海、中山、江门海事局组织联合执法行动，开展“两船”“安全生产年”“运输船舶吨位丈量专项检查”等专项整治活动，把各项安全生产措施落到实处。加强港珠澳大桥水域监管，广泛听取港珠澳大桥建设前期办公室、施工方、业主单位的意见建议，加大桥区水域监管设备投入，优化巡航监管方案，纠正船舶违规行为，为港珠澳大桥建设提供安全优质服务，给过往船舶创造了安全和谐的水域环境。2010年，加强“五一”国际劳动节、端午节、中秋节等节假日期间和春运等时期的安全监管工作；加强辖区重点单位、重点船舶、重点时段、重点航段的监管；做好世博、亚运专项船舶安全检查工作；深化与珠海、澳门各涉水部门的沟通联系，分析港口发展的现状，针对水上监管难点及重点及时制定对策，优化水上通航环境。2011年，研究并划定砂石运输船舶航线；及早部署季节性灾害天气防抗工作，向建设、施工企业宣传防范危险灾害性天气的基本知识，提供船舶管理业务知识培训和最新航行信息，撰写《珠海周边内河水域避风锚地调研报告》，定期组织召开辖区安全形势分析及涉水工程安全通报会，结合实际提出加强通航安全的建议，推动建设单位落实安全主体责任。修改完善《珠海海事局港珠澳大桥工程建设水上交通安全监督管理工作方案》，强化现场监管，实现“零事故、零污染、零伤亡”的“三零”目标。建立珠海辖区通航环境数据库，为行政审批、现场监管、水工管理等海事安全管理工作提供重要数据支持。2012年，加强季节性安全监管工作，开展水上交通安全大检查，对辖区所有客船、重点危险品船及乡镇渡口渡船开展安全大检查，通过查缺陷、除隐患，落实安全措施，确保船舶以良好的状态投入节日营运。加强辖区旅游景点、重点区域、重点航段的巡查和巡航，严把签证关，有力保障辖区水上交通安全。扎实开展“安全生产月”活动，结合中小海轮专项整治水上交通突发事件风险隐患排查和整改、打非治违等专项行动的深入推进，全面落实安全生产两个主体责任，加强安全文化建设，切实保障广大人民群众生命财产安全。2013年，出动船艇874艘次、执法人员8473人次，完成巡航时间7133小时，巡航里程13.15万公里，检查船舶9550艘次，查处违法船舶338艘次。2014年，加强重点时段的安全监管工作，加强春节、“五一”国际劳动节、“十一”国庆节及航展等重要时间节点以及港珠澳大桥、环澳门、高栏港区等重点水域的现场监管，消除各类安全隐患。强化辖区涉水工程管理，优化通航环境，督促施工单位以及施工船舶严格按照相关要求施工作业。辖区沉船沉物打捞清障工作卓有成效，“夏长”轮残骸清除工程中，完成溢油清污、沉船残油转移、船体扳正、起浮，紧急转移修补以及拖带进厂等重大工艺环节的协调、指挥及安全监管工作。完成“港宇2085”“富粤388”“粤新会货8143”“东运989”轮等打捞及应急清障的跟踪协调和安全监管。2015年，践行“民生水工”精神，主动服务地方经济建设，为“珠海大交通”建设、高栏港15万吨级主航道等港口重大涉水工程建设提供全方位通航安全监管服务。全年共组织辖区通航安全评审会41次，审核发放水上水下活动许可证151份，组织辖区施工安全协调会26次，走访辖区水域工程建设、施工单位215家；完成“申加33”“浩骏”“粤友联68”“荟通138”“海邦达198”等沉船的清障协调工作。

2016年，零距离服务港珠澳大桥工程，进行九洲临时航路、江海直达航路及青洲临时航路的调整，协调航标调整和相关水域水深扫测等，督促施工单位完善相关安全警示标识、落实安全保障措施。全力以赴，做好施工安全警戒工作。智慧海事平台应用日臻完善，组织开展了LNG船、施工船、砂石船、高速客船等重点船舶的动态管控研究，探索管控船舶非法施工、超航区航行、未按规定开启AIS等违法行为的有效办法，深挖平台潜能。落实珠江口水域各项专项整治，组织开展为期6个月的内河船非法参与海上运输专项治理活动，其中实施87天的驻点值守，会同航道部门及有关处室联合执法36次，检查内河船舶3505艘次，拦截检查船舶649艘次，查处违法船舶154艘次，严厉打击船舶超航区航行的违法行为。与广州、中山、佛山、东莞、深圳蛇口、惠州等地海事部门，先后开展代号为“航海家”的3次统一执法行动和1次为期3天的集中值守行动。集中值守行动中共检查船舶1283艘次、查处违章船舶148艘次，违章发现率达12%。参与珠海辖区防商渔船碰撞、打击“垃圾船”统一执法行动，会同珠海渔政联合巡查内河V级以上航道、与相邻地市行政交界、主要出海口门等水域，沿途清理非法设置的缯门、网箱、蚝排等渔业设施，合力查处商（渔）船舶各类违法违章行为，甄别打击“垃圾船”，改善辖区通航环境。2017年，推进智慧海事深度应用，推进“智慧海事+现场”的安全监管工作模式，在广东海事局智慧海事应用技能竞赛中夺冠。制定并发布《珠海海事局2017年辖区水域定点值守工作方案》，加强重点水域巡航执法。全年共组织现场巡航5306次，累计14.39万公里，检查船舶2.57万艘次，查处违章船舶1194艘次，查处违章率同比提高35.3%。及时妥善处置“4·1”船舶碰撞莲溪大桥事故，对辖区桥梁情况及桥梁水域安全隐患进行全面摸底排查和风险分析；强化桥区水域巡航检查；加大安全信息宣传力度；加强与地方职能部门信息沟通，积极推动辖区现有和在建桥梁防撞设施配备。充分运用广东智慧海事监管服务平台和互联网等手段，及时对外发布台风预警信息，提前通知并跟踪督促辖区涉水工程建设、施工单位组织施工船舶撤离，为船舶安全撤离赢得宝贵时间。全力做好灾后复产沉船沉物打捞清除及通航环境恢复工作，成功协调处置搁浅船舶50艘、沉没船舶13艘（其中3艘由海事部门组织应急清障），辖区主要受灾水域通航环境恢复正常。2018年，积极参与珠江口水域交通安全综合整治。牵头组织第三季度珠江口“归巢”行动。与江门海事局联动执法，与海警部门联合巡航，查处参与海上运输内河船289艘次，行政处罚170万元，劝返采砂船395艘次，召回珠海籍内河船9艘次，向公安、海警部门移送的7名无证驾驶人员被行政拘留，移送的37名涉嫌非法采矿人员被刑事拘留。强化桥梁水域通航环境巡航检查，查处违章船舶234艘，有效化解3宗涉嫌超出桥梁净高的险情。珠海市安排4.8亿元建设重要桥梁防撞系统。收集上报西江珠海段及澳门水道航行资料、航行要素，配合完成《西江水域船舶航行指南》；完善马骝洲、泥湾门等水道的电子布控和预警服务；推动开展珠海市临时码头及“未批先建”码头联合专项整治行动，有效规范临时码头统筹规划和审批布设。

危险货物运输管理及交通管制

1978年，珠海船运危险货物主要是汽油。1983年，九洲港使用后，进出珠海的船舶增多，危险货物增加。根据《国际海运危险货物运输规则》《中华人民共和国内河交通安全管理条例》《中华人民共和国海上交通安全法》,凡在珠海港口装卸或运载危险货物，应提前三天向珠海港务监督申报，提供装运危险货物的技术资料，包括危险货物的品名、联合国编号、船舶技术资料、包装检验证书。集装箱装运危险货物的还应提供集装箱装箱证明书。珠海港务监督根据所提供的技术资料，签发船舶装运危险货物准单，如需监装监卸的，船方必须提供船舶装载危险货物监装申请书，珠海港务监督派人到现场进行监装或监卸。1988年，划定唐家大坞湾为危险货物装卸专用作业区，装卸炸药、石油、液化石油气等。1990年，珠海船舶运输危险货物进出口量27.61万吨，1991年运输危险货物28.72万吨。2001年，加强危险品码头安全与防污染的监督管理。对原广东省港监局和珠海港监发放的码头许可证重新审核，颁发新证；对问题较突出的危险货物码头提出整改方案；督促液体危险品码头制订防污染应急计划；开展危险品船舶和码头安全作业专项大检查；对发现的缺陷和违章行为作出相应处理，敦促有关单位及时整改。辖区水域进出港危险品船舶6811艘次，港口危险货物吞吐量708万吨，安全无事故。2002年，珠海海事局重点加强防污法律、法规宣传，坚持日常监督检查，提高船舶防污水准和船员环保意识；严格查处船舶非法排放污水；加强对船舶动态监控及危险品作业监督管理。督促指导有关方面制定《溢油应急计划》，借鉴ISM规则管理理念，加强对危险品运输源头管理，对“紫荆花”轮作业方式及安全性进行评估。全年共受理装载危险货物船舶申报7765艘次，辖区危险货物吞吐量790.7万吨。2003年，共检查进出港化学品船38艘，查处5次缺陷。

2004年，珠海海事部门认真贯彻执行港口法和港口危险货物管理规定，建立健全危险品安全监督管理制度，制定实施《珠海海事局危险货物船舶事故应急预案》，制定《全冷式液化气船现场安全检查指南》《海事处业务工作指南》《海事处业务检查指南》；健全船舶防污染应急反应体系，加大辖区防污工作力度。“12·7”珠江口船舶溢油事故发生后，立即组织力量协助做好现场警戒和海面污染监视工作，每天派出3艘海巡船在九洲、湾仔、高栏3个方向进行巡视，并全力动员当地社会力量协助现场清污，整个清污工作于12月17日基本结束。全年危险货物吞吐量达1229万吨，载运危险货物进出港船舶为9702艘次。2005年，按照布点规划对水上加油站实施管理，提高准入门槛，加大日常检查力度，规范水上供油船作业行为，防污措施、值班制度、应急措施得到进一步落实。辖区载运危险货物进出港船舶8606艘次，危险货物吞吐量1055万吨。2006年，打造第三梯队清污应急力量，增强防污清污能力。充分发挥辖区渔船多的优势，及时调整既有应急队伍建设思路。是年7月下旬，成功组织8艘渔船及3艘海巡船艇举行溢油应急演练，培养渔船应急清污队伍。全年辖区载运危险货物进出港船舶8269艘次，危险货物吞吐量1103万吨。2007年，查处船舶载运危险货物集装箱，并制定船舶载运危险货物集装箱监督管理工作方案。辖区内共发生船舶污染事故4起，进出危险货物船舶8828艘次，危险货物吞吐量1278.3万吨，危险品集装箱4914标箱。

2008年 9月25日，“2008珠江口海事安全论坛”在珠海举行。论坛以“海上油污防备、反应和合作”为主题，就石油化学品运输船舶安全管理及事故应急的技术发展、管理经验、法律研究等问题进行研讨。粤深港澳海事主管部门共同签署《珠江口海上船舶溢油应急合作安排》，充分调集所有应急资源，全力抵御船舶溢油污染，共同保护珠江口海洋生态环境。2009年9月15日，巴拿马籍集装箱船“圣狄”轮受台风影响触礁搁浅于高栏水域引发燃油泄漏事故。在广东海事局的指挥下，积极稳妥展开事故处置。全年进出辖区危险货物船舶8136艘次，危险货物吞吐量2117.3万吨。2010年，加强对混合芳烃监管，积极联系大连危险货物运输研究中心、中国船级社等机构及有关专家到大型石化企业进行调研，并与IMO、GESAMP、ITOPF等国际机构加强联系，以更准确地掌握对混合芳烃等物质的最低运输要求。针对珠海辖区水上加油站管理混乱的情况，对水上加油站进行了为期2个月的调研及整顿；制定港珠澳大桥水上施工船舶管理防污染管理要求，督促相关海事处抓好施工船舶的水上加油及船舶污染防治工作，扎实推进施工船舶防污染管理。辖区载运危险货物进出港船舶7649艘次，危险货物吞吐量达1947万吨。2011年，全面推进防污染管理，提升辖区船舶污染应急能力。开展船舶及其有关作业专项检查活动，消除安全隐患。全年辖区危险货物船舶7233艘次，危险货物吞吐量1999.6万吨。2012年，规范港珠澳大桥施工船舶燃油供应，开展中石化珠海分公司港珠澳大桥水上加油船“茂石油04”“深油11”安全评审，并现场监管，督促落实安全管理主体责任，保障油品供应质量，保障供受油作业安全。走访港珠澳大桥施工单位，介绍施工船舶燃油安全方面的要求，引导船舶到批准备案的水上加油船加油。是年5月1日起，全面取消船载危险货物纸质申报，创新集装箱装运危险品监管模式，落实集装箱装运危险品监管工作。全年进出辖区的危险货物船舶7430艘次，危险货物吞吐量2031.73万吨；危险品集装箱8179标箱。

2013年8月14日，香港籍散货船“夏长（TRANS SUMMER）”轮在小万山岛附近水域倾斜沉没，造成燃料油泄露。珠海海事局迅速调派海巡船艇、清污器材及防污人员抵达事故现场，采取全天候监视油污，全方位清除油污，密切联系船东、委托律师介入、全过程专家评估的具体有效措施，有效控制污染事态，全面清理大万港池、东澳岛南沙湾、海岛沿岸及海面油污，污染损害降到最低。全年进出辖区的危险货物船舶7736艘次，危险货物吞吐量3543.11万吨，危险品集装箱6286标箱。2014年，与珠海出入境检验检疫局签署《关于加强进出口危险货物监管 提高执法效率合作备忘录》，加强海事和检验检疫执法工作的针对性和有效性，实现危险品船舶靠泊作业、货物装卸和储存、出入境过程的有效监管，共同打击瞒报匿报集装箱危险货物的行为。万山区各海岛不具备资质的码头从事液化石油气罐等民用危险货物装卸作业列入“打非治违”专项行动需要整改的隐患，与万山区沟通协商，组织利益相关方召开专题协调会议，形成专题会议纪要，明确相关整改工作职责，督促码头经营人员向港口主管部门申办港口经营许可证及港口危险货物作业附证，强化作业人员培训、健全安全管理制度、完善码头安全设备设施。认真开展危险货物水上运输安全监管，结合“平安交通”交通建设集中整治活动、珠海市危险化学品领域安全生产专项检查、高栏港经济区危险化学品安全生产专项检查等专项整治活动，扎实有效开展危险货物水上运输安全监管。全年进出辖区危险货物船舶7298艘次，危险货物吞吐量3775.5万吨。2015年，加强船舶运输危险货物的监管，积极稳妥处理船舶污染事故。持续跟踪“浩骏”轮事故处置情况，积极应对“8·24”海上油类污染事故、“9·14”东澳海上油类污染事故。协调地方政府部门和专业清污单位，组织清污处置行动。全年进出珠海辖区的危险货物船舶6679艘次，危险货物吞吐量3634.47万吨。2016年，针对陆岛危险货物运输码头未取得资质、香洲港及九洲港加油管线等问题，与市政府主管部门沟通协调，督促改进，并治理垃圾入海行为。全年进出辖区危险货物船舶6634艘次，危险货物吞吐量5094.47万吨。

2017年，珠海船舶排放控制元年，按照法律法规要求和上级有关工作部署，推动珠海市船舶排放控制区通告发布、理顺船舶取样流程、落实现场检查、依法处罚违规船舶。全年船舶燃油取样、送检175艘次，发现海船超标3艘次、内河船超标28艘次。整理危防IMO、UN相关公约、规则、船检规范以及OCIMF等行业检查指南420份；编制危管防污公约电子书。做好危管防污日常工作，加强溢油应急设备库的管理，督促维护保养单位抓好设备维护和维修，组织开展溢油应急演练和培训；落实溢油应急岗位人员跟班学习制度，全局53人参与“危防精品课堂”学习。全年进出辖区危险货物船舶6768艘次，危险货物吞吐量5672.3万吨，化学品723.4万吨，液化气476.8万吨，危险品集装箱5092标箱，B组散装固体货物3349.3万吨。2018年，全力推进船舶排放控制区海事监管，开展船舶燃油取样426艘次，处罚62艘次。配合市政府迎接国家海洋督察、中央和省环保督察。加强溢油应急设备库管理。召开《船舶污染物排放控制标准》实施座谈会，印发《内河船舶防污染须知手册》，扎实开展船舶生活污水专项治理。拓展码头货物数据来源，深入推广使用船舶载运危险货物比对系统。加强船载危险货物申报管理和现场监督检查，加大开箱检查力度，严肃查处瞒报谎报违章行为，探索推动危险品集装箱联合开箱检查。全年进出辖区的危险货物船舶6845艘次，危险货物吞吐量5931.8万吨，化学品611.4万吨，液化气514.0万吨，危险品集装箱6298标箱，B组散装固体货物3349.3万吨。

● 船舶检验

1975年前，境内有3间修造渔船为主的船厂，没有设立船舶检验机构。船舶检验工作由中山石岐港务监督受理。同年经省航运厅批准成立广东省香洲港务管理所。1976年，相继成立香洲港务监督站，负责香洲港的港务监督和船舶检验工作。1982年11月3日，广东省航运厅批准成立广东省航政局珠海分局，归属广东省航政局直接领导，同时受珠海市领导。1983年至1984年，广东省航政局珠海分局负责辖区内船舶审图、制造、检验及营运船舶的检验工作。1983年12月，珠海船舶检验所正式成立，在珠海航政分局的领导下，按国家船检局颁布的规范和规定，对船舶执行技术监督检验，使船舶具备安全航行和安全作业的技术条件。

1984年1月，井岸港务监督站与井岸港务管理所分设，划归广东省航政局珠海分局直接管理，并重新成立广东省船舶检验处井岸检验站，专职检验人员3名，办公地点设在井岸港务所。业务工作由珠海船检所领导，负责斗门县、平沙农场、红旗农场辖区内船舶检验工作及船厂制造船舶的审图、制造检验工作。1984年10月，广东省航政局珠海分局设船检科，有专职船检人员4～5人。2001年，船舶营运检验、建造检验、合作检验、公证检验共1012艘，受上级委托进行港澳航线船舶核定11艘，协助海关和打私部门查验走私船舶15艘，审查图纸23套，新入户船舶15艘，为船东在购船、申报港澳航线和船舶改造方面提供技术咨询。

2002年，航政部门印发关于加强船舶检验管理的文件，进一步明确对辖区船东和船厂在船舶购置、出入户和船舶修理及建造等方面的要求，从源头上堵住不合格船舶流入水运市场。按规定办理新入户船舶13艘，拒绝

2艘资料不齐、手续不清的船舶入户。完成5家乡镇船厂技术条件认可的续期上报工作；对6艘从事港澳运输的集装箱船舶的装箱数及吨位进行核查，签发相应的船检证书；开展16艘乡镇渡船的稳定性复查工作；协助海关查验走私船舶16艘；指导辖区5家主要船厂建立管理和报验制度。船舶营运检验756艘，建造检验、公证检验、合作检验等140艘，审查图纸、审核稳性资料等29套。2003年，严把船舶准入关，积极参与珠海市清理取缔非法修造船厂行动，对辖区内的修造船厂的资料进行登记、整理、汇总，开展对珠海籍客船、油船、化学品船等液货船稳性资料清查；制定并实施《船检内部操作指南》等制度。2004年，完成“船检发证系统（网络版）”的安装、调试及应用，完成首例250吨海上浮吊船“南风”号的检验、“粤能008”船的检验和“利达洲2”散化船跟踪检验。组织人员参加珠海市游艇发展规划采购评标、省船检局“舱口盖检验”课题、船运“水焦浆”有关技术问题的研究和集装箱船载货量船检技术问题、敞口集装箱船检验技术要求研讨、船舶法定检验质量管理体系内审员培训和船体结构强度有限元计算培训、上海国际游艇展示会等。完成验船任务953艘次、46万总吨。2005年，完成船舶检验1176艘次、51.6万总吨，审查船舶图纸86套。年度人均验船6.4万总吨。2006年，规范管理、科学组织，有效运行船舶法定检验质量管理体系；提出“以珠海统一的焊接工艺代替各厂焊接工艺”的方案得到船厂赞同；参与车渡船图纸会审及现场检验、CCS游艇规范评审、“散化船检验”培训授课等，确立并保持珠海船检在船舶破舱稳性、游艇规范研究、业务培训方面在省内的领先地位。全年完成船舶检验1024艘、63.6万总吨，规费征收创新高。

2007年7月1日，广东海事局正式授权珠海海事局检验香港籍船舶。是年9月底协助广东海事局在珠海成功举办香港籍本地船舶检验现场示范观摩研讨会。船检机构全年登记船舶89艘，检验船舶941艘、35378总吨，总功率2.66万千瓦。2008年，根据质量体系的要求和行政许可法的规定，对业务受理、人员调配、现场检验、检验数据采集、证书报告的制作签发、检验收费以及资料归档全流程进行梳理；设置专门的业务受理岗和证书制作岗，实现所有船检业务由一个窗口受理；现场检验实现流程控制，创造性地采用类似于流水线作业方式的“工作盒流程”，确保检验职责明确和流程的连续性。通过内部管理流程优化，逐步实现从习惯型、经验型管理向制度化、规范化管理转变，从单纯的结果控制向全流程控制转变。2009年5月，完成对珠海杰腾等3家游艇制造厂评估，完成对珠海江华“323”系列、珠海雄达“198”系列图纸审查。2010年，完成2005—2008年建造海船质量自查活动，完成率100%，合格率100%；认真开展2009年运输船舶吨位丈量专项检查活动，对135艘船舶进行实船检查及吨位复核计算，占任务总量的89.63%；积极开展“提前淘汰国内航行单壳油轮”相关工作，促进船舶结构优化。全年完成各类船艇建造检验119艘，营运检验769艘次。2011年，根据《船舶识别号管理规定》《船舶建造重要日期管理规定》《船舶吨位丈量统一管理规定》等船检法规，完成香港籍船舶委托、委聘的营运检验20余艘次；与香港海事处分工合作检验两艘油船。全年完成产品检验10余批次，共400多件。2012年，开始对奥兰发电机组珠海仓储基地的产品检验，吨位丈量复核工作全面开展；联合省船检处，开始珠海船检异地驻厂检验。2013年，完成营运检验881艘次，建造检验83艘，图纸审核70套，合计检验40.47万总吨；完成200余件发电机组、尾轴及螺旋桨等船用产品检验；完成200艘船舶的吨位丈量复核，发放临时船舶吨位证书125份，长期吨位证书103份。2014年，共完成营运检验937艘次，建造检验69艘，图纸审核53套，合计检验37.48万总吨；完成船用产品检验199件次，完成船舶转入检验44艘次，其中跨省转入18艘。2015年，完成营运检验822艘次，建造检验70艘，图纸审核72套，合计检验33.58万总吨；完成船用产品检验238件次。2016年，完成辖区60艘涉客船舶图纸档案的排查工作，完成涉客船舶专项整治工作30余艘；落实《关于加强单壳化学品船和600载重吨以上单壳油船检验要求的通知》，对辖区81艘油船、化学品运输船逐一查阅档案，重新核算载重吨，明确货舱区域结构形式，并为船东及时提供相关检验服务，完成多艘600载重吨以上单壳油轮改建或降载重吨检验。全年完成平安船舶专项检查50余艘，营运检验762艘次，建造检验72艘，图纸审核60套，检验33.30万总吨；完成船用产品检验195批次。

2017年，珠海市内河航区划分工作完成，持续开展涉客类船舶、单壳化学品船和600载重吨以上单壳油船、平安船舶、国内航行油船和散装液体化学品船舶、船舶AIS安装检验和静态数据固化升级等多个专项整治活动。对辖区所有适检范围内的船舶进行档案清查，检验各类客船35艘、油船25艘，提出整改意见1000余项。全年完成船舶建造检验57艘，图纸审核60套；船舶营运检验531艘次，检验总吨21.54万吨；完成船用产品检验93批次（1780件）。2018年，认真落实 国内航行油船和散装液体化学品船舶专项整治、中小型船舶安全管理专项整治、船舶生活污水排放专项治理等专项检验活动，完成珠海辖区24艘活跃油船、16艘客船的检验发证及65艘符合要求船舶的生活污水设施改造工作。加强新建和重大改装船舶的检验，杜绝低质量船舶在珠海辖区建造检验。严把转入船舶质量关，坚持“实船、规范、图纸、证书”四相符原则，避免低质量船舶流入珠海辖区。加强对船舶修造厂、船用产品制造厂及船舶设计单位的资格审核工作。对辖区3家船用产品制造厂开展生产技术条件评估，从源头保障船用产品出厂质量；完成辖区部分船舶设计单位的设计质量自检制度审查工作；走访辖区主要的船舶制造企业，并针对个别船厂在检验中发现的质量问题进行安全约谈。

1983—1992 年营运船舶检验情况表

表 8-2-4-1

年份	在册船舶总数（艘）	载重（吨）	总功率（千瓦）	载客数（人）	营运检验船（艘）	容积（总吨）	总功率（千瓦）	总客额（人）	船厂数（家）
1983 年	992	29726	21684	1939	713	29439	21768	1646	—
1984 年	1087	25789	22076		892	21518	15634	—	12
1985 年	1070	38535	31128	3512	842	30010	23150	—	12
1986 年	1067	28517	26706	12044	952	35305	24894	—	12
1987 年	1606	59967	43210	5643	1018	40098	33576	3694	12
1988 年	1425	62056	43989	4112	1054	43506	34889	3835	13
1989 年	1357	62957	48720	4519	838	41360	36338	3296	13
1990 年	1310	62796	51285	4452	680	43894	42747	4821	13
1991 年	1352	70036	54252	5834	922	51118	48973	3695	14
1992 年	1260	60036	61089	6723	826	62117	57291	4405	14

1983—2017 部分年份船舶审图及制造检验情况表

表 8-2-4-2

年份	审查图纸（份）	制造检验			
		数量（艘）	容积（总吨）	总功率（千瓦）	总客额（人）
1983 年	7	40	3646	1397	—
1984 年	8	28	1109	258	—
1985 年	16	36	1790	868	—
1986 年	20	21	1274	1462	—
1987 年	12	92	4761	2982	356
1988 年	15	108	7354	7962	300

续表 8-2-4-2

年份	审查图纸（份）	制造检验			
		数量（艘）	容积（总吨）	总功率（千瓦）	总客额（人）
1989 年	5	60	4412	4274	—
1990 年	2	30	3400	2292	—
1991 年	9	24	2457	2753	1190
1992 年	16	72	8441	12848	200
2001 年	23	9	1016	1211	—
2002 年	29	3	945	762	—
2003 年	38	13	1156	1719	—
2004 年	44	13	1359	1238	—
2005 年	86	47	9872	10728	—
2006 年	55	71	10711	9723	—
2007 年	83	89	11956	8735	—
2008 年	69	69	8601	7228	—
2009 年	88	50	8311	8054	—
2010 年	93	119	17710	31013	—
2011 年	79	75	13938	30313	—
2012 年	81	74	27340	36632	—
2013 年	70	83	26464	35776	—
2014 年	53	69	10513	18717	—
2015 年	72	70	7681	17689	—
2016 年	60	72	3267	37416	—
2017 年	60	57	4535	13431	—

1975—1992 年船检人员配备情况表

表 8-2-4-3

单位：人

年份	年底在职人数	文化程度			技术职称				备注
		初中以下	高中（中专）	大专以上	技术员	助 工	工程师	高 工	
1975—1979 年	2	2	—	—	—	—	—	—	兼职船检
1980 年	2	2	—	—	—	—	—	—	兼职船检
1981 年	2	1	—	1	—	—	—	—	兼职船检
1982 年	2	1	—	1	—	—	—	—	兼职船检
1983 年	3		2	1	—	—	—	—	—
1984 年	5	3	1	1	—	—	—	—	—
1985 年	6	2	1	3	—	—	—	—	—
1986 年	7	2		5	—	—	—	—	—
1987 年	7	2		5	—	—	—	—	—
1988 年	8	2	1	5	—	—	—	—	—
1989 年	8	2	1	5	2	4	2	—	—
1990 年	9	2	1	6	2	4	1	—	—

续表 8-2-4-3

年份	年底在职人数	文化程度			技术职称				备 注
		初中以下	高中（中专）	大专以上	技术员	助 工	工程师	高 工	
1991 年	8	2	1	5	2	3	1	1	—
1992 年	8	1	2	5	2	2	3	1	—

船舶管理

2001年3月起，珠海海事局对辖区客运公司、液化气船、油船公司的安全管理状况进行调查摸底，跟踪验证审核中发现的问题。以客船、危险品船为重点，加强船旗国监督（FSC）检查。开展高速客船安全操作证书年审工作，完成辖区15艘高速客船操作安全证书的年度审核任务，重点跟踪船舶的监督管理工作。开展港口国监督（PSC）检查，进一步完善了船舶跟踪制度，对64艘次外国籍船舶进行PSC检查，查出缺陷222项，滞留船舶6艘。全年办理各类船舶登记369艘，换发船舶国籍证书230本，签发最低安全配员证书403份。2002年，全面落实船舶安全检查责任制和开航前检查降滞责任制，进行PSC检查102艘次，适检船舶检查率92%，查出缺陷410项，滞留船舶16艘；开航前检查13艘次，所检船舶均通过国外PSC检查；国轮安检633艘次。逐步规范200总吨以下的海船和50总吨以下的内河船的安检办法。全面实行客船、油船、液化气船、散化船等重点船舶现场签证制度。严格执行船舶登记工作条例和程序，制定并实施《珠海海事局船舶登记工作制度》，进一步落实船舶登记工作的层级责任制，办理船舶所有权登记79艘，注销登记67艘，光租登记3艘，抵押登记3艘，临时登记（新船出口）28艘，登记项目变更19艘；换发国籍证书233本；发放最低安全配员证书236本；实施高速客船操作安全证书年度审核15宗，换证审核16宗。全年共制发船员适任证书479本、专业证书1850本、异地内河证书21本。

2003年，珠海、中山、江门海事局组成珠海片区联合行动组，统一开展区域协作行动。出动工作人员100多人次、船艇21航次；检查船舶208艘次，查处违章船舶35艘，纠正渔船违章放网20艘次，其中查处超载船舶28艘次（强制卸载28艘次）和涉嫌“三无”船舶11艘，依法暂扣船舶9艘；暂扣船舶证书、船员适任证书近100本。是年4月，对辖区31艘高速客船、客船、环岛游船进行专项检查（其中高速客船15艘、客船2艘、环岛游船14艘），发现缺陷145项，其中高速客船缺陷43项，其他船舶缺陷102项。9月对液货船进行专项检查，共检查危险品船舶48艘次，发现缺陷223项。全面落实PSC和开航前检查责任制，检查外轮103艘、滞留9艘次；开航前检查8艘，检查率达到100%，所检船舶均顺利通过国外PSC检查。2004年，规范船舶登记工作，对所有船舶登记档案进行核查，发现问题档案85份并立即进行整改。全年办理船舶所有权登记91艘、船舶抵押登记8艘、船舶光租登记5艘、注销登记77艘，换发国籍证书177本，最低安全配员证书115本，船舶登记项目变更80艘。对33家公司开展SMS初次审核。公司临时审核4宗，公司年度审核8宗，参加112艘船舶的SMS初次审核。组织力量撰写《SMS审核记录的填写探讨》论文，制定《珠海海事局审核员管理规定》。全年共检查外轮105艘，滞留4艘次；对667艘次的国轮（其中沿海船舶246艘次，内河船舶421艘次）进行了检查，滞留2艘。海船单船缺陷数6.0项，河船5.8项。2005年，积极推广运用船舶动态管理系统，开展港口国监督检查（PSC），持续加大船旗国监督检查（FSC）力度，全年检查外轮100艘、国轮703艘次，对重点跟踪船舶（“黑名单”）以及重点国际航线的国轮100%进行开航前检查，打击辖区水域低质量船舶，确保辖区水域航行安全，有效落实降滞目标责任制。持续强化乡镇渡口渡船和自用船舶的安全监督，加强对渡口渡船的日常和重大节假日的监督检查，积极督促地方政府履行安全管理职责，海事信息平台设立乡镇船舶管理的电子台账，有效推进管理规范化和信息化。实施片区安全管理体系审核，强化对航运公司及其船舶安全监督。

2006年9月中下旬，珠（海）、深（圳）海事部门对两地的高速客船开展为期一周的“黄金周”节前联合检查。完善船舶管理规章和船舶管理台账，建立海事公务船艇管理长效机制。2007年，按照交通部、国家安全监管总局、省政府开展渡口渡船安全管理专项整治的部署，开展渡口渡船安全管理专项整治工作。渡口渡船及配套设施有效改善，渡工的安全意识和技能明显提高，专项整治取得较好成效，达到国家和省政府要求。举办2007年珠江口海事安全论坛，以“高速客船安全管理”为主题，粤深港澳海事航运界百余专家齐聚珠海，共商珠江口海事安全；珠江口水域19家高速客船公司签署《水上应急搜救协作备忘录》。认真贯彻执行“安全畅通文明”港澳航线创建工作措施，着力打造水上交通安全管理链。辖区构筑各单位共同参与、各司其职、协助互动的水上交通安全服务链，同时制定运行《安全畅通文明港澳航线验收标准》。2008年，高效、有序开展砂石运输船施工船专项整治活动。加强对砂石运输船施工船的安全监管，督促在辖区水域施工作业的有关单位建立健全规章制度和操作规程，完善安全管理体系；加强砂石运输船施工船重要设备和属具的检查，督促施工船落实安全值班制度；确切掌握辖区施工船工作动态，规范施工作业行为，维护正常的水工作业秩序和通航秩序。2009年，加快推动水泥船、木质船等落后船型船舶淘汰。2010年，珠海海事局组织实施PSC初次检查110艘次，发现缺陷418项；安检海船262艘次，发现缺陷1609项，滞留海船14艘；安检内河船舶327艘次，发现缺陷2119项。2011年，加强船龄18 年及以上散货船和方便旗船舶监督检查，优先选择“目标因素值”（TF）高于100 的船舶进行检查，保持对低标准船舶高压检查态势，完成PSC 检查船舶111 艘次，PSC检查覆盖率达到15.1%，完成全年任务指标100.1%；滞留船舶8 艘，滞留率7.2%；缺陷总数398 项，平均单船缺陷数3.6 项。

2012年，珠海海事局以隐患排查为切入点，对斗门水上婚嫁表演船长期未经登记检验、船员未经海事部门培训的隐患深入检查，要求其限期整改，确保水上婚嫁表演船和顺风8均取得有效的船舶检验证书。组织辖区持证公司学习航运公司SMS运行情况评价指标体系，引导其采取针对性的措施加强安全与防污染管理，对公司审核关注要点与航运公司进行沟通，提出安全管理建议；走访公司，主动收集问题和意见，约谈安全管理不到位、问题较多的公司，对列入跟踪审核的公司加强现场验证和证后管理，督促其认真整改。组织辖区相关公司、船员培训机构和服务机构，举办《中华人民共和国海船船员适任考试和发证规则》及其配套文件宣贯，为辖区海船船员平稳过渡、规则及其配套文件的贯彻实施奠定了良好基础。2013年，珠海海事局联合交通、安监等部门及乡镇政府，深入开展渡口评估，对检查发现的个别渡口船员航线不符合要求的情况，主动与江门海事局及江门风帆船员培训中心沟通协调，辖区渡口19名船员参加珠海水系基本航线培训与考试，并颁发内河船舶船员适任证书。参加公司审核25家（换证3家、年度审核20家、初次审核1家、跟踪审核1家），参加船舶审核18艘(初次6艘、临时5艘、中间6艘、代表船1艘)。2014年，发挥片区管理作用，做好与中山、江门海事局的协调，顺利承接广东海事局审核权限下放工作提高审核质量，加强对挂靠管理公司及船舶的监督及船舶异地委托审核的管理，防止“代而不管”。加强审核后监督检查，辅以海事信息化手段，实现安全管理信息实时监控，以便根据总体安全管理情况加强针对性审核建议，促进企业的安全生产责任落实。研究制定《航运公司分类管理办法》，优化监管资源，有的放矢地采取差异化监管手段，对管理不到位的公司开展安全管理约谈，通过个别辅导和组织开展内审观摩，协助秦发航运和永航公司顺利通过临时审核，为企业发展谋得先机。2014年，制定《东京备忘录新检查机制下规范PSC管理内部措施》，明确执法标准，规范PSC工作，通过采取弹性工作制、预约检查等有效措施，合理调配检查人员，实现应检不漏。查处7宗违规检验发证案件，船舶非法改装、不按规定检验问题得到有效整治；完成10家公司11次审核，船舶审核22艘次。2015年，全面推进电子签证，电子签证注册率与签证率在广东海事局位居前列，其中高速客船电子签证属于全国率先开展。珠海市建立由市交通运输局牵头的渡口渡船监督管理制度，并由市安监局把各区（功能区）和有关部门落实渡口渡船安全生产监管责任纳入考核体系，解决过去市级层面渡运安全管理责任难落实的问题。结合辖区渡船管理实际情况，指导渡船建立首末航班报告制度，井岸中心渡建立签单发航制度，鹤洲渡口渡船建成视频监控设备，有力促进辖区渡口渡船安全管理。2016年，完成对圆明新园水域大型游乐船安全隐患的治理。在船舶配员专项活动中，抓住船员违法记分和船员履职检查等关键环节，有效推动辖区船员资历、船员证书、船舶配员、船员任解职、船员值班等现场监督工作，规范船员履职行为，落实航运公司船员管理主体责任。配员专项活动中，检查船舶487艘、船员1339人，发现问题149个，船员违法记分42人、记分值合计178分，行政处罚56宗，罚款21.2万元，检查海船船员服务机构3家、航运公司34家，发现问题24个。2017年，加强航运公司安全监管，推动公司落实企业安全生产主体责任。对8家航运公司开展水上安全管理约谈，帮助公司分析导致船舶事故、引发船舶滞留的主要原因，促进航运公司落实安全管理主体责任，确保船舶安全。召开辖区航运公司安全管理工作座谈会，通过典型事故案例分析、航运公司安全监管工作情况通报形式，重点剖析航运公司安全管理工作中的常见问题，要求航运公司认真汲取事故教训，落实防止船舶碰撞桥梁、开航前自查等工作，严格落实公司对船舶的安全管理责任。2018年，珠海海事局深入开展中小型船舶专项整治，船舶审核前开展安全检查；推进“典型事故案例”进公司和培训机构活动；组织航运公司安全管理人员培训及集体观摩九洲船务有限公司船岸联合演习，提升应急能力。抽调业务骨干成立航运公司安全监管工作小组，定期开展集中办公，由审核员带队检查，统一执法尺度，提升检查质量。创新培养机制，着力打造PSC品牌，积极与船旗国、船级社代表开展交流，提升PSC检查官业务能力。

船员管理

1976年以前，珠海县技术船员不足200人，船员管理、培训、考试由中山石岐港务监督站负责。1976年，成立香洲港务监督站，受理三等（容积未满200总吨）以下船舶驾驶员、轮机员的考试发证和船员职务签证，但未设船员管理部门，日常工作主要由监督人员兼任。1982年，广东省航政局珠海分局成立以后，根据《中华人民共和国轮船船员考试发证办法》的规定，成立珠海辖区船员考试委员会，设立专门的业务机构，负责船员培训、考试发证、职务签证和编制管理等业务，船员管理工作开始走上正轨。1988年，交通部根据珠海辖区船员管理能力和航运发展的实际情况，提高珠海的考试发证等级，授权珠海港务监督办理沿海航区200～1600总吨级船长、驾驶员和主推进动力装置3000千瓦以下轮机长、轮机员的考试发证。1989年又授予海员四项专业训练（简称四小证训练）考试发证权。1991年底，全市共有持证技术船员4574人，其中驾驶专业2780人，轮机专业1794人，取得海员四项专业训练合格证的船员968人，在册船员总数6143人。

船员培训 1976—1983年，珠海辖区每年举办两期驾驶、轮机员培训班，由原香洲港务监督站主办，并聘请市水产运输公司等船舶单位有一定专业理论基础和工作经验丰富的船长、轮机长兼任教员，开办船员业务培训，提高船员业务技能。1983年以来，珠海港务监督针对港口、航运单位船舶更新和业务发展，对技术船员的需求越来越迫切的实际情况，积极开展船员技术培训工作，组织和指导训练部门为申请考试发证的驾驶、轮机人员开办考证培训班，选派主要的专业技术骨干为船员授课，帮助船员按照考试大纲的内容系统地掌握各科专业知识，参加适任证书的考试。

1985年，交通部决定在全国开展海员四项专业训练，其中，200总吨以上海船和国际航线的所有船员在5年内培训完毕，培训和考试工作一律由交通部授权的专业院校和大连、上海、广州、湛江等各大港口的港务监督机关负责。根据辖区内应参加培训的船员较多，各单位安排船员到外地培训困难很大的实际情况，珠海港监积极协助珠海经济特区船员服务中心筹办船员四小证训练基地，并在设备、师资和训练业务等方面给予全力支持。1989年2月，船员服务中心开办四小证培训，珠海港务监督办理考试发证。从1989年初至1991年底，共举办四小证班27期，全市参加培训的船员1002人。

1986年后，珠海港务监督每年定期举办船长、驾驶员防雷雨大风训练班，指导船舶做好防抗雷雨大风工作。1985—1987年，结合对乡镇农副业船的整顿工作，分别在南屏、湾仔、横琴、小林、南水镇和斗门县各镇开办农副业船安全知识学习班，培训农副业小机艇驾驶员、轮机员647人，加强对乡镇和个体户船员的技术管理。1991年，随着海上客运业务的发展，各航运单位相继购置双体快速客船投入九洲至蛇口和香港航线的营运。由于这类船舶功率大、航速快、设备自动化程度高，国内外对其操纵人员的技术要求十分严格。港监专业技术人员打破旧的训练模式，采取集中研究和随船教学等方法，先后开办3期快速客船任职训练班，参加学习的28名驾驶、轮机人员经过严格训练，有22人取得任职资格，成为珠海港第一批双体快速客船的合格船员。至1991年底，全市举办船员考证培训班92期，参加培训人员3297人。2001年，举办一期27人参加的海船船员实操性检查手册培训班。组织珠海地区船员参加广州考区区域统考的培训和考试、高级船员知识更新(法规部分)、船员基本安全（原四小证)知识更新培训、防抗雷雨大风安全知识培训和基本安全培训及考试、船员适任证书培训和考试等，累计办班60期、培训船员2666人。2002年，加大船员管理工作“信息化、规范化、标准化、现代化”建设，建成广东海事系统第一间计算机考室，对海船船员证书系统进行调试、运用、升级。开展STCW78/95公约履约过渡期海船船员丙类、丁类适任证书和专业训练合格证的培训及考试换证工作，严格执行《中华人民共和国海船船员适任证书考试、评估和发证规则》和过渡期实施办法。举办2期培训考试班，共有58名异地内河船员参加培训考试；承担台湾地区高级船员履约培训9期，有232名台湾船员参加履约培训工作。2003年，船员培训和发证工作实行“对标”管理，培训工作中的“两点一查”（培训班上点名、下课点名，查学员出勤率）制度，参与教学评估等项措施，并编写《船员管理窗口运作与管理规定》和《船员管理办事窗口须知》，船员培训管理更加规范。2004年，举办基本安全知识更新培训、台湾高级船员履约培训等14类培训项目，参加培训船员2035人；组织力量编写一套《船员申办培训资料》,5月上旬举办一期船员申办学习班；严格执行培训开班申请审批制度，建立“两点一查”制度，对学员违反船员培训管理规定，培训出勤未达到规定培训时数3/4的学员，一律取消培训、考试、评估资格。2007年，建立船员管理“绿色流程”，实施流程优化再造。促进培训开班申报、审批、跟踪检查，理论考试、成绩公布和证件办理等各项工作环节实现紧密衔接、高效运作，努力为船公司和船员提供优质服务。同时，着眼渡口渡工专项整治工作以及支持新农村建设的需要，结合乡镇渡工素质的实际举办培训，做到知识和技能并重、服务和监管并举，免费送培上门。举办各类培训班42期，培训船员1249人次。根据广东海事局的统一部署，承办粤西片27名退役士兵为期两年的海船机工专业免费职业技能培训。2009年2月底，与斗门区政府联手在斗门区党校举办内河船舶船员适任证书再有效知识更新培训班。3月初召开港航企业负责人座谈会，正式推出10项便民惠民新举措。2011年，加强船员培训机构培训活动日常检查，督促辖区服务机构完成整改工作，促进船员服务健康发展。5月和11月，两次对港珠澳大桥建设单位管理人员进行“港珠澳大桥主体工程建设通航安全保障”培训，讲授船员管理、船舶管理、航运公司安全管理等规定，为港珠澳大桥建设提供海事专业服务。累计完成各类船员理论考试和实操评估34期519人次，考试人次增加58.2%。2012年，加强公约法规研究，做好船员培训管理。针对新《海船船员适任培训、评估和发证规则》，积极研究珠海面临的船员培训机遇与挑战，开展对船员培训机构的调研，提出相应工作建议；推进船员管理信息化建设，组织新版海船船员管理系统培训，以便相关人员熟悉使用，确保新系统切换运行顺畅；组织研究游艇培训开班申报、培训监管、培训大纲、证书签发的问题，形成“以海为主，补充内河，一次培训，覆盖两证”的共识，拓展了珠海海事局服务珠海游艇业发展的能力，既为游艇操作人员适任证书申请者提供极大的便利，也为培训机构高效优质实施培训提供路径；做好台湾船员培训的教学管理和后勤服务的准备工作，开展台湾船员培训，高质量完成上级交办的工作任务，完成船员考试考核26期382人次，船员培训和船员服务机构监督检查率100%。

2013年，珠海海事局有计划分步骤落实STCW公约马尼拉修正案过渡期的实施工作，努力促进培训机构连续高强度举办基本安全合格证补差培训28期960人、过渡期适任培训8期241人。举办7期107人游艇驾驶证考试，累计完成船员考试考核51期1414人次。2016年，加强船员培训监管，严格落实广东海事局船员工作会议精神，修订部门廉政风险防控制度，加强考务管理，严格培训与考试要求，防范廉政与责任风险，顺利完成10期游艇操作人员和2期高速客船船员特殊培训考试工作，重视对船员培训机构的监督，船员培训日常检查率100%。2018年，加强培训管理，提高培训质量。积极开展典型事故案例进航运公司和培训机构活动。对辖区每期船员培训班学员和培训机构工作人员进行安全宣传教育，通过典型事故案例的剖析，提高船员的安全意识和知识，强化培训机构安全主体责任意识。加强船员培训监督检查工作。认真核查开班报备情况，派员现场检查重点抽查学员的出勤、培训场地和设施设备的使用以及实操训练落实安全防范措施等情况，同时建立微信监管机制，有效地督促教员与学员自觉遵守培训纪律，落实辖区船员培训机构培训项目的课程评审与报送工作。

船员考试发证　1983年后，《轮船船员考试发证办法》和《海船船员考试发证规则》规定珠海辖区船员考试发证工作全过程实行分段管理、按级负责。考试发证机关是珠海港务监督，考试委员会在考试发证机关领导下负责考试的组织管理工作，包括考试计划的审定，船员考试的命题组卷、成绩评定和考试过程中重大问题的处理。业务科室负责船员考试的受理、资历审查、试卷和档案管理、考场准备、监考、呈报、办证等项工作。船员证书由监督长签发。珠海港务监督与下属各监督站之间也实行分工，授权斗门监督站负责斗门县辖区总吨内未满200总吨内河船的船长、驾驶员和未满300马力轮机长、轮机员的考试发证；平沙监督站负责平沙辖区内未满80总吨内河船长、驾驶员，未满300马力轮机长、轮机员的考试发证。沿海1600总吨以下船长、驾驶员，3000千瓦以下轮机长、轮机员及斗门、平沙两监督站管理权限以外所有内河船员的考试发证工作，均由珠海港务监督负责。1989年后，珠海港务监督对船员管理机构作了相应调整，撤销船员考试委员会，成立考试领导小组，建立新的考试发证程序和内部监督机制，充实专业技术力量，直接参加考试发证的工作人员由几人增至10多人，其中有副教授1名，工程师6名，二等以上船长轮机长4名，从组织制度和专业管理上保证船员考试发证工作质量。1991年12月，根据交通部港监局关于海船B类二等以上技术船员纳入全国统考的规定，珠海港务监督派出5名专业技术干部参加广州考区办公室工作，接触高等级船员的考试业务，为之后在珠海举办船员全国统考创造条件。2002年，共制发船员适任证书479本，专业证书1850本，异地内河证书21本。2006年，本着规范有序、便民有效原则，开展新版内河船员适任证书的发放工作。利用报纸和互联网及时发布换证通告，告知内河船员换证事宜。在具体操作过程中，以公司船员为主，同时兼顾个体船员，区别情况、分批换证、有序推进；免费采集船员数码照片制作新版证书，方便船员、服务社会。充分利用网络平台，公布船员考试计划，及时发布船员理论考试、实操评估成绩，为船员提供方便、快捷的网上信息资讯服务；及时组织船公司和船员参与船员管理推进船员管理“阳光建设”。2008年，实施精细化管理，持续提升服务水平。对船员档案进行整理、清查，安装船员档案技术管理查询软件，编写船员档案管理指导，规范船员档案管理工作。2009年，有1903人取得船员证；制定船员服务簿1027份；签发海船适任证书125份、内河适任证书297份、专业技术证书6份；专业特殊培训448人。2010年，编写《中华人民共和国内河船舶船员适任考试发证管理规则的过渡办法》草案，参与新的《内河船舶船员考规实施办法》、珠江内河航线签注、高速客船特殊培训考试大纲的起草研讨工作，完善船员考试题库建设，做好船员适任统考工作，完成各类船员理论考试和实操评估20期328人次。2014年，全年累计完成船员证书发放(含换证)1034份，船员培训和船员服务机构监督检查率达100%。2016年，全年签发船员证书1621份，签发船舶最低安全配员证书136份。2018年，签发船员证书1396份；签发船舶最低安全配员证书158份；船员违法记分379人次，记分分值1465分；船员履职检查260艘，船员检查422人次。

船员现场监督 2001年，珠海海事局打击船证不符、人证不符、超航区或航线航行等违章现象；加强船员实操能力检查；组织、督促内河及乡镇船舶船员培训教育；开展违章船员扣证后办班培训，增强船员安全意识和责任心，提高船员的实际操作和应变能力。专项整治行动中，对58艘海船的2498名船员持证情况进行全面检查；收存有问题适任证书27本、船员服务簿39本，吊销船员适任证书5本。对到港的105艘海船(其中外港籍已查船舶38艘，应检查船舶67艘)进行实际操作和安全知识检查，受检船员171人，对其中5名不合格船员作出复查处理；对407艘内河船舶(含外港籍)的1854名船员的持证情况进行全面检查，收存有问题的船员适任证书64本、船员服务簿87本。对辖区内12艘船长小于20米的小型船舶的23名船员以及52艘乡镇船舶的114名船员培训情况按要求进行相关检查。2003年，根据《广东海事局船员违法记分管理实施细则》和《广东海事局船员实际操作和安全知识日常化检查方案》，制定《珠海海事局船员违法记分管理规定及工作程序(试行)》《珠海海事局船员实际操作和安全知识日常化检查规定》，加强检查督促，对船员违法记分95人次，扣196分。

2005年，根据广东海事局的部署，结合辖区实际及时编写制订船员适任资格的专项检查方案和指南，对多家船公司和船员采取相互交流、访谈等形式，听取相关意见和建议，共同研讨如何进一步做好船员安全知识和实际操作检查工作。理清规范检查工作方向，促进执法人员检查水平提高。2014年，加强船员适任能力跟踪管理工作，通过开展海事处蹲点培训，提高船员现场监管水平，尤其是通过船员违法记分这一真正促及船员根本利益的手段，船舶违章情况有所减少。针对海事劳工公约的生效情况，积极协调和指导PSC开展公约符合性检查，防止国轮在国外被滞留。此外，针对日常劳资纠纷与船员配员不足的情况，区别处理，既维护船员权益，也确保船舶安全配员。2015年，探索船员履职检查与船舶安全检查以及船员实操检查相结合现场检查模式，对客渡船和高速客船船员的履职情况进行检查，强化船员履职能力和责任，重点检查高速客船、油船、陆岛运输船舶、客渡船关键操作专项检查，提高设备操作及维护保养、应急反应和特殊要求能力。及时开展重点船舶船员关键性设备操作专项检查，有效促进航运公司对船员履职工作的配合、船员履职的自觉性和能力得到提高。签发船员证书287份；签发船舶最低安全配员证书179份；船员违法记分249人次，记分分值1088分；船员履职检查448艘分，船员检查789人次，总缺陷数880项。2016年，船员违法记分154人次，记分分值618分；船员履职检查425艘，船员检查763人次。2017年，开展为期一个月的高速客船、客船、陆岛运输客货船船员履职检查专项活动，对辖区所有涉客类航运公司56艘船舶、438名船员进行检查，发现缺陷158项，船舶和船员检查率100%。2018年，在维护船员合法权利方面做了许多工作，开展辖区海事劳工条件检查试点工作，包括海员有权获得的公平就业条件、船上工作和生活条件、工作场所和健康保护、医疗、福利、社会保障等诸方面条件，督促船东落实海事劳工条件的相关要求，维护船员正当权益。加强船员管理，对船员培训班学员和培训机构工作人员进行安全宣传教育，通过典型事故案例的剖析，提高船员的安全意识和知识，强化培训机构安全主体责任意识。加强船员培训监督检查工作，认真核查开班报备情况，派员现场检查重点抽查学员的出勤、培训场地和设施设备的使用以及实操训练落实安全防范措施等情况，落实船员培训机构培训项目的课程评审与报送工作。完善船员发证业务受理清单，推进审批标准化船员发证流程优化。

● 海难救助

1987年11月28日，香港“海华”号客轮满载169名旅客，从香港启航澳门。经过九洲洋海面时，由于受强烈东北季风袭击，巨浪将驾驶室正面的挡风玻璃击碎，导致船舶主机停止运转，“海华”轮完全失去自控能力。珠海港务监督接到“海华”轮遇险的报告后，迅速组织救助，在各方的努力下，169名旅客和8名船员全部获救。1986—1991年，在珠海港务监督的直接组织和协助下，共开展海难救助11起，抢救人员和货物一大批。1992年，珠海市成立市海上搜寻救助中心，下设办公室负责日常工作，办公室设在市海上安全监督局(珠海港务监督)。1993年8月12日，一艘4000吨级外轮“玛斯号”在东澳岛附近沉没，珠海海监组织救起该轮的14名船员。次年，珠海海监组织将沉船打捞出水。2001年6月27日，海南南津船务公司“圣航”轮装载900吨汽油，在三灶对开水域搁浅，恰遇“榴梿”台风来临，情况十分危急，珠海海事局连续工作几昼夜，调集多艘拖轮协助，使之脱浅。2001年共调集船艇40艘次、组织海上搜救37次，共有50人获救。2002年3月5日，三灶3号闸对开海域有几十艘小渔艇（竹排）受寒潮大风影响遇险被困，30多人有生命危险。珠海海事局搜救人员顶着风浪和严寒，冒着生命危险，经过4个小时的奋战，终于将34名被困人员全部营救到安全地点。是年9月11日，交通部三航局深圳公司所属“三航拖908”和“三航砼6号”受18号台风“黑格比”影响，拖轮失控。珠海海事局派出救助拖轮，及时将19名船员安全接送上岸。是年12月24日，蛇口至海口的客滚船“梧桐山”轮航行至上川岛附近时，汽车舱起火。海事部门成功救助了“梧桐山”轮和船上406名遇险人员（其中旅客360人，船员46人），无一人伤亡。2002年，共组织海上搜救40次，救助船舶19艘，救起人员533人。

2003年9月2日，台风“杜鹃”来袭之前，有4艘船舶在避风途中经鸡啼门小青洲岛附近海面时搁浅，船上有17名船员需要救助，当时风力已达7级以上，除大马力拖轮外所有船舶都进入锚地避风，而由于搁浅水域水位浅，救助拖轮无法到达。珠海海事局多方协调组织力量救助，海事人员与边防战士，冒着生命危险搏击风浪，克服重重险阻，最终将遇险人员成功救起。2003年市海上搜救中心共协调组织水上救助35次，出动救助船艇91艘次，助船舶脱险15艘，搜救人员103人。

2004年1月15日，市海上搜救中心接到在淇澳岛北方有一艘油轮搁浅的报告后，迅速组织搜救，搜救人员以最快的速度找到在灯笼水道2号标附近搁浅的满载（950吨）的油船“展旺2号”，在“海特1509”的协助下成功脱浅，并驶至附近安全水域抛锚。是年2月3日，“阳西24167”小渔船在桂山岛附近海面失去动力，船上有船员2名。由于海面风浪较大，船舶随时有翻沉危险。市海上搜救中心在与遇险船舶取得联系后，立即派出船舶出海搜救，随后又请求省搜救中心援助，并请求广州VTS中心发布海上航行警告，要求过往船舶密切注意海上情况。从桂山岛的西、北、南三个方向，以桂山岛为中心，半径27.78公里，展开大范围扇形地毯式搜寻，最终在大头洲引航锚地附近发现遇险船舶，并成功将遇险人员救起。是年7月3日，“廉江1218”在大蜘洲至香港大鸭洲之间水域翻沉，船上5人落水，落水人员在香港水域获救。是年12月7日，两外轮在担杆岛东北水域发生碰撞，其中一船泄漏大量污油。溢油事故发生后，珠海海事局立即组织现场警戒和海面污染监视，及时掌握油污扩散情况和防止油污登岸；同时，全力动员当地社会力量协助现场清污，香洲、外伶仃、桂山、万山等港口积极发动组织渔船开展清污行动，整个清污工作至12月17日基本结束。是年12月24日，“阳江9204”的渔船在大蜘洲附近海面进水即将沉没，渔船上的7名船员生命危在旦夕。市海上搜救中心接报后，立即启动应急预案，及时协调船舶出海救助， 将7名遇险人员成功救起。全年组织海上搜救29次，出动船舶120艘次，助船脱险8艘，救起人员97人。2005年，组织海上搜救29次，出动船艇81艘次，助船脱险16艘，救起人员75人。2006年6月19日，珠海海岛班轮“东区一号”高速客船与澳门开往香港的高速客船“新轮85”发生碰撞，“东区一号”进水下沉，船上86名乘客和6名船员遇险。市海上搜救中心迅速启动海上应急救援机制，派出船艇立即前往事故现场施救，成功救助92名遇险人员。2006年共组织海上搜救20次，出动船艇79艘次，助船脱险12艘，救起人员195人。

2007年1月7日，“湛江00029”渔船在万山水域翻沉。粤港通力协作，海关、渔政、救捞局、香港飞行服务队同力救助，遇险7人获救。国庆期间，成功将受台风“利奇马”影响而滞留荷包岛的847名游客及部分工作人员安全转移到陆地。是年，市海上搜救中心共协调组织排除水上险情45宗，出动救助船艇127艘次、飞机18架次，成功救助获救船舶34艘，救助人员247人次，搜救有效率达93.56%。2008年以来，积极促进珠港澳海上搜救工作沟通合作，通过广东省海上搜救中心、广东海事局积极与香港、澳门海上搜救机构沟通联系，在信息通报、资源共享、互派力量援助等方面进行有效合作，共筑平安和谐区域。协调市搜救分中心各成员单位通力合作，进一步加强事前预控，科学预防和应对可能引发（诱发）水上险情或事故的各种因素对船舶航行安全的影响。完善应急制度，加强应急演练和检查，专业高效处置数十起水上突发险情。是年7月26日，“江华二号”高速客船在内伶仃岛以南约3704米处机舱着火，船上103名旅客和7名船员面临危险。船员及时组织自救，处置险情，经过多方努力，全部旅客安全转移。是年9月24日，巴拿马籍货船“chunjiang”轮因受台风“黑格比”影响，在高栏岛以东约3704米处主机故障失去动力，船舱破损导致船舶倾斜，机舱进水，船上25名船员亟待救援。市海上搜救中心接报后，立即启动特大险情应急反应程序，一方面协调广东省搜救中心和南海救助局，派出大马力拖轮“南海救111”“南海救168”等前往救助，另一方面极力安抚遇险人员，指导其积极开展自救；经过20多个小时的努力，遇险人员全部被安全转移至陆地。2008年，组织水上搜救60次，出动救助船艇162艘次，助船脱险43艘，救起人员949人，搜救成功率98.73%，发布预警信息12135条。

2009年3月13日，珠江口外的风力在短短3小时内从阵风5级陡升至9级，致使珠海辖区水域内险情接连不断，全夜发生险情9宗，遇险人员34人。渔政、边防、海事等成员单位紧密配合，9宗险情均有效处置，遇险人员34人全部获救。是年9月15日，台风“巨爵”掠过珠海在台山登陆，珠海海域遭受狂风巨浪的袭击。一艘46551总吨的巴拿马籍集装箱船受台风影响漂至珠海高栏岛长咀搁浅，船舱破损致燃料油泄漏入海，污染了高栏岛飞沙滩一带海域，沿岸大部分沙滩被重油染成黑色。市海上搜救中心立即启动溢油应急预案，部署落实应急措施，通报海洋、旅游、环保等部门，派出海陆空3路人员前往油污水域查勘取证，紧急启用广东海事局高栏临时油污应急设备库设备器材；海洋、旅游、环保等部门应急联动，珠海港控股集团公司调派拖轮，各单位、各部门全力支持配合清污防污工作。经过一个多月的艰苦奋战，高栏岛飞沙滩陆上、海上油污基本清理完结，“圣狄”轮污染处置工作结束。全年，市海上搜救中心共协调出动救助船艇223次、飞机20架次，助船脱险65艘，涉及遇险人员819人，其中获救人员806人，死亡失踪13人，人命救助成功率98.4%。2010年，辖区发生险情85宗，遇险人数838人，获救828人，死亡失踪10人，派出救助船艇212船舶艘次、飞机16架次，救助船舶86艘，搜救成功率高达98.81%。

2011年，珠海海事与珠海渔政部门加强协作，联合制定《珠海商船渔船安全警示教育活动方案》；加强搜救培训，全力提高搜寻救助技能；加强事前预控，及时发布预警信息；建立海上搜救专家库，提升海上搜救工作成效。是年1月11日，渔船“粤汕尾0003”在桂山岛南面约46.3公里处船舱进水，船体即将沉没，经各方努力，船上人员4人全部成功获救。是年3月24日，海南籍渔船“琼三亚71097”在香洲渔港不慎引发火灾，船上9名船员。市海上搜救中心接报后，立即协调“中国渔政44179”渔港消防船及时施救，避免一起“火烧连船”的重大海上消防安全事故的发生，此次火灾未造成人员伤亡。是年9月29日，杂货船“方舟6”轮受强台风“纳莎”影响，在珠海荷包岛西面约1852米海域锚泊时舱盖破损货舱进水，船舶失控。由于施救及时，“方舟6”轮上12名船员全部被救助直升机救起。是年12月8日，砂石船“粤都城货8929”在珠海高栏港铁炉湾附近水域航行时，遇大风浪发生倾覆后倒扣在海面上（遇险概位：北纬21°52′.6，东经113°13′.3），船上4名船员，其中2名船员落水，2名船员翻扣船底，情况十分危急。接到险情报告后，市海上搜救中心立即启动《珠海市海上突发事件应急处置预案》，在海况为8级大风，3米涌浪的情况下，各相关船舶积极响应，全力进行救助。在各方共同努力下，2名落水者和倒扣船底的船长被成功救起。全年共处置纳入统计范围的水上险情71宗，出动救助船艇244艘次、飞机24架次，助船脱险72艘，救起遇险人员504人，死亡失踪10人，搜救成功率98.06%。

2012年，珠海海事局修订审查《珠海市海上搜救应急反应预案》，在原《珠海市海上险情应急处置预案》的基础上，编制《珠海市海上搜救应急反应预案》。做好港珠澳大桥建设的安全监管工作，大桥施工水域一直保持着“三零”（零事故、零污染、零伤亡）的良好安全态势。是年10月31日，一艘搭载12人的快艇在海上发生故障，在无动力情况下漂泊数小时，位置不明，请求救助。珠海海事局立即启动应急预案，根据推测船位结合海上实际风流情况制定搜救计划，协调调派“海巡15086”“海巡151”“公边44219”等前往施救，同时协调南海第一救助飞行队派出直升机前往搜救。当时海面风力6～7级、浪高2米，救助船艇克服上下颠簸和剧烈摇晃的困难，坚持沿着预测船位漂移航线开展搜寻。经过近6小时的全力搜寻，“海巡151”发现遇险快艇，成功将遇险12人全部救起。全年共接警78次，协调组织水上救助78次，出动救助船艇278艘次、飞机22架次，救助船舶67艘，获救遇险人员680人，搜救成功率97.84%。

2013年1月18日，渔船“珠湾3819”与另一船碰撞，船体进水，船上6人需要救助。接到险情报告后，市海上搜救中心协调海事、渔政、边防、海关、南一飞等搜救成员单位派出力量前往救助，请求省搜救中心协调南海救助局及香港海上救援协调中心调派搜救力量。“海巡151”“中国渔政44198”“南海救168”“珠万4613”等船艇和香港飞行服务队两架飞机参与搜救。珠海船舶交管中心通过VHF发布航行警告，协调过往船舶协助救助。在省搜救中心的指挥协调下，历经近4个小时的搜救，6名遇险人员全部获救。是年3月5日，渔船“粤雷渔11028”在担杆岛附近沉没，船上8名船员，其中1人爬上附近小岛报警，其余7人登上一艘快艇失去联系，请求救助。市海上搜救中心立即启动应急预案，联系报警人核实情况，协调搜救成员单位海事、边防和渔政调派船艇前往现场，并请求省搜救中心协调省渔政总队和南海救助局派出搜救力量，同时协调珠海船舶交管中心发布航行警告、渔政发布鱼汛通，要求过往船舶协助救助。3月6日遇险人员被渔船“深蛇5709”安全救起并安全送至香港。是年3月27日，珠海瀚星通航公司的飞机“B9592”在珠海机场跑道尽头西部1公里的海面上迫降，飞机翼展11.7米，机身长7.9米，飞机内人员需要救助，具体人数不详，无法与飞机内人员取得联系，现场情况不明。接报后，市海上搜救中心立即启动应急预案，先后通知三灶海上渔民自救队、渔政、边防、海事及南一飞派力量前往现场救援。“海上自救01”“公边44235”“中国海监9022”参与搜寻，飞机上3名遇险人员被三灶渔民自救队救起。是年6月9日，澳门内港水域有渔船失火。在珠澳两地有关部门的共同努力下，当日12时40分，大火被完全扑灭，无人员伤亡。8月14日，受强台风“尤特”影响，一艘香港籍散货船“TRANS SUMMER”轮在珠海小万山岛南面约2778米处发生倾覆翻沉事故，市海上搜救中心积极配合广东省搜救中心组织开展救助行动，在广东省搜救中心的统一协调指挥下，“TRANS SUMMER”轮上21人全部获救，未造成人员伤亡，其中香港的飞机救起19人，“南海救116”轮救起2人。“TRANS SUMMER”轮沉没，珠海海事局负责沉船处置工作。是年11月11日，在九洲港外海有一货船即将沉没，船上有7名船员被困，救助力量前往遇险位置进行救助，7名船员被“海巡09169”救起。全年市海上搜救中心共协调组织水上救助34次，出动救助船艇137艘次、飞机6架次，险情涉及遇险船舶40艘，获救船舶29艘，船舶救助成功率为72.5%。涉及遇险人员188人，其中获救人员187人，死亡1人，人命救助成功率达99.47%。

2014年2月28日，“南洋”轮称失去动力，情况不明。市海上搜救中心通过VTS系统定位和请求广东海事局协助手机定位该船舶，珠海VTS播发航警，渔政播发鱼汛通，协调过往船舶进行搜寻，在荷包岛以南偏西方向，找到遇险船舶，并将4名遇险人员转移到拖轮上。是年8月25日，玻璃纤维质小渔船在三灶岛横石基对阳光咀附近水域捕鱼返航时主机故障，失去动力，船上夫妻二人需要救助。金湾区海上救助协会接报后立即派“粤珠渔53830”前往遇险水域救助，渔政支队接报后利用鱼汛通组织遇险水域附近作业渔船实施救助，两名遇险人员转移到救助快艇上面，并将失去动力的渔船安全拖至码头。是年9月15日，“申加33”轮在荷包岛南面1852米处受台风影响，主机动力不足，船舱严重进水倾斜，随时有沉没危险，船上12名船员遇险弃船，请求救助。接报后，市海上搜救中心协调南海第一救助飞行队B-7137救助直升机快速飞往出事海域，将12名船员全部安全救回珠海九洲机场。是年9月17日，泰国籍液化气船“PATCHARAWADEE14 ”轮在K14锚地锚泊中，有一外籍船员不慎落水。搜救力量快速抵达事故水域并展开搜寻，珠海港拖轮公司“珠港拖6”找到落水人员并成功救起。是年9月18日，广西北海籍干货船“浩骏”轮在珠海三灶机场以南5.56公里处沉没，船舶燃油泄漏造成水域污染。根据现场油污泄露情况，金湾区海上救助协会组织相关单位携带围油栏、吸油毡等清污器材前往事故现场开展溢油围控和清污工作，同时持续监视油污泄漏情况，对海面上油污做到及时发现、及时采取清理措施，确保沉船漏油事故未造成大的污染和影响。全年市海上搜救中心共协调组织水上救助62次，出动救助船艇207艘次、飞机15架次，险情涉及遇险船舶33艘，涉及遇险人员320人，其中获救人员305人，人命救助成功率达95.31%。

2015年5月25日，珠海黄茅岛附近水域有一艘渔船在航行中碰撞礁石，造成船舱进水，船上12人求救。接报后，市海上搜救中心立即协调力量，前往搜寻救助。船上12人成功获救。是年7月20日，无动力抓斗船“河航233”在珠海高栏岛赤鱼头对面约2公里，因风浪大摇晃剧烈，船舶进水，船上共9人需要救助转移，当时海面风力约8级，浪高约5米。接报后，市海上搜救中心立即启动应急预案，分别协调海事、边防、渔政、交通部南海第一救助飞行队、金湾区海上救助协会及珠海港拖轮公司，派出力量进行救助。但因海况恶劣，所派船艇均无法到达现场。鉴此，市海上搜救中心又立即请省搜救中心协调香港政府飞行服务队及南海救助局的拖轮协助搜救。后发现“河航233”已经漂移至距离银沙滩岸边仅20多米的地方，在确认没有危险的情况下，救助队员蹚水至船边将9名船员救回上岸。是年3月26日，市海上搜救中心接“粤阳西渔82154”船主朋友报警，该船失去联系，船上5人未归。市海上搜救中心即协调海巡船进行搜救，过路货船“神华806”在高栏岛外海24.08公里附近发现一救生筏，艇上至少有2人。市海上搜救中心立即协调船舶、飞机前往救人，南一飞飞机将遇险5人全部救起，确定为“粤阳西渔82154”船失联的5人。是年10月11日，渔船“粤江渔运85109”从桂山开往香洲，途径港珠澳大桥附近水域进水沉没，船上3人登上救生筏后随风浪漂浮，现场风力西南风6～7级，阵风8级，浪高3.2

米，救生筏随时有倾覆危险。接报后，市海上搜救中心迅速协调澳门交管中心，通知过往高速客轮加强瞭望，发现遇险人员及时救助并报告。并协调搜救力量前往现场救助。过往澳门高速客船“宇航2012”首先发现疑似遇险救生筏，市海上搜救中心立即指定“宇航2012”作为现场指挥船，对遇险人员展开救助，经过2个小时的救助，3名遇险人员成功获救。全年，市海上搜救中心共组织协调水上救助73次，出动救助船艇301艘次、飞机25架次，救助遇险船舶58艘，涉及遇险人员333人，其中获救人员318人，人命搜救成功率95.5%。

2016年3月10日，一养蚝船从赤鱼头码头往井岸方向时主机发生故障，失去动力，船上14人请求救助。在市海上搜救中心协调下，金湾区海上救助协会船艇将该船14人成功救起。是年4月30日，荷包岛以南海面载有9人（7名成人，2名小孩）无名快艇，途中迷航，请求救助。在市海上搜救中心协调下，金湾区海上救助协会船艇找到了迷航快艇，并将快艇安全带回荷包岛交通码头。是年11月26日，市海上搜救中心接到澳门交管中心报告，称“金龙XX”船在青州2号浮标西南1481.6米处正在沉没，船上7人需要救助。接报后，市海上搜救中心立即组织力量赶往现场救援，同时协调澳门派出快艇前往营救。最后由澳门海关“A1”艇成功将7人救起。全年，市海上搜救中心共组织协调水上救助71次，出动救助船艇217艘次、飞机12架次，救助遇险船舶58艘，涉及遇险人员338人，其中获救人员327人，人命搜救成功率达96.75%。

▲2016年3月10日，市搜救中心搜救遇险蚝船（珠海市搜救中心提供）

2017年2月26日，渔船“桂饮渔12610”在万山岛南面约14.82公里处被一货船碰撞进水，船上8人请求救助。南一飞根据市海上搜救中心协调安排到达遇险地点，将5名遇险船员救起，遇险船舶由另一艘渔船拖带回港，另外3名遇险船员被转移至拖带船上，被带到安全水域。是年4月1日，一艘由佛山九江开往海南清澜的芜湖籍空载散货船“新晨光20”轮（船长98.8米，船宽15.6米，吃水3.7米，容积2999总吨，载重吨5300吨，船舶净高约21米）与莲溪大桥发生触碰，事故造成莲溪大桥桥面移位，自来水管破裂，事故船舶前桅杆折断、驾驶台局部结构受损，幸无人员伤亡。珠海海事局严格落实省政府、广东海事局及珠海市委、市政府等各级领导关于该事故的批示、指示精神，迅速成立由局长任组长的事故应急处置专责领导小组，加派人手值班，组织开展综合协调指挥、现场警戒、事故调查、宣传等工作。协调派出船舶开展24小时封航警戒任务，对事故航段实施现场交通管控；通过VHF 播发航行警告，对事故水域进行临时交通管制；协调海岸电台播发航行警告，提醒船舶注意避开该水域，要求事发水域附近过往船舶服从现场警戒船艇指挥，减轻荷麻溪水道的通航压力；协调相关单位对大桥及路上交通进行应急处置，严防桥面次生事故发生；通知事故船在现场安全水域锚泊接受海事调查。同时协助相关检测、设计和施工单位对受损桥梁进场抢修，至9月28日，大桥正式恢复通车。是年7月27日，一辆装载集装箱的货柜车行经珠海大桥时失控并撞破护栏掉入水中，货柜车随即沉没，人员伤亡情况不明，集装箱漂浮水中，对珠海大桥水域过往船舶安全航行构成威胁。事故发生后，珠海海事局立即启动应急预案，成立事故应急工作领导小组，全力以赴开展水上应急处置工作。调遣4艘海巡船赶往事故水域，开展现场警戒，搜寻救助落水人员；设立特别警戒区，禁止船舶驶进事故水域；做好珠海大桥上下游船舶交通管控工作，管控期间共组织128 艘船舶抛锚待航；7月28 日中午珠海大桥水域全面恢复通航。是年10月15日，受强台风“卡努”影响，珠海市附近海域风力超过10级，一艘长约20米的渔船在回港避风过程中突发机器故障，随风在巨浪中漂流，船上3名船员待救。市海上搜救中心接报后，立即协调边防支队派出船艇赶往救援，船上3名船员获救。年内，市海上搜救中心共组织协调水上救助64次，出动救助船艇138艘次、飞机18架次，救助遇险船舶58艘，涉及遇险人员446人，其中获救人员436人，人命搜救成功率97.76%。

2018年，境内共发生水上交通事故4宗，沉船1艘，死亡4人，经济损失100万元。市海上搜救中心共组织协调水上救助54次，出动救助船艇146艘次、飞机16架次，救助遇险船舶40艘，涉及遇险人员202人，其中获救人员194人，人命搜救成功率达96.04%。

珠海水上交通事故一览表

表 8-2-4-4

年份	水上交通事故（宗）	其中			沉船（艘）	死亡（人）	经济损失（万元）
		重大事故（宗）	大事故（宗）	碰撞事故（宗）			
1983 年	5	—	—	—	—	—	—
1984 年	7	—	—	—	—	—	—
1985 年	9	—	—	—	—	—	—
1986 年	37	3	6	13	8	4	20.01
1987 年	50	2	4	22	4	1	36.99
1988 年	25	1	6	13	1	4	23.21
1989 年	35	1	5	13	0	1	27.10
1990 年	29	1	4	6	3		670.44
1991 年	37	3	0	3	3	3	50.4699
1992 年	19	0	1	4	5	4	36.355
1993 年	230	2	4	7	51	12	6332.23
1994 年	46	0	2	1	1	0	286.996
1995 年	33	1	2	2	2	4	3179.073
1996 年	27	2	4	3	5	4	719.32
1997 年	17	3	6	8	8	15	907.72
1998 年	11	2	3	3	3	2	837
1999 年	12	3	9	7	8	4	579.2

续表 8-2-4-4

年份	水上交通事故（宗）	其中			沉船（艘）	死亡（人）	经济损失（万元）
		重大事故（宗）	大事故（宗）	碰撞事故（宗）			
2000 年	7	1	4	1	2	2	881.8
2001 年	6	0	5	0	3	4	69
2002 年	4	0	3	0	2	0	93
2003 年	2	0	1	2	1	1	140
2004 年	1	0	1	1	1	2	2
2005 年	4	0	4	1	3	5	25
2006 年	3	1	1	0	3	0	950
2007 年	6	0	6	3	4	4	311
2008 年	5	1	4	2	1	1	578
2009 年	4	2	2	1	2	4	330.5
2010 年	3	0	2	1	2	2	400
2011 年	6	0	3	1	3	2	375
2012 年	2	0	2	1	0	1	100
2013 年	2	0	1	1	0	1	35
2014 年	4	0	2	0	4	0	275
2015 年	5	0	1	0	1	4	650
2016 年	3	0	0	0	0	3	0
2017 年	5	0	0	0	2	2	1080
2018 年	4	0	0	0	1	4	100

第五节 民航运输管理

● 机场服务

珠海机场参照国际机场协会的机场服务测评标准（ASQ），持续开展旅客及合作伙伴对机场服务质量的满意度调查，运用旅客满意度的评估与基准化管理，推动机场服务质量总体水平有效的提升。2018年，受访旅客对“机场整体满意度”（ASQ）最新值上升到4.59分(满分5分)，机场服务水平持续受到旅客肯定。实行KPI绩效考核，重点现场测试关键指标10个，包括行李手推车保障量、安检候检时间、办理值机时间、头等舱值机时间、行李打包时间、到达行李处理时间、廊桥操作时间、珠航值机时间、摆渡车、登机口工作人员到岗时间等。每月测试并对关键指标进行分析，有效提升员工工作效率，减少旅客排队等候时间。2015年起，机场制定《服务质量绩效考核评价办法》，从制度上明确每个部门的具体目标和相应权益，依据每季度ASQ调查的分数、测试KPI指标相关数据，实行服务质量绩效考核，促进珠海机场服务质量水平的不断提升。

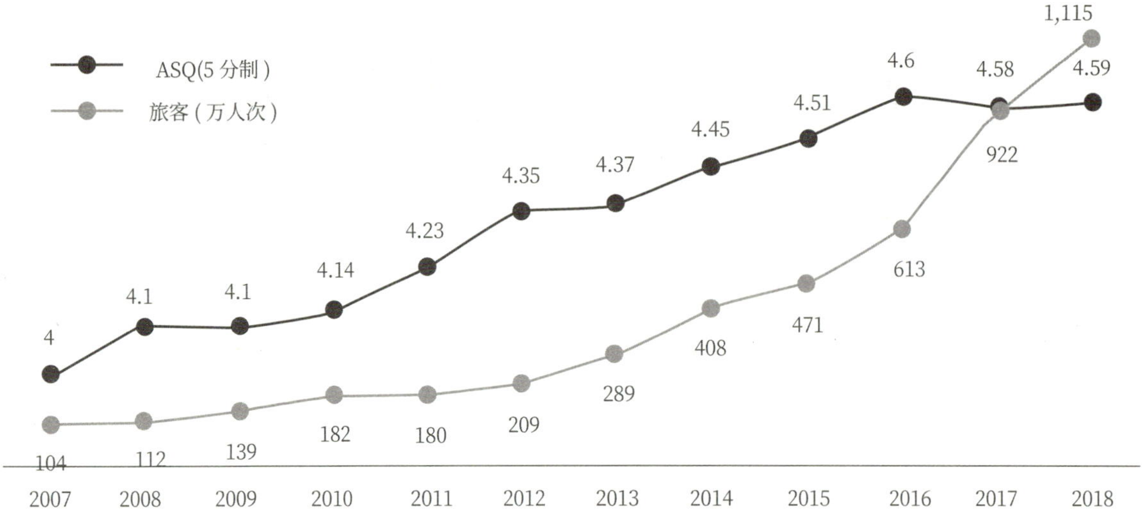

图8-2-5-1 珠海机场2007—2018年ASQ水平

航空安全

珠海金湾机场运作安全、保安严密，连续十年保持机场责任事故及事故征候率为零的纪录。2007年，荣获民航局颁发的全国民航中小机场安全管理最高荣誉“金爵杯”。2008年，在民航局组织的机场安全审计中，机场建立的“安全管理体系（SMS）”“安全工作坊”被作为地区机场安全管理典范进行推广。通过制定和推行《安全管理计划》，促进安全管理体系建设落地，对突出问题、关键环节、重点区域和重要活动实施风险评估，前移防范关口，确保机场设备、设施的安全运行以及人机安全。

2006年12月民航局对珠海机场的空防保安水平审计，共审计10大类 360个项目，内容涵盖旅客、行李、货物、航空器、配餐的保安以及安全设备设施、保安人员招录培训等涉及机场安全的方方面面。2008年 9月 10—16日民航局对珠海机场进行安全审计，共审计 1474个项目，符合率为 97.51%。审计组对珠海机场在安全管理理念、安全保障设施、候机环境和旅客服务流程改造方面取得的成绩给予充分肯定，并对公司在《机场使用手册》的修订、“安全工作坊”、完善运行管理台账、建立电子资料库、运行保障人员培训等方面的工作给予高度肯定。2008年 12月民航中南局再次对珠海机场空防保安进行复审，认为珠海机场的空防安全保障水平完全符合《国家民用航空安全保卫规划》《国家民用航空保安审计规则》的要求。珠海机场不断完善安全绩效管理目标体系，实行安全绩效考核，每年将安全指标分解到各部门，依据绩效指标计划与评估表，每季度对各部门进行安全指标考核，使安全绩效管理融入生产运行过程中。培养敢于承担的安全文化，营造积极、主动的安全文化氛围，推动企业安全文化的建设。以“安全工作坊”方式开展安全理念、安全知识宣传与推广，使员工在心理、思想和行为上形成自我安全意识和环境氛围；通过多种形式向社会和消费者宣传航空安全知识，使旅客、货主和社会公众了解民航，理解民航，在社会层面构筑起一道保障安全的坚固防线。机场安检制度不断完善，在运行机制、制度完善、人员构成、保安体系构建等方面都取得突破。安检员工和保安队伍实现准军事化管理，员工的精神面貌发生积极变化，建立起纪律严明、训练有素的专业形象。2012年4月，被民航局授予“安检移交民航二十周年先进集体”称号。2015年7月1日，珠海机场正式启用机场安检信息管理系统，通过与离港系统的连接，提高旅客及行李信息采集、验证、处理、查询的效率，跟踪确认各种旅客信息，实现旅客信息、行李信息与安检图像信息关联起来并一一对应。为反劫机、反炸机工作提供信息，为航空安全事故调查提供相关证据，并对安全检查环节进行多级控制，实现量化管理，提高空防安全整体保障能力。从冰雪灾害到汶川大地震，从反恐安全到奥运特殊安保措施、从国庆60周年到G20杭州峰会特殊安保措施，珠海金湾机场的安全、保安工作遭遇前所未有的压力，机场按照民航局文件精神，提升旅客行李检查和控制区管理的级别，规范贵宾安检专用通道检查制度，重点区域设置防撞击设施，增加候机楼武装保卫，加强对劫机炸机的防控工作，全力以赴确保机场安保任务，同时树立珠海机场安保品牌。2016年9月，民航中南地区管理局对珠海金湾机场开展航空安保审计工作。2018年，珠海金湾机场进一步强化安全保卫工作，不断完善安检制度，对重点环节、重点区域加强安全防范，没有发生重大安全事故。

● 安检及车辆

2000年，有安检设备X光机LINECSCANSYS111型13台、LINECSCAN SYS110型12台、安全门SEATRIE HS-4W型12辆；并配备2辆消防车和各种车辆23辆。其中，多用运油车2辆、加油车2辆、飞机拖车3辆、通信修理车1辆、救护车1辆、货运车4辆及行政生活用车。随着机场经营规模的不断扩大，安检和设备逐年完善。2018年，珠海机场已配备了特别完善的安检设备、消防应急设备和各种运输车辆，完全能够满足机场安检、消防、应急和运输需要。

第六节　邮政管理

● 经营管理

1998年，珠海市邮政电信分营以前，珠海市邮电局负责管理辖区邮政和电信业务。20世纪90年代初开始，市邮电局与省邮电局签订经营承包合同，在局内以集体责任承包的方式分解经营指标，责任分解到各专业分局和基层生产经营部门，再分解到个人，并与生产奖金挂钩，分季度、半年、年度进行考核。1991年，珠海市邮电局开始实施第二轮承包经营。在制定考核指标的基础上，按照“核定基数”确保上交，根据“超收多留（奖），少收少奖”的原则，实行“计划承包，百分计奖”。1994年3月，市邮电局撤销经营管理办公室，设立市场拓展科。1995年6月，设立邮政市场部、电信市场部2个直接面向市场的部门，机关设立经营运筹部。1998年，邮电分营，市邮政局设置经营服务部（后改为经营业务部），负责全局生产经营活动的管理。1999年，珠海邮政实行全员营销的经营体制。2000年，开始建立大客户档案，针对大客户实施专门的营销策略。同时，对效益差的网点实行撤、并，改制为社会委代办或采取承包等形式，独立运营。2018年，中国邮政集团公司珠海市分公司通过邮乐购站点、邮乐小店、微信公众号几个方面进行线上服务，帮助本地农产品及怒江扶贫产品进行展示、销售；服务跨境电商24家，业务规模170万件，业务收入3000万元；通过“互联网+邮政+政务服务”平台，利用邮政的网点优势，开办办理机动车号牌及行驶证、驾驶证补办、换领等交管业务。

● 计划财务管理

20世纪80年代中期，市邮电局开始实行财务包干和分成办法，建立成本核算制度，加强成本管理，核算企业利润。1995年，制定《珠海市邮电局内部财务管理试行办法》，规定计划财务部是市邮电局的一级会计核算机构，负责全局财务管理、收支计划管理、投资计划管理、资金筹集与调度、固定资本管理；邮政市场部为专业核算单位，负责组织本专业业务收入的实现、上报、清缴、稽核、检查工作，进行专业成本核算，组织开展内部经济核算；报刊发行、集邮、储汇等3个业务处分别设置业务核算会计，负责业务资金的核算；全局的财务收支计划、各项资金运用、财务成果和经济效益都要接受审计科的审计监督。市邮政局独立运营后，1999年实行二级收支差额核算办法，即市局对各公司和分局进行二级专业核算，解决重复计列成本开支、重复计算业务收入的问题。2000年，实行“内部二级核算单位营业收支差额基数包干、机关职能部办费用定额包干，奖金计提与包干基数挂钩”的财务管理办法，对全局所有单位进行工资总额包干。

● 人事劳资管理

人事劳资管理包括招工、培训、调配、考绩、奖惩、工资、劳保、休假、伤病、死亡、退休等项管理工作和具体工作。1979—1989年，由市邮电局人秘部门负责。1990年，市邮电局将人事监察科中的监察职能分出，成立组干科负责党委组织工作和干部管理，劳资工作和工人管理由人事科负责。1991年，人事科改称劳资科，管理工人的接收、考核和职工的工资、安全、劳保。1995年机构改革时，将人事、劳资、教育合并于一部，称人事教育部。1998年邮电分营后至2000年不变。2012年9月，珠海市邮政管理局成立，负责珠海市邮政行业监管工作。中国邮政集团公司珠海市分公司负责珠海市邮政通信的生产、建设、运行管理工作，既承担全市邮政普遍服务的义务，又承担为地方党政、军政机关及重要部门发行报刊和机要通信的任务。政企分设后，珠海市邮政管理局实行行政管理体制，中国邮政集团公司珠海市分公司实行企业管理。

● 质量管理

1990年，市邮电局被列入国家经委推行全面质量管理计划。同年4月，制定《珠海市邮电局质量管理实施细则》。1991年5月，出台《珠海市邮电局质量管理奖评审办法》和《珠海市邮电局质量管理奖惩办法》。1998年邮电分营后，市邮政局制定《服务规范及检查考评办法》《业务监督管理办法》《意见征询函发放管理办法》等制度。2000年1月，将质量监督职能从业务部门分设出来，成立质量监督部，负责全局质量管理工作。1999—2000年，珠海邮政开展QC质量管理活动，获得全国优秀QC小组称号的单位有：柠溪营业厅QC小组(1999年)、拱北国际交换站QC小组(2000年)。

● 快递市场监管

2012年9月14日，珠海市邮政管理局成立。2014年，市邮政管理局启动快递企业诚信体系建设工作，从依法经营、安全管理、规范服务、企业管理、企业及法人代表信用、企业诚信文化建设等方面对辖区内190多家快递企业开展考核，建立诚信档案。2016年，市邮政管理局依法开展快递企业经营许可年审、换证、许可变更、分支机构备案等工作。全年完成企业年审94家，续更换新证企业15家，核查注销企业23家，受理分支机构变更申请29个，快递经营许可证协查6个，末端网点备案55家。

2017年，珠海市邮政管理局依法开展快递企业经营许可年审、换证、许可变更、分支机构备案等工作，全年完成企业年审53家，续更换新证企业5家，核查注销企业13家，受理许可变更申请31件，完成分支机构变更70件，完成快递经营许可证协查8件，完成末端网点备案159家。2018年，完成企业年审57家，续更换新证企业25家，核查注销企业2家，受理许可变更申请79件，完成快递经营许可证协查11件，完成末端网点备案418家。市邮政管理局严格落实行业安全管理责任，开展系列行之有效活动，维护寄递渠道安全畅通。严格落实寄递实名制、收寄验视、过机安检制度。截至2018年12月，快递信息实名率保持99%左右。同时，认真开展寄递渠道涉枪涉爆、扫黑除恶、危化品整治、非洲猪瘟疫防控等专项治理。与公安、海关和烟草专卖局、工商局等部门建立联合工作机制，共同打击寄递渠道违法行为。

普遍服务监督

2015年4月1日起，市邮政管理局负责办理辖区审批事项以及与之配套的备案事项（包括邮政企业设置邮政营业场所、邮政企业撤销不提供邮政普遍服务的邮政营业场所、暂时停止办理或者限制办理邮政普遍服务和特殊服务、恢复办理邮政普遍服务和特殊服务业务、邮政营业场所迁址、改制及变更备案信息）。

2016年，市邮政管理局受理中国邮政集团公司珠海市分公司提交的停止办理邮政汇兑业务申请2项，核准同意1项。受理并同意公司暂停办理汇兑业务的申请4个，场所备案信息变更14个。核查同意广东红海人力资源有限公司珠海分公司10个网点经营邮政通信业务的申请。全年共出动执法人员312人次，对全市共计69个邮政普遍服务营业网点开展112次执法检查，内容包括提供普遍服务合格检查、安全生产检查、服务质量检查。检查企业547家次，开出责令整改书35份，对违反快递业务经营许可规定、违反邮政行业安全监管规定和违反快递服务标准的6家快递企业罚款2万元。

2017年，市邮政管理局受理并同意中国邮政集团公司珠海市分公司备案申请20个，其中，网点暂停营业1个，网点暂停办理汇兑业务的申请12个，网点地址、营业时间等变更申请7个。开展邮政普遍服务执法检查161次，其中邮政普遍服务网点77次，机要通信网点8次，报刊发行局4次，邮政报刊亭72次。开展社会监督活动96次，监督查看邮政普遍服务网点48个，走访消费者145人，试寄邮件24次。

2018年，市邮政管理局受理并同意中国邮政集团公司珠海分公司关于撤销邮政普遍服务场所沥溪邮政代办所申请。全年受理备案申请106项，其中，新增邮政普遍服务网点业务1项，暂停办理邮政普遍服务业务27项，暂停办理汇兑业务62项，网点信息变更16项。开展邮政普遍服务执法检查252人次，实现全市邮政网点全覆盖。其中，机要通信检查10次，“扫黄打非”专项检查78次，邮票发行监督检查9次。全市有2名邮政特邀监督员，积极对热点问题进行及时跟踪和持续监督，及时反馈相关社会监督情况，开展社会监督活动106次，监督邮政普服网点34个次，监督快递网点24个次，监督邮票发行网点6个次，反馈监督报告106份，走访用户76人。

消费者申诉受理

2014年3月，珠海市邮政业消费者申诉受理中心成立，截至12月底，受理并妥善处理消费者申诉案件2456件，挽回经济损失17.28万元，群众满意率97%。2015年，受理邮政业消费者申诉案件1518件，有效申诉（确定企业责任的）723件，占受理申诉量的47.63%。有效申诉全部完成处理，为消费者挽回经济损失14.15万元。消费者对邮政管理部门申诉处理工作满意率98.7%，对企业申诉处理结果满意率97.4%。2016年，受理申诉案件4158件，其中有效申诉（确定企业责任的）744件，无效申诉3414件。涉及邮政服务问题的219件，占总申诉量的5.26%；涉及快递业务问题的3939件，占总申诉量的94.74%。申诉反映的问题集中在投递服务、延误以及丢失短少3类，分别占有效申诉案件量46.5%、18%和12.5%。经调解，申诉案件全部妥善处理，共为消费者挽回经济损失17万元，消费者对邮政管理部门申诉处理工作满意率为98.3%，对企业申诉处理工作的满意率为97%。2017年，受理申诉案件6556件，同比上升57.7%，其中有效申诉（确定企业责任的）799件，无效申诉5757件。涉及邮政服务问题的376件，占总申诉量的5.74%；涉及快递业务问题的6180件，占总申诉量的94.26%。申诉反映的问题集中在投递服务、延误以及丢失短少3类，分别占有效申诉案件量44.5%、27.3%和13.6%。申诉案件全部妥善处理，为消费者挽回经济损失19.1万元，消费者对邮政管理部门申诉处理工作满意率为97.5%，对企业申诉处理工作的满意率为95.3%。2018年，受理申诉案件6240件，同比下降4.8%，其中有效申诉（确定企业责任的）345件，无效申诉5895件。涉及邮政服务问题的247件，占总申诉量的3.96%；涉及快递业务问题的5993件，占总申诉量的96.04%。申诉案件全部妥善处理，为消费者挽回经济损失16.74万元，消费者对邮政管理部门申诉处理工作满意率为98.4%，对企业申诉处理工作的满意率为96.82%。

第三章　珠海航展交通管理

中国国际航空航天博览会（简称航展）是由中央政府批准举办的国际性专业航空航天展览。每逢偶数年的11月份在珠海隆重举行，展期6天，前3天为专业日，后3天为公众日。自1996年举办首届航展以来，已发展成为集贸易性、专业性、观赏性为一体，代表当今国际航空航天业先进科技主流，展示当今世界航空航天业发展水平的盛会，跻身于世界五大航展之列。每一届航展都吸引了国内外的大量观众。面对特别大的客流，如何保障好航展交通，解决好观众的航展出行问题，成为决定航展办展品质的一个重要因素。

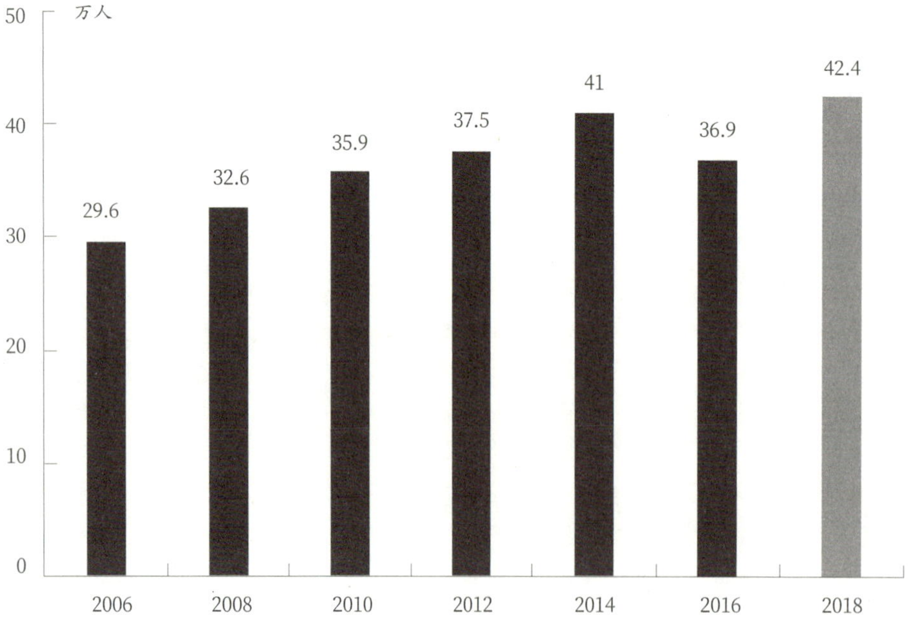

2006—2018届航展观众人数图

珠海先后采用两种截然不同的交通保障模式。第一届至第十届以小汽车为主体的交通保障模式，无法解决供需矛盾，每届均出现“航展堵”。第十一届起，珠海采用以公共交通为主体的保障新模式，成功破解了“航展堵”。

▲珠海航空展览现场（珠海航展公司提供）

第一节　第一至十届航展交通管理

第一届至第十届航展均采用以小汽车为主的交通保障模式，由于航展期间车流过大，每一届沿线道路都出现长时间的拥堵现象，1996年第一届航展交通拥堵十分严重。20年间，航展周边陆续建成机场路、机场西路、机场北路、机场高速、金湾互通立交等高快速道路，可是航展交通拥堵问题没有解决。

第十届航展高峰日（公众日第二天）进入航展区域的机动车约5.5万车次，其中小汽车约5万车次，小汽车占比约91.8%。机场高速最高峰排队长度约22公里，机场东路最高峰排队长度约7公里，交通拥堵特别严重。

▲第十届航展交通运行情况图（珠海航展公司提供）

第二节　第十一届航展交通管理

2016年11月1—6日，第十一届航展在珠海举办。根据历届航展中出现的交通拥堵问题，2015年5月珠海市交通运输局开始谋划交通保障工作，在航展执委会中设立由市交通运输局牵头的交通保障组。大胆改革创新，围绕公共交通构建航展交通保障新模式，通过提高道路、停车场等交通设施利用效率的方式破解拥堵难题。

票务和交通结合 在全面调查分析周边交通设施服务能力的基础上，将以往的售票形式由公众日通票改为按日期售票，取消现场售票，每日最多限制8万人观展，解决交通设施超载问题。

实行公交优先 航展馆周边设置了小汽车管控区，允许专用有证车辆与公共交通车辆通行，禁止社会车辆驶入。在外围设置了7个接驳停车场和3个应急停车场（共计车位3.4万个），自驾车观众只能在接驳停车场换乘接驳公交。公共交通的停车区设置在距离展馆门口最近的位置，为乘坐公共交通的观众提供方便。在珠海大道（南湾互通至展区）、机场西路（定家湾接驳停车场至展区）设置了航展公交专用道，保障公共交通车辆优先通行。自驾车实行高额停车收费政策（每车每天100元），通过经济杠杆抑制小汽车通行。

提高公共交通运力 航展期间投入334辆公交、大巴车运行停车场接驳线路；投入451辆大巴开通7条航展客运专线、4条航展酒店专线、5条航展和机场专线，覆盖全市重要交通枢纽和主要酒店；允许出租车通行航展核心区域，出租车前往机场或各大酒店提供服务。

首次引入交通大数据 通过采集和分析售票数量、观众城市分布、车辆流量流向、现场人员数量和观众出行轨迹等数据，为航展交通保障成效开展后续评估，以便进一步优化提升下届航展的交通保障方案。

第十一届航展共计服务观众36.9万人，有54%的观众选择公共交通出行。航展期间，全市进出展区道路、各航展停车场、各交通枢纽及专线乘车点始终保持有序、安全、畅通的平稳运行状况，首次解决“航展堵”问题。

第三节　第十二届航展交通管理

2018年11月6—11日，第十二届航展在珠海举办。珠海交通系统在总结第十一届“零拥堵”成功经验基础上，完全运用公共交通，解决交通拥堵问题。

坚持票务和交通深度结合 售票数量与交通承载能力相适应，按日期限额售票、现场不设售票点，公众日每天观展人数不超过8万人。

提倡公交优先，强化小汽车管控 禁止社会车辆驶入管控区，自驾车外围停车接驳，收取高额停车费。设置公共交通专用道，为公交提供最便利的停车区域。同时珠海大桥实施小车单双号限行、货运车辆限行，加大外围接驳停车场保障力度。

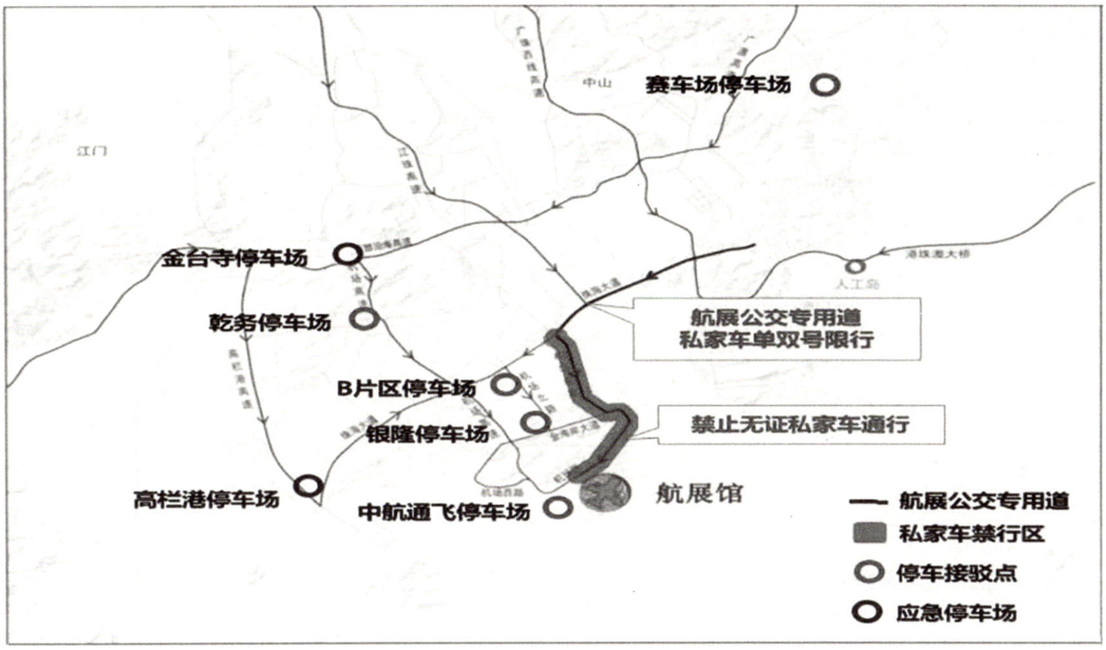

▲十二届航展交通管控措施示意图

全面提升公共交通服务通力　打破区域交通限制，粤港澳大湾区整体谋划，航展交通服务延伸到香港、澳门、广州、深圳、东莞、中山、江门、佛山、惠州、阳江等周边10个地市（特别行政区），覆盖“海陆空铁”各个方面。广州、中山、江门、佛山、惠州、阳江市开行直达航展馆的大巴客运专线，参运大巴269辆；东莞市开通航展大巴包车；港珠澳大桥香港、珠海口岸开行直达专线；澳门观众过关后直接在城轨珠海站或大桥珠海口岸乘坐航展专线；深圳蛇口港至九洲港的水运发班间隔加密至15分钟/班，并推迟收班时间；加密广珠城轨的班次，在珠海机场候机楼运行至航展馆穿梭巴士。

第十二届航展，珠海市内共调集大巴车、公交车1032辆，开行10条市内专线，除上届乘车点外，新设置6处专线乘车点；在航展馆7个外围停车场开行接驳线路；在航展馆门口路段之间开行穿梭线路；在长隆酒店、星程碧海酒店、珠海度假村酒店、北京酒店等开设酒店专线；加密机场航班专线的发车班次，并临时增设凤凰北巴士站上车点，解决乘飞机旅客的交通需求；统筹调配全市出租车参与航展保障。

航展交通管理服务大数据平台　第十二届航展首次上线大数据航展交通服务与智慧调度平台，对接航展公司实时票务数据、参运车辆实时位置数据、购票者手机信令数据、客流数据、运力数据、道路数据、停车场数据、视频数据等多源交通数据，为航展观众与管理部门提供智慧化工具，平台通过“珠海交通”公众微信号、“珠海交通”App等渠道，观众可以使用航展交通指引、专线预约乘车、航展馆内地图、乘车点定位导航、停车位置导航等便利服务，大幅提升监测能力和智慧调度能力。

交通部门全员上岗，凝心聚力做好现场保障　市交通运输局、市公安局交警支队在航展期间继续实行合署指挥、联动管理。对于现场交通组织临时调整、交通运力调配等工作都能及时进行配套调整。由于指挥管理得力，各航展停车场及专线乘车点观众上车秩序井然，专线车沿途顺畅，从华发商都出发至航展馆仅需要29分钟，比平时自驾车还快。市交通运输局机关全员出动，分布各专线乘车点和停车场开展现场秩序维护、信息报送、宣传指引等工作。市交通运输行业各部门、各运输企业通力协作，特别是身处一线的交通系统工作人员起早贪黑，牺牲个人的休息，热情为群众服务，坚守岗位完成交通保障任务。

第十二届航展专业日观众约15万人，公众日观众超过24万人，公众日航展馆周边核心区公共交通分担率超过95%。航展期间，全市进出展区道路、各航展停车场、各交通枢纽及专线乘车点始终保持有序、安全、畅通的平稳运行状况，获得省市领导、展商、观众、市民、媒体等各界的一致好评。

第四章 智慧交通

第一节 信息化建设

1993年，珠海市出租车无线电通信系统建成之初，是一个无序的、司机之间可以相互自由通话的通信系统。1996年，对出租车无线通信系统进行升级，技术改进和创新，整个系统控制模块、软件完全自主开发。系统采用准集群模式，由移动用户、中转台及控制中心三大部分组成。移动用户具备选呼、组呼、全呼等功能。用户之间相互呼叫时，不能直接用DTMF话筒呼叫，必须通过总台转接。用户呼叫总台时，只需按一下发射键即将自身代码等信息发至总台，不用烦琐的操作。用户通话完毕，只需将话筒放回挂钩架即可收线。中转台平时保持基地台状态，收到移动台上线请求信号时在中转状态，收到控制中心开启中转指令后，保持中转状态；收到控制中心关闭中转指令后，恢复基地状态；具有限时、无载波自动复位功能。控制中心可对服务区范围的对讲机进行选呼、组呼、全呼操作。选呼，控制中心将需要呼叫的车牌号码输入计算机后，计算机即将所需呼叫的信息送出，呼通所选定车辆终端。组呼，控制中心将需要呼叫的单位编号送入计算机后，计算机即将所需呼叫的信息送出，呼通所选车辆终端。全呼，控制中心送出全呼信息后，即将服务区内所有车辆终端接通。显示主呼车辆的车牌号码，接受报警服务功能。收到报警信号后，总台计算机上显示显著标志作为提示。对呼叫信息进行记录，以备查询。即记录主呼车号，被呼车号，通话时间等。1995年，组建800M无线电通信系统，用于交通执法工作。1996年，建成交通无线电调度系统。同年，适逢珠海市举办第一届中国国际航空航天博览会，无线电通信网络对出租车服务进行合理、科学的调度。1997年3月，800M无线电通信系统建成并投入试运行。

2000年，全球定位系统（GPS）技术逐渐在珠海市交通行业应用，更科学、有效地管理和提高交通智能化水平。珠海交通信息中心的GPS监控中心建设初期是试探性的，基于当初的全球移动通信系统（GSM）公众网使用费昂贵及中心已建完450M通信网的考虑，中心采用450M通讯网和GSM通信网同时作为GPS数据传输通道。经过半年的开发，450M通信网和对讲机数传模块开发完成，GPS一期工程投入试运行。后废除采用450M通信网进行数据传输的GPS，全面采用GSM网络进行GPS数据传输，使之更适应交通系统的监控管理工作。

2006年，市交通局成立交通信息化建设领导小组，开展交通信息化建设调研，编制《珠海市“十一五”交通信息化发展规划》，明确交通信息化建设的基本思路、工作目标与主要工作任务。大力推广智能交通，公交智能调度系统和10对电子站牌正式运行，通过市科技局的验收。继续推广GPS的应用，与珠海移动公司合作开展GPS业务，GPS终端机突破1300台大关，开通“12580”出租车电召业务，方便市民出行。同时，与珠海移动公司联合举行交通信息化应用推广暨“安捷通”产品发布会，积极推广运政系统、港航系统、二维系统、驾培系统的运用，OA系统得到逐步完善，实现了无线上网办公。交通信息化平台基本建立，为加快市交通信息化建设奠定坚实基础。2007年，围绕建设创新型交通行业的要求，积极发挥信息技术对交通发展的引领推动作用。在市政府的支持下，投资1100万元的交通信息化重点建设项目—交通信息枢纽暨图像监控中心动工建设，为提高市交通行业管理水平和公共服务水平提供有效的信息化手段。积极推广智能交通，公交智能调度系统及10对电子站牌被省信息产业厅列为广东省社会公共事业信息化试点项目。继续与移动公司合作，在交通行业广泛推广GPS的应用，GPS终端机突破2700台关口，较上年增加1466台，增幅为116.8%。建立公交信息查询系统，开通“12581258”出租车电召业务，方便市民出行。在行业管理中广泛应用运政系统、港航系统、二维系统、驾培系统、收费系统，有效提高机关工作效率和为民服务的水平。交通公众网站得到进一步完善，OA系统成功升级，交通信息化公共平台基本建立，为全面加快全市交通信息化建设奠定坚实基础。2010年，投入900余万元，完成交通信息枢纽中心暨图像监控项目建设；完成珠海市平战结合交通应急工作平台项目一期工程—电子沙盘模型及基础平台建设，为落实“平时服务，急时应急，战时应战”国防动员方针奠定基础；按照统一数据接口标准，完成市级行业GPS监控平台建设；与移动公司合作，开发珠海市交通GPS平台电召应用子系统，每天受理电召服务约800次，成功率达90%以上；完成GPS地图升级、网上车辆管理系统二期工程、珠海市机动车维修企业管理系统的建设及珠海市出租车驾驶员信息管理系统的建设。

2013年，港航EDI数据交换系统成为全省试点在全港推广应用，配合地方电子口岸，实现外贸集装箱业务无纸化报关和报验服务。集装箱码头电子闸口、港口地理信息综合应用平台，港口视频监控二期、航道航标实时监控系统开工建设。2018年1月，《珠海市建设项目交通影响评价管理办法》开始实施，促进城市交通与城市建设的协调、健康、有序发展，缓解城市交通拥堵。同年3月智慧交通信号协调控制系统项目建设完成，初步实现对主城区路网内交通运行信息采集，并且完善路网沿线交通管理及诱导信息发布，提升主城区路网内交通流的运行效率，改善重点区域和路口的交通拥堵情况。珠海航展交通运输服务及指挥调度平台，采用信息化、科技化、智慧化的技术手段，从航展运力调配和大数据智慧分析入手，进行参展人流和运力车流数据的收集分析、精准预测和决策调度，从而实现“有组织、有准备、有架构、心中有数、组织有力”的、兼具系统性、科学性、合理性的航展运力调度管理模式，从而解决航展拥堵问题。

第二节 智能交通

2013年，探索珠海智慧交通发展顶层设计，完成《珠海市智能交通体系规划》初稿编制、珠海市交通出行综合服务平台建设和市级GPS监控系统二期功能升级工作。公交电子站牌加快建设，实施珠海市智能中台系统、长隆开业及马戏节开幕智能交通工程、交通信号灯改造及增设交安设施工程和市体育中心东门等8个路口安装交通信号灯工程等，逐步提升主城区道路交通效率。加强合作，充分借鉴西门子公司的丰富经验及创新理念，在“综合绿色交通”领域建立框架合作关系，进一步提升全市智慧交通水平。2014年，在实现三级以上汽车客运站联网售票的基础上，引导站场客票联网直售，扩大联网售票覆盖面。深化智慧交通顶层设计，推进交通数据采集汇聚处理中心建设，完成枢纽客流物流信息服务平台工可研究招标。完成交通综合信息服务平台主体程序开发，为市民出行提供路况信息发布、违章查询、网上年审预约等多方位交通信息服务。启动全市有轨电车、公交、公共自行车与路内停车“一卡通”工作。完成梅华路沿线等11个路口信号灯智能控制系统建设。

2015年，市域范围内的客运站场、码头基本实现联网售票、微信售票。交通信息综合服务平台建成，开通服务网站和“珠海交通App”。建成有轨电车候车亭多功能触摸查询屏28个，在国内率先实现全城范围交通信息融合及实时多途径发布。智慧交通运行管理平台完成建设方案编制。智慧交通信号协调控制系统正开展初步设计。交通信息综合服务平台是珠海市交通规划研究与信息中心建立的综合性交通信息服务类项目，于2015年4月1日正式上线。平台实现跨行业交通信息资源整合、共享和交换，设有市内出行、我要买票、路况展示、停车场、自行车租赁等10多个栏目，市民通过网页、手机App应用软件可查询市内交通信息，办理公路、水路、航空、铁路票务和驾驶证、行驶证业务等。2016年，推进智慧交通建设，市域范围内的客运站场、码头基本实现微信售票，建成交通综合信息服务平台，智慧交通信号协调控制系统建设方案进入报批程序，智慧交通运行管理（应急）平台完成招标工作。

2017年6月，珠海市智慧交通信号协调控制系统项目通过市政府常务会议审批，7月完成项目招标工作，8月与建设方广东城智科技有限公司签订购买服务合同后正式开工建设，2018年6月30日完成项目的初步验收，12月20日通过市信息化办公室的最终验收。项目总投入为9943万元，主要建设内容包括交通信号协调控制系统、交通信息采集系统、交通信息诱导系统、电力引入及改造。珠海市智慧交通信号协调控制系统建设完成后，通过运行数据对比分析，智慧交通信号协调控制系统实施范围内特别是重点路口和典型路口路段的交通运行的关键指标改善效果均有较大的提升。其中，路段车速提升18.01%、平均行程时间明显降低15.23%、路段延误降低16.49%、交叉口平均排队长度降低24.17%，各项指标改善效果均大于15%，符合珠海市智慧交通信号协调控制系统项目建设方案要求。

2018年，“海陆空铁交通大数据”进一步挖掘运用，通过平台展示、定期报告、专题报告等为交通行业的规划建设、政策调控、拥堵治理提供支撑。“珠海交通”微信公众号、App等增加驾车服务、出行服务等便民利企新功能，微信粉丝数量突破8万人。智慧交通项目建设持续推进，新建交通仿真平台、信号协调控制系统、航展交通组织指挥调度平台等。珠海市新能源车动态监管平台与省级平台实现数据共享。汽车电子健康档案系统进一步推广，全市有232家汽车维修企业注册，超过10万辆车建立电子维修档案。完成国家重点科技研发项目“面向智能道路建设的基础设施感知理论方法研究及设计”的申报工作，完成省级科技研究项目“多源数据环境下城市公共交通客流出行分布研究”，形成《非全封闭式城市轨道交通运营服务规范》等科研成果。

第九编 党群组织

党的组织包括中共珠海市交通运输局党组、中共珠海市交通运输局直属机关委员会、市纪委监委派驻市交通运输局纪检监察组、局机关各党支部和下属单位党的组织。群众组织主要是工会、共青团和妇委会组织。1984年8月，珠海市交通局党委成立。1996年5月，珠海市交通委员会党组成立。2008年7月，珠海市港口管理局党组成立。2008年8月，珠海市港口管理局党总支部成立。2011年6月，珠海市纪律检查委员会、市监察局向市交通运输局派驻纪检组和行政专员办公室。

1989年5月，珠海市交通委员会机关第一届工会成立；2007年9月，共青团珠海市交通局支部委员会成立；1992年3月，中华妇女联合会珠海市交通运输局第一届机关委员会成立。

第一章 中国共产党基层组织

第一节 组织建设

● 中共珠海市交通运输局党组

1996年5月，经市委批准，设立珠海市交通委员会党组。党组书记：莫鉴东(1996年5月至2001年9月），党组副书记：叶克勤(1996年5月至2001年9月）。

2001年10月，珠海市交通委员会党组更名为珠海市交通局党组。

珠海市交通局党组书记：莫鉴东(2001年10月至2002年12月）。

珠海市交通局党组书记：黄悦松(2003年1月至2008年9月）。

珠海市交通运输局党组书记：郑潮龙(2008年10月至2010年11月）。

珠海市交通运输局党组书记：陈仁福(2010年12月至2012年4月）。

珠海市交通运输局党组书记：管恩红(2012年5月至2016年11月）。

珠海市交通运输局党组书记：唐成伟(2016年12月至2019年1月）。

珠海市交通运输局党组书记：林粤海(2019年1月起）。

● 中共珠海市港口管理局党组

2008年7月，成立珠海市港口管理局党组，党组书记由时任珠海市副市长、高栏港经济管理区书记赵建国兼任(2008年8月至2012年3月）；2012年4月由赵适剑任珠海市港口管理局党组书记(2012年4月至2014年7月）。2014年7月，因机构改革，珠海市港口管理局去实体化，市港口管理局党组成员全部并入市交通运输局党组。市港口管理局党组自行撤销。

中共珠海市交通运输局直属机关委员会

1958年1月，珠海县人委交通科成立后，党的组织关系一直归属市经济委员会党委下属工交科（部）党支部。

1984年8月，珠海市交通局试行推荐委任任期制后成立党委，党委书记邓炳发。

1989年12月15日，召开中共珠海市交通委员会机关第一届委员会委员党员代表大会，选举机关党委组成人员。党委书记黄贞山，副书记邓炳发、钟克键；机关纪委书记刘佑良，副书记黄勤荣(1993年11月至1995年8月)。

1994年6月，莫鉴东兼任中共珠海市交通委员会机关工作委员会书记。

1996年7月30日，中共珠海市交通委员会机关委员会召开第二次党员代表大会，进行换届选举。机关党委书记叶克勤、机关党委副书记兼机关纪委书记钟少坚。

2001年12月，中共珠海市交通委员会机关工作委员会更名为中共珠海市交通局机关工作委员会。机关党委书记叶克勤。

2003年11月30日，中共珠海市交通局机关工作委员会更名为中共珠海市交通局机关委员会并举行换届选举大会。机关党委书记黄悦松(2003年12月至2008年9月)，副书记关小帆、周慧珍；机关纪委书记周慧珍(兼)，副书记凌娜。

2011年8月，中共珠海市交通运输局机关委员会举行换届选举大会，机关党委书记周慧珍(2011年8月至2013年8月)，副书记邓晓兵、曾进崧；机关纪委书记邓晓兵(兼)，副书记邓振平。

▲2011年8月，中共珠海市交通运输局召开第一次代表大会（珠海市交通运输局办公室提供）

2013年8月，管恩红任中共珠海市交通运输局机关委员会书记(2013年8月至2014年12月)，魏永民、邓晓兵任中共珠海市交通运输局机关委员会副书记；邓晓兵任机关纪委书记（兼）。

2014年10月，中共珠海市交通运输局机关委员会更名为中共珠海市交通运输局直属机关委员会并举行换届选举大会。管恩红于2014年10月至2016年11月任机关党委书记，邓晓兵于2014年10月至2015年3月任机关党委副书记兼机关纪委书记。魏永民2014年10月任机关党委副书记，2015年3月至2017年7月兼机关纪委书记。黄建平2014年10月任机关党委副书记，2017年7月兼任机关纪委书记 。何伟坚于2016年7月至2018年2月任机关党委专职副书记兼党办主任。

2017年2月至2019年1月，唐成伟任中共珠海市交通运输局直属机关委员会书记。2019年2月林粤海任中共珠海市交通运输局直属机关委员会书记。2020年11月9日，中共珠海市交通运输局直属机关委员会召开党员代表大会，选举产生新一届直属机关委员会委员和纪律检查委员会。直属机关党委书记林粤海，副书记魏永民、李莉(专职副书记)；直属机关纪委书记魏永民（兼），副书记周进碧。

中共珠海市港口管理局机关委员会

2008年8月，珠海市港口管理局党总支部成立，党总支书记赵适剑(2008年9月至2012年3月)；2012年9月，中共珠海市港口管理局党总支部升格为中共珠海市港口管理局机关委员会，机关党委书记赵适剑(2012年9月至2014年4月)。2014年5月市港口管理局与市交通运输局合并后，市港口管理局机关党委自动撤销，基层党组织全部归属市交通运输局机关党委。市港口管理局机关党支部改为市交通运输局机关第二党支部。市港口管理局机关党支部第一任书记曲向华(2008年10月至2011年12月)；第二任书记周伟波(2012年1月至2015年6月)；第三任书记陈明东(2015年7月至2018年2月)。

珠海市纪委监委驻市交通运输局纪检监察组

2011年6月，珠海市纪律检查委员会、市监察局正式向市交通运输局派驻纪检组和行政专员办公室。邓晓兵任纪检组长兼行政专员。

2017年2月，邓晓兵调任，市纪委选派王战红任纪检组长，张德任纪检副组长(2016年2月起)。

2018年1月，更名为书海市纪委珠海市监委驻市交通运输局纪检监督组，组长王战红，副组长张德。

珠海市交通运输局机关党支部

1989年2月20 日，中共珠海市交通委员会机关支部委员会成立，支部委员5名。机关支部书记钟建胜，副书记陈海林。

1996年9月，中共珠海市交通委员会机关支部委员会换届选举。机关支部书记陈海林，副书记李泰。

1999年12月，中共珠海市交通委员会机关支部委员会换届选举。机关支部书记李泰，副书记贺卓娃。

2002年1月，中共珠海市交通委员会机关支部委员会更名为中共珠海市交通局机关支部委员会并进行换届选举。机关支部书记吴成跃，副书记贺卓娃。

2006年5月，中共珠海市交通局机关支部委员会换届选举。机关支部书记吴成跃，副书记贺卓娃。

2011年6月，中共珠海市交通局机关支部委员会更名为中共珠海市交通运输局机关支部委员会并进行换届选举。邓振平任机关支部书记。

2015年2月，中共珠海市交通运输局机关支部委员会换届选举。邓振平任机关支部书记。

2018年2月，市交通运输局机关党支部党员人数达80人，局机关成立三个党支部。2018年2月2日，机关第一党支部成立，党员28名，党支部书记冯雪玲；2018年2月9日，机关第二党支部成立，党员31名，党支部书记陈明东；2018年1月30日，机关第三党支部成立，党员28名，党支部书记刘煜。

2004年6月，机关退休干部党支部成立，党员26名，党支部书记林政学，副书记贺卓娃。2020年1月，机关退休干部党支部与交通执法局退休干部党支部合并，并换届选举。党支部书记张柏林，副书记邓振平。

珠海市交通运输局下属单位党组织

珠海市交通运输局综合行政执法局党委 2011年，珠海市交通运输局综合行政执法局成立市交通执法局党总支部，党总支书记莫愁兴，副书记曾长盛。下设市交通执法局机关党支部、直属一大队党支部、直属二大队党支部、港航大队党支部、香洲大队党支部、金湾大队党支部、斗门大队党支部。

2017年7月，市交通执法局党总支部升格为市交通执法局党委，党员135人。党委书记刘伟，副书记曾国强(政委)、莫愁兴(兼纪委书记)。下设综合科党支部、执法科党支部、违章处理科党支部、直属一大队党支部、直属二大队党支部、港航大队党支部、香洲大队党支部、金湾大队党支部、斗门大队党支部、港珠澳大桥珠海公路口岸执法大队党支部、退休干部党支部。

珠海市交通运输安全事务中心党委 1993年12月，市路桥管理公司党支部成立，党支部书记刘少宏。1996年12月，根据党员人数，市路桥管理公司党支部更名并升格为市路桥管理处党委，党委书记刘少宏。1998年12月至2002年1月市路桥管理处党委归市国土局党委管理。2002年2月至2012年7月，市路桥管理处党委归市国资委党委管理。1998年12月至2007年10月由刘少宏兼任党委书记。2008年10月市路桥管理处党委换届选举，党委书记郭世雄，党委副书记沙世滨。2015年10月市路桥管理处党委换届选举，党委书记邬建明，党委副书记池茂兴、张健全，有党员64名。下设机关第一党支部、机关第二党支部、机关第三党支部、机关第四党支部、退休人员党支部。

珠海市道路运输管理处党总支部 1989年9月，市公路运输管理处党支部成立，党支部书记陈海林。1991年6月，市公路运输管理处党支部更名为市道路运输管理处党支部，党支书记陈海林。1995年11月，根据党员人数，市道路运输管理处党支部升格为党总支部，党总支书记黄勤荣。下设市运管处机关党支部、拱北交管所党支部、九洲交管所党支部。1998年12月，市道路运输管理处党总支部换届选举，党总支书记吴煌林。2002年5月，市道路运输管理处党总支部换届选举，党总支书记杨敏声。2010年7月，市道路运输管理处党总支部换届选举，党总支书记陈文彬。2013年11月，市道路运输管理处党总支部换届选举，党总支书记周国庆，副书记曾黎雯；下设机关党支部、拱北运管所党支部、九洲运管所党支部、香洲运管所党支部、金湾运管所党支部。

珠海市港珠澳大桥建设协调办公室党支部 2013年12月，市港珠澳大桥建设协调办公室党支部成立，党员人数3名，党支部书记王炳全。2018年10月，市港珠澳大桥建设协调办公室党支部换届选举，党员6名，党支部书记王炳全。

珠海市港务管理中心党支部 2008年12月，市港口调度中心党支部成立，党支部书记宋爱琴。2009年10月，市港口事务管理中心党支部成立，党支部书记李家平。2015年2月，市港口管理站与市港口调度中心合并，成立市港口调度指挥中心党支部，党支部书记宋爱琴。2018年3月，市港口调度指挥中心市港务管理中心党支部举行换届选举，党支部书记宋爱琴，党员28名。

珠海市空港与轨道交通管理中心党支部 2018年2月，市空港与轨道管理中心党支部成立，党员6名，党支部书记周勇。

珠海市交通工程质量监督检测站党支部 1993年4月，市交通工程质量监督检测站党支部成立，党支部书记吴成跃。1998年5月、2001年5月、2004年6月、2007年6月分别进行换届选举，党支部书记苏伯森。2010年4月、2013年4月、2016年7月换届选举，党支部书记章大平，党员 14名（含3名退休党员）。

珠海市交通规划研究与信息中心党支部 1996年8月，市交通信息中心党支部成立，党支部书记曾长盛。2002年4月，市交通信息中心党支部换届选举，党支部书记罗程远。2006年6月市交通信息中心党支部换届选举，党支部书记罗程远。2014年3月市交通信息中心党支部更名为市交通规划研究与信息中心党支部，并举行会议换届选举，党支部书记缪前明。2017年7月换届选举，党支部书记缪前明，党员 16名。

珠海港引航站党支部 2002年10月，成立珠海港引航站党支部，党支部书记路苹。2009年10月换届选举，党支部书记张海明。2012年2月换届选举，党支部书记张文晖。2015年2月换届选举，党支部书记张文晖，副书记刘均平。2018年2月换届选举，党支部书记张文晖，副书记刘均平，党员 20名。

第二节 主要活动

● “三讲”教育

2000年2月28日，根据《中共珠海市委关于在市直处级党政领导班子和领导干部中深入开展以“讲学习、讲政治、讲正气”为主要内容的党性党风教育的实施意见》和2月25日市委召开的全市“三讲”教育动员大会精神，市交通委员会正式开展“三讲”教育。从2000年2月开始，到2001年5月结束，分四个阶段。第一阶段，班子及成员集中学习10天，围绕江泽民总书记在高州及广东考察的重要讲话精神，结合“三讲”必读篇目、“两思”（致富思源，富而思进）、“三想”（参加革命为什么，现在当官做什么，将来身后留什么）和“三个代表”重要思想等，开展学习、讲座和专题发言，通过座谈、交流讨论、报告会等灵活多样的形式推进学习教育。按照市委“主动征求群众意见，主动听取群众批评，主动接受群众监督”要求，在“三讲”教育动员之前，以发放意见表、个别谈话等多种形式，广泛征求意见。第二阶段，严格按照广东省委提出的“准确、真实、深刻”的要求，就1992年以来的党性党风和工作情况进行深刻反思，查找突出问题，经过反复听取意见和修改完善，形成剖析材料。第三阶段，围绕开好民主生活会，预先安排3天进行专门的交心谈心活动，本着坚持真理、修正错误，讲原则不讲关系，讲党性不讲私情的精神，交流思想开诚布公，自我批评严肃深刻，相互批评开门见山。第四阶段，重点对查摆出来的、群众反映的问题不回避、不拖后、不敷衍，切实抓好整改，以实际行动体现“三讲”教育成果，进一步完善《领导干部廉洁从政制度》《财务管理制度》等制度，改进机关作风建设。市交委主要负责人切实履行“三讲”教育第一责任人的职责，做到“三讲”教育与日常工作“两不误、两促进”。 2001年4月29日，市交委召开“三讲”教育总结大会。市委“三讲”办和市委巡视组对市交委领导班子和领导干部“三讲”教育给予充分肯定。

固本强基工程

2003年8月4日，市委印发《中共珠海市委关于实施固本强基工程全面推进党的基层组织建设三年规划》，市交通局机关党委实施固本强基工程，开展党支部工作达标活动，从2003年开始至2005年结束。2003年8月15日，市交通局机关党委印发《珠海市交通局机关党委关于实施固本强基工程 开展党支部工作达标活动的三年规划》，并召开实施固本强基工程工作动员会议，全面部署全局基层党组织固本强基工程的实施工作，提出实施固本强基工程总目标、实施步骤和达标考评办法。经过启动阶段（2003年8—12月）、全面实施阶段（2004年1—12月）、巩固提高阶段（2005年1—8月）的工作，至2005年底，市交通局各级基层党组织在两年内分批达标，全面达到党支部目标管理责任制的要求，创建一批班子建设好、工作业绩好、群众评价好的“三好”基层党组织。2005年4月25日，珠海市水上运输管理处党支部被命名为全市固本强基工程示范点。

党的先进性教育活动

珠海市交通局参加全市第一批党的先进性教育活动，从2005年1月开始至6月底结束。2005年 2月3日，市交通局召开党的先进性教育动员大会，制定《中共珠海市交通局机关委员会关于开展以实践“三个代表”重要思想为主要内容的保持共产党员先进性教育活动的实施方案》，成立领导小组，分三个阶段开展教育活动。学习动员阶段，主要是思想发动、学习培训、明确保持先进性的具体要求；分析评议阶段，广泛征求意见、开展谈心谈话、撰写党性分析材料、召开专题组织生活会、支部评议、向党员反馈意见、通报评议情况；整改提高阶段，制定整改方案、认真进行整改、向群众公布整改情况。有 23个基层党组织、300多名党员参加党的先进性教育活动。

排头兵实践活动

市交通局开展排头兵实践活动从2006年2月开始，12月结束。珠海市委开展以“三个走在前面”为主题的排头兵实践活动工作部署以后，市交通局把开展排头兵实践活动工作摆上重要的议事日程。2006年2月24日，召开局党组会议，传达市动员大会精神，并对全局如何开展排头兵实践活动工作进行部署，明确责任领导和责任部门，成立活动领导小组及办公室，制定工作方案。3月7日，召开交通系统开展排头兵实践活动动员会议。党组书记、局长黄悦松在会上作动员讲话，珠海航道局、市路运处、市水运处、引航站等单位代表在会上发言，交通系统120多人参加会议。大力开展“七个一”活动，即一次大讨论活动、一次大调研活动、一次宣传栏评比活动、一次歌咏比赛活动、一次简报投稿评比活动、一次征文竞赛活动、一次革命传统教育。把提高和增强“四种能力”作为活动的重点和突破口，即提高加快发展能力，攻克各种难关，在推进重大交通基础设施建设中当好排头兵；提高市场监管能力，克服运输市场

▲2011年6月，党员干部参加扶贫济困捐款（珠海市交通运输局提供）

顽疾，在促进行业健康发展中当好排头兵；提高改革创新能力，破除行业深层次矛盾，在深化交通改革中当好排头兵；提高统筹协调能力，平衡城乡交通和各种运输方式的衔接，在构建和谐交通中当好排头兵。在一年的实践活动中，组织慰问困难群众185人次，科技进村3次，帮扶项目6个，改造农村道路 30公里，帮扶资金 200多万元。全市交通行业开展“知荣辱、立诚信，创文明交通”活动，社会反响好。主动为交通企业、交通从业人员、市民交通需求服务，用排头兵精神推动全市交通事业的发展。

● 缴纳抗震救灾“特殊党费”

2008年5月22日，汶川地震发生后，市交通局机关党委积极响应市委组织部关于党员缴纳抗震救灾“特殊党费”的号召，举行缴纳抗震救灾“特殊党费”活动。市交通局201名党员（其中离退休老党员13名），共缴纳抗震救灾“特殊党费”13.07万元。

● 深入学习实践科学发展观活动

2009年3月至9月，市交通局开展深入学习实践科学发展观活动（简称实践活动）。按照党员干部受教育、科学发展上水平、人民群众得实惠的总体要求，通过“三学三落实”，取得和扩大思想成果；通过推动交通基础设施建设和珠江中交通一体化建设，取得和扩大实践成果；通过解决一系列群众关心的热点难点问题，取得和扩大惠民成果。先后召开全局党员干部大会2次，领导小组办公室会议4次，各级领导上专题辅导课6人次，出版宣传专栏8期，撰写座右铭160多条、学习心得体会80多篇，发动群众建言献策30条，编印工作简报11期，召开征求意见座谈会30多场次，发放征求意见表250多份，召开民主生活会和专题组织生活会7场次，落实整改措施30多条，为群众办实事25项。做到学习实践活动和日常交通行业管理工作“两不误两促进”。在实践活动期间，研究制定《珠海市交通局出租小汽车经营者质量信誉考核办法》《珠海市出租小汽车服务规范》《珠海市出租小汽车驾驶员记分管理办法》等规章；进一步加强机关作风建设，对原有制度进行梳理，查漏补缺，建立健全一系列新的制度。重新制定《珠海市交通局党风廉政建设责任制方案》《珠海市交通局行政效能监察工作方案》《珠海市交通局财务管理规定》《市交通局关于进一步规范交通行政许可工作的通知》《珠海市交通局关于禁止在工作时间饮酒的规定》，以及窗口各项管理制度，包括首问责任制、限时办结制、过错责任追究制、窗口工作人员行为规范等制度，促进交通项目建设、行业管理方面实现新突破，交通行业管理水平不断提升。

● 党的群众路线教育实践活动

根据《中共珠海市委关于印发〈珠海市深入开展党的群众路线教育实践活动的实施方案〉的通知》要求，市交通运输局参加全省第二批党的群众路线教育实践活动。从2014年1月开始，至2014年9月结束，参加范围主要是局机关及所属各单位领导班子成员和党员干部。“党的群众路线教育实践活动”总要求是“照镜子、正衣冠、洗洗澡、治治病”，重点解决“四风”（形式主义、官僚主义、享乐主义和奢靡之风）问题。是年2月

12日，市交通运输局召开深入开展党的群众路线教育实践活动动员会，认真动员部署市交通运输局教育实践活动各项工作，市委第八督导组领导到会指导。制定《市交通运输局党组深入开展党的群众路线教育实践活动实施方案》，成立教育实践活动领导小组及办公室。采用多种形式加强教育宣传，召开集中学习会28次，党组理论学习中心组学习9次，专题讨论会 6 场，印发《党的群众路线教育实践活动资料汇编》《教育实践活动知识手册》，编印教育实践活动信息简报21期。坚持开门搞活动，局网站设立活动征求意见栏目，设置征求意见箱，面向社会广泛征求群众对市交通运输局领导班子及各级党员干部在“四风”方面存在的问题；召开退休老同志、基层党组织负责人、中层领导、服务对象代表等各类专题座谈会征求意见；主动上门，与党员干部、广大群众面对面征求意见建议。走访单位 28 个，征集各类意见共70 多条。征求到的意见建议归类汇总梳理，多次召开“会诊”会，认真研判，制定整改措施，明确责任单位、整改时限，解决群众反映强烈的问题 50 多个。在加强学习教育、广泛征求意见基础上，组织召开一次高质量的专题民主生活会。会前，局党组班子成员认真学习相关文件、开展谈心谈话、撰写对照检查材料；会上，党组班子成员围绕主题、聚焦“四风”，认真进行对照检查，深入开展批评自我批评，既红了脸、出了汗，又凝了神、聚了气，达到“团结—批评—团结”的目的。会后，对专题民主生活会查摆和会前群众提出的问题，制定整改措施，并建立健全“四项机制”和相关制度。建立港口企业和人民群众问题快速反馈机制，建立局属支部与港口企业、幸福村居支部比学帮带机制，建立局领导和部门单位包案解决机制，建立基层港区、港口企业和人民群众意见建议督办考核机制；制定《珠海市交通运输局交通重点工作督查督办工作规定（试行）》《珠海市交通运输局机关科室和下属单位负责人问责实施办法》；修改完善《珠海市交通运输局督查督办办法》《珠海市交通运输局行政服务中心窗口管理制度》《珠海市交通运输局行政执法责任制》，推进教育实践活动取得实效。

“三严三实”专题教育

按照中央、省委和市委的部署，党的群众路线教育实践活动结束之后，组织处级以上党员干部开展“严以修身、严以用权、严于律己，谋事要实、创业要实、做人要实”的“三严三实”专题教育。珠海市交通运输局“三严三实”专题教育从2015年5月开始，12月底结束。5月18日，印发《珠海市交通运输局关于开展“三严三实”专题教育实施方案》，对全局开展“三严三实”专题教育的总体要求、方法措施及组织领导作出部署，明确专题教育的主要工作任务和职责分工。5月下旬开始，坚持党委（党组）书记带头讲专题党课，带头开展学习研讨，带头查摆问题建立清单，带头开展批评和自我批评，带头抓好整改落实，并对班子成员专题党课稿和问题清单进行审核把关。局领导班子和领导干部通过中心组学习讨论、集中研学、个人自学等方式全面深入学习习近平总书记重要讲话精神，聚焦“三严三实”，以上率下，一级抓一级，层层抓落实。12月15日召开局领导班子专题民主生活会，局党组书记代表局领导班子作剖析发言，领导班子成员对照“三严三实”要求，认真查找“不严不实”问题 29 条，从 6 个方面深入分析原因，确定 6 个方面的努力方向，制定22 条具体改进措施，明确整改责任人和整改时限。通过“三严三实”专题教育，一批影响珠海交通发展和群众关注的突出问题得到解决，促进了党的群众路线教育实践活动成果的巩固和拓展。

“两学一做”学习教育

▲2016年8月，市交通运输局举行“不忘初心跟党走”合唱会演
（珠海市交通运输局提供）

市交通运输局从2016年2月至12月，开展“学党章党规、学系列讲话，做合格党员”学习教育(简称“两学一做”学习教育)。制定印发《珠海市交通运输局“学党章党规、学系列讲话，做合格党员”学习教育实施方案》和《市交通运输局2016年“两学一做”学习教育主要工作任务台账》，成立市交通运输局“两学一做”学习教育协调小组，制定《珠海市交通运输局建立“两学一做”学习教育联系点方案》，召开“两学一做”动员工作大会和推进“两学一做”学习教育常态化制度化工作会议，做到“六个一”，即每位党员手持一份以上“两学一做”学习资料;每个党支部制定一份学习教育计划；每个党支部每月至少组织一次集中学习；党支部书记每季度至少讲一次党课；党支部或党小组每月组织一次学习体会讨论；各基层党组织开展一个主题活动。开展党员组织关系集中排查，严格执行党员组织关系管理制度，从源头上治理党员组织关系“空挂”“失联”等问题，解决“口袋党员”“隐身党员”等问题。开展党费专项检查，严格按照党费计算标准，将2008—2016年所有党员应缴、实缴、补缴党费进行清理后，制定党员党费缴纳统计表，向所有党员进行公示，确保党费收缴标准统一有据、党费收缴数目准确透明。在“两学”的基础上，重点在“做”上下功夫，围绕香海大桥等重点交通项目，制定《2016年重点交通建设项目推进工作方案》，实行工作组负责制，逐一按照时间节点细化倒排工作计划，并将责任落实到具体党员干部身上。2017年，按照中央、省委、市委有关“两学一做”制度化常态化的要求，局机关党委制定“两学一做”学习教育考核制度，采取“一季度一检查，半年一考核，年终一汇总”和不定期检查等形式对各支部开展学习教育情况进行督导，促进“两学一做”融入党支部日常教育和组织生活，推进教育常态化。

“不忘初心、牢记使命”主题教育

市交通运输局“不忘初心、牢记使命”主题教育从2019年7月开始，至12月基本结束。2019年7月10日，市委下发《“不忘初心、牢记使命”主题教育前期工作方案》以后，市交通运输局制定前期工作方案，成立主题教育领导小组，领导小组下设办公室，并分设综合组、学习组、材料组、宣传组、信息联络组及督导组；制定请示报告、工作会议、督导督办、整改落实等多项制度。明确班子成员及基层党组织联络人，建立联络员微信群。局班子成员、局基层党组织、党员层层制定前期阶段检视问题和整改落实清单，做到立行立改。9月11日，市交通运输局召开“不忘初心、牢记使命”主题教育工作会议，局党组6次专题研究主题教育工作。9月18日至9月24日，局处级领导党员干部开展“不忘初心、牢记使命”主题教育集中学习研讨。局党组书记、机关党委书记林粤海率先垂范，在集中学习专题会及民主生活会上对照党章党规找差距谈体会、进行自我批评，

▲2019年9月11日，市交通运输局召开“不忘初心、牢记使命”主题教育动员会

（珠海市交通运输局提供）

9月11日、10月31日带头讲主题教育专题党课；每个党组成员到挂点党组织讲一次专题党课。通过中心组学习会、党员大会、党小组会、宣讲会、参观活动等形式开展“4+1教育”（即开展革命传统教育、形势政策教育、先进典型教育、警示教育+学习党史、新中国史教育）。组织观看3场警示教育片，组织到苏兆征故居陈列馆开展红色革命教育，到市档案馆参观“不忘初心、牢记使命”主题教育档案文献展，党员通过网络观看全市“不忘初心、牢记使命”主题教育先进事迹报告会。10月28日，党组理论学习中心组学习党史和新中国史；11月8日举办党史、新中国史宣讲会，邀请党校舆情中心副主任曹以朋作《习近平新时代中国特色社会主义思想学习纲要》专题辅导；举办中共十九届四中全会精神宣讲会，组织“不忘初心”主题微党课录制，开展演讲比赛，组织“我在大湾区建设中怎么办”主题研讨交流会。

在主题教育中，市交通运输局检视问题13条，其中立行立改并取得初步成效11条，2条问题列入2020年重点工作计划。11月4日，召开领导班子调研成果交流会，对调研成果进行交流，认真查摆问题，深入分析症结，提出对策建议。11月21日，召开领导班子对照党章党规找差距专题会，班子成员以对党忠诚的坚定态度、正视问题的自觉和刀刃向内的勇气，结合自己的思想、工作和生活实际，认真对照党章党规“18个是否”，查摆存在的问题，剖析问题的根源，明确今后努力的方向和整改措施。12月9日，召开“不忘初心、牢记使命”暨巡视整改专题民主生活会，局领导成员结合学习教育和工作实际交流收获和体会，围绕6个方面问题和学习贯彻中共十九届四中全会精神情况、巡视反馈问题进行全面剖析，查找思想根源，提出针对性的整改措施。班子成员之间严肃认真地开展相互批评，达到红脸出汗、排毒治病、增进团结的效果。主题教育结束后，市交通运输局把“不忘初心、牢记使命”作为加强党的建设的永恒课题和全体党员干部的终身课题，不断完善长效机制。

▲2009年11月，市交通运输局机关党委举办“不忘初心、牢记使命”主题教育演讲比赛（珠海市交通运输局提供）

抗击新冠肺炎疫情临时党支部

2020年2月5日，市交通运输局直属机关党委在机场、码头、城轨站、汽车客运站、高速公路路口等联合检疫站成立了15个临时党支部，确定15名政治过硬、敢于担当、经验丰富的党员干部担任支部书记。市交通运输局、市公路局、市公安局交警支队、珠海城轨站等31个部门和单位的党员积极加入临时党组织。此外，临时党支部中还成立党员先锋队及党员突击队，坚持24小时4班倒，对乘坐进入珠海车辆人员，测量体温、派发宣传单、核验证件、信息登记、地面消毒。如上冲联合检疫站临时党支部成立后，全体执勤人员统一思想，分工协作，确保各项防控措施落实到位。据统计，每天通过上冲卡口进入珠海的车辆约有1.3万辆，进出旅客有五六千人次。临时党支部充分发挥党员的先锋模范作用，为做好“外防输入、内防扩散”工作贡献力量。

第二章　工会组织

第一节　组织建设

1989年5月，成立珠海市交通委员会机关第一届工会，吴立任工会主席。1995年5月，市交通委员会机关第二届工会换届选举，吴煌林当选工会主席；1996年12月补选陈海林为工会主席。2002年3月，珠海市交通运输局机关第三届工会换届选举，关小帆当选工会主席，吴成跃当选工会副主席。2007年4月，珠海市交通运输局机关第四届工会换届选举，关小帆连任工会主席，吴成跃任工会副主席。2013年10月，珠海市交通运输局第五届机关工会换届选举，沈保光(2014年5月至2015年4月)任工会主席，林政学、陈明东任工会副主席。2017年2月，补选林政学为市交通运输局第五届机关工会主席(2017年2月至2018年5月)，陈明东为工会副主席。2018年5月，补选李玉华为市交通运输局第五届机关工会主席(2018年6月起)，陈明东为工会副主席。

第二节　主要活动

▲市交通运输局工会会员积极参加献血活动（珠海市交通运输局提供）

1989年9月，珠海市交通委员会工会组队职工参加珠海市第三届运动会，名列团体总分第六名，获金牌7块、银牌4块、铜牌7块。1991年1月，市交委工会组队参加市直第一届运动会，在全市14个代表团中，名列团体总分第三，获金牌3块、银牌5块、铜牌9块。1993年10月28日，在全市第四届运动会上，市交通系统代表团获得5块金牌、5块银牌，取得全市金牌数第七、总分第十的好成绩。1997年7月，市交通委员会机关工会组织交通邮电系统800名干部职工，冒雨参加珠海市在九洲城举办的庆香港回归万人集会巡游活动。2002年2月12日（大年初一），市交通局领导带领市交通局工会及机关有关科室负责人，慰问坚守在运输生产一线的交通干部职工，先后走访市公共汽车公司、信禾集团、九洲客运码头、拱北交管所、岐关车路有限公司、拱北运输公司等。2003年5月，市交通局工会积极配合有关部门开展全市“劳动模范”推荐评选工作，市水运处许强、珠海港引航站唐纪文被市劳动竞赛委员会授予“劳动模范”称号。2005年6—8月期间，在先进性教育活动中，按照局党组推动党建、工建、团建、妇建“四同步”要求，积极参与组织慰问困难群众64737人，结成帮扶对子9671个，解决群众生产生活中实际困难9816件，“十百千万”下基层驻村干部帮助村集体落实项目112个，资金近650万元。2005年9月24日，市交通局工会积极举办篮球、羽毛球、拔河、乒乓球、象棋等文体活动，推动交通系统机关文化体育建设活动的深入开展。2005年12月30日，市交通局工会配合局办公室组织参加2005年教育强市万人行募捐活动暨迎新年健身长跑，局机关及下属单位120人参加长跑活动，并捐款8万余元。2006年1月19日，市交通局领导带领工会及有关科室人员，到挂钩联系镇斗门区莲洲镇开展送温暖活动，慰问三冲村困难户6户，赠送慰问金3000元。2006年1月26日，慰问离退休干部，送上慰问金和慰问品，表达对离退休干部的新春祝福。2006年7月28—29日，局办公室、局工会组织机关干部职工及家属共38人到上川岛慰问驻岛海军官兵，参观海军舰艇，与部队官兵进行军民联欢，进一步密切军政军民关系，增强干部职工的国防意识。2006年7月31日，局工会积极组织交通系统干部职工踊跃捐款支援粤北灾区建设，捐款金额14.3万元。2006年9月25—30日，市交通局工会举办迎国庆职工运动会，局机关、局属各单位100余人参加11个项目的比赛。2007年4月26日，组织市交通局与市发改局篮球、羽毛球、乒乓球友谊赛。2007年9月25—29日，市交通局工会举办迎国庆职工运动会，设有篮球、乒乓球、羽毛球、拔河、扑克、象棋等项目。2008年1月3日，组织机关及下属各单位近百名干部职工，参加珠海市2008迎新年长跑活动；是年1月25日，工会和相关科室人员到斗门区莲洲镇三冲村慰问困难村民，送去大米、食油和慰问金；是年8月29日，工会成员及党员干部到莲洲镇三冲村看望20名困难学生，送给每名困难学生500元，并与学生进行座谈；是年 9月26—30日，举办市交通局迎国庆职工运动会；是年12月30日，工会组织130多名职工参加市“万人长跑迎新年”活动。2009年12月26日，举办局系统迎新年职工运动会。2012年9月17—26日，组织干部职工利用业余时间开展迎国庆文体活动。2016年7月13日，开展“广东扶贫济困日”活动，捐款19.71万元。2016年9月20日，工会举行“幸福课堂”专题讲座，提升交通系统广大干部职工身心健康水平，普及心理健康知识，正确处理工作和生活中的困扰，排解压力。2017年5月12日，市交通运输系统“五一”职工运动会闭幕，市交通运输安全事务中心、市运管处、市交通运输局机关代表队分获团体冠军、亚军、季军。2018年5月12日，市交通运输局工会、团委联合开展“参观在建重点交通项目”主题活动，深入洪鹤大桥等重点交通项目工地参观学习。2019年，局机关工会先后对局属7个工会组织进行工作交流，拜访珠海市总工会，省交通运输厅工会、建立健全沟通联系渠道。是年11月，全体职工开展无偿献血活动和扶贫救济捐款活动，唱响“爱心无大小，行动更重要”献爱心主题活动。

▲珠海市交通运输局举办2019年迎元旦“交通杯”运动会（珠海市交通运输局提供）

第三章　共青团组织

第一节 组织建设

2007年9月，共青团珠海市交通局支部委员会成立，郭建生任团支部书记。2012年9月，共青团珠海市交通运输局第一届委员会成立，谢明华当选为团委书记，熊帆当选为团委副书记。2017年10月，共青团珠海市交通运输局第二届委员会换届选举，柳勤勋当选为团委书记，肖卓文当选为团委副书记。

截至2019年6月30日，市交通运输局有团员25人（28周岁以下，不含超龄保留团籍团干部11人），团支部4个，分别为局机关团支部、执法局团支部、市交通规划研究与信息中心团支部、联合团支部，其中联合团支部分别由市运管处、质监站、引航站、大桥办、港务管理中心、安全事务中心共6个下属单位的团员组成。

第二节　主要活动

▲2018年，共青团开展“缅怀先烈忆革命 不忘初心跟党走”活动（珠海市交通运输局提供）

1999年9月1日，共青团珠海市委授予市路运处稽查员林宏宇“珠海市优秀团员”。2001年3月，市交通执法局唐新被团市委评为“珠海市优秀青年”。2007年10月15日，市交通局团支部组织10多名团员青年，前往局老干部活动中心开展以“金秋敬老”为主题的献爱心活动。2018年1月31日，团市委、市文明办、市交通运输局团委、拱北口岸综管办共同主办的“青春情暖”2018珠海春运志愿服务活动在城轨珠海站“蓝天小屋”正式启动，市交通运输局副局长魏永民参加启动仪式并为志愿服务队授旗。是年5月4日，市交通运输局团委积极开展“缅怀先烈忆革命，不忘初心跟党走”等主题教育活动，组织团员瞻仰东坑烈士陵墓，通过实地讲解、现场教学的方式引导广大青年团员牢记初心使命，增强“四个意识”，切实把学习教育成果转化成为推动珠海交通“二次创业”的政治自觉、思想自觉和行动自觉。2018年5月12日，市交通运输局机关工会、团委联合开展“参观在建重点交通项目”主题活动，局系统20余名青年干部在局长唐成伟、副局长王琢的带领下深入洪鹤大桥等重点交通项目工地进行实地参观学习。是年，积极开展推荐优秀青年工作，年内有2名团员入党。2018—2019年期间被评为省级优秀共青团干部1人、市级优秀团员（团干）3人，通过发挥先进典型的榜样力量，“以点带面”激励全系统年轻干部在实际工作中展现青年人的聪明才智和理想抱负，成为珠海交通“二次创业”的生力军。

2019年3月19日，市交通运输局团委协办的“湾区青年荟沙龙”在珠海横琴举行，近50名珠港澳青年赴珠机城际横琴站参观，了解大湾区交通基础设施互联互通建设情况。是年6月27日，市交通运输局机关党支部和局团委联合开展“七一”主题党团共建活动，组织党员干部和团员青年到斗门镇小濠涌党史教育基地和斗门区新农村建设示范区参观学习。

市交通运输局团委团结和带领广大青年干部在完成本职工作之余，创新团组织活动载体和工作方式，打造富有交通特色和共青团特点的团建品牌活动，取得良好的社会效果。每年春运期间开展“情满旅途、畅享交通”志愿服务活动中，青年志愿者利用工余时间到市内各大主要交通站场为旅客提供咨询指引，协助行李搬运，倡导文明出行，成为春运交通服务的一道亮丽风景。在历年的高考爱心送考车队活动中，局属各单位的青年团员作为组织、统筹和协调工作的主力，积极谋划、悉心筹备，确保活动安全有序开展，以高效、优质的服务成为交通行业的一个知名的公益品牌，获得社会各界的广泛赞誉。交通执法局青年团员干部结合实际，开展“知法守法、安全出行”交通普法进校园活动，进一步提高在校大学生自觉做“知法守法、安全出行”的文明人；市交通规划研究与信息中心团支部以监管咨询部为创建“青年文明号”的主体，通过一系列的创建活动进一步提高青年员工的思想素质和业务能力，提升投诉咨询和话务处理的标准化规范化水平，促使全市交通运输管理服务水平得到整体改善和提高。

▲2018年，共青团参与组织的高考爱心送考车队

（珠海市出租小汽车行业协会提供）

第四章　妇女组织

第一节　组织建设

1992年3月，中华妇女联合会珠海市交通运输局第一届机关委员会成立，凌娜任妇委主任。2012年3月，中华妇女联合会珠海市交通运输局第二届机关委员会换届选举，黄国兰当选妇委主任，欧丽贤、李莉当选妇委副主任。

▲2016年，珠海市交通运输局职工运动会女篮比赛

（珠海市交通运输局提供）

第二节 主要活动

▲2015年5月3日，珠海市交通运输局妇委会组织妇女干部职工登凤凰山时留影（珠海市交通运输局提供）

2007年7月25日，市交通局局长黄悦松带领机关工会、妇委会和下属单位部分领导15人，到斗门区莲洲镇三冲村开展和谐珠海、关爱儿童——千名“爱心父母”牵手困境儿童志愿活动，给三冲村20名困境儿童送去助学金，每人1000元。2016年11月，局机关妇委会组织女篮球队，参加局职工运动会篮球比赛。

2018年8月29日，局机关妇委会配合局人事监察科承办市交通运输局举办的家属助廉座谈会，提醒干部家属提高廉政防范意识，时刻保持高度警醒，切实管好家属和子女，筑牢廉政“防火墙”。

市交通局妇委会积极做好对口帮扶工作，组织女干部职工对口帮扶挂点困难户，每年“三八”国际妇女节期间，结合扶贫和生活体验，组织女干部职工到扶贫结对点开展一对一帮扶活动。每年6月30日是广东扶贫济困日，妇女干部职工踊跃捐款捐物；并经常开展机关文体活动，组织机关女子篮球队，举办各项业余文体活动，组织登山活动，举办舞蹈班、瑜伽班等，丰富女干部职工业余生活。积极推动母婴室建设，交通执法局等有条件的单位，筹集费用，新建母婴室，为哺乳期女干部职工提供舒适的环境。经常开展慰问活动，每逢女干部职工生育孩子或因病住院，妇委会组织第一时间到医院探望，送去组织的关心和温暖，鼓励女干部职工在“珠海二次创业”中建功立业。

▲2018年，珠海市交通执法局在单位办公楼设置母婴室（珠海市交通运输局提供）

第十编　荣誉录

一、人物简介

● 朱永灵

2004年3月，朱永灵被聘为港珠澳大桥前期工作协调小组办公室主任，带领团队通过大量的调研工作，提出多种创新性建议，推动粤港澳三地政府各项重要决策的形成，对项目的顺利实施起到关键性作用，为2009年10月港珠澳大桥工程可行性研究获得国务院常务会议正式批准做出积极贡献。

朱永灵从担任港珠澳大桥前期工作协调小组办公室主任到港珠澳大桥管理局局长，14年时间专注于港珠澳大桥建设，积极协调沟通三方政府，持续抓好工程建设管理，提出一系列科学先进建设理念，通过科技创新和重大设备、装备的研发，全力推进工程建设。在抓工程建设管理的同时，注重思想建设工作，抵御工程建设周期长所带来的精神懈怠风险。在朱永灵的带领下，港珠澳大桥陆续取得岛隧工程、桥梁工程、桥面铺装3条战线和东西人工岛工程以及基础处理、管节制造、浮运沉放、最终接头安装、桥梁工程基础工程施工、墩台制造、钢结构制造、架设安装、钢桥面铺装等攻坚战的全面胜利。

2011—2017年，连续7年春节朱永灵都在工地度过，为大桥建设做出杰出的贡献。2018年4月28日，被交通运输部、中华全国总工会评选为“2017感动交通十大年度人物”之一。

● 谢　坚

谢坚，男，汉族，1967年12月生，广东湛江人。1984年11月参加工作，中共党员，中国邮政集团公司珠海市分公司外伶仃岛邮政所投递员。1988年底，刚刚从海岛退伍就加入海岛邮政，成为珠海邮政外伶仃邮政所的一名员工，继续服务驻岛官兵、政府部门和海岛群众。外伶仃邮政所条件艰苦，生活单调，资源匮乏，然而，每妥投一封“疑难邮件”，每收订一份报刊，每收寄一封义务兵信件，每帮渔民办一件小事，渔民真挚的谢意，战士纯真的笑容，都让谢坚有一种难以言状的满足感。凭着对海岛军民的深厚感情和对邮政投递工作的衷心热爱，毫不动摇地坚持海岛邮政工作。27年来，谢坚几乎每天都要上船为渔民送信，救活“死信”3000多封，收寄退伍军人包裹3900多件，为海岛军民提供极大的方便。

谢坚先后被推选为人大代表、党代表。2010年被评选为“珠海市劳动模范”和“珠海市道德模范员工”；并入选“珠海市改革开放30年30人”代表人物。2011年被评为珠海市“优秀共产党员”；同时被广东电台选为中国共产党成立90周年90人的代表人物之一。2012年，荣膺“全国五一劳动奖章”。2014年4月，被广东省文明办评为2014年度第一季度“广东好人”。2015年，当选由中共中央宣传部、中华全国总工会评选的“中国梦·劳动美”最美职工，并获“全国劳动模范”称号。

黄贞山

黄贞山，男，1936年5月出生，广东省普宁市人，1958年11月入党，1955年8月参加工作，1999年6月从市政府副秘书长、市重点建设工程指挥部办公室主任职位上退休。

1983年，黄贞山调到珠海经济特区工作以来，先后任珠海市委组织部科长(副处级)、市经济委员会副主任、市交通委员会主任、市重大工程办公室主任、市政府副秘书长，还兼任广珠铁路法人代表、伶仃洋大桥总经理、高栏港建设副总指挥等职。主持珠海港、珠海机场、珠海大道(含珠海大桥)建设；积极争取京珠高速公路广珠段和江珠高速公路建设项目；参与广珠铁路、伶仃洋大桥(现港珠澳大桥前期)、黄茅海大桥规划工作；较早提出“一港(指高栏港)带全局”“一、二、四小时生活圈”构想。

黄贞山退休后，人退心不退，发挥余热，一如既往关心交通事业发展。先后主持编制《珠澳交通发展战略研究》和《万山深水大港及其综合开发概念策划报告》，得到省、市有关领导的高度重视。荣获“全市十佳优秀老干部”“改革开放突出贡献奖”“珠海市港口终身纪念奖”等称号。

二、市（地）级以上表彰奖励的先进集体名录

表 10-2-1

珠海市交通运输局先进集体一览表

获奖单位	荣誉称号	授予机关	获奖时间
珠海市交通委员会	广东省 1989 年交通安全管理先进城市	广东省人民政府	1990 年 2 月
珠海市交通委员会	1995 年度春节旅客运输先进单位	广东省交通厅	1995 年 3 月
珠海市交通委员会	1994 年度计划生育工作目标任务	珠海市人民政府	1995 年 4 月
珠海市交通委员会	全市保密工作先进单位	珠海市委、市政府	1996 年 4 月
珠海市交通委员会	完成 1995 年度计划生育工作目标任务先进单位	珠海市人民政府	1996 年 6 月
珠海市交通委员会	1995 年度市信访工作目标管理先进单位	珠海市委、市政府	1996 年 7 月
珠海市交通委员会	珠海银海杯冠军	广东省交通厅	1996 年 10 月
珠海市交通委员会	对口扶贫先进单位	珠海市人民政府	1997 年 4 月
珠海市交通委员会	完成 1996 年度计划生育工作目标先进单位	珠海市人民政府	1997 年 5 月
珠海市交通委员会	全省治理公路“三乱”先进市	广东省监察厅	1997 年 6 月
珠海市交通委员会	珠海各界庆祝香港回归祖国大型活动巡游花车设计制作奖	中共珠海市委庆祝香港回归大型活动指挥部、珠海市人民政府	1997 年 7 月
珠海市交通委员会	珠海市文明单位	珠海市委、市政府	1997 年 12 月
珠海市交通委员会	1997 年度农村基层建设先进单位	珠海市委、市政府	1998 年 2 月
珠海市交通委员会	1998 年度春运工作先进单位	广东省交通厅	1998 年 3 月
珠海市交通委员会	办理市人大代表建议政协提案工作先进单位	珠海市人大常委会办公室、珠海市人民政府办公室、政协珠海市委员会办公室	1998 年 4 月

续表 10-2-1

获奖单位	荣誉称号	授予机关	获奖时间
珠海市交通委员会	完成 1997 年度计划生育工作目标管理责任制任务先进单位	珠海市委、市政府	1998 年 5 月
珠海市交通委员会	1997 年度市人大代表建议政协提案办理工作先进单位	珠海市人大常委会办公室、珠海市人民政府办公室、政协珠海市委员会办公室	1999 年 3 月
珠海市交通委员会	创建中国优秀旅游城市突出贡献单位	珠海市人民政府	1999 年 3 月
珠海市交通委员会	完成 1998 年计划生育工作目标管理责任制任务先进单位	珠海市委、市政府	1999 年 3 月
珠海市交通委员会	1998 年珠海市职能部门流动人口计划生育工作目标管理先进单位	珠海市委、市政府	1999 年 3 月
珠海市交通委员会	珠海市文明单位	珠海市委、市政府	1999 年 9 月
珠海市交通委员会	全省交通职工《祖国颂》歌舞比赛纪念奖	广东省交通厅	1999 年 9 月
珠海市交通委员会	执行驻澳门部队进驻澳门物资运输任务先进单位	广州军区联勤部	1999 年 12 月
珠海市交通委员会	1999 年市职能部门流动人口计生工作目标管理先进单位	珠海市委、市政府	2000 年 1 月
珠海市交通委员会	2000 年春运工作先进单位	广东省交通厅	2000 年 3 月
珠海市交通委员会	珠海市 2000 年度有关职能部门计划生育工作目标管理先进单位	珠海市委、市政府	2001 年 2 月
珠海市交通委员会	1996—2000 年度珠海市法制宣传教育先进单位	珠海市委、市政府	2001 年 9 月
珠海市交通局	珠海市 2001 年度计划生育综合治理工作目标管理责任制达标单位	珠海市人民政府	2002 年 2 月
珠海市交通局	珠海市安全生产先进单位	珠海市人民政府	2002 年 6 月
珠海市交通局	珠海市 2002 年度人口与计划生育综合治理目标管理先进单位	珠海市人民政府	2003 年 2 月
珠海市交通局	珠海市抗击非典先进单位	珠海市委、市政府	2003 年 7 月
珠海市交通局	广东省 2002 年度交通行政执法先进单位	广东省交通厅	2003 年 8 月
珠海市交通局	市交通局服务大厅获“珠海市文明示范窗口”	珠海市委、市政府	2004 年 1 月
珠海市交通局	珠海市 2003 年度人口与计划生育综合治理目标管理先进单位	珠海市人民政府	2004 年 3 月
珠海市交通局	广东省交通系统“文明示范窗口”	广东省交通厅	2004 年 6 月
珠海市交通局	全国港口设施保安履约工作先进单位	交通部	2004 年 12 月
珠海市交通局	珠海市 2004 年度促进就业工作先进单位	珠海市人民政府	2004 年 12 月
珠海市交通局	全国港口设施保安履约工作先进单位	交通部	2005 年 1 月
珠海市交通局	珠海市 2004 年度安全生产监管工作先进单位	珠海市人民政府	2005 年 3 月
珠海市交通局	珠海市 2004 年度人口与计划生育综合治理先进单位	珠海市人民政府	2005 年 3 月
珠海市交通局	广东省 2004 年度交通行政执法先进单位	广东省交通厅	2005 年 8 月
珠海市交通局	全省交通系统“四五”普法先进集体	广东省交通厅	2005 年 12 月
珠海市交通局	珠海市 2005 年度人口与计划生育综合治理先进单位	珠海市人民政府	2006 年 2 月
珠海市交通局	珠海市 2005 年度安全生产责任制考核先进单位	珠海市人民政府	2006 年 4 月
珠海市交通局	广东省 2005 年度交通行政执法先进单位	广东省交通厅	2006 年 5 月
珠海市交通局	全国交通系统治理公路“三乱”先进集体	交通部	2007 年 1 月

续表 10-2-1

获奖单位	荣誉称号	授予机关	获奖时间
珠海市交通局	珠海市 2006 年度安全生产责任制考核先进单位	珠海市人民政府	2007 年 3 月
珠海市交通局	珠海市 2007 年度人口与计划生育综合治理先进单位	珠海市人民政府	2007 年 3 月
珠海市交通局	全国“奔腾杯”汽车维修钣金涂漆技能竞赛广东分赛区组织奖	广东省交通厅	2007 年 10 月
珠海市交通局	2006—2007 年度珠海市文明单位	珠海市委、市政府	2007 年 12 月
珠海市交通局	2007 年度承办提案先进单位	政协珠海市委员会	2008 年 2 月
珠海市交通局	珠海市 2007 年度安全生产责任制考核先进单位	珠海市人民政府	2008 年 3 月
珠海市交通局	珠海市 2007 年度人口与计划生育综合治理先进单位	珠海市人民政府	2008 年 3 月
珠海市交通局	2007 年度珠海市重大项目工作先进单位	珠海市人民政府	2008 年 4 月
珠海市交通局	2008 年度承办提案先进单位	政协珠海市委员会	2009 年 2 月
珠海市交通局	珠海市 2008 年度人口与计划生育综合治理先进单位	珠海市人民政府	2009 年 3 月
珠海市交通局	2008 年度交通运输政务信息工作三等奖	交通运输部办公厅	2009 年 4 月
珠海市交通局	第三次全国港口普查先进集体	交通运输部	2009 年 10 月
珠海市交通局	2009 年度承办提案先进单位	政协珠海市委员会	2010 年 1 月
珠海市交通局	珠海市 2009 年度安全生产责任制考核先进单位	珠海市人民政府	2010 年 3 月
珠海市交通局	2009 年度交通运输政务信息三等奖	交通运输部办公厅	2010 年 4 月
珠海市交通局	“我为亚运作贡献”广东省交通运输系统文明礼仪风采展示大赛优秀组织奖	广东省交通运输厅	2010 年 9 月
珠海市交通运输局	2010 年度承办提案先进单位	政协珠海市委员会	2011 年 2 月
珠海市交通运输局	珠海市 2010 年度安全生产责任制考核先进单位	珠海市人民政府	2011 年 3 月
珠海市交通运输局	2010 年度人口与计划生育综合治理先进单位	珠海市人民政府	2011 年 3 月
珠海市交通运输局	珠海市 2010 年度政府网站绩效考核优秀奖	珠海市人民政府	2011 年 3 月
珠海市交通运输局	2010—2011 年重点项目建设工作先进集体	珠海市人民政府	2011 年 12 月
珠海市交通战备办公室	“十一五”时期国防动员先进单位	广东省国防动员委员会	2011 年 12 月
珠海市交通运输局	2010—2011 年度珠海市文明单位	珠海市委、市政府	2011 年 12 月
珠海市交通运输局	省一级档案综合管理先进单位	广东省档案局	2011 年 12 月
珠海市交通运输局	2010—2011 年重点项目建设工作先进集体	珠海市人民政府	2011 年 12 月
珠海市交通运输局	2011 年度承办提案先进单位	政协珠海市委员会	2012 年 1 月
珠海市交通运输局	珠海市 2011 年度安全生产监督先进单位	珠海市人民政府	2012 年 3 月
珠海市交通战备办公室	“十一五”全国交通战备工作先进单位	国家国防动员委员会	2012 年 11 月
珠海市交通运输局	2012 年度提案承办先进单位	政协珠海市委员会	2013 年 1 月
珠海市交通运输局	2012 年度人口与计划生育综合治理先进单位	珠海市人民政府	2013 年 4 月
珠海市交通运输局	2013 年道路水路春运工作先进单位	广东省交通运输厅	2013 年 4 月
珠海市交通运输局	2012 年度交通运输政务信息工作三等奖	交通运输部	2013 年 5 月
珠海市交通运输局	2013 年度承办提案先进单位	政协珠海市委员会	2014 年 1 月

续表 10-2-1

获奖单位	荣誉称号	授予机关	获奖时间
珠海市交通运输局	《广东省道路运输条例》知识竞赛第三片区一等奖	广东省交通运输厅	2014 年 4 月
珠海市交通运输局	《广东省道路运输条例》知识竞赛三等奖	广东省交通运输厅	2014 年 4 月
珠海市交通运输局	2013 年度重点建设项目推进工作先进单位	珠海市委、市政府	2014 年 4 月
珠海市交通战备办公室	交通战备保障能力考核评估先进单位	广州军区国防动员委员会	2014 年 8 月
珠海市交通运输局	2013—2015 年扶贫先进单位	广东省人民政府	2015 年 4 月
珠海市交通运输局	珠海市创建全国文明城市先进集体	珠海市人民政府	2015 年 3 月
珠海市交通运输局	上海市科学技术奖	上海市人民政府	2015 年 11 月
珠海市交通运输局	2015 年度承办提案先进单位	政协珠海市委员会	2016 年 1 月
珠海市交通运输局	2016 年度承办提案先进单位	政协珠海市委员会	2017 年 1 月
珠海市交通运输局	2017 年度承办提案先进单位	政协珠海市委员会	2018 年 1 月
珠海市交通运输局	2013—2015 年脱贫攻坚突出贡献帮扶单位	广东省人民政府	2018 年 3 月
珠海市交通运输局	2016—2017 年度珠海市文明单位	珠海市委、市政府	2018 年 3 月
珠海市政务服务大厅交通运输局窗口	2016—2017 年度全国交通运输行业文明示范窗口	交通运输部	2018 年 11 月
珠海市交通运输局	2018 年度承办提案先进单位	政协珠海市委员会	2019 年 1 月
珠海市交通运输局	广东省“最美货车司机”推选宣传活动组织贡献单位	广东省交通运输厅、广东省公安厅、广东省总工会	2019 年 9 月
珠海市交通运输局离退休干部党支部	全国离退休干部先进集体	中共中央组织部	2019 年 12 月
珠海市政务服务大厅交通运输局窗口	2018—2019 年度全国交通运输行业精神文明建设先进集体	交通运输部	2020 年 12 月

珠海海事局先进集体一览表

表 10-2-2

获奖单位	荣誉称号	授予机关	获奖时间
市海上安全监督局	文明执法示范窗口	交通运输部海事局	2000 年 2 月
市海上安全监督局	全市第三个五年法制宣传教育先进集体	珠海市委、市政府	2001 年 9 月
珠海海事局	1997—2001 年度全市安全生产先进单位	珠海市人民政府	2002 年 6 月
珠海海事局领导班子	2002 年度“五好领导班子”	中共广东海事局委员会	2003 年 1 月
珠海海事局	全国海事系统文明达标单位	交通运输部海事局	2003 年 1 月
珠海海事局	2003 年度防台抗灾有功单位	交通运输部海事局	2003 年 1 月
珠海海事局通航科	2003 年度抗台抢险有功集体	交通运输部海事局	2003 年 1 月
珠海海事局	2001—2002 年度两个文明建设先进单位	中共广东海事局委员会、广东海事局	2003 年 1 月
珠海海事局	2000—2002 年水上运输安全管理年活动先进单位	广东海事局	2003 年 1 月
珠海海事局通航科	2000—2002 年水上运输安全管理年活动先进集体	广东海事局	2003 年 1 月
珠海海事局	2000—2002 年水上运输安全管理年活动优秀项目（法规建设）	广东海事局	2003 年 1 月

续表 10-2-2

获奖单位	荣誉称号	授予机关	获奖时间
珠海海事局	2000—2002 年水上运输安全管理年活动优秀项目（科技应用）	广东海事局	2003 年 1 月
珠海海事局	新老兵运输工作中成绩突出的先进单位	广东省交通厅、中华人民共和国广东海事局、中国人民解放军广州军区航务军事代表办事处	2003 年 1 月
珠海海事局机关党委	2002—2003 年度广东海事局党建工作先进单位	中共广东海事局委员会	2003 年 6 月
珠海海事局港口海事处党支部	2002—2003 年度广东海事局党建工作先进党支部	中共广东海事局委员会	2003 年 6 月
珠海海事局	防抗台风“伊布都”有功单位	广东海事局	2003 年 7 月
珠海海事局	全国反走私先进集体	人事部、海关总署、公安部、国家工商行政管理总局	2003 年 7 月
珠海海事局	全国海事系统第四批文明达标单位	中共广东海事局委员会	2003 年 11 月
珠海海事局	珠海市精神文明创建活动先进单位	珠海市委、市政府	2004 年 1 月
珠海海事局	2003 年度防台抗灾有功单位	广东海事局	2004 年 1 月
珠海海事局通航科	2003 年度抗台抢险有功集体	广东海事局	2004 年 1 月
珠海海事局	广东省 2003 年度安全生产管理工作先进单位	广东省人事厅、广东省安全生产监督管理局	2004 年 2 月
珠海海事局通航管理科	珠海市 2002—2003 年度安全生产先进单位	珠海市人民政府	2004 年 3 月
珠海海事局	第六届珠海市先进集体	珠海市委、市政府	2004 年 4 月
珠海海事局办公室	2002—2003 年度政务信息工作先进集体	广东海事局	2004 年 6 月
珠海海事局九洲海事处	直属海事系统 2004 年度先进集体	中共交通部海事局委员会	2005 年 1 月
珠海海事局通航管理科	珠海市 2004 年度安全生产监管先进单位	珠海市人民政府	2005 年 3 月
珠海海事局九洲港海事处党支部、珠海海事局唐家海事处党支部	2004—2005 年度党建工作先进基层党组织	中共广东海事局委员会	2005 年 6 月
珠海斗门海事处	抗洪抢险先进集体	广东海事局	2005 年 8 月
珠海海事局九洲港海事处、船舶监督科	2004—2005 年度先进集体	中共广东海事局委员会、广东海事局	2006 年 1 月
珠海海事局	船舶“管用养修”先进单位	广东海事局	2006 年 1 月
海巡 1560 珠海局	船舶“管用养修”先进船舶	广东海事局	2006 年 1 月
珠海海事局通航科	珠海市打击走私先进集体	珠海市人民政府	2007 年 2 月
珠海海事局财务科	广东省巾帼文明岗	广东省妇联	2007 年 3 月
珠海海事局	珠海市文明单位	珠海市委、市政府	2007 年 12 月
珠海海事局财务处	先进集体	广东海事局	2008 年 1 月
珠海海事局	全国海事系统先进集体	交通运输部海事局	2008 年 1 月
湾仔海事处	广东海事局先进集体	广东海事局	2008 年 1 月
珠海海事局斗门海事处党支部	优秀品牌党支部	中共广东海事局党委	2008 年 6 月
珠海海事局监管处	广东海事局渡口渡船安全管理专项整治活动先进集体	广东海事局	2008 年 6 月

续表 10-2-2

获奖单位	荣誉称号	授予机关	获奖时间
珠海海事局党群工作部党支部	先进基层党组织	中共广东海事局党委	2008 年 6 月
珠海海事局党组	党建创新成果奖	广东海事局	2008 年 11 月
珠海海事局监管处	奥运安保工作先进单位（集体）	广东海事局	2009 年 1 月
珠海海事局指挥中心	奥运安保工作先进单位（集体）	广东海事局	2009 年 1 月
海巡 1560 珠海局	“管用养修”先进船舶	广东海事局	2009 年 1 月
珠海海事局机关第一党支部	先进基层党组织	中共广东海事局党组	2009 年 6 月
珠海海事局湾仔海事处党支部	优秀品牌党支部	中共广东海事局党组	2009 年 6 月
珠海海事局党群工作部、港口海事处	2008—2009 年度先进集体	广东海事局	2010 年 1 月
珠海海事局	2005—2009 年度消防工作先进单位	广东海事局	2010 年 1 月
珠海海事局工会	2009 年度广东海事局工会重点工作目标考核优秀单位	广东海事局	2010 年 4 月
珠海海事局	广州亚运会亚残运会水上交通安全管控和应急保障先进集体	广东海事局	2011 年 1 月
珠海海事局	珠海市 2010 年度安全生产责任制考核先进单位	珠海市人民政府	2011 年 3 月
海巡 151	2010 年管用养修先进船舶	广东海事局	2011 年 4 月
珠海海事局	深圳大运会交通运输安全保障先进集体	交通运输部	2011 年 11 月
珠海海事局	深圳大运会交通运输安全保障集体三等功	交通运输部海事局	2011 年 11 月
珠海海事局	广东省文明单位	广东省委、省政府	2011 年 12 月
珠海海事局湾仔海事处	直属海事系统创先争优活动人民群众满意示范窗口	中共交通运输部海事局党组	2012 年 7 月
珠海海事局	交通运输部海事局港口建设费征稽工作突出贡献单位	交通运输部	2012 年 1 月
珠海海事局	中小海轮专项整治先进单位	广东海事局	2012 年 12 月
中共珠海海事局党组	广东海事局“海事概念船”设计大赛优秀组织奖	中共广东海事局党组	2013 年 6 月
珠海海事局湾仔海事处	2013 年度直属海事系统先进基层党组织	中共交通运输部海事局党组	2013 年 7 月
珠海海事局	《广东海事三大纪律八项注意》录像歌咏比赛优秀奖	广东海事局	2013 年 8 月
珠海海事局	2013 年度珠海市机关事业单位年终考评第一名	中共珠海市委员会	2014 年 1 月
珠海海事局海巡执法支队	全国工人先锋号	全国总工会	2014 年 4 月
珠海海事局海巡执法支队党支部	广东海事局先进基层党组织	中共广东海事局党组	2014 年 7 月
珠海海事局	广东海事局“国际会议谈判专题工作组”人员选拔竞赛优秀组织奖	广东海事局	2014 年 9 月
珠海海事局	广东海事局规费征稽岗位技能竞赛团体总成绩第二名	广东海事局	2014 年 9 月
珠海海事局全面预算管理系统	交通运输行业财务审计工作优秀创新成果奖	交通运输部	2014 年 12 月
中国海员工会珠海海事局委员会湾仔（前山、横琴）海事处工会小组	广东省模范职工之家	广东省总工会	2014 年 12 月
珠海海事局船舶交通管理中心	文明执法示范窗口（2014—2015 年度）	中共广东海事局党组	2016 年 1 月

续表 10-2-2

获奖单位	荣誉称号	授予机关	获奖时间
珠海湾仔海事处	文明执法示范窗口（2014—2015 年度）	中共广东海事局党组	2016 年 1 月
珠海港口海事处	2015 年度“五精”海事处创建示范点	广东海事局	2016 年 1 月
珠海海事局	2015 年度广东海事局综合行政先进单位	广东海事局	2016 年 1 月
珠海海事局	广东省文明单位	广东省文明办	2016 年 1 月
珠海港口海事处党支部	先进基层党组织	中共广东海事局党组	2016 年 6 月
珠海海事局政务中心	党员示范窗口	中共广东海事局党组	2016 年 6 月
珠海海事局船舶交通管理中心“慧畅”	党员品牌工程	中共广东海事局党组	2016 年 6 月
珠海海事局珠海港口海事处	2015—2016 年度直属海事系统规费征稽先进单位	交通运输部海事局	2016 年 12 月
珠海海事局	2015—2016 年度维稳综治优秀单位	广东海事局	2017 年 1 月
珠海海事局港口海事处海巡执法大队	2015—2016 年度广东省青年文明号	共青团广东省委	2017 年 1 月
珠海海事局湾仔海事处	广东海事局廉政文化示范单位	中共广东海事局党组	2017 年 8 月
珠海海事局珠海港口海事处	全国交通运输创新文化建设优秀单位	交通运输部	2017 年 11 月
珠海海事局	全国文明单位	中央精神文明建设指导委员会	2017 年 11 月

珠海市公路局先进集体一览表

表 10-2-3

获奖单位（全称）	荣誉称号	授予机关	获奖时间
珠海市公路局香洲分局	1990 年度全优局、1990 年度安全生产先进单位	广东省公路管理局	1991 年 4 月
珠海市公路局	广东省公路系统优胜市公路局	广东省公路管理局	2001 年 12 月
珠海市公路局香洲公路分局	广东省公路系统两个文明先进县局	广东省公路管理局	2001 年 12 月
市公路局斗门分局横坑渡口所	广东省公路系统两个文明建设先进渡口所	广东省公路管理局	2001 年 12 月
市公路局斗门分局横坑渡口所	2000—2001 年度双文明渡口	广东省公路管理局	2002 年 1 月
市公路局斗门分局上横道班	2000—2001 年度双文明道班	广东省公路管理局	2002 年 1 月
市公路局斗门分局	2002 年度、2003 年度全省公路局系统安全生产工作先进集体	广东省公路管理局	2004 年 4 月
珠海市公路局路政管理科	广东省 2003 年度交通行政执法先进单位	广东省交通厅	2004 年 7 月
珠海市公路局	2003—2004 年度广东省公路系统劳动竞赛优胜市公路局	广东省公路管理局	2005 年 4 月
珠海市公路局	2004 年度公路系统政务信息先进单位	广东省公路管理局	2005 年 7 月
珠海市公路局金湾分局	2005 年度思想政治工作研究活动先进集体	广东省公路管理局	2006 年 1 月
珠海市公路局	2004—2005 年度广东省公路局系统勤政廉政先进单位	广东省公路管理局	2006 年 3 月
珠海市地方道路管理处	2004—2005 年度广东省公路局系统勤政廉政先进单位	广东省公路管理局	2006 年 3 月
珠海市公路局香洲规费征稽所	2005 年度全省征稽部门先进征稽单位	广东省公路管理局	2006 年 7 月
珠海市公路局	广东省“十五”期间公路养护管理先进单位	广东省公路管理局	2006 年 8 月

续表 10-2-3

获奖单位（全称）	荣誉称号	授予机关	获奖时间
珠海市公路局	广东省公路系统“四五”普法先进单位	广东省公路管理局	2006 年 9 月
珠海市地方道路管理处	广东省公路系统 2005—2006 年度先进职工小家	广东省公路管理局	2007 年 1 月
珠海市公路局	2006—2007 年度全省公路系统先进单位	广东省公路管理局	2007 年 1 月
珠海市地方道路管理处	全省公路系统规范化管理先进单位	广东省公路管理局	2007 年 1 月
珠海市公路局	2006 年公路统计工作一等奖	广东省公路管理局	2007 年 1 月
珠海市公路局	2006 年公路统计工作统计分析奖	广东省公路管理局	2007 年 3 月
珠海市公路局	2005—2006 年度广东省公路系统勤政廉政先进单位	广东省公路管理局	2008 年 1 月
珠海市公路局	广东省“十百千万”干部下基层驻农村先进单位	中共广东省委	2008 年 1 月
珠海市公路局	2006—2007 年度全省公路养护与管理劳动竞赛优胜市公路局	广东省公路管理局	2008 年 1 月
珠海市公路局	2006—2007 年度广东省公路系统勤政廉政先进单位	广东省公路管理局	2008 年 1 月
珠海市公路局金湾分局	2006—2007 年度广东省公路系统勤政廉政先进单位	广东省公路管理局	2008 年 1 月
市公路局斗门分局路政股	2006—2007 年度广东省公路系统路政管理先进单位	广东省公路管理局	2008 年 12 月
珠海市公路局	2007—2008 年度广东省公路系统勤政廉政先进单位	广东省公路管理局	2009 年 2 月
珠海市公路局香洲分局	2007—2008 年度广东省公路系统勤政廉政先进单位	广东省公路管理局	2009 年 3 月
珠海市公路局香洲分局	全省公路交通情况调查先进集体	广东省交通运输厅	2009 年 10 月
珠海市公路局金湾分局	2009 年度思想政治工作研究活动先进集体	广东省公路管理局	2010 年 3 月
珠海市公路局香洲分局路政股	2009 年度全省路政管理工作先进单位	广东省公路管理局	2011 年 2 月
珠海市公路局	2009—2010 年度广东省公路系统勤政廉政先进单位	广东省公路管理局	2011 年 2 月
珠海市公路局斗门分局	2009—2010 年度广东省公路系统勤政廉政先进单位	广东省公路管理局	2011 年 10 月
珠海市公路局	2011 年全国交通运输行政执法评议考核优秀单位	交通运输部	2012 年 1 月
珠海市公路局	2009—2011 年度广东省路政宣传先进集体	广东省公路管理局	2012 年 1 月
珠海市公路局斗门分局	“十一五”广东省公路养护管理工作先进单位	广东省公路管理局	2012 年 1 月
珠海市公路局斗门分局路政股	“十一五”广东省公路养护管理工作先进集体	广东省公路管理局	2012 年 1 月
市公路局斗门分局黄杨养护站	“十一五”广东省公路养护管理工作模范养护道班	广东省公路管理局	2013 年 11 月
珠海市公路局	广东省交通运输行业路政管理人员岗位技能竞赛团体一等奖	广东省交通运输厅	2015 年 4 月
珠海市公路局	2014 年广东省公路路政管理工作先进单位	广东省公路管理局	2016 年 2 月
珠海市公路局	广东交通运输行业路政作业人员技能竞赛团体三等奖	广东省交通运输厅	2016 年 12 月
珠海市公路局	十二五期广东省公路养护管理先进单位	广东省交通运输厅	2016 年 12 月
珠海市公路局	十二五期广东省普通干线公路养护管理先进单位	广东省交通运输厅	2016 年 12 月
珠海市公路局	十二五期广东省高速公路养护管理先进单位	广东省交通运输厅	2017 年 1 月

续表 10-2-3

获奖单位（全称）	荣誉称号	授予机关	获奖时间
珠海市西部地区公路管理处	2016 年全省公路养护管理检查先进单位	广东省交通运输厅	2017 年 9 月
珠海市西部地区公路管理处	珠海市救灾复产重建先进集体	珠海市委、市政府	2017 年 9 月

珠海航道事务中心先进集体一览表

表 10-2-4

获奖单位	荣誉称号	授予机关	获奖时间
珠海航道局	2001 年度全优劳动竞赛航道单位	广东省航道局	2002 年 1 月
珠海航道联石湾船闸管理站	全国航道系统先进集体	交通部	2002 年 9 月
珠海航道联石湾船闸管理站	全国创建文明行业工作先进单位	中央精神文明建设指导委员会	2002 年 10 月
珠海航道局	2002 年度全优劳动竞赛航道单位	广东省航道局	2002 年 12 月
珠海航道局联石湾船闸管理站	广东省航道系统 2001—2002 年度安全生产先进集体	广东省航道局	2003 年 1 月
珠海航道局联石湾船闸管理站	文明示范窗口单位	中共广东省委广东人民政府	2003 年 12 月
珠海航道局对外服务窗口	全省航道系统文明服务窗口	广东省航道局	2005 年 1 月
珠海航道局	2005 年度全优航道单位	广东省航道局	2005 年 3 月
珠海航道局	广东省 2005 年公路水路春运工作先进单位	广东省交通厅	2005 年 3 月
珠海航道局联石湾船闸	全国交通行业文明示范窗口	交通部	2005 年 12 月
珠海航道局联石湾船闸管理站	“十五”期全省交通工作先进集体	广东省交通厅	2006 年 7 月
珠海航道局	2006 年度全优航道单位	广东省航道局	2006 年 12 月
珠海航道局斗门分局	2005—2006 年度安全生产先进集体	广东省航道局	2007 年 1 月
珠海航道局香洲分局	2005—2006 年度安全生产先进集体	广东省航道局	2007 年 1 月
珠海航道局联石湾船闸	2007—2008 年度全省航道安全生产先进集体	广东省航道局	2009 年 1 月
香洲航标与测绘所	全省航道系统 2009—2010 年度安全生产先进集体	广东省航道局	2011 年 3 月
香洲航标与测绘所	广东省航道系统文明单位	广东省航道局	2012 年 1 月
珠海航道局	广东省 2013 年道路水路春运工作先进单位	广东省交通运输厅	2013 年 4 月
珠海航道局	2012—2013 年度广东省航道系统文明单位	广东省航道局	2014 年 2 月
珠海航道局服务窗口	2012—2013 年度广东省航道系统文明示范窗口	广东省航道局	2014 年 2 月
香洲航标与测绘所	2013—2014 年度全省航道系统安全生产先进集体	广东省航道局	2014 年 6 月
斗门航标与测绘所	2013—2014 年度全省航道系统安全生产先进集体	广东省航道局	2014 年 6 月
珠海航道局	劳动竞赛优胜单位	广东省航道局	2015 年 12 月

珠海市邮政系统先进集体一览表

表 10-2-5

获奖单位	荣誉称号	授予机关	获奖时间
珠海市邮电局拱北分局投递班	全国邮政通信服务先进集体	邮电部	1995 年 1 月
珠海市邮政局柠溪邮政营业厅 QC 小组 珠海市邮政局电子商务局 11185 客户服务中心 QC 小组	全国优秀质量管理小组	中国质量协会、中华全国总工会、中华全国妇女联合会、中国科学技术协会	2012 年 8 月
珠海市邮政局电子商务局营销中心 QC 小组 珠海市邮政局信息技术分局技术支持中心工程维护 QC 小组 珠海市邮政局邮区中心局调度中心 QC 小组	广东省优秀质量管理小组	广东省质量协会、广东省总工会、共青团广东省委员会、广东省科学技术协会、广东省妇女联合会	2012 年 10 月
珠海市邮政局斗门分局乾务支局	广东省优秀质量信得过班组	广东省质量协会、广东省总工会、共青团广东省委员会、广东省科学技术协会、广东省妇女联合会	2012 年 10 月
珠海市邮政局	广东省质量管理小组活动优秀企业	广东省质量协会、广东省总工会、共青团广东省委员会、广东省科学技术协会、广东省妇女联合会	2012 年 10 月
珠海市邮政管理局	全省完善省级以下邮政管理体系工作先进单位	广东省邮政管理局	2013 年 12 月
珠海市邮政管理局	2014 年度全省邮政普遍服务和特殊服务监督管理工作先进单位	广东省邮政管理局	2015 年 2 月
珠海市邮政管理局	邮政行业诚信体系考核工作优秀单位	广东省邮政管理局	2015 年 3 月
珠海市骏豪有限公司	2014 年广东省邮政行业统计工作先进企业	广东省邮政管理局	2015 年 3 月
珠海市香洲韵达快运有限公司	2014 年广东省邮政行业统计工作先进企业	广东省邮政管理局	2015 年 3 月
珠海市邮政管理局	2015 年度全省邮政管理系统新闻宣传工作先进单位	广东省邮政管理局	2015 年 12 月
珠海市邮政管理局	2015 年度全省邮政市场监管工作优秀单位	广东省邮政管理局	2016 年 3 月
珠海市邮政管理局	2015 年度全市邮政市场监管工作考核优秀单位	广东省邮政管理局	2016 年 3 月
珠海圆恒通速递有限公司	2015 年度广东省邮政行业统计工作先进企业	广东省邮政管理局	2016 年 3 月
珠海世圆货运代理有限公司	2015 年度广东省邮政行业统计工作先进企业	广东省邮政管理局	2016 年 3 月
珠海市邮政管理局	2016 年度全省邮政管理系统新闻宣传工作先进单位	广东省邮政管理局	2016 年 12 月

珠海市道路运输管理处（市水上运输管理处）先进集体一览表

表 10-2-6

获奖单位	荣誉称号	授予机关	获奖时间
珠海市道路运输管理处	广东省交通系统创建文明行业先进集体	广东省交通厅	2004 年 6 月
珠海市道路运输管理处	交通行政执法责任制示范单位	广东省交通厅	2008 年 12 月
珠海市道路运输管理处	《广东省道路运输条例》知识竞赛三等奖	广东省交通运输厅	2014 年 4 月
珠海市道路运输管理处	珠海市救灾复产重建先进单位	珠海市委、市政府	2017 年 9 月

续表 10-2-6

获奖单位	荣誉称号	授予机关	获奖时间
珠海市水上运输管理处	“国门利剑”打击成品油走私专项行动先进集体	广东省海防与打走私委员会	2012 年 2 月
珠海市水上运输管理处	交通运输生产、基础设施建设和各项任务的先进集体	广东省交通厅	2001 年 12 月
珠海市水上运输管理处	全省交通系统两个文明建设先进集体	广东省交通厅	2000 年 12 月
珠海市水上运输管理处	广东省 2003 年度交通行政执法先进单位	广东省交通厅	2004 年 5 月
珠海市水上运输管理处	广东省交通系统创建文明行业先进集体	广东省交通厅	2004 年 6 月
珠海市水上运输管理处	全省交通系统“四五”普法先进集体	广东省交通厅	2005 年 12 月
珠海市水上运输管理处	完成新老兵运输任务成绩突出先进单位	广州军区航务军代处、广东省交通厅	2006 年 1 月
珠海市水上运输管理处	2004—2007 年全省反走私先进集体	广东省人民政府	2007 年 12 月
珠海市水上运输管理处	广东省 2007 年度安全生产监管工作先进单位	广东省人事厅、广东省安全生产监督管理局	2008 年 2 月
珠海市水上运输管理处	2011 年度新兵水路军事运输服务优质保障单位	广州军区航务军事代表办事处	2011 年 12 月
珠海市水上运输管理处	珠海市 1997—1999 年度模范集体	珠海市委、市政府	2000 年 9 月
珠海市水上运输管理处	珠海市安全生产先进单位	珠海市人民政府	2002 年 6 月
珠海市水上运输管理处	珠海市 2002—2003 年度安全生产先进单位	珠海市人民政府	2004 年 3 月
珠海市水上运输管理处	2007 年全市反走私先进集体	珠海市人民政府	2008 年 1 月
珠海市道路运输管理处党总支部	广东省抗击新冠肺炎疫情先进集体	中共广东省委	2020 年 10 月

珠海市交通运输安全事务中心（市路桥管理处）先进集体一览表

表 10-2-7

获奖单位	荣誉称号	授予机关	获奖时间
珠海市路桥管理处	珠海市文明单位	珠海市委、市政府	1998 年 2 月
珠海市路桥管理处	珠海市先进集体	珠海市委、市政府	2000 年 12 月
珠海市路桥管理处	全市第三个五年法制宣传教育先进集体	珠海市委、市政府	2001 年 9 月
珠海市路桥管理处	2003 年珠海市精神文明先进单位	珠海市委、市政府	2004 年 1 月
珠海市路桥管理处统缴站	2003 年珠海市文明窗口单位	珠海市委	2004 年 1 月
珠海市路桥管理处	珠海市精神文明先进单位	珠海市委、市政府	2004 年 3 月
珠海市路桥管理处统缴站	珠海市文明窗口单位	珠海市委、市政府	2004 年 5 月
珠海市路桥管理处香洲统缴站、上冲站收费班	广东省“巾帼文明岗”	广东省妇联	2004 年 5 月
珠海市路桥管理处	广东省治理公路“三乱”工作先进单位	广东省人民政府	2004 年 6 月
珠海市路桥管理处	广东省治理公路“三乱”工作先进单位	广东省人民政府	2005 年 3 月
珠海市路桥管理处	珠海市文明单位	珠海市委、市政府	2005 年 12 月
珠海市路桥管理处	珠海市精神文明建设先进单位	珠海市委、市政府	2006 年 3 月

续表 10-2-7

获奖单位	荣誉称号	授予机关	获奖时间
珠海市路桥管理处统缴站	广东省“巾帼文明岗”	广东省妇联	2006 年 3 月
珠海市路桥管理处上冲收费站收费班	广东省“巾帼文明岗”	广东省妇联	2006 年 3 月
珠海市路桥管理处	珠海市精神文明建设先进单位	珠海市委、市政府	2006 年 4 月
珠海市路桥管理处香洲统缴站	珠海市文明窗口	珠海市委、市政府	2006 年 4 月
珠海市路桥管理处	广东省治理公路“三乱”工作先进单位	广东省人民政府	2006 年 4 月
珠海市路桥管理处香洲缴站	珠海市先进集体	珠海市委、市政府	2007 年 12 月
珠海市路桥管理处	珠海市精神文明建设先进单位	珠海市委、市政府	2008 年 5 月
珠海市路桥管理处香洲缴站	珠海市文明窗口	珠海市委、市政府	2009 年 12 月

珠海市交通规划研究与信息中心先进集体一览表

表 10-2-8

获奖单位	荣誉称号	授予机关	获奖时间
珠海市交通无线电通信中心	全国交通通信系统服务先进集体	交通部	1999 年 12 月
珠海市交通信息中心	珠海市先进集体	珠海市委、市政府	2004 年 5 月
珠海市交通信息中心	广东省信息化试点示范工程信息化试点单位	广东省信息厅	2006 年 12 月
珠海市交通信息中心	巾帼文明岗	广东省妇女联合会	2010 年 3 月
珠海市交通规划研究与信息中心	上海市科学技术奖	上海市人民政府	2015 年 11 月
珠海市交通规划研究与信息中心	2015 年度广东省三八红旗集体	广东省妇女联合会	2016 年 3 月

珠海公交集团先进集体一览表

表 10-2-9

获奖单位	荣誉称号	授予机关	获奖时间
珠海公共汽车公司	省、市先进安全生产单位	广东省交通厅	1982 年 9 月
珠海公共汽车公司长途车队	省交通系统安全工作先进集体	广东省交通厅	1992 年 12 月
珠海公共汽车公司	先进职工之家	珠海市总工会	1993 年 9 月
工会职工俱乐部（工人文化宫）	全国工会职工文化先进集体	中华全国总工会	1994 年 5 月
珠海公共汽车公司	九四年度全国城建系统规范化服务先进单位	建设部	1994 年 12 月
珠海公共汽车公司	广东省文明单位	广东省委、省政府	1995 年 12 月
珠海公共汽车公司	珠海市文明单位	珠海市委、市政府	1996 年 12 月
珠海公共汽车公司	九六年广东省职业道德建设先进单位	广东省总工会、省职工职业道德建设领导小组	1996 年 12 月
珠海公共汽车公司	拥军优属先进单位	珠海市委、市政府、珠海警备区	1997 年 12 月
珠海公共汽车公司	广东省助残先进集体	省人事厅、省残疾人联合会	1997 年 5 月

续表 10-2-9

获奖单位	荣誉称号	授予机关	获奖时间
珠海公共汽车公司	市安全生产先进单位	珠海市人民政府	1997 年 5 月
公共汽车公司前山分公司	珠海市先进集体	珠海市委、市政府	1997 年 6 月
珠海公共汽车公司	广东省文明单位	广东省委、省政府	1997 年 12 月
珠海公共汽车公司	广东省交通系统两个文明建设先进单位	广东省交通厅	1998 年 7 月
珠海公共汽车公司	珠海市文明单位	珠海市委、市政府	1999 年 9 月
珠海公共汽车公司	广东省文明单位	广东省委、省政府	1999 年 11 月
珠海公共汽车公司	广东省先进集体	广东省委、省政府	2000 年 8 月
珠海公共汽车公司	军警民共建先进集体	珠海市委、市政府、珠海警备区	2002 年 7 月
珠海公共汽车公司	珠海市抗击非典先进单位	珠海市委、市政府	2003 年 6 月
珠海公共汽车公司	珠海市 2002—2003 年度安全生产先进单位	珠海市人民政府	2004 年 3 月
珠海公共汽车公司	珠海市先进集体	珠海市人民政府	2004 年 4 月
公共汽车公司工会经费审查委员会	广东省工会经审工作先进集体	广东省总工会	2004 年 9 月
珠海公共汽车公司	广东省文明单位	广东省委、省政府	2005 年 12 月
珠海公共汽车公司	“十五”期全省交通工作先进集体	广东省交通厅	2006 年 6 月
公共汽车公司工会女职工委员会	2006 年度广东省工会女职工工作先进集体	广东省工会女职工委员会	2007 年 1 月
珠海公共汽车公司	广东省文明单位	广东省委、省政府	2008 年 1 月
珠海公共汽车公司	中国城市公交科技创新企业	建设部	2008 年 3 月
珠海公共汽车公司吉大分公司 20 路线	全国工人先锋号	中华全国总工会	2008 年 4 月
珠海公共汽车公司	珠海市文明单位	珠海市委、市政府	2008 年 5 月
珠海公共汽车公司工会	全国模范职工之家	中华全国总工会	2008 年 6 月
珠海公共汽车公司	广东省就业工作先进集体	广东省人民政府	2009 年 1 月
珠海公交巴士有限公司	广东省文明单位	广东省委、省政府	2010 年 3 月
珠海公交巴士有限公司	2012 年度珠海市节能先进单位	珠海市人民政府	2013 年 12 月

珠海交通集团先进集体一览表

表 10-2-10

获奖单位	荣誉称号	授予机关	获奖时间
珠海交通集团［省道 S366 线金湾互通立交工程］	2015 年广东省建筑业新技术应用示范工程荣誉奖	广东省住房和城乡建设厅	2015 年 7 月
珠海交通集团路桥开发建设有限公司平沙新城项目建设管理处	广东省五一劳动奖状	广东省总工会	2017 年 4 月
珠海交通集团洪鹤大桥工程项目	评为广东省 2017 年度公路水运工程“平安工地”示范项目	广东省交通运输厅	2018 年 4 月

续表 10-2-10

获奖单位	荣誉称号	授予机关	获奖时间
珠海交通集团	珠海市先进集体	珠海市委	2010 年 4 月
珠海交通集团	2010—2011 年重点项目建设工作先进集体	珠海市人民政府	2011 年 12 月
珠海交通集团	2010—2011 年度珠海市文明单位	珠海市委、市政府	2011 年 12 月
珠海交通集团	珠海市精神文明建设先进单位	珠海市委、市政府	2012 年 4 月
珠海交通集团	2008 年度珠海市重大项目工作先进单位	珠海市人民政府	2009 年 1 月
珠海交通集团	工人先锋号	珠海市总工会	2013 年 4 月
珠海连接线管理中心	2011—2013 年度先进基层党组织	中共广东省交通运输厅直属机关委员会	2013 年 7 月
珠海连接线管理中心征地拆迁部	“全国工人先锋号”	中华全国总工会	2013 年 10 月
珠海连接线管理中心	全国五一劳动奖状	中华全国总工会	2013 年 10 月
珠海连接线管理中心	全国交通基础设施重点工程劳动竞赛先进单位	中国海员建设工会	2017 年 1 月
珠海连接线管理中心	2017 年度广东省巾帼文明岗	广东省妇女联合会	2018 年 3 月
珠海交通集团	2018 年度公路水运工程省级“平安工地”	广东省交通运输厅	2019 年 5 月
珠海连接线管理中心	2018 年度公路水运工程省级“平安工地”	广东省交通运输厅	2019 年 5 月
珠海连接线管理中心	2019 年度“南粤交通楷模（集体）”	广东省交通运输厅	2019 年 10 月
珠海交通集团珠海市香海大桥工程	广东省 2019 年度公路水运工程省级“平安工地”	广东省交通运输厅	2020 年 5 月
珠海交通集团鹤洲至高栏港高速公路工程	广东省 2019 年度公路水运工程省级“平安工地”	广东省交通运输厅	2020 年 5 月

珠海港控股集团有限公司先进集体一览表

表 10-2-11

获奖单位	荣誉称号	授予机关	获奖时间
珠海市港口企业集团有限公司	全省比学习、比技术、比贡献，争创“三有一好”活动先进集体	广东省先进性教育办、省总工会	2006 年 5 月
珠海港控集团公司港兴燃气客户服务中心	广东省“巾帼文明岗”	广东省妇联	2018 年 3 月
珠海港控股集团有限公司	2017 年度广东省法治文化建设示范企业	广东省司法厅、省普法办、省经济和信息化委、省国资委、省总工会、省工商联	2018 年 6 月
珠海港信息技术股份有限公司	广东省守合同重信用企业	广东省工商行政管理局	2018 年 7 月
珠海国际货柜码头（高栏）有限公司	2018 年度广东省守合同重信用企业	广东省市场监督管理局	2019 年 6 月
珠海港高栏港务有限公司	2018 年度广东省守合同重信用企业	广东省市场监督管理局	2019 年 6 月
珠海港控股集团有限公司	广东省交通运输文化建设示范单位	广东省交通运输厅	2019 年 10 月

珠海九洲控股集团有限公司先进集体一览表

表 10-2-12

获奖单位	荣誉称号	授予机关	获奖时间
珠海九洲港客运服务公司	省文明示范窗口	广东省交通厅	1997 年 1 月

续表 10-2-12

获奖单位	荣誉称号	授予机关	获奖时间
珠海高速客轮公司	2018 年安全诚信单位	交通运输部海事局	2018 年 9 月
珠海经济特区九洲港客运站	全国文明客运站	交通运输部	1997 年
珠海经济特区九洲港客运站	一级文明客运站	交通运输部	1999-2000
珠海经济特区九洲港客运站	一级文明客运站	交通运输部	2003-2004 年

民航珠海航务管理站先进集体一览表

表 10-2-13

获奖单位	荣誉称号	授予机关	获奖时间
民航珠海航务管理站	第六届中国航展突出贡献奖	珠海市人民政府	2006 年 11 月
民航珠海航务管理站调度室塔台	全国“青年文明号”	共青团中央委员会	2009 年 5 月

民航珠海进近管制中心先进集体一览表

表 10-2-14

获奖单位	荣誉称号	授予机关	获奖时间
进近管制中心管制室	广东省“青年文明号”	共青团广东省委员会	2003 年 5 月
进近管制中心团委	广东省“五四红旗团委”	共青团广东省委员会	2004 年 5 月
进近管制中心管制室	全国“青年文明号”	共青团中央委员会	2005 年 11 月
民航珠海进近管制中心	第六届中国航展突出贡献奖	珠海市人民政府	2006 年 11 月
民航珠海进近管制中心	全国空管工作先进单位	中央空中交通管理委员会	2011 年
珠海进近管制中心管制运行部	民航系统服务质量规范专项行动先进单位	中国民航局	2018 年 1 月

三、市（地）级以上表彰奖励先进人物名录

珠海市交通运输局（含下属单位）先进人物一览表

表 10-3-1

姓名	性别	所在单位	奖项名称	授奖机关	授予时间
黄鹤莲	女	珠海市水上运输管理处	计划生育工作积极分子	珠海市人民政府	1991 年 3 月
林政学	男	珠海市交通委员会	全省治理公路“三乱”先进个人	广东省监察厅	1997 年 6 月
叶克勤	男	珠海市交通委员会	全市“创‘三优’，建文明城市”活动积极分子	中共珠海市委、市政府	1997 年 8 月
叶克勤	男	珠海市交通委员会	1995—1996 年度广东省交通战备先进工作者	广东省经济委员会	1997 年 9 月
林政学	男	珠海市交通委员会	1999 年度广东省交通系统优秀信息员	广东省交通厅	1999 年 12 月
叶克勤	男	珠海市交通委员会	“整治市容环境，庆国庆，迎回归，创建文明城市”优秀工作者	珠海市人民政府	2000 年 3 月

续表 10-3-1

姓名	性别	所在单位	奖项名称	授奖机关	授予时间
林汉荣	男	珠海市水上运输管理处	“整治市容环境，庆国庆，迎回归，创建文明城市”优秀工作者	珠海市人民政府	2000 年 3 月
夏华勇	男	珠海市水上运输管理处	交通执法先进个人	广东省交通厅	2002 年 3 月
夏华勇	男	珠海市水上运输管理处	交通执法竞赛优秀奖	广东省交通厅	2003 年 4 月
周　云	男	珠海市道路运输管理处	珠海市 2002—2003 年度安全生产先进个人	珠海市人民政府	2004 年 3 月
温晓群	男	珠海市水上运输管理处	精神文明创建积极分子	珠海市人民政府	2004 年 4 月
许　强	男	珠海市水上运输管理处	珠海市劳动模范	中共珠海市委、市政府	2004 年 4 月
唐纪文	男	珠海港引航站	珠海市劳动模范	中共珠海市委、市政府	2004 年 4 月
黄荣	男	珠海市空港与轨道管理中心	广东省五一劳动奖章	广东省总工会	2004 年 4 月
张海明	男	珠海港引航站	广东省交通系统创建文明行业先进个人	广东省交通厅	2004 年 6 月
林政学	男	珠海市交通局	广东省交通系统思想政治工作研究活动先进工作者	广东省交通厅	2005 年 3 月
夏华勇	男	珠海市水上运输管理处	2004 年度交通行政执法先进个人	广东省交通厅	2005 年 8 月
陆根祥	男	珠海市水上运输管理处	2005 年度新老兵运输工作先进个人	省交通厅、广州军区航务代表处	2006 年 1 月
许　强	男	珠海市水上运输管理处	2005 年度新老兵运输任务先进个人	省交通厅、广州军区航务代表	2006 年 1 月
张伟红	男	珠海市交通局	全国港口建设征管工作先进个人	交通部	2006 年 3 月
张柏林	男	珠海市交通局	2005 年度珠海市人大代表建议和政协提案先进个人	珠海市人民政府	2006 年 3 月
向延学	男	珠海市交通局	全省治理公路“三乱”先进个人	广东省人民政府	2006 年 4 月
林汉荣	男	珠海市水上运输管理处	2005 年度交通行政执法先进个人	广东省交通厅	2006 年 5 月
许　强	男	珠海市水上运输管理处	“十五”期全省交通工作先进个人	广东省交通厅	2006 年 6 月
贺卓娃	女	珠海市交通局	广东省抗灾救灾先进个人	广东省人民政府	2008 年 3 月
林创彪	男	珠海市港口管理局	2009 年度优秀驻村干部	广东省委组织部	2009 年 12 月
梁建英	男	珠海市交通运输局	2011 年度珠海市“敬业奉献模范”	珠海市精神文明建设委员会	2011 年 12 月
卓晓燕	女	珠海市道路运输管理处	2013 年春运工作先进个人	广东省交通运输厅	2013 年 4 月
梁建英	男	珠海市交通运输局	珠海市第九届先进工作者	珠海市人民政府	2013 年 4 月
陈兵兵	男	珠海市道路运输管理处	全国道路运输工作先进个人	交通运输部	2013 年 12 月
梁建英	男	珠海市交通运输局	全国交通运输系统先进工作者	交通运输部	2015 年 4 月
缪前明	男	珠海市交通规划研究与信息中心	上海市科学技术奖（珠海市交通运输局低碳城市智慧交通协同管控关键技术研究与应用示范项目）	上海市人民政府	2015 年 11 月
蔡雪敏	女	珠海市交通规划研究与信息中心	2015—2016 年度全国“12328”交通运输服务监督电话百佳话务人员	交通运输部	2016 年 9 月
傅小华	男	珠海市交通运输局	2016—2018 年脱贫攻坚突出贡献奖	广东省人民政府	2018 年 3 月
张结容	男	珠海市交通规划研究与信息中心	2017—2018 年度全国“12328”电话百佳工作者	交通运输部办公厅	2018 年 12 月
林政学	男	珠海市交通运输局	珠海市 2019 年度“珠海好人”	珠海市精神文明建设委员会	2019 年 10 月
黄欣群	男	珠海市交通安全事务中心	道路交通安全专项整治暨“夏季攻势”专项行动先进个人	广东省公安厅	2019 年 1 月

续表 10-3-1

姓名	性别	所在单位	奖项名称	授奖机关	授予时间
黎永森	男	珠海市道路运输管理处	广东省 2016—2018 年脱贫攻坚突出贡献奖	广东省人民政府	2019 年 2 月
柳勤勋	男	珠海市交通运输局	2018—2019 年度广东省优秀共青团干部	共青团广东省委员会	2019 年 4 月

珠海海事局先进人物一览表

表 10-3-2

姓名	性别	所在单位	奖项名称	授奖机关	授予时间
陈景峰 陈协明	男	珠海海事局	珠海市第二届优秀科技论文	珠海市人民政府	2001 年 11 月
黄斯深	男	珠海海事局	1997—2001 年度全市安全生产先进个人	珠海市人民政府	2002 年 6 月
王卓兰	女	珠海海事局	交通部直属海事系统“学习型纪检监察干部”	交通部海事局	2003 年
庄则平 黄斯深 张少凯	男	珠海海事局	2003 年度防台抗灾组织指挥有功个人	广东海事局	2003 年
钟权志 廖振光 莫甲祥 巩铁山	男	珠海海事局	2003 年度防台抗灾有功个人	广东海事局	2003 年
黄斯深	男	珠海海事局	2000—2002 年水上运输安全管理年活动优秀个人	广东海事局	2003 年 1 月
庄则平	男	珠海海事局	广东海事局 2002 年度“模范带头人”	中共广东海事局委员会	2003 年 1 月
庄则平 郑国伟	男	珠海海事局	广东海事局 2001—2002 年度精神文明建设积极分子	中共广东海事局委员会	2003 年 1 月
郑国伟 黄斯深	男	珠海海事局	2002—2003 年度广东海事局党建工作优秀共产党员	中共广东海事局委员会	2003 年 6 月
王卓兰	女	珠海海事局	2002—2003 年度广东海事局党建工作优秀党务工作者	中共广东海事局委员会	2003 年 6 月
黄斯深 张少凯	男	珠海海事局	防抗台风“伊布都”组织指挥有功个人	广东海事局	2003 年 7 月
钟权志 莫甲祥 龚铁山 廖振光	男	珠海海事局	防抗台风“伊布都”防台有功个人	广东海事局	2003 年 7 月
庄则平 黄斯深 张少凯	男	珠海海事局	广东海事局 2003 年度防台抗灾组织指挥有功个人	广东海事局	2004 年 1 月
钟权志 廖振光 莫甲祥 巩铁山	男	珠海海事局	广东海事局 2003 年度防台抗灾有功个人	广东海事局	2004 年 1 月
黄斯深	男	珠海海事局	广东省 2003 年度安全生产管理先进个人	广东省人事厅、广东省安全生产监督管理局	2004 年 2 月
郑国伟	男	珠海海事局	珠海市 2002—2003 年度安全生产先进个人	珠海市人民政府	2004 年 3 月
庄则平	男	珠海海事局	第六届珠海市劳动模范（先进工作者）	珠海市委、市政府	2004 年 4 月
何涟生	男	珠海海事局	广东海事局 2002—2003 年度政务信息工作先进个人	广东海事局	2004 年 6 月
张锦汉	男	珠海海事局	党员轮训优秀学员	中共广东海事局委员会	2004 年 11 月

续表 10-3-2

姓名	性别	所在单位	奖项名称	授奖机关	授予时间
刘达满	男	珠海海事局	2001—2004 年度社会治安综合治理先进个人	广东海事局	2005 年 1 月
莫甲祥 许岩松	男	珠海海事局	2004—2005 年度广东海事局党建工作优秀共产党员	中共广东海事局委员会	2005 年 6 月
郑国伟	男	珠海海事局	2004—2005 年度广东海事局党建工作优秀党务工作者	中共广东海事局委员会	2005 年 6 月
郑锦雄 吴广涛	男	珠海海事局	抗洪抢险先进个人	广东海事局	2005 年 8 月
梁英贤 许岩松 邓　明 董芳迪（女）	男	珠海海事局	广东海事局 2004—2005 年度先进个人	中共广东海事局委员会、广东海事局	2006 年 1 月
邓明	男	珠海海事局	船舶“管用养修”先进船员	广东海事局	2006 年 1 月
周舟	男	珠海海事局	珠海市打击走私先进个人	珠海市人民政府	2007 年 2 月
许岩松	男	珠海海事局	珠海市劳动模范	中共珠海市委、市政府	2007 年 4 月
李忠华	男	珠海海事局	广东海事局“模范带头人”	广东海事局	2008 年 1 月
梁明诚 陈海杰 谢振华 董芳迪（女）	男	珠海海事局	广东海事局 2006—2007 年度先进个人	广东海事局	2008 年 1 月
何辉华	男	珠海海事局	珠海市反走私先进个人	珠海市人民政府	2008 年 1 月
唐万	男	珠海海事局	广东海事局渡口渡船安全管理专项整治活动特殊贡献人员	广东海事局	2008 年 6 月
陈景锋	男	珠海海事局	广东海事局渡口渡船安全管理专项整治活动先进个人	广东海事局	2008 年 6 月
程祖耀	男	珠海海事局	优秀党务工作者	中共广东海事局党委	2008 年 6 月
谢振华 周　舟 徐　涛	男	珠海海事局	优秀共产党员	中共广东海事局党委	2008 年 6 月
王德才 陈桂洪 蒋　奕 李　东	男	珠海海事局	奥运安保工作先进个人	广东海事局	2009 年 1 月
付志勇	男	珠海海事局	“管用养修”先进船员	广东海事局	2009 年 1 月
马富华	男	珠海海事局	“管用养修”先进船舶管理人员	广东海事局	2009 年 1 月
杨敏	女	珠海海事局	优秀党务工作者	中共广东海事局党组	2009 年 6 月
侯琼珊（女） 陈海杰 魏以信	男	珠海海事局	优秀共产党员	中共广东海事局党组	2009 年 6 月
唐万	男	珠海海事局	2005—2009 年度消防工作先进个人	广东海事局	2010 年 1 月
杨　志 陈景锋 陈协明 周竹军	男	珠海海事局	2008—2009 年度先进个人	广东海事局	2010 年 1 月

续表 10-3-2

姓名	性别	所在单位	奖项名称	授奖机关	授予时间
许岩松	男	珠海海事局	广东海事十大标兵	广东海事局	2010 年 9 月
林　伟 林乃武 任文鸿 李晓宏		珠海海事局	广州亚运会亚残运会水上交通安全管控和应急保障先进个人	广东海事局	2011 年 1 月
谢正如	男	珠海海事局	2010 年管用养修先进船员	广东海事局	2011 年 4 月
林　伟 谢志荣	男	珠海海事局	深圳大运会交通运输安全保障先进个人	交通运输部	2011 年 11 月
谢志荣	男	珠海海事局	深圳大运会交通运输安全保障个人三等功	交通运输部海事局	2011 年 11 月
谢 芳	女	珠海海事局	交通运输政务信息工作先进个人	交通运输部办公厅	2012 年 4 月
范清华	男	珠海海事局	交通运输部海事局直属海事系统创先争优活动优秀党务工作者	中共交通运输部海事局党组	2012 年 7 月
吴 敏	女	珠海海事局	交通运输部海事局直属海事系统危险货物管理岗位技能竞赛三等奖	中共交通运输部海事局党组	2012 年 10 月
吴 敏	女	珠海海事局	交通运输部海事局直属海事系统危险货物管理岗位能手	中共交通运输部海事局党组	2012 年 10 月
陈景锋	男	珠海海事局	交通运输部海事局全国优秀验船师	中共交通运输部海事局党组	2012 年 10 月
董芳迪	女	珠海海事局	交通运输部海事局港口建设费征稽工作突出贡献个人	中共交通运输部海事局党组	2012 年 10 月
吴 敏	女	珠海海事局	交通运输部海事局 2012 年度全国海事系统先进个人	中共交通运输部海事局党组、交通运输部海事局	2013 年 1 月
吴 敏	女	珠海海事局	珠海市先进工作者	中共珠海市委、市政府	2013 年 4 月
吴 敏	女	珠海海事局	直属海事系统优秀青年	交通运输部海事局	2014 年 5 月
徐成宝	男	珠海海事局	《试论海事违法成本》一文荣获广东海事高级论坛优秀论文奖	广东海事局	2014 年 5 月
杨 敏	女	珠海海事局	广东海事局优秀党务工作者	中共广东海事局党组	2014 年 7 月
王谊民 王贯军 许岩松	男	珠海海事局	广东海事局优秀共产党员	中共广东海事局党组	2014 年 7 月
吴敏	女	珠海海事局	广东海事局“国际会议谈判专题工作组”人员选拔竞赛三等奖	广东海事局	2014 年 9 月
徐成宝	男	珠海海事局	2013—2014 年度广东海事局优秀通讯员	广东海事局	2014 年 9 月
王贯军	男	珠海海事局	广东海事局廉政模范	广东海事局	2015 年 5 月
梁明诚	男	珠海海事局	广东海事局 2015 年度优秀海事处长	广东海事局	2016 年 1 月 12 日
孙晓光	男	珠海海事局	先进青年工作者	中共交通运输部海事局党组	2016 年 5 月 9 日
唐万	男	珠海海事局	2016 年度直属海事系统优秀党务工作者	中共交通运输部海事局党组	2016 年 6 月 28 日
贾启军	男	珠海海事局	2016 年度直属海事系统优秀共产党员	中共交通运输部海事局党组	2016 年 6 月 28 日
贾启军 邹浪（女）	男	珠海海事局	优秀共产党员	中共广东海事局党组	2016 年 6 月 29 日
蔡晓萍	女	珠海海事局	2015—2016 年度直属海事系统规费征稽先进个人	交通运输部海事局	2016 年 12 月 9 日
吴敏	女	珠海海事局	交通运输系统“两学一做”优秀共产党员	交通运输部	2017 年 6 月 23 日
叶雄	男	珠海海事局	直属海事系统“两学一做”优秀党务工作者	交通运输部海事局	2017 年 6 月 27 日

续表 10-3-2

姓名	性别	所在单位	奖项名称	授奖机关	授予时间
梁明诚	男	珠海海事局	全国交通运输核心价值观先进践行者	交通运输部	2017 年 11 月 8 日
熊捍华	男	珠海海事局	海事调查先进个人	广东海事局	2017 年 12 月 4 日

珠海市公路局先进人物一览表

表 10-3-3

姓名	性别	所在单位	奖项名称	授奖机关	授予时间
甘仁昌	男	珠海市公路局香洲分局	全国五一劳动奖章	中华全国总工会	1999 年 5 月
陈志军	男	珠海市公路局香洲分局	广东省公路职工计算机及信息高新技术竞赛二等奖	广东省公路管理局	2001 年 8 月
陈子全	男	珠海市公路局斗门分局	全国交通系统先进工作者	国家交通部	2001 年 9 月
刘向斌	男	珠海市公路局香洲分局	造林绿化劳动模范	省绿化委员会	200 年 10 月
陈长胜	男	珠海市公路局香洲分局	全国“五一劳动奖章”	中华全国总工会	2002 年 5 月
林振华	男	珠海市公路局斗门分局	公路养护能手	广东省公路管理局	2002 年 6 月
温远聪	男	珠海市公路局香洲分局	公路养护能手	广东省公路管理局	2002 年 6 月
曾国权	男	珠海市公路局斗门分局	优秀养护工	广东省公路管理局	2002 年 6 月
梁惠锋	男	珠海市公路局香洲分局九洲大道养护站	广东省劳动模范	广东省人民政府	2003 年 5 月
张伯芳	男	珠海市公路局金湾分局	广东省公路管理局政研活动积极分子	广东省公路管理局	2003 年 12 月
张其浪	男	珠海市公路管理局	2002—2003 年度全省公路局系统安全生产工作先进个人	广东省公路管理局	2004 年 4 月
黄荣	男	珠海市公路局香洲分局港湾养护站	广东省五一劳动奖章	广东省总工会	2004 年 4 月
李海宇	男	珠海市公路局香洲分局绿化养护站	2004 年度先进生产工作者	中共珠海市委、市政府	2004 年 4 月
周俊峰	男	珠海市公路局斗门分局白蕉养护中心	2004 年度先进生产工作者	中共珠海市委、市政府	2004 年 4 月
刘育林	男	珠海市公路局金湾地方公路站	2004 年度先进生产工作者	中共珠海市委、市政府	2004 年 4 月
曾晓英	女	珠海市公路局	2003 年度交通行政执法先进个人	广东省交通厅	2004 年 8 月
徐世生	男	珠海市公路局	2004 年度公路系统政务信息优秀信息员	广东省公路管理局	2005 年 4 月
卢志华	男	珠海市公路局	广东省公路系统优秀养护工	广东省公路管理局	2005 年 6 月
赵伟雄	男	珠海市公路局	广东省公路系统优秀养护工	广东省公路管理局	2005 年 6 月
赵健才	男	珠海市公路局斗门分局	广东省公路系统养护能手	广东省公路管理局	2005 年 6 月
区国才	男	珠海市公路局斗门分局	广东省公路系统养护能手	广东省公路管理局	2005 年 6 月
黄顺昌	男	珠海市公路局	广东省公路系统养护能手	广东省公路管理局	2005 年 6 月
黄荣	男	珠海市公路局	广东省公路系统养护能手	广东省公路管理局	2005 年 6 月
梁伟坚	男	珠海市公路局	广东省公路系统养护能手	广东省公路管理局	2005 年 6 月
张伯芳	男	珠海市公路局金湾分局	政研活动先进工作者	广东省公路管理局	2005 年 12 月

续表 10-3-3

姓名	性别	所在单位	奖项名称	授奖机关	授予时间
吴仕强	男	珠海市公路局斗门分局	2004—2005 年度广东省公路局系统勤政廉政先进个人	广东省公路管理局	2006 年 3 月
袁炳全	男	珠海市公路局金湾分局	2004—2005 年度广东省公路局系统勤政廉政先进个人	广东省公路管理局	2006 年 3 月
杨石松	男	珠海市公路局	广东省公路系统“四五”普法先进个人	广东省公路管理局	2006 年 9 月
肖丹	女	珠海市公路局	广东省交通系统科技先进工作者	广东省交通厅	2006 年 10 月
周俊峰	男	珠海市公路局斗门分局	珠海市第二批“十百千万”干部下基层驻农村优秀驻村干部	珠海市人民政府	2007 年 1 月
林慧如	女	珠海市公路局	南粤建功立业女能手	广东省总工会	2007 年 2 月
蓝新辉	男	珠海市公路局	广东省公路系统 2005—2006 年度“勤政廉政先进个人”	广东省公路管理局	2007 年 3 月
林卫新	男	珠海市公路局	广东省公路系统 2005—2006 年度勤政廉政先进个人	广东省公路管理局	2007 年 3 月
李春辉	男	珠海市公路局香洲分局	2005—2006 年度广东省公路系统优秀职工之友	广东省公路管理局	2007 年 3 月
张伯芳	男	珠海市公路局金湾分局	2005—2006 年度广东省公路系统优秀职工之友	广东省公路管理局	2007 年 3 月
陈友泮	男	珠海市公路局斗门分局养护中心	珠海市第七届劳动模范	珠海市委、市政府	2007 年 4 月
吴仕强	男	珠海市公路局斗门分局	2006—2007 年度广东省公路系统勤政廉政先进个人	广东省公路管理局	2008 年 1 月
杨震	男	珠海市公路局	2006—2007 年度广东省公路系统勤政廉政先进个人	广东省公路管理局	2008 年 1 月
陈元见	男	珠海市公路局斗门分局	广东省公路系统养护能手	广东省公路管理局	2008 年 8 月
陈友顺	男	珠海市公路局	2007—2008 年度广东省公路系统勤政廉政先进个人	广东省公路管理局	2009 年 2 月
郑慧仙	女	珠海市公路局金湾分局	2007—2008 年度广东省公路系统勤政廉政先进个人	广东省公路管理局	2009 年 2 月
徐世生	男	珠海市公路局	2008 年度公路系统优秀信息员	广东省公路管理局	2009 年 3 月
李尚锦	女	珠海市公路局	全省公路交通情况调查先进个人	广东省交通运输厅	2009 年 3 月
何小玲	女	珠海市地方道路管理处	全省公路交通情况调查先进个人	广东省交通运输厅	2009 年 3 月
黄悦松	男	珠海市公路局	2008—2009 年度广东省公路系统勤政廉政先进个人	广东省公路管理局	2010 年 1 月
杨石松	男	珠海市公路局	2009 年度全省路政管理工作先进个人	广东省公路管理局	2010 年 3 月
王龙达	男	珠海市公路局香洲分局	2009 年度全省路政管理工作先进个人	广东省公路管理局	2010 年 3 月
吴振峰	男	珠海市公路局斗门分局	2009 年度全省路政管理工作先进个人	广东省公路管理局	2010 年 3 月
高东海	男	珠海市公路局金湾分局	2009 年度全省路政管理工作先进个人	广东省公路管理局	2010 年 3 月
陈桦	男	珠海市公路局	2009—2010 年度广东省公路系统勤政廉政先进个人	广东省公路管理局	2011 年 2 月
张和平	男	珠海市公路局	2009—2010 年度广东省公路系统勤政廉政先进个人	广东省公路管理局	2011 年 2 月
林卫新	男	珠海市公路局	“南粤公路红旗飘扬”百佳人物	广东省公路管理局	2011 年 6 月
周锦添	男	珠海市公路局斗门公路养护中心	“南粤公路红旗飘扬”百佳人物	广东省公路管理局	2011 年 6 月
李仕雄	男	珠海市公路局金湾公路养护中心	“南粤公路红旗飘扬”百佳人物	广东省公路管理局	2011 年 6 月

续表 10-3-3

姓名	性别	所在单位	奖项名称	授奖机关	授予时间
朱铭锋	男	珠海市公路局香洲公路养护中心	“南粤公路红旗飘扬”百佳人物	广东省公路管理局	2011 年 6 月
杨石松	男	珠海市公路局	2009—2011 年度广东省路政宣传先进个人	广东省公路管理局	2011 年 10 月
郑湘凯	男	珠海市公路局	2009—2011 年度广东省路政宣传先进个人	广东省公路管理局	2011 年 10 月
刘向斌	男	珠海市公路局斗门分局	“十一五”广东省公路养护管理工作先进个人	广东省公路管理局	2012 年 1 月
余现阜	男	珠海市公路局斗门分局	“十一五”广东省公路养护管理工作模范养护工	广东省公路管理局	2012 年 1 月
吴慧青	女	珠海市公路局	2011—2012 年全省路政管理先进个人	广东省公路管理局	2012 年 2 月
马沛臻	男	珠海市公路局	广东省公路技术能手	广东省公路管理局	2012 年 8 月
郑湘凯	男	珠海市公路局	广东省交通行业路政管理人员岗位技能竞赛个人二等奖	广东省交通运输厅	2013 年 11 月
陈翠香	女	珠海市高速公路和地方公路管理处	广东省交通行业路政管理人员岗位技能竞赛个人二等奖	广东省交通运输厅	2013 年 11 月
胡颖轩	男	珠海市西部地区公路管理处	广东省交通行业路政管理人员岗位技能竞赛个人二等奖	广东省交通运输厅	2013 年 11 月
郑湘凯	男	珠海市西部地区公路管理处	广东省交通技术能手	广东省交通运输厅	2016 年 2 月
郑湘凯	男	珠海市西部地区公路管理处	广东交通运输行业路政作业人员技能竞赛个人一等奖	广东省交通运输厅	2016 年 2 月
张永锋	男	珠海市西部地区公路管理处	广东交通运输行业路政作业人员技能竞赛个人三等奖	广东省交通运输厅	2016 年 2 月

珠海市邮政系统先进人物一览表

表 10-3-4

姓　名	性别	所在单位	奖项名称	授奖机关	授予时间
袁迪忠	男	珠海市邮电局拱北分局	全国邮政安全生产先进职工	国家邮电部	1990 年 8 月
刁瑞忠	男	珠海市邮电局移动讯分局	全国合理化建议和技术改造活动积极分子	国家邮电部	1991 年 4 月
邹起明	男	珠海市邮电局	广东省“五一劳动奖状”	广东省总工会	1996 年 4 月
吴虹	女	珠海市邮电局香洲分局	全国邮电劳动模范	国家邮电部	1997 年 1 月
谢坚	男	珠海市邮政局	全国“五一劳动奖章”	中华全国总工会	2012 年 4 月
潘伟林	男	广东省邮政速递物流有限公司珠海市分公司	广东省提升邮政行业服务质量专项整治活动先进个人	广东省邮政管理局	2013 年 12 月
何添惠	女	珠海市邮政局斗门分局新环投递部	广东省提升邮政行业服务质量专项整治活动先进个人	广东省邮政管理局	2013 年 12 月
谢　坚	男	广东省邮政公司珠海市分公司营业分局	2014 年度第一季度“广东好人”	广东省文明办	2014 年 4 月
谢坚	男	中国邮政集团公司珠海市分公司	“中国梦·劳动美”最美职工	中共中央宣传部、中华全国总工会	2015 年 4 月
谢坚	男	中国邮政集团公司珠海市分公司	2015 年全国劳动模范	中共中央、国务院	2015 年 4 月
薛学用	男	中国邮政速递物流股份有限公司珠海市分公司	2015 年广东省劳动模范（先进工作者）	广东省委办公厅、省政府办公厅	2015 年 4 月
耿文帅	女	珠海市邮政管理局	全省邮政管理系统新闻宣传工作先进个人	广东省邮政管理局	2015 年 12 月
耿文帅	女	珠海市邮政管理局	2016 年全省邮政管理系统新闻宣传工作先进个人	广东省邮政管理局	2016 年 12 月

珠海航道事务中心先进人物一览表

表 10-3-5

姓名	性别	所在单位	奖项名称	授奖机关	授予时间
陆万东	男	广东省珠海航道局	广东省卫生先进工作者	广东省卫生厅	2002 年 9 月
林绵	男	广东省珠海航道局	广东省内河航道技术等级评定工作先进个人	广东省交通厅	2002 年 10 月
滕仁	男	广东省珠海航道局	广东省内河航道技术等级评定工作先进个人	广东省交通厅	2002 年 10 月
梁婷	女	广东省珠海航道局	全省交通系统“四五”普法先进个人	广东省交通厅	2006 年 1 月
林绵	男	广东省珠海航道局	2005—2006 年度安全生产先进个人	广东省航道局	2007 年 1 月
郭湧	男	广东省珠海航道局	2005—2006 年度安全生产先进个人	广东省航道局	2007 年 1 月
赖永山	男	广东省珠海航道局	2005—2006 年度安全生产先进个人	广东省航道局	2007 年 1 月
邝建宇	男	广东省珠海航道局	全省航道系统航政执法先进个人	广东省航道局	2009 年 11 月
滕仁	男	广东省珠海航道局	全省航道系统 2009—2010 年度安全生产先进个人	广东省航道局	2011 年 3 月
吴国亮	男	斗门航标与测绘所	全省航道系统 2009—2010 年度安全生产先进个人	广东省航道局	2011 年 3 月
梁华钊	男	斗门航标与测绘所	全省航道系统 2009—2010 年度安全生产先进个人	广东省航道局	2011 年 3 月
刘守素	男	广东省珠海航道局	广东省航道系统创先争优活动优秀共产党员	中共广东省航道局党委	2011 年 6 月
梁伟	男	广东省珠海航道局	广东省航道系统创先争优活动优秀党务工作者	中共广东省航道局党委	2011 年 6 月
张周明	男	广东省珠海航道局	广东省航道系统职工思想政治工作研究活动先进工作者	广东省航道局	2011 年 11 月
梁伟	男	广东省珠海航道局香洲航标与测绘所	全国航道管理与养护先进工作者	交通运输部	2012 年 11 月
梁 伟	男	广东省珠海航道局香洲航标与测绘所	广东省道路水路春运先进个人	广东省交通运输厅	2013 年 4 月
郭湧	男	广东省珠海航道局	三等功	广东省航道局	2013 年 11 月
彭爽	女	广东省珠海航道局	三等功	广东省航道局	2013 年 11 月
刘守素	男	广东省珠海航道局	2012—2013 年度广东省航道系统精神文明建设先进工作者	广东省航道局	2014 年 2 月
郭湧	男	广东省珠海航道局	2012—2013 年度广东省航道系统文明职工标兵	广东省航道局	2014 年 2 月
孙燕群	男	广东省珠海航道局	2012—2013 年度广东省航道系统文明职工标兵	广东省航道局	2014 年 2 月
林绵	男	广东省珠海航道局	2013—2014 年度全省航道系统安全生产先进个人	广东省航道局	2014 年 6 月
李广宁	男	广东省珠海航道局香洲航标与测绘所	2013—2014 年度全省航道系统安全生产先进个人	广东省航道局	2014 年 6 月
陈亮	男	广东省珠海航道局斗门航标与测绘所	2013—2014 年度全省航道系统安全生产先进个人	广东省航道局	2014 年 6 月
刘守素	男	广东省珠海航道局	三等功	广东省航道局	2015 年 4 月

珠海市交通运输安全事务中心（市路桥管理处）先进人物一览表

表 10-3-6

姓名	性别	所在单位	奖项名称	授奖机关	授予时间
许保连	男	珠海市路桥管理处下栅站	珠海市第四届先进工作者	中共珠海市委、市政府	1997 年 7 月
刘少宏	男	珠海市路桥管理处	迎澳门回归工程建设先进个人	中共珠海市委、市政府	2000 年 3 月
莫建华	男	珠海市路桥管理处	迎澳门回归工程建设先进个人	中共珠海市委、市政府	2000 年 3 月
徐惠珍	女	珠海市路桥管理处上冲收费站	珠海市劳动模范	中共珠海市委、市政府	2000 年 12 月
刘少宏	男	珠海市路桥管理处	全市第三个五年法制宣传教育先进工作者	中共珠海市委、市政府	2001 年 9 月
项家梅	女	珠海市路桥管理处香洲统缴站	第六届珠海市劳动模范	中共珠海市委、市政府	2004 年 3 月
姚凯生	男	珠海市路桥管理处香洲统缴站	广东省交通系统省级青年岗位能手	广东省交通厅、共青团广东省委员会	2007 年 5 月

珠海公交集团先进人物一览表

表 10-3-7

姓名	性别	所在单位（全称）	奖项名称（全称）	授奖机关	授予时间（年月）
黄海辉	男	珠海市公共汽车公司	广东省交通安全先进生产工作者	广东省交通安全委员会	1981 年 7 月
罗正森	男	珠海市公共汽车公司	1986 年度珠海市立功创先竞赛先进生产者	珠海市人民政府	1987 年 5 月
庄仲六	男	珠海市公共汽车公司	珠海市劳动模范	珠海市人民政府	1990 年 1 月
庄仲六	男	珠海市公共汽车公司	省职工先进生产工作者	广东省人民政府	1991 年 9 月
关焕群	女	珠海市公共汽车公司	全国先进女职工	中华全国总工会	1993 年 3 月
曾晓玲	女	珠海市公共汽车公司	1994 年度全国城建系统规范化服务先进个人	建设部	1994 年 12 月
谭昌球	男	珠海市公共汽车公司	广东省五一劳动奖状	广东省总工会	1996 年 4 月
吴丽珊	女	珠海市公共汽车公司	珠海市劳动模范	珠海市委、市政府	1997 年 6 月
谭昌球	男	珠海市公共汽车公司	广东省劳动模范	广东省委、省政府	1997 年 9 月
徐龙友	男	珠海市公共汽车公司	市安全生产先进个人	珠海市人民政府	1997 年 5 月
李荷花	女	珠海市公共汽车公司	广东省优秀工会工作者	广东省总工会	1999 年 6 月
陈　劲	男	珠海市公共汽车公司	珠海市劳动模范	珠海市委、市政府	2000 年 12 月
陈斌	女	珠海市公共汽车公司	珠海市优秀党务工作者	中共珠海市委	2001 年 7 月
宋维武	男	珠海市公共汽车公司	全国交通系统劳动模范	人事部、交通部	2005 年 3 月
彭鹊飞	女	珠海市公共汽车公	优秀共产党员	中共珠海市委	2005 年 6 月
宋维武	男	珠海市公共汽车公	优秀共产党员	中共珠海市委	2006 年 6 月
刘强胜	男	珠海市公共汽车公	珠海市劳动模范	中共珠海市委、市政府	2007 年 4 月

续表 10-3-7

姓名	性别	所在单位（全称）	奖项名称（全称）	授奖机关	授予时间（年月）
宋维武	男	珠海市公共汽车公	全国五一劳动奖章	中华全国总工会	2007 年 4 月
刘广斌	男	珠海市公共汽车公	珠海市优秀共产党员	中共珠海市委	2008 年 6 月
蔡美拆	男	珠海公交巴士公司	广东省优先发展城市公共交通最美公交车驾驶员	广东省交通运输厅	2014 年 1 月
余荣军	男	珠海公交巴士公司	感动交通人物——最美南粤交通工匠	广东省交通运输厅	2017 年 11 月

珠海交通集团有限公司先进人物一览表

表 10-3-8

姓名	性别	所在单位	获奖名称	授奖机关	授予时间
刘康	男	交通集团	珠海市劳动模范	珠海市总工会	2010 年 4
俞登荣	男	交通集团	珠海市劳动模范	珠海市总工会	2013 年 4 月 28 日

珠海城市建设集团有限公司先进人物一览表

表 10-3-9

姓名	性别	所在单位	奖项名称	授奖机关	授予时间
曾德元	男	珠海市基础工程直属管理处	珠海市劳动模范	珠海市总工会	2010 年 5 月
胡晓宇	男	珠海城市建设集团有限公司	珠海市劳动模范	中共珠海市委、市政府	2013 年 4 月

民航珠海航务管理站先进人物一览表

表 10-3-10

姓 名	性别	所在单位	奖项名称	授奖机关	授予时间
王志琴	男	民航珠海航务管理站	广东省劳动模范	广东省总工会	1997 年 10 月

四、港珠澳大桥主体工程建设先进人物名录

港珠澳大桥主体工程十大领军人物一览表

表 10-4-1

序号	姓名	性别	职 务	所在标段
1	林 鸣	男	项目总经理、总工程师	岛隧
2	刘晓东	男	项目副总经理	岛隧
3	阮家顺	男	首席专家、总工程师	CB02
4	赵传林	男	联合体总经理	CB03
5	余立志	男	长大港航分公司总经理、港珠澳大桥 CB04 合同段 项目经理	CB04

续表 10-4-1

序号	姓名	性别	职务	所在标段
6	徐永钢	男	港珠澳大桥 CB07 标常务副经理	CB07
7	赵 建	男	总监	SB02
8	邵长宇	男	上海市政总工程师	联合体
9	胡昌炳	男	总监	岛隧总监办
10	蔡俊福	男	项目经理兼书记	CA02

港珠澳大桥主体工程十大建设功臣一览表

表 10-4-2

序号	姓名	性别	职务	所在标段
1	黄维民	男	项目副总经理	岛隧
2	赵达斌	男	项目经理	CB01
3	吴跃波	男	总经理	CB02
4	文德安	男	一工区负责人	CB03
5	李林波	男	公司副总经理	CB06
6	谢成远	男	总监理工程师	SB04
7	Hans de wit	男	TEC 执行总监	联合体
8	吴迪军	男	主任工程师	测控中心
9	施 强	男	分院副院长	北京交科
10	孟凡超	男	公司副总经理	DB01

港珠澳大桥主体工程十大工匠一览表

表 10-4-3

序号	姓名	性别	职务	所在标段
1	刘建港	男	安装船总船长	岛隧
2	陈嘉明	男	装配班长	CB02
3	陈志强	男	CB03 标三工区船长	CB03
4	余玮玮	男	CB04 标船机主管	CB04
5	郗根普	男	领工员	CB05
6	沈官刚	男	拌和站站长	CB06
7	郑永浓	男	修理班班长	CB07
8	林鹤辉	男	副总监	SA02
9	许光明	男	测量员	岛隧总监办
10	吕正润	男	施工队队长	CA02

五、珠海市“十大交通人物”名录

2010年12月开始，由珠海电台策划，市交通运输局、市公安局交通警察支队等单位参与，开展每年一届“十大交通人物评选”活动。通过征集各相关单位提名、组委会层层甄选出若干名候选人并通过珠海电台交通875频道介绍其事迹、网络投票、专家评审、颁发证书等环节，评选出“珠海十大交通人物”。

2010 年“珠海十大交通人物”名录

李　华　香洲区义工联文明交通服务队

郭　涛　浸会大学英语语言中心

李志坚　出租车司机

黎　勉　珠海知名网友

张威芳　珠海市公安局交警支队

杨　军　珠海公交巴士有限公司司机

江桂和　珠海柏宁出租车公司出租车司机

张浩然　珠海市交通运输局

胡晓宇　珠海城建集团

冯志敢　香洲区香洲市政维修站

2011 年“珠海十大交通人物”名录

周国庆　珠海市交通运输局

吴志海　珠海市公安局交警支队

曲向华　珠海市港口管理局

胡晓宇　珠海城建集团

管飞跃　珠海公交集团公司

刘银川　拱北边检站

张志红　珠海出租车司机

辛志伟　珠海广播电视台“交通先生”

劳建荣　珠海市汽车摩托车销售维修行业协会

李　宁　珠海香山网网友

2012 年“珠海十大交通人物”名录

彭铁山　南方航空公司珠海分公司

刘　煜　珠海市交通运输局

梁　协　珠海市公安局交警支队

刘伟东 珠海市港口管理局
朱 晴 公共自行车公司
伍子雄 某公司
魏 宁 车友会
蔡美拆 珠海公交集团公司
周昌明 珠海市出租小汽车协会
李瑞海 珠海市民

2013年“珠海十大交通人物”名录

余广山 珠海市公安局交警支队香洲大队一中队
曾黎雯 珠海市道路运输管理处
聂学武 珠海市交通执法局香洲大队
温代贤 珠海市公路局工程技术科
郑炳增 珠海城建市政建设有限公司
谢 琦 珠海城建公共资源经营有限公司
韦 铭 珠海公交巴士有限公司
胡汉健 珠海公交巴士有限公司公共汽车驾驶员
丁 明 南航珠海公司
张幼林 珠港机场管理有限公司

2014年“珠海十大交通人物”名录

陈球忠 珠海市公安局交警支队高栏港大队
彭铁山 南航珠海航空有限公司
薛京海 珠海公交巴士有限公司驾驶员
王锡根 珠海城建市政工程有限公司
罗治雄 珠海市道路运输管理处
冯雪玲 珠海市交通运输局
杨石松 珠海市公路局
刘镇发 珠海港引航站
张 德 珠海市交通运输局综合行政执法局
谢秋华 全兴出租车公司驾驶员

2015年“珠海十大交通人物”名录

李耀选 珠海市公安局交警支队南湾大队

王　希　珠海市交通运输局
杨建云　珠海市道路运输管理处
张　阳　珠海市交通运输局综合行政执法局
潘崇青　珠海出入境边防检查站
谷　裕　珠海市交通运输（市港口管理局）
丘昌贤　珠港机场管理有限公司
李梓云　珠海公交巴士有限公司前山分公司公交车驾驶员
陈　昊　珠海驿联新能源汽车运营服务有限公司
苏成平　珠海公交柏宁出租车有限公司香洲分公司出租车司机

2016 年“珠海交通十大人物”名录

程继红　珠港机场管理有限公司
陈钦生　珠海机场汽车运输有限公司
陈　桦　珠海市公路局
关　怀　市交通执法局金湾大队
呼　超　珠海交通集团有限公司东部项目管理处
罗长政　珠海市交通运输局
史亚斌　珠海市公安局交警支队科技设施科
苏全丽　珠海航展有限公司
杨　春　珠海市出租车驾驶员协会
周　云　珠海市道路运输管理处

2017 年“珠海十大交通人物（集体）”名录

蒋仕亮　珠海市交通运输局
李春辉　珠海市西部地区公路管理处
杜　斌　珠海机场汽车运输有限公司
李京安　珠海市民安救援中心
谭云海　珠海市粤华园林绿化建设管理有限公司
王本贤　珠海市交通运输局综合行政执法局
卓晓燕　珠海市道路运输管理处
赵钟亮　珠海市公安局交警支队香洲大队
南方航空珠海航空公司
珠海市公安局特警支队潜水救援小组

2018 年“珠海十大交通人物”名录

齐　豫　珠海市公安局交警支队
孙洁峰　珠海航展有限公司
柳勤勋　珠海市交通运输局
陈钦生　珠海机场汽车运输有限公司
唐海涌　珠海公交巴士有限公司
陈健文　珠海市公路局
赵　京　珠海市交通运输局综合行政执法局
陈文彬　珠海市交通运输局
李沛阳　珠海市道路运输管理处
陈兆华　珠海市交通运输局

2019 年“珠海十大交通人物（集体）”名录

陈跃满　柏宁出租车公司出租车驾驶员
韩品甲　中交珠海城际轨道交通投资建设有限公司
黎晓东　珠海航空有限公司
刘明哲　珠海市公路局
余秀通　珠海机场汽车运输有限公司
杨周琪　珠港机场管理有限公司
郑继鹏　珠海市交通运输局综合行政执法局
朱学敏　珠海出入境边防检查总站拱北出入境边防检查站执勤一队
朱　宝　民航珠海进近管制中心
交警信控组　珠海市公安局交警支队

“十大杰出贡献奖”获奖名单

黄贞山　原珠海市交通委员会
杨小江　珠海市公安局交警支队
张　雷　民航珠海进近管制中心
张福勇　珠海市规划设计研究院交通规划设计分院
梁凯斌　珠海高速客轮有限公司
关秋枫　中交四航局珠海工程有限公司
张海涛　珠港机场管理有限公司
珠海市港珠澳大桥建设协调办公室
智慧公交指挥中心团队
民航珠海空管站管制运行部

附　录

一、重要文件辑录

珠海市交通运输标准化管理办法

（珠海市交通运输标准化管理办法由珠海市交通运输局制定，2016年2月16日发布并实施）

1　范围

本标准规定了珠海市交通运输标准化管理的基本任务、组织机构、职责、标准的制定、修订及审批程序、实施监督检查等标准化工作的管理要求。

本标准适用于珠海市交通运输局及行业各相关单位开展标准化管理工作。

2　规范性引用文件

下列文件对于本文件的应用是必不可少的。凡是注日期的引用文件，仅所注日期的版本适用于本文件。凡是不注日期的引用文件，其最新版本（包括所有的修改单）适用于本文件。

GB/T 1.1 标准化工作导则 第1部分：标准的结构和编写

GB/T 13016 标准体系表编制原则和要求

GB/T 15496 企业标准体系要求

GB/T 19273 企业标准体系评价与改进

GB/T 24421（所有部分）服务业组织标准化工作指南

GB/T 30226 服务业标准体系编写指南

3　术语和定义

下列术语和定义适用于本标准。

3.1　珠海市交通运输标准化

为在珠海市范围内获得最佳秩序，对交通运输实际的或潜在的问题制定、实施、评价和改进共同的和重复使用规则的活动。

3.2　珠海市交通运输标准体系

珠海市交通运输标准按其内在联系形成的科学的有机整体。

3.3 珠海市交通运输标准体系表

珠海市交通运输标准体系的标准按一定形式排列起来的图表。

4 建立标准体系的要求

4.1 建立标准体系的基本原则

按GB/T 13016、GB/T 15496 、GB/T 24421（所有部分）、GB/T 30226的要求，结合城市客运、交通信息，为提高服务质量的需要，建立服务标准体系，加以实施，并持续评审与改进其有效性。

建立服务标准体系应符合以下要求：

a) 应符合国家有关法律、法规，实施有关国家标准、行业标准和地方标准；

b) 服务标准体系内的所有标准都要在方针、目标的指导下形成，包括贯彻、采用的上级标准和本体系制定的标准；

c) 服务标准体系应以提高服务质量、规范服务行为，满足用户要求为目标；

d) 服务标准体系应维护用户和员工利益，关注安全、环境和卫生；

e) 服务标准体系内的标准应体现行业特点，能满足管理的需要；

f) 服务标准体系应在服务标准体系表的框架下制定；

g) 实施统一管理，全面协调开展工作；

4.2 专业标准体系组成

4.2.1 概述

珠海市交通运输标准体系主要组成有：通用基础标准（含术语与符号、分类与编码）、运输服务标准（如出租车、轨道交通、公交服务、民航运输、水运运输）、工程设施标准、安全应急标准、信息化标准、统计评价标准、运输装备和产品标准。

4.2.2 专业标准体系组成框架

专业标准体系组成按图1。

4.3 专业服务标准体系的组成

4.3.1 概述

服务标准体系由服务通用基础标准、服务保障标准、服务提供标准、服务监督与评价四个子体系组成，每个子体系中又分成各个门类。

4.3.2 服务通用基础标准子体系

指体系内普遍采用，具有广泛指导意义的规范性文件。包括：

a) 标准化导则；

b) 术语和缩略语标准；

c) 符号与标志标准；

4.3.3 服务保障标准子体系

指为支撑服务有效性提供而制定的规范性文件。包括：

a) 环境标准；

b) 能源标准；

c) 安全与应急标准；

d) 职业健康标准；

e) 信息标准；

f) 设施与设备及用品标准；

g) 人力资源标准；

4.3.4　服务提供标准子体系

指为满足服务需要，规范信息提供单位与使用者之间直接或间接接触活动过程的规范性文件。包括：

a) 服务规范；

b) 服务提供规范；

c) 运行管理规范；

4.3.5　服务监督与评价标准子体系

服务监督、考核、评价与改进标准。

4.3.6　服务标准体系表

服务标准体系表是服务标准体系的一种表现形式，包括反映标准体系分层分类的标准体系结构框图、涵盖标准名称分层分类的标准明细表、标准汇总表，以及标准体系表编制说明。

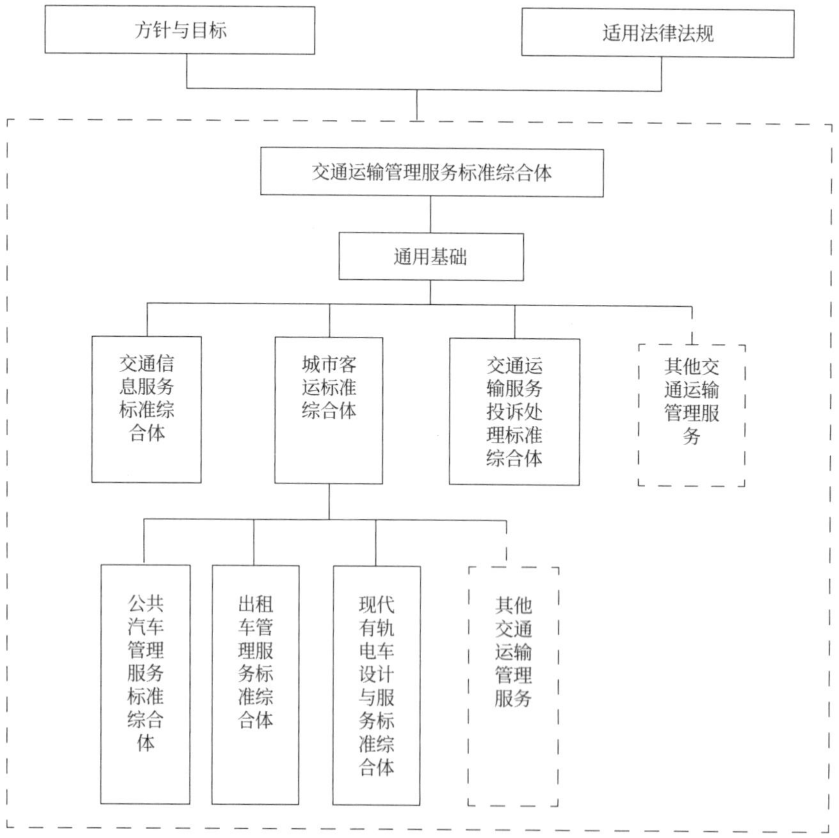

图1　珠海市交通运输管理服务标准综合体结构图

注1：其他交通运输管理服务包括港口、货运、机动车维修、驾驶员培训等交通运输管理服务。

注2：其他城市客运管理服务包括水运等城市客运管理服务。

5 标准化管理机构、人员和职责

5.1 机构

根据服务质量管理和经营管理活动的需要，对标准化管理工作采用以下形式：

a) 设立以标准化领导小组，局长担任组长，分管局领导担任副组长，相关科室、单位负责人为成员，负责研究标准化工作的重大问题；

b) 标准化领导小组下设办公室，设在局政策法规科，为标准化的统筹管理机构；

c) 各科室、单位按照职能范围，负责本领域相关标准的制修订、执行及企业实施标准情况的监督检查等日常管理工作。

5.2 人员

5.2.1 人员配置

5.2.1.1 标准化领导小组成员为各科室、单位负责人；

5.2.1.2 局政策法规科科长兼任标准化管理办公室主任；

5.2.1.3 各科室、单位指定人员对标准化进行日常管理。

5.2.2 标准化管理人员应具备的知识和能力

5.2.2.1 具备与所从事的标准化工作相适应的专业知识、标准化知识和工作技能；

5.2.2.2 熟悉并能执行国家、地方有关标准化法律、法规、方针和政策；

5.2.2.3 熟悉交通信息综合服务的流程、管理要求及现状，具备了一定的管理知识；

5.2.2.4 具备一定的组织协调能力、计算机应用及文字表达能力。

5.3 标准化管理职责

5.3.1 标准化领导小组的职责

5.3.1.1 贯彻国家标准化工作的法律、法规、方针、政策和有关强制性标准；

5.3.1.2 统一归口管理本市交通运输标准；

5.3.1.3 组织制定本市交通运输标准化管理制度；

5.3.1.4 负责标准化工作的组织领导，根据需要调配资源，安排人员和时间开展工作；

5.3.1.5 审议标准化制修订等工作规划、计划；

5.3.1.6 审议标准体系表；

5.3.1.7 审核标准化工作经费；

5.3.1.8 对已实施的标准进行监督检查；

5.3.1.9 组织标准复审。

5.3.2 标准化办公室的职责

5.3.2.1 统筹交通运输标准化日常工作；

5.3.2.2 组织落实标准化领导小组决策；

5.3.2.3 建立标准档案；

5.3.2.4 组织监督检查有关国家标准、行业标准、地方标准和本市标准的实施情况；

5.3.2.5 组织标准化审查；

5.3.2.6 组织开展标准化知识培训。

5.3.3 各科室、单位的职责

5.3.3.1 贯彻执行国家标准化工作的法律、法规、方针、政策和有关强制性标准；

5.3.3.2 完成标准化领导小组下达的工作任务；

5.3.3.3 编制本科室、单位的标准化制修订等工作规划、计划；

5.3.3.4 确定本科室、单位的标准化工作目标和任务；

5.3.3.5 提出和安排标准化活动经费，并将其纳入财政预算；

5.3.3.6 组织制定、修订相关标准；

5.3.3.7 组织实施与本科室、单位有关的标准；

5.3.3.8 监督检查管辖范围企业、人员实施标准的情况。

6 标准化知识培训

各级管理人员和员工均应接受标准化知识的培训，以达到：

a) 熟悉国家有关标准化的法律、法规、方针和政策；

b) 了解标准化的基本知识，熟悉并掌握管辖范围内的各类标准，能贯彻和运用；

c) 能熟练运用与本职工作有关的服务通用基础标准、保障标准和提供标准；

d) 专兼职标准化人员达到本标准5.2.2的要求。

7 标准化工作的规划和计划

标准化工作的规划、计划包括：

a) 制定、修订服务标准体系和标准的规划、计划；

b) 实施标准计划；

c) 标准文本有效性检查计划。

8 标准化信息

8.1 标准化信息的范围

信息范围主要包括：

a) 服务提供、质量、安全、环境等方面有效的各种标准文本。

b) 国内外有关标准化期刊、出版物、专著。

c) 国家和地方有关标准化的法律、法规、规章和规范性文件。

d) 有关的国家标准、行业标准、国际标准、国外先进标准、地区标准、技术法规中的中外文本。

e) 其他与本服务体系有关的标准化信息。

8.2 标准化信息管理的基本要求

办公室负责组织搜集、整理、保管和使用标准化信息，应：

a) 建立广泛而稳定的信息搜集渠道。

b) 及时地了解并搜集与本服务体系有关的标准发布，修订、更改和废止的信息。

c) 对收集到的信息进行整理、分类、登记、编目和借阅，及时传递到使用部门。

d) 收藏的标准信息应及时更替、更改，保持良好的时效性。

9 服务标准的制定

9.1 制定标准范围

纳入交通信息管理的所有服务事项、管理事项均应制定标准。

9.2 制定程序

标准制定程序一般为：立项—拟定标准框架—起草标准—征求意见—审查—发布实施；特殊情况下可实施快速程序：立项—起草标准—审查—发布实施。

9.3 立项原则

标准制定任务是否立项一般应由标准化工作小组确定。

9.4 标准格式

标准格式参照GB/T 1.1的要求执行。

10 标准的实施

10.1 基本原则

实施标准的基本原则包括：

a) 实施标准应符合国家法律、法规的有关规定；

b) 国家标准、行业标准、地方标准中有关强制性标准，应严格执行；

c) 纳入本标准体系的标准都应严格执行，任何部门或个人不得擅自更改或降低标准。

10.2 程序和方法

10.2.1 制定实施标准计划

应将实施标准的工作列入工作计划，规定有关部门应承担的任务和完成时间。实施标准的计划包括：实施标准的方式、内容、步骤、负责人员、起止时间，应达到的要求。

10.2.2 实施标准的准备

实施标准的准备工作包括：

a) 明确相应的部门，负责实施标准的组织协调。

b) 向有关人员宣传、讲解标准。

c) 进行技术准备，必要时应进行科技攻关或技术改造。

d) 进行物资准备，为实施标准提供必要的资源。

10.2.3　实施标准

10.2.3.1　按照服务法规、服务通用基础标准、服务保障标准、服务提供标准的不同特点，在做好准备工作的基础上，由各部门分别在各个环节组织实施有关标准；

10.2.3.2　各有关部门应严格实施标准；

10.2.3.3　在贯彻实施国家标准、行业标准、地方标准和中心标准遇到的问题，应及时与标准化管理办公室或标准起草部门沟通。

11　标准实施的监督检查

11.1　总则

实施标准的监督检查是指对标准贯彻执行情况进行督促、检查和处理的活动。通过监督检查，可促进标准的有效执行，并发现标准本身存在的问题，以采取改进措施。

11.2　标准监督检查的内容

对标准实施进行监督检查的内容包括：

a) 已实施标准的执行情况；

b) 本体系内法规、服务通用基础标准、服务保障标准、服务提供标准贯彻执行情况；

c) 增加新的服务内容、改进服务方式方法是否符合有关标准化法律、法规、规章和强制性标准的要求。

11.3　监督检查的方式

标准实施监督可采用统一领导、分工负责相结合的管理方式，在标准化领导小组组长的领导下，由标准化办公室统一进行组织、协调、考核，各有关部门按专业分工对有关标准的实施情况进行监督检查。

标准实施的监督检查可按下列方式进行：

a) 服务保障标准、服务提供标准的实施由相关部门进行监督检查：其中服务标准的实施情况由标准化办公室按相关标准、绩效考核办法进行检查考核；

b) 管理部门服务基础标准实施情况，由办公室主任组织检查考核；

c) 各类岗位人员工作标准由所属部门负责人组织检查考核；

d) 增加新的服务内容、改进服务方式方法、使用新设备时，标准化办公室应对其符合有关标准化法律、法规、规章和强制性标准的情况进行监督；

e) 应在服务提供的各个阶段由标准化人员负责对有关部门的流程和管理规范文件进行标准化审查。

11.4　监督检查结果的处理

负责监督检查的部门和人员，应确保监督检查的客观性和公正性，检查结果应形成记录以作为改进的依据。

11.5　奖惩

11.5.1　对标准化工作先进单位、先进个人予以表彰；

11.5.2　在年度考核中作为考评优秀的考虑因素。

11.6　标准改进

下列情况下启动对标准的修改、完善和改进工作：

a) 服务监督、评价中发现标准不适用；

b) 服务评价报告中要求的改进，涉及标准内容的；

c) 标准定期复审结论需要修改改进的；

d) 其他需要改进的情况。

11.7 服务标准体系的评价和改进

11.7.1 对建立的标准体系是否符合相关标准的要求以及标准体系运行的有效性和效率进行评审，评审工作应按GB/T 19273的要求进行。

11.7.2 服务标准体系的评价先由标准化领导小组组织自我评价，必要时可请外部机构进行评估。

11.7.3 体系评价的改进、实施由标准化工作组负责，发布由标准化领导小组负责。

12 采用国际标准

12.1 本服务体系应依据国内外市场需要，采用国际标准（包括采用国外先进标准）。

12.2 将确定要采用的国际标准或国外先进标准的内容进行转化并指定为本服务体系标准。

13 报告和记录

13.1 标准化管理活动应形成下列记录，记录的填写、保管执行。

13.2 标准草案征求意见单；标准草案送审稿意见单；标准草案报批稿签署单。

珠海经济特区出租车管理条例

（2013年3月28日珠海市第八届人民代表大会常务委员会第十次会议通过 根据2020年5月27日珠海市第九届人民代表大会常务委员会第二十九次会议通过的《珠海市人民代表大会常务委员会关于修改〈珠海经济特区出租车管理条例〉等四项法规的决定》修正）

第一章 总 则

第一条 为加强出租车行业管理，促进出租车行业的健康发展，提高出租车行业服务水平，根据有关法律的基本原则，结合珠海经济特区实际，制定本条例。

第二条 本条例适用于本市行政区域内出租车行业的经营服务、管理及相关活动。

本条例所称出租车，是指依法取得营运牌照，按照乘客意愿提供客运服务，按照行驶里程、时间计价收费的七座以下（含七座）的小型机动客车。

第三条 市交通运输主管部门是出租车行业的行政主管部门，负责本市出租车行业管理工作。

发展改革、公安、财政、人力资源社会保障、税务、生态环境、口岸、旅游、市场监管等行政管理部门依照各自职责，协同做好出租车行业管理工作。

第四条 出租车是城市综合交通运输体系的组成部分，是城市公共交通的补充。出租车发展应当与城市经济社会发展相适应，与公共交通等客运服务方式协调发展。

出租车行业发展规划应当纳入本市的交通规划，由市交通运输主管部门组织编制，报市人民政府批准后实施。

第五条 本市设立出租车行业发展咨询委员会，咨询委员会由政府相关部门、专家、出租车经营者、出租车驾驶员、消费者等人员组成，承担对出租车行业发展提出意见、建议等职能。

第六条 本市出租车行业协会，根据章程履行以下职责：

（一）制定本行业自律规范和示范合同文本；

（二）倡导、教育和督促出租车经营者、驾驶员遵守相关法律、法规和行业规范；

（三）提供与行业业务有关的服务；

（四）向政府及相关部门反映行业的意见和诉求，做好出租车经营者、驾驶员与政府及相关部门之间的沟通协调工作；

（五）发布行业经营状况，协调经营主体利益分配以及指导履约保证金标准的确定；

（六）调解出租车经营者之间、出租车经营者和驾驶员之间的矛盾纠纷；

（七）承担行政主管部门委托的事项。

第七条 本市鼓励和支持出租车管理的科学技术研究，积极推广先进技术和设备的使用。

市交通运输主管部门、出租车经营者应当建立科学的指挥调度、监督管理和奖励激励机制，提高服务水平。

第二章　经营许可

第八条 从事出租车经营的，应当登记注册为企业，并取得出租客运道路运输经营许可证（简称出租车经营许可证）。取得出租车经营许可证，应当具备下列条件：

（一）自有二十个以上营运牌照及相应车辆；

（二）有与经营规模相适应的经营场所；

（三）有相应的专业技术人员、管理人员和符合本条例规定条件的驾驶员；

（四）有健全的安全生产、服务质量、车辆、驾驶员等管理制度。

第九条 申请出租车经营许可证的，应当向市交通运输主管部门提出书面申请，并提供相关材料。市交通运输主管部门应当自受理申请之日起十五个工作日内作出许可或者不予许可的决定。作出许可决定的，应当颁发出租车经营许可证，并对其投入营运的车辆核发道路运输证；不予许可的，应当书面通知申请人并说明理由。

第十条 从事出租车营运的车辆应当取得市交通运输主管部门颁发的营运牌照。营运牌照实行一车一证制。

第十一条 市交通运输主管部门应当每年对出租车市场供求状况进行分析。

营运牌照根据社会需求和城市道路交通状况投放。投放方案由市交通运输主管部门拟订，向社会公开征求意见，报市人民政府批准后实施。

本条例实施前取得的营运牌照经市人民政府批准，可以由一个拆分为多个投入市场营运，多个牌照的营运期限总和不超过原牌照的营运期限。

第十二条 营运牌照通过招投标等公平竞争方式投放，实行专营管理。

投标人为具备道路旅客运输经营许可资格的企业。中标企业应当与市交通运输主管部门签订营运牌照使用合同。

第十三条 营运牌照期限最长不超过十年。本条例实施前已取得的营运牌照，按照原确定的期限执行。

第十四条 营运牌照投放的收益应当用于出租车管理的科学技术研究、先进技术和设备的推广使用、促进出租车行业健康发展、表彰奖励优秀驾驶员等。

第十五条 出租车应当在市交通运输主管部门核定的区域内营运，并按该区域核定的出租车运价收取租车费用。

本条例实施前取得的营运牌照，营运区域经调整扩大范围的，应当按照调整扩大时的市场价格补缴营运牌照使用费差价。

第十六条 营运牌照应当由出租车经营者直接经营，禁止转让。

本条例实施前取得的营运牌照的持有人为非出租车经营者的，应当将牌照委托给出租车经营者经营。

本条例实施前取得的营运牌照未禁止转让的，可以转让。受让方应当是本市出租车经营者或者具有本市户籍且年满十八周岁的居民。

第十七条 有下列情形之一的，市交通运输主管部门应当撤回相关出租车的营运牌照：

（一）营运牌照使用期限届满的；

（二）未履行合同义务，按合同约定应当收回的；

（三）在经营期限内无正当理由连续三十日不营运的；

（四）依本条例取得的营运牌照，九十日内无正当理由未投入营运的。

第十八条 出租车应当符合交通主管部门确定的技术标准、环保标准，按照规定安装出租车标志灯、空车待租标志、计价器、信息化监管设备等运营专用设备，标明出租车经营者名称、车身编码、服务监督电话号码，张贴价目表，喷涂规定的出租车车身颜色。

鼓励出租车行业使用环保节能车型。

第十九条 车辆投入出租车营运时，取得行驶证应当未满六个月。车辆自投入出租车营运之日起满五年的，应当退出营运。退出营运的车辆可以继续上路行驶，但应当自投入营运之日起满八年予以报废。

不再从事出租车营运的车辆应当去除规定的出租车车身颜色，清除、拆除出租车标识和运营专用设备。

第三章　驾驶员管理

第二十条 从事出租车驾驶的，应当取得出租车驾驶员从业资格证。

第二十一条 出租车经营者应当聘用已取得从业资格证的驾驶员，并向市交通运输主管部门申请驾驶员从业资格注册。

市交通运输主管部门应当在五个工作日内办理注册手续。符合条件的，予以注册并发放服务监督卡；不符合条件的，不予注册。

第二十二条 出租车车辆应当由固定的驾驶员驾驶。

出租车经营者应当配备一定比例的机动出租车驾驶员，在固定车辆的驾驶员休息等情形下，驾驶其出租车。

第二十三条 出租车驾驶员的人身权利、劳动权益受法律保护。

驾驶员权益受到侵害的，可以向市交通运输主管部门、人力资源和社会保障等部门进行投诉。相关部门对出租车驾驶员的投诉，应当自接到投诉之日起十个工作日内处理完毕；不属于本部门处理的，应当在三个工作日内转送有权处理的部门处理，并向投诉人说明理由。

第二十四条 出租车驾驶员应当遵守下列规定：

（一）统一着装，随车携带相关证件，按规定展示服务监督信息；

（二）出租车待租乘时，应当显示“空车”待租乘标志，夜间开启顶灯；

（三）保持车身、车厢整洁，不得在车内吸烟，载客时不得操作手机、饮食；

（四）按规定使用信息化监管设备；

（五）按规定时间交接班；

（六）遵守机场、码头、口岸、站场、旅游景点以及其他大型公共场所等专用候客站的营运秩序；

（七）不得破坏计价器检定印封、计价器的准确度或者使用无效计价器；

（八）不得将出租车交给未取得从业资格证的人员营运；

（九）法律、法规规定的其他义务。

第二十五条 出租车驾驶员在营运过程中应当遵守交通规则，文明驾驶，礼貌服务，遵守下列规定：

（一）不得乱鸣喇叭、不得在遇有停车排队等候或者缓慢行驶时，强行超车、占用对向车道或者穿插行驶；

（二）使用计价器并按规定收取租车费用；

（三）不得无故中断运输或者更换车辆；

（四）未经乘客同意并事先就收费标准协商一致，不得搭载他人；

（五）按照乘客要求的路线或者最短路线行驶，未经乘客同意不得绕道行驶；

（六）按规定出具客运发票；

（七）对乘客遗失在车内的物品，应当及时归还失主或者上交有关部门；

（八）不得殴打乘客、骗取乘客财物；

（九）不得无正当理由拒绝载客；

（十）法律、法规规定的其他义务。

第二十六条 出租车驾驶员有下列情形之一的，出租车经营者应当向市交通运输主管部门申请注销注册，并交回服务监督卡：

（一）与出租车经营者的劳动合同解除或者终止的；

（二）驾驶证被依法吊销或者注销的；

（三）出租车从业资格证被吊销的；

（四）一个记分周期内被公安机关交通管理部门记分累计达到十二分的；

（五）其他应当依法注销的情形。

第二十七条 驾驶员有下列情形之一的，市交通运输主管部门、出租车经营者应当给予表彰或者奖励：

（一）文明驾驶，礼貌服务表现突出的；

（二）在抢险、救灾等特殊任务中作出突出贡献的；

（三）拾金不昧、救死扶伤、见义勇为等事迹突出的；

（四）有其他突出事迹的。

第四章 营运管理

第二十八条 出租车运价实行政府定价或者政府指导价。运价调整的，价格主管部门应当按照规定进行论证并组织听证。

第二十九条 出租车经营者统一聘用出租车驾驶员。出租车经营者应当与所聘用的驾驶员订立书面劳动合同，并依法缴纳社会保险费。

驾驶员实行不定时工作制的，其工作安排、薪酬待遇、社会保险费缴纳等事项应当在劳动合同中明确。

第三十条 本条例实施后取得的营运牌照由出租车经营者直接经营。出租车营运车辆由出租车经营者出资购买，出租车经营者应当合理核定驾驶员的营运任务和需上交的营运收入。

出租车经营者承担营运风险，不得以挂靠、一次性买断、预收费用、收取风险抵押金、财产抵押金、营运收入保证金等名义将营运风险转移给驾驶员。

第三十一条 出租车经营者核定的驾驶员营运任务和需上交的营运收入应当报市交通运输主管部门备案。

经营环境发生重大变化，严重影响出租车营运时，市交通运输主管部门可以对营运任务和需上交的营运收入进行合理调整。

第三十二条 鼓励本条例实施前取得的营运牌照由出租车经营者直接经营。

本条例实施前取得的营运牌照继续实行承包经营的，市交通运输主管部门可以会同价格主管部门制定合理的营运牌照承包费指导价。

经营环境发生重大变化，严重影响出租车营运时，市交通运输主管部门可以会同价格主管部门采取适当降低承包费等措施，由出租车经营者、营运牌照持有人和驾驶员合理承担风险。

第三十三条 出租车经营者应当遵守下列规定：

（一）出租车经营者应当保障驾驶员的休息权，采取措施防止驾驶员疲劳驾驶；

（二）向法定计量检定机构申请对计价器进行周期检定，不得安装、使用未经检定或者经检定不合格的计价器；

（三）执行出租车行业标准和服务规范，建立健全交接班等工作制度，提供连续、普遍的服务；

（四）对出租车进行维护和检测，保持车况良好，符合车辆技术标准；

（五）定期进行机动车排气污染检测，确保出租车排气达到规定的机动车污染物排放标准，配合环境保护主管部门监督抽检；

（六）按照规定购买营业性机动车交通事故责任强制保险和承运人责任险等相关保险，充分保障乘客权益；

（七）履行出租车的交通安全和治安防范工作职责。

第三十四条 乘客在乘坐出租车时应当文明乘车，遵守下列规定：

（一）不得向驾驶员提出不符合道路交通安全规定的要求；

（二）不得携带管制器具和爆炸性、易燃性、毒害性、放射性、腐蚀性等危险物品；

（三）支付租车费用；

（四）不得在出租车内吸烟、吐痰、扔杂物和损坏车内设施、设备。

乘客违反前款第一项和第二项规定的，驾驶员可以拒绝载客或者中途终止载客。违反本条第四项规定的，驾驶员可以予以劝阻；劝阻无效的，驾驶员可以中途终止载客。

醉酒者和其他行为举止异常者乘车影响安全驾驶的，驾驶员可以拒绝载客或者中途终止载客。

第三十五条 有下列情形之一的，乘客可以拒绝支付租车费用：

（一）租乘的车辆无计价器、不使用计价器或者计价器显示不清的；

（二）租乘的车辆在起步里程内发生故障，无法完成运送服务的；

（三）在营运途中无故中断运输或者更换车辆的；

（四）未按规定出具有效客运发票的。

（五）在规定的收费项目和标准以外收费的；

（六）驾驶员未经乘客同意并且事先未就收费标准协商一致搭载他人的。

第三十六条 出租车有下列情形之一的，出租车经营者应当中止该出租车的营运：

（一）未经检测机构检测或者检测不合格的；

（二）发生机械故障不能正常运行或者有其他事故隐患的；

（三）标志灯、计价器、车载信息化监管设备、空车待租标志等运营专用设备不能正常工作的；

（四）车辆外观破损、污垢严重不宜载客的；

（五）服务标识不全的。

第三十七条 市交通运输主管部门应当会同公安、市政等部门，在机场、码头、口岸、车站、旅游景点等客流集散地的适当位置划定候车区域，并设立明显的候车标志和临时停车上、下客标志。

公安机关交通管理部门应当会同市交通运输主管部门在道路上合理设立出租车临时上、下客点，并设置明显的标志。未设禁停标志的路段，在不妨碍交通安全的前提下，出租车可以在道路边沿上、下客。

第三十八条 酒店、旅游、娱乐等公共服务场所应当为出租车预留必要的免费候客车位。

住宅小区应当为出租车营运服务提供便利。

任何单位和个人不得向出租车经营者、驾驶员非法收取停车费用或者阻挠其正常营运。

第三十九条 未取得营运牌照和道路运输证的小型机动客车，不得从事收费载客业务。

市交通运输主管部门依法查处未取得营运牌照和道路运输证的机动车从事收费载客业务的行为后，应当对举报人或者协助查处人按罚款数额百分之十的比例给予奖励。

第四十条 非出租车车辆不得喷涂出租车颜色，安装出租车标志灯、计价器、空车待租标志等标识和运营专用设备，假冒出租车进行经营。

第四十一条 任何单位和个人不得为未取得营运牌照和道路运输证从事收费载客业务的车辆招揽乘客。

第四十二条 出租车在核定区域外搭载回程乘客的，应当在市交通运输主管部门指定的站场上客。

第四十三条 外市出租车驶入本市应当遵守下列规定：

（一）不得从事起点和终点都在本市的收费载客业务；

（二）应当在空车标志灯上套放“暂停载客”标志，夜间熄灭顶灯；

（三）不得在市交通运输主管部门指定的站场以外搭载回程乘客。

第四十四条 市交通运输主管部门可以制定出租车委托经营合同、出租车承包经营合同、出租车驾驶员劳动合同等合同的示范文本供当事人参照。

第五章　监督检查和投诉

第四十五条 市交通运输主管部门应当对出租车经营者和驾驶员的经营行为、服务质量、安全生产等情况进行监督检查，并实行社会评议制度。

第四十六条 监督检查和评议结果应当每年向社会公布，并作为出租车经营者通过招投标取得营运牌照的重要依据。

连续两年监督检查和评议结果不合格的，市交通运输主管部门应当撤销出租车经营许可证。

第四十七条 市交通运输主管部门应当建立健全投诉处理制度。对受理的投诉，应当自接到投诉之日起十个工作日内处理完毕，并答复投诉人。对不属于本部门处理的投诉事项，应当转交相关部门，并告知投诉人。

第四十八条 出租车经营者应当建立健全投诉制度，设立并公开投诉电话。对接到的投诉，应当在十个工作日内答复投诉人。

第四十九条 对驾驶员违反本条例规定的行为，乘客可以向市交通运输主管部门或者出租车经营者投诉。

投诉时，应当提供投诉人姓名和联系方式、被投诉出租车车牌号或者其他营运信息、主要事实和诉求。投诉人不如实提供上述信息的，受理投诉的机构按照无效投诉处理。

负责投诉处理的部门、企业不得泄露投诉人的个人信息。

第五十条 乘客对出租车计价器收费有争议的，可以向市交通运输主管部门投诉。

第六章　法律责任

第五十一条 违反本条例第十六条第一款规定，转让本条例实施后取得的营运牌照的，吊销营运牌照，没收违法所得，并处以一万元以上三万元以下的罚款。

违反本条例第十六条第三款规定，将本条例实施前取得的营运牌照转让给非本市出租车经营者或者不具有本市户籍且年满十八周岁的居民的，吊销营运牌照。

第五十二条 出租车经营者有下列情形之一的，由市交通运输主管部门责令改正，并按下列规定予以处罚：

（一）违反本条例第十八条第一款规定，未配置、安装出租车标志灯、空车待租标志、计价器或者信息化监管设备等运营专用设备的，每车处以一千元的罚款；

（二）违反本条例第十八条第一款规定，未在指定的位置标明经营者名称、车身编码、服务监督电话号码，张贴价目表，喷涂规定的出租车专用车身颜色的，每车处以五百元的罚款；

（三）违反本条例第十九条第二款规定，不按规定去除出租车车身颜色、清除出租车专用标识、拆除出租车专用设施的，每车处以一千元以上五千元以下的罚款；

（四）违反本条例第二十一条规定，聘用未取得相应从业资格证的人员从事出租车驾驶业务或者不按规定办理注册手续的，每人次处以一千元的罚款；

（五）违反本条例第三十一条第二款、第三十二条第三款规定，不执行政府有关部门在经营环境发生重大变化时重新核定的营运任务或者提出的营运收入、承包费调整方案，由市交通运输主管部门责令暂停营运十五日；情节严重的，吊销出租车经营许可证；

（六）违反本条例第三十三条第六项规定，不按规定购买营业性机动车交通事故责任强制保险和承运人责任险等相关保险的，责令限期购买，拒不购买的，吊销出租车经营许可证。

（七）违反本条例第三十六条第一、二项规定，将车辆投入营运的，每车处以一千元以上三千元以下的罚款；违反第三至五项规定，将车辆投入营运的，每车处以五百元以上一千元以下的罚款。

第五十三条 出租车驾驶员有下列情形之一的，由市交通运输主管部门责令改正，并处以一千元的罚款：

（一）违反本条例第十五条第一款规定，不按照核定区域经营的，并可以暂扣车辆；

（二）违反本条例第二十四条第四项规定，不按规定使用信息化监管设备的；

（三）违反本条例第二十五条第二项规定，议价、不按规定使用计价器、违规收费的；

（四）违反本条例第二十五条第三项规定，无故中断运输或者更换车辆的；

（五）违反本条例第二十五条第五项规定，无正当理由绕道行驶的；

（六）违反本条例第二十五条第九项规定，无正当理由拒绝载客的。

驾驶员在十二个月内，依据前款规定受到两次处罚的，吊销其从业资格证。

第五十四条 出租车驾驶员有下列情形之一的，由市交通运输主管部门责令改正，并按下列规定处罚：

（一）违反本条例第二十四条第一项规定，不按照规定着装、未随车携带道路运输证或未在指定的位置展示服务监督信息的，处以一百元的罚款；

（二）违反本条例第二十四条第三项规定，在车内吸烟、载客时饮食的，处以一百元的罚款；

（三）违反本条例第二十四条第五项规定，不按规定时间交接班的，处以三百元的罚款；

（四）违反本条例第二十四条第六项规定，在机场、码头、口岸、站场、旅游景点以及其他大型公共场所等专用候客站，不遵守营运秩序的，处以五百元的罚款；

（五）违反本条例第二十五条第四项规定，未经乘客同意并且事先未就收费标准协商一致搭载他人的，处以五百元的罚款；

（六）违反本条例第二十五条第六项规定，不按规定出具客运发票的，处以三百元的罚款；

（七）违反本条例第四十二条规定，本市出租车回程不按规定在指定地点上客的，处以五百元的罚款。

驾驶员在十二个月内，依据前款第三、四、六、七项规定受到两次处罚，或者依据前款第一、二、五项规定受到三次处罚的，吊销其从业资格证。

第五十五条 出租车驾驶员有下列情形之一的，由市交通运输主管部门责令改正，并吊销其出租车从业资格证：

（一）违反本条例第二十四条第八项规定，将出租车交给未取得从业资格证的人进行营运的；

（二）违反本条例第二十五条第七项规定，侵占乘客财物的；

（三）违反本条例第二十五条第八项规定，殴打乘客、骗取乘客财物的。

第五十六条 依照本条例被吊销出租车从业资格证的驾驶员，自处罚之日起三年内不得申请从事出租车驾驶业务。

第五十七条 违反本条例第三十九条规定，利用未取得营运牌照和道路运输证的小型机动客车从事收费载客业务，首次违反规定的，由市交通运输主管部门对行为人处以一万元以上两万元以下的罚款，并交由公安机关交通管理部门暂扣其机动车驾驶证六个月。十二个月内两次违反规定的，处以两万元以上三万元以下的罚款，并交由公安机关交通管理部门吊销其机动车驾驶证。

市交通运输主管部门在查处未取得营运牌照和道路运输证车辆从事收费载客业务的，可以依法扣押车辆，并通知公安机关交通管理部门扣留机动车驾驶证。

依法解除强制措施的，市交通运输主管部门应当及时通知当事人在两个月内领取车辆；当事人无法取得联系的，市交通运输主管部门应当采取公告方式通知当事人接受处理。期限届满仍无人认领的，按照无主物处理，由市交通运输主管部门将车辆上缴国库。

第五十八条 违反本条例第四十条规定，非出租车喷涂出租车颜色标识、安装出租车标志灯、计价器或者空车待租标志等服务设施的，由市交通运输主管部门暂扣车辆，责令改正，并处以五千元以上一万元以下的罚款。

第五十九条 违反本条例第四十一条规定，为未取得营运牌照和道路运输证从事收费载客业务的车辆招揽乘客的，由市交通运输主管部门对单位处以两千元的罚款，对个人处以五百元的罚款。

行为人在为非法营运车辆招揽乘客的过程中，扰乱社会公共秩序，违反《中华人民共和国治安管理处罚法》的，由公安机关依法予以处罚。

第六十条 外市出租车驾驶员违反本条例规定从事出租车营运业务的，由市交通运输主管部门责令改正，并按下列规定予以处罚：

（一）违反本条例第四十三条第一项规定，从事起点和终点都在本市的收费载客业务的，处以两千元的罚款，并可以暂扣车辆；

（二）违反本条例第四十三条第二项规定，未在空车标志灯上套放“暂停载客”标志或者未在夜间熄灭顶灯的，处以五百元的罚款；

（三）违反本条例第四十三条第三项规定，在市交通运输主管部门规定的站场以外搭载回程乘客的，处以五百元的罚款。

第六十一条 出租车驾驶员、出租车经营者或者营运牌照持有人利用出租车聚众滋事扰乱社会秩序，违反《中华人民共和国治安管理处罚法》的，由公安机关依法予以处罚，并由市交通运输主管部门吊销从业资格证、出租车经营许可证或者营运牌照。

第六十二条 相关行政管理部门工作人员违反本条例规定，有下列情形之一的，根据情节轻重，依法对相关责任人员给予处分：

（一）未依据法定条件、程序颁发许可证等证件的；

（二）参与非法营运活动的；

（三）违法实施行政处罚、扣留车辆、收取费用的；

（四）其他违法行使职权的行为。

第七章 附 则

第六十三条 本条例自2013年8月1日起施行。

珠海市港口管理条例

（2001年11月22日珠海市第五届人民代表大会常务委员会第二十四次会议通过 2002年3月27日广东省第九届人民代表大会常务委员会第三十二次会议批准 根据2010年9月17日珠海市第七届人民代表大会常务委员会第三十二次会议通过 2010年12月1日广东省第十一届人民代表大会常务委员会第二十二次会议批准的《珠海市人民代表大会常务委员会关于修改<珠海市企业工资支付条例>等部分地方性法规的决定》修正）

第一章 总 则

第一条 为规范港口管理，促进港口事业发展，发挥珠海港在区域经济发展中的作用，根据国家法律、法规，结合本市实际，制定本条例。

第二条 本条例适用于本市行政区域内商业港口的规划、建设、生产、经营、管理以及其他与商业港口有关的活动。

第三条 市人民政府（简称市政府）应当将港口事业纳入国民经济和社会发展计划，并负责组织实施。

第四条 港口建设实行政府投资与国内外经济组织、个人投资相结合。港口业务允许多家经营、公平竞争。

港口投资者、经营人的合法权益受法律保护。

第五条 市政府按照“一城一港一政”的原则设立港口行政主管部门（简称港口主管部门），统一负责实施市政府管理港口的职责，其主要职责有：

（一）制定港口事业发展规划；

（二）制定港口管理的规章制度；

（三）负责港口岸线的管理和港区、规划港区内建设项目的审核；

（四）负责港口公用性基础设施的管理和维护；

（五）依法征收港口行政事业性规费；

（六）负责经营港口业务企业的市场准入，维护港口的经营秩序；

（七）负责管理引航工作，检查监督港口安全，维护港口营运秩序；

（八）负责旅客、货物和船舶压港时的协调和组织疏港工作；

（九）负责港口经济统计工作，提供港口信息服务；

（十）负责协调有关部门在港口管理和提供服务方面的工作；

（十一）市政府赋予的其他职责。

第二章 港口规划和建设

第六条 港口主管部门负责组织港口总体规划及各港区规划的编制、修改，经征求有关部门的意见，按照法定程序报批后，协同规划主管部门按照各自的职能协调、监督实施。港口总体规划和港区规划的调整、修改，必须报原审批部门审批。

第七条 珠海港港口总体规划应当符合国家和省的港口布局规划，并符合珠海市城市总体规划和土地利用总体规划。

第八条 珠海港各港区规划由港口主管部门依据国家批准的珠海港港口总体规划组织编制，并按规定报批准机关批准。

第九条 珠海港港口总体规划和各港区规划必须按期修编，并按照规定的审批程序报批。

第十条 珠海港港口总体规划和各港区规划由规划主管部门及港口主管部门按照各自的职能监督实施。

第十一条 市政府筹集资金建设港口公用性基础设施；鼓励国内外经济组织、个人投资建设港口公用性基础设施。

第十二条 投资者投资建设的港口经营性设施的管理和维护由投资者或者经营人负责。

第十三条 港口岸线的利用必须坚持统一规划、深水深用、综合开发的原则。

第十四条 在港区内使用岸线、陆域或者水域新建、改建、扩建港口设施和进行其他建设项目，应当事先报港口主管部门批准，并按照基本建设报批程序向有关部门办理相关手续。

在港区水域进行施工活动的，应当经珠海海事部门审核同意。

第十五条 在港区内建设永久性建筑物、构筑物和设施必须符合珠海港港口总体规划和港区规划的要求，不符合规划要求的，不得批准建设。

第十六条 在港区内建设临时性建筑物、构筑物和设施应当经港口主管部门审核同意，并按基本建设程序报批。

当港口建设需要时，港口主管部门有权责令拆除影响建设的临时性建筑物、构筑物和设施，所有人或者经营人应当在通知期限内自行拆除其临时性建筑物、构筑物和设施。拆除临时性建筑物、构筑物和设施不予补偿。逾期未自行拆除的，由有关部门强制拆除，拆除费用由临时性建筑物、构筑物和设施的所有人或者经营人承担。

第十七条 珠海港各港区及规划港区的港界由市规划国土部门根据珠海港港口总体规划和港区规划划定界线报市政府审定并正式对外公布后，由港口主管部门设定界标。

第十八条 在规划港区内进行建设的，应当经港口主管部门及其他有关部门批准。

第三章 港务管理和服务

第十九条 港口主管部门及其他在港口执行公务的国家机关及其工作人员必须依法履行职责，提供服务。

第二十条 港口主管部门依据有关的法律、法规，对港口企业的生产安全实施监督。

第二十一条 市政府投资建设的港口公用性基础设施由港口主管部门负责管理和维护。

第二十二条 港区内各种标志、标识由港口主管部门及其他有关部门和单位负责按有关规定设置、管理和维护。

第二十三条 港口企业和其他从事港口业务的单位，应当按国家规定向港口主管部门报送统计报表。

第二十四条 港口主管部门应当根据港口的生产需要和港区布局设置港口引航机构。

港口引航机构应当按国家规定和船舶的要求提供安全、方便、快捷的引航服务。

第二十五条 在旅客、货物和船舶阻塞港口的紧急情况下，港口主管部门应当采取有效措施进行疏港，港口内的单位、个人及船舶、车辆应当服从指挥。

第二十六条 发生险情、灾情危及人身和港口设施安全或者影响港口生产、经营秩序时，港口主管部门应当立即向市政府报告，并协同有关部门采取有效措施实施救助，消除危害，保障人身和财产安全，维护正常秩序。

第四章 港口经营和保护

第二十七条 港口主管部门及其他在港口执行公务的国家机关及其工作人员在履行职务时不得违反规定收取各种费用；不得利用职权，限定他人接受指定的港口经营人提供的服务或者限制其他经营人合法的经营活动。

第二十八条 国内外经济组织和个人可以通过投标等方式投资建设港口设施;投资者在建设完成后享有经营权，并可依据合同规定转让其经营权。

政府投资建成的港口设施也可以通过招标等方式确定经营人。

第二十九条 申请从事港口经营性业务的企业，应当经港口主管部门审核后，按法定程序办理有关手续。

第三十条 港口经营人应当按照批准的港口业务经营范围和期限从事港口业务。

第三十一条 港口经营人必须遵守法律、法规、规章及各项作业规范，服从港口主管部门的监督管理。

第三十二条 港口经营人不得强制他人接受指定的服务。

第三十三条 港口经营人必须遵守国家和地方的经营价格规定，接受政府职能部门的监督。

第三十四条 任何单位和个人有保护港口环境和设施的义务，禁止破坏港口环境和设施。

禁止扰乱港口公共生产、经营秩序。

第三十五条 在港区水域内禁止下列行为:

（一）进行养殖、种植和捕捞活动;

（二）抛置或者排放有毒、有害物质;

（三）倾倒泥土、砂石、垃圾以及其他可能影响港池深度的行为;

（四）其他可能妨碍港口功能、安全的行为。

第五章 法律责任

第三十六条 违反本条例规定，未经港口主管部门批准使用港口岸线进行建设的，由港口主管部门责令限期拆除，并处以三万元以上五万元以下的罚款。

第三十七条 违反本条例规定，港口经营人未按国家规定向港口主管部门报送统计报表的，由港口主管部门给予警告，责令限期改正。

第三十八条 违反本条例规定，有下列行为之一的，由港口主管部门责令限期改正，没收违法所得；违法所得十万元以上的，并处违法所得二倍以上五倍以下的罚款；违法所得不足十万元的，处五万元以上二十万元以下的罚款:

（一）未经港口主管部门批准从事港口业务的;

（二）港口经营人超越批准范围、期限经营港口业务的。

第三十九条 违反本条例其他规定的行为，由环境保护、规划国土、海事等有关行政机关依照法律、法规和规章的规定予以处罚。

第四十条 当事人对行政处罚决定不服的，可以申请行政复议或者提起行政诉讼。

第四十一条 港口主管部门及其他在港口执行公务的国家机关工作人员不依法履行职责，玩忽职守、滥用职权、徇私舞弊的，由所在单位或者上级主管部门给予行政处分;构成犯罪的，由司法机关追究刑事责任。

第六章 附 则

第四十二条 本条例下列用语的含义是:

（一）港口，是指本市行政区域内具有相应设施，提供通商船舶靠泊、旅客上下、货物装卸、储存、驳运以及相关服务，并按照规定程序划定的具有明确界限的水域和陆域构成的场所，港口由港区组成。

（二）珠海港，是指根据珠海港港口总体规划确定的，包括高栏、九洲、香洲、唐家、洪湾、桂山、井岸、斗门等港区在内的港口。

（三）港区，是指为保证港口生产、经营的需要，按照港口总体规划，经批准而划定的水域和陆域。

（四）规划港区，是指根据港口总体规划为进一步开发、建设港口划定的具有明确界限的预留水域和陆域。规划港区内的港口建设项目实施时规划港区即成为港区。

（五）港界，是指市政府根据港口总体规划确定的港口界限。

（六）港口设施，是指港口内为港口生产、经营而建造和设置的构造物和有关设备，分为港口公用性基础设施和港口经营性设施。

港口公用性基础设施，是指公用的防波堤、导流堤、港口航道及助导航设施、护岸、港池、锚地、船闸、道路、浮筒、铁路、给排水、通讯、供电、环保等设施。

港口经营性设施，是指码头及其支航道、趸船、栈桥、客运站、机械、设备、车辆、船舶、仓库、堆场、水上过驳平台以及港口生产经营所需的其他设施。

（七）港口业务，是指为船舶的停靠、旅客和货物运输，向船舶、旅客和货主提供的服务，包括为船舶提供引航、供油供水、拖带，为货物提供装卸、仓储、堆存、驳运、理货以及为旅客提供候船和上下船舶提供的服务等。

（八）港口经营性业务，是指以营利为目的，订有港口业务合同并发生费用结算的业务。

（九）港口经营人，是指在港区内从事港口经营性业务的企业、单位和个人。

第四十三条 本条例的实施细则由市政府制定。

第四十四条 本条例自2002年7月1日起施行。

二、行业协会

● 珠海市交通运输行业协会

珠海市交通运输行业协会前身为珠海交通协会，1994年8月20日成立。2004年9月2日经珠海市民政局批准，珠海交通协会更名为珠海市道路运输协会。2008年3月21日珠海市民政局批准珠海市道路运输协会更名为珠海市交通运输行业协会。交通运输行业协会主要由珠海市从事交通运输经营，与交通运输业务密切相关的企业、事业单位和社团组织自愿组成的非营利性社会组织。会员大会是协会的最高权力机构。会员大会选举产生理事会和监事会。理事会是会员大会的常设机构。监事会是受会员大会授权的监督机构。理事会下设秘书处，处理协会日常工作。同时注册成立珠海交协经济研究培训服务中心，作为课题研究、行业内培训和对外合作的平台。选拔组成专家委员会（人才库）为专业咨询、评估评审、课题研究等储备人才，形成机制。珠海市交通运输行业协会是珠海市AAAAA级行业协会，是市民政局公示的首批承接政府职能的社会组织。

● 珠海市港口协会

珠海市港口协会成立于2003年，2013年获得交通运输企业安全生产标准化考评机构资质证书（港口经营类，三级），2014年被市民政局评为AAAAA级社会组织。2018年会员单位81家，在持有港口经营许可证的港口企业和为港口服务的企业里基本达到全覆盖。市港口协会紧紧围绕港口行业调查、宣传、评估论证、新技术推广、培训、交流、展览展销、法律、咨询等业务范围开展工作；充分发挥“桥梁、纽带”作用，积极协调牵线搭建合作交流平台，尽力帮助企业协调解决有关诉求，竭尽所能维护会员单位合法权益；并加强组织建设，坚持依章办事、规范工作行为，执行科学管理，珠海市港口协会在全市树立较好的社会形象。

● 珠海市水运行业协会

珠海市水运行业协会成立于2004年9月24日。市水运行业协会是由在珠海范围内登记注册从事水路交通运输业、水运服务业、船舶修造业、国际海运辅助业、船舶物资销售业和机电航海通讯制造业等单位自愿组成的行业性协会。2018年，拥有会员单位61家，其中水路交通运输业47家，水运服务业8家，船舶修造业6家。2017年被珠海市民政局评为AAAA级行业协会，具备承接政府职能转移和政府购买服务资质。

● 珠海市汽车摩托车销售维修行业协会

珠海市汽车摩托车销售维修行业协会成立于2002年，由珠海市从事汽车、摩托车销售维修行业单位自愿组成，并邀请有关部门和人员参加的AAAAA行业组织，是依法登记，具有法人地位的社会团体。协会旨在加强行业内部的联系协助，规范行业自我管理行为，建立行业自律机制，维护销售维修户的合法权益，向会员提供各项服务，当好政府的参谋和助手，在政府与销售维修业户之间发挥桥梁和纽带作用，为推动全行业的经济发展、技术进步，为珠海市建立统一开放、竞争有序的汽车摩托车销售维修市场服务。2018年拥有团体会员600多个，协会成立党委，负责组织、指导行业内各党支部的党务工作。

珠海市出租小汽车协会

珠海市出租小汽车协会成立于2005年12月22日，协会成员是出租车经营企业，有单位会员12个，拥有出租小汽车3652辆。协会的宗旨是团结出租小汽车经营者，遵守宪法、法律、法规和国家政策，遵守社会公德，推动行业深化改革，改善与促进经营管理、提高从业人员素质与服务水平，维护经营者合法权益，协调行业利益关系，为会员服务，为树立珠海市出租小汽车的文明形象，服务珠海作出贡献。至2018年累计组建2500多辆传统巡游出租车参与到爱心送考的队伍中来，受到社会各界的普遍好评，并得到珠海市教育局的通报表扬。2015年12月28日被市民政局评为AAAAA级社会组织。

珠海市机动车驾驶员培训协会

珠海市机动车驾驶员培训协会于2005年5月9日依法成立。2018年单位会员59家。协会设会长、常务副会长、理事、监事，每四年换届一次。主要活动是为会员做好日常服务和业务咨询，组织机动车驾驶员培训机构与教练员积极参加培训及各项活动，实施学员集中理论及模仪教学，促进机动车驾驶培员训机构和教练员服务质量、教学水平和信誉的提高。每年开展企业主要负责人和安全管理人员培训等。

珠海市出租车驾驶员协会

珠海市出租车驾驶员协会成立于2016年8月30日，协会成员为珠海市在岗出租车驾驶员，有会员6000多名。协会宗旨是遵守宪法、法律、法规和国家政策，遵守社会公德，对会员进行职业道德教育、提高会员的个人素质和服务水平，通过合法途径向相关部门提出合理建议，积极开展爱心公益活动，参与救助生活有困难的会员，为全体会员服务。

协会成立以来，会员积极参与珠海市每年爱心送考活动，得到珠海市高考考生及家长的好评，并涌现出一批文明司机。为了改善珠海市民在上下班高峰时段乘车难状况、缓解交通拥堵和提高出租车驾驶员的收入，协会积极向交通职能部门和市政府建言献策，提出开放珠海公交专用道给出租车行驶，以达到缓解高峰时期公共交通压力的目的，此举为全国首创，成效显著，得到社会各界的一致好评和出租车驾驶员的认可。

珠海市自卸车运输协会

珠海市自卸车运输协会成立于2018年，有会员单位32家，在持有道路运输许可证的企业基本达到全覆盖。协会围绕协助政府加强自卸车管理，了解自卸车运输企业的要求和呼声，及时向政府职能部门反映情况，加强与同类型组织的交流和学习，掌握先进管理理念和方法，在条件允许的情况下，受政府委托，履行政府对自卸车管理的实际工作等业务范围开展工作；充分发挥“桥梁、纽带”作用，积极协调牵线搭建合作交流平台，尽力帮助企业协调解决有关诉求，竭尽所能维护会员单位合法权益，坚持依章办事、规范管理，树立了较好的社会形象。

珠海市集邮协会

珠海市集邮协会成立于1985年1月，由珠海市文联管理。1995年6月，市文联将省级下属协会交由当地行业主管部门管理，市邮电局成为市集邮协会的主管单位。1997年，市集邮协会创办《珠海集邮研究》专刊。1998年邮电分营后，市集邮协会由市邮政局管理，挂靠在市邮政局经营服务部。2018年，市集邮协会基层分会24个，在册会员2627人。

编纂始末

《珠海市交通志》的编修是时代赋予修志工作者光荣而艰巨的任务，是一项宏大的文化建设工程。全体编修人员筚路蓝缕，艰辛备至，手肘成胝，稽古证今，发凡起例，穷珠海交通之本源，述交通发展之变化，记人物之功过。用了不到三年的时间，完成约百万字的鸿篇巨制。

《珠海市交通志》有序言、凡例、概述、大事记、管理机构、公路、水路、铁路、民航、邮政、交通运输工具修造、交通行业管理、党群组织、荣誉录、附录、编纂始末等16个部分，收录古今图片约200余幅。全面、系统地记述了珠海交通、邮政事业的历史和现状，对资政、教化、存史起着非常重要的作用。

珠海市交通志的编修工作从2018 年11月正式开始，大体分为组建机构、制订篇目、搜集资料、编修志稿、修改完善、出版发行几个阶段。

加强修志工作领导，组建编纂机构。2018年七八月间，珠海市交通运输局先后去中山、东莞市交通运输局学习取经，参照兄弟市的修志经验，确定专职和兼职相结合的编纂模式，决定聘请两名有一定专业知识的退休人员为专职编修人员，交通志所涉及的67个业务科室、部门和企业负责提供资料，确定一名联络员与交通志编辑部对接。2018年12月30日，珠海市交通运输局举办修志人员培训班，市交通运输局局长唐成伟作动员讲话，对编修交通志提出具体要求；市地方志办公室赵艳珍科长对如何编修交通志讲了具体意见；市方志专家库专家曹炳彦对修志专业知识进行辅导。同时还编印了《珠海市交通志》编写指南，便于修志人员学习。市方志办、市交通运输局领导自始至终重视修志工作，市方志办主任郑安兴对编纂交通志提出了明确要求，市交通运输局现任局长林粤海多次与修志人员交谈，亲自审阅志稿，提出具体意见。分管此项工作副局长魏永民、二级调研员邓振平和局办公室廖映锋、柳勤勋、陈清模更是尽职尽责，亲力亲为，帮助解决修志工作中的具体问题，排忧解难，为编修交通志奠定基础。

制定修志方案，精心设计篇目。2018年11月制定《珠海市交通志》编纂工作实施方案，明确指导思想、组织机构、编纂原则、编纂模式、编纂规范、工作步骤、工作要求。在方案基础上拟定凡例和交通志篇目，对交通志篇目多次进行修改。在公路编增设古道和民国时期公路建设，港珠澳大桥升格为章，突出记述港珠澳大桥的建设；同时将交通管理单独设编，由篇首后移到交通工具修造之后；把原本属于公路运输的渡口移到水运编，使篇目设计更加合理，能够反映珠海交通的实际，突出珠海交通的地域特色和时代特点。

广征博采，收集整理资料。搜集资料工作从2019年元月开始，根据《珠海市交通志》篇目，分别由交通系统相关单位、港珠澳大桥管理局、市交通运输局所属各单位和科室及交通行业协会、交通行业重要企业提供资料。两名专职编修人员与市史志办、档案馆、图书馆、文旅局等单位联系，先后查阅《香山县志》、《珠海史志》（[illegible]、[illegible]部）、《斗门区（县）志》、《香洲区志》、《唐家湾镇志》、《珠海回眸》等大量的地情资料、历史文献资料、图书资料和档案资料，并收集2001—2018年交通部门给市史志办报送的资料。由于志书记述时限长，加之机构改革，人员变动，收集资料难度很大。在搜集资料过程中，修志人员想了不少办法。陈清模把多年从事办公室工作积累的所有资料全部提供，并积极督促部门和单位报送资料；林政学更是利用多年积累的人际关系，联系有关人员提供资料。市交通运输局离退休的老领导黄贞山、邓振平、贺卓娃、陆根祥等提供了不少历史资料。先后收集到各类资料1500多万字，收集图片近万张，基本上解决“无米之炊”的问题。

精益求精，潜心编纂志稿。2019年10月开始，对收集到资料分门别类进行整理，反复进行考证解决材料真实性的问题。正确处理可靠性和可信性关系、全面性与典型性关系、宏观与微观的关系、观点与事实的关系。力求做到资料全面系统真实，横不缺项，竖不断线；体例完备，述、记、传、图、表、录诸体并用；政治观点正确，符合辩证唯物主义和历史唯物主义的立场观点和党的路线方针政策；文字朴实、简洁、流畅、严谨。编纂工作既有分工也有合作。林政学主要承担大事记、管理机构、党群组织、荣誉录的编辑工作，曹炳彦承担凡例、概述、公路、水路、铁路、民航、邮政、交通运输工具修造、交通行业管理、附录、编纂始末的编辑和全志总纂工作。2019年12月底完成资料长编，2020年6月底完成《珠海市交通志（初审稿）》。

认真审查修改，提高志书质量。严格执行三级审稿制度，2020年6月初稿完成后，印制85册，于2020年8月下发市交通志涉及的所有部门单位和市交通运输局各科室进行初审，同时还邀请市地方志办公室以及市交通运输局历任正副职领导和多年从事交通工作、对交通工作熟悉的老同志参与审定，提出许多书面修改意见。市地方志办于2020年11 月3日召开交通志初审座谈会，市地方志办公室副主任王世林和科长赵艳珍及其他人员分别提出修改意见。编辑人员反复甄别各方面反馈的修改意见和建议，认真地对文字进行修改、对资料进一步完善。2021年1月复审稿完成后，邀请珠海市地方志办公室原调研员陈义和市交通运输局原二级调研员邓振平及编辑部的主编副主编、局主要领导和个别部门进行复审。根据复审意见，又反复进行修改，于2021年3月底完成终审稿。2021年6月30日，提交由市交通志编委会、市地方志办公室以及有关方面的专家学者组成的终审小组进行终审。编委会成员、市地方志办公室领导和专家成员在充分肯定《珠海市交通志》编纂质量的基础上，对个别地方提出意见和建议，又再次认真地修改完善。修改完成后于2021年7月中旬送方志出版社审定。

编修交通志是一项十分浩繁的系统工程，编修过程中得到有关单位的大力支持。市地方志办公室主任郑安兴对编修市交通志非常重视，经常进行指导。市图书馆、档案馆在查阅资料过程中提供不少方便。市文化广电旅游体育局提供了不少与交通有关的历史资料。珠海市才子文化传播有限公司为市交通志编纂提供保障服务和技术支持。在此向所有关心支持《珠海市交通志》编修的单位和个人表示衷心的感谢！

《珠海市交通志》经过全体修志同仁的共同努力，出版问世。由于水平有限，加之有些部门和科室提供资料不全，尽管穷尽所有办法，仍有个别内容存在资料不十分完善、文字不特别严谨的问题，不妥之处在所难免。敬请广大读者不吝赐教，提出宝贵的意见和建议。

《珠海市交通志》编辑部

2021年10月7日